A BÍBLIA

PENTATEUCO

A BÍBLIA

PENTATEUCO

Dados Internacionais de Catalogação na Publicação (CIP)
(Câmara Brasileira do Livro, SP, Brasil)

Bíblia. Português.

A Bíblia : Pentateuco / tradução do hebraico, introdução e notas de Elizangela Chaves Dias (Gn e Lv), Fabrizio Zandonadi Catenassi (Nm introdução e notas), Leonardo Agostini Fernandes (Dt), Matthias Grenzer (Ex), Vicente Artuso (Nm tradução) – São Paulo : Paulinas, 2021.

ISBN 978-65-5808-049-7

1. Bíblia. A.T. - Pentateuco I. Dias, Elizangela Chaves II. Catenassi, Fabrizio Zandonadi III. Fernandes, Leonardo Agostini IV. Grenzer, Matthias V. Artuso, Vicente

21-0934   CDD 222.1

Índice para catálogo sistemático:
1. Bíblia. A.T. - Pentateuco   222.1
Angélica Ilacqua - Bibliotecária - CRB-8/7057

1ª edição – 2021

NIHIL OBSTAT

DOM PEDRO CARLOS CIPOLLINI
BISPO DIOCESANO DE SANTO ANDRÉ
PRESIDENTE DA COMISSÃO EPISCOPAL PARA A DOUTRINA DA FÉ

IMPRIMATUR

DOM WALMOR OLIVEIRA DE AZEVEDO
ARCEBISPO DE BELO HORIZONTE
PRESIDENTE DA CNBB

Paulinas
Rua Dona Inácia Uchoa, 62
04110-020 – São Paulo – SP (Brasil)
Tel.: (11) 2125-3500
http://www.paulinas.com.br – editora@paulinas.com.br
Telemarketing e SAC: 0800-7010081
© Pia Sociedade Filhas de São Paulo – São Paulo, 2021

Apresentação

Ler a Bíblia é uma oportunidade de encontrar-se com a misteriosa presença da Palavra de Deus neste mundo. Nas últimas décadas, esse processo de escuta e leitura foi experimentado de modo especial na América Latina. "As pequenas comunidades, sobretudo as Comunidades Eclesiais de Base, permitiram ao povo chegar a um conhecimento maior da Palavra de Deus" (*Puebla*, 629; *Aparecida*, 178). Assim, foi possível experimentar como o encontro pessoal e comunitário com a Palavra de Deus – sobretudo, com Jesus, o Verbo encarnado – renova as relações, favorece o compromisso com a justiça e estimula a construção de um mundo melhor, mais próximo do Reino de Deus.

Contudo, para ampliar o acesso à Palavra de Deus através da escuta e leitura da Bíblia, a V Conferência Geral do Episcopado Latino-Americano e do Caribe definiu, em 2007, que seria "prioritário fazer traduções católicas da Bíblia" (*Aparecida*, 94). Consoante a isso, PAULINAS Editora, no mesmo ano, decidiu iniciar uma longa jornada de trabalhos, a fim de realizar uma tradução da Bíblia com o nome de A BÍBLIA. Ou seja, com espírito eclesial de discípulo-missionário, as Irmãs Paulinas, com seus colaboradores, se propõem a ajudar a Igreja em sua tarefa de anunciar o Evangelho a todos, cientes de que o "contato mais direto com a Bíblia" e uma "maior participação nos sacramentos" podem resultar em uma "fé mais fecunda" (*Aparecida*, 262).

Após ter apresentado o Novo Testamento no final de 2015 e, no início de 2017, os Salmos, agora, em 2021, PAULINAS Editora publica o Pentateuco. Buscou-se traduzir, de forma exata e fluente, o que autores israelitas escreveram originalmente em hebraico. Para auxiliar a compreensão do texto bíblico, foram elaboradas Notas Explicativas e Introduções para cada um dos cinco livros que compõem o Pentateuco. Atentas ao caráter literário e ao contexto histórico-geográfico, elas visam, sobretudo, à reflexão teológica presente no Pentateuco, facilitando a leitura espiritual, o estudo acadêmico e a celebração litúrgica da fé.

Enfim, as Irmãs Paulinas e seus colaboradores querem com esta tradução contribuir para que "o estudo da Sagrada Escritura" se torne "uma porta aberta para todos os crentes" (*Evangelii Gaudium*, 175), cultivando também a esperança de que os instruídos pela Bíblia cheguem mais facilmente a um encontro pessoal e comunitário com a Palavra de Deus, tanto para seu bem como para o bem de toda a humanidade. Ou, com as palavras do papa Francisco: "Quem se alimenta dia a dia da Palavra de Deus torna-se, como Jesus, contemporâneo das pessoas que encontra; não se sente tentado a cair em nostalgias estéreis do passado, nem em utopias desencarnadas relativas ao futuro" (*Aperuit Illis*, 12).

Paulinas Editora
Ano Bíblico da Família Paulina, 2020-2021

DIREÇÃO E COLABORAÇÃO

Direção editorial
Flávia Reginatto
Vera Ivanise Bombonatto

Tradução do hebraico, introdução e notas
Elizangela Chaves Dias (Gn e Lv)
Fabrizio Zandonadi Catenassi (Nm introdução e notas)
Leonardo Agostini Fernandes (Dt)
Matthias Grenzer (Ex)
Vicente Artuso (Nm tradução)

Revisão exegética
Matthias Grenzer

Revisão literária
Anoar Jarbas Provenzi

Capa
Cláudio Pastro (†)

Diagramação
Tiago Filu

Texto hebraico
Biblia Hebraica Stuttgartensia. Fünfte, verbesserte Auflage.
Stuttgart: Deutsche Bibelgesellschaft, 1997.

ABREVIATURAS

Ab	Abdias	Jr	Jeremias
Ag	Ageu	Js	Josué
Am	Amós	Jt	Judite
Ap	Apocalipse	Jz	Juízes
At	Atos dos Apóstolos	Lc	Lucas
Br	Baruc	Lm	Lamentações
Cl	Colossenses	Lv	Levítico
1Cor	1 Coríntios	Mc	Marcos
2Cor	2 Coríntios	1Mc	1 Macabeus
1Cr	1 Crônicas	2Mc	2 Macabeus
2Cr	2 Crônicas	Ml	Malaquias
Ct	Cântico dos Cânticos	Mq	Miqueias
Dn	Daniel	Mt	Mateus
Dt	Deuteronômio	Na	Naum
Ecl	Eclesiastes (Coélet)	Ne	Neemias
Eclo	Eclesiástico (Sirácida)	Nm	Números
Ef	Efésios	Os	Oseias
Esd	Esdras	1Pd	1 Pedro
Est	Ester	2Pd	2 Pedro
Ex	Êxodo	Pr	Provérbios
Ez	Ezequiel	Rm	Romanos
Fl	Filipenses	1Rs	1 Reis
Fm	Filêmon	2Rs	2 Reis
Gl	Gálatas	Rt	Rute
Gn	Gênesis	Sb	Sabedoria
Hab	Habacuc	Sf	Sofonias
Hb	Hebreus	Sl	Salmos
Is	Isaías	1Sm	1 Samuel
Jd	Judas	2Sm	2 Samuel
Jl	Joel	Tb	Tobias
Jn	Jonas	Tg	Tiago
Jó	Jó	1Tm	1 Timóteo
Jo	João	2Tm	2 Timóteo
1Jo	1 João	1Ts	1 Tessalonicenses
2Jo	2 João	2Ts	2 Tessalonicenses
3Jo	3 João	Tt	Tito
		Zc	Zacarias

SUMÁRIO

Gn   Gênesis 13

Ex   Êxodo 127

Lv   Levítico 217

Nm   Números 285

Dt   Deuteronômio 379

GÊNESIS

INTRODUÇÃO

O primeiro livro do cânon da Bíblia Hebraica é um convite a se aventurar no limiar das fronteiras dos inícios absolutos e arquétipos do universo, do céu, da terra, da biodiversidade, da flora, da fauna, dos recursos hídricos, do tempo, do espaço, da humanidade, da família, do mal e da maldade, dos conflitos familiares, das profissões, da linguagem, da técnica, do culto, da oração, do ato de fé, da diversidade de línguas, do nascimento de nações e povos, colocando em evidência a origem e as particularidades da história do povo hebreu, com quem Deus faz uma aliança particular a fim de que, por eles, todas as famílias da terra fossem abençoadas.

A tradição judaica, em geral, atribui como título dos livros sagrados a primeira palavra de abertura, portanto, o primeiro livro do cânon hebraico é conhecido pela tradição judaica como *bᵉrēʾshît*. A tradição grega, seguida pela tradição latina Vulgata, entretanto, dá o nome deste primeiro livro usando a expressão que se encontra em Gn 2,4a "O livro das gerações". De fato, essa locução aparece onze vezes, seja na introdução das listas genealógicas (Gn 5,1; 10,1; 11,10; 25,12; 36,1.9), seja em uma importante sequência narrativa (Gn 2,4; 6,9; 11,27; 25,19; 37,2) do livro do Gênesis, em torno das quais se articulam os episódios dos diversos ciclos ancestrais recolhidos no livro. Sendo assim, a fórmula hebraica *tôlēdôt*, nesta tradução apresentada como "estas são as gerações...", estrutura e organiza o material narrativo de todo o livro do Gênesis.

AUTOR, DATA E DESTINATÁRIO

Há séculos os estudos bíblicos se distanciam da hipótese tradicional segundo a qual os primeiros cinco livros do cânon da Bíblia Hebraica teriam como autor o próprio Moisés: "Moisés recebeu a Torá no Sinai, ele a comunicou a Josué, Josué comunicou aos anciãos, os anciãos aos profetas, e os profetas transmitiram aos homens da grande assembleia" (*Mishnah*, ordem *Neziqin*, tratado *Abot* 1,1). Embora haja poucas respostas e muitas especulações quanto à data, à autoria, ao lugar de redação e aos

GÊNESIS – INTRODUÇÃO

destinatários do livro do Gênesis, há ao menos consenso quanto à hipótese de que o texto final seja resultado de um processo pluriforme e muito elaborado, cujas concatenações, articulações, etapas e processos redacionais, em grande parte, ainda não são acessíveis.

A hipótese mais plausível, portanto, parece ser a que postula a existência de relatos, tradições isoladas e fragmentadas, integradas e editadas ao longo dos séculos, reunidas e reelaboradas durante o período do exílio e do pós-exílio da dominação babilônica e persa (a partir de 590 a.C.), bem como durante o helenismo, através de intervenções redacionais de origem sacerdotal ou pós-sacerdotal.

É possível que, ao serem colocados por escrito, os diversos relatos tivessem origem e destinatários diversos, levando em consideração que algumas tradições foram registradas por escrito durante o período do exílio e juntadas no período do pós-exílio: de um lado, os leitores ideais eram os exilados que viviam na Babilônia; do outro, os leitores ideais eram o povo da terra, isto é, aqueles que permaneceram na terra de Israel e que buscaram se reorganizar na Jerusalém destruída pela fúria dos exércitos babilônicos, bem como aqueles que sobraram nas regiões limítrofes ao antigo reino de Judá, como é possível supor a partir dos dúplices relatos da criação (Gn 1,1–2,3; 2,4–3,24), do tríplice relato da esposa-irmã (Gn 12,10-20; 20,1-18; 26,1-11), das duas alianças com Abraão (Gn 15 e 17) e das duas expulsões de Agar (Gn 16 e 21), provavelmente provenientes de tradições diferentes, mas colocadas juntas no processo de redação, em vez de serem excluídas.

ESTRUTURA

O livro do Gênesis compreende duas partes. A primeira aborda a história das origens em geral (Gn 1,1–11,26), enquanto a segunda aborda a história da origem do antigo Israel (Gn 11,27–50,26).

Em referência à primeira parte do livro do Gênesis (Gn 1,1–11,26), que relata as origens do universo e da humanidade, do ponto de vista de sua economia narrativa, percebe-se a seguinte estrutura:

14

GÊNESIS – INTRODUÇÃO

1,1–11,26 ORIGEM DO UNIVERSO E DA HUMANIDADE

1,1–2,3 *Primeiro relato da criação*
2,4-25 *Segundo relato da criação*
3,1-24 *Relato do jardim*
4,1-16 *História de Caim e Abel*
4,17-24 *Descendência de Caim*
4,25-26 *Descendência do humano*
5,1-32 *Livro das gerações*
6,1-4 *Filhos de Deus e filhas dos homens*
6,5-8 *Maldade humana*
6,9-10 *Geração de Noé*
6,11-22 *Arca de Noé*
7,1-24 *Início do dilúvio*
8,1-22 *Fim do dilúvio*
9,1-17 *Aliança com Noé*
9,18-19 *Embriaguez de Noé*
10,1-32 *Nações descendentes de Noé*
11,1-10 *Babel*
11,11-26 *Gerações de Sem*

A segunda parte do livro do Gênesis se divide em três seções ou ciclos: ciclo de Abraão e Sara (Gn 11,27–25,18); ciclo de Isaac e Rebeca (Gn 25,19–36,43); e ciclo de Jacó e sua família (Gn 37,1–50,26). Se, na perspectiva da literatura universal, um ciclo começa com o nascimento do herói e conclui-se com sua morte, as narrativas do livro do Gênesis não obedecem a essa lógica, visto que o herói, ou melhor, o eleito para receber a bênção ancestral e herdar a aliança, não morre, mas continua a viver em seus descendentes.

A delimitação dos ciclos ancestrais do livro do Gênesis é uma questão aberta, em razão da dificuldade de estabelecer o início e o fim de cada ciclo. De fato, o leitor tem a sensação de que o "ciclo de Jacó e seus familiares", por exemplo, fora inserido no ciclo de Isaac e Rebeca, pois, antes mesmo da morte de Isaac, diversos episódios colocam em foco as experiências de Jacó e suas peripécias durante a viagem de "fuga da casa familiar", refúgio na casa de seu tio Labão, o duplo casamento e o retorno à casa paterna, sendo que nesse entretempo o patriarca se torna pai de dez dos doze epônimos da tribo de Israel (Gn 25,19–34,46).

Essa mesma sensação é experimentada pelo leitor quanto à história de José (Gn 37,5-36; 39,1–45,28; 46,13-26; 50,22-26), que

GÉNESIS – INTRODUÇÃO

ocupa grande espaço no ciclo de Jacó; por isso, nesta tradução, essa macrosseção textual recebeu o título de "ciclo de Jacó e família" (Gn 37,1–50,26), pois, em nível narrativo, tanto a história de José quanto o episódio de Judá e Tamar (Gn 38) integram o ciclo de Jacó.

Orientando-se pelo texto, portanto, delimitou-se o início dos ciclos de Abraão e Sara, de Isaac e Rebeca e de Jacó e família a partir da fórmula indicativa: "Estas são as gerações de..." (Gn 11,16; 25,19; 37,2). Nota-se, todavia, que a fórmula: "Estas são as gerações de...", na verdade, introduz a vida do filho ou dos filhos, com enfoque particular no destino do filho eleito.

O enredo do ciclo de Abraão e Sara é organizado em episódios com começo, meio e fim bem delimitados. O material textual desse ciclo pode ser organizado na seguinte estrutura:

11,27–25,18 CICLO DE ABRAÃO E SARA

11,27-32	*Geração de Taré*
12,1-9	*Eleição divina e resposta humana*
12,10-20	*Abraão e Sara no Egito*
13,1-18	*Conflito, negociação e separação*
14,1-16	*Guerra, resgate e bênção*
14,17-24	*Bênção de Melquisedec a Abraão*
15,1-21	*Abraão sem herdeiro*
16,1-26	*Nascimento de Ismael*
17,1-27	*Herdeiro de Sara*
18,1-16	*Abraão e seus hóspedes*
18,17-33	*Justiça do Senhor*
19,1-29	*Ló e seus hóspedes*
19,30-38	*Origem de Moab e Amon*
20,1-18	*Abraão e Sara em Gerara*
21,1-21	*Nascimento de Isaac*
21,22-35	*Aliança em Bersabeia*
22,1-19	*Amarração de Isaac*
22,20-24	*Nascimento de Rebeca*
23,1-30	*Morte e sepultamento de Sara*
24,1-67	*Casamento de Isaac e Rebeca*
25,1-6	*Casamento de Abraão e Cetura*
25,7-11	*Morte e sepultamento de Abraão*
25,12-18	*Gerações de Ismael*

A denominação "ciclo de Isaac", em geral, é colocada em questão, em razão do limitado espaço que a narrativa oferece ao patriarca, reduzido a poucas cenas que, na maioria das vezes, são episódios paralelos aos vividos por Abraão, por exemplo: o episódio da "esposa-irmã" (Gn 12,10-20; 20,1-18; 26,1-11); as contendas referentes às propriedades de poço (Gn 21,22-26; 26,15-25); ou à aliança feita com Abimelec, rei de Gerara (Gn 21,27-32; 26,26-33). Ademais, grande parte dessa seção textual se detém nos conflitos e nos destinos dos filhos do casal Isaac e Rebeca (Gn 25,19–34,46). Esta tradução optou pelo título "ciclo de Isaac e Rebeca" para a referida seção textual (Gn 25,19–34,46) por compreender que a sequência canônica do texto propõe o casal Isaac e Rebeca como sucessor de Abraão e Sara. Os relatos presentes nessa seção do livro do Gênesis se encontram dispostos na seguinte estrutura:

25,19–36,43	**CICLO DE ISAAC E REBECA**
25,19-26	*Gerações de Isaac*
25,27-43	*Desprezo de Esaú pela primogenitura*
26,1-11	*Isaac e Rebeca em Gerara*
26,12-25	*Contenda entre pastores*
26,26-33	*Isaac e Abimelec: aliança em Bersabeia*
26,34-35	*Casamento de Esaú com Judite e Basemat*
27,1-45	*Bênção de Jacó*
27,46–28,5	*Despedida de Jacó*
28,6-9	*Casamento de Esaú com Maelet*
28,10-22	*Sonho de Jacó em Betel*
29,1-12	*Encontro entre Jacó e Raquel*
29,13-19	*Chegada de Jacó à casa de Labão*
29,20-30	*Casamento de Jacó com Lia e Raquel*
29,31–30,24	*Filhos de Lia e Raquel para Jacó*
30,25-42	*Trato entre Jacó e Labão*
31,1-21	*Fuga de Jacó e sua família*
31,22-42	*Proteção divina a Jacó contra Labão*
31,43–32,1	*Jacó e Labão: aliança em Galed e Mispá*
32,2-22	*Retorno de Jacó à terra de Canaã*
32,23-33	*Luta de Jacó em Penuel*
33,1-17	*Encontro de Jacó e Esaú*
33,18-20	*Jacó em Siquém*
34,1-31	*Opressão, rapto e resgate de Dina*

GÊNESIS – INTRODUÇÃO

35,1-15	*De Siquém a Betel*
35,16-20	*Morte e sepultamento de Raquel*
35,21-22a	*Incesto de Rúben*
35,22b-26	*Filhos de Jacó segundo suas mães*
35,27-29	*Morte e sepultamento de Isaac*
36,1-8	*Gerações de Esaú na terra de Canaã*
36,9-14	*Gerações de Esaú no monte Seir*
36,15-19	*Chefes de Edom (I)*
36,20-28	*Descendentes de Seir*
36,29-30	*Chefes dos horitas*
36,31-39	*Reis de Edom*
36,40-43	*Chefes de Edom (II)*

A última etapa do percurso narrativo do livro do Gênesis é o ciclo de Jacó e família, o qual, em grande parte, se dedica à história de José. Nesse ciclo, graves conflitos entre os irmãos geram uma profunda crise no núcleo eleito e originário do futuro Israel. A reunificação da família terá como contexto um prolongado período de seca que expõe a família de Jacó/Israel à morte. A busca pela sobrevivência leva os filhos de Israel ao Egito a fim de adquirirem insumos alimentares, o que resulta em um desfecho inesperado de encontro, perdão e reconciliação entre os filhos de Jacó e José, que se tornou administrador de todo o Egito. A autoridade de José favorecerá a entrada de seus familiares como imigrantes no Egito, elemento central para a continuidade da narrativa no livro do Êxodo. A totalidade desse ciclo, cuja história de José é parte constituinte, pode ser estruturada da seguinte forma:

37,1–50,26	**CICLO DE JACÓ E FAMÍLIA**
37,1-4	*Gerações de Jacó em Canaã*
37,5-17	*Sonho de José*
37,18-36	*Venda de José por seus irmãos*
38,1-30	*Judá e Tamar*
39,1-23	*José e a mulher de Potifar*
40,1-23	*José, intérprete de sonhos*
41,1-40	*José, o mais sábio do Egito*
41,41-57	*José, administrador do Egito*
42,1-38	*Descida dos filhos de Israel ao Egito*
43,1-16	*Segunda viagem ao Egito*

43,17-34	*Reencontro de José com Benjamim*
44,1-17	*Cálice de José na sacola de Benjamim*
44,18-34	*Autoentrega de Judá por Benjamim*
45,1-15	*Perdão de José a seus irmãos*
45,16-26	*Reconciliação de José com seus irmãos*
46,1-7	*Descida da casa de Israel ao Egito*
46,8-27	*Geração de Jacó imigrante no Egito*
46,28-34	*Encontro de Israel com José*
47,1-12	*A casa de Israel na casa do faraó*
47,13-26	*Administração de José*
47,27-31	*Últimos desejos de Israel*
48,1-22	*Bênção de Israel aos filhos de José*
49,1-28	*Bênção de Israel a seus doze filhos*
49,29-33	*Morte de Jacó*
50,1-21	*Funeral e sepultamento de Jacó*
50,22-26	*Últimos desejos e morte de José*

Dois eventos mantêm o leitor em suspense e expectativa, prendendo sua atenção até o desfecho no livro de Josué, que são: o cumprimento da promessa do dom da terra de Canaã aos descendentes de Israel e o sepultamento de José, que ocorrerá apenas no final do livro de Josué (Js 24,32). Ademais, os últimos capítulos do livro do Gênesis estabelecem uma sequência com o livro do Êxodo, cuja narrativa explica como essa família de imigrantes hebreus multiplicou-se, passou pela escravidão e tornou-se um grande povo, o povo da aliança eleito por Deus.

PRINCIPAIS TEMAS

O leitor do livro do Gênesis dialoga com uma mentalidade e uma cultura milenar, perpetuada em forma escrita, cuja finalidade específica não tem a intenção de fazer um registro científico ou arquivo histórico sobre a origem do universo e a evolução das espécies no contexto geográfico do antigo Oriente Próximo. O livro do Gênesis propõe as bases e os fundamentos necessários dos aspectos cultuais, sociais, religiosos, ideológicos e teológicos sobre o nascimento e a origem do povo de Israel, bem como apresenta, pela arte e pela sensibilidade da narrativa hebraica, Deus como origem e princípio de toda a existência.

A solene abertura do cânon bíblico introduz os dois protagonistas de toda a Escritura: Deus, origem de tudo o que existe, e o

GÊNESIS – INTRODUÇÃO

humano, macho e fêmea, plasmado à imagem e semelhança de Deus (Gn 1,26-27), e animado pelo respiro divino (Gn 2,7). A narrativa parte, portanto, do universal ao particular, sendo que os dois relatos da criação (Gn 1,1–2,3; 2,4-25), juntamente com todo o material reunido nos onze primeiros capítulos do livro do Gênesis, servem também de prólogo às narrativas ancestrais dos patriarcas e matriarcas do antigo Israel.

Nessa perspectiva, o Deus de Abraão, Isaac e Jacó (Gn 26,24; 28,13; 31,42.53; Ex 3,6.15.16; 4,5) não se limita a ser um Deus pessoal, familiar, territorial ou tribal; ao contrário, ele é o criador de todo o universo e de tudo o que existe. Deus se revela no livro do Gênesis como origem de todo o universo, é o Deus uno, único e soberano, a quem todo criado está sujeito e a quem os povos da terra devem conhecer e servir fielmente mediante uma aliança, temática muito cara ao livro do Gênesis.

Em síntese, os principais temas do livro do Genesis são: a unicidade e soberania do Deus criador de todas as coisas e de todos os seres; a dignidade do humano, macho e fêmea, criado à imagem e semelhança de Deus; as alianças ancestrais com Noé, com Abraão, com Isaac e com Jacó; as promessas de descendência, bênção e terra; a fé como resposta ideal do eleito a Deus; a identidade de imigrante de todos os patriarcas e matriarcas do antigo Israel; a esterilidade humana; a revelação de Deus como aquele que fala e faz, para quem nada é impossível, um Deus que não está atrelado a uma terra, mas que caminha com seu eleito, indicando o caminho.

INTERTEXTUALIDADE COM O NOVO TESTAMENTO

São numerosas as passagens do Novo Testamento nas quais é possível identificar algum tipo de presença de textos do livro do Gênesis. Sem entrar em detalhes quanto ao tipo de presença, relação ou grau de intertextualidade, apresentam-se algumas evidências, como a alusão à identidade davídica de Jesus, no Evangelho segundo Mateus, ascendendo a Abraão (Mt 7,1-17), e no Evangelho segundo Lucas, ascendendo a Adão (Lc 3,2-23). O Evangelho segundo João (Jo 4,5.6.12) fará alusão ao território comprado por Jacó em Siquém e dado em herança a seu filho José (Gn 33,19; 48,22).

Com relação à figura dos patriarcas, o Novo Testamento dedica atenção especial a Abraão, que aparece setenta e três vezes, enquanto Isaac aparece vinte e três e Jacó vinte e cinco vezes. José aparece cerca de oito vezes no Novo Testamento.

O quarto capítulo da carta aos Romanos insiste na justificação pela fé e não pelas obras da lei com base no exemplo de Abraão, a quem foi creditado o prêmio da justiça (Gn 15,6), antes mesmo do sinal da circuncisão na carne (Rm 4,1-3.9-22). Essa mesma carta também reflete a temática da supremacia da eleição de Israel sobre os demais povos (Rm 9,4-13), baseando-se na descendência nascida para os pais em virtude da promessa, aludindo a Isaac e Jacó, e não por critérios humanos, acenando aos primogênitos Ismael e Esaú.

Entre tantos outros lugares em que o Novo Testamento faz referência à figura do patriarca Jacó, Rm 9,1-18 é digno de nota, por abordar a temática da eleição gratuita de Deus por Israel, recordando a imagem da eleição de Isaac em detrimento de Ismael (Rm 9,6-9) e de Jacó em detrimento de Esaú (Rm 9,10-13).

Na carta aos Gálatas, Paulo insiste sobre a precedência da promessa feita por Deus a Abraão em relação à lei dada no Sinai a Moisés, bem como sobre a universalidade e primazia da bênção de Abraão, que alcança todos os pagãos mediante a fé (Gl 3,6-18.29). Ainda na carta aos Gálatas (Gl 4,22–5,1), Isaac e Ismael são caracterizados, respectivamente, como filhos da mulher livre, isto é, Sara, e como filho da escrava, isto é, Agar, sugerindo que os nascidos mediante o batismo, pela fé em Cristo, são herdeiros como o filho da mulher livre.

No livro dos Atos dos Apóstolos, Estêvão apresenta um breve excurso da vida dos patriarcas até José (At 7,2-16). A carta aos Hebreus também faz uma retrospectiva do caminho e da resposta de fé dos patriarcas e matriarcas do antigo Israel (Hb 11,8-12.20-22). Ademais, essa mesma carta estabelece um paralelo de semelhança e continuidade entre o sacerdócio de Melquisedec (Gn 14,18-20) e o sacerdócio de Cristo (Hb 7,1-8), em contraposição ao sacerdócio levítico. O episódio da prova de Abraão e o da amarração de Isaac (Gn 22,1-19) também são recordados e interpretados (Hb 11,17-19; Tg 2,21).

Por fim, a especulação patrística fomentou e identificou diversas analogias entre a figura de José e Jesus. Tanto José quanto

GÊNESIS – INTRODUÇÃO

Jesus foram vendidos por seus irmãos por moedas de prata (Gn 37,28; Mt 26,15–27,3.9); tanto a roupa de José quanto a de Jesus são descritas com particularidades (Gn 37,3.23.31-33; Jo 19,23), das quais ambos foram despidos (Gn 37,23; Mt 27,35; Mc 15,24; Lc 23,34; Jo 19,23). José começou sua ascensão social apresentando-se ao faraó na idade de trinta anos (Gn 41,46), mesma idade em que Jesus inaugura sua vida pública (Lc 3,23). Diante de José, assim como ao nome de Jesus, dobram-se todos os joelhos (Gn 41,42; Is 45,23; Rm 14,11; Fl 2,10). Tanto José quanto Jesus eram filhos amados pelo pai, e esse amor despertou o ciúme dos irmãos (Gn 37,3-4; Mt 3,17; Mc 1,11; Lc 3,22; Ef 1,6; Cl 1,13; 2Pd 1,17) e os expôs à morte (Gn 37,4.8.11.20; Mt 2,13; Jo 1,11; 15,18.23.24.25).

Esse conjunto de semelhanças estimulou muitos estudos e comparações da figura de Jesus não apenas com José, mas também com Adão. Não raramente Jesus é apresentado como o novo Adão (1Cor 15,22.45; Rm 5,14-15).

CONCLUSÃO

O livro do Gênesis é um convite a compartilhar da experiência de fé de famílias transmigrantes, é um convite a empreender o caminho dos patriarcas e matriarcas do antigo Israel, deixando-se guiar por Deus, na certeza de que ele jamais abandona aqueles que ele escolhe. Deus fala e faz; sua palavra tem poder criador e restaurador, pois deriva de alguém para quem nada é impossível (Gn 1,1–2,4; 18,1-16; 21,1-7).

São numerosas as temáticas abordadas pelo livro, e uma das vantagens desta nova tradução são suas notas explicativas, que ajudam o leitor a se apropriar mais intensamente das riquezas que o livro do Gênesis proporciona, tanto como Livro Sagrado quanto como obra literária, artisticamente elaborada para transmitir toda a beleza milenar da arte narrativa hebraica.

Resta ainda agradecer os estudos de diversos pesquisadores que colaboraram para fundamentar a tradução e o comentário do livro do Gênesis: WÉNIN, A. (ed.). *Studies in the Book of Genesis*: literature, redaction and history, vol. 155. Louven: Peeters Publishers, 2001; ———. *O homem bíblico*: leituras do Primeiro Testamento. São Paulo: Loyola, 2006; ———. *De Adão a Abraão ou as errâncias do humano*. São Paulo: Loyola, 2011; GIUNTOLI, F. *Genesis 1-11*: introduzione, traduzione e commento. Milano: San Paolo, 2013;

GÊNESIS – INTRODUÇÃO

————. *Genesis 12-50:* introduzione, traduzione e commento. Milano: San Paolo, 2013; WESTERMAN, C. *O livro do Gênesis:* um comentário exegético-teológico. São Leopoldo: Sinodal-Est, 2013; WALTKE, B. K. *Gênesis.* São Paulo: Ed. Cultura Cristã, 2010; VOGELS, W. *Abraão e sua lenda:* Gn 12,1-25,11. São Paulo: Loyola, 2000. Certamente, tantos outros estudos e ferramentas colaboraram direta ou indiretamente para a realização deste trabalho, a fim de proporcionar ao leitor o acesso à Palavra de Deus e a uma reta interpretação teológica.

GÊNESIS 1

ORIGEM DO UNIVERSO E DA HUMANIDADE

Gn

Primeiro relato da criação

1 ¹ No início Deus criou o céu e a terra. ² A terra era amorfa e vazia; havia trevas na superfície do abismo, e o espírito de Deus pairava sobre a superfície das águas. ³ E Deus disse: "Que haja luz!" E houve luz. ⁴ Deus viu que a luz era boa. E Deus fez a separação entre a luz e as tre-

---

1,1–2,3 A primeira palavra do livro, "princípio" (*bᵉrē'shît* em hebraico, *arché* em grego, *principium* em latim), é um convite a ultrapassar as fronteiras do princípio absoluto e arquetípico: a origem do céu, da terra, do tempo, da humanidade, da transgressão, do trabalho, do culto, da violência, da oração, da pedagogia divina, da eleição de Israel. No princípio, o primeiro sujeito da ação é Deus, que cria o céu e a terra (v. 1), merisma que exprime a totalidade do universo. Na Bíblia, a ação de criar é prerrogativa exclusiva e performativa de Deus, que fala e faz (v. 3). O mundo criado por Deus é perfeito e fértil; nele tudo é bom (vv. 4.10.12.18.21.25.31), não há lugar para o mal e a dor. O versículo 2 expõe as circunstâncias da iniciativa do ato criador: a inexistência de formas e o vazio primordial (Jr 4,2; Is 45,18). Oito obras são criadas em seis dias, sendo que no terceiro (vv. 9-13) e no sexto (vv. 24-31) são criadas duas obras em cada dia. O primeiro elemento evocado por Deus é a luz (v. 3), a partir da qual a passagem do tempo é indicada pela alternância dos dias (vv. 5.8.13.18.23.31). O quarto dia é dedicado à formação dos corpos celestes: o sol, a lua e as estrelas (vv. 14-19); o narrador não pronuncia seus nomes, possivelmente por serem considerados divindades nos mitos da antiga Babilônia e demais culturas vizinhas. Ademais, esses luzeiros, além da função de iluminar a terra (v. 5), demarcando o ritmo do tempo e das estações, servem igualmente para indicar as festas litúrgicas, segundo o calendário lunar. A bênção divina se torna um elemento de unidade no livro do Gênesis: Deus abençoa os animais (v. 22); o ser humano (v. 28; Gn 5,2) e o sétimo dia, o sábado, dia do repouso de Deus (Gn 2,3); Deus abençoará igualmente Noé (Gn 9,1), Abraão (Gn 12,2; 22,17; 24,1), Isaac (Gn 25,11; 26,3.12.24), Jacó (Gn 32,30; 35,9; 48,3), Sara (Gn 17,16) e Ismael (Gn 17,20). Nesses casos, a bênção está relacionada à fecundidade (v. 28; Gn 8,17; 9,1.7; 17,20; 28,3; 35,22; 47,27; 48,4), como uma continuidade da ação criadora. A narrativa atinge seu clímax na solene deliberação de Deus: "Façamos o ser humano" (v. 26). No texto hebraico, o verbo "façamos" concorda com o sujeito *Elohim*, literalmente "deuses"; ambos, sujeito e verbo, têm a forma no plural. Ao se traduzir do hebraico para uma língua vernácula, entretanto, embora o sujeito esteja no plural, recomenda-se que seja lido no singular, isto é, "Deus". Essa forma irregular de concordância, com o sujeito no singular e o verbo no plural, tem ao menos duas explicações: (a) o plural "façamos" deve ser compreendido como um ato deliberativo de Deus à sua corte celeste, conforme uma sensibilidade comum ao antigo Oriente Próximo (Gn 3,22; 6,2.4; 11,7; Dt 10,17; Sl 50,1; 82,1; 89,7; 95,3); (b) o plural "façamos" corresponde ao chamado plural majestático ou plural de modéstia, quando quem escreve ou fala se refere a si mesmo usando a primeira pessoa do plural, no lugar da primeira pessoa do singular. No livro do Gênesis há mais de uma ocorrência dessa forma irregular de concordância ideológica (Gn 3,22; 11,7). Diversamente dos vegetais e animais, criados segundo suas espécies (vv. 11.12.21.24.25), o ser humano é criado à imagem e semelhança de Deus (vv. 26-27; Gn 5,1-3); e investido como único soberano, para governar a natureza (v. 28). O exercício do poder humano, porém, não conhece a morte ou o derramamento de sangue, pois o regime alimentar, tanto do ser humano quanto dos animais, segue uma dieta vegetariana (vv. 29-30), o que representa harmonia, paz e tranquilidade entre o ser humano e o criado (Is 11,7; 65,25; Os 2,20).

25

GÊNESIS 1

vas. ⁵ Deus chamou a luz de "dia"; e as trevas chamou de "noite". Houve uma tarde e uma manhã; primeiro dia.

⁶ Deus disse: "Que haja um firmamento no meio das águas, e que haja uma separação entre águas e águas!" ⁷ E Deus fez o firmamento, fez também a separação entre as águas que estão debaixo do firmamento e as águas que estão acima do firmamento. E assim foi. ⁸ Deus chamou o firmamento de "céu". Houve uma tarde e uma manhã; segundo dia.

⁹ Deus disse: "Reúnam-se em um único lugar as águas que estão debaixo do céu! Que apareça a parte seca!" E assim foi. ¹⁰ Deus chamou a parte seca de "terra"; e o reservatório de águas chamou de "mar". E Deus viu que era bom. ¹¹ Deus disse: "Que a terra faça germinar relva tenra, planta produtora de semente, árvore frutífera que dê fruto segundo sua espécie, cuja própria semente esteja nela, sobre a terra!" E assim foi. ¹² A terra produziu relva tenra, planta produtora de semente, segundo sua espécie e árvore frutífera, cuja própria semente estava nela, segundo sua espécie. E Deus viu que era bom. ¹³ Houve uma tarde e uma manhã; terceiro dia.

¹⁴ Deus disse: "Que haja luzeiros no firmamento do céu para fazer a separação entre o dia e a noite! Que sejam sinais tanto para as estações, quanto para os dias e os anos! ¹⁵ Que os luzeiros no céu sejam para iluminar a terra!" E assim foi. ¹⁶ Deus fez os dois luzeiros grandes, o luzeiro maior para reger o dia e o luzeiro menor para reger a noite, e as estrelas. ¹⁷ Deus os estabeleceu no firmamento do céu para iluminar a terra, ¹⁸ para reger tanto o dia quanto a noite e para fazer a separação entre a luz e as trevas. E Deus viu que era bom. ¹⁹ Houve uma tarde e uma manhã; quarto dia.

²⁰ Deus disse: "Que as águas fervilhem um fervilhamento de seres vivos; que aves voem acima da terra, sobre a superfície do firmamento do céu!" ²¹ Deus criou os grandes répteis e cada ser vivo rastejante segundo suas espécies, sendo que as águas fervilharam; e todas as aves aladas segundo suas espécies. E Deus viu que era bom. ²² Deus os abençoou dizendo: "Frutificai e multiplicai-vos! Enchei as águas do mar! Que as aves se multipliquem na terra!" ²³ Houve uma tarde e uma manhã: quinto dia.

Em geral, as narrativas cosmogônicas do antigo Oriente Próximo apresentam uma conclusão semelhante: o deus criador ordena a construção de um templo no qual possa ser venerado como soberano do universo. No Gênesis, porém, o Deus bíblico não constrói, nem ordena que se construa um templo, mas se reserva um tempo santo, isto é, o sábado (v. 2). O templo será construído posteriormente, quando Deus solicitará a Moisés construir um santuário móvel no deserto (Ex 24–31; 35–40). A conclusão da "obra" (Gn 2,2) no sétimo dia, portanto, sugere uma prolepse com a "obra" da tenda do santuário (Ex 40,33), propondo que a obra da criação estará totalmente pronta quando, segundo a mentalidade mitológica da antiga Babilônia, Deus nela puder repousar.

GÊNESIS 1–2

²⁴ Deus disse: "Que a terra produza cada ser vivo segundo sua espécie! Animal doméstico, réptil e animais selvagens da terra, segundo sua espécie!" E assim foi. ²⁵ Deus fez cada animal selvagem da terra, segundo sua espécie; cada animal doméstico, segundo sua espécie; e cada réptil do solo, segundo sua espécie. E Deus viu que era bom. ²⁶ Deus disse: "Façamos o ser humano à nossa imagem, conforme nossa semelhança! Que domine sobre os peixes do mar, sobre as aves do céu, sobre todos os animais domésticos acima da terra, bem como sobre todo réptil que rasteja sobre a terra!" ²⁷ E Deus criou o ser humano à sua imagem, à imagem de Deus o criou; macho e fêmea os criou. ²⁸ Deus os abençoou e Deus lhes disse: "Frutificai e multiplicai-vos! Enchei a terra e sujeitai-a! Dominai sobre os peixes do mar, sobre as aves do céu e sobre todo ser que rasteja sobre a terra!"

²⁹ Deus disse: "Eis que vos dei toda planta que dissemina semente, sendo que está na superfície de toda a terra, e toda árvore cujo próprio fruto dissemina semente, para que vos seja alimento. ³⁰ A todo animal selvagem da terra e a toda ave do céu, e a tudo que rasteja sobre a terra, onde houver um ser vivo, toda erva verde lhe será para alimento!" E assim foi. ³¹ Deus viu tudo que fizera; e eis que era muito bom. Houve uma tarde e uma manhã; sexto dia. **2** ¹ Assim foram concluídos o céu, a terra e todos os seus exércitos. ² No sétimo dia, Deus concluiu sua obra que fizera; e no sétimo dia descansou de toda a obra que fizera. ³ Deus abençoou o sétimo dia e o santificou. De fato, nele Deus descansou de fazer toda a sua obra que criara.

Segundo relato da criação

⁴ Essas foram as gerações do céu e da terra, quando foram criadas. No dia em que o SENHOR Deus fez terra e céu, ⁵ antes que houvesse na terra qualquer arbusto do campo, antes que brotasse qualquer planta

---

2,4-25 O segundo relato dá primazia à criação do homem e da mulher. O momento inicial registra a falta de vegetação, que parece estar relacionada a outras duas faltas, isto é, de chuva para regar as plantas e do ser humano para cultivar o solo (vv. 4-6). O ambiente semântico, portanto, pertence ao domínio agrícola: o campo, a chuva e o ser humano que trabalha a terra. A sequência revela como Deus supre tais faltas, a começar pelas duas últimas (vv. 7-22). Primeiro, Deus plasma o ser humano do pó do solo (v. 7); em seguida, Deus planta um jardim para o ser humano e garante seu alimento, fazendo brotar árvores frutíferas (vv. 8-9). O Éden também tem provisão de água, dado que ali se encontra a nascente de quatro rios (vv. 10-14). Já não se está mais na presença do Deus transcendente que cria em sete dias e apenas falando (Gn 1,1-31), mas do Deus que suja as mãos com o pó da terra (vv. 7a-19), que respira (v. 7b) e que planta, como um agricultor, um jardineiro, um oleiro (vv. 8-9). Deus age como um cirurgião, anestesiando, abrindo uma ferida e fazendo uma intervenção no corpo sedado, para fechar a lesão provocada (v. 21). Desde sua origem o ser humano está intimamente relacionado à terra, pois em hebraico "ser humano" ('adam, v. 7) deriva de "solo", "barro", "pó da terra" ('adama, v. 7), tendo como profissão cultivá-la (vv. 5.15; Gn 3,17) e como destino, na morte, a ela retornar (Gn 3,19).

27

GÊNESIS 2

do campo, porque o SENHOR Deus não havia feito chover sobre a terra, e não existia o ser humano para trabalhar a terra; **6** um manancial, todavia, subia da terra e irrigava toda a superfície do solo.

7 O SENHOR Deus plasmou o ser humano do pó do solo, soprou em suas narinas um fôlego de vida, e o ser humano se tornou um ser vivo. **8** O SENHOR Deus plantou um jardim no Éden, ao oriente, e pôs ali o ser humano que plasmara. **9** O SENHOR Deus fez germinar do solo cada árvore desejável pela aparência e boa para alimentação. No meio do jardim havia a árvore da vida e a árvore do conhecimento do bem e do mal.

10 Do Éden saía um rio para irrigar o jardim. Dali se separava e se tornava quatro braços. **11** O nome do primeiro era Fison, o qual circundava toda a terra de Hévila, ali onde havia ouro. **12** De fato, o ouro dessa terra era bom. Ali havia o bdélio e a pedra de ônix. **13** O nome do segundo rio era Geon, o qual circundava toda a terra de Cuch. **14** O nome do terceiro era Tigre, o qual seguia pelo oriente da Assíria. O quarto rio era o Eufrates.

15 O SENHOR Deus tomou o ser humano e o colocou no jardim do Éden para o trabalhar e o guardar. **16** O SENHOR Deus ordenou ao ser humano: "De qualquer árvore do jardim, certamente, comerás. **17** Da árvore do conhecimento do bem e do mal, porém, dela não comerás! Porque, no dia em que dela comeres, certamente, morrerás!"

18 O SENHOR Deus disse: "Não é bom que o ser humano esteja só! Farei para ele um auxílio que lhe corresponda!" **19** O SENHOR Deus plasmou do solo cada animal selvagem do campo e cada ave do céu e os trouxe ao ser humano para ver como os chamaria. E cada ser vivo,

---

A imagem do "pó da terra" como matéria-prima para a criação do ser humano (v. 7a) é recorrente na Bíblia (Gn 3,19; 18,27; Jó 10,9; 34,15; Sl 103,14; 104,29; Eclo 33,10). Referindo-se ao ato de Deus ao criar o ser humano, a narrativa recorre ao verbo "plasmar", "modelar", usado tanto para descrever o oleiro e sua atividade (1Cr 4,23; Sl 2,9; Is 29,16; 30,1; Jr 18,2-6; 19,1.11; Lm 4,2) quanto para ilustrar a ação criadora de Deus, que plasma o coração humano (Sl 33,15), seus olhos (Sl 94,9), toda a terra (Sl 95,5; Is 45,8; Jr 33,2), as montanhas (Am 4,13), os dias (Sl 139,16) e o próprio Israel (Is 43,1.21; 44,2.21.24). Em um território árido como a Palestina, a imagem do "jardim no Éden" (vv. 8.10; Ez 28,13) e do "jardim do Éden" (Gn 2,15; 3,23.24) é particularmente sugestiva. Entre sua vicejante flora, encontram-se duas árvores que ocupam o meio do jardim: a "árvore da vida" (v. 9; Gn 3,22.24) e a "árvore do conhecimento do bem e do mal" (vv. 9.17). O ser humano é introduzido no Éden para "trabalhar" e "guardar" (v. 15), verbos que aparecem tanto em contexto cultual-litúrgico quanto em observância aos mandamentos (Nm 3,7-8; 8,26; 18,7; Dt 13,5; Js 22,5; Ml 3,14). De tal modo, o texto indica que o comportamento humano, evocado por esses verbos, implica respeito e reverência. Portanto, predar e espoliar a terra e seus recursos corresponde a desprezar o encargo recebido de Deus. A última obra de Deus é a mulher (v. 22), que é feita a partir de um "lado" (em hebraico *tsela'*) do ser humano, vocábulo usado para se referir ao lado da arca (Ex 25,12.14), ao lado do tabernáculo (Ex 26,26.27.35), ao lado do altar (Ex 27,7), ao lado da casa (1Rs 6,8). Deus cria a mulher como auxílio ao ser humano (vv. 18.20), que é homem e mulher (em hebraico *ish* e *isha*: v. 23bc), sublinhando a reciprocidade ("auxílio que lhe corresponde" [v. 20b]), a paridade ("osso de ossos; carne de carne" [vv. 23a.24]) e a alteridade com quem se pode interagir ("conduziu ao ser humano" [v. 22]).

GÊNESIS 2–3

conforme o ser humano lhe chamasse, aquele seria seu nome. [20] Então o ser humano deu nomes a cada animal doméstico, às aves do céu e a cada animal selvagem do campo. Para o ser humano, porém, não se encontrou um auxílio que lhe correspondesse.

[21] O SENHOR Deus, então, fez cair uma letargia sobre o ser humano, e ele dormiu. Tomou, pois, um de seus lados e, em seu lugar, fechou com carne. [22] Depois o SENHOR Deus construiu, com a parte que tirara do ser humano, uma mulher e a conduziu ao ser humano. [23] Então o ser humano disse:

"Desta vez é osso de meus ossos
e carne de minha carne.
Esta será chamada 'mulher'
porque esta foi tirada do homem".

[24] Por isso, o homem deixará seu pai e sua mãe e se juntará à sua mulher, e se tornarão uma só carne. [25] Ora, ambos estavam nus, o ser humano e sua mulher, mas não se envergonhavam.

Relato do jardim

3 [1] A serpente era o mais astuto de todos os animais selvagens do campo que o SENHOR Deus fizera. Disse, pois, à mulher: "É certo que Deus disse: 'Não comais de nenhuma árvore do jardim!'" [2] A mulher disse

---

3,1-24 Usando do gênero literário chamado "fábula", a narrativa reflete as vias de entrada do mal na vida e nas relações humanas. A serpente é caracterizada como o mais "astuto" entre os animais que Deus havia criado (v. 1). A astúcia tem sentido ambivalente, pois é uma qualidade dos sábios (Pr 12,16.23; 13,16; 14,8.15), mas também a conduta do malvado (Jó 5,12; 15,5). Com astúcia, a serpente deturpa o mandamento de Deus (v. 1; Gn 2,16-17) e induz a mulher ao erro (vv. 2-4). No antigo Oriente Próximo e no Egito, a serpente era associada à longevidade, regeneração, fertilidade e poder. Os faraós levavam em seu diadema a imagem da serpente pronta para atacar, como símbolo da invencibilidade e soberania. É possível que a serpente simbolize igualmente a sedução que a sabedoria, o conhecimento e o poder dessas culturas exerciam sobre o antigo Israel. A mulher e o homem são atraídos pelo sensorial, pelo apetite e pelo desejo (v. 6). O efeito da transgressão foi, como disse a serpente (vv. 4-5), a abertura dos olhos (vv. 5.7) e o tornar-se como deuses (vv. 5.22). As consequências, porém, foram a vergonha (v. 7) e a perda da intimidade com Deus (vv. 8-13). Nessas condições o ser humano não pode habitar o Éden (vv. 23-24) e perde, ademais, as prerrogativas correlacionadas à vida no jardim (vv. 16-19). A não responsabilidade pelos próprios atos, a acusação e a autojustificação endossaram as consequências do uso da liberdade diante da sedução exterior e do desejo interior (vv. 11-13). O querubim à entrada do jardim para proteger a árvore da vida remete aos querubins na tenda do santuário para proteger a arca da aliança (Ex 25,18-22; 37,7-9; Nm 7,89; 1Rs 8,6-7), bem como no templo de Salomão (1Rs 6,23-35; 7,29.36; 2Cr 3,7-14). Essa frequência de imagens indica o jardim do Éden como santuário primigênio, no qual Deus habita com o ser humano; sendo, portanto, a tenda do santuário uma evocação do Éden (Ex 25,1–31,17; 35,1–40,37), e a promulgação da lei de santidade (Lv 17–26) a via para resgatar as prerrogativas correlacionadas à vida no jardim, ou seja, a intimidade com Deus.

GÊNESIS 3

à serpente: "Dos frutos das árvores do jardim podemos comer! **3** Quanto ao fruto da árvore que está no meio do jardim, Deus disse: 'Não comais dele, nem toqueis nele para que não morrais!'" **4** A serpente disse à mulher: "Certamente não morrereis. **5** Porque Deus sabe que, no dia em que dele comerdes, vossos olhos se abrirão, e sereis como deuses, conhecedores do bem e do mal!"

6 A mulher viu que a árvore era boa para comer, porque ela era apetitosa aos olhos. A árvore, também, era desejável para dar entendimento. Tomou, pois, de seu fruto e comeu; também deu a seu marido, que com ela comeu. **7** Os olhos de ambos se abriram, e conheceram que eles estavam nus. Coseram, então, folhas de figueira e fizeram cintas para si.

8 Quando escutaram a voz do SENHOR Deus, enquanto ele passeava pelo jardim à brisa do dia, o ser humano e sua mulher se esconderam da presença do SENHOR Deus, em meio às árvores do jardim. **9** O SENHOR Deus chamou o ser humano e lhe disse: "Onde estás?" **10** Ele disse: "Escutei tua voz no jardim e temi, porque estava nu; então eu me escondi". **11** Disse: "Quem te informou que tu estás nu? Porventura comeste daquela árvore, a qual te ordenei que dela não comesses?" **12** O ser humano disse: "A mulher que me deste, ela me deu da árvore, e comi!" **13** O SENHOR Deus disse à mulher: "O que é isso que fizeste?" A mulher disse: "A serpente me iludiu, e comi!" **14** O SENHOR Deus disse à serpente: "Porque fizeste isso, tu serás maldita dentre todos os animais domésticos e todos os animais selvagens do campo. Rastejarás sobre teu ventre e comerás pó todos os dias de tua vida! **15** Porei inimizade entre ti e a mulher, entre tua descendência e a descendência dela, a qual te ferirá a cabeça, e tu tentarás lhe ferir o calcanhar!" **16** Disse à mulher: "Certamente multiplicarei tua fadiga e tua gravidez. Com dor darás à luz filhos. Teu desejo será dirigido a teu marido, e ele te dominará". **17** Disse ao ser humano: "Porque escutaste a voz de tua mulher e comeste da árvore, a qual te ordenei dizendo: 'Não comerás dela!', maldito será o solo por tua causa; com fadiga dele comerás todos os dias de tua vida! **18** Espinho e cardo ele fará crescer para ti, e comerás da plantação do campo. **19** Comerás o pão com o suor de tua face até voltares ao solo, pois dele foste tirado. Porque tu és pó e ao pó voltarás!"

20 O ser humano chamou o nome de sua mulher de "Eva", porque era mãe de todo vivente. **21** O SENHOR Deus fez túnicas de pele para o ser humano e para sua mulher, e os vestiu. **22** O SENHOR Deus disse: "Eis que o ser humano é como um de nós, conhecedor do bem e do mal. Que agora não estenda sua mão nem tome também da árvore da vida, que não coma nem viva eternamente!" **23** O SENHOR Deus o despediu do jardim do Éden para trabalhar o solo, pois dali fora tirado. **24** Após expulsar o ser humano, fez morar, ao oriente do jardim do Éden, querubins que se moviam de um lado a outro com uma espada de chama, para guardar o caminho da árvore da vida.

GÊNESIS 4

História de Caim e Abel

Gn

4 ¹ O ser humano conheceu sua mulher, Eva; ela concebeu e deu à luz Caim. Disse: "Adquiri um homem do SENHOR". ² Acrescentou outro, ao dar à luz seu irmão Abel. Ora, Abel era pastor de gado pequeno, e Caim era trabalhador do solo.

³ Aconteceu que, após alguns dias, Caim trouxe uma oferta de frutos do solo para o SENHOR. ⁴ Quanto a Abel, também ele trouxe dos primogênitos de seu gado pequeno e da gordura deste. O SENHOR olhou com agrado para Abel e para a oferta dele. ⁵ Mas não olhou com agrado para Caim e para a oferta dele. Caim se irritou muito, e sua face decaiu.

⁶ O SENHOR disse a Caim: "Por que te irritaste? Por que tua face decaiu? ⁷ Por acaso não fazes o bem para estar elevado? Mas, se não fazes por bem, o pecado está reclinado à porta. O desejo dele será contra ti. Tu, porém,

---

4,1-16 A fraternidade estreia na história humana com um fratricídio (v. 8). Os irmãos representam duas categorias de existência humana ligadas ao campo: o pastor (v. 2) e o lavrador (v. 2). Caim e Abel são indicados como os primeiros a apresentarem ofertas a Deus, como prolepse do verdadeiro culto de Israel, no qual a oferta de animais deverá ser tirada dentre os primogênitos (Ex 13,2.12.15; 34,19; Lv 27,26; Nm 3,13; 8,17; Dt 12,6), com particular atenção à gordura (Ex 29,13.22.25; Lv 1,8.12; Nm 15,20.21); a oferta vegetal, entretanto, se limita às primícias do fruto do solo (Ex 23,19; 34,26; Lv 2,12.14; 23,10.17.20; Nm 15,20.21; Dt 18,4). A informação de que a oferta do mais jovem agradou a Deus coloca Abel como o primeiro dentre os filhos mais novos, no livro do Gênesis, a alcançar especial atenção ou predileção de Deus (Gn 17,18-21; 25,29-34; 48,13-20). As perguntas de Deus a Caim "Onde está teu irmão Abel?" (v. 9) e "Que fizeste?" (v. 10) evocam as perguntas de Deus ao ser humano e sua mulher (Gn 3,9.13), assim como o impedimento do solo a contribuir com seus produtos (v. 12) recorda o suor e a fadiga com que o ser humano deve trabalhar para cultivar este mesmo solo (Gn 3,17-19). Deus diz a Caim que o sangue de Abel (v. 11) está gritando por Deus (v. 10); a vida, segundo a concepção hebraica, está no sangue, e por isso na regulamentação jurídica posterior se afirmará, no caso dos animais, que o sangue não deve ser comido, mas oferecido a Deus; enquanto vida, o sangue é sagrado (Gn 9,4-5; Lv 17,11.14; Dt 12,23), até mesmo o sangue do homicida. De tal modo, Deus proíbe a vingança capital, pois apenas ele pode dar ou tirar a vida. Nota-se que o discurso de Deus não é dirigido a Caim, mas a toda a humanidade e aos possíveis vingadores da morte de Abel (v. 15). O crime de Caim, porém, não fica impune (vv. 11-14). Na sequência textual, a legislação de Israel estabelecerá leis contra o homicida, o qual será vingado pelo "vingador do sangue" (Nm 35,12.19.21.24.25.27; Dt 19,6.12; Js 20,3.5.9; 2Sm 14,11). A lei de Israel não preverá salvação para quem cometer homicídio premeditado, como Caim (Ex 21,12-4; Nm 35,20-21). Deus escutou o grito de Abel como escutará o grito dos pobres e oprimidos (Ex 22,22; Dt 26,7; 2Sm 22,7; 1Rs 8,28; Ne 9,9.27.28; Jd 4,13; Sl 17,1). Entretanto, Deus preservou a vida de Caim e lhe assegurou especial proteção (v. 15) contra os possíveis inimigos, usando uma típica expressão proverbial composta pelo número sete. Em muitas formulações bíblicas, o número sete não se refere a uma quantidade exata, mas a um significado genérico e não raramente proverbial (Gn 4,24; Lv 26,18.21.24.28; Sl 79,12). Sete é expressão da máxima perfeição (Nm 23,4) e evocação da completude: Deus fez a criação em sete dias, a festa de Pentecostes acontece sete semanas depois da Páscoa, cada sétimo ano é sabático (Lv 25) e depois de sete vezes sete anos vem o Jubileu. O número sete, igualmente, às vezes expressa um sentido simbólico de totalidade (Gn 33,3; Lv 8,11; 14,7.16.27.51; 16,14.19; 25,8; Nm 19,4; Js 6,4.14), bem como hiperbólico de intensidade, por exemplo o versículo 15a, reforçando que a vingança será extremamente cruel.

GÊNESIS 4

poderás dominá-lo!" **8** Caim interpelou seu irmão Abel. Ora, eles estavam no campo, quando Caim se ergueu contra seu irmão Abel e o matou.

9 O SENHOR disse a Caim: "Onde está teu irmão Abel?" Disse: "Não sei! Porventura eu sou guarda de meu irmão?" **10** Disse: "Que fizeste? Do solo, a voz do sangue de teu irmão está gritando por mim! **11** Agora, pois, maldito sejas tu desde o solo, o qual escancarou sua boca para tomar por tua mão o sangue de teu irmão. **12** Quando trabalhares o solo, este não dará nenhum acréscimo a teu esforço. Errante e fugitivo serás sobre a terra!"

13 Caim disse ao SENHOR: "Minha culpa é grande demais para suportá-la! **14** Eis que hoje me expulsaste da superfície do solo. De tua presença me esconderei, serei errante e fugitivo sobre a terra. Acontecerá que qualquer um que me encontrar me matará!"

15 O SENHOR lhe disse: "Entretanto, qualquer um que matar Caim será vingado sete vezes". O SENHOR pôs um sinal sobre Caim, para que qualquer um que o encontrasse não o ferisse. **16** Caim saiu da presença do SENHOR e residiu na terra de refúgio, ao oriente do Éden.

Descendência de Caim

17 Caim conheceu sua mulher, e ela concebeu e deu à luz Henoc. Tornando-se construtor de cidade, chamou o nome da cidade conforme o nome de seu filho Henoc. **18** A Henoc nasceu Irad. Irad gerou Maviael; Maviael gerou Matusael; e Matusael gerou Lamec.

19 Lamec tomou para si duas mulheres. O nome da primeira era Ada e o nome da segunda era Zilá. **20** Ada deu à luz Jabal. Ele foi pai de todos que residem em tenda e que têm gado. **21** O nome de seu irmão era Jubal. Ele foi pai de todos que tocam cítara e flauta. **22** Quanto a Zilá, também ela deu à luz Tubalcaim, afiador de todo instrumento de cobre e ferro; a irmã de Tubalcaim era Naama.

> **23** Lamec disse a suas mulheres:
> "Ada e Zilá, escutai minha voz;
> mulheres de Lamec, ouvi minha promessa,
> porque matarei um homem por me ferir,
> e uma criança por me machucar!
> **24** Porque sete vezes Caim é vingado;
> Lamec, porém, setenta e sete vezes".

4,17-24 O livro das gerações apresenta uma genealogia em forma de linhagem, evidenciando a instituição da cultura. Se na primeira parte da proto-história predominava o campo (agricultor e pastor), nesta segunda parte assiste-se ao nascimento da cidade (v. 17), à domesticação de animais maiores (v. 20), ao desenvolvimento das artes, sendo Jubal o primeiro musicista da história (v. 21) e Tubalcaim o primeiro *homo faber* (v. 22) a lidar com a metalurgia. O "Canto de Lamec" (vv. 23-24), em forma poética, retrata a violência da personagem, que paga o mal com o mal na mesma quantidade e intensidade recebida (Ex 21,23-25; Lv 24,17-21; Dt 19,21). O encerramento da genealogia de Caim, com o aumento da violência, expõe um progressivo distanciamento entre a humanidade e Deus.

GÊNESIS 4–5

Descendência do ser humano

Gn

²⁵ O ser humano conheceu novamente sua mulher, e ela deu à luz um filho e chamou seu nome de Set: "Porque Deus pôs para mim outro descendente no lugar de Abel, que Caim matara". ²⁶ E para Set também nasceu um filho; e chamou seu nome de Enós. Neste tempo se começou a chamar o Senhor pelo nome.

Livro das gerações

5 ¹ Este é o livro das gerações do ser humano. No dia em que Deus criou o ser humano, à semelhança de Deus o fez, ² macho e fêmea os criou e os abençoou. No dia em que foram criados, chamou o nome deles de "ser humano".

³ O ser humano tinha cento e trinta anos quando gerou à sua semelhança, como sua imagem, e chamou seu nome de Set. ⁴ Após ter gerado Set, os dias do ser humano foram oitocentos anos, e gerou filhos e filhas. ⁵ Todos os dias que o ser humano viveu foram novecentos e trinta anos, depois morreu.

⁶ Set tinha cento e cinco anos quando gerou Enós. ⁷ Após ter gerado Enós, Set viveu oitocentos e sete anos e gerou filhos e filhas. ⁸ Todos os dias de Set foram novecentos e doze anos, depois morreu.

⁹ Enós tinha noventa anos quando gerou Cainã. ¹⁰ Após ter gerado Cainã, Enós viveu oitocentos e quinze anos e gerou filhos e filhas. ¹¹ Todos os dias de Enós foram novecentos e cinco anos, depois morreu.

¹² Cainã tinha setenta anos quando gerou Malaleel. ¹³ Após ter gerado Malaleel, Cainã viveu oitocentos e quarenta anos e gerou filhos e filhas. ¹⁴ Todos os dias de Cainã foram novecentos e dez anos, depois morreu.

4,25-26 O nascimento do terceiro filho de Adão e Eva é um elemento central para reaproximar a humanidade do Criador, pois dessa linhagem procede Noé, o herói do dilúvio (Gn 6–9). Essa pequena unidade textual, dando sequência à origem da cidade, da arte, da metalurgia, acrescenta a origem da religião e do culto ao Senhor (v. 26).

5,1-32 Esta é a única lista genealógica que faz referência a um livro (v. 1). Entretanto, não é raro encontrar referências semelhantes, por exemplo: livro das guerras do Senhor (Nm 21,14), livro dos justos (Js 10,13), livro dos feitos de Salomão (1Rs 14,19; 15,31; 16,5.14.20.27), livro dos anais dos reis de Judá (1Rs 14,29; 15,17.23; 22,46) e livro dos anais de Davi (1Cr 27,24). Desde suas primeiras linhas, a genealogia do ser humano por intermédio de Set confirma o cumprimento do mandamento de Deus quanto à multiplicação (vv. 1-2; Gn 1,28). Pela união conjugal, o ser humano transmite a seus descendentes a imagem e semelhança de Deus (v. 1; Gn 1,26.27). Cada um dos dez ramos genealógicos segue a lógica natural da vida (vv. 3-32), em que a pessoa nasce, cresce, reproduz-se e morre. O primogênito é posto em foco, por dar continuidade à vida do pai. Duas personagens são dignas de nota: a primeira é Henoc, pois tinha uma relação especial com Deus e foi arrebatado (v. 24); a segunda é Noé, apresentado como o consolador (v. 29). Se a genealogia do ser humano por meio de Caim focalizou o crescimento do pecado e da violência (Gn 4,8.23-24) junto à origem das artes e das profissões (Gn 4,17.20-22), a genealogia do ser humano por meio de Set enfatiza a propagação da bênção proferida por Deus aos progenitores (Gn 5,2.22.24.29).

GÊNESIS 5–6

¹⁵ Malaleel tinha sessenta e cinco anos quando gerou Jared. ¹⁶ Após ter gerado Jared, Malaleel viveu oitocentos e trinta anos e gerou filhos e filhas. ¹⁷ Todos os dias de Malaleel foram oitocentos e noventa e cinco anos, depois morreu. ¹⁸ Jared tinha cento e sessenta e dois anos quando gerou Henoc. ¹⁹ Após ter gerado Henoc, Jared viveu oitocentos anos e gerou filhos e filhas. ²⁰ Todos os dias de Jared foram novecentos e sessenta e dois anos, depois morreu. ²¹ Henoc tinha sessenta e cinco anos quando gerou Matusalém. ²² Após ter gerado Matusalém, Henoc caminhou com Deus trezentos anos e gerou filhos e filhas. ²³ Todos os dias de Henoc foram trezentos e sessenta e cinco anos. ²⁴ Henoc caminhou com Deus e desapareceu, porque Deus o tomou.

²⁵ Matusalém tinha cento e oitenta e sete anos quando gerou Lamec. ²⁶ Após ter gerado Lamec, Matusalém viveu setecentos e oitenta e dois anos e gerou filhos e filhas. ²⁷ Todos os dias de Matusalém foram novecentos e sessenta e nove anos, depois morreu. ²⁸ Lamec tinha cento e oitenta e dois anos quando gerou um filho. ²⁹ Ele chamou seu nome de Noé, dizendo: "Ele nos consolará de nossos afazeres e da fadiga de nossas mãos causada pelo solo, o qual o Senhor amaldiçoou". ³⁰ Após ter gerado Noé, Lamec viveu quinhentos e noventa e cinco anos e gerou filhos e filhas. ³¹ Todos os dias de Lamec foram setecentos e setenta e sete anos, depois morreu.

³² Noé tinha a idade de quinhentos anos quando gerou Sem, Cam e Jafé.

Filhos de Deus e filhas dos homens

6 ¹ Quando o ser humano começou a se multiplicar na superfície do solo, nasceram-lhes filhas. ² Os filhos de Deus viram que as filhas do ser humano eram belas. Tomaram, pois, para si algumas mulheres

---

6,1-4 Esta é uma passagem enigmática, por apresentar elementos mitológicos, possivelmente populares no contexto em que o texto teve origem. A perícope tem semelhanças com antigas literaturas gregas, egípcias, ugaríticas e mesopotâmicas, que retratam a união entre deuses e humanos. Por exemplo, o lendário rei sumério Gilgamesh é descendente da união entre parte da deusa Ninsun e parte do humano Lugalbanda, rei de Uruk (Gilgamesh I,35-36,48); mas também na mitologia grega os titãs são o resultado da união dos filhos de deuses com filhas de homens. Após a união entre seres humanos e divinos, o Senhor limita a existência do ser humano a cento e vinte anos. Tal prerrogativa, porém, terá suas exceções na sequência narrativa (Gn 11,32; 23,1; 25,7.17; Ex 6,18; Nm 33,39). Literalmente, Nefilim significa "aqueles que caíram"; a versão grega da Septuaginta usa o termo "gigantes", como se estes fossem os titãs semíticos. Na sequência narrativa, esta perícope sugere que o crescimento populacional, somado ao nascimento das cidades e ao desenvolvimento da técnica e da força (Gn 4,17-12), confirma no ser humano seu "ser como deuses" (Gn 3,5.22), levando-o à emancipação em relação a seu Criador (v. 4) e tendo como resultado a crescente maldade do ser humano na terra (v. 5).

GÊNESIS 6

que escolheram dentre todas. ³ O SENHOR disse: "Meu espírito não permanecerá no ser humano para sempre, já que ele também é carne. Seus dias, portanto, serão cento e vinte anos". ⁴ Naqueles dias, bem como depois deles, os Nefilim estavam na terra. Quando os filhos de Deus se achegaram às filhas do ser humano, elas lhes deram à luz aqueles valentes, que desde sempre foram homens de nome.

Maldade humana

⁵ O SENHOR viu que era demais a maldade do ser humano na terra e que, todos os dias, toda forma de propósito do coração dele era apenas mal. ⁶ O SENHOR se arrependeu de ter feito o ser humano sobre a terra e se irritou em seu coração. ⁷ O SENHOR disse: "Exterminarei da superfície do solo o ser humano que criei, desde o ser humano até o animal, o réptil e a ave do céu. Certamente me arrependo por tê-los feito".

⁸ Noé, entretanto, encontrou graça aos olhos do SENHOR.

Gerações de Noé

⁹ Estas foram as gerações de Noé. Noé era um homem justo e íntegro entre os de sua geração. Noé caminhava com Deus! ¹⁰ Noé gerou três filhos: Sem, Cam e Jafé.

6,5-8 Deus viu e constatou a crescente maldade entre os seres humanos. A visão divina da maldade humana se opõe à visão da bondade da criação (Gn 1,4.10.12.18.21.25.35). Deus não é imparcial, pois seu ver é eficaz e resolutivo (vv. 5.12). Ele verá a situação de Lia e a tornará fértil (Gn 29,31); verá a dura escravidão imputada aos israelitas e os socorrerá (Ex 2,25); verá Moisés perto da sarça e o chamará para guiar o povo (Ex 3,4). A corrupção humana em razão do distanciamento de Deus se tornará tema frequente do antigo Israel (Gn 18). Jeremias, por exemplo, dirá a seus ouvintes que procurem inutilmente um justo em Jerusalém (Jr 5,1); e Ezequiel denunciará a crescente violência e corrupção na Cidade Santa (Ez 7). A constatação de Deus leva-o ao arrependimento, preparando, assim, o iminente dilúvio (Gn 7), que tem como consequência o extermínio de toda a criação. No projeto divino, a criação depende do ser humano tanto quanto o ser humano depende da criação. Há, portanto, uma relação de coexistência e interdependência. Sendo assim, a maldade do ser humano gera consequências letais também ao criado, que não subsistiria ou não teria razão de existir sem o ser humano. Desse modo, a decisão divina de exterminar o ser humano compromete a existência da criação (Gn 1,26-31; 2,7-24). Não obstante a decisão de Deus de exterminar a criação (v. 7), ainda há esperança em Noé (v. 8).

6,9-10 Noé difere de todos de sua geração, pois é justo, íntegro e caminha com Deus (v. 9). Tais virtudes inspiram esperança para o criado, pois se tornaram garantia da sobrevivência das diversas espécies (Gn 6,18-20).

GÊNESIS 6

Arca de Noé

Gn

¹¹ A terra se corrompeu diante de Deus. A terra se encheu de violência. ¹² Deus viu a terra; e eis que estava corrompida. De fato, toda carne havia corrompido seu caminho sobre a terra.

¹³ Deus disse a Noé: "O fim de toda carne está chegando diante de mim, pois a terra ficou cheia de violência em razão da presença deles; eis que eu os exterminarei com a terra. ¹⁴ Faze uma arca de madeira resinosa para ti! Farás compartimentos na arca e a calafetearás com betume por dentro e por fora. ¹⁵ É assim que a farás: o cumprimento da arca será trezentos côvados; sua largura, cinquenta côvados e sua altura, trinta côvados. ¹⁶ Farás um teto para a arca, um côvado acima a terminarás. Porás a porta da arca a seu lado; e farás um baixo, um segundo e um terceiro andar. ¹⁷ Quanto a mim, eis que eu estou fazendo chegar um dilúvio sobre a terra, para destruir toda carne em que há espírito vivente debaixo do céu. Tudo que há na terra morrerá! ¹⁸ No entanto, estabelecerei minha aliança contigo. Entrarás na arca: tu, teus filhos, tua mulher e as mulheres de teus filhos contigo. ¹⁹ E, de cada vivente, de cada carne,

---

6,11-22 O dilúvio não é uma fatalidade ou um ato desmotivado de Deus. Segundo a narrativa, o dilúvio se deve à corrupção e à violência humana na terra. De fato, desde o exílio do paraíso, a humanidade tem praticado ciúme (Gn 4,3), fratricídio (Gn 4,8), vingança (Gn 4,23-24) e maldade (Gn 6,5). Ao constatar esse cenário, Deus se arrepende de sua criação (Gn 6,6-7). O tema do dilúvio universal, incluindo a construção de uma arca e a figura de um herói, não é uma exclusividade do antigo Israel, pois se trata de um fenômeno conhecido nas epopeias do antigo Oriente Próximo. É possível que o antigo Israel tenha se apropriado de elementos importantes da cultura dominante, por exemplo, a epopeia de *Gilgamesh* e *Atrahasis*, da antiga Babilônia, adaptando-os à sua própria teologia. Desse modo, o antigo Israel conta sua versão da "história", afirmando sua perspectiva, segundo a qual o criador do universo não é um deus entre os deuses estrangeiros do antigo Oriente Próximo, mas "o" seu Deus. O antigo Israel atribui a seu Deus o dilúvio, cujo herói salvo do acontecimento é, igualmente, um antepassado de sua tradição, Noé. Sendo assim, o antigo Israel não precisa recorrer à literatura, teodiceia ou ao panteão de seus vizinhos para ter respostas às questões fundamentais sobre a origem do universo, a justiça, a misericórdia divina, a malícia humana ou o destino dos justos. Como unidade de medida, o texto usa o "côvado" (v. 15), que corresponde a cerca de quarenta e cinco centímetros de comprimento. Neste sentido a arca deveria ter aproximadamente cento e trinta e cinco metros de comprimento, vinte e dois metros de largura e treze metros de profundidade. Ainda em relação às dimensões da arca, há quem veja nelas um jogo sobre os valores cifrados das letras do Tetragrama (Y= 10; H=5; W = 6). A largura é de cinquenta, que corresponde ao produto da multiplicação das duas primeiras letras Y e H (10 × 5). O comprimento é de trezentos, cifra obtida pela multiplicação das três letras Y, H e W (10 × 5 × 6). A altura, trinta, corresponde ao produto das letras W e H (6 x 5). Conclui-se que se refugiar no NOME é o meio para escapar ao dilúvio. No Pentateuco, apenas a arca e a habitação de Deus são descritas com tantas precisões de medidas e detalhes arquitetônicos (Ex 25–31; 35–40). A arca também compartilha certa semelhança com o "cesto" no qual Moisés será depositado (v. 14; Ex 2,3.5) nas águas do Nilo, pois em hebraico se trata da mesma palavra. Tanto no templo quanto no universo Deus reside. Deus fecha a arca pelo lado de fora e não habita nela (v. 16).

GÊNESIS 6–7

farás entrar na arca dois de cada, para os preservares contigo. Serão um macho e uma fêmea [20] das aves segundo suas espécies, dos animais segundo suas espécies e de todos os répteis do solo segundo suas espécies. Dois de cada entrarão junto a ti para serem preservados. [21] Quanto a ti, toma para ti de todo tipo de alimento comestível, armazena-o junto a ti, pois servirá de alimento para ti e para eles!" [22] Noé fez tudo. Conforme Deus lhe ordenara, assim o fez.

Início do dilúvio

7 [1] O SENHOR disse a Noé: "Entra na arca, tu e toda a tua casa, pois vejo que, nesta geração, tu és justo diante de mim! [2] De todo animal puro tomarás sete pares para ti, o macho e sua fêmea; do animal que

---

7,1-24 O relato do dilúvio gera esperança, pois, embora o mundo esteja caótico, corrompido e violento (Gn 6,11), basta um justo para que seja salvo (Gn 7,1). A descrição do início do dilúvio parece evocar implicitamente a narrativa da criação (Gn 1,1–2,3). Com o rompimento de todas as fontes do grande abismo, o universo retornou à inconsistência primordial, sendo que as águas de cima se juntam às águas de baixo (Gn 1,6-10). O universo retorna à vacuidade, pois a ordem e a beleza submergem em um grande abismo aquoso (Gn 1,2). A vida, entretanto, subsiste dentro da arca (v. 23b). Com relação ao número e à qualidade dos animais, notam-se algumas divergências: de uma parte, Deus ordena a separação de um casal de cada espécie de animal (Gn 6,19-20; 7,9.14-15); de outra parte, fala-se de sete casais de cada espécie de animal puro e um casal de cada espécie de animal impuro (vv. 2-3). Tal divergência provavelmente seja fruto de acréscimos redacionais à narrativa original, à qual se atribui o ingresso de um casal de cada espécie de animal. Questões referentes à pureza ou impureza dos animais serão tratadas em textos posteriores (Lv 7,21; 11,1-47; 20,25; 27,11.27). Os adjetivos "puro" e "impuro" podem ser usados em sentido literal no caso do ouro, ritual, sendo que basta se lavar para reverter o estado de impureza (Lv 15), ou ético, pois é necessário o reconhecimento do mal e a oferta de sacrifício expiatório (Lv 17-18). A referência a animais puros e impuros na narrativa do dilúvio não está relacionada ao sentido ritual, mas parece antecipar os critérios sobre animais apropriados ou não para o consumo (Lv 11; Dt 14). Com relação à duração da chuva, quarenta dias e quarenta noites (vv. 4.12.17; Gn 8,6), vale notar que na Bíblia o número quarenta e seus múltiplos assume, em geral, um valor simbólico: Moisés permanecerá quarenta dias e quarenta noites no Sinai (Ex 24,18; 34,28; Dt 9,9.11.18.25; 10,10); Elias pelo mesmo tempo se refugiou no Horeb para fugir de Jezabel (1Rs 19,8); os enviados de Moisés ficaram quarenta dias examinando a terra de Canaã (Nm 13,25; 14,34); o filisteu Golias por quarenta dias se aproximou do acampamento de Israel (1Sm 17,16); Nínive tinha quarenta dias para se converter (Jn 3,4); quarenta anos foi o tempo transcorrido por Israel no deserto (Ex 16,35; Nm 14,33.34; 32,13; Dt 2,7; 8,2.4; 29,4); o reinado de Davi durou quarenta anos (2Sm 5,4; 1Rs 2,11; 1Cr 29,27). Quarenta indica, portanto, o tempo necessário para que algo novo aconteça. Os sete dias à disposição de Noé antes do dilúvio (vv. 4.10) correspondem aos sete dias que Deus levou para criar o universo. Entretanto, após os sete dias, é Deus quem fecha a porta da arca (v. 16b), afirmando que a salvação de Noé, de sua família e de cada espécie criada depende de Deus. O texto usa a idade de Noé como referência para datar o dilúvio (vv. 6.11a). O versículo 11a indica a data exata do início do dilúvio e segue apresentando seus estágios (v. 23; Gn 8,3b.4.5.13.14). O fim do dilúvio ocorre no dia do ano-novo (Gn 8,13). A simetria no uso dessas datas parece sugerir que certa ordem preside a desordem, ordem que sobrevive na arca conforme às ordens divinas.

GÊNESIS 7

não for puro, apenas uma dupla, o macho e sua fêmea; **3** da ave do céu também sete pares, sendo macho e fêmea, a fim de preservar uma descendência sobre a superfície de toda a terra. **4** Porque, daqui a sete dias, eu farei chover sobre a terra durante quarenta dias e quarenta noites, e exterminarei da superfície do solo todos os seres que fiz". **5** Noé fez tudo conforme lhe ordenara o SENHOR. **6** Noé tinha seiscentos anos quando aconteceu o dilúvio de águas sobre a terra.

7 Noé entrou na arca com seus filhos, sua mulher e as mulheres de seus filhos, por causa da presença das águas do dilúvio. **8** Do animal puro e do animal que não era puro, das aves e de tudo que rasteja sobre o solo, **9** entraram aos pares com Noé na arca, macho e fêmea, conforme Deus ordenara a Noé. **10** Transcorridos sete dias, as águas do dilúvio irromperam sobre a terra.

11 No ano seiscentos da vida de Noé, no segundo mês do ano, no décimo sétimo dia do mês, neste dia, romperam-se todas as fontes do grande abismo, e as comportas do céu se abriram. **12** Começou uma chuva sobre a terra por quarenta dias e quarenta noites.

13 Nesse mesmo dia Noé entrou na arca com Sem, Cam e Jafé, filhos de Noé, a mulher de Noé e as três mulheres de seus filhos, que estavam com ele. **14** Ele e cada vivente, segundo sua espécie; cada animal, segundo sua espécie; cada réptil que rasteja sobre a terra, segundo suas espécies; cada ave, segundo suas espécies, isto é, cada pássaro e tudo que tem asa. **15** Entraram na arca com Noé, dois a dois de tudo que tinha carne, de tudo em que nele havia espírito de vida. **16** Aqueles que vieram e entraram eram o macho e a fêmea de toda carne, conforme Deus lhe ordenara. Depois o SENHOR a fechou por fora.

17 E houve quarenta dias de dilúvio sobre a terra. As águas aumentaram e levantaram a arca, elevaram-na acima da terra. **18** As águas excederam-se e aumentaram muito sobre a terra, tanto que a arca flutuava na superfície das águas. **19** E as águas se excederam mais e mais sobre a terra. Todas as altas montanhas que havia debaixo de todo o céu foram cobertas. **20** As águas excederam-se quinze côvados acima e cobriram as montanhas. **21** Expirou, pois, toda carne que rastejava sobre a terra, tanto de ave quanto de animais, no ser vivo, em todo fervilhamento que fervilha sobre a terra e todo ser humano. **22** Tudo que tinha fôlego de espírito vivente em suas narinas, isto é, tudo que havia na terra seca morreu. **23** Exterminou-se, pois, todo ser que havia na superfície do solo. Da terra foram exterminados, portanto, desde o ser humano até o animal, os répteis e a ave do céu. Restou apenas Noé e o que estava com ele na arca. **24** As águas excederam-se sobre a terra por cento e cinquenta dias.

GÊNESIS 8

Fim do dilúvio

8 ¹ Deus se lembrou de Noé e de todo vivente, de todo animal que estava com ele na arca. Então Deus fez passar um sopro sobre a terra, e as águas baixaram. ² As fontes do abismo e as comportas do céu foram fechadas, e a chuva foi detida. ³ As águas voltavam de sobre a terra, isto é, seguiam retornando; ao fim de cento e cinquenta dias as águas diminuíram.

⁴ No sétimo mês, no décimo sétimo dia do mês, a arca atracou sobre os montes de Ararat. ⁵ As águas continuaram escoando e diminuído até o décimo mês. No primeiro dia do décimo mês, apareceram os cumes dos montes. ⁶ Ao fim de quarenta dias, Noé abriu uma janela da arca que fizera ⁷ e enviou o corvo. Ele saiu, ficava saindo e retornando, até que secaram as águas sobre a terra. ⁸ Depois, enviou a pomba de junto dele para verificar se as águas haviam diminuído de sobre a superfície do solo. ⁹ A pomba, porém, não encontrou lugar de pouso para suas patas e voltou-lhe, rumo à arca, porque havia água na superfície de toda a terra. Estendeu, pois, sua mão, tomou-a e trouxe-a consigo para a arca. ¹⁰ Esperou ainda outros sete dias e, da arca, enviou novamente a pomba. ¹¹ A pomba voltou-lhe no período da tarde, e eis que havia um ramo fresco de oliva em seu bico. Assim, Noé soube que as águas haviam diminuído de sobre a terra. ¹² Esperou ainda outros sete dias e enviou a pomba que, desta vez, não lhe voltou mais.

¹³ No ano seiscentos e um, no início do primeiro mês, quando secaram as águas de sobre a terra, Noé retirou a cobertura da arca e viu: eis que a superfície do solo estava seca. ¹⁴ E, no segundo mês, no vigésimo sétimo dia do mês, a terra estava enxuta.

¹⁵ Deus falou a Noé: ¹⁶ "Sai da arca, tu e tua mulher, teus filhos e as mulheres de teus filhos que estão contigo! ¹⁷ Todo vivente que estiver contigo, de qualquer carne: da ave, do animal, e todo réptil que rasteja

---

8,1-22 A imagem de Deus que não abandona nem se esquece de sua criatura, mas dela se recorda e cuida, é recorrente na literatura bíblica (Gn 9,16; 19,29; 30,22; Ex 2,24; 6,5; Lv 24,42.45; Sl 98,3; 115,12; Is 43,25; Jr 2,2; 31,20; 44,21). O recordar de Deus impele a uma ação salvífica, portanto, recriadora. Nesse sentido, diversos elementos da sequência narrativa fazem alusão ao ato da criação, a começar pelo sopro de Deus sobre as águas (v. 1; Gn 1,1). Após o vento enviado por Deus, a situação caótica começa a se reorganizar, as águas de cima e de baixo se separam novamente (v. 3; Gn 1,9), as águas da terra desaparecem, deixando espaço para a terra seca (vv. 3-5; Gn 1,10) e dando possibilidade para o florescimento da vegetação (v. 11; Gn 1,11-13); por fim, todo ser vivo, após a ordem divina, sai da arca e passa a habitar a terra (vv. 15-19; Gn 1,20-26). O fim do dilúvio demarca, portanto, o início de uma nova criação. Noé inaugura a era pós-diluviana com o primeiro altar e o primeiro holocausto, como oferta espontânea de gratidão do justo pela lembrança benévola de Deus (v. 1). O sacrifício do justo agradou a Deus, que em resposta lhe assegurou não mais maldizer ou ferir a terra e a criação (vv. 21-22; Is 54,9), garantindo à natureza seu ritmo de estações, plantios e colheitas (v. 22).

GÊNESIS 8–9

Gn

sobre a terra, faze-os sair contigo! Proliferem-se na terra, sejam fecundos e multipliquem-se sobre a terra!" **18** Noé saiu com seus filhos, sua mulher e as mulheres de seus filhos, que estavam com ele. **19** Também saíram da arca todo vivente, todo réptil, toda ave e tudo que rasteja sobre a terra, segundo suas famílias.

20 Noé construiu um altar para o SENHOR, tomou um de cada animal puro e de cada ave pura, e ofereceu holocaustos sobre o altar. **21** O SENHOR sentiu o odor apaziguante e o SENHOR disse em seu coração: "Não tornarei mais a maldizer o solo por causa do ser humano, porque o propósito do coração do ser humano é mau desde a juventude; também não tornarei mais a ferir todo vivente como fiz. **22** Durante todos os dias da terra haverá semente e colheita, frio e calor, verão e inverno; dia e noite não cessarão".

Aliança com Noé

9 **1** Deus abençoou Noé e seus filhos e lhes disse: "Frutificai e multiplicai-vos, enchei a terra! **2** Que o medo de vós e o terror de vós esteja em todo vivente da terra, em toda ave do céu, em tudo que rasteja sobre o solo e em todos os peixes do mar, os quais foram dados em vossas mãos! **3** Tudo que se move, cuja vida estiver nele, vos servirá de alimento; assim como a erva verde, dou-vos tudo. **4** Contudo, a carne com sua alma, isto é, seu sangue, não comereis! **5** Vosso sangue, certamente, buscarei por vossa alma; da mão do ser humano, da mão de cada um de seus irmãos, pedirei conta da alma do ser humano.

9,1-17 A bênção de Deus a Noé e seus filhos retoma as primeiras palavras que Deus dirigiu ao ser humano após a criação (vv. 1-3; Gn 1,28-29), confirmando a soberania do ser humano em relação ao criado e acrescentando a carne animal à dieta humana (v. 3), sem ainda distinguir o que é apropriado ou inapropriado ao consumo (Lv 11; Dt 14). O sangue, porém, é enfaticamente excluído do cardápio humano (v. 4; Lv 3,17; 7,26-37; 17,10.12.14; 19,26; Dt 12,16.23.27; 15,23), pois, sendo vida, pertence exclusivamente a Deus (Lv 17,14). Ainda sobre o motivo do sangue, acrescenta-se a limitação ao ser humano de exercer violência contra seu semelhante (v. 5), pois todo derramamento de sangue será cobrado, seja de animais (Ex 21,28-29.32), seja de seres humanos (Gn 4,1-16; Ex 21,12.14; Nm 35,16.17.18.21.31; Lv 24,17). A sacralidade da vida humana e sua inviolabilidade se fundamentam na imagem de Deus (Gn 1,26.27; 5,3). Portanto, para o derramamento de sangue humano vale a lei do talião (vv. 5-6), que prevê ao ofensor uma pena igual ao dano causado (Ex 21,23-25; Lv 24,17-21; Dt 19,21; 25,11). A vocação do ser humano é perpetuar a vida e não a morte, de modo que Deus o ordena mais uma vez a frutificar e multiplicar-se (v. 7). A aliança de Deus com Noé e seus filhos (vv. 8-17; Gn 6,18) é selada com um sinal, o arco-íris entre as nuvens (vv. 12.14.16.17). Sendo aliança eterna, unilateral e inclusiva, Deus não tornará mais a exterminar a humanidade pelas águas do dilúvio (v. 11). De fato, a sequência textual apresentará um episódio no qual o pecado humano é extremamente grave, a ponto de impelir Deus a novamente eliminar o pecado junto com os pecadores (Gn 19). Dessa vez, entretanto, em vez de água, o Senhor fará chover enxofre e fogo (Gn 19,24-25).

GÊNESIS 9

⁶ Quem derramar sangue do ser humano,
pelo ser humano terá seu sangue derramado,
porque à imagem de Deus
o ser humano foi criado.
⁷ Quanto a vós, frutificai e multiplicai-vos, povoai a terra e nela multiplicai-vos!"

⁸ Deus disse a Noé e a seus filhos, que estavam junto dele: **⁹** "Quanto a mim, eis que estabeleço uma aliança convosco, com vossa descendência depois de vós **¹⁰** e com todo ser vivente que está convosco, com o pássaro, com o animal e com todo vivente da terra que está convosco, com todos que saíram da arca, enfim, com todo vivente da terra. **¹¹** Estabelecerei minha aliança convosco. E não será mais destruída nenhuma carne pelas águas do dilúvio. Não haverá mais dilúvio para exterminar a terra".

¹² Deus disse: "Este é o sinal da aliança que ponho entre mim e entre vós, entre todo ser vivente que está convosco, para as futuras gerações. **¹³** Colocarei meu arco entre as nuvens, e ele se tornará um sinal de aliança entre mim e a terra. **¹⁴** Quando eu trouxer nuvens sobre a terra, e o arco aparecer entre as nuvens, **¹⁵** eu me recordarei de minha aliança, que está entre mim e vós, entre todo ser vivente e toda carne. Então as águas não se tornarão mais um dilúvio para exterminar toda carne. **¹⁶** O arco que estará nas nuvens, eu o verei para lembrar-me da aliança perpétua entre Deus e todo ser vivente, toda carne que está sobre a terra".

¹⁷ Deus disse a Noé: "Este é o sinal da aliança que estabeleci entre mim e toda carne que está sobre a terra!"

Embriaguez de Noé

¹⁸ Os filhos de Noé que saíram da arca foram Sem, Cam e Jafé. Quanto a Cam, ele foi pai de Canaã. **¹⁹** Esses foram os três filhos de Noé, e a partir deles toda a terra foi povoada.

9,18-29 O episódio da embriaguez de Noé entra para a categoria dos relatos da origem dos ofícios, neste caso o de viticultor. O ato de se embriagar e se desnudar revela o lado frágil do homem justo e irrepreensível diante de Deus (v. 21; Gn 6,9; 7,1), mas não justifica a atitude de Cam diante de seu pai (v. 22). De fato, descobrir a nudez é um eufemismo usado na legislação do antigo Israel para se referir a atos ilícitos (Lv 18,7-8; 20,17; Ez 16,37). O episódio não dá detalhes sobre o ocorrido, mas a reação de Noé, ao tomar conhecimento do fato, permite constatar que tenha sido algo que justifica a maldição sobre Canaã (vv. 24-27). Desse modo, a narrativa especifica e explica as relações entre os povos. Canaã, de fato, na sequência narrativa estará entre os principais inimigos do antigo Israel, a ser combatido para tomar posse da terra (Ex 6,4; 16,35; Lv 14,34; 18,3; 25,38; Nm 13,2; 35,10; Dt 32,49; Js 5,12). Consequentemente, também, torna-se clara a proeminência de Sem (v. 26), do qual descenderá Israel (Gn 10,21-31; 11,10-26).

GÊNESIS 9–10

20 Noé se tornou um homem do solo e plantou uma vinha. **21** Bebeu, pois, do vinho, embriagou-se e desnudou-se dentro da tenda. **22** Cam, pai de Canaã, viu a nudez de seu pai e a comunicou a seus dois irmãos, que estavam de fora. **23** Sem e Jafé tomaram o manto e o puseram sobre os próprios ombros. Caminharam de costas e cobriram a nudez do pai deles. Não viram a nudez do pai deles, pois estavam com seus rostos virados para trás.

24 Quando Noé acordou de seu vinho, soube o que seu filho menor lhe fizera **25** e disse:

> "Maldito seja Canaã!
> Servo dos servos será para seus irmãos".

26 Disse:

> "Bendito seja o SENHOR, Deus de Sem!
> Que Canaã seja seu servo!
> **27** Que Deus dilate Jafé,
> que ele habite as tendas de Sem!
> Que Canaã seja seu servo!"

28 Depois do dilúvio, Noé viveu trezentos e cinquenta anos. **29** Todos os dias da vida de Noé foram novecentos e cinquenta anos. Depois morreu.

Nações descendentes de Noé

10 **1** Estas são as gerações dos filhos de Noé: Sem, Cam e Jafé. Após o dilúvio lhes nasceram filhos.

2 Filhos de Jafé: Gomer, Magog, Madai, Javã, Tubal, Mosoc e Tiras. **3** Filhos de Gomer: Asquenez, Rifat e Togorma. **4** Os filhos de Javã: Elisa,

---

10,1-32 Uma nova seção é inaugurada dentro do livro do Gênesis, dedicada à origem das nações pelas quais a terra foi povoada após o dilúvio. Segundo o texto, todos os povos descenderam dos três filhos de Noé (v. 32). A apresentação de suas respectivas genealogias, em vez de obedecer à sequência lógica dos nomes: Sem, Cam e Jafé (v. 1), inverte a ordem, apresentando primeiro Jafé (v. 2), depois Cam (v. 6) e por último Sem (v. 21). A totalidade dos descendentes pós-diluvianos é de setenta nomes, cifra que corresponderá ao número dos filhos de Israel que entrarão no Egito (Gn 46,27; Ex 1,5; Dt 10,22). A tábua dos povos organiza o mundo em três círculos concêntricos em torno da terra de Canaã. O primeiro círculo, dos provenientes de Jafé, faz referência aos povos das regiões ao norte de Canaã, isto é, a ilha de Chipre, a Grécia e a Turquia (vv. 1-5); no segundo círculo estão os descendentes de Cam, isto é, os egípcios, os babilônios, os filisteus e os cananeus, em sua maioria localizados ao leste e ao sul (vv. 6-10); por fim, os descendentes de Sem, de quem Israel é parente distante (vv. 21-31), a saber, Aram, Assur, Elam, povos que vivem ao leste de Israel. A tábua dos povos, portanto, traduz a consciência do parentesco entre as famílias da terra, dado que há um único Senhor e criador do universo. Nota-se que Israel está ausente da lista. Por ser um povo jovem, a entrada de Israel na história universal é mais tardia.

Társis, os ceteus e os dodaneus. ⁵ A partir desses, dispersaram-se as nações das ilhas em seus territórios, cada um segundo sua língua, segundo suas famílias, em suas nações.

⁶ Filhos de Cam: Cuch, Egito, Fut e Canaã. ⁷ Filhos de Cuch: Sebá, Hévila, Sabata, Regma e Sabataca. Filhos de Regma: Sabá e Dadã.

⁸ Cuch gerou Nemrod. Ele foi o primeiro valente da terra. ⁹ Ele foi um valente caçador diante do SENHOR, por isso se diz: "Seja como Nemrod, o valente caçador diante do SENHOR!" ¹⁰ A princípio seus reinos foram: Babel, Erec, Acad e Calane, na terra de Senaar. ¹¹ Dessa mesma terra saiu para a Assíria e construiu Nínive, Reobot-Ir, Cale, ¹² e Resen, entre Nínive e Cale, isto é, a grande cidade.

¹³ Mesraim gerou os ludeus, os anameus, os leabeus, os naftueus, ¹⁴ os patruseus, os casslueus, de onde saíram os filisteus, e os caftoreus.

¹⁵ Canaã gerou seu primogênito Sidônia, Het, ¹⁶ o jebuseu, o amorreu, o gergeseu, ¹⁷ o heveu, o araceu, o sineu, ¹⁸ o arádio, o samareu, o emateu. Depois, as famílias dos cananeus se dispersaram.

¹⁹ A fronteira dos cananeus ia desde Sidônia, rumo a Gerara, até Gaza, dirigindo-se rumo a Sodoma, Gomorra, Adama e Seboim, até Lesa. ²⁰ Esses foram os filhos de Cam, segundo suas famílias, segundo suas línguas, em suas terras e em suas nações.

²¹ Nasceram também para Sem. Ele também foi pai de todos os filhos de Éber e irmão mais velho de Jafé.

²² Filhos de Sem: Elam, Assur, Arfaxad, Lud e Aram. ²³ Filhos de Aram: Us, Hul, Geter e Mês.

²⁴ Arfaxad gerou Selá, e Selá gerou Éber. ²⁵ A Éber nasceram dois filhos: o nome do primeiro foi Faleg, porque em seus dias a terra foi dividida; o nome de seu irmão era Jectã. ²⁶ Jectã gerou Elmodad, Salef, Asarmot, Jaré, ²⁷ Aduram, Uzal, Decla, ²⁸ Obal, Abimael, Sabá, ²⁹ Ofir, Hévila, Jobab. Todos esses foram os filhos de Jectã. ³⁰ Eles habitaram desde Mesa, indo rumo a Sefar, até a montanha do oriente.

³¹ Esses foram os filhos de Sem, segundo suas famílias, segundo suas línguas, em suas terras e em suas nações.

³² Essas foram as famílias dos filhos de Noé, segundo suas gerações, em suas nações. Desses se dispersaram as nações na terra após o dilúvio.

Babel

11 ¹ Toda a terra tinha uma única língua, com as mesmas palavras. ² Quando partiram do oriente, encontraram um vale na terra de Senaar e ali residiram. ³ Disseram uns aos outros: "Vinde! Façamos tijolos

---

11,1-10 A tábua das nações apresentou a origem da diversidade e dispersão dos povos segundo suas línguas e nações (Gn 10,5.19.31). Gn 11 parte, porém, da perspectiva de uma única língua, com as mesmas palavras, dominando a terra (vv. 1.6.7).

GÊNESIS 11

e os queimemos ao forno!" Os tijolos se tornaram pedras para eles, e o betume lhes serviu como cimento. **4** Disseram: "Vinde! Construamos uma cidade para nós com uma torre, cujo cume toque no céu! Façamo-nos um nome para que não nos dispersemos sobre a superfície de toda a terra!" **5** O SENHOR desceu para ver a cidade e a torre que os filhos do ser humano construíram. **6** O SENHOR disse: "Eis um único povo e uma única língua para todos! Começaram a fazer isso e agora ninguém os impedirá de fazer tudo o que planejam. **7** Vinde! Desçamos e confundamos as línguas ali! Assim, não escutarão um a língua dos outros". **8** O SENHOR os dispersou dali sobre a superfície de toda a terra. Então cessaram de construir a cidade. **9** Por isso, seu nome foi chamado Babel, porque ali o SENHOR confundiu a linguagem de toda a terra e dali o SENHOR os dispersou sobre a superfície de toda a terra.

Gerações de Sem

10 Estas são as gerações de Sem. Sem tinha cem anos quando gerou Arfaxad, dois anos após o dilúvio. **11** Após o nascimento de Arfaxad, Sem viveu quinhentos anos e gerou filhos e filhas.

Essa potência provém do oriente e instala-se em Senaar (v. 2), com o intuito de estabelecer ali sua sede. Trata-se de um empreendimento totalitário, cuja construção simboliza sua força e poder (vv. 3.7). A torre, cujo cimo penetra o céu, dispensando a participação divina, serve como meio para se cobrirem de glória e para fazem para si um nome (v. 4). Contra esse plano, Deus intervém com eficácia resolutiva (vv. 5-9), confundindo as estratégias ambiciosas do ser humano. Jogando com o verbo hebraico *balal*, que significa "confundir", "embaralhar", dá-se a essa cidade o nome de "Babel" (v. 9), que se tornará protótipo do insucesso da ambição humana e da reafirmação da soberania do único Deus. Ainda sobre as técnicas de construção, nota-se que a voz do narrador se refere a duas técnicas diferentes, uma com pedras e argila, própria dos hebreus, outra com tijolos e betume (v. 3), própria dos babilônios. O modo de construir com tijolos queimados foi uma invenção importante, sendo que dispensava a proximidade de pedreiras para a construção, dando simultaneamente autonomia e liberdade aos construtores, que podiam fazer tijolos uniformes e sob medida para construir no lugar que lhes parecesse melhor. Essa técnica foi usada para a construção dos Zigurate, isto é, uma forma de templo construído como pirâmides terraplanadas, criada pelos sumérios, mas comum entre babilônios e assírios. Sua estrutura era composta de vários andares em forma escalar. Acreditava-se que em seu topo residiam os deuses. Por isso, o peregrino devia chegar ao topo para se encontrar com os deuses. Nota-se que o movimento era todo do ser humano em direção aos deuses e aos céus, enquanto a narrativa bíblica insiste na revelação de Deus, que vem ao encontro do ser humano (Gn 3,16).

11,10-26 Esta genealogia constitui uma ponte literária para vincular a pré-história do mundo e seus habitantes à época patriarcal e matriarcal, que ocupará a sequência do livro do Gênesis. A genealogia de Gn 5 ligava Adão, o primogênito da humanidade, a Noé, o precursor da nova humanidade pós-dilúvio. A genealogia de Gn 11 conecta Sem, o primogênito de Noé, a Abraão, o epônimo do antigo Israel (v. 26). O texto culmina particularmente em Taré (vv. 24-26), pai de Abraão (v. 27), com quem a pré-história da humanidade é encerrada, dando, portanto, início à uma nova era, a dos patriarcas e matriarcas do antigo Israel.

GÊNESIS 11

12 Arfaxad viveu trinta e cinco anos e gerou Selá. **13** Após ter gerado Selá, Arfaxad viveu quatrocentos e três anos e gerou filhos e filhas.

14 Selá viveu trinta anos e gerou Éber. **15** Após ter gerado Éber, Selá viveu quatrocentos e três anos e gerou filhos e filhas.

16 Éber tinha trinta e quatro anos quando gerou Faleg. **17** Após ter gerado Faleg, Éber viveu quatrocentos e trinta anos e gerou filhos e filhas.

18 Faleg tinha trinta anos quando gerou Reu. **19** Após ter gerado Reu, Faleg viveu duzentos e nove anos e gerou filhos e filhas.

20 Reu tinha trinta e dois anos quando gerou Sarug. **21** Após ter gerado Sarug, Reu viveu duzentos e sete anos e gerou filhos e filhas.

22 Sarug tinha trinta anos quando gerou Nacor. **23** Após ter gerado Nacor, Sarug viveu duzentos anos e gerou filhos e filhas.

24 Nacor tinha vinte e nove anos quando gerou Taré. **25** Após ter gerado Taré, Nacor viveu cento e dezenove anos e gerou filhos e filhas.

26 Taré tinha setenta anos quando gerou Abrão, Nacor e Arã.

CICLO DE ABRAÃO E SARA

Gerações de Taré

27 E estas são as gerações de Taré: Taré gerou Abrão, Nacor e Arã. Arã gerou Ló. **28** No entanto, Arã morreu na presença de Taré, seu pai, na terra de sua parentela, em Ur dos caldeus. **29** Abrão e Nacor tomaram mulheres para si. O nome da mulher de Abrão era Sarai, e o nome da mulher de Nacor era Melca, filha de Arã, pai de Melca e Jesca. **30** Entretanto, Sarai foi estéril sem que houvesse um filho para ela.

31 Taré tomou Abrão, seu filho, e Ló, filho de Arã, seu neto, e Sarai, sua nora, mulher de Abrão, seu filho. Eles saíram de Ur dos caldeus para caminhar rumo à terra de Canaã. Chegaram até Harã e ali residiram.

32 Os dias de Taré foram duzentos e cinco anos, e Taré morreu em Harã.

11,27-32 A sucessão das gerações de Sem é interrompida com a morte do filho mais novo de Taré (Gn 11,10-28), que é Arã, e a introdução de Sara, esposa estéril de Abraão. A esterilidade feminina é um motivo recorrente nas narrativas bíblicas (Gn 25,21; 29,31; Jz 13,2.3; 1Sm 1,5.6; Is 54,1). A decisão de Taré de tomar Abraão, Ló e Sara e emigrar de Ur dos caldeus para Canaã sugere a fuga de um ambiente de morte. Contudo, a morte alcança Taré em Harã, gerando suspense quanto ao futuro de Abraão, Ló e Sara. O Pentateuco samaritano registra a morte de Taré aos cento e quarenta e cinco anos, dando a entender que Abraão teria partido de Harã por ocasião da morte de seu pai (Gn 12,4).

GÊNESIS 12

Gn **Eleição divina e resposta humana**

12 ¹O SENHOR disse a Abrão: "Vai-te de tua terra, de tua parentela e da casa de teu pai para a terra que te farei ver! ²Farei de ti uma grande nação, pois te abençoarei e engrandecerei teu nome. Sê uma bênção!

³Vou abençoar os que te abençoam;
quem te amaldiçoar, porém, maldirei;
em ti serão benditas todas as famílias da terra".
⁴Abrão foi, conforme lhe falara o SENHOR, e Ló foi com ele.

Ora, Abrão tinha setenta e cinco anos ao sair de Harã. ⁵Abrão tomou Sarai, sua mulher, e Ló, filho de seu irmão, bem como todos os bens que adquiriram e a gente que eles prepararam em Harã. Eles saíram para caminhar rumo à terra de Canaã; e chegaram à terra de Canaã.

⁶Abrão atravessou a terra até o lugar de Siquém, até o carvalho de Moré. Naquele tempo os cananeus estavam na terra. ⁷O SENHOR apareceu a Abrão e disse: "Darei esta terra à tua descendência!" Então construiu ali um altar ao SENHOR, que lhe havia aparecido. ⁸Deslocou-se dali para o monte ao leste de Betel e estendeu sua tenda, tendo Betel a oeste e Hai a leste. Construiu ali um altar ao SENHOR e invocou o nome do SENHOR. ⁹Depois Abrão partiu, caminhando e partindo rumo ao Negueb.

Abraão e Sara no Egito

¹⁰Houve uma fome na terra. Então Abrão desceu ao Egito, para viver ali como imigrante, porque a fome era pesada sobre a terra.

12,1-9 A eleição de Abraão estabelece a transição da narrativa das origens do universo e dos povos em geral (Gn 1,1–11,25), para a narrativa da origem do antigo Israel (Gn 12,1–50,26). O Senhor comunica uma ordem de êxodo associada a promessas, e Abraão obedece incondicionalmente (vv. 1-4), tornando-se por isso o protótipo do fiel obediente à voz do Senhor (Gn 26,5). De tal modo, o nome que os construtores de Babel queriam fazer grande, em virtude de seus próprios esforços e projetos (Gn 11,4), é assegurado pelo Senhor a Abraão (v. 2). Juntamente com Sara, Abraão atravessa a terra de Canaã e demarca Siquém e Betel com altares (vv. 4b-9). Em Siquém, o Senhor promete dar a terra para a descendência de Abraão (v. 7). Essas duas localidades terão um papel fundamental na vida e identidade do futuro Israel, pois Siquém será a primeira capital do reino do norte, no século X a.C., tendo Betel e Dã como santuários (Js 24.1.25.32; 1Rs 12,20–13,10; 2Rs 23,4-20), concorrendo com Jerusalém.

12,10-20 A cena da esposa-irmã ocorre em três episódios (Gn 12,10-20; 20,1-18; 26,1-14). Aqui Abraão e Sara são arquétipos do imigrante obrigado a deixar a terra da promessa em razão da fome (v. 7; Gn 41,53–46,27; Rt 1,1). Ao lado da estratégia de sobrevivência de Abraão (v. 13; Gn 20,2.11-14), Sara, a mulher bela (vv. 11.14-15), desempenha um papel fundamental, pois por meio dela Abraão foi beneficiado (vv. 16-17) e por causa dela o Senhor feriu o faraó e sua casa com grandes pragas (v. 17; Ex 7,14–11,10; 12,29-30). Em resposta à ação libertadora do Senhor, o faraó expulsou Abraão e Sara do Egito (vv. 19-20). Esse episódio da vida de Abraão e Sara, portanto, antecipa a experiência exodal do futuro Israel (Ex 12,31-33).

GÊNESIS 12–13

11 Quando se aproximava para chegar ao Egito, disse a Sarai, sua mulher: "Realmente sei que tu és uma mulher de bela aparência. **12** Quando os egípcios te virem, dirão: 'Esta é mulher dele'; e me matarão e te manterão viva. **13** Dize, por favor, que tu és minha irmã! Em vista disso, se fará o bem a mim por tua causa, e minha alma viverá por causa de ti".

14 Após Abrão chegar ao Egito, os egípcios viram a mulher, porque ela era muito bela. **15** Os oficiais do faraó a viram e a elogiaram para o faraó. E a mulher foi levada à casa do faraó. **16** A Abrão, portanto, foi feito o bem por causa dela. Ademais, ele teve gado pequeno, gado grande e jumentos, servos e criadas, jumentas e camelos.

17 Mas o SENHOR feriu com grandes pragas o faraó e a casa dele, por causa de Sarai, mulher de Abrão. **18** Então o faraó chamou Abrão e disse: "Por que me fizeste isso? Por que não me comunicaste que ela é tua mulher? **19** Por que disseste: 'Ela é minha irmã'? Tomei-a para mim como mulher. Agora, porém, eis a tua mulher! Toma-a e vai-te!" **20** E, quanto a ele, o faraó ordenou que homens o despedissem com sua mulher e com tudo que era dele.

Conflito, negociação e separação

13 **1** Abrão subiu do Egito rumo ao Negueb, ele, sua mulher e tudo o que era dele; e Ló estava com ele. **2** Abrão era muito rico em gado, em prata e em ouro. **3** E foi, segundo seus acampamentos, do Negueb até Betel, até o lugar onde, a princípio, estivera sua tenda, entre Betel e Hai, **4** até o lugar do altar que outrora fizera, onde Abrão invocara o nome do SENHOR.

5 Ló, que ia com Abrão, também tinha gado pequeno, gado grande e tendas. **6** No entanto, a terra não os suportava para residirem juntos, porque era numeroso o montante de bens deles. Não podiam mais residir juntos. **7** Houve, então, uma disputa entre os pastores do gado de Abrão e os pastores do gado de Ló. Naquele tempo, tanto os cananeus quanto os ferezeus residiam na terra. **8** Abrão disse a Ló: "Que não haja contenda entre mim e ti, nem entre meus pastores e teus pastores, porque nós somos

---

13,1-18 O desenvolvimento do relato aborda três temas: conflito territorial (vv. 6-7), negociação (vv. 8-9) e separação (vv. 10-12). A estratégia de negociação de Abraão e a presença de habitantes na terra (v. 7b) parecem pôr em risco a promessa do dom da terra e o futuro de sua descendência (vv. 8-9; Gn 12,7), mas a escolha de Ló por Sodoma minimiza a tensão (vv. 10-12). Os versículos 10b.13 preparam Gn 14 e Gn 19, preanunciando o futuro catastrófico de Sodoma e de Ló. Após a separação entre Abraão e Ló, o Senhor reafirma a Abraão as promessas do dom da terra (vv. 15.17) e de descendência incontável (vv. 15.16). Os atos de Abraão prefiguram a posse da terra, pois seu olhar totalizante e seu percurso na terra comunicam uma estratégia de delimitação territorial (vv. 14.17), enquanto a construção de altares comunica uma estratégia de demarcação territorial: Siquém e Betel ao norte, Hebron ao sul de Canaã (Gn 12,7-8; 13,18). Hebron será a primeira capital do antigo Israel sob o governo de Davi (2Sm 2,11; 5,3-5).

47

GÊNESIS 13–14

homens irmãos! **9** Não está toda a terra diante de ti? Por favor, separa-te de mim! Se fores para a esquerda, então irei para a direita; mas, se fores para a direita, então irei para a esquerda".

10 Ló elevou seus olhos e viu toda a imediação do Jordão, pois era toda irrigada. Antes de serem destruídas pelo Senhor, Sodoma e Gomorra eram como o jardim do Senhor; como a terra do Egito, ao entrar por Zoar. **11** Assim, Ló escolheu para si toda a imediação do Jordão. Ló partiu para o leste, separando-se, assim, um homem de seu irmão. **12** Abrão residiu na terra de Canaã, e Ló residiu nas cidades da imediação, fixando sua tenda até Sodoma. **13** Ora, os homens de Sodoma eram muito maus e pecadores contra o Senhor.

14 O Senhor disse a Abrão, após Ló separar-se dele: "Eleva, por favor, teus olhos e vê, do lugar onde tu estás, o norte e o sul, o leste e o oeste! **15** Porque toda a terra que tu vês a darei a ti e à tua descendência para sempre. **16** Colocarei tua descendência como o pó da terra. Se alguém puder contar o pó da terra, também tua descendência será contada. **17** Ergue-te, percorre a terra em seu cumprimento e em sua largura, porque a ti a darei!" **18** E Abrão fixou sua tenda, pois chegou a residir nos carvalhos de Mambré, que está em Hebron. E ali construiu um altar ao Senhor.

Guerra, resgate e bênção

14 **1** Naqueles dias, Amrafel, rei de Senaar, Arioc, rei de Elasar, Codorlaomor, rei de Elam, e Tadal, rei dos goim, **2** fizeram guerra contra Bara, rei de Sodoma, Bersa, rei de Gomorra, Senaab, rei de Adama, Semeber, rei de Seboim e o rei de Bela, que é Zoar.

3 Todos esses uniram-se rumo ao vale de Sidim, que é o mar do Sal. **4** Serviram doze anos a Codorlaomor, mas, no décimo terceiro ano, rebelaram-se. **5** No décimo quarto ano, vieram Codorlaomor e os reis que estavam com ele e feriram os refaítas em Astarot-Carnaim, os zuzitas em Ham, os emitas na planície de Cariataim, **6** e os horitas nos montes de Seir até El-Parã, que está em frente ao deserto. **7** Quando volta-

---

14,1-16 O contexto precedente informou que a terra de Canaã estava habitada (Gn 12,6b; 13,7b.13). De tal modo, preanuncia-se que a posse da terra não aconteceria sem conflitos (Gn 21,22-31; 26,12-22; 34,1-31; 36,7) ou negociações (Gn 21,32-34; 23,4-18; 33,18-20). Os versículos 1-11 apresentam um conflito de ordem internacional, envolvendo quatro reis do leste e cinco reis do oeste. De um lado, relata-se a campanha militar dos quatro reis do leste, liderada por Codorlaomor, atacando e destruindo povos e cidades (vv. 5-7). Do outro lado, cinco reinos vassalos do oeste rebelam-se após doze anos de servidão e formam uma coalizão para se defenderem dos reis do leste (vv. 2-4), mas os reinos do oeste são vencidos e têm sua população raptada e seus bens saqueados (vv. 8-11). O desfecho do episódio exalta Abraão (vv. 12-16) como herói que enfrentou e venceu os quatro reis do leste, resgatando seu irmão Ló, as mulheres, o povo e os bens raptados. Esta narrativa prefigura as ameaças dos reinos do leste ao futuro Israel, até a perda da terra da promessa com a tomada da Samaria pela Assíria (2Rs 17,5-6) e de Jerusalém pela Babilônia (2Rs 25,1-21). A figura heroica de Abraão, progenitor ancestral do antigo Israel, servirá de inspiração para a reconquista da terra (Ez 33,24).

vam, vieram à fonte do julgamento, que é Cades, e feriram todo o campo dos amalecitas e também os amorreus, que residiam em Asasontamar. [8] Saíram, então, o rei de Sodoma, o rei de Gomorra, o rei de Adama, o rei de Seboim e o rei de Bela, que é Zoar, e prepararam uma guerra contra eles no vale de Sidim. [9] Com Codorlaomor, rei de Elam, estavam Tadal, rei dos goim, Amrafel, rei de Senaar, e Arioc, rei de Elasar. Eram quatro reis contra cinco. [10] Ora, o vale de Sidim estava cheio de poços de betume. O rei de Sodoma e o rei de Gomorra fugiram, mas caíram ali; os demais, porém, fugiram para um monte. [11] Tomaram todos os bens e todo o alimento de Sodoma e Gomorra e se foram. [12] Tomaram, também, Ló, filho do irmão de Abrão, e os bens dele, e se foram, pois ele residia em Sodoma.

[13] Então veio um fugitivo e informou para o hebreu Abrão, que morava nos carvalhos do amorreu Mambré, irmão de Escol e irmão de Aner, pois eles eram aliados de Abrão. [14] Quando Abrão escutou que seu irmão fora capturado, logo inspecionou seus seguidores armados, nascidos em sua casa, trezentos e dezoito, e os perseguiu até Dã. [15] De noite, dividiu-se contra eles; ele e seus servos. E os feriram e os perseguiram até Hoba, que está ao norte de Damasco. [16] Trouxe de volta todos os bens e também Ló, seu irmão, e os bens dele. Também trouxe de volta as mulheres e o povo.

Bênção de Melquisedec a Abraão

[17] Após voltar de ferir Codorlaomor e todos os reis que estavam com ele, o rei de Sodoma saiu para encontrá-lo no vale de Save, que é o vale do Rei. [18] Melquisedec, rei de Salém, trouxe pão e vinho, pois ele era sacerdote do Deus Altíssimo. [19] E o abençoou: "Bendito sejas Abrão pelo Deus Altíssimo, criador do céu e da terra! [20] E bendito seja o Deus Altíssimo, que entregou teus inimigos em tuas mãos!" Deu-lhe, então, o dízimo de tudo.

[21] O rei de Sodoma disse a Abrão: "Dá-me a gente e toma os bens para ti!" [22] Abrão, porém, disse ao rei de Sodoma: "Levanto minha mão ao SENHOR, o Deus Altíssimo, criador do céu e da terra; [23] seja um fio, seja uma correia da sandália, nada tomarei de tudo o que é teu. Assim, não dirás: 'Eu enriqueci Abrão'. [24] Nada para mim. Apenas o que comeram os jovens e o butim dos homens que foram comigo: Aner, Escol e Mambré. Que eles tomem o butim deles!"

14,17-24 A conclusão do episódio é uma cerimônia em tributo a Abraão, que recebe o cortejo de reis, a oferta de pão e vinho e a bênção sacerdotal (vv. 17-20). A bênção de Melquisedec, rei e sacerdote em Salém (Sl 76,3; 110,4), confirma a eleição de Abraão (Gn 12,3). O significado do nome de Melquisedec ("meu rei é justo") estabelece certa contraposição aos quatro reis injustos combatidos por Abraão (v. 4). A heroicidade de Abraão, que com trezentos e dezoito homens vence quatro reis, prefigura tanto Moisés, que com braços erguidos combate Amalec (Ex 17,8-16), quanto Davi, que com uma funda vence o gigante filisteu Golias (1Sm 17,49).

GÊNESIS 15

Abraão sem herdeiro

15 ¹Depois desses fatos, a palavra do SENHOR veio a Abrão em uma visão: "Não temas Abrão! Eu sou um escudo para ti. Teu salário será multiplicado muitíssimo". ²Mas Abrão disse: "SENHOR, meu Senhor, o que me darás? Eu ando solitário. Há, porém, o filho da Mesheq de minha casa: ele é de Damasco; é Eliezer". ³E Abrão disse: "Eis que não me deste descendência. Por certo, um filho de minha casa será meu herdeiro!" ⁴Eis que a palavra do SENHOR veio a ele: "Esse não herdará de ti, mas alguém que sairá de tuas entranhas; ele herdará de ti". ⁵Então o trouxe para fora e disse: "Olha para o céu e conta as estrelas, se te for possível contá-las!" E disse-lhe: "Assim será tua descendência". ⁶Então acreditou no SENHOR, o que lhe foi tido como um ato de justiça.

⁷E disse-lhe: "Eu sou o SENHOR, que te fez sair de Ur dos caldeus para te dar essa terra, a fim de herdá-la". ⁸Então disse: "SENHOR, meu Senhor, como saberei que a herdarei?" ⁹Disse-lhe: "Toma para mim uma novilha de três anos, uma cabra de três anos e um carneiro de três anos, bem como uma rola e um pombinho!" ¹⁰Então tomou para ele todos esses, partiu-os ao meio e dispôs cada pedaço em frente ao outro, mas não partiu as aves. ¹¹Aves de rapina desceram sobre os cadáveres, mas Abrão as enxotou.

¹²Quando o sol declinava, uma letargia caiu sobre Abrão, e eis que grande terror caiu sobre ele como uma grande treva. ¹³E disse a Abrão:

15,1-21 A fala do Senhor, aludindo ao contexto anterior (Gn 14), exorta Abraão a não temer (Ex 14,13; Dt 31,6; Is 35,4), pois Deus é seu escudo (Dt 33,29; 2Sm 22,31.36; Sl 3,4), um instrumento de defesa em situação de combate (Is 37,33; Jr 46,3.9; Ez 27,10; 38,5; Na 2,4). A recompensa da vitória de Abraão não é o butim de guerra (Gn 14,21-24), mas sim o cumprimento das promessas do Senhor (v. 1). Abraão, porém, lamenta-se pela solidão e apresenta o filho da Mesheq como solução para ausência de herdeiro (v. 2). Trata-se da única ocorrência do vocábulo "Mesheq" em toda a Bíblia, sendo também um dos mais obscuros, para o qual não há uma tradução. A versão grega da LXX o apresenta como nome próprio, isto é, "filho de Mesek, meu servo"; a versão latina da Vulgata, por sua vez, traduziu como "filho do administrador de minha casa", outra versão grega, Áquila, traduz como "filho do copeiro de minha casa", lendo o hebraico *mesheq* como derivado da raiz do verbo "dar de beber" (em hebraico, *shaqah*), do qual também deriva o substantivo copeiro (em hebraico, *mashqeh*). Aproximando-se, portanto, da lição da LXX, prefere-se aqui manter a incógnita textual. Abraão terá um herdeiro nascido de suas entranhas e uma descendência incontável (Gn 13,16; 12,2; 22,17; 26,4; Ex 32,13). O Senhor assume a autoria da emigração da família de Taré (v. 7; Gn 11,31) e renova a promessa do dom da terra (v. 7; Gn 12,7; 13,15.17). Abraão pede um sinal (v. 8), e o Senhor responde mediante um rito jurídico (vv. 9-10). Esse rito requer que os envolvidos no pacto passem entre os animais partidos. O gesto simbólico de pisar no sangue dos animais corresponde ao selo do compromisso bilateral, assumindo para si destino semelhante ao dos animais sacrificados, em caso de quebra do contrato (Jr 34,18-20). Contudo, somente o Senhor passou entre os animais (v. 17), firmando uma aliança unilateral, contendo os limites da terra e a lista de seus povos (vv. 18-21; Ex 3,8; Dt 7,1; Js 9,1; Ne 9,8). Antes, porém, o Senhor antecipa o evento do êxodo (vv. 13-14.16; Ex 1; 12,40-41) e o futuro de Abraão (v. 15; Gn 25,7-8).

GÊNESIS 15–16

"Que saibas, verdadeiramente, que tua descendência será imigrante! Em uma terra que não é deles servirão. Por quatrocentos anos, os oprimirão. **14** Mas sou eu quem julgará a nação à qual servirão. Depois disso, sairão com grande propriedade de bens. **15** Quanto a ti, irás em paz para teus pais. Serás sepultado com cabelo bem grisalho. **16** E na quarta geração voltarão para cá, pois até lá a culpa dos amorreus não estará completa".

17 Quando o sol declinou, houve escuridão. Eis que uma tocha fumegante com um facho de fogo passou entre aqueles pedaços. **18** Naquele dia, o SENHOR firmou uma aliança com Abrão: "À tua descendência dou esta terra do rio do Egito até o Grande Rio, o rio Eufrates: **19** os quenitas, os cenezeus, os cadmoneus, **20** os heteus, os ferezeus, os refaítas, **21** os amorreus, os cananeus, os gergeseus e os jebuseus".

Nascimento de Ismael

16 **1** Ora, Sarai, mulher de Abrão, não lhe gerava, mas ela tinha uma criada egípcia, cujo nome era Agar.

2 Sarai disse a Abrão: "Eis que o SENHOR me impede de dar à luz. Achega-te, pois, à minha criada! Talvez eu venha a ser construída por ela". E Abrão escutou a voz de Sarai. **3** Após Abrão residir por dez anos na terra de Canaã, Sarai, mulher de Abrão, tomou Agar, sua criada egípcia, e a deu a Abrão, seu esposo, para lhe ser como mulher. **4** E ele se achegou a Agar, e ela concebeu. Quando viu que concebera, sua senhora tornou-se insignificante a seus olhos.

5 Então Sarai disse a Abrão: "Meu agravo seja sobre ti. Eu dei minha criada em teus braços, mas, quando viu que concebera, tornei-me insignificante aos olhos dela. Que o SENHOR julgue entre mim e ti!" **6** E Abrão

---

16,1-16 Sara, impedida de dar à luz, vê em sua serva a possibilidade de edificar-se (vv. 1-2; Gn 15,2-4). De fato, a legislação mesopotâmica previa que uma esposa estéril poderia dar sua serva para seu marido, mas o filho da relação pertenceria à senhora (vv. 3-4; Gn 30,1-6.9-13). Entretanto, o plano de Sara falhou, e a fertilidade de Agar tornou-se uma ameaça (vv. 4-5). A mesma legislação previa que, se a serva estivesse grávida, ainda que humilhasse sua senhora, não poderia ser despedida. Para conter Agar, Sara a oprime, e Agar foge (v. 6). De modo semelhante, a fertilidade das mulheres hebreias ameaçará o faraó (Ex 1,8-14), o qual oprimirá os filhos dele até a fuga (Gn 15,13; Ex 1,11). Agar é a serva egípcia, imigrante em Canaã, oprimida e fugitiva no caminho de Sur, o mesmo caminho pelo qual Moisés passará em sua fuga (v. 7; Ex 15,22). Para Agar, o mensageiro do Senhor comunica a promessa de descendência incontável, semelhante às promessas feitas a Abraão (v. 10; Gn 13,16; 15,5). A universalidade da ação libertadora do Senhor supera fronteiras de etnia, sexo ou classe social. Nesse sentido, são significativos o nome do filho de Agar (Ismael: "Deus ouve" [v. 11]); o nome que Agar deu ao Senhor (El-Roí: "Deus que me vê" [v. 13]) e o nome do lugar do encontro do mensageiro com Agar (Beer-Laai-Roí: "poço do vivente que me vê" [v. 14]). Ao dizer que o menino será um "asno selvagem de homem" (v. 12), o mensageiro quer confortar e encorajar Agar, esclarecendo-lhe que o menino será um homem livre, independente como as tribos nômades do deserto, e não escravo como a mãe.

51

GÊNESIS 16–17

disse a Sarai: "Eis tua serva em tuas mãos! Faze a ela o que é melhor a teus olhos!" E Sarai a humilhou, e ela fugiu de sua presença.

[7] Um mensageiro do SENHOR a encontrou perto de uma fonte no deserto, junto à fonte no caminho de Sur, [8] e disse: "Agar, criada de Sarai, de onde vens e para onde vais?" Disse: "Eu estou fugindo da presença de Sarai, minha senhora".

[9] E disse-lhe o mensageiro do SENHOR: "Volta para tua senhora e sujeita-te à sua mão!" [10] E o mensageiro do SENHOR ainda lhe disse: "Multiplicarei numerosamente tua descendência; não se contará de tão numerosa". [11] Ainda lhe disse o mensageiro do SENHOR: "Eis que estás grávida e darás à luz um filho e chamarás seu nome Ismael, porque o SENHOR escutou tua opressão. [12] Ele será um ser humano semelhante a um asno selvagem: sua mão estará com todos e a mão de todos estará com a dele; ele habitará na presença de todos os seus irmãos".

[13] Então ela proclamou o nome do SENHOR que lhe estava falando: "Tu és o Deus que me vê", pois ela disse: "Será que ainda verei aqui depois que ele me viu?" [14] Por isso, chamou o poço de Beer-Laai-Roí, esse que está entre Cades e Bered.

[15] E Agar deu à luz um filho para Abrão. Abrão chamou o nome de seu filho, que Agar deu à luz, Ismael. [16] Quando Agar deu à luz Ismael para Abrão, Abrão tinha oitenta e seis anos.

Herdeiro de Sara

17 [1] Quando Abrão tinha noventa e nove anos de idade, o SENHOR apareceu a Abrão e lhe disse: "Eu sou o Deus Todo-Poderoso. Caminha em minha presença e sê íntegro! [2] Colocarei minha aliança entre mim e ti, e te multiplicarei muitíssimo". [3] Então Abrão caiu sobre sua face, e Deus falou com ele: [4] "Quanto a mim, eis minha aliança contigo: serás pai de uma multidão de nações. [5] Teu nome não se chamará mais Abrão, mas teu nome será Abraão, porque te farei pai de

---

17,1-27 Deus faz uma nova aliança com Abraão (Gn 9,9-17; 15), prometendo descendência numerosa (vv. 2.4.5b.6; Gn 12,2; 13,16; 15,5), mudando o nome dele (v. 5; Rm 4,17) e certificando o dom da terra para ele e para seus descendentes (v. 8; Gn 12,7; 13,14-15.17; 15,7.18-21; Gl 3,16). O nome da personagem indica sua identidade e função no enredo. Por vezes o nome está acompanhado de uma explicação poético-etimológica com a finalidade proléptica: "Teu nome será Abraão, porque te farei pai de uma multidão de nações" (v. 5). De fato, o nome Abrão, composto de 'ab ("pai") e ram ("ser alto"), significa "pai exaltado". Seu novo nome, Abraão, composto de 'ab ("pai") e ham (hamon, "multidão"), significa "pai de multidão". Em contrapartida à aliança de Deus (vv. 1-8), Abraão, seus descendentes e os demais homens de sua casa devem observar o mandamento da circuncisão (vv. 9-14). A circuncisão é um ritual de passagem para a vida adulta, associado à fertilidade ou à noção de pureza, praticado por diversos povos (Jr 9,25). Consiste na remoção total ou parcial do prepúcio (Ex 4,25; Js 5,2-3). Nesse contexto, a prática da circuncisão em recém-nascidos ganha sentido religioso, como sinal da aliança perpétua de Deus e da pertença à linhagem de Abraão (v. 12; Gn 21,4).

GÊNESIS 17

uma multidão de nações. **6** Eu te farei mais e mais fecundo; de ti farei nações; reis sairão de ti. **7** Estabelecerei minha aliança entre mim, ti e tua descendência depois de ti, por todas as suas gerações, como uma aliança perpétua, para ser teu Deus e o de tua descendência depois de ti. **8** Darei a ti e à tua descendência depois de ti a terra de tuas migrações e toda a terra de Canaã, por propriedade perpétua. Serei vosso Deus".

9 E Deus disse a Abraão: "Tu guardarás minha aliança, tu e tua descendência depois de ti, por todas as suas gerações. **10** Esta é a minha aliança que guardareis entre mim e vós; e entre tua descendência depois de ti: todo macho entre vós será circuncidado. **11** Circuncidareis a carne de vosso prepúcio; esse será um sinal da aliança entre mim e vós. **12** O filho de oito dias entre vós, todo macho entre vossas gerações, será circuncidado, nascido em casa ou por dinheiro adquirido de um estrangeiro, mesmo que ele não seja de tua descendência. **13** Será certamente circuncidado o nascido em tua casa e o adquirido com teu dinheiro; assim minha aliança estará em vossa carne como aliança perpétua. **14** O incircunciso, macho que não é circuncidado na carne de seu prepúcio, esta vida será eliminada de meu povo, pois anulou minha aliança".

15 Deus disse a Abraão: "A Sarai, tua mulher, não mais chamarás seu nome Sarai, mas seu nome será Sara. **16** Também a abençoarei e darei a ti um filho dela; eu a abençoarei, e ela se tornará nações; haverá reis de povos a partir dela". **17** Então Abraão caiu sobre sua face e riu, pois dissera em seu coração: "Como nascerá algo a um filho de cem anos? E Sara, porventura, dará à luz aos noventa anos?"

18 Abraão disse a Deus: "Que Ismael viva em tua presença!" **19** Deus disse: "De fato, Sara, tua mulher, te dará à luz um filho, e chamarás seu nome Isaac, pois com ele estabelecerei minha aliança, uma aliança perpétua para sua descendência após ele. **20** Quanto a Ismael, te escutei, eis que o abençoo; eu o farei fecundo e o multiplicarei mais e mais, ele gerará doze príncipes, e dele farei uma grande nação. **21** Minha aliança, porém, estabelecerei com Isaac, que Sara dará à luz para ti, nesta época,

---

O nome não diz tudo sobre a personagem, mas indica o mistério de sua missão (vv. 15-22). Mudar o nome de uma personagem é também mudar o rumo de sua história pessoal. Deus elege Sara como elegeu Abraão, muda-lhe o nome de Sarai, que significa "meu príncipe", para Sara, que significa "princesa" (vv. 5.15), e promete abençoá-la com um filho e uma descendência numerosa (vv. 6.16). Abraão ri em razão da idade avançada do casal (v. 17); Sara rirá pelos mesmos motivos (Gn 18,12). Deus, porém, confirma a eleição de Sara e anuncia o nascimento de Isaac, cujo nome significa "ele ri", aludindo, assim, ao riso de seus pais (Gn 21,6). A eleição de Sara evidencia que para ser herdeiro da aliança não basta ser filho de Abraão ou ser circuncidado, é preciso ser da linhagem de Sara (vv. 19.21; Gl 4,21-31). A obediência de Abraão se revela na fiel observância do mandamento de Deus (vv. 9-14.23-27). Em um único dia todos os homens de sua casa foram circuncidados, inclusive Abraão e Ismael. A bênção de Ismael (v. 20), as promessas feitas para ele e a circuncisão de todos os homens da casa de Abraão afirmam o caráter universal da bênção de Abraão (v. 7; Gn 12,3).

GÊNESIS 17–18

no próximo ano". ²² Quando terminou de falar com ele, Deus se retirou de junto dele, Abraão.

²³ Naquele mesmo dia, Abraão tomou seu filho Ismael, todos os nascidos em sua casa e todos os adquiridos por seu dinheiro, todo macho entre os homens da casa de Abraão, e circuncidou a carne do prepúcio deles, como Deus lhe falara. ²⁴ Abraão tinha noventa e nove anos quando foi circuncidado na carne de seu prepúcio. ²⁵ Ismael, seu filho, tinha treze anos quando foi circuncidado na carne de seu prepúcio. ²⁶ Naquele mesmo dia, foram circuncidados Abraão e Ismael, seu filho. ²⁷ Todos os homens de sua casa, nascidos em casa e por dinheiro adquirido de um estrangeiro, foram circuncidados junto a ele.

Abraão e seus hóspedes

18 ¹ O SENHOR lhe apareceu nos carvalhos de Mambré, enquanto ele estava sentado na entrada da tenda no calor do dia. ² Elevou seus olhos e eis que viu diante de si três homens de pé. Quando os viu, logo correu da entrada da tenda para encontrá-los e prostrou-se por terra. ³ Disse: "Meu senhor, se encontrei graça a teus olhos, por favor, não passe adiante de teu servo! ⁴ Que, imediatamente, seja tomada um pouco de água! Lavai vossos pés e recostai-vos debaixo da árvore! ⁵ Tomarei também um punhado de pão! Assim restaurareis vosso coração e depois passareis adiante. Decerto, por isso passastes por vosso servo". Disseram: "Sim, que faças como falaste!"

⁶ Abraão apressou-se rumo à tenda de Sara e disse: "Apressa-te! Amassa três medidas de farinha de sêmola de trigo e faze broas!" ⁷ E Abraão correu ao gado grande, tomou um novilho tenro e bom e o deu ao jovem, que se apressou para o preparar. ⁸ Então tomou manteiga, leite e o novilho que fizera e os colocou na presença deles, e, enquanto ficou de pé junto a eles debaixo da árvore, comeram.

⁹ Disseram-lhe: "Onde está Sara, tua mulher?" Disse: "Por certo, na tenda". ¹⁰ Disse: "De acordo com o tempo da vida, realmente voltarei a ti, e eis que Sara, tua mulher, terá um filho". Sara, entretanto, escutava na entrada da tenda, atrás dele. ¹¹ Tanto Abraão quanto Sara eram velhos. Para Sara havia cessado o costume de ser das mulheres. ¹² Por isso, Sara riu em seu íntimo: "Depois que envelheci, haverá ainda prazer para

---

18,1-16 A hospitalidade de Abraão é exemplar (vv. 2-8) e é recompensada com o anúncio do nascimento de um filho (vv. 9-16; 2Rs 4,16). Abraão corre ao encontro dos peregrinos e se prostra (v. 2), oferece tanto repouso à sombra de uma árvore quanto água fresca (v. 4), alimentos abundantes e da melhor qualidade (vv. 5-8). Segue, então, a cena do anúncio do nascimento do filho de Sara (v. 10; Gn 17,16.19.21). Mas Sara ri, pois é anciã e já passou da menopausa (vv. 11-12). Abraão riu pelos mesmos motivos (Gn 17,17). O riso de Sara, porém, suscita a autorrevelação do Senhor, para quem nada é impossível (Jó 42,2; Is 50,2; Jr 32,17.26; Zc 8,6).

GÊNESIS 18

mim, sendo que também meu senhor é um velho?" **13** Disse o SENHOR a Abraão: "Por que Sara riu dizendo assim: 'Será verdade que darei à luz, agora que sou velha?' **14** Por acaso alguma coisa é impossível para o SENHOR? Quando do tempo fixado, voltarei a ti. De acordo com o tempo da vida, Sara terá um filho!" **15** Mas Sara negou: "Não ri!", pois ficou com temor. Entretanto, ele disse: "Não! De fato riste". **16** E os homens se ergueram dali e avistaram o horizonte de Sodoma. Abraão foi com eles para despedi-los.

Justiça do Senhor

17 O SENHOR disse: "Poderei eu esconder de Abraão o que estou fazendo, **18** visto que Abraão, certamente, será uma nação grande e forte, e que nele serão abençoadas todas as nações da terra? **19** De fato, eu o conheço para que ordene a seus filhos e à sua casa depois dele guardarem o caminho do SENHOR, praticarem a justiça e o direito. Assim, o SENHOR fará chegar a Abraão o que lhe falou".

20 O SENHOR disse: "O clamor de Sodoma e Gomorra, verdadeiramente, se multiplicou, pois seu pecado, de fato, é muito pesado. **21** Vou, pois, descer e verei: será que o fizeram por completo de acordo com o grito que delas chegou a mim? E, se não for assim, vou saber". **22** Os homens, então, viraram-se e de lá foram para Sodoma. Abraão, porém, permaneceu de pé na presença do SENHOR.

23 E Abraão se aproximou e disse: "Por acaso também destruirás o justo com o perverso? **24** Talvez haja cinquenta justos no meio da cidade. Por acaso destruirás e não perdoarás o lugar, por causa dos cinquenta justos que estão em seu meio? **25** Longe de ti fazer conforme essa palavra, fazer morrer o justo com o perverso, como se o justo fosse igual ao perverso. Longe de ti! O juiz de toda a terra não agirá segundo o direito?" **26** O SENHOR disse: "Se eu encontrar em Sodoma cinquenta justos no meio da cidade, perdoarei todo o lugar por causa deles".

27 Abraão respondeu: "Eis que me atrevo a falar a meu Senhor, mesmo que eu seja pó e cinza. **28** Talvez faltem cinco aos cinquenta justos. Destruirás toda a cidade por esses cinco?" Disse: "Não destruirei se encontrar ali quarenta e cinco". **29** Continuou, ainda, a falar e lhe disse:

18,17-33 O critério do cumprimento das promessas do Senhor é o seguimento de seu caminho, pela prática da justiça e do direito (vv. 18-19). Sodoma e Gomorra, porém, não obedeceram a esse critério (vv. 20-22). A aniquilação das cidades, portanto, é o resultado de sua iniquidade, já preanunciada (Gn 13,13). O diálogo entre Abraão e o Senhor aborda o tema da justiça divina e de seu agir na história, em relação ao destino do justo e do perverso (Gn 6,5-22; 18,23-33; Ez 14,12-20; 18,1-32; Jr 18,7-10; Jn 3–4; Mt 25,31-46). Abraão questiona não a decisão do Senhor de aniquilar as cidades, mas sim o destino dos justos (vv. 23-32). Como o Senhor, sendo justo, não trata o justo como o perverso, bastariam dez justos para salvar as cidades (v. 32). Os profetas Jeremias (Jr 5,1) e Ezequiel (Ez 22,30) dirão que um só justo basta para que o Senhor perdoe Jerusalém.

GÉNESIS 18–19

"Talvez se encontrem ali quarenta". Disse: "Não o farei por causa dos quarenta".

³⁰ Disse: "Por favor, não se irrite, meu Senhor, pois vou falar. Talvez se encontrem ali trinta". Disse: "Não faria se eu encontrasse ali trinta". ³¹ Disse: "Eis que me atrevo a falar a meu Senhor. Talvez se encontrem ali vinte". Disse: "Não destruirei por causa dos vinte". ³² Disse: "Por favor, não se irrite, meu Senhor, pois vou falar somente mais esta vez. Talvez se encontrem ali dez". Disse: "Não destruirei por causa dos dez".

³³ Quando terminou de falar a Abraão, o SENHOR se foi, e Abraão voltou para seu lugar.

Ló e seus hóspedes

19 ¹ Ao entardecer, os dois mensageiros foram para Sodoma, enquanto Ló estava sentado ao portão de Sodoma. Quando Ló os viu, ergueu-se para encontrá-los e prostrou-se com a face por terra. ² Disse: "Meus senhores, por favor, desviai agora para a casa de vosso servo e pernoitai! Lavai, pois, vossos pés! Então madrugareis e seguireis vosso caminho". Disseram: "Não! Pernoitaremos na praça". ³ Ló, porém, insistiu tanto com eles, que se desviaram com ele do rumo e foram à casa dele. Fez-lhes um banquete e assou pães sem fermento. E comeram.

⁴ Ainda não se tinham deitado, quando os homens da cidade, ou seja, os homens de Sodoma, cercaram a casa, desde o jovem até o ancião, todo o povo do arredor. ⁵ Chamaram Ló e lhe disseram: "Onde estão os homens que, nesta noite, vieram a ti? Faze-os sair a nós, pois queremos conhecê-los!"

⁶ Então Ló saiu-lhes à entrada, mas fechou a porta atrás dele. ⁷ Disse: "Meus irmãos, por favor, não façais o mal! ⁸ Eis que tenho duas filhas que não conheceram homem algum. Vou fazê-las sair a vós. Fazei-lhes como for bom a vossos olhos, desde que nada façais a esses homens, posto que vieram à sombra de meu teto!" ⁹ Mas disseram: "Retira-te daí!" Disseram: "Este indivíduo veio como imigrante e, realmente, agora julga. Faremos

---

19,1-29 No desenvolvimento de duas temáticas, a hospitalidade e a destruição de Sodoma e Gomorra, Gn 19,1-29 é sequência narrativa de Gn 18,1-33. A hospitalidade de Ló é semelhante à de Abraão. Abraão vive em tendas e acolhe debaixo de uma árvore, em um ambiente nômade-pastoril. Ló vive na cidade e acolhe sob seu teto, em um ambiente urbano. Ló oferece hospitalidade e proteção (vv. 1-10), pois seus hóspedes são ameaçados por um costume local (vv. 4-8; Jz 19,22-25). O verbo "conhecer", usado pelos homens de Sodoma (v. 5), é um eufemismo de relações sexuais (Lv 18,22; 20,13; Rm 1,26-27; 1Cor 6,9; 1Tm 1,10), o que se entende da contraproposta de Ló, que, para assegurar a inviolabilidade de seus hóspedes, expõe suas duas filhas virgens (v. 8; Jz 19,25). A hostilidade dos sodomitas e sua depravação moral em relação ao Senhor justificam a destruição daquela região, preanunciada (Gn 13,13; 18,20), concretizada (Gn 19,13-29) e recordada (Dt 29,22; Is 1,9; 13,19; Jr 49,18; 50,40; Sf, 2,9; Lc 17,28-29; Rm 9,29; 2Pd 2,6-8; Jd 1,7). A família de Ló, porém, foi salva, não tanto por seus méritos, mas sobretudo pela lealdade de Deus (v. 19) e pela intercessão de Abraão (v. 29; Gn 12,2; 18,23-32).

mais mal a ti do que a eles!" Após insistirem muito com o homem, com Ló, aproximaram-se para quebrar a porta. **10** Mas os homens estenderam a mão deles, fizeram Ló entrar com eles para a casa e fecharam a porta. **11** Os homens, porém, que estavam à entrada da casa foram feridos com cegueira, desde o menor até o maior, e desistiram de encontrar a entrada.

12 Os homens disseram a Ló: "Quem mais dos teus está aqui? Faze sair deste lugar teu genro, teus filhos, tuas filhas e todos os teus que estão na cidade! **13** De fato, nós destruiremos este lugar, porque é grande o grito deles diante do SENHOR. E o SENHOR nos enviou para destruí-la". **14** Ora, Ló saiu e falou a seus genros, os que tomariam suas filhas, e disse: "Erguei-vos! Saí desse lugar, porque o SENHOR destruirá a cidade!" Mas, aos olhos de seus genros, era algo risível.

15 Como o amanhecer despontava, os mensageiros insistiram com Ló: "Ergue-te, toma tua mulher e tuas duas filhas, que aqui se encontram, para que não pereças com a culpa da cidade!" **16** Dado que se demorava, os homens o agarraram na mão, na mão de sua mulher e na mão de suas duas filhas, pelo compadecimento do SENHOR por ele, os fizeram sair e os colocaram fora da cidade.

17 Aqueles que os conduziram para fora disseram: "Coloca tua alma em segurança! Não olhes para trás e não pares em nenhuma imediação! Coloca-te em segurança no monte, para que não pereças!" **18** E Ló lhes disse: "Não, meu Senhor, por favor! **19** Eis que teu servo encontrou graça a teus olhos, e tua lealdade será exaltada pelo que fizeste comigo, tornando viva minha alma. Quanto a mim, não poderei pôr-me em segurança no monte, antes que me alcance o mal e eu morra. **20** Eis aquela cidade que está mais perto para eu refugiar-me ali; ela também é pequena. Eu me porei ali em segurança. Por acaso ela não é pequena? Assim, minha alma viverá". **21** Disse-lhe: "Eis que te concedo também esse favor. De acordo com o que falaste não destruirei a cidade. **22** Apressa-te! Coloca-te em segurança ali! Porque nada poderei fazer enquanto estiveres indo para lá". Por isso, chamou o nome da cidade Zoar.

23 O sol saiu sobre a terra enquanto Ló ia para Zoar. **24** E o SENHOR fez chover sobre Sodoma e sobre Gomorra: enxofre e fogo do céu, ou seja, do SENHOR; **25** e transformou aquelas cidades, toda a imediação, todos os residentes das cidades e a vegetação da terra. **26** Sua mulher olhou para trás e se tornou uma estátua de sal.

27 Naquela manhã, Abraão madrugou por causa do lugar, onde estivera de pé na presença do SENHOR. **28** Avistou a superfície de Sodoma e Gomorra e toda a superfície da terra na imediação. Viu que a fumaça da terra tinha subido, como a fumaça da fornalha.

29 Assim, quanto Deus destruiu as cidades da imediação, Deus se lembrou de Abraão; por isso enviou Ló do meio da destruição ao transformar as cidades nas quais Ló residira.

GÊNESIS 19–20

Origem de Moab e Amon

30 Ora, Ló subiu de Zoar e residiu no monte. Suas duas filhas estavam com ele porque ele temia residir em Zoar. Residiu, portanto, em uma caverna, ele e suas duas filhas.

31 A primogênita disse à caçula: "Nosso pai envelheceu, e não há um homem na terra para achegar-se a nós, segundo o costume de toda a terra. **32** Vem, demos de beber vinho a nosso pai e deitemo-nos com ele; assim suscitaremos uma descendência de nosso pai!" **33** Naquela noite, deram de beber vinho a seu pai. Veio a primogênita e deitou-se junto a seu pai. Este não percebeu nem quando ela deitou nem quando ela se ergueu.

34 No dia seguinte, a primogênita disse à caçula: "Eis que ontem à noite me deitei junto a meu pai. Demos-lhe de beber vinho também esta noite! Vai, deita-te com ele! Desse modo, suscitaremos uma descendência de nosso pai". **35** Também naquela noite deram de beber vinho a seu pai. A caçula se ergueu e se deitou com ele. E ele não percebeu nem quando ela se deitou nem quando ela se ergueu.

36 As duas filhas de Ló, portanto, conceberam de seu pai. **37** A primogênita gerou um filho e chamou seu nome de Moab. Ele é o pai de Moab até hoje. **38** Quanto à caçula, também ela gerou um filho e chamou seu nome de Ben-Ami. Ele é o pai dos filhos de Amon até hoje.

Abraão e Sara em Gerara

20 **1** Abraão partiu dali rumo à terra do Negueb e residiu entre Cades e Sur. Quando migrou para Gerara, **2** Abraão disse de Sara, sua esposa: "Ela é minha irmã". Então Abimelec, rei de Gerara, mandou tomar Sara.

19,30-38 Ló parece amedrontado em busca de proteção e refúgio em uma caverna (v. 30). O texto estabelece um efeito paradoxal e irônico com o episódio precedente. A violência sexual da parte dos sodomitas, da qual Ló e suas filhas foram salvos graças à intervenção dos hóspedes, é perpetrada pelas próprias filhas de Ló (vv. 31-35; Lv 18,3-18; 20,11-21; Dt 27,20.22-23). Por intermédio do nascimento dos filhos dessas relações incestuosas, o texto explica a origem de dois povos vizinhos e inimigos do antigo Israel: os moabitas e amonitas (v. 38; Nm 23–25; 2Rs 3). Não obstante, da linhagem moabita nascerá Rute, que por suas virtudes será reconhecida no seio da tribo de Judá como ancestral de Davi (Rt 1–4).

20,1-18 A segunda versão da cena da esposa-irmã é complementar à anterior (Gn 12,10-20), pois justifica o parentesco entre Abraão e Sara (v. 2; Gn 12,13). Eles são meio-irmãos. Abraão usou esse parentesco como estratégia de sobrevivência nas terras de suas migrações (vv. 11-13). Além disso, Gn 20 continua a desenvolver a temática da justiça de Deus (Gn 18,22–19,29). Embora Abimelec não conhecesse a Deus (v. 11), acolheu a revelação onírica (vv. 3-7), demonstrou temor e obediência (vv. 7.14; Jn 3,1-9) e ainda foi generoso e justo com Abraão e Sara (vv. 14-15). Por isso, Deus preservou sua vida e reverteu a esterilidade de sua mulher e de suas servas (v. 17; Jn 3,10). Deus faz justiça também a Sara, impedindo qualquer atentado contra ela (v. 4.6.18), a eleita para ser mãe do herdeiro legítimo de Abraão (Gn 17,15-21; 18,9-14).

58

GÉNESIS 20–21

³ Entretanto, naquela noite, Deus veio a Abimelec em um sonho e lhe disse: "Eis que serás morto por causa da mulher que tomaste, pois ela foi desposada por um marido". ⁴ Abimelec, porém, não se aproxima-ra dela. Disse: "Meu Senhor, por acaso matarias até mesmo uma nação justa? ⁵ Porventura ele não me disse: 'Ela é minha irmã', e ela, também ela, disse: 'Ele é meu irmão!'? Fiz isso na integridade de meu coração e na inocência das palmas de minhas mãos". ⁶ Em sonho Deus lhe dis-se: "Também eu sei que fizeste isso na integridade de teu coração. E eu mesmo te impedi de pecar contra mim. Por isso, não te permiti tocá-la. ⁷ Agora, porém, devolve a mulher desse homem, porque ele é um pro-feta e orará por ti! Então viverás. Mas, caso não a devolvas, fica sabendo que certamente morrerás, tu e qualquer um que estiver contigo!"

⁸ Naquela manhã, Abimelec madrugou, chamou todos os seus ser-vos e falou todas essas coisas aos ouvidos deles. E muito temeram aque-les homens. ⁹ Abimelec chamou Abraão e lhe disse: "O que nos fizeste? Em que pequei contra ti, para que trouxesses sobre mim e sobre meu reino um grande pecado? Fizeste comigo feitos que não se devem fa-zer". ¹⁰ Abimelec disse a Abraão: "O que viste? Por que fizeste uma coi-sa dessas?" ¹¹ Abraão disse: "Realmente pensei que talvez não houvesse temor a Deus neste lugar; então me matariam por causa de minha mu-lher. ¹² Contudo, também é verdade que ela é minha irmã. Ela é filha de meu pai, mas não é filha de minha mãe. Assim, tornou-se minha mu-lher. ¹³ E aconteceu que, quando Deus me fez vaguear da casa de meu pai, eu disse a ela: 'Esta seja tua lealdade que terás comigo: em todo lu-gar que entrarmos, dize sobre mim: Ele é meu irmão!'"

¹⁴ Abimelec tomou gado pequeno e gado grande, servos e criadas, e os deu a Abraão. E lhe devolveu Sara, sua mulher. ¹⁵ Abimelec disse: "Eis que minha terra está diante de tua face. Reside onde for bom a teus olhos!" ¹⁶ Disse a Sara: "Eis que dei a teu irmão mil siclos de prata. Isso será para ti como um véu em relação a todos que estão contigo. Assim serás reabilitada de tudo".

¹⁷ Abraão orou junto a Deus, e Deus curou Abimelec, sua mulher e suas servas, sendo que deram à luz. ¹⁸ De fato, o Senhor realmente fecha-ra todo útero da casa de Abimelec, por causa de Sara, mulher de Abraão.

Nascimento de Isaac

21 ¹ O Senhor visitou Sara como dissera. E o Senhor fez por Sara como falara. ² Sara concebeu e deu à luz um filho para Abraão na velhice dele, no tempo que Deus lhe havia falado. ³ E

21,1-21 Deus promete e cumpre sua promessa: Sara, a estéril (Gn 11,30; 16,1), dá à luz um filho (Gn 15,4; 17,16.19.21; 18,10.14; 21,1-2). A imagem da estéril que se torna mãe exultante de alegria será transmitida como testemunho eloquente do poder e da fidelidade de Deus e anúncio de esperança (1Sm 2,5; Sl 113,9; Is 54,1-6; Gl 4,27).

GÊNESIS 21

Abraão chamou o nome de seu filho, gerado por ele, o qual Sara deu à luz, Isaac. **4** Abraão circuncidou seu filho Isaac na idade de oito dias, conforme Deus lhe ordenara. **5** Abraão tinha cem anos de idade ao lhe nascer Isaac, seu filho.

6 Sara disse: "Deus me fez rir; todo aquele que escutar rirá para mim". **7** E disse: "Quem diria a Abraão que Sara amamentaria filhos? Dei à luz um filho na velhice dele!" **8** A criança cresceu e foi desmamada. E Abraão fez um grande banquete no dia em que Isaac foi desmamado.

9 Ora, Sara viu o filho de Agar, a egípcia que dera à luz para Abraão, rindo-se. **10** E disse a Abraão: "Expulsa essa serva e o filho dela, porque o filho dessa serva não deve herdar com meu filho, Isaac!" **11** Essa palavra, porém, pareceu muito má aos olhos de Abraão, por causa de seu filho. **12** Mas Deus disse a Abraão: "Quanto ao jovem e à tua serva, que isso não pareça mal a teus olhos! Em tudo o que Sara diz a ti escuta a voz dela! Porque em Isaac te encontrarás com tua descendência. **13** Quanto ao filho da serva, também o tornarei uma nação, porque ele é teu descendente".

14 De manhã, Abraão madrugou, tomou pão e um odre de água e os deu a Agar, colocou a criança sobre o ombro dela e a despediu. Então ela foi e vagueou no deserto de Bersabeia. **15** Quando acabou a água do odre, ela colocou a criança debaixo de um dos arbustos, **16** foi adiante e sentou-se em frente, à distância de um tiro de arco, porque dizia: "Não quero ver a criança morrer". Quando se sentou em frente, elevou sua voz e chorou.

17 Mas Deus escutou a voz do jovem. Do céu, o mensageiro de Deus chamou Agar e lhe disse: "O que há contigo, Agar? Não temas, porque Deus escutou a voz do jovem, lá onde ele está! **18** Ergue-te, levanta o jovem e agarra na mão dele, porque o estabelecerei como uma grande nação!" **19** Deus, portanto, abriu os olhos dela; e ela viu um poço de água. Então foi, encheu o odre de água e deu de beber ao jovem.

O relato faz um jogo com a etimologia popular do nome de Isaac, que significa "ele riu", repetindo-o diversas vezes (vv. 6-7; Gn 17,17; 18,12.13.15). Abraão, por sua vez, obedece fielmente às prescrições da aliança, circuncidando seu filho no oitavo dia (v. 4; Gn 17,12). O desaleitamento materno era celebrado aos três anos de idade, quando a criança já teria superado o período de maior vulnerabilidade (v. 8; 1Sm 1,22-28; 2Mc 7,27-28). Sara, prevendo no comportamento de Ismael uma ameaça ao futuro de Isaac, empenha-se em suprimir a ameaça (vv. 9-11), contando com o apoio de Deus (vv. 12-13). O êxodo de Agar é relatado em duas versões: outrora como fuga (Gn 16,6-16), agora como expulsão (Gn 21,9-21). A expulsão de Agar e Ismael da tenda de Abraão e Sara é equiparável à expulsão do antigo Israel do Egito pelo faraó e por seus oficiais (vv. 14-15; Ex 12,31-34). Deus escuta o grito de Ismael (vv. 16-17), como também escutará o clamor de seu povo e o libertará (Ex 3,1-6). Ismael deveria ter cerca de dezesseis anos de idade (Gn 16,16; 21,5.8), mas o texto o descreve ora como uma criança de colo (v. 14), ora como jovem (v. 17). Embora não participem da herança de Abraão (v. 12), Agar e Ismael não estão excluídos da promessa e companhia divina (vv. 18-21).

GÊNESIS 21

²⁰ Deus esteve com o jovem, que cresceu e residiu no deserto, tornando-se um arqueiro. ²¹ Quando residia no deserto de Parã, sua mãe tomou para ele uma mulher da terra do Egito.

Aliança em Bersabeia

²² Naquele tempo, Abimelec, que estava com Picol, o chefe de seu exército, disse a Abraão: "Deus está contigo em tudo o que tu fazes. ²³ Agora, pois, jura-me aqui por Deus que não serás falso comigo, com minha prole ou com minha posteridade! De acordo com a lealdade que promovi a ti, agirás comigo e com a terra para a qual migraste". ²⁴ E Abraão disse: "Eu juro".

²⁵ Todavia, Abraão repreendeu Abimelec por causa de um poço de água que os servos de Abimelec haviam usurpado. ²⁶ Mas Abimelec disse: "Não sei quem faria uma coisa dessas. Tu também não me comunicaste isso, e eu nada escutei, a não ser hoje". ²⁷ Entretanto, Abraão tomou um gado pequeno e um gado grande e os deu a Abimelec. E ambos fizeram uma aliança.

²⁸ Abraão ainda pôs à parte sete ovelhinhas do gado pequeno. ²⁹ Então Abimelec disse a Abraão: "Para que servem essas sete ovelhinhas que puseste à parte?" ³⁰ E ele disse: "Tomarás, pois, estas sete ovelhinhas de minha mão, a fim de que sejam para mim uma testemunha de que cavei esse poço". ³¹ Por isso, chamou-se aquele lugar de Bersabeia, pois lá ambos juraram. ³² E fizeram uma aliança em Bersabeia. Em seguida, Abimelec ergueu-se com Picol, o chefe de seu exército, e retornaram rumo à terra dos filisteus.

³³ Por fim, plantou uma tamargueira em Bersabeia e lá invocou o nome do SENHOR, Deus eterno. ³⁴ Por muitos dias, Abraão viveu como imigrante na terra dos filisteus.

21,22-34 No código de hospitalidade do antigo Oriente Próximo, o anfitrião deveria prover o melhor para seu hóspede, e o hóspede não deveria rejeitar ou pedir nada. A violação desse protocolo poderia gerar hostilidade. Abimelec, que havia colocado sua terra à disposição de Abraão (Gn 20,15), agora propõe um acordo de boa vizinhança (vv. 22-23). Abraão se compromete (v. 4) e, acusando os servos de Abimelec de lhe usurparem um poço (vv. 25-26), propõe uma aliança de paz (v. 27), tomando Abimelec como testemunha de seu direito sobre o poço (vv. 28-29). Esse ritual deu origem ao topônimo "Bersabeia", cujo significado pode ser tanto "poço das sete", porque Abraão deu as sete ovelhas, quanto "poço do juramento", porque ali fizeram um juramento (vv. 31-32). A tamargueira (v. 33) é uma espécie de arbusto encontrado na Palestina, na região da Jordânia, nos pântanos do mar Morto e ao longo das planícies costeiras do Negueb e do Sinai. A tamargueira se desenvolve em regiões desérticas e arenosas, é resistente ao calor e à salinidade. Além de sombra, sua árvore produz uma resina doce que pode ser consumida. As narrativas bíblicas registram que Abraão plantou uma tamargueira em Bersabeia (v. 33), que o rei Saul sentou-se à sombra de uma tamargueira em Gabaá (1Sm 22,6) e que seus ossos foram sepultados sobre uma grande tamargueira, em Jabes-Galaad (1Sm 31,13).

GÉNESIS 22

Isaac amarrado

22 ¹Após esses fatos, Deus pôs Abraão à prova. Disse-lhe: "Abraão!" Este disse: "Eis-me aqui!" ² Então disse: "Toma, pois, teu filho Isaac, teu único, aquele que amas, e vai-te à terra de Moriá! Faze-o subir ali como holocausto, sobre um dos montes que te direi!"

³ Naquela manhã, Abraão madrugou, encilhou o jumento e tomou consigo dois de seus jovens e seu filho Isaac. Rachou a lenha do holocausto. Depois se ergueu e foi ao lugar que Deus lhe dissera. ⁴ No terceiro dia, Abraão elevou seus olhos e viu o lugar de longe. ⁵ E Abraão disse a seus jovens: "Sentai-vos aqui com o jumento, enquanto eu e o jovem iremos até lá, a fim de nos prostrarmos! E voltaremos a vós".

⁶ Então Abraão tomou a lenha do holocausto e a colocou sobre seu filho Isaac. E tomou o fogo e o punhal em sua mão. E os dois se foram juntamente. ⁷ Entretanto, Isaac disse a seu pai assim: "Meu pai!" Este disse: "Eis me aqui, meu filho!" Então disse: "Eis o fogo e a lenha, mas onde está o cordeiro para o holocausto?" ⁸ Abraão disse: "Deus proverá para si o cordeiro para o holocausto, meu filho". E os dois se foram juntos.

⁹ Quando chegaram ao lugar que Deus lhe havia dito, Abraão construiu ali o altar, dispôs a lenha, amarrou seu filho Isaac e o colocou sobre o altar, em cima da lenha. ¹⁰ E Abraão estendeu sua mão e tomou o punhal para imolar seu filho.

22,1-19 Abraão é colocado à prova (v. 1) e, como em Gn 12,1-4a, mostra-se obediente a qualquer imperativo divino (vv. 2-3.13), mesmo que custe a vida de seu único filho (v. 12). Isaac é, efetivamente, o único filho que restou para Abraão, pois Ló partiu para Sodoma (Gn 13,11) e se tornou ancestral de duas linhagens (Gn 19,36-38); um filho adotivo foi descartado por Deus (Gn 15,3-4) e Ismael foi "afastado" ao ser expulso da tenda de Abraão e Sara (Gn 21,14). Sacrifícios humanos são mencionados nas narrativas bíblicas (Jz 11,30-40; 2Rs 3,27; 17,17). A prática parte da crença de que é Deus quem abre ou fecha o ventre. Portanto, para manter a fertilidade oferecia-se a Deus o primeiro fruto que abrira o ventre, pois reter para si o primogênito seria um ato de egoísmo, punido com a infertilidade. Israel condena a prática do sacrifício humano (Lv 18,21; 20,2-5), embora os primogênitos pertençam a Deus (Ex 13,2; 22,28; Nm 3,13; 8,17). Sua vida deveria ser resgatada mediante a oferta de um animal (v. 13; Ex 13,13), posteriormente resgatada mediante a instituição dos levitas (Nm 3,12.41.45; 8,15-16.18) e até mesmo com oferta em dinheiro (Nm 18,15-16). Todavia, a narrativa, desde o início, não imagina a possibilidade de realizar o sacrifício de Isaac, primeiro por informar que Abraão é posto à prova (v. 1); segundo pela menção do "terceiro dia", em geral, momento em que Deus salva (Os 6,2); por fim, o próprio Abraão diz a seus servos que voltaria com Isaac (v. 5), pois crê na providência divina (v. 8). Deus faz ver e assim provê. Essa é a experiência que a obediência de Abraão comunica, chamando o nome daquele lugar de "o Senhor proverá" (v. 14). Esse nome é expressão de libertação e celebração da fidelidade de Deus; corresponde à própria resposta que Abraão dá a Isaac no momento mais difícil de sua vida (v. 8). A obediência de Abraão é reconhecida pelo juramento de Deus, que retoma todas as promessas (vv. 16-18): bênção (Gn 12,2.3; 18,18), no sentido de descendência numerosa (Gn 12,2; 15,5; 17,2-6) e terra (Gn 12,7; 13,15-17; 15,7-8; 17,8).

GÊNESIS 22–23

[11] Do céu, o mensageiro do SENHOR o chamou: "Abraão, Abraão!" Este disse: "Eis-me aqui!" [12] Então disse: "Não estendas tua mão em direção ao jovem e não lhe faças coisa alguma, porque agora sei que tu temes a Deus, pois não negaste teu filho, teu único filho, a mim!" [13] E Abraão elevou seus olhos e viu; eis que havia um carneiro detrás, preso por seus chifres no matagal. Abraão foi, tomou o carneiro como holocausto e o fez subir no lugar de seu filho.

[14] Abraão chamou o nome daquele lugar de "o SENHOR proverá". Por isso se diz hoje: "Neste monte, o SENHOR torna-se visível".

[15] Do céu, o mensageiro do SENHOR chamou Abraão uma segunda vez [16] e disse: "Juro por mim mesmo, oráculo do SENHOR, pois, uma vez que fizeste tal coisa e não me negaste teu filho, teu único, [17] certamente te abençoarei e multiplicarei tua descendência como as estrelas do céu e como a areia que está na beira do mar. Tua descendência herdará a porta de seus inimigos, [18] e todas as nações da terra serão abençoadas em tua descendência, porquanto escutaste minha voz".

[19] Abraão voltou, então, a seus jovens, que se ergueram e juntamente com ele foram para Bersabeia. E Abraão residiu em Bersabeia.

Nascimento de Rebeca

[20] Depois desses fatos, narrou-se a Abraão: "Eis que Melca, também ela, deu à luz filhos para Nacor, teu irmão. [21] Us é o primogênito dele; Buz, seu irmão; e Camuel, pai de Aram; [22] Cased, Azau, Feldas, Jedlad e Batuel. [23] E Batuel gerou Rebeca". Melca deu à luz esses oito para Nacor, irmão de Abraão. [24] E a concubina dele, cujo nome é Roma, também ela deu à luz: Tabé, Gaam, Taás e Maaca.

Morte e sepultamento de Sara

23

[1] A vida de Sara – ou seja, os anos da vida de Sara – foi de cento e vinte e sete anos. [2] Depois Sara morreu em Cariat-Arbe, que é Hebron, na terra de Canaã. Abraão veio para lamentar-se por Sara e chorá-la.

22,20-24 Uma das funções da notícia genealógica é comunicar que uma geração passa e outra se inicia. Uma vez que Isaac está vivo, ele deve casar-se para dar continuidade à linhagem de seu pai (Gn 21,12) e à promessa (Gn 17,19.21). O texto antecipa a origem de sua futura esposa, aquela que assumirá o lugar de Sara (Gn 24,67). Portanto, a genealogia de Rebeca é um pré-anúncio, tanto do fim da geração de Abraão e Sara quanto do início da geração de Isaac e Rebeca.

23,1-20 A notícia da morte de Sara e a necessidade de seu sepultamento (vv. 1-2.19) levam Abraão a empreender uma longa negociação com os proprietários da terra (vv. 3-18.20). Na condição de imigrante, Abraão não teria o direito de comprar ou possuir propriedade de terra (v. 4).

GÊNESIS 23

Gn

3 Então Abraão se ergueu sobre a face de sua morta e falou aos filhos de Het: 4 "Eu sou um imigrante e residente junto a vós. Dai-me uma propriedade de sepultura junto a vós, pois quero sepultar minha morta em minha presença!" 5 Os filhos de Het responderam a Abraão: 6 "Meu senhor, escuta-nos! Tu és um príncipe de Deus entre nós. Sepulta tua morta na melhor de nossas sepulturas! Ninguém de nós recusará seu sepulcro a ti, para sepultares tua morta".

7 Abraão se ergueu e se inclinou diante do povo da terra, dos filhos de Het. 8 E falou com eles: "Se for de vossa vontade que sepulte minha morta em minha presença, escutai-me e intercedei por mim junto a Efron, filho de Zoar! 9 Que me dê a gruta de Macpela, que é dele! Ela está na extremidade de seu campo. Que me dê pelo pleno valor como propriedade de sepultura entre vós!"

10 Ora, Efron estava sentado entre os filhos de Het. E o heteu Efron respondeu a Abraão, aos ouvidos dos filhos de Het, ou seja, para todos aqueles que tinham vindo ao portão de sua cidade: 11 "Não, meu senhor, escuta-me! Dou-te o campo. E dou-te a gruta, que nele está. Diante dos olhos dos filhos de meu povo a dou a ti. Sepulta tua morta!" 12 Abraão, porém, inclinou-se diante do povo da terra 13 e falou a Efron, aos ouvidos do povo da terra: " Ah, que apenas me escutes! Dou o valor do campo. Toma-o de mim, pois quero sepultar minha morta ali!" 14 Então Efron respondeu a Abraão: 15 "Meu senhor, escuta-me! Uma terra de quatrocentos siclos de prata, o que é isso entre mim e ti? Sepulta tua morta!" 16 Quando Abraão escutou Efron, logo pesou para Efron o valor que este tinha falado aos ouvidos dos filhos de Het: quatrocentos siclos de prata corrente para o mercador.

17 E confirmou-se: o campo que está de frente a Mambré, o campo e a gruta que nele está e cada árvore que está no campo, ou seja, ao redor de todo o seu limite, 18 tornaram-se aquisição de Abraão diante dos olhos dos filhos de Het, entre todos os que tinham vindo ao portão de sua cidade. 19 Depois disso, Abraão sepultou Sara, sua mulher, na gruta do campo de Macpela, de frente a Mambré, que é Hebron, na terra de Canaã. 20 E confirmou-se: o campo e a gruta que nele está passaram, como propriedade de sepultura, dos filhos de Het para Abraão.

Por isso, o êxito na negociação da compra de Macpela foi possível graças à ação oculta do Senhor, que promete e cumpre (Gn 13,14-15.17; 15,7; 17,8). Abraão é o primeiro ancestral imigrante do antigo Israel a possuir propriedade de terra em Canaã (Ez 33,24), e Sara é a primeira memória ancestral sepultada na terra da promessa (v. 19). Se o útero estéril de Sara foi a porta de entrada do antigo Israel na história (Gn 11,30; 21,1-2; Is 51,1-3), seu túmulo é a porta de entrada na posse da terra de Canaã, pois depois dela todos os patriarcas e matriarcas da promessa serão sepultados em Macpela: Abraão (Gn 25,9), Isaac (Gn 35,29), Rebeca e Lia (Gn 49,31) e Jacó (Gn 50,13). Neemias se servirá do sepulcro dos antepassados como argumento para justificar o retorno e o direito à terra da promessa (Ne 2,5).

GÊNESIS 24

Casamento de Isaac e Rebeca

24 ¹ Abraão envelheceu, avançando nos dias. E o SENHOR abençoou Abraão em tudo.

² Abraão disse ao servo mais velho de sua casa, o qual governava tudo o que era dele: "Põe, por favor, tua mão debaixo de minha coxa! ³ Eu te farei jurar pelo SENHOR, Deus do céu e Deus da terra, que não tomarás para meu filho uma mulher das filhas dos cananeus, entre os quais eu resido, ⁴ mas irás à minha terra e à minha parentela e tomarás uma mulher para meu filho Isaac". ⁵ O servo lhe disse: "Talvez a mulher não queira me seguir rumo a esta terra. Por acaso realmente farei voltar teu filho para a terra de onde saíste?" ⁶ E Abraão lhe disse:

24,1-67 Abraão, já idoso (v. 1), demonstra preocupação com o futuro de seu herdeiro (vv. 3-4). Por isso, busca a esposa ideal para Isaac. O gesto de juramento, com a "mão colocada debaixo da coxa" (vv. 2.9; Gn 47,29), evoca uma particularidade. "Coxa" é um eufemismo para o órgão genital masculino, sede da vida e procriação, marcado pelo sinal da aliança (Gn 17,4); tocá-la é um modo de atribuir importância ao juramento (v. 7). A exigência de Abraão sobre a procedência da esposa de Isaac demonstra o interesse em não se misturar com outras etnias e culturas (vv. 3-4; Gn 26,34-35; 27,46; 28,8; Ex 34,16; Nm 25,1; Dt 7,3; 1Rs 11,1-2). Esse aspecto será fundamental para o Israel pós-exílico, que, privado de rei, terra e templo, tenta assegurar sua identidade por intermédio de laços sanguíneos (Esd 10,1-44; Ne 13,23-30). A ação de Rebeca de, junto ao poço, dar de beber aos animais do servo de Abraão (vv. 19-20) prefigura a mesma ação de Jacó (Gn 29,10) e de Moisés (Ex 2,17). É possível que no antigo Israel a função de tirar água do poço, em determinadas horas do dia, fosse uma atividade própria da mulher (Gn 24,11.13.43; Ex 2,16; 1Sm 9,11). A cena junto ao poço corresponde ao pressuposto necessário para a futura celebração de um casamento (Gn 24,67; 29,18.28; Ex 2,21). A solicitude, a força e a disposição de Rebeca em acolher o estrangeiro e em dar de beber a ele e aos animais dele (vv. 22-28) evocam a acolhida de Abraão a seus hóspedes (Gn 18,1-8). Essas qualidades são indícios de que ela é a mulher ideal para Isaac, confirmada, então, na revelação de sua identidade (v. 24; Gn 11,29; 22,20-24). Ao contrário de sua solícita irmã Rebeca (vv. 18-20), Labão (v. 29) é caracterizado como um oportunista interesseiro, pois foram os presentes dados a ela que o motivaram a acolher o servo de Abraão (vv. 30-31). Também em relação a seu sobrinho Jacó, Labão continuará a demonstrar o mesmo comportamento (Gn 29,16-30). O servo de Abraão quer convencer a família de Rebeca acerca dos benefícios do casamento dela com um parente muito rico (vv. 39-41). Desse modo, as pequenas diferenças acrescentadas pelo servo (vv. 37-41) ao discurso de Abraão (vv. 2-9) visam tanto minimizar a possibilidade de a família negar o casamento de Rebeca, quanto estabelecer certa empatia e proximidade entre as famílias, geograficamente distantes, mas sanguineamente próximas. Além disso, a insistência do servo na colaboração do Senhor no bom êxito da viagem (vv. 42-49) exerce um poder de convencimento sobre Rebeca e sua família (vv. 50-51). Segundo o costume, o pai da futura esposa deveria receber um "dote", um preço nupcial (v. 53; Gn 34,12; Ex 22,15; 1Sm 18,25), e a esposa deveria receber um "presente" (vv. 22.47.53) da família do marido (Gn 34,12). Os numerosos bens oferecidos pelo servo a Rebeca e à sua família deveriam impressionar, mostrando a riqueza do pai do noivo (vv. 1.10.22.35.47.53). A bênção que Labão e sua mãe pronunciam para Rebeca (vv. 60-61) repete uma formulação que, com algumas variações, é usada somente em Gn 22,17, na segunda comunicação do mensageiro do Senhor a Abraão em Moriá (Gn 22,15-18). Ao introduzir Rebeca na tenda de sua mãe (v. 67), que está morta (Gn 23,1-20), Isaac faz Rebeca assumir o papel de matriarca na família, iniciando-se a segunda geração ancestral da promessa.

GÊNESIS 24

"Guarda-te, para que não faças meu filho voltar para lá! **7** O SENHOR, Deus do céu, que me tomou da casa de meu pai e da terra de minha parentela, que me falou e que me jurou: 'À tua descendência darei esta terra', ele enviará seu mensageiro diante de ti, e tu tomarás uma mulher dali para meu filho. **8** Se a mulher, porém, não quiser te seguir, estarás isento desse meu juramento; somente não farás meu filho voltar para lá". **9** O servo, então, pôs sua mão debaixo da coxa de Abraão, seu senhor, e lhe jurou tal coisa.

10 O servo tomou dez camelos entre os camelos de seu senhor e foi, pois todo bem de seu senhor estava em suas mãos. Ergueu-se e foi para Aram Naaraim, rumo à cidade de Nacor. **11** Fez os camelos se ajoelharem fora da cidade, junto a um poço de água, à tarde, à hora de elas saírem para retirar água. **12** E disse: "SENHOR, Deus de meu senhor Abraão, dirige-te, por favor, hoje a mim e sê leal com meu senhor Abraão! **13** Eis que eu estou de pé junto à fonte de água, e as filhas dos homens da cidade estão saindo para retirar água. **14** A jovem à qual eu disser: 'Por favor, estende teu cântaro, pois quero beber!', e ela disser: 'Bebe, e também darei de beber a teus camelos!', esta designaste para teu servo Isaac. Por ela saberei que foste leal com meu senhor".

15 Ora, antes de ele terminar de falar, eis que saía, com seu cântaro sobre seu ombro, Rebeca, aquela que nascera de Batuel, filho de Melca, mulher de Nacor, irmão de Abraão. **16** A jovem era muito bela de aparência. Era virgem, pois nenhum homem a conhecera. Desceu à fonte, encheu seu cântaro e subiu. **17** O servo correu a seu encontro e disse: "Por favor, deixa-me sorver um pouco da água de teu cântaro!" **18** Ela disse: "Bebe, meu senhor!" Assim, apressou-se e desceu seu cântaro com sua mão e lhe deu de beber. **19** Quando terminou de dar-lhe de beber, disse: "Tirarei água também para teus camelos até que terminem de beber". **20** Apressou-se e esvaziou seu cântaro no bebedouro. Correu ainda ao poço para tirar água e tirou água para todos os camelos dele. **21** O homem a observava atentamente e emudeceu, para saber se o SENHOR concedera êxito à sua jornada ou não.

22 Quando os camelos terminaram de beber, o homem tomou um anel de ouro – seu peso era de meio siclo – e duas pulseiras para as mãos dela – o peso era de dez siclos de ouro. **23** Disse: "De quem tu és filha? Comunica-me, por favor! Por acaso há lugar na casa de teu pai para pernoitarmos?" **24** Ela lhe disse: "Eu sou filha de Batuel, filho que Melca deu à luz para Nacor". **25** E disse-lhe: "Temos tanta palha quanto muita forragem conosco. Também há lugar para pernoitarem". **26** E o homem se ajoelhou e adorou ao SENHOR. **27** E disse: "Bendito seja o SENHOR, Deus de meu senhor Abraão, que não abandonou sua lealdade e sua verdade de junto de meu senhor! Quanto a mim, o SENHOR me conduziu no caminho da casa do irmão de meu senhor". **28** A jovem correu para a casa de sua mãe e narrou esses fatos.

GÊNESIS 24

²⁹ Ora, Rebeca tinha um irmão cujo nome era Labão. E Labão correu ao homem até a fonte, que estava fora. ³⁰ Ao ver, pois, o anel e as pulseiras nas mãos de sua irmã, e ao escutar as palavras de Rebeca, sua irmã, ao dizer: "Assim me falou o homem", logo foi ao homem. E eis que ele estava de pé junto aos camelos ao lado da fonte. ³¹ Disse: "Vem, bendito do SENHOR! Porque permaneces do lado de fora? Pois eu preparei a casa e um lugar para os camelos". ³² Então o homem entrou na casa e descarregou os camelos. Depois deu palha e forragem aos camelos, e água para lavar os pés dele e os pés dos homens que estavam com ele. ³³ E pôs alimento à frente dele. Mas este disse: "Não comerei até que eu tenha falado minhas coisas". Disse: "Fala!" ³⁴ E ele disse: "Eu sou o servo de Abraão. ³⁵ O SENHOR muito abençoou meu senhor, engrandeceu-o, deu-lhe gado pequeno e gado grande, prata e ouro, servos e criadas, camelos e jumentos. ³⁶ E Sara, a mulher de meu senhor, deu à luz um filho para meu senhor, depois da velhice dela, e ele lhe deu tudo que era seu. ³⁷ Entretanto, meu senhor me fez jurar: 'Não tomarás para meu filho uma mulher das filhas dos cananeus, em cuja terra eu resido. ³⁸ Certamente irás à casa de meu pai e minha parentela e tomarás uma mulher para meu filho'. ³⁹ Eu disse a meu senhor: 'Talvez a mulher não me siga'. ⁴⁰ Então ele me disse: 'O SENHOR, em cuja presença ando, enviará seu mensageiro contigo e dará êxito à tua jornada. Tomarás para meu filho uma mulher de minha família, da casa de meu pai. ⁴¹ Então estarás livre de minha maldição, porque foste à minha família. No entanto, se não a derem a ti, então estarás livre de minha maldição'. ⁴² Hoje, quando cheguei à fonte e disse: 'SENHOR, Deus de meu senhor Abraão, por favor, sejas tu quem dá êxito à minha jornada, na qual eu prossigo! ⁴³ Eis que eu estou de pé junto à fonte de água. A moça que estiver saindo para tirar água, a qual eu disser: Por favor, dá-me de beber um pouco da água de teu cântaro!, ⁴⁴ e que me disser: Bebe tu, e também para teus camelos tirarei água!, ela será a mulher que o SENHOR designou para o filho de meu senhor'. ⁴⁵ Eu ainda falava a meu coração, eis que Rebeca saía. Seu cântaro estava sobre seu ombro. Desceu à fonte e tirou água. Eu lhe disse: 'Dá-me de beber, por favor!' ⁴⁶ Apressou-se e fez descer seu cântaro de sobre si. E disse: 'Bebe e também farei beber teus camelos!' Então bebi, e ela também fez os camelos beberem. ⁴⁷ Consultei-a e disse: 'De quem tu és filha?' Ela disse: 'Sou filha de Batuel, filho de Nacor, para quem Melca deu à luz'. E pus o anel em suas narinas e as pulseiras em suas mãos. ⁴⁸ Ajoelhei-me e adorei o SENHOR. Bendisse ao SENHOR, Deus de meu senhor Abraão, que me conduziu pelo caminho da verdade para tomar a filha do irmão de meu senhor para seu filho. ⁴⁹ Agora, se vós quiserdes promover lealdade e verdade para com meu senhor, comunicai-o a mim! Caso contrário, também o comunicai a mim, e partirei para a direita ou para a esquerda!" ⁵⁰ Labão e Batuel responderam: "A coisa procede do SENHOR. Não

GÊNESIS 24–25

podemos falar-te algo ruim ou bom. **51** Eis que Rebeca está diante de ti. Toma-a e vai-te! Que seja mulher para o filho de teu senhor, conforme falara o SENHOR!"

52 Quando o servo de Abraão escutou as palavras deles, logo se prostrou por terra diante do SENHOR. **53** E o servo de Abraão tirou objetos de prata, objetos de ouro e vestes, e os deu a Rebeca. Deu também presentes preciosos ao irmão dela e à mãe dela. **54** Comeram e beberam, ele e os homens que estavam com ele, e pernoitaram. De manhã, quando se ergueram, ele disse: "Enviai-me a meu senhor!" **55** Mas o irmão dela, junto à mãe dela, disse: "Que a jovem resida conosco uns dias, talvez dez, depois irá!" **56** Ele lhes disse: "Não me detenhais! É, pois, o SENHOR quem dá êxito à minha jornada. Enviai-me! Quero ir a meu senhor". **57** Disseram: "Chamemos a jovem e solicitemos sua opinião". **58** Chamaram Rebeca e lhe disseram: "Porventura quereis ir com esse homem?" Ela disse: "Irei!" **59** E enviaram Rebeca, a irmã deles, a ama dela, o servo de Abraão e os homens dele.

60 Abençoaram Rebeca e lhe disseram: "És nossa irmã. Sê tu milhares de miríades! Que tua descendência herde a porta dos que te odeiam!" **61** Rebeca se ergueu com suas jovens. Montaram os camelos e seguiram o homem. Assim, o servo tomou Rebeca e se foi.

62 Isaac veio do poço de Beer-Laai-Roí, pois ele residia na terra do Neguebe. **63** Ora, Isaac saiu para passear no campo ao entardecer. Quando elevou seus olhos, logo viu: eis que vinham alguns camelos. **64** Quando Rebeca elevou seus olhos e viu Isaac, logo caiu de cima do camelo **65** e disse ao servo: "Quem é este homem, que anda pelo campo a nosso encontro?" O servo disse: "Ele é meu senhor". Então ela tomou o véu e se cobriu.

66 O servo contou a Isaac todas as coisas que fizera. **67** E Isaac a introduziu na tenda de Sara, sua mãe. Tomou Rebeca, que se tornou sua mulher, e a amou. Assim, Isaac foi consolado após a morte de sua mãe.

Casamento de Abraão e Cetura

25

1 Abraão continuou e tomou outra mulher, cujo nome era Cetura. **2** Ela lhe deu à luz Zamrã, Jecsã, Madã, Madiã, Jesboc e Sué.

25,1-6 O registro dos descendentes de Abraão com Cetura (vv. 1-4; 1Cr 1,32-33), de um lado, contribui para afirmar a universalidade da paternidade de Abraão como "pai de uma multidão de nações" (Gn 17,4.5). Do outro, confirma o papel exclusivo de Isaac, filho de Sara, como único herdeiro de Abraão (v. 5; Gn 17,19.21; 21,12; 24,36). Assim como fez com Ismael (Gn 21,14), Abraão despede os filhos de sua esposa Cetura e de suas concubinas para longe de Isaac (v. 6). Cetura, portanto, é a matriarca ancestral dos povos árabes, entre eles os madianitas (Ex 2,15; Nm 22,4.7), os sabeus (1Rs 10,1-10; Is 60,6) e os dadanitas (Is 21,13; Ez 27,20).

GÊNESIS 25

Gn

³ Jecsã gerou Sabá e Dadã; e os filhos de Dadã foram os assuritas, os latusitas e os loomitas. ⁴ Os filhos de Madiã foram Efa, Ofer, Henoc, Abida e Eldaá; todos esses são os filhos de Cetura.

⁵ Abraão, porém, deu tudo o que era seu para Isaac. ⁶ Quanto aos filhos das concubinas que eram de Abraão, Abraão deu presentes e os enviou, ainda em vida, de junto de seu filho Isaac, rumo ao leste, para a terra oriental.

Morte e sepultamento de Abraão

⁷ Estes foram os dias dos anos da vida de Abraão, que viveu cento e setenta e cinco anos. ⁸ Depois Abraão expirou e morreu com cabelo bem grisalho, velho e satisfeito, e reuniu-se a seu povo. ⁹ Então Isaac e Ismael, seus filhos, o sepultaram na gruta de Macpela, no campo de Efron, filho do heteu Zoar, que está em frente a Mambré, ¹⁰ o campo que Abraão comprara dos filhos de Het. Ali estão sepultados Abraão e Sara, sua mulher. ¹¹ Após a morte de Abraão, Deus abençoou Isaac, seu filho; e Isaac residiu junto ao poço de Beer-Laai-Roí.

Gerações de Ismael

¹² Estas são as gerações de Ismael, filho de Abraão, que Agar, a criada egípcia de Sara, deu à luz para Abraão. ¹³ Estes são os nomes dos filhos de Ismael, segundo seus nomes e suas gerações: o primogênito de Ismael foi Nabaiot, depois Cedar, Adbeel, Mabsam, ¹⁴ Masma, Duma, Massa, ¹⁵ Hadad, Tema, Jetur, Nafis e Cedma. ¹⁶ Esses são os filhos de Ismael, doze príncipes segundo suas tribos.

¹⁷ Estes foram os anos da vida de Ismael: cento e trinta e sete anos. Depois Ismael expirou e morreu, e reuniu-se a seu povo. ¹⁸ E residiram desde Hévila até Sur, que está em frente ao Egito, ao entrar pela Assíria. Jazeu na presença de todos os seus irmãos.

25,7-11 Com o término da vida de Abraão (vv. 7-8), a bênção de Deus é passada concretamente para Isaac (v. 11), o filho herdeiro, conforme a promessa do Senhor (Gn 17,19.21). Em espírito de concórdia, Isaac e Ismael se reúnem para sepultar Abraão junto a Sara em Macpela (vv. 9-10; Gn 23,1-2.19). Isaac reside no lugar de seu primeiro encontro com Rebeca (v. 11; Gn 24,62-65), onde o mensageiro do Senhor apareceu a Agar (Gn 16,14).

25,12-18 As gerações de Ismael constituem a sétima das dez gerações em que o livro do Gênesis pode ser subdividido. Depois da geração do céu e da terra (Gn 2,4), vêm as gerações de Adão (Gn 5,1), de Noé (Gn 6,9), de Sem, Cam e Jafé (Gn 10,1), de Sem (Gn 11,10), de Taré (Gn 11,27), de Ismael (Gn 25,12), de Isaac (Gn 25,19), de Esaú (Gn 36,1.9) e de Jacó (Gn 37,2). Além disso, as gerações de Ismael atestam que o Senhor também o abençoou e cumpriu quanto prometera a Agar (Gn 16,10) e a Abraão (Gn 17,20). Ismael morre, mas, ao contrário do que acontece com Sara e Abraão (Gn 23,19; 25,9), não há referência sobre o local de sua sepultura (vv. 17-18).

GÊNESIS 25

CICLO DE ISAAC E REBECA

Gerações de Isaac

19 Estas são as gerações de Isaac, filho de Abraão. Abraão gerou Isaac. **20** Quando Isaac tinha quarenta anos de idade, ele tomou para si, como mulher, Rebeca, filha de Batuel, o arameu de Padã-Aram; era a irmã do arameu Labão. **21** Isaac rogou ao SENHOR em favor de sua mulher, porque ela era estéril. O SENHOR o atendeu, e sua esposa Rebeca concebeu.

22 Ora, os filhos se empurravam dentro dela, sendo que disse: "Se é assim, para que eu existo?" Então foi consultar o SENHOR. **23** O SENHOR lhe disse:

> "Há duas nações em teu ventre.
> Duas etnias serão separadas de tuas entranhas.
> Uma etnia será mais forte que a outra etnia;
> e o maior servirá ao menor".

24 Completaram-se, então, seus dias para dar à luz, e eis que havia gêmeos em seu ventre. **25** O primeiro que saiu era ruivo. Ele era inteiramente como um manto de pelos; por isso chamaram o seu nome Esaú. **26** Depois saiu seu irmão, segurando com sua mão o calcanhar de Esaú. Por isso chamou seu nome de Jacó. Isaac tinha sessenta anos de idade ao ela dá-los à luz.

Desprezo de Esaú pela primogenitura

27 Quando os jovens cresceram, Esaú tornou-se um homem versado em caça, um homem do campo. Jacó era um homem íntegro, que residia

---

25,19-26 A sequência genealógica é interrompida pela esterilidade da esposa (vv. 19-21; Gn 11,30). Rebeca é bela, amada, mas estéril. Sua esterilidade, porém, supera o limite de uma tragédia pessoal (Gn 30,23; 1Sm 1,5-8; 2Sm 6,23; Os 9,11; Pr 30,16), pois, por intermédio da oração de Isaac, seu ventre torna-se espaço propício para revelar a eficácia da ação do Senhor na história de seus eleitos. O oráculo do Senhor sobre o nascimento dos ancestrais de dois povos, israelitas e edomitas (vv. 22-23), é revestido de tom profético, prefigurando suas relações de parentesco (Gn 32,4; 36,1-43), conflitos (Nm 20,14-21; 1Rs 11,14-25; 2Rs 14,7-10) e submissão (2Sm 8,14). O nome da criança é dado em conexão com algum evento de seu nascimento (vv. 24-26; Gn 16,15; 17,17.19; 18,21; 21,3.6), usando etiologias e assonâncias para expressar sua identidade, missão e futuro: Esaú é ruivo (*'admoni*), por isso se chamará Edom (v. 30). É todo coberto de pelo (*se'ar*) e residirá na terra de Seir (Gn 36,6; Nm 24,18). Jacó (*ya'aqob*) recebeu seu nome porque nasceu segurando o calcanhar (*'aqeb*) de seu irmão. Contudo, seu nome também pode ser compreendido como abreviação de *Ya'cob-el* ("que Deus proteja").

25,27-34 O primogênito (Ex 4,22), enquanto sucessor do pai, se tornaria o chefe da família e a autoridade perante seus irmãos e irmãs (Gn 27,29.37). Ele era consagrado ao Senhor por ser o primeiro a abrir o canal através do qual a vida flui (Ex 13,2; Dt 15,19). Ao primogênito se atribuía uma bênção especial do pai e o dobro da herança. No caso de Isaac e Rebeca, o primogênito herdaria a promessa-aliança, mas Esaú não valorizou esse dom, que foi cobiçado por Jacó.

70

GÊNESIS 25–26

em tendas. **28** Isaac amava Esaú, porque a caça era de seu gosto. Rebeca, por sua vez, amava Jacó.

29 Jacó estava cozinhando um guisado, quando Esaú chegou do campo. Ele estava exausto. **30** Esaú disse a Jacó: "Por favor, deixa-me devorar dessa coisa vermelha, porque eu estou exausto!" Por isso, chamou seu nome de Edom. **31** Jacó disse: "Vende-me, hoje, tua primogenitura!" **32** Esaú disse: "Eis que eu estou caminhando para a morte. Para que me serve essa primogenitura?" **33** Jacó disse: "Jura-me hoje!" Jurou-lhe e vendeu sua primogenitura a Jacó. **34** Assim, Jacó deu para Esaú pão com o guisado de lentilhas. Ele comeu e bebeu. Depois se levantou e se foi. Desse modo, Esaú desprezou a primogenitura.

Isaac e Rebeca em Gerara

26 **1** Houve uma fome na terra, além da primeira fome que acontecera nos dias de Abraão. E Isaac foi a Abimelec, rei dos filisteus de Gerara. **2** Então o SENHOR lhe apareceu e disse: "Não desças ao Egito! Reside na terra que te direi! **3** Transmigra nesta terra! Estarei contigo e te abençoarei, porque a ti e à tua descendência darei todas estas terras. Assim confirmarei o juramento que jurei a teu pai, Abraão. **4** Multiplicarei tua descendência como as estrelas do céu e darei à tua descendência todas estas terras. Todas as nações da terra serão abençoadas em tua descendência, **5** posto que Abraão ouvira minha voz e guardara minha ordem, meus compromissos, meus mandamentos e minhas instruções". **6** E Isaac residiu em Gerara.

7 Quando os homens do lugar interrogaram sobre sua mulher, disse: "Ela é minha irmã". Temia, pois, dizer: "É minha mulher", pensando: "Que os homens do lugar não me matem por causa de Rebeca, pois ela é bela de aparência!" **8** Como se prolongaram seus dias ali, Abimelec, rei dos filisteus, olhou através da janela e viu: eis que Isaac estava se rindo com Rebeca, sua mulher. **9** Então Abimelec chamou Isaac e disse: "Eis que ela, certamente, é tua mulher. Como disseste: 'Ela é minha irmã'?" Isaac lhe disse: "Sim! Eu disse isso para não morrer por causa dela". **10** Abimelec disse: "Por que fizeste isso a nós? Por pouco alguém do povo não se deitou com tua mulher, sendo que terias trazido culpa sobre nós". **11** E Abimelec ordenou a todo o povo: "Quem tocar nesse homem ou na mulher dele certamente morrerá".

26,1-11 Este é o terceiro episódio de esposa-irmã (vv. 7-11; Gn 12,10-20; 20,1-18). Nos três episódios, os monarcas, embora não conhecessem o Senhor, expressam senso de justiça, temor e lealdade (vv. 10-11; Gn 12,18-20; 20,2-16). Neste episódio o rei não está envolvido no possível pecado de adultério (Gn 12,15.19; 20,2-4). O motivo da migração de Isaac e Rebeca para Gerara é o mesmo que levou Abraão e Sara ao Egito (v. 1; Gn 12,10). Por obediência, Isaac é o único patriarca a não deixar a terra da promessa (vv. 2.6; Gn 24,6-8). Abraão, pois, veio da Mesopotâmia (Gn 11,31; 12,5) e foi para o Egito (Gn 12,10-20). Jacó vai à Mesopotâmia (Gn 28,2.5-7; 29,1) e migra para o Egito (Gn 46,5-6.28). O primeiro discurso do Senhor a Isaac (vv. 2-5) confirma as promessas proferidas a Abraão (Gn 12,3.7; 13,15; 17,8; 22,16-18).

GÊNESIS 26

Gn | **Contenda entre pastores**

¹² Ora, Isaac semeou naquela terra, e naquele ano colheu cem medidas, pois o SENHOR o abençoava. ¹³ Desse modo, o homem realmente cresceu e foi engrandecendo até ter-se tornado muito grande. ¹⁴ Ele tinha propriedade de gado pequeno, propriedade de gado grande e muitos servos. E os filisteus o invejavam.

¹⁵ Os filisteus taparam e encheram de entulho todos os poços que os servos de seu pai haviam cavado nos dias de seu pai, Abraão. ¹⁶ Abimelec disse a Isaac: "Vai-te de junto de nós, porque és muito mais forte que nós!" ¹⁷ Isaac saiu de lá, acampou no vale de Gerara e ali residiu.

¹⁸ Isaac voltou a cavar os poços de água que tinham sido cavados nos dias de seu pai, Abraão, pois os filisteus os haviam tapado depois da morte de Abraão. Chamou-os pelo mesmo nome que lhes chamara seu pai. ¹⁹ Os servos de Isaac cavaram no vale e encontram ali um poço de águas vivas. ²⁰ Os pastores de Gerara, porém, queixaram-se junto aos pastores de Isaac dizendo: "A água é nossa". Então ele chamou o nome do poço de Esec, porque se queixaram junto dele. ²¹ Cavaram outro poço, mas também se queixaram dele e chamaram seu nome Sitna. ²² Deslocando-se dali, cavou outro poço, e não se queixaram dele; e chamou seu nome de Reobot, pois disse: "De fato, o SENHOR nos expandiu, e seremos fecundos na terra".

²³ Subiu dali para Bersabeia. ²⁴ Naquela noite, o SENHOR lhe apareceu e disse: "Eu sou o Deus de teu pai, Abraão. Não temas, porque eu estou contigo! Eu te abençoarei e multiplicarei tua descendência por causa de meu servo Abraão". ²⁵ Ele construiu ali um altar, invocou o nome do SENHOR e estendeu ali sua tenda. E os servos de Isaac ali abriram um poço.

26,12-25 Em virtude da eficácia da bênção do Senhor (v. 12), Isaac prospera, cresce, torna-se rico e forte (v. 13). O progresso de Isaac desperta inveja em seus anfitriões, ameaçando a boa convivência e forçando Isaac a partir (v. 14). Este episódio é uma antecipação do que acontecerá aos filhos de Israel no Egito (Ex 1,9-10). Disputas por território e água compõem um ambiente comum a Abraão e Isaac (vv. 18-22; Gn 12,6; 13,2.5-9; 21,25). O conflito entre os pastores de Isaac e os pastores de Gerara por causa da água demarcou um itinerário cujos nomes dos poços são expressivos: Esec significa "litígio", "contenda", "briga" (v. 20); Sitna significa "hostilidade", "acusação" (v. 21); e Reobot significa "amplitude", "vastidão" e "espaços livres" (v. 22). O Senhor, pela segunda vez, aparece a Isaac (vv. 2.24), como apareceu a Abraão (Gn 12,7; 17,1; 18,1). Desta vez (vv. 24-25), apresenta-se como um Deus familiar: "Eu sou o Deus de teu pai" (v. 24; Gn 28,13; 31,42; Ex 3,6.15.16), que acompanha e orienta o itinerário de seus eleitos (vv. 3.24; Gn 31,3; Ex 3,12; Is 43,5), garantindo-lhes fecundidade e bênçãos, até que estejam prontos para possuir a terra (vv. 4.5). Tal qual Abraão, Isaac constrói um altar e invoca o nome do Senhor (v. 25; Gn 12,7.8; 13,18).

GÊNESIS 26–27

Isaac e Abimelec: aliança em Bersabeia

Gn

²⁶ Abimelec e Ocozat, seu conselheiro, e Picol, chefe de seu exército, foram de Gerara até ele. ²⁷ Isaac lhes disse: "Por que viestes a mim, depois que vós me odiastes e me despedistes de vosso meio?" ²⁸ Disseram: "Com certeza vimos que o SENHOR está contigo. Por isso, dissemos: 'Que haja, imediatamente, um juramento entre nós, isto é, entre nós e ti! Queremos firmar uma aliança contigo'. ²⁹ Não nos faças o mal, assim como não te tocamos, e te fizemos somente o bem a ti e te despedimos em paz! Agora tu és um abençoado do SENHOR". ³⁰ Fez-lhes um banquete. Comeram e beberam. ³¹ Naquela manhã, madrugaram e juraram um ao outro. Isaac os despediu, e partiram em paz de junto dele. ³² Ora, naquele dia, os servos de Isaac vieram e lhe comunicaram acerca do poço que haviam cavado. Disseram-lhe: "Encontramos água". ³³ E o chamou de Siba. Por isso, o nome daquela cidade até hoje é Bersabeia.

Casamento de Esaú com Judite e Basemat

³⁴ Esaú tinha quarenta anos quando tomou por mulher Judite, filha do heteu Beeri, e Basemat, filha do heteu Elon. ³⁵ Elas se tornaram uma amargura de espírito para Isaac e Rebeca.

Bênção de Jacó

27 ¹ Como Isaac envelhecia, e as vistas de seus olhos se apagavam, chamou seu filho maior, Esaú, e lhe disse: "Meu filho!" Ele lhe

---

26,26-33 A aliança entre Isaac e Abimelec é um paralelo da aliança entre Abraão e Abimelec (Gn 21,22-34), acontecendo no mesmo lugar (vv. 23.26; Gn 21,31-32) e com o mesmo teor (v. 28; Gn 21,22). A narrativa evidencia a fidelidade do Senhor às suas promessas e a eleição de Isaac como sucessor de Abraão, elemento professado pelo soberano estrangeiro que reconhece a bênção do Senhor viva e operante em Isaac e Rebeca (vv. 11.29).

26,34-35 A caracterização de Esaú oferece indícios de sua inadequação para herdar as promessas e para dar prosseguimento aos planos do Senhor (Gn 17,7), no sentido de ele poder ser sucessor de Abraão e Isaac. Primeiro, ele despreza sua primogenitura (Gn 25,29-34); agora, contra as indicações de Abraão (Gn 24,6-9) e de seus pais, celebra casamento com mulheres heteias (v. 35).

27,1-45 A proximidade da morte é o momento propício para a bênção, compreendida como transmissão da força vital do pai para o filho (vv. 1-4; Gn 25,5; 49,1-28). O pai pode concentrar toda a força de bênção que dispõe em uma única bênção direcionada a um único filho, invocando sobre ele a fecundidade dos campos, o prestígio e o poder diante das outras nações, o bem-estar e a autoridade para governar a família (vv. 28-29.37). Esta bênção é única, irrevogável e indissolúvel, quando pronunciada na presença do Senhor (vv. 30-40). A narrativa pressupõe que, na transmissão da bênção de geração para geração, reside uma das razões da rivalidade entre irmãos (v. 41), pois o filho mais velho acumularia a primogenitura e a bênção (vv. 34-36). Neste caso, a mãe interveio contra a prerrogativa exclusivista do filho mais velho (vv. 6-10; Gn 21,9; 49,13-20; 1Rs 1,11-40).

73

GÊNESIS 27

disse: "Eis-me aqui!" ² Disse: "Eis que envelheci. Não sei o dia de minha morte. ³ Carrega agora, pois, teus utensílios: tua aljava e teu arco! Sai para o campo e caça alguma provisão para mim! ⁴ Faze-me manjares deliciosos, como eu gosto, e traze-me para que eu coma, a fim de que minha alma te abençoe antes que eu morra!" ⁵ Ora, Rebeca estava ouvindo enquanto Isaac falava para Esaú. Esaú foi para o campo a fim de caçar alguma provisão para trazê-la.

⁶ Rebeca disse a seu filho Jacó: "Eis que ouvi teu pai falar a teu irmão Esaú: ⁷ 'Traze-me uma provisão e faze-me manjares deliciosos! Então comerei, pois, antes de minha morte, quero te abençoar diante do SENHOR'. ⁸ Agora, meu filho, escuta minha voz naquilo que eu te ordenar! ⁹ Vai, pois, ao gado pequeno e dali toma para mim dois bons cabritos! Farei deles deliciosos manjares para teu pai, como ele gosta. ¹⁰ Levarás para teu pai, para que ele coma, a fim de que te abençoe antes da morte dele".

¹¹ Jacó disse à sua mãe, Rebeca: "Eis que meu irmão Esaú é um homem peludo, enquanto eu sou um homem liso. ¹² Talvez meu pai me toque. Então me tornarei um mentiroso a seus olhos e trarei sobre mim uma maldição, e não uma bênção". ¹³ Sua mãe lhe disse: "Fique sobre mim tua maldição, ó meu filho! Apenas escuta minha voz e vai! Toma-os para mim!" ¹⁴ Foi, tomou-os e trouxe à sua mãe. Sua mãe fez deliciosos manjares, como o pai dele gostava. ¹⁵ Rebeca tomou uma veste preciosa de seu filho maior, Esaú, a qual ele tinha em casa, e vestiu seu filho menor, Jacó. ¹⁶ Com as peles dos cabritos lhe vestiu as mãos e a parte lisa do pescoço. ¹⁷ Então deu na mão de seu filho Jacó os deliciosos manjares e o pão que fizera.

¹⁸ Então chegou a seu pai e disse: "Meu pai!" Disse: "Eis-me aqui! Quem és tu, meu filho?" ¹⁹ Disse Jacó a seu pai: "Eu sou Esaú, teu primogênito. Fiz-te conforme me falaste. Ergue-te, pois, senta-te e come de minha provisão, a fim de que tua alma me abençoe!" ²⁰ Isaac disse a seu filho: "Como te apressaste por encontrar isso, ó meu filho?" Disse: "De fato, o SENHOR, teu Deus, o mandou a meu encontro!" ²¹ Isaac disse a Jacó: "Aproxima-te, por favor! Quero te tocar, ó meu filho. És tu mesmo, meu filho Esaú, ou não?"

²² Jacó se aproximou de seu pai, Isaac, que o tocou e disse: "A voz é a voz de Jacó, mas as mãos são as mãos de Esaú". ²³ E não o reconheceu, porque as mãos dele eram peludas como as mãos de seu irmão Esaú. E o abençoou. ²⁴ Disse: "És tu mesmo, meu filho Esaú?" Ele disse: "Sou eu". ²⁵ Disse: "Aproxima isso de mim, pois quero comer da provisão, ó meu filho! Desse modo, minha alma te abençoará". E lhe aproximou; então comeu. E lhe levou vinho; e ele o bebeu. ²⁶ Seu pai, Isaac, lhe disse: "Aproxima-te, por favor, e me beija, ó meu filho!" ²⁷ Aproximou-se e o beijou. Quando cheirou o cheiro da veste dele, o abençoou. Disse:

Rebeca reconhece os planos do Senhor referentes a seu filho mais novo (Gn 25,23). Por isso, conscienciosamente, resolve colaborar com o Senhor, arquitetando e executando um plano, pelo qual Jacó se torna o herdeiro da bênção (vv. 11-17.42-45).

> "Vê! O cheiro de meu filho
> é como o cheiro do campo,
> sendo que o SENHOR o abençoou.
> ²⁸ Que Deus lhe dê
> do orvalho do céu e do azeite da terra,
> com abundância de cereal e mosto!
> ²⁹ Que povos te sirvam,
> e etnias se inclinem diante de ti!
> Sê chefe de teus irmãos!
> Que os filhos de tua mãe se inclinem diante de ti!
> Maldito seja quem te maldizer!
> E bendito seja quem te bendizer!"

³⁰ Quando Isaac acabara de abençoar Jacó, sendo que Jacó apenas tinha saído da presença de seu pai, Isaac, seu irmão Esaú chegou de sua caçada. ³¹ Também ele fez manjares deliciosos. Veio até seu pai e disse a seu pai: "Que meu pai se erga e coma da provisão de teu filho, a fim de que tua alma me abençoe!" ³² Seu pai, Isaac, lhe disse: "Quem és tu?" Disse: "Eu sou teu filho primogênito, Esaú". ³³ Isaac estremeceu de um temor extremamente grande e disse: "Quem era, então, aquele que caçou a provisão e me trouxe? Comi de tudo, antes que chegasses, e o abençoei. Portanto, abençoado será". ³⁴ Quando Esaú ouviu as palavras de seu pai, gritou um grito grande e extremamente amargo. Disse a seu pai: "Abençoa também a mim, ó meu pai!" ³⁵ Disse: "Teu irmão veio com traição e tomou tua bênção". ³⁶ Disse: "Por isso foi chamado pelo nome de Jacó! Pois também essa vez me segurou! Tomou minha primogenitura e eis que agora tomou minha bênção". Disse: "Porventura não reservaste alguma bênção a mim?" ³⁷ Isaac respondeu e disse a Esaú: "Eis que o designei para ser teu chefe, pois lhe dei por servos todos os seus irmãos. Com cereal e mosto o provi. Quanto a ti, o que farei, ó meu filho?" ³⁸ Esaú disse a seu pai: "A bênção seria unicamente para ele, ó meu pai? Abençoa também a mim, ó meu pai!" Esaú levantou sua voz e chorou. ³⁹ Seu pai, Isaac, respondeu e lhe disse:

> "Eis que tua morada será sem o azeite da terra
> e sem o orvalho do alto do céu.
> ⁴⁰ Pela tua espada, pois, viverás,
> e a teu irmão servirás.
> Quando, porém, obtiveres o controle,
> livrarás teu pescoço do jugo dele".

⁴¹ Esaú alimentou animosidade contra Jacó, por causa da bênção com a qual o pai dele o abençoara. Esaú disse em seu coração: "Aproximam-se os dias do luto de meu pai. Depois vou matar meu irmão Jacó!"

GÊNESIS 27–28

42 Rebeca foi comunicada das palavras de seu filho maior, Esaú. Por isso, mandou chamar seu filho mais novo, Jacó, e lhe disse: "Eis que teu irmão Esaú se consola a teu respeito, a fim de te matar. **43** Agora, ó meu filho, escuta minha voz e ergue-te! Refugia-te em Harã junto a meu irmão Labão! **44** Residirás alguns dias com ele, até que retroceda a ira de teu irmão, **45** até retroceder de ti o furor de teu irmão e ele esquecer o que lhe fizeste. Então te mandarei trazer de lá. Por que me desfilharia até de vós dois em um só dia?"

Despedida de Jacó

46 Rebeca disse a Isaac: "Sinto desgosto por minha vida, por causa das filhas de Het. Se Jacó tomar uma mulher das filhas de Het como essas, ou seja, das filhas da terra, de que me valeria a vida?"

28

1 Isaac chamou Jacó, abençoou-o, ordenou-lhe e disse-lhe: "Não tomes uma mulher dentre as filhas de Canaã! **2** Ergue-te e vai a Padã-Aram, à casa de Batuel, pai de tua mãe! Toma para ti uma mulher de lá, dentre as filhas de Labão, irmão de tua mãe! **3** Que o Deus Todo-Poderoso te abençoe, te faça fecundo e te multiplique, a fim de que te tornes uma reunião de povos! **4** Que te conceda a bênção de Abraão, a ti e à tua descendência contigo, a fim de que tu sejas herdeiro da terra de tuas migrações, a qual Deus deu a Abraão!" **5** Isaac despediu Jacó, o qual foi a Padã-Aram, rumo a Labão, filho do arameu Batuel, irmão de Rebeca, mãe de Jacó e Esaú.

Casamento de Esaú com Maelet

6 Esaú viu quando Isaac abençoou Jacó e o despediu a Padã-Aram para tomar dali uma mulher para si, e que, ao abençoá-lo, lhe ordenou: "Não tomes uma mulher dentre as filhas de Canaã!" **7** Jacó escutou seu

---

27,46–28,5 Rebeca usa o casamento misto de Esaú com as filhas da terra (Gn 26,34) como pretexto para levar adiante seu plano de livrar Jacó da ira de Esaú (Gn 27,41-45) e de confirmar a eleição de Jacó (Gn 25,23). Isaac acata o argumento de Rebeca (Gn 27,46) e confirma Jacó como herdeiro das promessas e bênçãos de Abraão (vv. 3-4; Gn 17,1-8). Esta bênção, contudo, não é mais a palavra eficaz do pai (Gn 27,27-29.37-39), mas sim um voto de bênção para o viajante (vv. 3-4; Gn 24,60). A narrativa, portanto, ganha um tom diferente do contexto precedente: Jacó é enviado a buscar uma esposa entre os parentes maternos (vv. 1-2), e não como refugiado da fúria mortal de seu irmão (Gn 27,43-45). Jacó é o protótipo daquele que, indo para o exílio com a bênção e a proteção divina, mantém-se fiel às promessas ancestrais.

28,6-9 Esaú não demonstra ressentimento contra seu irmão, que parte com a bênção do pai (vv. 6-7), mas toma consciência de que seu casamento com mulheres estrangeiras desagradou seus pais (v. 8; Gn 26,35; 27,46). Desse modo, tenta remediar a situação casando-se com uma parenta do lado paterno (v. 9). A proibição de desposar uma mulher da terra antecipa um contexto em que os casamentos mistos ameaçam a pureza da comunidade e a subsistência do povo (Esd 10,1-44; Ne 13,23-30).

GÊNESIS 28

pai e sua mãe e foi a Padã-Aram. **8** Esaú, no entanto, viu que as filhas de Canaã eram más aos olhos de seu pai, Isaac. **9** Então Esaú foi a Ismael e, junto a suas mulheres, tomou como mulher Maelet, filha de Ismael, filho de Abraão, irmã de Nabaiot.

Sonho de Jacó em Betel

10 Jacó partiu de Bersabeia e foi para Harã. **11** Avançou até certo lugar e ali pernoitou, porque o sol se declinara. Tomou uma das pedras do lugar, colocou-a em sua cabeceira e deitou-se naquele lugar. **12** E sonhou: eis que uma escada foi colocada na terra, o topo dela tocava o céu, e anjos de Deus subiam e desciam por ela. **13** Eis que o SENHOR estava postado acima dele e disse: "Eu sou o SENHOR Deus de teu pai, Abraão, e Deus de Isaac. A terra sobre a qual tu estás deitado, eu a darei a ti e à tua descendência. **14** Tua descendência será como o pó da terra; ao ocidente e ao oriente, ao norte e ao sul te alastrarás. Em ti e em tua descendência serão benditas todas as famílias do solo. **15** Eis que eu estarei contigo, te guardarei por onde fores e te trarei de volta a esta terra, porque não te abandonarei até que eu tenha feito o que te falei".

16 Quando Jacó acordou de seu sono, disse: "Verdadeiramente o SENHOR está neste lugar, e eu não o sabia!" **17** Temeu e disse: "Quão temível é este lugar! Por acaso não seria essa a casa de Deus, e essa uma porta do céu?" **18** Naquela manhã, Jacó madrugou e tomou a pedra que ali estava como sua cabeceira, colocou-a como estela e sobre o topo dela derramou azeite. **19** Chamou o nome daquele lugar de Betel. Contudo, o nome ancestral da cidade era Luza.

20 Jacó fez um voto: "Se Deus estiver comigo e me guardar por esse caminho que estou caminhando, dando-me pão para comer e veste para vestir, **21** e me trouxer em paz à casa de meu pai, o SENHOR será

28,10-22 As palavras do Senhor recebidas durante um sonho (vv. 13-15) confirmam Jacó como o legítimo sucessor de Abraão (Gn 12,1-3.7; 13,14-17; 15,5-7.18; 17,1-8; 22,18) e Isaac (Gn 26,3-5). A asseguração da proximidade divina garantida a Isaac (Gn 26,3.24) será renovada a Jacó e a seus descendentes (v. 15; Gn 31,3; 46,3-4; Ex 3,12; Dt 31,23; Js 1,5; Jz 6,16). A escada do sonho de Jacó pode ser imaginada como um zigurate, templo babilônico arquitetado em forma de torre, com um pequeno santuário no cimo, sendo que o acesso era possibilitado por escadarias, mediante as quais as pessoas ascenderiam aos deuses (Gn 11,1-9). O evento explica a origem de Betel (vv. 16-19), "casa de Deus" (Jz 20,18.26; 21,2; 1Sm 10,3; 1Rs 12,29.32.33; 13,1.4.32; 2Rs 10,29; Os 6,10), que posteriormente será identificado com um santuário do norte de Israel (2Rs 23,1-25). Jacó demarca o lugar com uma pilastra que, em geral, sanciona a estipulação de um pacto, usado para significar a memória da presença ou da experiência do Senhor (vv. 18.22; Gn 31,13; 35,14; Os 3,4). A unção da pedra possui o sentido de provisão de poder ao objeto sagrado ou dedicação exclusiva à divindade. O episódio remonta a Jacó os atos cultuais do voto e do dízimo (vv. 20-22), legitimando-os no santuário de Betel. Votos são feitos em santuários, o que pressupõe o culto sedentário e implica o acompanhamento de Deus (Nm 21,2; Jz 11,30; 1Sm 1,11; 2Sm 15,7-9). O dízimo é uma prática antiga que correspondia ao pagamento de taxas (Gn 14,20) e está vinculado ao santuário de Betel (Am 4,4).

GÊNESIS 28–29

meu Deus. ²²Essa pedra que coloquei como uma estela será uma casa de Deus. E de tudo que me deres, certamente, te darei o dízimo".

Encontro entre Jacó e Raquel

29¹Jacó levantou-se de pé e foi à terra dos filhos do oriente. ²Eis que viu um poço em um campo e nele, acostados ali, estavam três rebanhos de gado pequeno, porque daquele poço davam de beber aos rebanhos. A pedra, porém, que estava sobre a boca do poço era grande. ³Ali reuniam todos os rebanhos, rolavam a pedra de sobre a boca do poço e faziam o gado pequeno beber. Depois retornavam a pedra para seu lugar sobre a boca do poço.

⁴Jacó lhes disse: "Meus irmãos, de onde vós sois?" Disseram: "Nós somos de Harã". ⁵Disse-lhes: "Por acaso conheceis Labão, filho de Nacor?" Disseram: "Conhecemos". ⁶Disse-lhes: "Ele está em paz?" Disseram: "Está em paz. Eis que sua filha Raquel veio com o gado pequeno". ⁷Disse: "Certamente o dia ainda será longo. Não é tempo de reunir o gado. Fazei o gado pequeno beber! Ide e apascentai!" ⁸Disseram: "Não podemos até que todos os rebanhos sejam reunidos e rolem a pedra da boca do poço. Então faremos o gado pequeno beber".

⁹Falava ainda com eles, quando Raquel chegou com o gado pequeno o qual era do pai dela, porque era pastora. ¹⁰Quando Jacó viu Raquel, filha de Labão, irmão da mãe dele, com o gado pequeno de Labão, irmão da mãe dele, Jacó se aproximou, rolou a pedra da boca do poço e deu de beber ao gado pequeno de Labão, irmão de sua mãe. ¹¹Então Jacó beijou Raquel, levantou sua voz e chorou. ¹²Jacó comunicou a Raquel que era irmão do pai dela, porque ele era filho de Rebeca. Ela correu e comunicou isso ao pai dela.

Chegada de Jacó à casa de Labão

¹³Ao ouvir a notícia de Jacó, filho de sua irmã, Labão correu para encontrá-lo, abraçou-o, beijou-o e o fez entrar em sua casa. E ele contou

---

29,1-12 O poço era um ponto de encontro comum, onde as informações do cotidiano local circulam (vv. 7-8). Cenas junto ao poço no país de imigração, retratando o encontro entre um homem e uma mulher, indicam a futura celebração da união conjugal (Gn 24,67; 29,18.28; Ex 2,21). Raquel, como Rebeca (Gn 24,15-16), é uma pastora cuja presença desperta uma força incomum em Jacó. Ele sozinho moveu a grande pedra (vv. 1-3.7-8.10) e, embora fosse hóspede, deu de beber ao rebanho de seu tio materno (v. 10; Gn 24,17-20). O choro de Jacó expressa a alegria e o reconhecimento de que Deus conduziu sua jornada a bom termo.

29,13-19 Jacó chega a seu destino (vv. 13-14; Gn 27,43; 28,5.7.10) sem perder o foco de se casar com uma mulher dentre os parentes maternos (Gn 28,2.6). A sequência narrativa sublinha o encontro de Jacó com Raquel como fruto da leal providência divina (Gn 28,5.15). Jacó sentiu amor à primeira vista (vv. 10.18), intenso e forte, por aquela que, após sete anos, seria sua esposa amada (vv. 18-19).

GÊNESIS 29

a Labão todas essas coisas. **14** Labão lhe disse: "Tu realmente és de meu osso e de minha carne". E um mês inteiro residiu com ele.

15 Labão disse a Jacó: "Acaso, por tu seres meu irmão, me servirás sem paga? Comunica-me! Qual é teu salário?"

16 Ora, Labão tinha duas filhas. O nome da maior era Lia e o nome da menor, Raquel. **17** Os olhos de Lia eram tenros, mas Raquel tinha uma bela forma e uma bela aparência. **18** Jacó amava Raquel. Disse: "Sete anos te servirei, por Raquel, tua filha menor". **19** Labão disse: "Melhor dá-la por mulher a ti que dá-la a outro. Reside comigo!"

Casamento de Jacó com Lia e Raquel

20 Jacó serviu sete anos por Raquel, mas a seus olhos foram como alguns dias, por causa de seu amor a ela. **21** Jacó disse a Labão: "Concede-me minha mulher! Porque se completaram os dias em que me achegarei a ela". **22** Labão reuniu todas as pessoas do lugar e fez um banquete. **23** Ao entardecer, tomou sua filha Lia e a fez chegar a ele. E ele se achegou a ela. **24** Labão deu sua criada Zelfa à sua filha Lia, como criada dela. **25** Pela manhã, eis que aquela era Lia. Disse a Labão: "Por que fizeste isso comigo? Por acaso não foi por Raquel que te servi? Por que me traíste?" **26** Labão disse: "Não se faz assim em nosso lugar: dar a caçula antes da primogênita. **27** Completa esta semana, e vamos te dar também a outra, pelo trabalho e outros sete anos que ainda servirás a mim!"

28 Jacó assim o fez. Quando se completou aquela semana, deu-lhe sua filha Raquel para lhe ser mulher. **29** Labão deu sua criada Bala à sua filha Raquel como criada dela. **30** Ele se achegou também a Raquel e amou ainda mais Raquel do que Lia. E serviu a ele outros sete anos.

Filhos de Lia e Raquel para Jacó

31 O SENHOR viu que Lia era desprezada e abriu o útero dela. Raquel, porém, era estéril. **32** Lia concebeu e deu à luz um filho e chamou seu nome de Rúben, porque disse: "Realmente, o SENHOR viu minha miséria e agora meu esposo me amará". **33** Concebeu novamente e deu à

29,20-30 Por amor à sua futura esposa, Jacó trabalhou cegamente, tanto que não viu o tempo passar (v. 20; Os 12,13), a ponto de não enxergar que detrás do véu estava Lia (v. 23). Como enganara seu pai em referência à visão (Gn 27,1.18-29), agora Jacó é enganado, também em relação à visão (vv. 23.25). Mais uma vez, Labão age com astúcia e oportunismo (Gn 24,30-31), confirmando seu caráter, pois se aproveita da situação de refúgio de Jacó para explorar sua mão de obra, ainda que isso venha a custar o infortúnio de suas filhas (Lv 18,18).

29,31–30,24 Lia, embora fértil, experimenta a amargura de ser desprezada. Enquanto Raquel, a amada, sofre de inveja e desespero por sua esterilidade (Gn 29,31). Nos conflitos decorrentes entre amarguras e alegrias das matrizes de Israel, o Senhor se revela sensível ao sofrimento humano e capaz de transformar opressão em felicidade (Gn 29,31; 30,12) e esterilidade em fertilidade (Gn 11,30; 21,1-2; 29,31; 30,22).

GÊNESIS 29–30

luz um filho. Disse: "Realmente, o SENHOR escutou. Porque eu fui desprezada, deu-me também este". Por isso, chamou seu nome de Simeão. **34** Concebeu novamente e deu à luz um filho. Disse: "Agora, mais uma vez, meu esposo me acompanhará, porque lhe dei à luz três filhos". Por isso, chamou seu nome de Levi. **35** Concebeu novamente e deu à luz um filho. Disse: "Mais uma vez agradeço ao SENHOR". Por isso, chamou seu nome de Judá. E parou de dar à luz.

30

1 Quando Raquel viu que não dava à luz para Jacó, Raquel invejou sua irmã e disse a Jacó: "Concede-me filhos, senão eu morro!" **2** Jacó, porém, se irritou com Raquel e disse: "Porventura eu estou no lugar de Deus, que te reteve o fruto de teu ventre?" **3** Disse: "Eis minha serva Bala. Achega-te a ela para que dê à luz sobre meus joelhos! Assim, por ela, também eu serei construída". **4** Então ela lhe deu como mulher sua criada Bala, e Jacó a ela se achegou. **5** Bala concebeu e deu à luz um filho a Jacó. **6** Raquel disse: "Deus me defendeu, pois também escutou minha voz e me deu um filho!" Por isso chamou seu nome de Dã. **7** Bala, criada de Raquel, concebeu novamente e deu à luz um segundo filho a Jacó. **8** Raquel disse: "Combates de Deus combati com minha irmã, até que venci!" Por isso, chamou seu nome de Neftali.

9 Quando Lia viu que havia parado de dar à luz, tomou sua criada Zelfa como mulher e a deu a Jacó. **10** Zelfa, criada de Lia, deu à luz um filho para Jacó. **11** E Lia disse: "Que sorte!" Por isso, chamou seu nome de Gad. **12** Zelfa, criada de Lia, deu à luz um segundo filho para Jacó.

As experiências de Lia e Raquel testemunham o Senhor como Deus que vê (Gn 16,13; 29,32; Ex 3,25), escuta (Gn 21,17; 29,33; Ex 3,24a), defende (v. 6), combate (v. 8), paga (v. 18), presenteia (v. 20) e recorda-se de suas promessas (v. 22; Ex 3,24b), não permitindo que miséria e amargura se prolonguem eternamente. Essa caracterização do Senhor é fundamental para manter a fé e a esperança do antigo Israel nos diversos estágios de sua história. Um sinal de esperança é sugerido pela menção às mandrágoras (vv. 14-14), que em hebraico evocam o termo "amante" ou "amor". São conhecidas por seu potencial afrodisíaco, favorecendo a fecundidade (Ct 7,14). Seu fruto exala uma fragrância excitante, e suas raízes, carnudas e bifurcadas, delineiam uma forma que lembra o torso humano. A narrativa, porém, deixa claro que somente Deus tem o poder de dar a vida, de abrir ou fechar os úteros (vv. 17.19-20.22). Vale notar que o nascimento dos doze filhos de Jacó inaugura o cumprimento da promessa de fazer nascer de Jacó uma assembleia de povos (Gn 28,3.13-14). A progressão dos nascimentos acompanha a etimologia de cada nome, intrinsecamente relacionados à experiência das respectivas mães: Rúben, literalmente: "Vede! Um filho", é reinterpretado como o acrônimo de: "O Senhor vê pela minha opressão" (Gn 29,31-32); Simeão: "O Senhor escuta" (Gn 29,33); Levi: "Meu esposo se unirá a mim" (Gn 29,34); Judá: "Louvo o Senhor" (Gn 29,35); Dã: "Deus me defendeu" (v. 6); Neftali: "Deus é meu combatente" (v. 8); Gad: "Que fortuna" (v. 11); Aser: "Que felicidade a minha" (v. 13); Issacar: "Deus deu meu salário" (v. 18); Zabulon: "Deus me presenteou" e "me exaltará" (v. 20); Dina vem da mesma raiz de Dã e evoca a justiça (v. 21); José: "Que o Senhor me acrescente outro filho" (v. 24). Desse modo, a narrativa introduz os nomes ancestrais das doze tribos do antigo Israel (Ex 1,1-7; Nm 1,5-16). O lugar de Dina será ocupado por Benjamim (Gn 35,15). Levi e José serão substituídos por Efraim e Manassés (Gn 48,13-20).

13 E Lia disse: "Que felicidade a minha! Porque outras filhas me felicitarão!" Por isso, chamou seu nome de Aser.

14 Nos dias da ceifa do trigo, Rúben foi e encontrou umas mandrágoras no campo e as trouxe para sua mãe Lia. Raquel disse a Lia: "Por favor, dá-me das mandrágoras de teu filho!" **15** Lia disse: "É pouco para ti tomar meu esposo! Queres tomar também as mandrágoras de meu filho?" Raquel disse: "Pois bem, que, nesta noite, ele se deite contigo pelas mandrágoras de teu filho!"

16 Ao entardecer, quando Jacó chegou do campo, Lia desceu para encontrá-lo e disse-lhe: "Virás a mim. Realmente, eu te aluguei pelas mandrágoras de meu filho". E, naquela noite, ele se deitou com ela. **17** Deus escutou Lia, que concebeu e deu à luz um quinto filho para Jacó. **18** Lia disse: "Deus deu meu salário, pois dei minha criada a meu esposo!" Por isso chamou seu nome de Issacar. **19** Lia concebeu novamente e deu à luz um sexto filho para Jacó. **20** Lia disse: "Deus me presenteou com um belo presente. Mais uma vez, meu esposo me exaltará". Por isso, chamou seu nome de Zabulon. **21** Por fim, concebeu e deu à luz uma filha e chamou seu nome de Dina.

22 Deus se lembrou de Raquel. E Deus a escutou e abriu o útero dela. **23** Raquel concebeu e deu à luz um filho. Disse: "Deus recolheu minha vergonha". **24** Por isso chamou seu nome de José, dizendo: "Que o SENHOR me acrescente outro filho!"

Trato entre Jacó e Labão

25 Quando Raquel deu à luz José, Jacó disse a Labão: "Despede-me! Vou partir rumo a meu lugar e rumo à minha terra! **26** Dá-me minhas mulheres e meus filhos, porque por elas te servi, pois vou partir! Realmente tu conheces meu trabalho, sendo que te servi". **27** Labão lhe disse: "Que realmente eu encontrasse graça a teus olhos! Adivinhei que o SENHOR me abençoa por causa de ti". **28** E disse: "Estipula-me teu salário, e o darei!" **29** Disse-lhe: "Tu conheces como te servi e como teu gado esteve comigo. **30** Porque o pouco que tinhas antes de mim cresceu

---

30,25-42 O nascimento do primeiro filho da esposa estéril (vv. 22-25) marca o ponto de virada na vida de Jacó e de sua família (Gn 29,1–32,3). Jacó quer retornar à sua terra e trabalhar por sua casa (v. 25). Labão, porém, hesita, pois reconhece a bênção do Senhor na multiplicação de seus bens (vv. 27-28). Jacó propõe, então, um acordo de permanência, e Labão aceita por lhe parecer vantajoso (vv. 29-34). Na qualidade de pastor e administrador de Labão, Jacó conhece os rebanhos melhor que seu proprietário e usa desse artifício para se enriquecer de modo lícito (vv. 35-42). Desse modo, a narrativa enaltece a figura do patriarca do antigo Israel pelo triunfo de sua sagacidade diante da astúcia de Labão (v. 43; Gn 24,30-31; 29,20-30). De modo semelhante, os filhos de Israel no Egito, por ordem divina (Ex 3,21-22; 11,2-3), antes de partirem abençoarão e libertarão os egípcios (Ex 12,29-36); levarão, porém, uma quantia de bens pelo trabalho escravo exercido ao longo de quatrocentos e trinta anos (Ex 12,40).

Gênesis 30–31

abundantemente. O Senhor te abençoou por causa de meus pés. Agora, quando farei também algo por minha casa?" **31** Disse: "Que te darei?" Jacó disse: "Não me darás coisa alguma! Se fizeres esse trato comigo, voltarei a apascentar e a guardar teu gado pequeno. **32** Hoje passarei por todo o teu gado pequeno, apartando dele todo cabrito manchado ou malhado e todo cabrito escuro entre os cordeiros. O malhado ou manchado entre as cabras, pois, será meu salário. **33** E, no dia de amanhã, minha justiça responderá por mim. Quando te achegares a meu salário, tudo que não estiver manchado ou malhado entre as cabras e não estiver escuro entre os cordeiros, perante ti, esse me será como furtado". **34** Disse Labão: "Está bem. Seja conforme tua palavra!"

35 Naquele mesmo dia, apartou os bodes listrados e malhados e todas as cabras manchadas e malhadas. Tudo o que era branco ficou com ele, e tudo o que era escuro entre os cordeiros deu na mão dos filhos dele. **36** Pôs três dias de caminho entre ele e Jacó. Enquanto Jacó apascentava o restante do gado pequeno de Labão, **37** Jacó tomou para si um ramo de álamo fresco, um de amendoeira e um de plátano. Descascou neles faixas brancas, descortiçando a brancura que havia nos ramos. **38** Colocou os ramos que descascara nos tanques com bebedouros de água, de frente para o gado pequeno, aonde fizeram chegar gado pequeno para beber; assim, ao virem beber, entravam no cio. **39** De fato, os rebanhos entravam no cio diante dos ramos, e as ovelhas procriavam filhotes listrados, manchados e malhados. **40** Assim, Jacó separou os cordeiros e virou o gado pequeno em direção aos listrados; portanto, todos os escuros do gado pequeno foram para Labão; para si pôs somente o rebanho por ele separado, mas não os pôs junto ao gado pequeno de Labão. **41** A cada cio das mais fortes do gado pequeno, Jacó punha os ramos diante dos olhos do gado pequeno nos tanques, a fim de conceberem junto aos ramos. **42** Quando o gado pequeno era fraco não punha; e sucedeu que os fracos foram para Labão, enquanto os fortes foram para Jacó. **43** Desse modo, o homem cresceu mais e mais, pois ele veio a ter muito gado pequeno, criadas e servos, também camelos e jumentos.

Fuga de Jacó e sua família

31 **1** E ele escutou as palavras que os filhos de Labão diziam: "Jacó tomou tudo que era de nosso pai e do que era de nosso pai fez todo este poderio". **2** Jacó viu a face de Labão. Eis que ele já não era para com ele como ontem e anteontem.

3 O Senhor disse a Jacó: "Volta para a terra de teus pais e de tua parentela, pois estarei contigo!" **4** Então Jacó mandou chamar Raquel e Lia

---

31,1-21 Para além da hostilidade dos filhos de Labão e da evidente mudança de comportamento de Labão em relação a Jacó (vv. 1-2; Ex 1,8-10), é o Senhor quem intima o imigrante a retornar e assegura sua companhia (vv. 3-4a; Ex 3,7-22).

GÊNESIS 31

no campo, junto a seu rebanho. **5** Disse-lhes: "Estou vendo na face de vosso pai que ele não está mais comigo como ontem e anteontem, mas o Deus de meu pai está comigo. **6** Ademais, vós sabeis que servi a vosso pai com todo o meu vigor. **7** Entretanto, vosso pai me enganou, pois alterou dez vezes meu salário. Deus, porém, não lhe concedeu de fazer o mal a mim. **8** Se dizia: 'Os manchados serão teu salário', então todo gado pequeno procriava manchado. E quando dizia: 'Os listrados serão teu salário', todo o gado pequeno procriava listrado. **9** Assim Deus tirou o gado de vosso pai e me deu. **10** No tempo de o rebanho entrar no cio, elevei meus olhos e vi em sonho: eis que os bodes que subiam no gado pequeno eram listrados, manchados e rajados. **11** Disse-me um anjo de Deus em sonho: 'Jacó!' Eu disse: 'Eis-me aqui!' **12** Ele disse: 'Eleva, por favor, teus olhos e vê que todos os bodes que sobem no gado pequeno são listrados, manchados e rajados, porque vi tudo o que Labão te fazia! **13** Eu sou o Deus de Betel, onde ungiste uma coluna, e onde me fizeste um voto. Agora, levanta-te, sai dessa terra e volta para a terra de tua parentela!'"

14 Raquel e Lia lhe responderam: "Haveria ainda algum despojo ou herança para nós na casa de nosso pai? **15** Acaso não fomos consideradas por ele como estrangeiras? Realmente nos vendeu e comeu nossa prata. **16** De fato, toda riqueza que Deus retirou de nosso pai seria nossa e de nossos filhos. Faze, agora, tudo o que Deus te disse!"

17 Jacó se ergueu e fez seus filhos e suas mulheres montarem em camelos. **18** E conduziu todo o seu gado e todos os bens que adquirira, gado de sua propriedade que adquirira em Padã-Aram, para chegar à terra de Canaã, junto de seu pai, Isaac.

19 Enquanto Labão foi tosquiar seu gado pequeno, Raquel furtou os ídolos domésticos de seu pai. **20** Jacó, porém, furtou o coração do arameu Labão, porque ele estava fugindo sem comunicá-lo. **21** Ele fugiu com tudo que era dele. Ergueu-se, atravessou o rio e dirigiu-se ao monte de Galaad.

O que Abraão foi convidado a abandonar (Gn 12,1-4a), Jacó é convidado a retomar (v. 3): a terra natal, a parentela e a casa paterna. Ambos são migrantes e caminham pelo desconhecido, mas Abraão é apresentado como o paradigma de partida sem retorno, enquanto Jacó é o paradigma da partida com retorno, símbolo da astúcia, que incorpora a ética da viagem, do transitório e da adaptação às adversidades circunstanciais (vv. 4-13). O adjetivo utilizado por Raquel e Lia para caracterizá-las em relação a seu pai, "estrangeiras" (vv. 14-16), tem sentido amplamente negativo, pois designa a prostituta, a mulher vil, a adúltera (Pr 2,16; 5,20; 6,24; 23,7). Esdras e Neemias consideram as "estrangeiras" a ruína de Israel; por isso, convocam os israelitas a despedi-las (Esd 10,2.10.11.14.17.18.44; Ne 13,26-27). Rute também adotará o adjetivo "estrangeira", mas para justificar o reconhecimento de sua inadequação às leis de Belém (Rt 2,10), por ser moabita (Dt 23,4-5). Os furtos de Raquel e Jacó são apresentados como paralelismos complementares (vv. 19-20). Raquel furtou os ídolos de seu pai, imagens de divindades protetoras da família ou representações dos antepassados (vv. 19.34-35; Jz 17,5; 18,14.17.18.20; 1Sm 15,23; 2Rs 23,24; Ez 21,26; Os 3,4; Zc 10,12). Jacó, contudo, furtou o que de mais vital Labão tinha, suas filhas, seus netos e seus rebanhos (vv. 17-18.20); descritos como o "coração de Labão" (v. 20).

GÊNESIS 31

Gn **Proteção divina a Jacó contra Labão**

²² No terceiro dia, quando Labão foi comunicado de que Jacó fugira, ²³ tomou consigo seus irmãos e o perseguiu. Foi um caminho de sete dias, quando o acercou no monte de Galaad. ²⁴ À noite, em sonho, Deus veio ao arameu Labão e disse-lhe: "Guarda-te para que não fales a Jacó, nem bem nem mal!"

²⁵ Labão alcançou Jacó, porque Jacó cravara sua tenda no monte. Labão também cravou com seus irmãos no monte de Galaad.

²⁶ Labão disse a Jacó: "O que fizeste? Furtaste meu coração quando conduziste minhas filhas como prisioneiras pela espada. ²⁷ Por que te escondeste para fugir? Furtaste-me e não me comunicaste. De fato, eu teria te despedido com alegria e com músicas, com pandeiro e cítara. ²⁸ Não me permitiste beijar meus filhos e minhas filhas. Pois bem, procedeste de modo insensato no que fizeste. ²⁹ Eu teria poder em minhas mãos para vos fazer o mal, mas ontem à noite o Deus de vosso pai me falou: 'Guarda-te para que não faças algo a Jacó, nem bem nem mal!' ³⁰ E agora, realmente foste, por certo sentes saudades da casa de teu pai. Por que, no entanto, furtaste meus deuses?"

³¹ Jacó respondeu a Labão: "Porque tive medo, pensei que tirarias à força tuas filhas de mim. ³² Que não viva aquele com quem encontrares teus deuses! Identifica diante de nossos irmãos o que é teu e toma-o para ti! Por que estaria comigo?" Ora, Jacó não sabia que Raquel os furtara. ³³ Labão entrou na tenda de Jacó, na tenda de Lia e na tenda das duas servas, mas nada encontrou. E saiu da tenda de Lia e entrou na tenda de Raquel. ³⁴ Raquel havia tomado os ídolos domésticos, posto no alforje do camelo e se sentado sobre eles. Labão tocou toda a tenda e nada encontrou. ³⁵ Ela disse a seu pai: "Que não seja irritante aos olhos de meu senhor! De fato, não posso me erguer em tua presença, porque tenho o costume das mulheres". Ele indagou, mas não encontrou os ídolos domésticos.

31,22-42 Deus, que prometeu guardar, prover e acompanhar Jacó (Gn 28), cumpre sua promessa e intervém a favor dele. Não impede Labão de persegui-lo e afrontá-lo (vv. 22-23. 25-28.30), mas lhe recomenda diretamente nada fazer a Jacó, "nem bem nem mal" (vv. 24.29). Na cena seguinte (vv. 31-35), Jacó, ignorando o furto de Raquel, expõe sua amada à pena capital (v. 32). Mas Raquel encontra uma estratégia para driblar a astúcia de Labão (vv. 33-34). Ela recorre a seu fluxo menstrual para justificar a impossibilidade de levantar-se diante do pai (v. 35). Segundo a legislação do antigo Israel, o fluxo menstrual, por ser considerado impuro, contaminava qualquer coisa que com ele entrasse em contato (Lv 15,19-20.24-26; 18,19; 20,18). O ato de Raquel, independentemente de sua veracidade, ridiculariza os ídolos paternos, pois, ao contrário do Senhor, os deuses de Labão não têm força nem para se defender, nem para defender Labão (Lv 19,4; 26,1; Dt 4,16-19; 5,7-9). Para Jacó, os vinte anos transcorridos na casa de Labão foram marcados pelo trabalho servil e fadigoso (vv. 38-40), bem como pela ingratidão de Labão, o qual o tratou de modo inferior a um escravo (Dt 15,12-15). Esse fato evidencia a centralidade da ação liberadora de Deus (vv. 3.4.7.9.11-13.24.29), que viu a aflição de Jacó e interveio a seu favor (v. 42). Assim também verá a aflição do antigo Israel no Egito e intervirá para libertá-lo (Ex 3,7; 4,31; Dt 26,7; Ne 9,9).

GÊNESIS 31

36 Jacó se irou e discutiu com Labão. Jacó respondeu a Labão: "Qual foi minha rebeldia? Em que pequei? Por que te incendiaste atrás de mim? **37** Realmente, tocaste todos os meus objetos. O que encontraste de todos os objetos de tua casa? Põe-no aqui, diante de meus irmãos e de teus irmãos! Que decidam entre nós dois! **38** Eu estive contigo esses vinte anos. Nenhuma de tuas ovelhas ou de tuas cabras abortou. Não comi dos carneiros de teu gado pequeno. **39** Não te trouxe animal dilacerado. Eu mesmo os reparava. Exigias de minha mão o que era furtado de dia e o que era furtado de noite. **40** Estive no dia em que o calor me consumiu e na noite, a geada. Até meu sono escapou de meus olhos. **41** Para mim isso foram vinte anos em tua casa. Catorze anos te servi por tuas duas filhas e seis anos por teu gado pequeno. E meu salário alteraste dez vezes. **42** Se o Deus de meu pai, o Deus de Abraão e o temor de Isaac, não fosse por mim, por certo agora me despedirias sem nada. Deus viu minha miséria e o esforço das palmas de minhas mãos. Por isso, ele te repreendeu ontem à noite".

Jacó e Labão: aliança em Galed e Mispá

43 Labão respondeu a Jacó: "As filhas são minhas filhas, os filhos são meus filhos, o gado pequeno é meu gado pequeno. Tudo que vês é meu. Contudo, por minhas filhas, o que farei hoje para essas ou para os filhos delas, os quais deram à luz? **44** Agora vem! Vamos estabelecer uma aliança, eu e tu. Que seja testemunho entre mim e ti!"

45 Jacó tomou uma pedra e a erigiu como estela. **46** E Jacó disse a seus irmãos: "Recolhei pedras!" Tomaram, então, pedras e fizeram um amontoado. E comeram ali sobre o amontoado. **47** Labão o chamou de Jegar-Saaduta e Jacó o chamou de Galed. **48** Labão disse: "Que esse amontoado, hoje, seja testemunho entre mim e ti!" Por isso chamou seu nome de Galed **49** e Mispá, pois disse: "Que o SENHOR vigie entre mim e ti, quando nos separarmos um do outro! **50** Se oprimires minhas filhas ou tomares outras mulheres além de minhas filhas, não havendo ninguém conosco, vê: Deus será testemunha entre mim e ti!" **51** Labão disse a Jacó: "Eis tal amontoado e eis a estela que lancei entre mim e ti. **52** Esse

---

31,43–32,1 Abraão (Gn 21,27-32) e Isaac (Gn 26,28-31) estabeleceram acordos com um soberano estrangeiro. Também Jacó o faz com Labão. Embora Labão pertença ao mesmo clã de Jacó (Gn 25,20; 28,2.5; 29,5), ele é habitante de uma terra estrangeira em relação à terra de Canaã. Dois acordos são estabelecidos entre Labão e Jacó: o primeiro em relação à proteção das mulheres (vv. 47-50); e o segundo em relação às fronteiras entre Aram e Israel (vv. 51-53). O nome do local, Jegar-Saaduta, exprime em aramaico o mesmo significado de Galed em hebraico, "amontoado do testemunho" (vv. 47-48), também chamado de Mispá ("vigia"), recorrendo à explicação: "Que o Senhor vigie!" (v. 49). Além das estelas (v. 45; Gn 28,18.22; 35,14), os amontoados de pedras eram empregados como sinal de um acontecimento particular (vv. 46.48.51.52; Js 7,26). Neste caso (vv. 51-53), o amontoado se configura como um muro, delimitando as fronteiras entre Labão e Jacó.

GÊNESIS 31–32

amontoado seja testemunha, e seja testemunha a estela, a fim de que eu não atravesse esse amontoado em tua direção e de que tu não atravesses esse amontoado e essa estela em minha direção, se for para o mal. **53** Que o Deus de Abraão e o Deus de Nacor, o Deus dos pais deles, julguem entre nós!" Assim Jacó jurou pelo temor de seu pai, Isaac. **54** E Jacó imolou um sacrifício no monte e chamou seus irmãos para comer pão. Comeram pão e pernoitaram no monte.

32

1 Naquela manhã, Labão madrugou, beijou seus filhos e suas filhas, abençoou-os e se foi. Assim Labão foi e voltou para seu lugar.

Retorno de Jacó à terra de Canaã

2 Ora, Jacó ia pelo seu caminho, quando anjos de Deus se depararam com ele. **3** Quando Jacó os viu, disse: "Esse é o acampamento de Deus". Por isso, chamou o nome do lugar de Maanaim.

4 E Jacó enviou mensageiros em sua frente a seu irmão Esaú, à terra de Seir, ao campo de Edom, **5** e lhes ordenou: "Assim direis a meu senhor, a Esaú; assim diz teu servo Jacó: 'Imigrei junto a Labão e permaneci até agora. **6** Por isso, tenho boi, jumento e gado pequeno, além de servo e criada, que enviei para comunicar a meu senhor, a fim de encontrar graça a teus olhos'". **7** Os mensageiros voltaram a Jacó dizendo: "Fomos a teu irmão Esaú, que também está vindo para te encontrar. Contudo, há quatrocentos homens com ele".

8 Jacó temeu muito e se angustiou. Repartiu em dois acampamentos o povo que estava com ele, também o gado pequeno, o gado grande e os camelos. **9** E disse: "Caso Esaú venha ao primeiro acampamento e o fira, o acampamento remanescente escapará".

32,2-22 No Antigo Testamento, a expressão "anjos de Deus" aparece somente em Gn 28,12 e 32,2, demarcando a fuga e o retorno de Jacó à terra de Canaã. Os dois episódios relacionam o nome do local às visões de Jacó: Betel (Gn 28,16-19) e Maanaim (v. 3). O vocábulo Maanaim ("dois acampamentos") indica um presságio referente à ação de Jacó de dividir seu povo e seus bens em dois acampamentos (vv. 8.9.11). Maanaim irá aparecer outras vezes como lugar de refúgio durante os conflitos dinásticos (2Sm 2,8.12.29; 17,24.27; 19,33; 1Rs 2,8). Jacó é surpreendido com a notícia de que Esaú vem a seu encontro acompanhado de quatrocentos homens (v. 7). A menção da cifra sugere que Esaú pode estar vindo a Jacó com intenções bélicas (1Sm 22,2; 25,13; 30,10-17), confirmando a bênção de Isaac (Gn 27,40). O medo de Jacó (vv. 8.12) evoca seus conflitos com Esaú (Gn 25,29-34; 27,33-41). Jacó toma medidas militares (v. 9) e prepara-se para um possível ataque suplicando a proteção do Deus de seus pais, Abraão e Isaac (v. 10), que a ele se apresentara em Betel (Gn 28,13). Os sentimentos de Jacó antecipam a experiência do antigo Israel em seu retorno à terra de Canaã diante dos que permaneceram na terra e apossaram-se das propriedades abandonadas pelos exilados (2Rs 25,12.22; Jr 39,10; 52,16). As dádivas oferecidas por Jacó (vv. 14-17), com a finalidade de apaziguar a hostilidade de Esaú (vv. 18-21), correspondem a tributos que um vassalo remete a seu suserano, a fim de manifestar sua lealdade e submissão (2Rs 16,7-9). Jacó envia quinhentos e cinquenta animais (vv. 14-17), uma cifra impressionante, que excede as posses de um pequeno criador e expressa sua prosperidade.

GÊNESIS 32

¹⁰ E Jacó disse: "O Deus de meu pai Abraão e o Deus de meu pai Isaac, o SENHOR, quem me disse: 'Volta à tua terra e à tua parentela, pois serei benigno contigo!' ¹¹ Sou inferior a todas as lealdades e a toda a verdade, sendo que agistes com teu servo. Porque com minha vara atravessei este Jordão e agora estou com dois acampamentos. ¹² Liberta-me, por favor, da mão de meu irmão, da mão de Esaú, para que não venha e fira a mim, à mãe e aos filhos! Realmente, eu estou com medo dele. ¹³ Pois tu disseste: 'Certamente te farei o bem. Colocarei tua descendência como a areia do mar, a qual não se conta de tão numerosa!'"

¹⁴ Naquela noite, pernoitou ali e, do que veio à sua mão, tomou uma dádiva para Esaú, seu irmão: ¹⁵ duzentas cabras e vinte bodes, duzentas ovelhas e vinte carneiros, ¹⁶ trinta camelas lactantes com seus filhotes, quarenta vacas e dez touros, vinte jumentas e dez jumentinhos. ¹⁷ Deu-os na mão de seus servos, rebanho por rebanho, e disse a seus servos: "Atravessai à minha frente e ponde espaço entre rebanho e rebanho!" ¹⁸ Ordenou ao primeiro: "Caso meu irmão Esaú te encontre e te interrogue: 'De quem és tu e aonde vais? De quem são esses à tua frente?', ¹⁹ então dirás: 'São de teu servo Jacó, uma dádiva enviada a meu senhor Esaú. Eis que também ele está atrás de nós'". ²⁰ Ordenou também ao segundo, ao terceiro e a todos que seguiam atrás dos rebanhos: "Conforme essas palavras, falareis a Esaú, quando vos encontrardes com ele. ²¹ Direis também: 'Eis que vosso servo Jacó está atrás de nós'". Porque pensava: "Apaziguarei sua face com a dádiva que está seguindo à minha frente. Depois disso, verei a face dele. Talvez suporte minha face". ²² E a dádiva atravessou à sua frente. Naquela noite, ele pernoitou no acampamento.

Luta de Jacó em Penuel

²³ Naquela noite, levantou-se e tomou suas duas mulheres, suas duas criadas, suas onze crianças e atravessou o vau do Jaboc. ²⁴ Tomou-os e os fez atravessar o rio. Também fez atravessar o que estava com ele. ²⁵ Jacó ficou sozinho.

Um homem lutou com ele até o despontar do amanhecer. ²⁶ Quando do viu que não podia contra ele, tocou-o na articulação de sua coxa. E a

---

32,23-33 A repetição do dado temporal – "naquela noite" (vv. 14.22.23) – conduz a um clímax enfático, preparando o cenário no qual Jacó, às margens do rio Jaboc, fica sozinho durante o ataque noturno (v. 25; Ex 4,24-26). O nome de Jacó é mudado para Israel, este composto pelo verbo "lutar" e o vocábulo "Deus". Assim, Jacó é enaltecido por prevalecer na luta contra Deus e contra homens (v. 29). Oseias, porém, contrapõe-se a essa tradição positiva sobre Jacó (Os 12,4-5). Após a bênção, Jacó conclui que lutara com Deus. Então chamou o local de "Penuel", acreditando ter visto Deus face a face e sobrevivido (Ex 33,20; Jz 6,22-23; 13,22). Trata-se de algo transcendente à dignidade do ser humano (Lv 17,1), o qual deveria morrer se visse a Deus (Ex 1,21; Lv 16,2; Nm 4,20; 6,25). A sequela física deixada em Jacó (vv. 32-33), decorrente de seu embate noturno, é utilizada para fundamentar um tabu alimentar dos filhos de Israel. A proibição, porém, não aparece em outro lugar do Antigo Testamento.

87

GÊNESIS 32–33

articulação da coxa de Jacó se deslocou enquanto ele lutava com aquele. ²⁷ Disse: "Despedi-me, porque o amanhecer desponta!" Disse: "Não o despedirei sem que me abençoe". ²⁸ Disse-lhe: "Qual é teu nome?" Disse: "Jacó". ²⁹ Disse: "Dirás que teu nome não é mais Jacó, mas sim Israel, porque lutaste com Deus e com homens, e prevaleceste".

³⁰ Jacó o interrogou: "Comunica, por favor, teu nome!" Disse: "Por que interrogas sobre meu nome?" E o abençoou ali. ³¹ Por isso Jacó chamou o nome daquele lugar de Penuel: "De fato, face a face vi Deus, e minha vida foi salva".

³² O sol surgiu para ele, enquanto atravessava Penuel. E ele mancava de sua coxa. ³³ Por isso, até esse dia, os filhos de Israel não comem o tendão do nervo ciático que está sobre a articulação da coxa, porque ele tocou Jacó na articulação da coxa, no tendão do nervo ciático.

Encontro de Jacó e Esaú

33 ¹ Jacó elevou seus olhos e viu: eis que Esaú vinha, e com ele havia quatrocentos homens. Repartiu as crianças entre Lia, Raquel e as duas criadas. ² Pôs as criadas com seus filhos à frente, depois Lia com seus filhos atrás e Raquel com José por último. ³ Ele atravessou à frente deles e prostrou-se sete vezes por terra até se aproximar de seu irmão. ⁴ Esaú correu para encontrá-lo, abraçou-o, caiu sobre seu ombro e beijou-o. Choraram.

⁵ Quando elevou seus olhos, viu as mulheres e as crianças e disse: "Quem são estes contigo?" Disse: "São as crianças com que Deus agraciou teu servo". ⁶ As criadas, elas e os filhos delas, aproximaram-se e inclinaram-se. ⁷ Também Lia se aproximou, assim como os filhos dela, e se inclinaram. Por último se aproximaram José e Raquel e se inclinaram.

⁸ E disse: "O que almejavas com todo aquele acampamento que encontrei?" Disse: "Era para encontrar graça aos olhos de meu senhor". ⁹ Esaú disse: "Eu tenho o bastante, ó meu irmão! Seja para ti o que é teu!" ¹⁰ Jacó disse: "Não, por favor! Se encontrei graça a teus olhos, por favor, toma de minha mão minha dádiva! Porque, de fato, vi tua face como se vê a face de Deus, pois me foste favorável. ¹¹ Toma, por favor, minha bênção, pois a ti a trouxe! Realmente, Deus me agraciou, e por certo eu tenho de tudo". Insistiu com ele, e ele a tomou.

33,1-17 Jacó expressa submissão e deferência diante de Esaú (vv. 1-3.8), como se quisesse reverter o oráculo e a bênção (Gn 25,23; 27,29) e aplacar o ressentimento de Esaú (Gn 27,41). As sete prostrações reproduzem um tipo de rito da corte, comum entre vassalos e senhor, registrado em antigos documentos do antigo Oriente Próximo. Embora Esaú demonstre disposição para se reconciliar (v. 4), Jacó insiste para que Esaú aceite suas dádivas (vv. 9-11), pois a aceitação do presente é o selo do acordo proposto (Gn 20,14-18; 21,27-31; 2Rs 12,17-18; 18,15). O encontro entre Esaú e Jacó foi consumado, e cada um seguiu seu caminho em paz (vv. 12-15). O retorno de Esaú a Seir (v. 16) sugere que ele possui seu território e não está disposto a disputar por terra ou bens com Israel (Gn 36,6-8). De fato, Esaú diz ter o suficiente (v. 9). Com isso, a narrativa deixa de dar atenção a Esaú, tirando-o de cena definitivamente em Gn 36,1-43.

GÊNESIS 33–34

¹² Disse: "Partamos e caminhemos! Vou caminhar à tua frente". ¹³ Disse-lhe: "Meu senhor sabe que as crianças são tenras. Ademais, há gado pequeno e gado grande lactantes comigo. Se os forçar a caminharem um só dia, morrerá todo o gado pequeno. ¹⁴ Que meu senhor atravesse à frente de seu servo, e eu me guiarei cuidadosamente pelos passos da obra que está à minha frente e pelos passos das crianças, até que chegue a meu senhor em Seir!" ¹⁵ Esaú disse: "Deixarei contigo alguns do povo que estão comigo". Disse: "Para que isso? Basta que eu encontre graça aos olhos de meu senhor". ¹⁶ Naquele dia, Esaú voltou por seu caminho rumo a Seir. ¹⁷ Jacó partiu rumo a Sucot, construiu uma casa para si e fez cabanas para seu gado. Por isso, chamou o nome do lugar de Sucot.

Jacó em Siquém

¹⁸ Jacó chegou são e salvo à cidade de Siquém, que está na terra de Canaã. Ele chegou de Padã-Aram e acampou diante da cidade. ¹⁹ Das mãos dos filhos de Hamor, pai de Siquém, comprou por cem peças a parcela do campo na qual estendeu sua tenda. ²⁰ Ergueu ali um altar e o invocou: "Deus é o Deus de Israel!"

Opressão, rapto e resgate de Dina

34 ¹ Dina, filha que Lia dera à luz para Jacó, saiu para ver as filhas da terra. ² Siquém, o filho do heveu Hamor, príncipe da terra, a viu e a tomou; deitou-se com ela e a oprimiu. ³ Contudo, sua alma se enamorou por Dina, filha de Jacó. Por isso, amou a jovem e falou ao coração da jovem.

33,18-20 Assim como Abraão (Gn 23,3-18) comprou do heteu Efron o campo com uma gruta sepulcral em Hebron, Jacó compra dos filhos de Hamor um campo em Siquém (v. 19). Essas duas porções de território adquiridas legalmente constituem as primeiras propriedades ancestrais na terra prometida. A construção do altar em Siquém e a profissão de fé de Jacó (v. 20), além de demarcarem a terra (Gn 12,6-8), confirmam o cumprimento da promessa estabelecida em Betel (Gn 28,15.22).

34,1-31 A narrativa aborda tabus em Israel (v. 7): violação de uma jovem (vv. 2; Ex 22,15-17; Lv 20,10; Dt 22,28-29), casamento misto (v. 4; Dt 7,2-3; Esd 9–10; Ne 13,25) e incircuncisão (vv. 14-15.17.24; Gn 17,11-14). Referências ao casamento misto foram feitas relativas a homens (Gn 24,3; 26,34-35; 27,46). Agora, porém, o texto focaliza a mulher (vv. 4.8.12.19). A violação de Dina foi, aos olhos de Jacó, uma desonra, um ato de impureza, uma contaminação (Lv 5,3); aos olhos dos filhos de Jacó, constitui uma insensatez, isto é, um pecado grave, uma imoralidade, um ato ímpio (Lv 19,29; 2Sm 13,12). As personagens manobram discursos, ocultando seus reais interesses (vv. 8-24). De um lado, os filhos de Jacó agem com astúcia (v. 13) ao exigir a circuncisão como condição do contrato de casamento (vv. 14-17; Gn 17,14); de outro, Hamor e Siquém criam um discurso vantajoso para convencer seus concidadãos (vv. 21-24), omitindo o real interesse de Siquém por Dina (vv. 8-12.18-19). A certa altura, porém, a verdadeira intenção da astúcia dos filhos de Jacó é revelada (vv. 25-29).

GÊNESIS 34

Gn

⁴ Siquém disse a seu pai, Hamor: "Toma-me esta menina como mulher!" ⁵ Jacó escutou que sua filha Dina fora desonrada enquanto seus filhos estavam com o gado no campo. E Jacó se silenciou até a vinda deles.

⁶ Ora, Hamor, pai de Siquém, saiu até Jacó para falar com ele. ⁷ Os filhos de Jacó chegavam do campo. Quando os escutaram, os homens ficaram indignados e muito irados por causa deles. De fato, ocorrera insensatez em Israel, por ele ter se deitado com a filha de Jacó. Não deveria ter ocorrido assim.

⁸ Hamor lhes falou: "A alma de meu filho Siquém se apegou à vossa filha. Peço-vos: dai-a por mulher a ele ⁹ e vos aparentai conosco! Dai-nos vossas filhas e tomai nossas filhas para vós! ¹⁰ Assim residireis conosco, pois a terra está diante de vós. Residi nela e percorrei-a! Arraigai-vos nela!" ¹¹ Siquém disse ao pai e aos irmãos dela: "Que eu encontre graça a vossos olhos, e darei o que me disserdes! ¹² Sobre mim multiplicai muito o dote e o presente! Darei o quanto me disserem. Dai-me a jovem por mulher!"

¹³ Os filhos de Jacó responderam a Siquém e Hamor, o pai dele. Falaram com astúcia, sendo que Dina, a irmã deles, fora desonrada. ¹⁴ Disseram-lhes: "Não podemos fazer tal coisa: dar nossa irmã a um homem que não é circuncidado, porque isso é vergonhoso para nós. ¹⁵ Apenas consentiremos isso a vós, caso vos torneis como nós, circuncidando dentre vós todos os machos. ¹⁶ Então daremos nossas filhas a vós e tomaremos vossas filhas para nós. Residiremos convosco e seremos um só povo. ¹⁷ Mas, se não nos escutarem quanto à circuncisão, tomaremos nossas filhas e partiremos".

¹⁸ As palavras deles pareciam boas aos olhos de Hamor e aos olhos de Siquém, filho de Hamor. ¹⁹ O jovem não hesitou em fazer tal coisa, porque desejava a filha de Jacó. E ele era o mais honrado de toda a casa de seu pai. ²⁰ Então Hamor veio com seu filho Siquém ao portão da cidade deles, e falaram aos homens de sua cidade: ²¹ "Aqueles homens são pacíficos conosco. Residirão na terra e a percorrerão. Eis que, para os dois lados, a terra é espaçosa diante deles. Tomaremos por mulheres suas filhas para nós e lhes daremos nossas filhas. ²² No entanto, apenas com uma condição esses homens consentirão em residir conosco, para haver um só povo: se circuncidarmos entre nós cada macho, assim como eles são circuncidados. ²³ Por acaso o gado deles, a propriedade deles e os animais deles não seriam nossos? Apenas lhes consentiremos, e residirão conosco". ²⁴ Então todos os que haviam saído do portão de sua cidade

---

A circuncisão, por ser um corte no órgão viril, foi uma estratégia premeditada para debilitar os homens da cidade (v. 25); assim foi possível aos filhos de Jacó os atacar, os assassinar, resgatar Dina, saquear a cidade (vv. 26-28; Nm 31,7-10) e escapar vitoriosos sem contra-ataque. Embora Jacó reprove a justiça impetuosa e cruel dos filhos, Simeão e Levi insistem na honra de sua irmã (v. 31; Jz 19,25-28; 2Sm 13,1-32). O rapto de Dina (Gn 32,1-31) pode ser posto em paralelo com o rapto de Ló (Gn 14,1-24). Simeão e Levi, assim como Abraão, se armam para defender e resgatar a irmã. Aludindo ao episódio, a simeonita Judite evoca a honra de seu pai, Simeão, ao preparar-se para enfrentar o adversário (Jt 9,2).

Gênesis 34–35

escutaram Hamor e Siquém, filho dele. Assim, todos os machos foram circuncidados, todos os que haviam saído do portão de sua cidade.

25 Ora, no terceiro dia, quando estavam sentindo dores, dois filhos de Jacó, Simeão e Levi, irmãos de Dina, tomaram cada um sua espada. Vieram confiantes à cidade e assassinaram todos os machos. 26 Assassinaram Hamor e Siquém, filho dele, ao fio da espada. Tomaram Dina da casa de Siquém e saíram. 27 Os filhos de Jacó vieram aos traspassados e saquearam a cidade, porque desonraram sua irmã. 28 Tomaram seu gado pequeno, seu gado grande, seus jumentos, o que havia na cidade e o que havia no campo. 29 Capturaram a fortuna dele, todos os seus dependentes, suas mulheres, e saquearam tudo o que havia na casa.

30 Jacó disse a Simeão e a Levi: "Arruinaste-me por tornar-me odioso entre os residentes desta terra, entre os cananeus e os ferezeus. Embora eu esteja com um número de homens, irão se reunir contra mim e me ferirão. Exterminarão a mim e à minha casa". 31 Disseram: "Por acaso faria ele de nossa irmã uma prostituta?"

De Siquém a Betel

35 1 Deus disse a Jacó: "Levanta-te, sobe até Betel e reside ali! Faze ali um altar para o Deus que te apareceu quando fugias da presença de Esaú, teu irmão!" 2 Jacó disse à sua casa e a todos que estavam com ele: "Tirai os deuses estrangeiros que estão em vosso meio, purificai-vos e trocai vossas roupas! 3 Vamos nos levantar, pois subiremos até Betel. Farei ali um altar ao Deus que me respondeu no dia de minha aflição e que esteve comigo no caminho que percorri". 4 Então deram a Jacó todos os deuses estrangeiros que tinham em mãos e os brincos que tinham nas orelhas. Jacó os escondeu debaixo do carvalho que está junto a Siquém. 5 Quando partiram, o terror de Deus estava sobre as cidades que lhes circundavam; por isso, não perseguiram os filhos de Jacó.

6 Então Jacó chegou a Luza, que está na terra de Canaã, que é Betel; ele e todo o povo que estava com ele. 7 Ali construiu um altar e chamou o lugar de Deus de Betel, porque ali Deus se revelara a ele, quando fugia da presença de seu irmão. 8 Então Débora, a ama de Rebeca, morreu e foi sepultada abaixo de Betel, debaixo do carvalho; por isso chamou seu nome de Carvalho do Pranto.

35,1-15 A promessa feita por Deus a Jacó foi cumprida (vv. 1.5; Gn 28,13-15; 32,10-13). Jacó, igualmente, cumpre seus votos (vv. 6-7; Gn 28,20-21), convocando seu povo a se desfazer dos deuses estrangeiros (v. 2b; Jz 10,16; 1Sm 7,7), a se purificar e a trocar as vestes (v. 2; Gn 41,14; Ex 19,10; 2Sm 12,20; 2Rs 25,29; Jr 52,33), a fim de conduzi-lo em peregrinação rumo a Betel (vv. 2-4). Nesse mesmo local, que é Siquém, Josué renovará o feito de Jacó (Js 24,14.23), bem como sepultará os ossos de José (Js 24,32). Na sequência narrativa, Deus aparece novamente a Jacó (v. 9; Gn 28,10-22). Como com Abrão, de quem mudou o nome para Abraão e para quem fez promessas de descendência e terra (vv. 10-13; Gn 32,29; 17,1-8.22), Deus o faz com Jacó.

GÊNESIS 35

9 Deus apareceu novamente a Jacó, quando vinha de Padã-Aram, e o abençoou. **10** E Deus lhe disse: "Teu nome é Jacó, mas teu nome não se chamará mais Jacó, porque teu nome será Israel". Por isso, chamou seu nome de Israel. **11** Deus lhe disse: "Eu sou o Deus Todo-Poderoso. Sê fecundo e multiplica-te! Uma nação e uma assembleia de nações serão para ti. Reis sairão de tuas ancas. **12** Quanto à terra que dei a Abraão e a Isaac, a ti a darei. Também darei a terra à tua descendência depois de ti". **13** Assim, Deus subiu de junto dele, do lugar em que falara com ele.

14 Jacó ergueu uma estela no local onde falara com ele. Era uma estela de pedra. Ofereceu uma libação sobre ela, pois derramou sobre ela óleo. **15** Jacó chamou de Betel o nome do lugar onde Deus falara com ele.

Morte e sepultamento de Raquel

16 Partiram de Betel; e, havendo ainda uma distância de terra para chegar a Éfrata, Raquel deu à luz. Ela teve severas dores para dar à luz. **17** Em meio a suas severas dores ao dar à luz, a parteira lhe disse: "Não temas, pois também esse será filho para ti!" **18** Enquanto sua alma saía, porque estava morrendo, chamou seu nome de Benoni; seu pai, porém, o chamou de Benjamim. **19** Raquel morreu e foi sepultada no caminho de Éfrata, que é Belém. **20** Jacó ergueu uma estela sobre a sepultura dela. Ela é a estela da sepultura de Raquel até hoje.

Incesto de Rúben

21 Ora, Israel partiu e estendeu sua tenda além de Magdol-Éder. **22a** Enquanto Israel habitava naquela terra, Rúben foi e deitou-se com Bala, concubina de seu pai, sendo que Israel escutou isso.

Filhos de Jacó segundo suas mães

22b Os filhos de Jacó foram doze. **23** Os filhos de Lia: Rúben, o primogênito de Jacó, Simeão, Levi, Judá, Issacar e Zabulon. **24** Os filhos de

---

35,16-20 Há duas localizações para o túmulo de Raquel: uma em Belém (Gn 35,16-20; 48,7), território ao norte de Judá. A outra é no norte de Israel, em Benjamim (1Sm 10,2; Jr 31,15), região entre Betel e Belém (Js 13–21), e que tem o nome do filho em cujo parto Raquel morreu. Antes de morrer, Raquel chama seu filho de *Ben-ôni* ("filho de minha dor"), aludindo à sua experiência de parto, mas Jacó o chama de *Benjamin* ("filho de minha direita", "filho do sul" ou "filho de minha sorte"), aludindo a seu local de nascimento, pois Benjamim é o único filho de Jacó que lhe nasceu na terra de Canaã.

35,21-22a A ação de Rúben, independentemente de sua qualificação moral, é um ultraje à autoridade paterna (Lv 18,8; 20,11; Dt 27,20; 2Sm 16,21-22), mesmo que Jacó ou o narrador não tenham expressado juízo sobre seu mérito.

35,22b-26 Esta é a primeira lista dos doze filhos de Jacó, que voltará a aparecer (Gn 46,8-25; 49,3-28). A ordem obedece ao vínculo materno, e não à cronologia. Embora se afirme que os filhos tenham nascido em Padã-Aram (v. 26), sabe-se que Benjamim nasceu na terra de Canaã, no caminho para Éfrata (Gn 35,16-18).

GÊNESIS 35–36

Raquel: José e Benjamim. ²⁵ Os filhos de Bala, criada de Raquel: Dã e Neftali. ²⁶ Os filhos de Zelfa, criada de Lia: Gad e Aser. Esses são os filhos de Jacó, que lhe nasceram em Padã-Aram.

Morte e sepultamento de Isaac

²⁷ Jacó foi a seu pai, Isaac, em Mambré, Cariat-Arbe, que é Hebron, onde Abraão e Isaac viveram como quem migra. ²⁸ Os dias de Isaac foram cento e oitenta anos. ²⁹ Isaac expirou e morreu. Reuniu-se a seu povo, ancião e satisfeito de dias. Seus filhos Esaú e Jacó o sepultaram.

Gerações de Esaú na terra de Canaã

36 ¹ Estas são as gerações de Esaú, que é Edom. ² Esaú tomou suas mulheres dentre as filhas de Canaã: Ada, filha do heteu Elon; Oolibama, filha de Aná, filho do heveu Sebeon; ³ e Basemat, filha de Ismael, irmã de Nabaiot. ⁴ Ada deu à luz Elifaz para Esaú. Basemat deu à luz Reuel. ⁵ Oolibama deu à luz Jeús, Jalam e Coré. Esses são os filhos de Esaú, que lhe nasceram na terra de Canaã.

⁶ Esaú tomou suas mulheres, seus filhos, suas filhas e todas as almas de sua casa, sua aquisição, todo o seu gado grande e tudo que era de sua propriedade, que acumulara na terra de Canaã, e partiu da presença de seu irmão Jacó para outra terra, ⁷ porque o acumulado era numeroso demais para residirem juntos. A terra de suas migrações não podia suportá-los, por causa da presença das aquisições deles. ⁸ Então Esaú residiu no monte Seir. Esaú é Edom.

Gerações de Esaú no monte Seir

⁹ Estas são as gerações de Esaú, pai de Edom, no monte Seir. ¹⁰ Estes são os nomes dos filhos de Esaú: Elifaz, filho de Ada, mulher de Esaú; e Reuel, filho de Basemat, mulher de Esaú.

35,27-29 O relato da morte e do sepultamento de Isaac é análogo ao relato da morte e sepultamento de Abraão (vv. 28-29; Gn 25,7-8), também no tocante à presença dos filhos no rito funeral (v. 29; Gn 25,9). Desse modo, Isaac continua no campo de Macpela, na gruta sepulcral junto a Abraão e Sara (v. 27; Gn 23,19; 25,9-10).

36,1-8 Em paralelo com Ismael (Gn 25,7-10.12-18), Esaú tem sua genealogia apresentada na sequência do relato da morte e sepultamento de seu pai (Gn 35,29; 36,1-5). A separação de Esaú e Jacó (vv. 6-8) se deve aos mesmos motivos da separação de Abraão e Ló (Gn 13,6), ou seja, o aumento de bens. O texto não explica por que os nomes das mulheres de Esaú são diferentes dos que foram apresentados anteriormente: Judite, Basemat e Maelet (Gn 26,34; 28,9).

36,9-19 Estas duas seções textuais (vv. 9-14 e 15-19) sugerem que os edomitas surgiram a partir da família de Esaú. As duas listas contêm os mesmos nomes dos netos de Esaú segundo suas avós. O único elemento novo é a designação como chefe. Estas listas refletem a transição de uma constituição familiar para uma constituição tribal.

11 Os filhos de Elifaz foram: Temã, Omar, Zefo, Gatam, Cenez. **12** Timna, que era concubina de Elifaz, filho de Esaú, deu à luz Amalec para Elifaz. Esses foram os filhos de Ada, mulher de Esaú.

13 Estes foram os filhos de Reuel: Naat, Zera, Samá e Meza. Esses foram os filhos de Basemat, mulher de Esaú.

14 Estes foram os filhos de Oolibama, filha de Aná, filho de Sebeon, mulher de Esaú, que deu à luz para Esaú: Jeús, Jalam e Coré.

Chefes de Edom (I)

15 Estes são chefes dos filhos de Esaú, filhos de Elifaz, primogênito de Esaú: o chefe Temã, o chefe Omar, o chefe Zefo, o chefe Cenez, **16** o chefe Coré, o chefe Gatam, o chefe Amalec. Esses são os chefes de Elifaz na terra de Edom. Esses são os filhos de Ada.

17 Estes são os filhos de Reuel, filho de Esaú: o chefe Naat, o chefe Zera, o chefe Samá, o chefe Meza. Esses são os chefes Reuel na terra de Edom. Esses são os filhos de Basemat, mulher de Esaú.

18 Estes são os filhos de Oolibama, mulher de Esaú: o chefe Jeús, o chefe Jalam e o chefe Coré. Esses são os chefes de Oolibama, filha de Aná, mulher de Esaú. **19** Esses são os filhos de Esaú e esses são chefes deles. Esaú é Edom.

Descendência de Seir

20 Estes são os filhos do horita Seir, residentes da terra: Lotã, Sobal, Sebeon, Aná, **21** Dison, Eser e Disã. Esses são os chefes dos horitas, os filhos de Seir na terra de Edom. **22** E os filhos de Lotã foram: Hori e Hemam. A irmã de Lotã era Timna.

23 Estes são os filhos de Sobal: Alvã, Manaat, Ebal, Sefo e Onam.

24 Estes são os filhos de Sebeon: Aiá e Aná. É aquele Aná que encontrou as águas termais no deserto enquanto apascentava os jumentos de seu pai, Sebeon.

25 Estes são os filhos de Aná: Dison e Oolibama, filha de Aná.

26 Estes são os filhos de Disã: Hamdã, Esebã, Jetrã e Carã.

27 Estes são os filhos de Eser: Balaã, Zavã e Jacã.

28 Estes são os filhos de Disã: Us e Aran.

36,20-30 O elenco dos filhos do horita Seir na terra de Edom segue o mesmo estilo do elenco dos descendentes de Esaú, em que a estrutura familiar (vv. 20-28) é seguida pela estrutura tribal (vv. 29-30). Os horitas são apresentados como os moradores da terra quando Esaú e seus filhos ali chegaram. Dt 2,12-22 falará de uma subjugação dos horitas pelos edomitas.

Chefes dos horitas

Gn

29 Estes são os chefes dos horitas: o chefe Lotã, o chefe Sobal, o chefe Sebeon, o chefe Aná, **30** o chefe Dison, o chefe Eser, o chefe Disã. Esses são os chefes dos horitas, segundo seus chefes na terra de Seir.

Reis de Edom

31 Estes são os reis que reinaram na terra de Edom antes de reinar algum rei entre os filhos de Israel.

32 Em Edom reinou Bela, filho de Beor, e o nome de sua cidade era Danaba.

33 Bela morreu, e em seu lugar reinou Jobab, filho de Zera, de Bosra.

34 Jobab morreu, e em seu lugar reinou Husam, da terra dos temanitas.

35 Husam morreu, e em seu lugar reinou Adad, filho de Badad, o que feriu Madiã no campo de Moab. O nome de sua cidade era Avit.

36 Adad morreu, e em seu lugar reinou Semla, a partir de Masreca.

37 Semla morreu, e em seu lugar reinou Saul, a partir de Reobot, junto ao rio Naar.

38 Saul morreu, e em seu lugar reinou Baalanã, filho de Acobor.

39 Baalanã, filho de Acobor, morreu, e em seu lugar reinou Hadar; o nome de sua cidade era Paú, e o nome de sua mulher era Meetabel, filha de Matred, filha de Mezaab.

Chefes de Edom (II)

40 Estes são os nomes dos chefes de Esaú segundo as famílias deles e os lugares deles, por seus nomes: o chefe Timna, o chefe Alva, o chefe Jetet, **41** o chefe Oolibama, o chefe Ela, o chefe Finon, **42** o chefe Cenez, o chefe Temã, o chefe Mabsar, **43** o chefe Magdiel e o chefe Iram. Esses são os chefes de Edom, segundo suas residências na terra de sua possessão. Esse é Esaú, pai de Edom.

36,31-39 A lista dos reis de Edom na sequência narrativa indica que: (a) o regime monárquico de Edom é mais antigo que o antigo Israel; (b) a realeza não é transmitida de pai para filho; (c) não há uma sede real determinada; (d) o governo dura até a morte do rei. O relato obedece a uma estrutura: nome do rei, notícia de morte e notícia de sucessão (1Rs 16,22; 2Rs 1,17; 8,15; 12,22; 13,24), descrevendo uma forma de poder político diferente do precedente (Gn 36,29-30).

36,40-43 A afirmação de que Esaú é Edom (v. 43; Gn 36,1.8.19) reforça o vínculo parental entre Edom e Israel (Dt 23,7-8), que ultrapassará até mesmo situações conflitantes entre Judá e Edom (2Sm 8,12-14; Lm 4,21-22; Ez 25,12-14; Am 1,11; Ab 10,12). O capítulo 36 oferece informações referentes ao destino de Esaú e de seus descendentes. A partir daqui, Esaú sai de cena, e o foco narrativo se volta à história dos herdeiros da promessa-aliança.

GÊNESIS 37

CICLO DE JACÓ E FAMÍLIA

Gerações de Jacó em Canaã

37 ¹ Jacó residiu na terra das migrações de seu pai, na terra de Canaã.

² Estas são as gerações de Jacó. José tinha dezessete anos e pastoreava, junto a seus irmãos, o gado pequeno. Ele era jovem e estava com os filhos de Bala e os filhos de Zelfa, mulheres de seu pai. José trazia a difamação maldosa deles a seu pai.

³ Israel amava a José mais que a todos os seus filhos, porque era o filho de sua velhice, e lhe fez uma túnica adornada. ⁴ Seus irmãos viram que seu pai o amava mais que a todos os seus irmãos e o odiaram. E não podiam falar pacificamente com ele.

Sonho de José

⁵ José sonhou um sonho e o narrou a seus irmãos. Odiaram-no, portanto, ainda mais. ⁶ Disse-lhes: "Escutai, pois, este sonho que sonhei!

37,1-4 A referência à residência de Jacó em Canaã indica a transição do foco narrativo da seção anterior, que sedia Esaú em Seir (Gn 36,8). Jacó se instala na terra, não como um imigrante a exemplo de seu pai, mas sim como residente. Na abertura das narrativas das gerações patriarcais, o nome do pai – Taré, Isaac e Jacó – introduz a história de seus filhos (Gn 11,27; 25,19; 37,2). Os sucessores, porém, não são os primogênitos paternos, mas, ao menos no caso de Isaac e Jacó, os primogênitos maternos. José, filho da velhice e primogênito da esposa amada (v. 2; Gn 29,30; 30,22-24), é objeto do amor preferencial de Israel, que lhe presenteia com uma roupa especial: uma túnica adornada (com mangas compridas [2Sm 13,18]). A roupa é uma marca notória da estratificação social. De fato, a túnica de mangas compridas é uma veste que não permite trabalhar e que distingue alguém de posição mais elevada (v. 3), o que suscita ódio nos irmãos de José (v. 4).

37,5-17 A fraternidade, mais uma vez, é colocada em questão (Gn 4,1-8; 21,9-10; 25,22-23. 29-34; 27,41). Além da preferência paterna, os sonhos de José suscitam ódio e inveja em seus irmãos (vv. 4.5.8.11). O sonho é um elemento recorrente nas narrativas patriarcais (Gn 20,3.6; 28,12; 31,11.24). Na história de José, contudo, os sonhos (vv. 5-7.9; Gn 40,9-11.16-17; 41,1-7) não transmitem uma revelação divina, embora tenham caráter profético e premonitório (Gn 42,6; 44,14). Os sonhos de José abrangem a esfera terrestre e a celeste (vv. 7.9), ou seja, a agricultura e a astrologia. No antigo Oriente Próximo havia certa relação entre o céu e a terra (Gn 1,14-19). De fato, nesse ambiente o sol, a lua e as estrelas eram tidos como divindades responsáveis por regular as estações da natureza e o ciclo de fertilidade da terra. No primeiro sonho (v. 7), José afirma a soberania de sua produção agrícola em relação à de seus irmãos (Gn 41,53-57; 42,1-6); no segundo sonho (v. 9), José compara seu pai ao sol, sua mãe à lua e seus irmãos às estrelas, sendo que ele seria a décima segunda estrela, representando os doze filhos de Jacó/Israel, que se tornarão epônimos das doze tribos de Israel. José, porém, não se compara a nenhum astro, mas estará acima de todos. Esses sonhos são uma prolepse do poder e da autoridade de José no Egito (Gn 45,8). Chama a atenção o deslocamento geográfico dos filhos de Jacó rumo a Siquém (vv. 12.13.14), cidade devastada por Simeão e Levi por causa da violência feita a Dina (Gn 34). Tal evento justifica o fato de Jacó pedir para José verificar a paz de seus irmãos e do gado em Siquém (vv. 12-14), pois temia ser eliminado pelos povos daquela terra (Gn 34,30). José, entretanto, encontrou seus irmãos em Dotã, que significa "dois poços", possivelmente uma alusão ao poço seco no qual fora lançado (v. 20).

GÊNESIS 37

⁷ Eis que nós enfeixávamos feixes no meio do campo, e meu feixe se levantou e ficou de pé; e eis que vossos feixes rodeavam-no e inclinavam-se para meu feixe". ⁸ Seus irmãos lhe disseram: "Queres, por acaso, reinar sobre nós? Ou, porventura, queres nos governar?" E o odiaram ainda mais por causa de seus sonhos e de suas palavras.

⁹ Sonhou ainda outro sonho e o contou para seus irmãos: "Eis que sonhei mais um sonho. O sol, a lua e onze estrelas se inclinavam para mim". ¹⁰ Contou-o, também, a seu pai e a seus irmãos. Seu pai o repreendeu e lhe disse: "Que sonho é esse que sonhaste? Por acaso viremos eu, tua mãe e teus irmãos nos inclinar por terra para ti?" ¹¹ Seus irmãos o invejavam, mas seu pai escutou a palavra.

¹² Seus irmãos foram pastorear o gado pequeno de seu pai em Siquém. ¹³ E Israel disse a José: "Porventura teus irmãos não estão pastoreando em Siquém? Vai, pois te envio a eles!" Disse-lhe: "Eis me aqui!" ¹⁴ Ele lhe respondeu: "Vai-te! Vê a paz de teus irmãos e a paz do gado menor, e traze-me de volta uma palavra!" Do vale do Hebron o enviou. E ele foi rumo a Siquém.

¹⁵ Um homem o encontrou. Eis que vagueava pelo campo. O homem o indagou: "O que procuras?" ¹⁶ Ele disse: "Eu estou procurando meus irmãos. Comunica-me, por favor, onde eles estão pastoreando!" ¹⁷ O homem disse: "Partiram daqui, porque os escutei dizendo: 'Vamos a Dotã'". José foi atrás de seus irmãos e os encontrou em Dotã.

Venda de José por seus irmãos

¹⁸ Viram-no de longe e, antes que se aproximasse deles, conspiraram contra ele para fazê-lo morrer. ¹⁹ Disseram um ao outro: "Eis que aquele senhor dos sonhos está vindo. ²⁰ Vinde, pois, agora e matemo-lo! Lancemo-lo em uma destas cisternas e digamos: 'Um animal selvagem o devorou!' Assim veremos como serão seus sonhos". ²¹ Mas Rúben escutou e quis libertá-lo da mão deles, pois disse: "Não lhe firamos a alma!" ²² Rúben lhes disse: "Não derrameis sangue! Lançai-o nesta cisterna que está no deserto, mas não estendais a mão sobre ele!" Era para livrá-lo da mão deles, para trazê-lo de volta a seu pai.

37,18-36 A ação dos irmãos de José configura um crime a ser punido com a morte (vv. 18-27; Ex 21,16; Dt 24,7). Assim como o bode expiatório (v. 31), José é afastado dos seus, carregando o pecado de todos. Seus irmãos, enviando ao pai o sangue do animal abatido (vv. 31-34), almejam a reconciliação familiar e a reintegração dos culpados (v. 35). José tem entre cinco e vinte anos, pois é vendido por vinte moedas de prata (Lv 27,5). Chama a atenção a atitude de alguns irmãos: Simeão e Levi, que destruíram uma cidade para resgatar Dina das mãos de estranhos (Gn 34), não contestam a venda de José; Rúben parece querer se redimir diante do que fez ao pai (Gn 35,21-22), mas seu esforço é inútil (vv. 22.29); Judá toma a liderança na venda (vv. 26-27), ignorando o sofrimento de seu pai e de seu irmão (vv. 34-35). Desse modo, José é integrado à carga preciosa formada pelos produtos de luxo úteis para o cuidado pessoal, a saúde e a beleza dos egípcios.

97

GÊNESIS 37–38

23 Quando José chegou a seus irmãos, estes despiram José de sua túnica, a túnica adornada que estava sobre ele. **24** Tomaram-no e o lançaram na cisterna. A cisterna estava vazia, pois não havia água nela.

25 Sentaram-se para comer pão. Quando elevaram seus olhos, viram: eis que uma caravana de ismaelitas vinha de Galaad, e seus camelos carregavam especiarias, bálsamo e mirra; andavam para descer ao Egito. **26** Judá disse a seus irmãos: "Que lucro há se matarmos nosso irmão e nos cobrirmos com seu sangue? **27** Vamos vendê-lo aos ismaelitas! Que nossa mão não esteja sobre ele, porque é nosso irmão! Ele é nossa carne". E seus irmãos o escutaram.

28 Enquanto os homens, mercadores madianitas, atravessavam, agarraram José e o fizeram subir da cisterna. Venderam José por vinte siclos de prata aos ismaelitas, e eles levaram José ao Egito. **29** Rúben, no entanto, voltou à cisterna, e eis que José não estava na cisterna. Rasgou, então, suas vestes, **30** voltou a seus irmãos e disse: "A criança, ela não está lá. E eu, aonde eu irei?"

31 Tomaram, pois, a túnica de José, abateram um bode e mergulharam a túnica no sangue. **32** Despacharam a túnica adornada e fizeram a túnica chegar até o pai deles. E disseram: "Encontramos isso. Reconhece, por favor, se esta é ou não a túnica de teu filho!" **33** Reconheceu-a e disse: "É a túnica de meu filho. Um animal selvagem o devorou. Certamente despedaçou José". **34** Jacó rasgou suas vestimentas, pôs saco em seus quadris e lamentou seu filho por muitos dias. **35** Levantaram-se todos os seus filhos e todas as suas filhas para consolá-lo, mas recusou-se a ser consolado e disse: "Sim! Por meu filho, descerei de luto rumo ao mundo inferior". E o pai dele o chorou.

36 Ora, os madianitas o venderam aos egípcios, para Potifar, eunuco do faraó, chefe da guarda.

Judá e Tamar

38 **1** Por esse tempo, Judá desceu de junto de seus irmãos e se desviou até um homem odolamita; o nome dele era Hira. **2** Judá

38,1-30 Judá, protagonista na venda de José (Gn 37,26-27), se separa da família (vv. 1-5). O casamento com uma mulher cananeia contraria os princípios de sua família (Gn 24,2-4.37-38; 26,34-35) de estabelecer união dentro da linhagem familiar (Gn 28,1-9). Ele, contudo, não será o único descendente de Israel a contrair casamento misto, pois Simeão (Gn 46,10) e José (Gn 41,45) também desposarão mulheres estrangeiras. De acordo com a lei do levirato (Dt 25,5-10; Rt 4), se um homem morresse sem deixar descendentes, seu irmão deveria desposar a viúva e suscitar descendência para o irmão falecido (vv. 6-8). Onã, cunhado de Tamar, não obedeceu à lei (v. 9). À luz das repetidas promessas de descendência numerosa (Gn 1,28; 9,1.7; 17,6.20; 28,3; 35,11; 48,4), o ato de Onã resulta em ofensa a Deus, tendo como punição a morte (v. 10). Judá envia Tamar à casa do pai dela (v. 11; Lv 22,13; Rt 1,11.13). Embora tivesse lhe prometido Selá, este cresceu sem que Judá cumprisse a palavra dada a Tamar (v. 14). Judá e Tamar compartilham a condição de viuvez (v. 12).

GÊNESIS 38

viu ali a filha de um homem cananeu, cujo nome era Sua. Ele a tomou e se achegou a ela. ³ Ela concebeu e deu à luz um filho, e chamou seu nome de Her. ⁴ Concebeu novamente e deu à luz um filho, e chamou seu nome de Onã. ⁵ Acrescentou e, mais uma vez, deu à luz um filho, e chamou seu nome de Selá. Ele estava em Casib quando ela deu à luz.

⁶ Para Her, seu primogênito, Judá tomou uma mulher, cujo nome era Tamar. ⁷ Mas Her, primogênito de Judá, foi mal aos olhos do SENHOR; e o SENHOR o fez morrer. ⁸ Então Judá disse a Onã: "Achega-te à mulher de teu irmão, cumpre-lhe o levirato e suscita uma descendência para teu irmão!" ⁹ Onã sabia que a descendência não seria sua; por isso, quando se achegava à mulher de seu irmão, derramava por terra para não dar descendência a seu irmão. ¹⁰ O que fazia era mal aos olhos do SENHOR; por isso o fez morrer também. ¹¹ Então Judá disse a Tamar, sua nora: "Reside, como viúva, na casa de teu pai até que meu filho Selá cresça!" De fato, pensava: "Para que não morra, também ele, como seus irmãos". Assim, Tamar foi e residiu na casa de seu pai.

¹² Multiplicaram-se os dias, e a esposa de Judá, a filha de Sua, morreu. Quando Judá se consolou, subiu aos tosquiadores de gado pequeno. Ele e seu amigo odolamita Hira foram rumo a Tamna. ¹³ E Tamar foi comunicada: "Eis que teu sogro está subindo até Tamna para tosquiar seu gado pequeno". ¹⁴ Ela tirou as vestes de sua viuvez de cima de si e se cobriu com véu, disfarçou-se e sentou-se à porta de Enaim, que está no caminho de Tamna, porque ela vira que Selá estava grande, mas ela não lhe tinha sido dada por mulher. ¹⁵ Judá a viu e a tomou por prostituta, porque cobrira sua face. ¹⁶ Desviou-se, então, do caminho na direção dela e disse: "Permite, por favor, que eu me achegue a ti!", pois não sabia que ela era sua nora. E ela disse: "O que me darás se te achegares a mim?" ¹⁷ Ele disse: "Eu enviarei um cabrito do gado pequeno". Ela disse: "Se deres um penhor até tu o enviares". ¹⁸ Ele disse: "Qual penhor darei a ti?" Ela disse: "Teu selo, teu cordão e teu cajado, que está em tua mão". Ele os deu a ela e se achegou a ela; e ela concebeu dele. ¹⁹ Ela se

---

Tamar, porém, embora estivesse na casa paterna, não fora liberada de seu compromisso com Judá (v. 11). Segundo a legislação do antigo Israel, a relação de Judá com sua nora deveria ser punida com a morte dele (Lv 18,5; 20,12; Dt 22,22-24), mas sua responsabilidade pode ser atenuada pelo fato de ele não ter reconhecido Tamar (v. 16). O tempo da tosquia do rebanho era uma ocasião de festa com banquetes, vinho (1Sm 25,2-38; 2Sm 13,23-29) e prostitutas sagradas para os rituais de fertilidade. A ação de Tamar, igualmente, se qualifica como infidelidade, pois ela estava prometida em casamento a Selá (v. 11) e, portanto, deveria ser punida com a morte (Dt 22,25-27). Ao identificar suas insígnias, Judá reconhece que fora injusto com a nora (vv. 25-26). Tamar não é a portadora da morte, como julgava Judá (vv. 11.14), mas da vida, como testemunham os gêmeos concebidos para substituir os filhos que Judá perdera para a desobediência (vv. 6-10). Essa narrativa, como o livro de Rute, testemunha que a perdição de Israel não é o casamento misto (Esd 9,1-15), mas sim a prática da injustiça e a desobediência à lei (vv. 6-10.26). De fato, de Tamar e Judá nasceu Farés, ancestral do rei Davi (Rt 4,12.18-22).

GÊNESIS 38–39

levantou e se foi. Tirou, pois, seu véu de cima de si e vestiu as vestes de sua viuvez. **20** Judá enviou o cabrito pela mão de seu amigo odolamita, a fim de tomar o penhor da mão da mulher, mas ele não a encontrou. **21** Interrogou, então, os homens do lugar dela: "Onde está a prostituta sagrada? Ela estava em Enaim, no caminho". Disseram: "Jamais houve prostituta sagrada aqui". **22** Ele voltou a Judá e disse: "Não a encontrei. Além disso, os homens do lugar disseram: 'Jamais houve prostituta sagrada aqui'". **23** Judá disse: "Que tome para si, para que não sejamos desprezíveis! Eis que enviei esse cabrito, mas tu não a encontraste".

24 Cerca de três meses depois, Judá foi informado: "Sua nora Tamar se prostituiu e eis que também concebeu da prostituição". Então Judá disse: "Fazei-a sair! Que seja queimada!" **25** Enquanto a faziam sair, ela mandou dizer a seu sogro: "É do homem a quem pertence isso que eu estou grávida". E ela disse: "Reconhece, por favor, de quem é este selo, este cordão e este cajado!" **26** Judá reconheceu e disse: "Ela é mais justa que eu. De fato, não a dei a meu filho Selá, e ele continua, ainda, sem conhecê-la". **27** Quando chegou o tempo de dar à luz, eis que havia gêmeos em seu ventre. **28** Enquanto dava à luz, um deu a mão, e a parteira tomou e atou um fio, dizendo: "Este saiu primeiro". **29** Mas, recolhendo ele sua mão, eis que saiu o irmão dele, e ela disse: "Como rompeste uma brecha junto a ti!", e chamou seu nome de Farés. **30** Depois saiu seu irmão, em cuja mão havia o fio, e chamou seu nome de Zera.

José e a mulher de Potifar

39 **1** José foi levado ao Egito, e Potifar, eunuco do faraó, chefe da guarda, homem egípcio, o comprou da mão dos ismaelitas que

---

39,1-23 Na casa do Potifar, José conhece uma ascensão rápida e sem obstáculos. O narrador informa que o sucesso de José se deve à companhia do Senhor, que está a seu lado e o abençoa em tudo. Exilado em uma nação estrangeira, José é o cumprimento da promessa do Senhor a Abraão (Gn 12,1-3), pois se torna uma bênção para o estrangeiro que o acolhe. De fato, a informação da companhia do Senhor (vv. 3.21.23) sugere José como o legítimo herdeiro da eleição e bênção divina no mesmo plano de seus ancestrais, Isaac (Gn 26,3.24) e Jacó (Gn 28,15; 31,3). A conclusão do versículo 6, que coloca em evidência a beleza de José, prepara a cena sucessiva. Além de José, outras personagens bíblicas ganham notoriedade por causa de sua beleza (Sara [Gn 12,11], Rebeca [Gn 24,16; 26,7], Saul [1Sm 9,2], Davi [1Sm 16,18; 17,42], Abigail [1Sm 25,3], Bersabeia [2Sm 9,2], Tamar [2Sm 14,27], Adonias [1Rs 1,6]). A beleza de José não só atraiu a atenção da mulher de seu senhor, mas também despertou os desejos dela: "Deita-te comigo!" (vv. 7.12). A resposta de José é categórica. Ele é incapaz de trair a confiança de seu senhor e de pecar contra Deus (vv. 8.12). A insistência da mulher prova a força do caráter de José. Ele é o anti-Adão, respeita os limites que lhe foram colocados, recusa-se a ceder à tentação da cobiça à qual a mulher lhe instiga persistentemente (v. 10). José abandona suas vestes (vv. 12.13) para não perder sua honra. A esposa de seu senhor, assim como seus irmãos (Gn 37,23.31-34), usará as vestes dele contra ele. Sua nudez, mais uma vez, o contrapõe a Adão, pois ela revela a inocência do ser humano antes do pecado, recusando-se à cobiça.

para lá o fizeram descer. **²** O Senhor estava com José e fez o homem prosperar quando estava na casa de seu senhor, o egípcio. **³** E seu senhor viu que o Senhor estava com ele. E tudo o que ele fazia o Senhor fazia prosperar em sua mão. **⁴** José encontrou graça a seus olhos e o assistia. Assim, estabeleceu-o sobre sua casa, e tudo o que ele tinha deu em sua mão. **⁵** E, desde que o estabelecera em sua casa e sobre tudo o que tinha, o Senhor abençoou a casa do egípcio, por causa de José. A bênção do Senhor estava em tudo o que era dele, na casa e no campo. **⁶** Tudo o que era dele abandonou na mão de José e não sabia de nada, a não ser do pão que ele comia. José era belo de porte e belo de aparência.

⁷ E aconteceu que, depois dessas coisas, a esposa de seu senhor elevou seus olhos a José e disse: "Deita-te comigo!" **⁸** Ele recusou e disse à mulher de seu senhor: "Eis que, porventura, meu senhor não sabe que estás em casa comigo? De fato, tudo o que é dele ele deu em minha mão. **⁹** Ninguém é maior que eu nesta casa, pois ele não poupou nada de mim, a não ser a ti, porque és sua mulher. Como, então, faria esse grande mal ou pecaria contra Deus?"

¹⁰ E, dia após dia, ela falava a José, mas ele não a escutava quanto a se deitar ao lado dela, a estar com ela. **¹¹** Aconteceu que, naquele dia, ele veio à casa para fazer seu ofício. E, ali na casa, não havia nenhum homem dos homens da casa. **¹²** Então ela o pegou por sua veste e disse: "Deita-te comigo!" Mas ele abandonou sua veste na mão dela e fugiu. Saiu para a rua.

¹³ Quando ela viu que ele abandonara sua veste na mão dela e fugira para a rua, **¹⁴** chamou pelos homens da casa e lhes disse: "Vede, trouxe-nos um homem hebreu para rir-se conosco! Achegou-se a mim para se deitar comigo, mas gritei em alta voz **¹⁵** e quando escutou, porque elevei minha voz e gritei, abandonou sua veste a meu lado e fugiu, saiu para a rua". **¹⁶** Ela colocou, então, a veste dele a seu lado até que o senhor dele viesse à casa. **¹⁷** E ela lhe falou conforme estas palavras: "O servo hebreu que nos trouxeste se achegou a mim para rir-se de mim. **¹⁸** Mas, quando elevei minha voz e gritei, ele abandonou sua veste a meu lado e fugiu para rua".

¹⁹ Quando o senhor dela escutou as palavras de sua mulher, que lhe falara dizendo: "Teu servo fez comigo de acordo com estas palavras", inflamou-se de ira. **²⁰** O senhor de José o tomou e o entregou ao presídio, lugar onde os prisioneiros do rei são aprisionados. E ele ficou ali no presídio.

A mulher, porém, usando a veste de José (vv. 13-18), o acusa falsamente (vv. 14-15.17-18.19); como a serpente (Gn 3), usa a mentira para encobrir a cobiça e para fazer triunfar a injustiça e o mal (vv. 19-20). A defesa de José contra a injustiça foi o silêncio. O episódio se conclui reafirmando a introdução: o Senhor está com José (vv. 2.21 e 3.23), e sobre ele estende sua lealdade (v. 21). José, ainda que no cárcere, recupera a posição que tinha na casa de Potifar, como homem de confiança.

GÊNESIS 39–40

²¹ O SENHOR, porém, estava com José, pois estendeu sobre ele sua lealdade e lhe deu graça aos olhos do chefe do presídio. **²²** Então o chefe do presídio deu na mão de José todos os prisioneiros que estavam no presídio. E tudo o que havia de fazer ali era ele quem fazia. **²³** O chefe do presídio nada supervisionava; todo o ofício estava na mão dele, porque o SENHOR estava com ele, e o que ele fazia o SENHOR fazia prosperar.

José, intérprete de sonhos

40 **¹** Depois desses acontecimentos, o copeiro e o padeiro do rei do Egito ofenderam seu senhor, o rei do Egito. **²** O faraó se enfureceu contra seus dois eunucos, contra o chefe dos copeiros e contra o chefe dos padeiros, **³** e os entregou em custódia na casa do chefe da guarda, no presídio, ali no lugar em que José estava preso. **⁴** O comandante da guarda lhes encarregou a José, que os assistia. Estiveram dias em custódia.

⁵ Ora, na mesma noite, os dois homens sonharam um sonho. Cada um teve seu sonho, cada qual conforme a interpretação de seu sonho, o copeiro e o padeiro do rei do Egito, que estavam presos no presídio. **⁶** Naquela manhã, José lhes veio e, quando os viu, eis que estavam abatidos. **⁷** Interrogou, então, os eunucos do faraó que estavam com ele em custódia na casa de seu senhor: "Por que hoje vossas faces estão más?" **⁸** Disseram-lhe: "Sonhamos um sonho, mas não há quem o intérprete". José lhes disse: "Não são de Deus as interpretações? Contai-me, por favor!"

⁹ Então o chefe dos copeiros contou seu sonho para José: "Em meu sonho, eis que havia uma videira diante de mim, **¹⁰** e na videira havia três ramos. Ela estava como que brotando, sua flor subia, seus cachos de uva amadureceram. **¹¹** O copo do faraó estava em minha mão. Então tomei as uvas, as espremi no copo do faraó e dei o copo sobre a palma do faraó". **¹²** José lhe disse: "Esta é sua interpretação: os três ramos são três dias. **¹³** Mais três dias ainda, e o faraó levantará tua cabeça e restituirá teu cargo; então darás o copo do faraó na mão dele, conforme o primeiro direito, quando foste o copeiro dele. **¹⁴** Por isso, lembra-te de mim quando

---

40,1-23 O copeiro-chefe e o padeiro-chefe de um rei eram cargos de responsabilidade e confiança da corte (Ne 1,11). O copeiro-chefe experimentava a bebida para proteger o rei de envenenamento, ao passo que o padeiro-chefe era responsável pela preparação e qualidade dos alimentos, evitando situações de ameaça à vida ou à saúde do rei. O motivo da prisão dos funcionários do rei do Egito contrasta com o motivo da prisão de José. De fato, o chefe dos copeiros e o chefe dos padeiros são culpados e pagam por suas culpas, mas José é inocente e sofre uma injustiça (vv. 1-5.15). Essa ambientação, porém, proporciona a revelação de mais uma virtude de José: ele não é apenas um sonhador, mas também um sábio intérprete de sonhos (vv. 12-13.18-19). A interpretação de José não é fruto de magia ou adivinhações (Gn 41,8.15; Dn 2,10-22; Zc 10,2), mas está em comunhão com Deus, dado que a interpretação de sonhos é prerrogativa divina (v. 8). O capítulo conclui confirmando a interpretação de José (vv. 21-23). O copeiro do rei do Egito, entretanto, esquece-se de José, que, injustamente (Gn 39,20; 40,15), permanece no "buraco" (Gn 37,20.22.24.28.29).

GÊNESIS 40–41

for bom para ti. Rogo-te, pois, faze uma lealdade comigo: recorda-te de mim junto ao faraó e faze-me sair desta casa! **15** Porque, de fato, fui roubado da terra dos hebreus. E também aqui nada fiz para que me pusessem neste cárcere".

16 Vendo que a interpretação era boa, o chefe dos padeiros disse a José: "Eu também tive um sonho: eis que havia três cestos de pão branco sobre minha cabeça. **17** No cesto mais alto havia de todos os manjares do faraó, obra de padeiro. Mas alguns pássaros comiam do cesto sobre minha cabeça". **18** José respondeu: "Esta é sua interpretação: os três cestos são três dias. **19** Mais três dias ainda, e o faraó levantará tua cabeça acima de ti e te enforcará em uma árvore. Assim os pássaros comerão tua carne de cima de ti".

20 Ora, no terceiro dia, o dia do nascimento do faraó, este fez um banquete para todos os seus servos. Levantou, pois, a cabeça do chefe dos copeiros e a cabeça do chefe dos padeiros entre seus servos. **21** Fez o chefe dos copeiros retornar a seu ofício de copeiro; e este deu o copo sobre a palma do faraó. **22** Mas enforcou o chefe dos padeiros, conforme lhe interpretara José. **23** O chefe dos copeiros, porém, não se lembrou de José e se esqueceu dele.

José, o mais sábio do Egito

41 **1** Ao fim de dois anos, o faraó sonhou. Eis que estava de pé junto ao rio. **2** E eis que sete vacas belas de aparência e gordas de carne subiam do rio, pois pastavam em meio aos juncos. **3** E, depois delas, outras sete vacas feias de aparência e magras de carne subiam do rio e pararam ao lado das vacas à beira do rio. **4** As vacas feias de aparência e

---

41,1-40 O relato do sonho do faraó é apresentado com duplo ponto de vista: o do narrador (vv. 1-7) e o do faraó (vv. 8.17-24). Essa é uma estratégia narrativa comum à prosa bíblica para reforçar a importância do fato narrado. Considerando que o faraó, no sistema sociorreligioso, pertencia à esfera do divino, o conteúdo de seus sonhos tem importância particular. O relato desse sonho está circunscrito à esfera pastoril e agrícola. No Egito, a vaca (vv. 2-4) era considerada um animal de valor singular, sendo associada à representação de Ísis, deusa da maternidade, fertilidade, magia. A visão das espigas (vv. 5-7) tem igual importância por estar associada à fertilidade e à abundância. O vento do oriente (vv. 6.23.27), em geral quente e abafado, é utilizado para exprimir situações de grande aridez (2Rs 19,26; Is 37,27; Ez 17,10; Os 13,15). A narrativa evidencia a falência dos magos e sábios egípcios (vv. 8.15.24) e é retomada no livro do Êxodo (Ex 7,10-12.20-22; 8,1-3) e, particularmente, em Dn 2,1-28 para exprimir sarcasticamente a superioridade da inteligência iluminada e acurada da linhagem de Jacó em relação às outras nações. A atuação de José confirma a tese da superioridade da sabedoria do jovem hebreu em relação à sabedoria ou magia dos egípcios (vv. 25-40). A interpretação dos sonhos é prerrogativa divina (v. 16; Gn 40,8); portanto, Deus habilita quem ele quer para exercer tal missão (vv. 33.38-39; Dn 2,19.26-28). Na Bíblia, também Daniel receberá de Deus essa faculdade (Dn 1,17) e, tal como José, que interpretou o sonho do faraó (vv. 25-32), interpretará o sonho do rei Nabucodonosor (Dn 2,36-45). Por esse feito, ambas as personagens são investidas de autoridade pelo soberano (vv. 38-46; Dn 2,46-49; 5,29).

GÊNESIS 41

magras de carne comiam as sete vacas belas de aparência e gordas. Então o faraó acordou, **5** mas dormiu e sonhou pela segunda vez. E eis que sete espigas gordas e boas subiam de uma única haste; **6** e sete espigas magras e queimadas do vento brotavam depois delas. **7** As espigas magras devoravam as sete espigas gordas e cheias. Então o faraó acordou, e eis que era um sonho.

8 Pela manhã seu espírito se irritou; por isso mandou chamar todos os magos do Egito e todos os sábios. O faraó lhes contou seus sonhos, mas ninguém os interpretava para o faraó. **9** Então o chefe dos copeiros falou ao faraó: "Hoje eu me lembrava de minhas ofensas, **10** quando o faraó se enfurecera contra seus servos e me entregara em custódia na casa do chefe da guarda, a mim e ao chefe dos padeiros. **11** Ora, na mesma noite, sonhamos um sonho, eu e ele. Sonhamos cada qual conforme a interpretação de seu sonho. **12** E ali conosco havia um jovem hebreu, servo do chefe da guarda. Quando lhe contamos, ele interpretou para nós nossos sonhos. Interpretou a cada um conforme seu sonho. **13** E, conforme nos interpretou, assim aconteceu: a mim foi restituído meu cargo, e ele foi enforcado".

14 Então o faraó mandou chamar José. E o fizeram sair do cárcere. Ele se barbeou, trocou suas roupas e veio ao faraó. **15** O faraó disse a José: "Sonhei um sonho, e não há quem o interprete, mas eu escutei dizer a teu respeito que basta escutares um sonho para interpretá-lo". **16** José respondeu ao faraó: "Isso não cabe a mim. Deus responderá com paz ao faraó".

17 E o faraó falou a José: "Eis que, em meu sonho, eu estava de pé à beira do rio; **18** e eis que do rio subiam sete vacas gordas de carne e belas de aparência, pois pastavam em meio aos juncos. **19** E eis que outras sete vacas fracas, muito feias de aparência e magras de carne, subiam o rio depois delas; jamais havia visto de tão má qualidade como essas em toda a terra do Egito. **20** E as vacas magras e fracas comiam as sete primeiras vacas gordas. **21** E entravam por suas entranhas, mas não se sabia o porquê entravam por suas entranhas; a aparência delas, porém, continuava feia como no princípio. Então acordei. **22** Depois vi, em meu sonho, e eis que sete espigas cheias e boas subiam de uma única haste. **23** E eis que sete espigas secas, magras e queimadas pelo vento brotavam depois delas. **24** E as espigas magras devoravam as sete espigas boas; e, dizendo isso aos magos, não houve quem me explicasse".

25 José disse ao faraó: "Este sonho do faraó é um só. O que Deus está por fazer explicou ao faraó. **26** As sete vacas boas são sete anos, e as sete espigas boas são sete anos; esse sonho é um só! **27** As sete vacas magras e feias, que estavam subindo depois delas, essas são sete anos. Também as sete espigas magras e queimadas pelo vento são sete anos de fome. **28** Esta é a palavra que falo ao faraó: o que Deus está por fazer mostrou ao faraó. **29** Eis que estão vindo sete anos de grande saciedade em toda a terra do Egito. **30** Mas se levantarão sete anos de fome depois desses.

GÊNESIS 41

Toda a fartura da terra do Egito será esquecida, e a fome consumirá a terra. ³¹ Depois disso, não se conhecerá a fartura da terra diante daquela fome, porque ela será muito pesada. ³² E, sobre o sonho se repetir duas vezes para o faraó, significa que a coisa está fixada por Deus; e Deus se apressa para fazê-la. ³³ Agora, pois, que o faraó veja um homem entendido e sábio, e que o ponha sobre a terra do Egito! ³⁴ Que o faraó faça instituir encarregados sobre a terra e tome um quinto da terra do Egito durante os sete anos de fartura! ³⁵ Junte todo o alimento desses sete anos bons que estão vindo! Que amontoem o cereal debaixo da mão do faraó e guardem alimento nas cidades! ³⁶ Assim haverá reserva de alimento para a terra, para os sete anos da fome que haverá na terra do Egito, e a terra não será eliminada pela fome".

³⁷ A coisa pareceu boa aos olhos do faraó e aos olhos de todos os servos dele. ³⁸ E o faraó disse a seus servos: "Porventura encontraremos um homem como este, sendo que nele esteja o espírito de Deus?" ³⁹ Então o faraó disse a José: "Depois que Deus te fez saber tudo isso, não há homem sábio e entendido como tu. ⁴⁰ Tu estarás sobre minha casa, e todo o meu povo aderirá a teu comando. Somente pelo trono serei maior que tu".

José, administrador do Egito

⁴¹ O faraó disse a José: "Vê! Eu te estabeleço sobre toda a terra do Egito". ⁴² O faraó tirou seu anel de sua mão e o deu sobre a mão de José, o fez vestir vestes de linho e pôs um colar de ouro em seu pescoço. ⁴³ Depois o fez montar sobre o segundo carro, que era dele; e clamavam diante dele: "Atenção!" Assim o estabeleceu sobre toda a terra do Egito.

41,41-57 José é nomeado oficialmente vice-faraó do Egito (vv. 40-41). O anel e a roupa são elementos constitutivos do ritual de investidura (vv. 42-43; Est 3,12; 8,8); a corrente de ouro em volta do pescoço corresponde à concessão de condecoração. José é aclamado como *'avrek*, termo de difícil tradução, cuja raiz dá origem ao substantivo "joelho", como um convite a se ajoelhar enquanto José passava. *'Avrek* evoca, igualmente, uma forma do verbo hebraico traduzido como "abençoar" (v. 43), isto é, "eu te abençoarei", lembrando a promessa feita a Abraão (Gn 12,2.3; 22,17). Elevado à condição de nobre (v. 45), José recebe um nome egípcio (Safnat-Panea [v. 45]), cujo significado também é incerto: "Deus fala e há vida"; a Vulgata latina traduz como "salvador do mundo". Possivelmente em sinal de aliança com o Egito, José recebe como esposa a filha do sumo sacerdote de On, Heliópolis, notória pelo culto a Rá, Deus do Sol. O ato de percorrer todo o território corresponde à efetivação da tomada de posse no cargo (v. 46). A informação da idade de José (v. 46) indica a passagem de treze anos desde sua saída da casa paterna (Gn 37,2). A fertilidade da terra do Egito corresponde à fertilidade de José (vv. 47-50). Durante os anos de abundância, ele teve dois filhos: Manassés, cuja associação do nome com o verbo hebraico traduzido como "esquecer" é explicada pelo texto (v. 51); e Efraim, nome associado ao verbo hebraico traduzido como "frutificar", "ser fecundo", igualmente explicado no texto (v. 52). O tema da fome perpassa toda a narrativa (vv. 25-36.47-49.53-57). A descida para o Egito em busca de alimento por causa da fome foi tema recorrente na vida de Abraão e Sara (Gn 12,10) e atingirá a família de José (Gn 42,1-4; 43,1; 46,5-7). A escassez de alimento, porém, se tornará ocasião para a resolução do conflito entre José e seus irmãos (Gn 45,1-15), o triunfo do faraó e a revelação de José como sábio administrador do Egito (vv. 53-57).

105

GÊNESIS 41–42

44 O faraó disse a José: "Eu sou o faraó, porém, sem ti ninguém levantará sua mão ou seu pé em toda a terra do Egito". **45** Então o faraó chamou José pelo nome de Safnat-Panea e lhe deu por mulher Asenat, a filha de Potifera, sacerdote de On. E José saiu por causa da terra do Egito. **46** José tinha trinta anos quando esteve de pé diante do faraó, rei do Egito. Depois, José saiu da presença do faraó e atravessou por toda a terra do Egito.

47 Nos sete anos de fartura, a terra produziu de punhados. **48** Ajuntou-se, então, todo o alimento dos sete anos que houve na terra do Egito e depositou-se o alimento nas cidades. O alimento do campo que circunda a cidade nela foi depositado. **49** José fez o cereal multiplicar muitíssimo e o amontoou como a areia do mar, até que cessou de contabilizar, porque não havia mais numeração.

50 Antes de chegarem os anos de fome, nasceram dois filhos a José, os quais Asenat, filha de Potifera, sacerdote de On, lhe dera à luz. **51** E José chamou o primogênito pelo nome de Manassés: "Realmente, Deus me fez esquecer todo o meu infortúnio e toda a casa de meu pai!" **52** E o nome do segundo chamou Efraim: "De fato, Deus me fez fecundo na terra de minha opressão!"

53 Entretanto, os sete anos de fartura que houve na terra do Egito acabaram. **54** E começaram a vir os sete anos de fome, conforme dissera José. E houve fome em todas as terras, mas em toda a terra do Egito havia pão. **55** Houve fome por toda a terra do Egito, e o povo clamava ao faraó por pão. O faraó dizia a todo o Egito: "Ide a José! Fazei tudo o que ele vos disser!" **56** Quando houve fome por toda a face da terra, José abriu tudo o que nos celeiros havia e vendeu cereal aos egípcios, pois a fome predominou sobre a terra do Egito. **57** Assim, toda a terra vinha ao Egito para comprar de José, porque a fome predominara em toda a terra.

Descida dos filhos de Israel ao Egito

42 **1** Jacó viu que havia grãos à venda no Egito. E Jacó disse a seus filhos: "Por que olhais uns aos outros?" **2** E disse: "Eis que escutei que há grãos à venda no Egito. Descei ali e comprai dali grãos para nós! Assim viveremos e não morreremos". **3** Dez dos irmãos de José desceram

---

42,1-38 A fome e a fraternidade estão em foco. Pela primeira vez os filhos de Israel (v. 5) descem ao Egito, por causa da fome que atinge tanto a terra de Canaã quanto a terra do Egito (vv. 1-5; Gn 41,53-57). A sabedoria de José, mais uma vez, é confirmada pela previsão da fome (Gn 41,53-54) e por seus próprios sonhos (v. 9), pois seus irmãos se prostram diante dele (vv. 6-7; Gn 37,5-11). Com relação à fraternidade, a perspectiva narrativa se concentra em José: "dez irmãos de José" (vv. 3.6.7.8), "Benjamim, irmão de José" (v. 4); "o irmão dele morreu" (v. 38). O primeiro encontro de José com seus irmãos (vv. 8-17), após vinte anos de ruptura dos vínculos fraternos (Gn 37,2; 41,46.47), torna-se ocasião inesperada de reconciliação (Gn 45,14-15). A princípio José acreditou que seus irmãos tivessem ido à sua procura. A expressão "viestes para ver a nudez da terra" (vv. 11-12) faz alusão à situação em que seus irmãos tiraram as vestes dele (Gn 37,23).

GÊNESIS 42

para comprar cereal do Egito. **4** Jacó não enviou Benjamim, irmão de José, porque pensou: "Para que não lhe suceda alguma desgraça".

5 Os filhos de Israel chegaram entre os que chegavam para comprar grãos, porque havia fome na terra de Canaã. **6** José, o administrador da terra, era quem vendia para todo o povo da terra. Os irmãos de José chegaram e prostraram-se perante ele com a face por terra. **7** Quando José viu seus irmãos, reconheceu-os, mas não se deu a conhecer a eles. Falou-lhes duramente e lhes disse: "Donde vindes?" Disseram: "Da terra de Canaã, para comprar alimento".

8 José reconheceu seus irmãos, mas eles não o reconheceram. **9** E José se lembrou dos sonhos que sonhara em relação a eles e lhes disse: "Vós sois espiões. Viestes para ver a nudez da terra". **10** Disseram-lhe: "Não, meu senhor! Teus servos vieram para comprar alimento. **11** Todos nós somos filhos de um único homem. Somos honestos. Teus servos não são espiões". **12** Disse-lhes: "Não! Certamente viestes para ver a nudez da terra". **13** Disseram: "Teus servos são doze irmãos. Nós somos filhos de um único homem na terra de Canaã. Eis que, hoje, o mais novo está com nosso pai. Um, porém, já não existe mais". **14** José lhes disse: "É dele que vos falei quando disse: 'Vós sois espiões'. **15** Nisto sereis provados: pela vida do faraó, não saireis daqui enquanto vosso irmão mais novo não vier aqui. **16** Enviai um de vós, que tome vosso irmão! Vós, porém, ficai presos! Que vossas palavras sejam provadas! Será que a verdade estaria convosco ou não? Pela vida do faraó, certamente vós sois espiões". **17** E os recolheu em custódia por três dias.

18 No terceiro dia, José lhes disse: "Fazei isto e vivei! Eu sou temente a Deus. **19** Se sois honestos, que um de vossos irmãos fique preso na casa de vossa custódia! Quanto a vós, ide! Levai grãos para a fome de vossas casas. **20** Trazei-me, porém, vosso irmão mais novo. Que vossas palavras sejam comprovadas, e não morrereis!" E assim fizeram.

José, sabiamente, toma três dias para elaborar seu plano de reconciliação, enquanto isso, mantém seus irmãos encarcerados (v. 16), para que reconheçam o mal que lhe impuseram. A menção ao terceiro dia é determinante, pois o terceiro dia pode resultar em vida ou morte (vv. 17.18; Gn 40,12.13.18.19.20). A estratégia de José revelou-se eficaz (vv. 21-24), pois pela primeira vez seus irmãos reconhecem e confessam o próprio crime: "De fato, nós somos culpados" (v. 21). Ao mostrar José retirando-se para chorar (v. 24), bem como devolvendo o dinheiro de seus irmãos (v. 25), o narrador tranquiliza o leitor sobre a natureza positiva de suas intenções ocultas. Ao retornarem à casa do pai, os irmãos apresentam uma versão parcial e alterada do ocorrido (vv. 29-34), omitindo a prisão (v. 17) e acrescentando a possibilidade de comercializar na terra do Egito (v. 34) em troca de Benjamim, como prova de honestidade. Jacó, temendo perder o único filho que lhe conserva a memória de Raquel (v. 38; Gn 29,18.30; 35,16-20), rejeita categoricamente a proposta e a negociação, deixando em suspense o futuro da família e da fraternidade (vv. 36-38). Para intensificar a dramaticidade da possibilidade de perder mais um filho, Jacó usa a expressão: "Fareis descer meu cabelo grisalho, com tristeza, ao mundo inferior". Os cabelos brancos são a velhice, e o mundo inferior seria o mundo dos mortos; sendo assim, Jacó afirma que a perda do filho seria a antecipação trágica de sua morte (v. 38).

GÊNESIS 42–43

²¹ Disseram um ao outro: "De fato, nós somos culpados por nosso irmão, pois vimos a angústia de sua alma quando nos implorava compaixão, mas não o escutamos; por isso, esta angústia vem a nós". ²² Rúben lhes respondeu: "Acaso não vos disse: 'Não pequeis contra a criança!'? Mas não me escutastes. Eis que agora seu sangue nos procura". ²³ Eles não sabiam que José estava escutando, porque havia intérprete entre eles. ²⁴ Ele se afastou deles e chorou. Depois voltou a eles e lhes falou. Tomou Simeão de junto deles e o aprisionou sob os olhos deles.

²⁵ José ordenou que lhes enchessem os utensílios com cereal e lhes retornassem o dinheiro, cada um em sua saca, e que lhes dessem provisão para o caminho. E assim lhes foi feito. ²⁶ Eles colocaram os grãos sobre seus jumentos e partiram dali. ²⁷ No lugar de pernoite, um deles abriu sua saca para dar forragem a seu jumento e viu seu dinheiro; ei-lo na boca de sua saca! ²⁸ E disse a seus irmãos: "Meu dinheiro foi devolvido. Sim, ei-lo em minha saca!" E seu coração saiu e tremeram. E disseram um ao outro: "O que é isto que Deus fez por nós?"

²⁹ Vieram, pois, a Jacó, seu pai, rumo à terra de Canaã e lhe contaram tudo o que lhes havia acontecido: ³⁰ "O homem, senhor da terra, nos falou duramente e nos deu por espiões da terra. ³¹ Mas lhe dissemos: 'Somos honestos, não somos espiões. ³² Nós somos doze irmãos, filhos de nosso pai. Um só, porém, já não existe, e o mais novo está, hoje, com nosso pai na terra de Canaã'. ³³ O homem, senhor da terra, nos disse: 'Por isso saberei se vós sois honestos: deixai comigo um de vossos irmãos, tomai os grãos para a fome de vossas casas e parti! ³⁴ Trazei-me, porém, vosso irmão mais novo! Assim saberei que não sois espiões, porque fostes honestos. Então vos darei vosso irmão, e podereis comercializar na terra'".

³⁵ Enquanto eles esvaziavam suas sacas, eis que cada um tinha sua bolsa de dinheiro em sua saca. Eles e seu pai viram suas bolsas de dinheiro e temeram. ³⁶ Jacó, pai deles, lhes disse: "Vós me desfilhais. José não existe mais, Simeão não existe mais. E quereis tomar Benjamim! Todas as coisas ficaram contra mim!"

³⁷ Rúben disse a seu pai: "Poderás matar meus dois filhos se não o fizer vir a ti. Dá-o em minha mão, e eu o farei retornar a ti!" ³⁸ Disse: "Meu filho não descerá convosco, porque o irmão dele morreu, restando somente ele. Se lhe suceder alguma desgraça no caminho que percorreis, fareis descer meu cabelo grisalho, com tristeza, ao mundo inferior".

Segunda viagem ao Egito

43 ¹ A fome pesava na terra. ² E, quando terminaram de comer os grãos que haviam trazido do Egito, seu pai lhes disse: "Voltai!

43,1-16 Fome de pão e fome de fraternidade é o dilema do diálogo entre Jacó e seus filhos (vv. 1-8). De um lado, a fome de alimento atinge a família de Jacó; do outro, as palavras de José, transmitidas pelos seus irmãos (vv. 3.5), sugerem que ele, há mais de vinte anos, experimenta a carestia de fraternidade (Gn 37,2; 41,46.47).

GÊNESIS 43

Comprai-nos um pouco de alimento!" **3** Judá lhe disse: "O homem nos alertou enfaticamente: 'Não vereis minha face sem que vosso irmão esteja convosco'. **4** Se for de vossa vontade enviar nosso irmão conosco, desceremos e compraremos alimento para ti; **5** mas, se tu não o enviares, não desceremos, pois o homem nos disse: 'Não vereis minha face sem que vosso irmão esteja convosco'". **6** Israel disse: "Por que me fizeste tal mal, informando ao homem que tens ainda um irmão?" **7** Disseram: "O homem perguntou insistentemente sobre nós e sobre nossa parentela: 'Vosso pai ainda vive? Tendes outro irmão?' Informamos-lhe conforme essas palavras. Como poderíamos saber que nos diria: 'Fazei descer vosso irmão!'?" **8** Judá disse a Israel, seu pai: "Envia o jovem comigo! Então nos ergueremos e iremos para que tanto nós quanto tu e nossos dependentes vivamos e não morramos. **9** Eu me torno garante por ele. De minha mão requererás. Se eu não o trouxer a ti e pô-lo diante de tua face, serei culpado contra ti todos os dias. **10** De fato, se não tivéssemos tardado, esta já seria a segunda vez que estaríamos de volta".

11 Israel, seu pai, lhes disse: "Se deve ser assim, então fazei isto: tomai especiarias da terra em vossas vasilhas e levai de presente ao homem: um pouco de bálsamo, um pouco de mel, pimenta e mirra, pistache e amêndoas! **12** Em vossas mãos tomai o dobro de dinheiro! Levai de volta em vossas mãos também o dinheiro que retornou na boca de vossas sacolas! Esse, possivelmente, foi um engano. **13** Tomai, pois, vosso irmão! Erguei-vos! Retornai àquele homem! **14** Que o Todo-Poderoso vos dê misericórdia diante daquele homem e vos envie vosso outro irmão e Benjamim! Quanto a mim, como quem é desfilhado, sou desfilhado".

15 Os homens tomaram aquele presente; tomaram também o dobro de dinheiro em suas mãos e Benjamim. Ergueram-se e desceram rumo ao Egito. E se posicionaram de pé diante de José. **16** Quando José os viu com Benjamim, disse ao que estava sobre sua casa: "Leva os homens à casa! Abate e prepara um animal, porque os homens comerão comigo ao meio-dia!"

Ao reencontrar seus irmãos, José tenta verificar, por meio de suas estratégias e confrontos, se há algum tipo de fome de fraternidade também neles (v. 7). A iniciativa de Judá de dar sua vida em garantia pelo irmão mais novo (vv. 8-10) reflete a culpa que ele carrega por ter sido o idealizador da venda de José (Gn 37,25-26). Ademais, ele, por ter-se tornado pai e ter perdido prematuramente dois filhos (Gn 38,7-10), é o mais apto a ser solidário com o pai. A fome que assola a família de Jacó não está associada à pobreza, pois eles possuem reservas de especiarias e dinheiro (vv. 11-12). A invocação "que o Todo-Poderoso vos dê misericórdia" (v. 14) sugere que Jacó desconfia da relação de fraternidade entre os irmãos, como se não houvesse misericórdia uns pelos outros. Jacó parece suspeitar de que o dinheiro retornado nas sacolas dos filhos corresponda a qualquer barganha em troca de Simeão (v. 12), por isso teme arriscar também a vida de Benjamim (vv. 6.14). Ao mandar o dobro de dinheiro, além do dinheiro que retornou nas sacolas (v. 12), Jacó propõe a seus filhos não apenas comprar alimentos, mas também resgatar o outro irmão junto a Benjamim (v. 14). A invocação ao Todo-Poderoso é apropriada ao temor de Jacó de ser desfilhado, pois esse título de Deus está relacionado à fecundidade, à multiplicação da prole (Gn 17,1; 28,3; 35,11). Ao partirem de casa, a fraternidade é dissolvida, como indica o narrador ao deixar de qualificar os filhos de Jacó como "irmãos", referindo-se a eles como "homens" (vv. 15-16).

GÊNESIS 43

Gn Reencontro de José com Benjamim

17 O homem fez como José dissera. O homem levou os homens à casa de José. **18** E os homens temeram, porque foram levados à casa de José. Disseram: "É por causa do dinheiro que da outra vez voltou em nossas sacolas que nos fazem entrar, a fim de se lançarem e caírem sobre nós, para tomarem a nós e a nossos jumentos como servos". **19** Aproximaram-se do homem que estava sobre a casa de José e falaram com ele à entrada da casa. **20** Disseram: "Com tua permissão, meu senhor! Certamente descemos da outra vez para comprar alimento. **21** Aconteceu que, quando chegamos ao lugar de pernoite e abrimos nossas sacolas, eis que o dinheiro de cada homem estava na boca de sua sacola. Nosso dinheiro estava em peso. Contudo, nós o trouxemos de volta em nossas mãos. **22** Também trouxemos outro dinheiro em nossa mão para comprar alimento. Não sabemos quem pôs nosso dinheiro em nossas sacolas". **23** Disse: "Paz a vós! Não temais! Vosso Deus, que é Deus de vosso pai, vos deu um tesouro em vossas sacolas. Vosso dinheiro chegou a mim". E fez Simeão sair até eles.

24 O homem levou aqueles homens à casa de José. Deu-lhes água, e lavaram seus pés; também deu forragem a seus jumentos. **25** Prepararam o presente antes que José chegasse ao meio-dia, porque haviam escutado que ali comeriam pão.

26 Quando José chegou em casa, fizeram-lhe chegar o presente que tinham em suas mãos. E diante dele se prostraram por terra. **27** E este os interrogou a respeito da paz e disse: "Vosso velho pai, o qual mencionastes, está em paz? Ainda vive?" **28** Disseram: "Há paz para teu servo, para nosso pai. Ele ainda vive". Então se inclinaram e se prostraram. **29** Quando ele levantou seus olhos e viu seu irmão Benjamim, filho de sua mãe, disse: "É este vosso irmão menor de que me dissestes?" E disse: "Que Deus te seja favorável, meu filho!"

30 José se apressou e procurou onde chorar, porque suas entranhas se comoviam por seus irmãos. Seguiu, pois, rumo ao quarto e ali cho-

---

43,17-34 A preocupação dos homens gira em torno do dinheiro para comprar alimento e comprovar sua honestidade (vv. 18-23). De fato, a palavra "dinheiro" aparece treze vezes em Gn 43. José, entretanto, tem fome de reconhecimento e está preocupado em construir um ambiente que favoreça a redescoberta da fraternidade. Desse modo, José reúne seus irmãos, hospeda-os em sua casa, oferecendo água para os pés e alimento para os animais, e lhes prepara um almoço (vv. 24-25; Gn 18,3-8; 19,2). O encontro de José com seu irmão caçula, Benjamim, desperta o que o pai havia desejado aos outros filhos: "que o Todo-Poderoso vos dê misericórdia" (vv. 29-30); as entranhas de José se comovem até as lágrimas por seus irmãos. Os vocábulos "entranhas" e "misericórdia", em hebraico, derivam da mesma raiz verbal que remete à uma relação uterina, entranhada, visceral, vital. José manda servir o pão (v. 31), esperando saciar a fome de fraternidade e ser reconhecido como irmão; todos comeram e beberam até perderem a lucidez (v. 34), mas não o reconheceram. A esse ponto mais uma vez se lê de forma clara a ligação entre pão, fraternidade e paz. Não há fraternidade sem partilha de pão, nem paz sem fraternidade.

rou. **31** Depois, lavou sua face e saiu. Então tomou coragem e disse: "Ponde o pão!" **32** Puseram separadamente a parte dele, a parte deles e a parte dos egípcios que comiam com ele, porque os egípcios não podem comer pão com os hebreus, pois isso é detestável para os egípcios. **33** Sentaram-se diante dele o primogênito segundo sua primogenitura e o mais novo segundo sua juventude. Os homens se olhavam atônitos uns aos outros. **34** Na presença dele, as porções eram carregadas para eles. A porção de Benjamim, porém, era multiplicada por cinco em relação à porção de todos eles. Beberam e embriagaram-se junto dele.

Cálice de José na sacola de Benjamim

44 **1** Ordenou ao que estava sobre sua casa: "Enche os fardos dos homens de alimento tanto quanto puderem carregar e põe o dinheiro de cada um na boca de seu fardo! **2** E meu cálice, o cálice de prata, porás na boca do fardo do menor, com o dinheiro de seus grãos". E ele fez conforme a palavra que José falara.

44,1-17 José arquitetou uma série de gestos de fraternidade: o interesse pelo pai e pelo irmão mais novo (Gn 42,15.34; 43,26-29); a generosidade nas sacolas e o retorno do dinheiro (Gn 42,25.35; 43,23); a hospitalidade (Gn 43,24-25); a escolha dos lugares à mesa, um em frente ao outro por ordem cronológica (Gn 43,33); o interesse particular por Benjamim (Gn 43,34). Apesar do esforço dadivoso e paciente de José para dar sua chance à fraternidade, os irmãos não lhe deram esse presente. José, então, executa um novo plano para favorecer a reconciliação necessária à fraternidade (vv. 1-5). Com relação ao furto do cálice, a embriaguez da noite anterior dá vazão à desconfiança generalizada entre os filhos de Israel (Gn 43,34). Como prova de inocência, os filhos de Israel impõem pena de morte ao culpado pelo furto do cálice de José e escravidão aos demais (v. 9). Essa cena evoca o episódio de Gn 31,30.32, onde Jacó, convicto de sua inocência, promete a Labão a vida da pessoa que roubara seus ídolos, sem saber que a autora do furto fora sua esposa amada (Gn 31,19). Contudo, à diferença dos ídolos de Labão, que não foram encontrados, o cálice de José foi encontrado na sacola de Benjamim (vv. 2.12). A reação dos irmãos diante da exposição da culpa de Benjamim (v. 13) é análoga à reação de Jacó, que, enganado pelos filhos, "rasgou suas vestes" em sinal de luto e dor (Gn 37,34): agora cada um dos irmãos, enganados por José, "rasga suas vestes" igualmente. O ato dos irmãos de cair por terra diante de José, sem poder provar a própria inocência, evoca os sonhos de supremacia de José (v. 14; Gn 37,5-10; 42,6; 43,26.28). A decisão de José de ficar com Benjamim e liberar os outros irmãos (v. 17) recria a cena em que os irmãos, com cumplicidade, tiveram de justificar ao pai o sumiço de seu filho amado José (Gn 37,31-35). Em relação a Benjamim, porém, a tensão é maior em razão das advertências feitas por Jacó (Gn 42,4; 43,4-6; 44,27-31) em defesa do único filho da esposa amada (vv. 27-28; Gn 35,16-18). José quer se passar por adivinho (v. 5), alguém que pode ler as intenções do coração daqueles homens e que adivinhou que eles roubariam a taça. A adivinhação era uma prática largamente utilizada no mundo antigo, mas será proibida pela legislação de Israel (Lv 19,26b; Dt 18,10). Essa podia assumir diversos rituais, em geral, ligados à observação de fenômenos do mundo natural como o eclipse solar ou lunar; a leitura de alguma parte do corpo do animal, por exemplo, as vísceras (Ez 21,21); ou até mesmo a percepção pessoal de determinados eventos, como os sonhos. Neste caso, a observação pressuposta, envolvendo uma taça, poderia estar relacionada ao uso de líquidos, como água, vinho ou óleo, em suas formas próprias ou colocados em contato uns com os outros, denominado *kylikomanteia*, isto é, adivinhação por meio de uma taça.

GÊNESIS 44

3 Naquela manhã, ao raiar da luz, os homens foram despedidos, eles e seus jumentos. 4 Eles saíram da cidade. Não se tendo eles distanciado, José disse ao que estava sobre sua casa: "Ergue-te! Persegue aqueles homens! Quando os alcançar, dirás: 'Por que pagastes o bem com o mal? 5 Não foi nisto que meu senhor bebeu? E certamente, por meio dele, adivinhava! Procedestes mal no que fizestes'".

6 Ele os perseguiu e lhes falou essas coisas. 7 E lhe disseram: "Meu senhor, por que falas tais coisas? Longe de teus servos fazer tais coisas! 8 Se, da terra de Canaã, trouxemos de volta a ti o dinheiro que encontramos na boca de nossas sacolas, como roubaríamos prata ou ouro da casa de teu senhor? 9 Dentre teus servos, aquele com quem for encontrado morrerá; e nós, igualmente, nos tornaremos servos para meu senhor".

10 Disse: "Também agora seja conforme vossas palavras. Assim, aquele com quem for encontrado se tornará meu servo, e vós sereis inocentados". 11 Apressaram-se e desceram, um por um, sua sacola por terra e abriram, um por um, sua sacola. 12 Ele procurou, começando do maior e concluindo no menor; e o cálice foi encontrado na sacola de Benjamim. 13 Então rasgaram suas vestes e, um por um, carregando seu jumento, voltaram rumo à cidade.

14 Judá seguiu com seus irmãos rumo à casa de José. Estando este ainda ali, caíram por terra diante dele. 15 José lhes disse: "Que feito é esse que fizestes? Não sabíeis que um homem como eu certamente adivinharia?" 16 Judá disse: "O que diremos a meu senhor? O que falaremos? Como nos justificaremos? Deus encontrou a iniquidade de teus servos. Eis que seremos servos de meu senhor. Tanto nós quanto aquele na mão do qual o cálice foi encontrado". 17 Disse: "Longe de mim fazer isso! O homem em cuja mão foi encontrado o cálice, este será meu servo. Quanto a vós, subi em paz para junto de vosso pai!"

Autoentrega de Judá por Benjamim

18 Judá se aproximou dele e disse: "Com tua permissão, meu senhor! Permite que teu servo fale uma coisa aos ouvidos de meu senhor, sem que tua ira se inflame contra teu servo, porque tu és tal como o faraó. 19 Meu senhor indagou seus servos dizendo: 'Tendes ainda pai ou um irmão?' 20 Nós respondemos a meu senhor: 'Temos um velho pai e a criança de

---

44,18-34 Judá, recordando o interesse de José por seu pai e por seu irmão mais novo (Gn 42,15-16.20; 44,29.34), elabora um discurso eloquente de considerável profundidade psicológica (vv. 18-34), apresentando as consequências nefastas para Jacó inerentes à possível ausência do filho amado (vv. 30-31). Judá expressa uma intensa piedade filial, cuja preocupação pela situação física e psíquica do pai deixa evidente que a notícia da prisão de Benjamim poderia levá-lo à morte (vv. 22.29). José, finalmente, toma conhecimento da situação de dor e sofrimento do pai referente a seu desaparecimento (vv. 27-28). Judá fala como um homem maduro, que aceita o amor preferencial do pai por Benjamim (vv. 20.22.27-31; Gn 42,13), diferente do que acontecera no passado com José (Gn 37,3-4.19-20.26-27).

sua velhice, que é pequena, cujo irmão morreu. Da parte da mãe dele, restou apenas ele; e seu pai o ama'. **21** Quando disseste a teus servos: 'Trazei-o a mim, pois quero pôr meus olhos sobre ele!', **22** dissemos a meu senhor: 'O jovem não pode abandonar seu pai. Se abandonar seu pai, este morrerá'. **23** Mas disseste a teus servos: 'Se não fizerdes descer vosso irmão menor convosco, não voltareis a ver minha face'. **24** Ora, quando subimos a teu servo, meu pai, e lhe relatamos as palavras de meu senhor, **25** nosso pai disse: 'Voltai! Comprai-nos um pouco de alimento!', **26** e dissemos: 'Não podemos descer. Mas, se nosso irmão menor estiver conosco, desceremos. Porque não poderemos ver a face do homem se nosso irmão menor não estiver conosco'. **27** Teu servo, meu pai, nos disse: 'Vós sabeis que minha mulher gerou dois filhos para mim. **28** O outro saiu de junto de mim. Certamente foi despedaçado, pois não o vi até agora, **29** sendo que tomareis também este de minha presença. Mas, se lhe suceder alguma desgraça, fareis descer meu cabelo grisalho, com maldade, ao mundo inferior'. **30** Agora, quando eu chegar a teu servo, meu pai, e o jovem, cuja alma está atada à sua alma, não estiver conosco, **31** acontecerá que, ao ver que o jovem não está, morrerá; e teus servos farão descer o cabelo grisalho de teu servo, nosso pai, com tristeza, ao mundo inferior. **32** Porque teu servo se fez garante do jovem junto a seu pai dizendo: 'Se não o trouxer a ti, serei culpado contra meu pai todos os dias'. **33** Agora, pois, que teu servo resida no lugar do jovem, como servo para meu senhor, e o jovem suba com seus irmãos! **34** Pois, como subirei a meu pai se o jovem não estiver comigo? Que eu não veja tal mal encontrar meu pai!"

Perdão de José a seus irmãos

45 **1** Ora, José já não podia se conter e bradou para todos os que estavam junto dele: "Fazei sair todo homem de junto de mim!" E não permaneceu nenhum homem com ele quando José se deu a conhecer a seus irmãos. **2** Ele entregou sua voz a um choro que os egípcios escutaram; a casa do faraó também escutou.

3 José disse a seus irmãos: "Eu sou José! Meu pai ainda vive?" Seus irmãos não podiam responder-lhe, porque se disturbaram diante dele.

Finalmente a fraternidade ganha espaço no coração de Judá: se no passado partiu dele o plano de vender seu irmão José como escravo (Gn 37,26-27), agora Judá se oferece como escravo para libertar seu irmão Benjamim, filho predileto de seu pai (vv. 33-34); e, se diante do sofrimento do pai os irmãos se mantiveram em cumplicidade silenciosa (Gn 37,31-35), agora estão dispostos a fazer qualquer coisa para livrar seu pai de um sofrimento irreversível (vv. 32-34).

45,1-15 Ao tomar conhecimento do padecimento de seu pai, pela perda irreparável do filho amado, e da disposição dos irmãos em dar a vida para evitar a morte do pai, José não pôde conter suas emoções (vv. 1-4). A história atinge seu clímax, tanto em relação à tensão dramática acumulada quanto em relação à fraternidade e pacificação (vv. 5-15). José interpreta sua vida à luz da fé (vv. 5-8). Como o próprio José dirá: Deus tornou o mal, que seus irmãos haviam intentado contra ele, em bem, para conservar a vida de um povo (Gn 39,2.21; 40,8; 41,16.38-39; 43,23; 50,20).

GÊNESIS 45

Gn

4 José disse a seus irmãos: "Aproximai-vos de mim, por favor!" E se aproximaram. Ele disse: "Eu sou vosso irmão José, a quem negociastes para o Egito. 5 E agora não vos entristeçais, nem se irritem vossos olhos porque me negociastes para cá, pois para a preservação de vossa vida Deus me enviou adiante de vós. 6 De fato, este é o segundo ano de fome passada na terra, mas haverá ainda cinco anos sem plantio e sem colheita. 7 Deus, entretanto, me enviou adiante de vós para pôr vosso resto na terra, a fim de conservar vossa vida para uma grande salvação. 8 Agora, pois, não fostes vós que me enviastes para cá. Verdadeiramente, foi Deus quem me estabeleceu como pai para o faraó, como senhor de toda a sua casa e governador em toda a terra do Egito.

9 Apressai-vos e subi a vosso pai! Dizei-lhe: 'Assim disse teu filho José: Deus me estabeleceu como senhor para toda a terra do Egito. Desce a mim, não demores! 10 Residirás na terra de Gósen e viverás perto de mim. Tu, teus filhos e os filhos de teus filhos. Teu gado pequeno, teu gado grande e tudo o que é teu. 11 Ali te proverei, porque haverá mais cinco anos de fome, para que não sejas privado de herança; tu, tua casa e tudo o que é teu'. 12 Eis que vossos olhos veem, e os olhos de meu irmão Benjamim, porque é minha boca que vos fala. 13 Relatareis a meu pai toda a minha glória no Egito e tudo que vistes. Apressai-vos e fazei descer meu pai para cá!" 14 Depois caiu ao pescoço de seu irmão Benjamim e chorou; Benjamim também chorou a seu pescoço. 15 E beijou todos os seus irmãos e chorou junto deles. Depois disso, seus irmãos falaram com ele.

Reconciliação de José com seus irmãos

16 Na casa do faraó foi ouvida a voz: "Chegaram os irmãos de José!", o que pareceu bom aos olhos do faraó e aos olhos de seus servos. 17 O faraó disse a José: "Dize a teus irmãos: 'Fazei isto: Carregai vossos animais e

---

A fraternidade é instaurada, o perdão e a reconciliação acontecem, o diálogo é retomado, a família é recomposta e os irmãos conseguem se comunicar com abertura e cordialidade (vv. 14-15). Por fim, a figura de José se revela fonte segura de bênção e bem-estar para a terra do Egito, graças à sua sabedoria e política agrária (Gn 41,33-36.47-49.53-57; 43,13-26), bem como para sua família (vv. 9-11). A terra de Gósen (v. 10; Ex 8,22; 9,26; Js 9,26; 10,41; 11,16; 15,51) é uma região rica em pasto, localizada próximo à região do delta do Nilo e da fronteira do Sinai. Nômades semitas do Sinai tinham a permissão do governo egípcio para trazer seus rebanhos para pastar nessa região.

45,16-28 A voz do faraó se faz ouvir, como quem de bom grado oferece hospitalidade à família de José, garantindo-lhe o melhor da terra (vv. 16-20). José deu vestes de presente a seus irmãos (vv. 21-22). Esta cena evoca o episódio da veste que Jacó mandara fazer exclusivamente para José, seu filho predileto, e que serviu de estímulo para agravar o relacionamento entre os irmãos (Gn 37,3-4). O fato, porém, de José dar mais vestes a Benjamim que aos outros irmãos, retomando a temática do amor preferencial, revela uma mudança fundamental no relacionamento entre os irmãos, que não reagem ao amor exclusivo por Benjamim (v. 24). Desse modo, a fraternidade é confirmada, e finalmente, após anos de sofrimento e luto por José (Gn 37,33.35; 42,36.38), Jacó retoma a vida e o entusiasmo ao saber que o filho amado está vivo e o espera (vv. 25-28).

GÊNESIS 45–46

ide! Segui rumo à terra de Canaã, **18** tomai vosso pai e vossas casas e vinde a mim, pois vos darei o melhor da terra do Egito! Que comais da gordura da terra!' **19** Quanto a ti, ordena que façam isto: 'Tomai carros da terra do Egito para vós, vossos dependentes e vossas mulheres! Carregai vosso pai e vinde! **20** Que não se entristeça vosso olho por vossos utensílios, porque o melhor de toda a terra do Egito será vosso!'"

21 Assim fizeram os filhos de Israel. José lhes deu carros, conforme a ordem do faraó; também lhes deu cereal para o caminho. **22** Para cada um deu uma muda de veste, mas a Benjamim deu trezentas peças de prata e cinco mudas de veste. **23** Para seu pai enviou, igualmente, dez jumentos carregados de tudo que é bom do Egito, dez jumentas carregadas de grãos e pão; mandou também alimentos para o caminho de seu pai. **24** Depois, enviou seus irmãos, e eles se foram. E lhes disse: "Não vos estremeçais pelo caminho!"

25 Eles subiram do Egito e chegaram à terra de Canaã, a Jacó, seu pai. **26** E lhe anunciaram: "José ainda vive! Na verdade, ele é governador de toda a terra do Egito!" O coração dele parou, porque não acreditava neles. **27** E lhe falaram todas as palavras que José lhes havia falado. Quando viu os carros que José enviara para carregá-lo, o espírito de Jacó, pai deles, reviveu. **28** Israel disse: "É suficiente! Meu filho José ainda vive! Irei e o verei antes que eu morra!"

Descida da casa de Israel ao Egito

46 **1** Israel viajou com tudo o que era dele, seguiu rumo a Bersabeia e imolou sacrifícios ao Deus de Isaac, seu pai. **2** De noite, Deus disse a Israel em visões: "Jacó, Jacó!" Ele disse: "Eis-me aqui!" **3** Disse: "Eu sou Deus. O Deus de teu pai. Não temas descer rumo ao Egito, porque te estabelecerei ali como uma grande nação! **4** Eu descerei contigo rumo ao Egito e certamente também te farei subir. E José porá sua mão sobre teus olhos". **5** E Jacó se ergueu de Bersabeia. Os filhos de Israel levaram Jacó, seu pai, seus dependentes e suas mulheres sobre os carros que o faraó

46,1-7 A partida de Jacó com sua família rumo ao Egito (vv. 1-7) é o ponto de virada das narrativas dos ancestrais do antigo Israel (Gn 11,25–36,34), pois estabelece os pressupostos necessários para vincular as tradições patriarcais e matriarcais à tradição do Êxodo (Ex 1,1-7). Em sentido literário e teológico, a passagem de Jacó em Bersabeia (vv. 1.5; Gn 21,31; 22,19.33; 26,23-33; 28,10) visa atribuir a Deus a autoria da partida e do retorno de Israel à terra prometida (vv. 2-4; Gn 15,7.13-21; Ex 12,42). Além de garantir companhia, Deus renova a promessa de descendência numerosa e assegura a Jacó que será o próprio José quem lhe fechará os olhos no momento de sua morte (v. 4). Uma nota particular sobre o vocábulo "dependentes" (v. 5), que ocorre mais de uma vez na história de José (Gn 34,29; 43,8; 45,19; 46,5; 47,12.24; 50,8.21). Esta é uma possível tradução do termo hebraico *ṭaf*, o qual corresponde a um coletivo que inclui aqueles que "caminham a passos miúdos" ou "incapazes de marchar", tanto seres humanos quanto animais, especificamente crianças pequenas ou lactantes, idosos, mulheres gestantes ou que amamentam, doentes, escravos; no caso do rebanho pode incluir fêmeas prenhas ou lactantes, animais machucados ou envelhecidos e os filhotes do rebanho.

GÊNESIS 46

enviara para carregá-los. ⁶ Jacó e, com ele, toda a sua descendência tomaram seus rebanhos e os bens que adquiriram na terra de Canaã e seguiram rumo ao Egito. ⁷ Com ele estavam seus filhos e os filhos de seus filhos, suas filhas e as filhas de seus filhos. Assim, levou consigo rumo ao Egito toda a sua descendência.

Geração de Jacó imigrante no Egito

⁸ Estes são os nomes dos filhos de Israel, Jacó e seus filhos, que seguiram rumo ao Egito: Rúben, o primogênito de Jacó; ⁹ e os filhos de Rúben: Henoc, Falu, Hesron, Carmi. ¹⁰ Os filhos de Simeão: Jamuel, Jamin, Aod, Jaquin, Soar e Saul, o filho da cananeia. ¹¹ Os filhos de Levi: Gérson, Caat e Merari. ¹² Os filhos de Judá: Her, Onã, Selá, Farés e Zera; Her e Onã, porém, morreram na terra de Canaã. Os filhos de Farés: Hesron e Hamul. ¹³ Os filhos de Issacar: Tola, Puvá, Job e Semeron. ¹⁴ Os filhos de Zabulon: Sared, Elon, Jalel. ¹⁵ Esses foram os filhos que Lia deu à luz para Jacó em Padã-Aram, além de sua filha Dina. Ao todo, seus filhos e suas filhas foram trinta e três pessoas.

¹⁶ Os filhos de Gad: Sifion, Hagi, Suni, Esbon, Eri, Arodi e Areli. ¹⁷ Os filhos de Aser: Jimna, Jisvá, Jessui, Beria e sua irmã Sera. Os filhos de Beria: Heber e Malquiel. ¹⁸ Esses foram os filhos de Zelfa, que Labão dera à sua filha Lia; e esses foram os que ela deu à luz para Jacó, dezesseis pessoas.

¹⁹ Os filhos de Raquel, mulher de Jacó: José e Benjamim. ²⁰ José gerou Efraim e Manassés na terra do Egito, pois Asenat, filha de Potifera, sacerdote de On, lhe dera à luz. ²¹ Os filhos de Benjamim: Bela, Bequer, Asbel, Gera, Naamã, Equi, Ros, Mufim, Hufim e Ared. ²² Esses foram os filhos de Raquel que nasceram para Jacó. Ao todo foram catorze pessoas.

²³ Os filhos de Dã: Hussim. ²⁴ Os filhos de Neftali: Jasiel, Guni, Jeser e Selém. ²⁵ Esses foram os filhos de Bala, que Labão dera à sua filha Raquel; e esses foram os que ela deu à luz para Jacó, ao todo sete pessoas.

²⁶ Todas as pessoas que seguiram Jacó rumo ao Egito, que saíram de sua coxa, à parte as mulheres dos filhos de Jacó, foram o total de sessenta e seis pessoas, ²⁷ mais os filhos de José, que nasceram para ele no Egito, duas pessoas. Ao todo, as pessoas da casa de Jacó que seguiram rumo ao Egito foram setenta.

46,8-26 O elenco dos filhos de Jacó que partiram rumo ao Egito especifica as gerações estruturadas de acordo com as mães (vv. 15.18.22.25; Gn 29; 30). A lista enumera uma cifra simbólica de setenta pessoas entre os filhos de Israel que desceram ao Egito (v. 27; Ex 1,5; Dt 10,22), assim como foram setenta as nações no mundo conhecido pelos filhos de Noé (Gn 10). De um lado, essa aproximação permite inferir que a descendência de Abraão, Isaac e Jacó que entrou no Egito representava, de certo modo, um microcosmo; do outro, o número "setenta" (dez vezes sete) ocorre diversas vezes evocando a ideia de totalidade (Ex 24,1.9; Nm 11,16.24.25; Ez 8,11).

GÊNESIS 46–47

Encontro de Israel com José

Gn

28 Então ele enviou Judá à sua frente a José, para direcioná-lo rumo a Gósen. E seguiram rumo à terra de Gósen. **29** José preparou seu carro e subiu rumo a Gósen, para encontrar Israel, seu pai. Quando foi visto por ele, caiu sobre seu pescoço e chorou continuamente sobre seu pescoço. **30** Israel disse a José: "Enfim posso morrer, depois de ter visto tua face, porque tu ainda estás vivo".

31 José disse a seus irmãos e a toda a casa de seu pai: "Vou subir e comunicar ao faraó. Vou dizê-lo: 'Meus irmãos e a casa de meu pai, que estavam na terra de Canaã, vieram a mim. **32** Esses homens são pastores de gado pequeno. Sim, são homens proprietários; trouxeram seus gados pequenos, seus gados grandes e tudo o que é deles'. **33** Ora, quando o faraó vos chamar e disser: 'Qual é vosso trabalho?', **34** direis: 'Vossos servos são homens proprietários, desde nossa juventude até agora, tanto nós quanto nossos pais', para que residais na terra de Gósen". De fato, todo pastor de gado pequeno é detestável para os egípcios.

A casa de Israel na casa do faraó

47 **1** José veio e comunicou ao faraó: "Meu pai e meus irmãos chegaram da terra de Canaã com seu gado pequeno, seu gado grande e tudo o que é deles, e já estão na terra de Gósen". **2** Ele tomou

---

46,28-34 Judá, epônimo do futuro reino do sul, em diversas ocasiões assume a vanguarda entre os irmãos. Seu protagonismo, porém, passa de uma liderança injusta (Gn 37,26; 38,11) para uma liderança justa (Gn 38,26). Seu senso de justiça amadureceu ao ponto de dar a vida pelo irmão em favor do pai (Gn 44,33-34) e de ser nomeado como predecessor da casa de Israel em Gósen (v. 28), embora não fosse o filho mais velho (Gn 29,31-35). O emocionante reencontro entre pai e filho (v. 30) é o ápice narrativo, que põe fim a todo o suspense, toda a expectativa e toda a tensão. Por fim, José instrui seus irmãos, imigrantes recém-chegados ao Egito, sobre como se apresentar ao faraó para obter a permissão de viver em Gósen (vv. 31-34). É possível que os egípcios considerassem os pastores de gado pequeno detestáveis (v. 34; Gn 43,32) pelo fato de se alimentarem de animais considerados sagrados para os egípcios, como é o caso do carneiro, imagem do deus Knum, ou do bode, imagem do deus Seth.

47,1-12 A imigração da casa de Israel ao Egito se deve ao mesmo motivo que levou a família de Abraão e Sara ao Egito, isto é, a fome (v. 4; Gn 12,10). Na terra da promessa ou em qualquer outro território, Israel conserva sua identidade de imigrante (Gn 12,10; 17,8; 20,1; 21,23.34; 23,4; 26,3; 28,4; 35,27; 36,7; 37,1), a fim de preservar a integridade religiosa e cultural de sua descendência. O reconhecimento da situação de imigrante no Egito não é apenas um distintivo dos filhos de Israel em relação aos egípcios, mas também um indicativo do futuro retorno à terra de Canaã (Gn 15,13-14.16). Ademais, a experiência de imigrante na terra do Egito levará Israel a regulamentar, em seu próprio corpo legislativo, os direitos dos imigrantes residentes na terra de Israel (Ex 22,20; 23,9; Lv 19,34; Dt 10,19). A idade de Jacó parece ter chamado a atenção do faraó (v. 8), pois já superara o ideal previsto para a humanidade (Gn 6,3). Jacó, entretanto, sabe que não viverá tanto quanto seus pais, pois Isaac viveu cento e oitenta anos (Gn 35,28) e Abraão cento e setenta e cinco anos (Gn 25,27), enquanto ele viverá até os cento e quarenta e sete anos (Gn 47,28).

117

GÊNESIS 47

cinco homens do lado de seus irmãos e os colocou diante do faraó. ³ E o faraó disse aos irmãos dele: "Qual é vosso trabalho?" Disseram ao faraó: "Teus servos são pastores de gado pequeno, tanto nós quanto nossos pais". ⁴ Disseram ao faraó: "Chegamos como imigrante nesta terra, porque não havia mais pasto para o gado pequeno de teus servos, pois a fome é pesada na terra de Canaã. Agora, pois, rogamos que vossos servos possam residir na terra de Gósen!"

⁵ O faraó disse a José: "Teu pai e teus irmãos vieram a ti. ⁶ A terra do Egito está diante de ti. Que teu pai e teus irmãos residam na melhor terra! Residirão, pois, na terra de Gósen. E, se souberes que há homens capazes entre eles, põe-nos como responsáveis da propriedade que me pertence!" ⁷ José também levou Jacó, seu pai, e o apresentou diante do faraó; e Jacó abençoou o faraó. ⁸ O faraó disse a Jacó: "Quantos são os anos de tua vida?" ⁹ Jacó disse ao faraó: "Os anos de minhas migrações são cento e trinta. Poucos e maus foram os anos de minha vida; e não alcançaram os anos de vida de meus pais, ou seja, os dias de suas migrações". ¹⁰ Jacó abençoou o faraó e saiu da presença do faraó.

¹¹ José assentou seu pai e seus irmãos, dando-lhes uma propriedade na terra do Egito, na melhor terra, na terra de Ramsés, conforme ordenara o faraó. ¹² José providenciou pão para seu pai, para seus irmãos e para toda a casa de seu pai, segundo o número de dependentes.

Administração de José

¹³ E não havia pão em toda a terra, porque a fome era muito pesada na terra. Diante da fome, a terra do Egito desfalecia como a terra de Canaã. ¹⁴ José recolheu todo o dinheiro que se encontrava na terra do Egito e na terra de Canaã vendendo os grãos que eles compravam. E José levou o dinheiro à casa do faraó. ¹⁵ Quando o dinheiro da terra do Egito e da terra de Canaã acabou, todos os egípcios vieram a José, dizendo: "Dá-nos pão! Por que morreríamos diante de ti? De fato, o dinheiro acabou". ¹⁶ José disse: "Dai-me vossas propriedades, e vos darei pão por vossos rebanhos, se o dinheiro acabou!" ¹⁷ Então trouxeram suas propriedades a José. E José lhes deu pão em troca dos cavalos, da propriedade do gado

---

47,13-26 A administração de José cria uma situação paradoxal entre a condição dos imigrantes da casa de Israel e a do povo do Egito (vv. 11-12.19). Enquanto a casa de Israel desfruta da melhor terra do Egito e de uma situação de bem-estar, mantidas diretamente por José (v. 12; Gn 45,1), gradualmente os egípcios, o solo e os rebanhos deles se tornam servos e posse do faraó (v. 19). A narrativa, porém, põe em evidência as virtudes administrativas de José, que justamente nada retém para si (v. 14) e que dá vida aos egípcios (v. 25). Com genialidade, José tornou o faraó um "deus": dono da terra (v. 20), do povo, dos grãos e dos animais (v. 18). A instituição dos vinte por cento gera uma imagem positiva do faraó, como quem dá aos servos a maior parte da produção: oitenta por cento. Contudo, ocorrerá uma mudança no governo, e o novo rei do Egito, que não conhecia José, reverterá a situação da casa de Israel (Ex 1,8-14).

118

GÊNESIS 47

pequeno, da propriedade do gado grande e dos jumentos. Naquele ano, ele os abasteceu de pão em troca de toda a propriedade deles.

[18] E aquele ano acabou. No segundo ano, porém, vieram a ele e lhe disseram: "Nada escondemos de meu senhor; realmente o dinheiro acabou, e a propriedade dos animais já é de meu senhor. Nada restou diante de meu senhor, senão nosso corpo e nosso solo. [19] Por que morreríamos, tanto nós quanto nosso solo, a teus olhos? Compra a nós e a nosso solo por pão; assim, nós e nosso solo nos tornaremos servos do faraó! Dá-nos semente, e o solo não ficará desolado; então viveremos e não morreremos!"

[20] José comprou todo o solo do Egito para o faraó, pois os egípcios venderam, cada um, seu próprio campo; porque a fome predominava sobre eles. Desse modo, a terra passou a ser do faraó. [21] Em relação às cidades, fez o povo passar para ele, de um extremo do solo do Egito ao outro extremo. [22] Somente o solo dos sacerdotes não comprou, porque a porção dos sacerdotes já era do faraó, pois comiam da porção que o faraó lhes dava; por isso não venderam o solo deles.

[23] José disse ao povo: "Eis que hoje comprei a vós e a vosso solo para o faraó. Eis semente para vós. Semeai o solo! [24] Dareis a quinta parte da produção ao faraó, as outras quatro partes serão vossas, para semear o campo, para vosso alimento, para os que estão em vossas casas e para alimentar vossos dependentes". [25] Disseram: "Deste-nos vida. Já que encontramos graça aos olhos de meu senhor, nos tornaremos servos do faraó". [26] E José estabeleceu isto como prescrição até hoje: "Doravante, no solo do Egito, a quinta parte é do faraó. Apenas a parte do solo dos sacerdotes não será do faraó".

Últimos desejos de Israel

[27] Israel residiu na terra do Egito, na terra de Gósen. Arraigaram-se nela, foram fecundos e multiplicaram-se muito. [28] Jacó viveu dezessete anos na terra do Egito. Esses foram os dias de Jacó. Os anos de sua vida foram cento e quarenta e sete. [29] Quando os dias da morte de Israel se aproximaram, ele chamou seu filho José e lhe disse: "Se encontrei graça a teus olhos, põe, por favor, tua mão debaixo de minha coxa! Sê leal e verdadeiro comigo, para

---

47,27-31 Os relatos de morte, em geral, são preanunciados pela informação da idade da personagem (Gn 23,1-2; 25,7-11). De fato, a informação da idade de Jacó foi antecipada no diálogo com o faraó (vv. 7-10). Sentindo, portanto, que o fim de sua vida se aproxima, Jacó convoca José e lhe confia seu último desejo: quer ser sepultado junto a seus antepassados na terra de Canaã (Gn 23,1-20; 25,8-9; 49,31; 50,13). A importância e a gravidade do momento são evidenciadas em um juramento (vv. 29-31). A cena do juramento com a "mão debaixo da coxa" (v. 29) reproduz um ritual análogo, no qual Abraão fez seu servo jurar que não casaria Isaac com as mulheres cananeias (Gn 24,2.9). Jacó recorre a essa modalidade de juramento para afirmar que sua existência e a existência do povo da promessa-aliança não podem ser separadas da terra de Canaã.

GÉNESIS 47–48

que não me sepultes no Egito! **30** Que eu jaza com meus pais! Tu me levarás, pois, do Egito e me sepultarás no sepulcro deles". Ele respondeu: "Eu farei conforme tua palavra". **31** E disse: "Jura-me!" E jurou-lhe. Depois, Israel se inclinou sobre a cabeceira da cama.

Bênção de Israel aos filhos de José

48 **1** Depois dessas coisas, alguém disse a José: "Eis que teu pai está doente". Ele tomou consigo seus dois filhos, Manassés e Efraim. **2** E alguém comunicou a Jacó e disse: "Eis que teu filho José vem a ti". Então Israel se esforçou e se sentou sobre a cama. **3** Jacó disse a José: "O Todo-Poderoso me apareceu em Luza, na terra de Canaã, me abençoou **4** e me disse: 'Eis que te farei fecundo, te multiplicarei e farei de ti uma assembleia de povos. Darei esta terra à tua descendência depois de ti, uma propriedade perpétua'. **5** Agora, pois, teus dois filhos, gerados por ti na terra do Egito antes de eu vir a ti rumo ao Egito, eles serão meus. Efraim e Manassés serão meus como Rúben e Simeão. **6** Mas tua parentela que geraste depois deles será tua. Segundo o nome de um de seus irmãos, serão chamados em sua herança. **7** Quanto a mim, quando vinha de Padã, Raquel morreu sobre mim na terra de Canaã. No caminho havia ainda uma distância de terra para chegar a Éfrata, mas a sepultei ali no caminho de Éfrata, que é Belém".

8 Quando Israel viu os filhos de José, disse: "Quem são estes?" **9** José disse a seu pai: "Eles são meus filhos, os quais Deus me deu aqui". Então disse: "Por favor, traze-os a mim, e os abençoarei!"

10 Ora, os olhos de Israel pesavam pela velhice; já não podia ver. Por isso, levou-os para perto dele. Ele os beijou e os abraçou. **11** Israel disse a

---

48,1-22 O diálogo entre Jacó e José é determinante para a inclusão de Efraim e Manassés entre os herdeiros da promessa. O narrador se refere a Jacó por seu nome próprio (vv. 1-9) e por Israel (vv. 10-22). Antes da bênção, Jacó rememora eventos determinantes de sua vida: o encontro com o Todo-Poderoso em Luza (vv. 3-4; Gn 35,6.11-12) e a morte e sepultamento de sua esposa amada (v. 7; Gn 35,16-20). Durante a bênção, Israel evoca a promessa-aliança herdada de seus pais Abraão e Isaac e transmitida a ele no evento de Betel (vv. 15-16; Gn 28; 32,2). O ritual de adoção se conclui com o gesto de tirar os jovens de junto dos joelhos de Jacó (vv. 5.10.12). Como Abraão, Efraim e Manassés se tornam fonte de bênçãos (v. 20; Gn 12,3), ocupando o lugar de José e Levi como epônimos das doze tribos de Israel. A adoção de Efraim e Manassés coloca em questão um problema do pós-exílio, referente aos casamentos mistos (Esd 9–10; Ne 13,23-27), pois a mãe dos jovens é uma estrangeira, filha de um sacerdote oficiante de deuses estrangeiros (Gn 41,44). Na sequência narrativa, Efraim e Manassés são uma prolepse dos filhos da geração que foi para o exílio da Babilônia (2Rs 25,1-7; Esd 1,1-10) e se consideram legitimamente membros do povo eleito, mesmo não tendo jamais visto a terra de Canaã (Esd 6,19-22; Is 49; 51; 58). Antes de morrer, Jacó dá Siquém a José (vv. 21-22). O texto hebraico joga com a ambivalência do termo, que indica "região elevada", "montanha" ou "dorso". Mas Siquém é igualmente o nome da cidade referida nas narrativas ancestrais (Gn 12,6; 33,18; 35,4; 37,12.13.14), onde Jacó comprou uma propriedade de terra, na qual os ossos de José serão sepultados (Gn 33,18-19; Js 24,32).

GÊNESIS 48–49

José: "Quando eu já não presumia ver tua face, eis que Deus me fez ver também tua descendência". **12** José os tirou de junto de seus joelhos e se prostrou com a face por terra. **13** Depois, José tomou ambos: Efraim à sua direita, isto é, à esquerda de Israel, e Manassés à sua esquerda, isto é, à direita de Israel, e os levou a ele. **14** Israel estendeu sua mão direita e pôs sobre a cabeça de Efraim, que era mais novo, e sua esquerda sobre a cabeça de Manassés, cruzando suas mãos, embora Manassés fosse o primogênito.

15 Ele abençoou José dizendo:

> "Que o Deus diante de quem caminharam
> meus pais Abraão e Isaac,
> o Deus que me pastoreou desde sempre até este dia,
> **16** o mensageiro que me resgatou de todo mal,
> abençoe estes jovens!
> Que meu nome e o nome de meus pais Abraão e Isaac seja
> invocado por eles!
> Que se multipliquem abundantemente em meio à terra!"

17 José viu que seu pai punha sua mão direita sobre a cabeça de Efraim, e isso pareceu mal a seus olhos. Então segurou a mão de seu pai para transpô-la da cabeça de Efraim para a cabeça de Manassés. **18** José disse a seu pai: "Assim não, meu pai, porque este é o primogênito! Põe tua mão sobre a cabeça dele!" **19** Mas seu pai recusou e disse: "Eu sei, meu filho, eu sei! Ele também será um povo e também será grande. Contudo, seu irmão mais novo será maior que ele, e a descendência dele será uma multidão de nações". **20** E os abençoou naquele dia, dizendo: "Por ti Israel bendirá, dizendo: 'Que Deus te coloque como Efraim e como Manassés!'" E pôs Efraim diante de Manassés.

21 Israel disse a José: "Eis que estou morrendo, mas Deus estará convosco e vos levará de volta à terra de vossos pais. **22** Quanto a mim, eu te dou Siquém, algo a mais que a teus irmãos, que tomei da mão dos amorreus, com minha espada e com meu arco".

Bênção de Israel a seus doze filhos

49 **1** Jacó chamou seus filhos e disse: "Reuni-vos, pois vos anunciarei o que vos sucederá nos dias vindouros!

2 Ajuntai-vos e escutai, ó filhos de Jacó! Escutai Israel, vosso pai!
3 Rúben, tu és meu primogênito e as primícias de minha virilidade,
preeminente em altivez e preeminente em força.

49,1-28 As últimas palavras de Jacó representam seu testamento em forma de bênção ou reprovação, estabelecendo um paralelo com as bênçãos de Moisés (Gn 49; Dt 33). A bênção patriarcal é comunicada de uma geração a outra (v. 28b), criando certa continuidade entre elas, de modo a aumentar a importância ao longo do tempo.

GÊNESIS 49

4 Impetuoso como as águas, não terás a preeminência,
porque subiste no leito de teu pai.
Naquele tempo, subindo, profanaste minha cama
apoderando-se dela.
5 Simeão e Levi são irmãos;
seus planos são instrumentos de violência.
6 Que minha alma não entre em seus conselhos!
Que minha glória não se una à sua assembleia!
Porque, em sua ira, mataram homens
e, a seu bel-prazer, mutilaram touros.
7 Maldita seja sua ira, porque é forte,
e sua arrogância, porque é dura!
Eu os repartirei em Jacó
e os dispersarei em Israel.
8 Judá, quanto a ti, teus irmãos te louvarão.
Tua mão estará sobre a cerviz de teus inimigos.
Os filhos de teu pai se inclinarão a ti.
9 Judá é um filhote de leão.
Da presa, meu filho, subiste.
Ajoelha-se e reclina-se como leão.
E, como leão, quem o erguerá?
10 O cetro não se desviará de Judá,
nem o bastão de comando dentre seus pés,
até que venha Silo,
e os povos lhe sejam obedientes.

Jacó usa a força do simbolismo para se referir ao futuro de seus filhos, geralmente estabelecendo comparações com um animal ou vegetal. Diferente dos demais filhos, que receberão palavras de bênção, Rúben (vv. 3-4), Simeão e Levi (vv. 5-7) recebem juízos de culpa e punição em razão de seus pecados (v. 4 e Gn 35,22; vv. 5-7 e Gn 34,25-31). Rubén entra para a série dos primogênitos desqualificados (v. 4; Gn 4,11-12; 17,18-21; 25,31-34; 27,30-40; 48,13-20), perdendo a primogenitura (Gn 29,32; 46,8) para José (1Cr 5,1-2; Dt 33,17), a realeza para Judá (v. 10) e o sacerdócio para Levi (Dt 33,8-11). Judá herda a força, a realeza e a fecundidade: a força é simbolizada pelo leão, o predador mais forte e ousado (v. 8; Nm 23,24; 24,9; Dt 30,20.22; Pr 30,30; Jr 4,7); a realeza é simbolizada pelo cetro e pelo jumento (v. 11; Zc 9,9); e a fecundidade é simbolizada pela vinha, pelo vinho e pelo leite (vv. 11-12). Zabulon, como antecipação da distribuição da terra, recebe como herança a localização geográfica (v. 13; Js 19,10-16). Issacar é caracterizado como um jumento de carga; e, de fato, será reduzido à servidão (Js 16,10). Dã recebe a função de julgar e de fazer justiça, e é comparado a uma serpente de tocaia pronta a atacar sua vítima, não em um campo de batalha, mas sim em uma emboscada (Jz 18). A referência a Gad (v. 19) faz um jogo com a palavra "assediar" em hebraico; Gad será, de fato, constantemente ameaçado por seus vizinhos (Dt 33,20). A herança de Aser é uma prolepse, uma antecipação de sua ação de suprir as cortes cananeias (v. 20; Jz 1,30-32; 5,17). Neftali (v. 21), comparado a uma corsa, é louvado pela mobilidade, possivelmente pelo amor da tribo à liberdade das montanhas (Dt 33,15). Benjamim é comparado a um lobo (v. 27; Is 5,6; Ez 22,27), que despedaça, come e reparte os despojos de sua presa, o que parece uma prolepse da brutalidade benjamita que ocorrerá em Jz 29,25-26.

GÊNESIS 49

Gn

¹¹ Ele amarra seu jumentinho à vinha,
e o filho de sua jumenta, ao cipó.
Lava seu traje no vinho,
e, no sangue das uvas, seu manto.
¹² Os olhos brilham pelo vinho,
e o branco dos dentes pelo leite.
¹³ Zabulon morará à margem do mar;
assim ele servirá de margem para navios.
Sua fronteira será junto a Sidônia.
¹⁴ Issacar é um jumento robusto,
reclinado entre dois cestos.
¹⁵ Ele viu que o repouso era bom,
que a terra era agradável,
e reclinou seu dorso à carga,
tornando-se forçado ao trabalho servil.
¹⁶ Dã julgará seu povo
como única tribo de Israel.
¹⁷ Dã será uma serpente junto ao caminho,
uma víbora junto à vereda,
que morde o calcanhar do cavalo,
e o cavaleiro cai por detrás.
¹⁸ Por tua salvação espero, ó SENHOR!
¹⁹ Gad, uma quadrilha o acometerá,
mas ele lhe acometerá o calcanhar.
²⁰ Aser, seu pão será gordo,
e ele oferecerá iguarias de rei.
²¹ Neftali será uma corsa libertada,
dando dizeres agradáveis.
²² José será um ramo fecundo,
ramo fecundo junto à fonte,
cuja ramagem corre junto ao muro.
²³ Donos de flechas o ferirão,
se multiplicarão e o atacarão.
²⁴ Contudo, sustentou com firmeza seu arco;
os braços de suas mãos foram ágeis.
Das mãos do poderoso de Jacó,
de lá é um pastor, pedra de Israel.
²⁵ Do Deus de teu pai, que te socorrerá:
É o Deus Todo-Poderoso, pois te abençoará:
bênçãos dos altos céus,
bênçãos dos abismos que jazem embaixo,
bênçãos dos seios e do útero.
²⁶ Que as bênçãos de teu pai excedam
as bênçãos de meus progenitores,
desejo das colinas eternas!

GÊNESIS 49–50

Que estejam sobre a cabeça de José
e sobre a fronte do consagrado entre seus irmãos!
²⁷ Benjamim é um lobo que despedaça.
De manhã comerá sua presa,
ao entardecer repartirá o despojo".
²⁸ Todos esses doze serão as tribos de Israel, e isso é o que lhe falou
seu pai quando os abençoou, a cada um deles segundo sua bênção.

Morte de Jacó

²⁹ E lhes ordenou e ainda lhes disse: "Eu vou me reunir com meu povo. Sepultai-me junto a meus pais, na gruta que está no campo que era do heteu Efron, ³⁰ na gruta que está no campo de Macpela, que está em frente a Mambré, na terra de Canaã, no campo que Abraão comprara do heteu Efron como propriedade de sepultura! ³¹ Ali sepultaram Abraão e Sara, sua mulher; ali sepultaram Isaac e Rebeca, sua mulher; e ali sepultei Lia. ³² O campo e a gruta que nele está foram comprados dos filhos de Het". ³³ Quando Jacó acabou de dar ordens a seus filhos, reuniu seus pés na cama, expirou e reuniu-se a seu povo.

Funeral e sepultamento de Jacó

50 ¹ José caiu sobre a face de seu pai, chorou sobre ele e o beijou. ² José ordenou a seus servos, os médicos, que embalsamassem

---

49,29-33 O último desejo de Jacó se conclui com seu sepultamento junto aos patriarcas e matriarcas do antigo Israel, a única propriedade que Abraão comprou e deixou como herança para sua posteridade na terra da promessa (Gn 23,3-18.20).

50,1-21 A morte de Jacó estabelece o fim da era dos patriarcas e matriarcas do livro do Gênesis. Em um cortejo fúnebre, o corpo de Jacó chega à terra de Canaã para tomar posse de sua herança, juntando-se definitivamente a seus progenitores no ventre da terra prometida. Na gruta do campo de Macpela, o corpo de Jacó residirá definitivamente, não mais como imigrante, mas como proprietário e guardião. Sua memória, juntamente com a de Lia, Abraão, Sara, Isaac e Rebeca (Gn 49,31), para sempre estará vinculada à terra de Canãa e servirá de argumento para que sua posteridade reivindique o direito à posse da terra em um futuro retorno (Ne 1,3-6). O tempo de luto dedicado a Jacó foram setenta dias. De um lado, é possível que os setenta dias correspondam ao tempo para embalsamar, que requer quarenta dias (v. 3), mais o tempo de luto de trinta dias, próprio de personagens notórias como Aarão (Nm 20,29) e Moisés (Dt 34,8). Do outro lado, é possível que o redator queira exaltar a memória de Jacó, dedicando-lhe um luto sem igual. O ciclo narrativo dos conflitos entre José e seus irmãos se fecha completamente (vv. 15-21; Gn 37,27-28) por intermédio do cumprimento do sonho de José em que seus irmãos se curvam diante dele (v. 18; Gn 37,5-11). José assume o lugar de Jacó, tornando-se o responsável pela segurança e pelo mantimento das famílias da casa de Israel (vv. 19-21). Se para os patriarcas Abraão, Isaac e Jacó Deus se manifestou diretamente por aparições, oráculos, visões e sonhos, na história de José Deus não é visto, nem ouvido, mas se manifesta como quem conduz a história a bom termo (vv. 19-20).

GÊNESIS 50

seu pai; e os médicos embalsamaram Israel. ³ Quando se cumpriram seus quarenta dias, porque assim se cumpriam os dias de embalsamamento, os egípcios o choraram durante setenta dias.

⁴ Passados os dias de seu lamento fúnebre, José falou a toda a casa do faraó: "Caso eu tenha encontrado graça a vossos olhos, por favor, falai aos ouvidos do faraó que ⁵ meu pai me fez jurar dizendo: 'Eis que eu estou morrendo. Em meu sepulcro, que cavei para mim na terra de Canaã, ali me sepultarás'. Agora, pois, vou subir para sepultar meu pai; depois, voltarei!" ⁶ O faraó disse: "Sobe e sepulta teu pai, conforme ele te fez jurar!"

⁷ E José subiu para sepultar seu pai; com ele subiram todos os servos do faraó, os anciãos da casa dele e todos os anciãos da terra do Egito; ⁸ toda a casa de José, seus irmãos e a casa de seu pai. Na terra de Gósen, somente deixaram para trás os dependentes, o gado pequeno e o gado grande. ⁹ Com ele subiram também carros. O acampamento era muito digno.

¹⁰ Quando chegaram à eira de Atad, que está além do Jordão, fizeram um lamento fúnebre ali: um rito fúnebre grande e muito digno. Ele fez sete dias de luto por seu pai. ¹¹ Os residentes da terra, os cananeus, viram o luto na eira de Atad e disseram: "Esse é um luto digno para os egípcios". Por isso, o que está além do Jordão se chama Abel-Mesraim.

¹² Seus filhos fizeram conforme lhes ordenara. ¹³ Seus filhos subiram com ele rumo à terra de Canaã e o sepultaram na gruta do campo de Macpela, o campo que Abraão comprara do heteu Efron como propriedade de sepultura, que está em frente a Mambré. ¹⁴ Depois de haver sepultado seu pai, José desceu ao Egito: ele, seus irmãos e todos os que haviam subido com ele para sepultar o pai dele.

¹⁵ Quando os irmãos de José viram que seu pai estava morto, disseram: "Talvez José venha a ter rancor de nós e certamente nos restituirá todo o mal que lhe causamos". ¹⁶ Ordenaram, então, que dissessem a José: "Antes de sua morte, teu pai ordenou dizendo: ¹⁷ 'Assim direis a José: Por favor, perdoa a transgressão de teus irmãos e o pecado deles! Certamente te causaram mal, mas agora, por favor, perdoa a transgressão dos servos do Deus de teu pai!'" Quando eles lhe falaram, José chorou.

¹⁸ Depois, seus irmãos também foram, caíram diante dele e disseram: "Eis-nos aqui, para sermos teus servos!" ¹⁹ Mas José lhes disse: "Não temais! Porventura eu estou no lugar de Deus? ²⁰ Quanto a vós, o mal que intencionastes contra mim, Deus o tomou por bem, a fim de, em um dia como este, fazer reviver um povo numeroso. ²¹ Agora, portanto, não temais! Eu mesmo proverei a vós e a vossos dependentes". Assim os consolou e lhes falou ao coração.

125

GÊNESIS 50

Últimos desejos e morte de José

22 José residiu no Egito, ele e a casa de seu pai. José viveu cento e dez anos. **23** José viu até a terceira geração de Efraim, bem como os filhos de Maquir, filho de Manassés, nascidos sobre os joelhos de José.

24 José disse a seus irmãos: "Eu estou morrendo, mas Deus certamente vos visitará e vos fará subir rumo à terra que jurara a Abraão, Isaac e Jacó". **25** E José fez os filhos de Israel jurar, dizendo: "Certamente Deus vos visitará. Então fareis subir meus ossos daqui". **26** José morreu aos cento e dez anos. Embalsamaram-no e, no Egito, o colocaram em um sarcófago.

50,22-26 José morre aos cento e dez anos, idade ideal para os egípcios e abençoada para os hebreus pelo fato de ter assistido ao nascimento de seus descendentes até a terceira geração (Jó 42,16); também Josué morrerá aos cento e dez anos (Js 24,19; Jz 2,8). O fato de Efraim ser colocado antes de Manassés confirma (v. 23), mais uma vez, a tendência de o livro do Gênesis privilegiar o ultimogênito (Gn 4,3-5; 21,10; 27,27-30), além de justificar a supremacia de Efraim, evocada na bênção de Jacó (Gn 48,14-20). A expressão "nascidos sobre os joelhos" (v. 23) corresponde tanto ao ritual de adoção quanto ao de legitimação da adoção de seus netos como filhos. Este sumário encerra o livro do Gênesis (vv. 24-25), proporcionando a transição da história dos progenitores de Israel (v. 24) para a história do povo de Israel (Ex 1,9). As últimas palavras de José, referentes ao retorno à terra de Canaã, constituem um gancho literário que une as tradições patriarcais e matriarcais às tradições do êxodo por intermédio da promessa do dom da terra (vv. 24-25). Deus será o protagonista do retorno de Israel e do cumprimento da promessa (Gn 15,13-21), como reafirmarão Deus, Moisés e Josué (Ex 13,5.11; Dt 1,8; 6,10.18.23; 31,7; Js 21,43). A morte de José é outro elemento de unidade narrativa, pois o sepultamento de seus ossos, que atravessará junto com o povo todas as etapas do êxodo, selará a tomada de posse da terra prometida no livro de Josué (vv. 24-26; Gn 33,19; Ex 13,19; Js 24,32). Assim como seu pai (v. 3), José teve seu corpo embalsamado (v. 26). No antigo Egito, o processo de embalsamento seguia um rito que compreendia a extração do cérebro pelas narinas e a retirada das vísceras por meio de uma incisão lateral. Os órgãos eram colocados em vasos canopos. Nem sempre o coração e o rim eram tirados, mas, ao serem tirados, eram substituídos por um objeto. O corpo era coberto por natrão, uma espécie de sal, para desidratar as células durante cerca de quarenta dias, evitando a putrefação e a proliferação de bactérias. Em seguida, através das incisões, o corpo era preenchido com tecidos e ervas aromáticas, e as incisões eram fechadas. Depois, o corpo era envolvido por faixas de tecido de algodão, contendo amuletos e orações. Por fim, o corpo era colocado no sarcófago e depositado na sepultura, para aguardar a vida eterna. O processo durava setenta dias.

ÊXODO

INTRODUÇÃO

O segundo livro do Pentateuco, chamado de Êxodo, ou seja, "saída", recebeu tal nome quando, nos séculos III a II a.C., o Pentateuco, originalmente composto em hebraico, foi traduzido para o grego. Com isso, o título passou a indicar o evento principal narrado no livro: a saída do povo de Israel do Egito. A tradição judaica, por sua vez, usa a palavra hebraica *shemot*, isto é, "nomes", para referir-se ao livro, lembrando o primeiro substantivo entre as palavras iniciais: "E estes são os *nomes* dos filhos de Israel que entraram no Egito" (Ex 1,1).

AUTOR, DATA E DESTINATÁRIO

Como os cinco livros do Pentateuco formam uma unidade literária, a narrativa no livro do Êxodo tanto leva em consideração o que foi narrado anteriormente em Gênesis quanto é continuada em Levítico, Números e Deuteronômio. O Pentateuco é resultado de processos complexos de composição. O Êxodo narra um evento histórico situado nas últimas décadas do século XIII a.C. A história da composição de tais narrativas, por sua vez, estende-se por mais de oito séculos. Estima-se que a redação final do Pentateuco tenha ocorrido no século V a.C. Por isso, é preciso compreender a história da composição das formulações jurídico-legais que ocupam a metade de tudo o que se lê no Pentateuco.

Em relação à autoria do Êxodo e do Pentateuco, vale lembrar primeiramente que tais escritos, em alguns momentos, apresentam Moisés como escritor. Ora ele recebe de Deus a tarefa de "escrever" algo "em um livro" (Ex 17,14), sobre "placas de pedra" (Ex 34,27) ou sobre um "cajado" (Nm 17,17-18), sendo que a ordem de escrever pode incluir Josué (Dt 31,19). Ora se narra que Moisés "escreveu as palavras do SENHOR", ou seja, "da Torá" (Ex 24,4; 34,28; Nm 33,2; Dt 31,9.24) e uma "canção" (Dt 31,22). Semelhantemente a Moisés, também os filhos de Israel devem escrever as palavras ordenadas pelo Senhor "sobre os batentes de suas casas e sobre os portões" de suas cidades (Dt 6,9; 11,20), sobre "pedras caiadas" (Dt 27,2-3.8) ou sobre o "diadema sagrado de Aarão" (Ex 39,30). Além disso, o sacerdote deve "escrever maldições no livro" (Nm 5,23), o rei "escreverá para si uma cópia dessa lei conforme o livro que está

ÊXODO – INTRODUÇÃO

diante dos sacerdotes levitas" (Dt 17,18) e o marido é obrigado a escrever "um documento de divórcio" para sua esposa, caso a mande embora (Dt 24,1.3). No entanto, o Pentateuco apresenta, por excelência, o Senhor, Deus de Israel, como quem, com "seu dedo", "escreve" sua "instrução", seu "mandamento" e/ou seu "testemunho" sobre "placas de pedra" (Ex 24,12; 31,18; 32,15-16; 34,1; Dt 4,13; 5,22; 9,10; 10,2.4), além de estar com um livro no qual, pelo que parece, "escreve" os nomes de quem lhe pertence (Ex 32,32).

Os paralelismos aqui indicados favorecem a seguinte compreensão ao ouvinte-leitor do Pentateuco: (a) visto ser Deus pensado como quem escreve sua palavra para instruir seu povo, cabe também a Moisés, a Josué, ao rei, aos sacerdotes e a todos os filhos de Israel escreverem tais palavras, favorecendo, assim, a transmissão e o cultivo da memória delas; (b) em princípio, não existe uma oposição entre as reflexões que atribuem a autoria do Pentateuco ora a Deus, ora a Moisés ou às gerações posteriores a Moisés, mas cabe, por meio da reescrita, a cada geração descobrir e atualizar a verdade revelada; (c) os próprios textos do Pentateuco – contemplando-se as múltiplas estratégias narrativas, as duplicações de determinadas tradições, os sinais de reformas e/ou ampliações nas tradições jurídicas e nas reflexões teológicas – revelam um processo de configuração literária que se estendeu por mais de meio milênio, sem que se pudesse definir exatamente em qual momento, em qual lugar e para quem o texto foi composto; (d) o que, portanto, estava em conformidade com os eventos que deram início à história da revelação de Deus e, com isso, à história de Israel podia ser aceito como palavra de Deus e de Moisés.

ESTRUTURA

A apresentação do evento do êxodo estende-se por todo o Pentateuco e ainda ultrapassa essa obra literária. O primeiro livro do Pentateuco, Gênesis, narra o surgimento das gerações patriarcais em meio aos povos vizinhos nas terras de Canaã e, com isso, em meio à humanidade conhecida até então. No final, sabe-se como e por que os ancestrais de Israel foram até o Egito e lá permaneceram. No início do livro do Êxodo, por sua vez, narra-se o momento em que os descendentes dos patriarcas se transformam em um povo numeroso no Egito (Ex 1,1-7) e, a partir da política opressiva de um novo faraó, têm seu destino brutalmente mudado, sendo que lhes é imposta uma dura servidão (Ex 1,8-14). Contudo, tal injustiça experimentada pelos hebreus dá origem a uma série de resistências humanas: ora os hebreus continuam a se multiplicar, contradizendo a sabedoria palaciana (Ex 1,12); ora mulheres corajosas e espertas desobedecem às ordens do faraó (Ex 1,15–2,10); ora Moisés, em legítima defesa de um terceiro, mata um agressor egípcio que batia em um hebreu (Ex 2,11-15a); ora procura-se negociar politicamente a liberdade dos oprimidos com o poder opressivo (Ex 5). Contudo, o livro do Êxodo dá a entender que o projeto de fazer um povo oprimido sair inteiramente da sociedade que o maltrata, a fim de que em terras novas construa uma sociedade alternativa, mais igualitária e mais justa, somente seria possível junto com Deus, ganhando, portanto, dimensões miraculosas.

Entretanto, as tradições bíblicas estão conscientes de que a libertação dos oprimidos não é algo simples. Pelo contrário, esforços ímpares se fazem necessários. Ora é preciso superar conflitos que, no dia a dia, surgem no meio do povo. Ora é necessário verificar a autenticidade da liderança, bem como enfrentar situações de uma maior escassez de bens materiais. Ora urge organizar-se juridicamente. No mais, surgem crises de fé em Deus e de confiança em um futuro melhor. Talvez seja por causa dessas razões que a segunda das três etapas do projeto bíblico do êxodo ocupe o maior espaço nas narrativas, sendo que em determinados momentos estas são interrompidas pela inserção de conjuntos de leis. Eis os momentos do êxodo: (a) a saída do Egito (Ex 13,17–15,21); (b) a passagem pelo deserto, que também se dá em três momentos: do mar dos Juncos ao monte Sinai (Ex 15,22–18,27), no monte Sinai (Ex 19,1 – Nm 10,10) e do monte Sinai à terra prometida (Nm 10,11–21,20); (c) a chegada à terra prometida, com a instalação do povo na Transjordânia (Nm 21,21–36,13) e na Cisjordânia (Dt–Js). Todavia, acolhendo-se as notícias geográficas como critério, o ouvinte-leitor pode observar as seguintes subdivisões:

1,1–13,16 Estada no Egito
13,17–15,21 *Partida do Egito e passagem pelo mar dos Juncos*
15,22–18,27 *Passagem pelo deserto: do mar dos Juncos ao monte Sinai*
19,1–40,38 *Estada no monte Sinai*

ÊXODO – INTRODUÇÃO

PRINCIPAIS TEMAS

A libertação dos hebreus do Egito, narrada no Êxodo, tornou-se mito fundante e identidade religiosa para o antigo Israel, sendo que, a partir da liberdade, contempla-se a presença de Deus na vida do povo. Quanto aos miseráveis, prevê-se como meta a saída física deles da sociedade opressiva (Egito), a transformação da experiência de libertação em um projeto jurídico e a construção de uma sociedade alternativa, mais igualitária e justa, em terras novas. Dessa forma, a dinâmica exodal quer resultar em um encontro perene com o Deus Libertador, sendo que este deve ser experimentado pelo povo libertado e pelos líderes dele como quem se propõe a inverter o destino dos miseráveis.

As leis contidas no Pentateuco tentam transformar a experiência da saída do Egito, como fruto da graça divina (Ex 20,2), em um projeto jurídico, a fim de garantir aos anteriormente oprimidos que nunca mais percam sua liberdade conquistada. No caso do livro do Êxodo, isso vale para os dez mandamentos (Ex 6,7; 20,1-17), para o Código da Aliança (Ex 20,22–23,33) e para as prescrições referentes à organização do santuário e do culto (Ex 25,1–31,17; 34,11-26). Historicamente, as formulações jurídicas do Êxodo espelham o contexto histórico dos séculos X-IV a.C. Todavia, à medida que o legislador israelita se inspira no evento do êxodo, mesmo compondo suas leis em séculos posteriores, todas as leis podem ser contempladas como mandamentos que Deus ofereceu a seu povo no momento em que o libertou da escravidão no Egito.

INTERTEXTUALIDADE COM O NOVO TESTAMENTO

As intertextualidades entre o livro do Êxodo e os escritos contidos no Novo Testamento são amplas. Com oitenta menções, Moisés, que nasce em Ex 2,2 e morre em Dt 34,5, é a personagem veterotestamentária mais presente no Novo Testamento. O livro do Êxodo é citado diretamente quarenta e quatro vezes e indiretamente duzentas. Jesus de Nazaré é contemplado como "um profeta como Moisés" (At 7,37) – seu nome, de fato, remete ao nome de Josué, sucessor de Moisés no Pentateuco – e como cumprimento daquilo que Moisés "escreveu na lei" (Jo 1,45; 5,46). Mais ainda, ao anunciar seu evangelho, Jesus, de forma autêntica, propõe-se a "dar pleno cumprimento" a essa lei, considerando até a menor letra (Mt 5,17-18).

CONCLUSÃO

Enfim, o livro do Êxodo é uma das maiores referências para quem deseja encontrar-se com o Deus de Israel. Até o nome de Deus e, com isso, aquilo que tal nome representa encontram-se vinculados ao evento narrado no Êxodo, uma vez que a presença e a companhia do Senhor, Deus de Israel, é experimentada de forma ímpar quando se inverte favoravelmente o destino dos miseráveis (Ex 3,14). Mais ainda: o livro do Êxodo estabelece, na cultura da humanidade, um modelo paradigmático de liberdade. Sabe-se que regimes opressivos, em princípio, são autodestrutivos e que o futuro pertence a quem acolhe a ordem prevista por Deus para este mundo: a construção de convivências mais igualitárias e justas. Todavia, para acontecer, o sonho de todos e todas estarem livres precisa ser narrado. Nesse sentido, a narrativa milenar no livro do Êxodo oferece uma das histórias mais inspiradoras.

As explicações nesta Introdução e nas notas de rodapé se baseiam no diálogo com as pesquisas exegéticas publicadas nas últimas décadas, em especial o comentário ao Êxodo de Georg Fischer e Dominik Markl (*Das Buch Exodus*. Stuttgart: Katholisches Bibelwerk, 2009).

ÊXODO 1

ESTADA NO EGITO

Ex

Chegada ao Egito

1 ¹ E estes são os nomes dos filhos de Israel que entraram no Egito. Entraram com Jacó, cada um com sua família: ² Rúben, Simeão, Levi e Judá; ³ Issacar, Zabulon e Benjamim; ⁴ Dã e Neftali, Gad e Aser. ⁵ Os descendentes de Jacó eram, ao todo, setenta. José, porém, já estava no Egito. ⁶ No entanto, José morreu, assim como todos os seus irmãos e toda aquela geração. ⁷ Contudo, os filhos de Israel foram fecundos, pulularam, multiplicaram-se e ficaram mais e mais fortes. E a terra se encheu com eles.

Opressão e resistência dos israelitas

⁸ Ergueu-se um novo rei sobre o Egito, que não conhecera José. ⁹ Disse a seu povo: "Eis que o povo dos filhos de Israel é numeroso e mais forte que nós. ¹⁰ Vinde, mostremo-nos sábios em relação a ele, para que não seja numeroso! Caso, pois, nos suceda uma guerra, também ele será acrescentado aos que nos odeiam; combaterá contra nós e subirá da terra". ¹¹ Colocaram capatazes de trabalhos forçados sobre ele, a fim de oprimi-lo com as cargas deles. E construiu cidades-armazém para o faraó: Pitom e Ramsés. ¹² No entanto, quanto mais o oprimiam, mais se tornava numeroso e mais se alastrava. Então se enojaram dos filhos de Israel. ¹³ Os egípcios, com brutalidade, fizeram os filhos de Israel servirem. ¹⁴ Amarguraram suas vidas com servidão dura, com argila e tijolos, e com toda a servidão no campo. Entre eles serviram, em toda a sua servidão, por causa da brutalidade.

1,1-7 O primeiro trecho do segundo livro do Pentateuco (Ex 1,1-7) liga-se ao que foi narrado no livro anterior (ver o "e" inicial no versículo 1). Recapitula-se a chegada ao Egito de Jacó e de seus setenta decentes (Gn 46,1-7.26-27). Os nomes dos filhos de Jacó, que tinha recebido o nome "Israel" (Gn 32,29), são organizados de acordo com suas mães (Gn 35,23-26). No entanto, ocorre agora um avanço cronológico. A geração de José se foi. Mesmo assim, os israelitas transformam-se em um povo numeroso, cumprindo-se a promessa divina feita a Abraão (Gn 17,2.6) e a bênção dada por Isaac a Jacó (Gn 28,3).

1,8-14 Após uma mudança de governo (v. 8), o novo rei do Egito desconhece a importância do sábio administrador José, que havia salvado o Egito em um grave período de fome (Gn 41,1-49), e insiste em um discurso demagógico, misturando nacionalismo e xenofobia. Contudo, a insistência no próprio crescimento – a construção de Pitom e Ramsés –, com base no trabalho forçado dos israelitas, encontra resistência, pois os oprimidos, em vez de diminuírem, crescem em número. Os frágeis tijolos de argila, diferentemente dos fortes de pedra, lembram o projeto falido da construção da torre de Babel (Gn 11,1-9).

133

ÊXODO 1–2

A resistência das parteiras

Ex

¹⁵ O rei do Egito disse às parteiras das hebreias, cujo nome de uma era Sefra e o nome da outra, Fua: ¹⁶ "Quando ajudardes as hebreias a darem à luz, olhareis para as duas pedras. Se ele for um filho, o fareis morrer. Se ela for uma filha, viverá". ¹⁷ No entanto, as parteiras temeram a Deus e não fizeram o que o rei do Egito lhes tinha falado, mas deixaram as crianças com vida. ¹⁸ Então o rei do Egito chamou as parteiras e lhes disse: "Por que fizestes tal coisa e deixastes as crianças com vida?" ¹⁹ As parteiras disseram ao faraó: "Porque as hebreias não são como as mulheres egípcias. Porque elas são vivas. Antes que a parteira chegue até elas, já deram à luz". ²⁰ Deus, então, beneficiou as parteiras. O povo se tornou numeroso. Ficaram muito fortes. ²¹ E, porque as parteiras temeram a Deus, este lhes deu lares. ²² O faraó, porém, deu uma ordem a todo o seu povo: "Que lanceis no rio todo filho nascido, mas deixeis com vida toda filha!"

A filha do faraó

2 ¹ Um homem da casa de Levi foi e tomou como esposa uma filha de Levi. ² A mulher ficou grávida e deu à luz um filho. Então o viu – realmente, ele era muito bonito – e o escondeu por três ciclos lunares. ³ Como não podia mais escondê-lo, ela pegou um cesto de papiro para ele, calafetou-o com betume e piche, nele colocou a criança e o pôs no meio dos juncos, à beira do rio. ⁴ A irmã dele, porém, postou-se a certa distância, para saber o que iria acontecer a ele. ⁵ E a filha do faraó desceu para banhar-se no rio, enquanto suas criadas estavam andando ao lado do rio. Viu o cesto no meio dos juncos e enviou sua serva, que o pegou. ⁶ Abriu-o e viu a criança. Eis um menino que estava chorando! Sentiu

---

1,15-22 Os nomes das parteiras são significativos: Sefra é "a agradável", e Fua, "a bela". De forma exemplar, as duas mulheres – não necessariamente hebreias, mas ajudantes das hebreias que dão à luz – desobedecem ao faraó por temerem a Deus. Trata-se das primeiras menções de "Deus" no livro (vv. 17.20-21). As pedras mencionadas podem se referir às duas pedras sobre as quais a parturiente apoiava seus pés no momento de forçar a saída da criança, aos dois testículos do menino ou às duas partes do órgão genital da mulher. O faraó, por sua vez, reage de forma desesperada e irracional, mandando que todos os meninos, não somente os hebreus, sejam jogados no rio.

2,1-10 Amram e Jocabed, respectivamente neto e filha de Levi (Ex 6,20), são os pais de Moisés (vv. 1-2). Este último tem uma irmã mais velha (v. 4) e um irmão três anos mais velho que ele (Ex 7,7). Para sua mãe, Moisés é bonito e/ou bom, como a criação o é para Deus (Gn 1,31). Desesperada, mas confiante, a mãe o entrega às águas do rio Nilo, calafetando o cestinho com betume e piche (v. 3), exatamente como Noé o fez com a arca (Gn 6,14). Todavia, um grupo de mulheres – a mãe e a irmã de Moisés, a filha do faraó e as amas dela –, contrariando a ordem do faraó, salva a criança. O nome de Moisés, aliás, deriva de um verbo hebraico que significa "puxar" ou "tirar" (2Sm 22,17; Is 63,11).

ÊXODO 2

compaixão por ele e disse: "Este é das crianças hebreias". **7** Então a irmã dele disse à filha do faraó: "Acaso devo ir e chamar para ti uma ama de leite das hebreias, para que amamente a criança para ti?" **8** A filha do faraó lhe disse: "Vai!" A jovem foi e chamou a mãe da criança. **9** E a filha do faraó lhe disse: "Toma esta criança e amamenta-a para mim! Eu, porém, te darei teu salário". A mulher pegou a criança e a amamentou. **10** Quando a criança ficou grande, fê-la chegar à filha do faraó. Era um filho para esta. E lhe deu o nome de Moisés, pois disse: "Realmente, puxei-te para fora da água!"

Ferimento mortal do egípcio

11 Já crescido, Moisés saiu naqueles dias rumo a seus irmãos. Viu as cargas deles e viu um homem egípcio ferindo um homem hebreu, do meio de seus irmãos. **12** Virou-se para cá e para lá e viu que não havia homem algum. Feriu o egípcio e o ocultou na areia. **13** No outro dia, saiu novamente, e eis que dois homens hebreus estavam brigando. Disse ao perverso: "Por que feres teu amigo?" **14** Este disse: "Quem te colocou sobre nós para seres um homem capataz ou juiz? Tu estás dizendo isso para me matar como mataste o egípcio?" Moisés, então, temeu e disse: "Com efeito, a coisa é conhecida!" **15a** E o faraó escutou sobre esse caso e procurou matar Moisés.

Imigrante em Madiã

15b Moisés fugiu do faraó e assentou-se na terra de Madiã. Sentou-se junto ao poço. **16** Ora, vieram as sete filhas do sacerdote de Madiã. Tiraram água e encheram os bebedouros, a fim de fazerem o gado pequeno de seu pai beber. **17** No entanto, vieram os pastores e os expulsaram. Então Moisés se ergueu, salvou-as e fez o gado pequeno delas beber. **18** Apresentaram-se a seu pai, Reuel, que disse: "Por que se apressaram hoje em chegar?" **19** Disseram: "Um egípcio nos libertou da mão dos

---

2,11-15a Moisés se torna irmão dos hebreus, sobretudo, ao abrir os olhos para o sofrimento deles. Não quer matar, mas, agindo em legítima defesa de um terceiro injustiçado, fere mortalmente o egípcio (vv. 11-12; Ex 21,12-13). Ao criticar, porém, a falta de solidariedade entre os oprimidos (v. 13), Moisés tem sua autoridade questionada sob a falsa acusação de assassinato (v. 14). A perseguição mortal por parte do faraó apenas completa a situação delicada de Moisés (v. 15a).

2,15b-22 Refugiado nas terras de Madiã, no sudeste da península árabe (v. 15), Moisés salva e liberta novamente quem é agredido, sem se preocupar com eventuais tradições culturais de gênero (vv. 16-17). Sua sensibilidade em relação à justiça e sua disponibilidade em fazer-se útil, realizando o trabalho das mulheres (v. 19), permitem sua integração na sociedade estrangeira. Contudo, o nome de Séfora (em hebraico "pássaro" [v. 21]) e o de Gérson (em hebraico "um imigrante ali" [v. 22]) sinalizam que Moisés ainda não alcançou plenamente seu destino.

ÊXODO 2–3

pastores; também tirou água para nós e fez o gado pequeno beber". ²⁰ Então perguntou a suas filhas: "Onde está ele? Por que abandonastes esse homem? Chamai-o, para que coma pão!" ²¹ Moisés decidiu assentar-se com o homem, o qual deu sua filha Séfora a Moisés. ²² Ela deu à luz um filho, e ele o chamou de Gérson, porque disse: "Tornei-me um imigrante em terra estrangeira".

A atenção de Deus

²³ Naqueles numerosos dias, o rei do Egito morreu. Os filhos de Israel gemeram por causa da servidão e gritaram. Da servidão, seu grito de socorro subiu a Deus. ²⁴ Deus escutou sua queixa e Deus se lembrou de sua aliança com Abraão, Isaac e Jacó. ²⁵ Deus viu os filhos de Israel e Deus tomou conhecimento.

Aparição de Deus na sarça ardente

3 ¹ Moisés pastoreava o gado pequeno de Jetro, seu sogro, sacerdote de Madiã. Conduziu o gado pequeno para além do deserto e chegou ao monte de Deus, o Horeb. ² O anjo do SENHOR lhe apareceu em uma chama de fogo, do meio de uma sarça. Eis que viu a sarça queimando no fogo, mas a sarça não estava sendo consumida. ³ Moisés disse: "Vou me desviar do rumo e ver essa grande aparição. Por que a sarça não se queima?" ⁴ O SENHOR viu que ele se desviara do rumo para ver. E Deus o chamou do meio da sarça e disse: "Moisés! Moisés!" Este disse: "Eis-me aqui!" ⁵ Disse, então: "Não te aproximes daqui! Tira tuas sandálias de teus pés, porque o lugar no qual tu estás parado é solo sagrado!" ⁶ Ainda disse: "Eu sou o Deus de teu pai; o Deus de Abraão, o Deus de Isaac e o Deus de Jacó". Então Moisés escondeu sua face, porque temia contemplar Deus.

2,23-25 Morre o faraó que multiplicou os sofrimentos dos israelitas (Ex 1,8). A esperança por mudanças, por sua vez, concentra-se na sensibilidade de Deus ao grito dos oprimidos.

3,1-6 No monte de Deus, chamado aqui de Horeb (v. 1; Ex 17,6) e em outros lugares de Sinai (Ex 16,1; 19,11.18.20.23; 24,16; 31,18; 34,2.4.29.32), Moisés tem um encontro surpreendente com o anjo do Senhor (v. 2) e com o próprio Senhor (v. 4). O fogo marca a presença desse Deus (Ex 13,21-22; 24,17; Lv 9,24). Como morador da sarça (Dt 33,16), o Senhor é visto como quem habita uma árvore de menor valor (Jz 9,14-15), sendo que esta talvez represente Israel. Moisés, por sua vez, ao tirar as sandálias, assemelha-se aos presos que são deportados (Is 20,2), a fim de serem subjugados a trabalhos forçados. No entanto, aquele que agora se iguala aos descalços futuramente irá celebrar a liberdade com eles, colocando sandálias nos pés para comer a Páscoa (Ex 12,11).

ÊXODO 3

Primeiro discurso do Senhor: o envio de Moisés

⁷ O SENHOR disse: "Sem dúvida, vi a opressão de meu povo que está no Egito. Escutei seu grito diante de seus capatazes. Realmente, conheço suas dores. ⁸ Então desci para libertá-lo da mão dos egípcios e para fazê-lo subir dessa terra, rumo a uma terra boa e espaçosa, que jorra leite e mel, o lugar dos cananeus, heteus, amorreus, ferezeus, heveus e jebuseus. ⁹ Eis que agora o grito dos filhos de Israel chegou até mim. Também vi a repressão com a qual os egípcios os estão reprimindo. ¹⁰ Vai, agora, pois te envio ao faraó! Faze sair do Egito meu povo, os filhos de Israel!"

Primeira objeção de Moisés

¹¹ Moisés, porém, disse a Deus: "Quem sou eu para que vá ao faraó e faça sair do Egito os filhos de Israel?" ¹² Disse então: "Certamente estarei contigo. E este será para ti o sinal de que eu te enviei: quando tu fizeres o povo sair do Egito, servireis a Deus sobre esta montanha".

Segunda objeção de Moisés

¹³ Moisés disse a Deus: "Quando eu for aos filhos de Israel e lhes disser: 'O Deus de vossos pais me enviou a vós', e me disserem: 'Qual é o nome dele?', o que lhes direi?" ¹⁴ Então Deus disse a Moisés: "Serei quem serei". Disse mais: "Assim dirás aos filhos de Israel: 'O Serei me enviou a vós'".

3,7-10 Da atenção do Senhor aos sofrimentos dos israelitas reprimidos, chamados pelo Senhor, pela primeira vez, de "meu povo" (v. 7), nasce o plano de libertação. Visibilizado na sarça ardente (Ex 3,4), Deus agora promete não somente a saída do Egito, mas também a chegada dos oprimidos a uma terra próspera (v. 8). Como essa nova terra, em parte, está ocupada por seis etnias, o futuro não será livre de conflitos. Contudo, o projeto do êxodo inclui o cumprimento da promessa dada aos patriarcas, a qual está ligada à posse da terra.

3,11-12 A primeira objeção de Moisés destaca o sentimento da pequenez e da incapacidade diante da tarefa descrita. A resposta de Deus, no entanto, insiste em dois elementos: a companhia que Deus se propõe a fazer a seu líder e a esperança de que, no futuro, o povo dos libertados possa celebrar sua liberdade no monte de Deus (cf. Ex 24).

3,13-14 O profeta tem credibilidade porque conhece o nome de Deus: "Serei quem serei!" (v. 14). Em hebraico há semelhança entre o verbo "ser" e as quatro letras que formam o nome do Deus de Israel, sendo que o tetragrama parece estar acompanhado das seguintes conotações: a história revelará quem é esse Deus e, em sua mais absoluta autonomia, o Senhor é livre, mas escolhe relacionar-se com seu povo, ser para seu povo ou estar com ele, enviando-lhe seus profetas.

137

ÊXODO 3-4

Segundo discurso do Senhor: o plano

¹⁵ Deus ainda disse a Moisés: "Assim dirás aos filhos de Israel: 'O Senhor, Deus de vossos pais, o Deus de Abraão, o Deus de Isaac e o Deus de Jacó me enviou a vós. Esse será meu nome para sempre e, de geração em geração, essa será a memória sobre mim'. ¹⁶ Vai, reúne os anciãos de Israel e dize-lhes: 'O Senhor, Deus de vossos pais, o Deus de Abraão, Isaac e Jacó, apareceu a mim para dizer: De fato, preocupei-me convosco e com o que vos é feito no Egito, ¹⁷ e eu disse: Da miséria do Egito vos farei subir rumo à terra dos cananeus, heteus, amorreus, ferezeus, heveus e jebuseus, terra que jorra leite e mel!' ¹⁸ E escutarão tua voz. Com os anciãos de Israel, tu irás ao rei do Egito, e lhe direis: 'O Senhor, Deus dos hebreus, se encontrou conosco. Agora, por favor, queremos seguir um caminho de três dias no deserto e oferecer um sacrifício ao Senhor, nosso Deus'. ¹⁹ Eu sei, porém, que o rei do Egito não vos concederá seguir, a não ser com mão forte. ²⁰ Estenderei, pois, minha mão e ferirei o Egito com todas as maravilhas que irei realizar no meio dele. Depois disso, ele vos enviará. ²¹ E infundirei nos olhos dos egípcios comiseração por esse povo. Acontecerá que, quando fordes, não ireis sem nada, ²² mas cada mulher solicitará, de sua vizinha ou da hospedeira de sua família, objetos de prata, objetos de ouro e vestimentas que colocareis sobre vossos filhos e vossas filhas. Libertareis, pois, os egípcios".

Terceira objeção de Moisés

4 ¹ Moisés respondeu e disse: "Eis que não acreditarão em mim e não escutarão minha voz, mas dirão: 'O Senhor não te apareceu'".

3,15-22 O Senhor é identificado como o Deus dos patriarcas. Usando seus cinco nomes – "Serei quem serei!" (Ex 3,14), "o Serei que enviou Moisés" (Ex 3,14), o Deus de Abraão, o Deus de Isaac e o Deus de Jacó (v. 15) –, as futuras gerações celebrarão a memória dele (v. 15). Em vista do projeto do êxodo, por sua vez, é preciso unificar a comunidade (vv. 16-18). Os anciãos, líderes já existentes, são unidos a Moisés para que se cumpra a antiga promessa de Deus (Gn 50,24). Eles ajudarão na tarefa de negociar a liberdade dos oprimidos com o opressor, que sequer permitirá três dias de festa religiosa. Não obstante, prevendo a resistência do faraó, Deus irá possibilitar a libertação dos oprimidos por meio de suas maravilhas (vv. 19-20). Estimulando o sentimento da comiseração por meio de um diálogo entre as mulheres hebreias e egípcias, o Senhor, Deus dos israelitas, também libertará parte do povo egípcio. Equipando, pois, aqueles que, em liberdade, querem caminhar ao encontro de seu Deus, os egípcios assumem o projeto do êxodo.

4,1-9 Outra dúvida de Moisés se refere à eventual resistência dos anciãos e/ou do povo a seu envio por parte de Deus (v. 1). A transformação do cajado em serpente indica a transferência do poder. Ao pegar a serpente pela cauda, Moisés, o profeta enviado por Deus, demonstra domínio absoluto sobre o poder que ameaça, inclusive o do faraó (vv. 2-5). A mão transformada de Moisés demonstra que Deus pode mandar doença, mas também cura (vv. 6-7). Finalmente, ocorre uma análise crítica da sociedade opressiva: em vez de experimentar a água do Nilo como a maior riqueza do Egito, pois é a responsável pela fecundidade, ela é derramada por terra como sangue, como morte. Assim, o Egito corre sério risco, pois o sangue derramado clama a Deus (Gn 4,10).

ÊXODO 4

² Então o SENHOR lhe disse: "O que é isso em tua mão?" E ele disse: "Um cajado". ³ Disse: "Arremessa-o na terra!" Arremessou-o na terra, e se tornou uma serpente. E Moisés fugiu diante dela. ⁴ O SENHOR disse a Moisés: "Estende tua mão e agarra a cauda dela!" E estendeu e a agarrou. Tornou a ser um cajado na palma de sua mão. ⁵ "É para que acreditem que o SENHOR, o Deus dos pais deles, o Deus de Abraão, o Deus de Isaac e o Deus de Jacó te apareceu". ⁶ O SENHOR ainda lhe disse: "Traze, pois, tua mão ao peito!" E trouxe sua mão a seu peito. Quando a tirou, eis que sua mão estava coberta de dermatose como de neve. ⁷ Disse, então: "Leva tua mão de volta a teu peito!" E levou sua mão de volta a seu peito. Quando a tirou de seu peito, eis que ela voltou a ser como sua pele. ⁸ "Acontecerá, pois, que, se não acreditarem em ti nem escutarem por causa da voz do primeiro sinal, acreditarão por causa da voz do outro sinal. ⁹ Se não acreditarem nem mesmo por causa desses dois sinais e não escutarem tua voz, então pegarás água do Nilo e a derramarás na terra seca. A água que pegares do Nilo se tornará sangue na terra seca".

Quarta objeção de Moisés

¹⁰ Então Moisés disse ao SENHOR: "Por favor, meu Senhor, eu não sou um homem de palavras, nem de ontem nem de anteontem, nem depois de tu teres falado a teu servo, porque eu tenho boca pesada e pesada é a língua". ¹¹ O SENHOR lhe disse: "Quem estabeleceu uma boca para o ser humano? E quem torna mudo ou surdo, clarividente ou cego? Por acaso não sou eu, o SENHOR? ¹² Vai, agora! Eu, pois, estarei com tua boca e te instruirei sobre o que deverás falar".

Quinta objeção de Moisés

¹³ Disse: "Por favor, meu Senhor, envia quem quiseres enviar!" ¹⁴ Então a ira do SENHOR se inflamou contra Moisés. Disse: "Não há teu irmão levita Aarão? Soube que ele fala bem. Eis que também ele está saindo a teu encontro. Quando te vir, ele se alegrará em seu coração. ¹⁵ Falarás a ele e colocarás as palavras em sua boca. Eu estarei com tua boca e com a boca dele. E vos instruirei sobre o que deveis fazer. ¹⁶ Ele falará por ti ao povo.

4,10-12 O líder profético depende da clareza e qualidade de seu discurso, uma vez que deve transmitir a palavra de Deus. No entanto, Deus se propõe a favorecer o discurso de seu enviado, não somente como criador, mas também como quem constantemente ensina.

4,13-17 A simples rejeição do chamado para colaborar com a libertação do povo oprimido provoca a ira divina (v. 14). Mesmo assim, o Senhor continua o diálogo. Aarão, o irmão mais velho de Moisés (Ex 6,20; 7,7), é mencionado pela primeira vez. Por ser levita (Ex 2,1), Aarão é chamado a assumir tarefas sacerdotais. Além disso, Aarão tem um discurso competente e, de forma simpática, sabe aproximar-se de Moisés (v. 14). Deus acompanha os dois, mas cada qual tem sua tarefa (v. 15), sendo que a Moisés é dada a autoridade divina (v. 16; Ex 7,1).

ÊXODO 4

Ele será para ti como uma boca, e tu serás para ele como Deus. [17] Que tomes, pois, em tua mão, esse cajado, pois com ele realizarás os sinais!"

Retorno ao Egito

[18] Então Moisés foi e voltou para Jetro, seu sogro. Disse-lhe: "Quero ir, por favor, e voltar a meus irmãos, que estão no Egito. Verei se eles ainda estão vivos". Jetro disse a Moisés: "Vai em paz!" [19] E o SENHOR disse a Moisés em Madiã: "Vai! Volta para o Egito, porque morreram todos os homens que estavam procurando por tua alma!" [20] Então Moisés tomou sua mulher e seus filhos, os fez montar no jumento e voltou para a terra do Egito. E Moisés levou o cajado de Deus em sua mão.

[21] O SENHOR disse a Moisés: "Quando tu fores, a fim de voltar ao Egito, vê todos os prodígios que coloquei em tua mão e os realiza diante do faraó! Eu tornarei forte o coração dele, mas não enviará o povo. [22] Dirás ao faraó: Assim disse o SENHOR: 'Israel é meu filho, meu primogênito! [23] E eu disse a ti: Envia meu filho, para que me sirva! Contudo, te recusaste a enviá-lo. Eis que eu matarei teu filho, teu primogênito'".

[24] No caminho, em um lugar de pernoite, o SENHOR foi ao encontro dele e procurou fazê-lo morrer. [25] Séfora, porém, tomou uma faca de pederneira, cortou o prepúcio de seu filho e tocou os pés dele. Disse: "Tu és um noivo de sangue para mim". [26] Então ele o largou. Ela disse "noivo de sangue" por causa da circuncisão.

[27] O SENHOR disse a Aarão: "Vai ao encontro de Moisés rumo ao deserto!" Foi, pois, encontrá-lo no monte de Deus e o beijou. [28] Moisés narrou a Aarão todas as palavras do SENHOR, que o enviara, e todos os sinais que lhe ordenara.

[29] Moisés e Aarão foram reunir todos os anciãos dos filhos de Israel. [30] Aarão falou todas as palavras que o SENHOR falara a Moisés e realizou

---

4,18-31 Moisés aceita sua missão. Decide voltar ao Egito, apesar do perigo. Para isso, conta com o apoio do sogro (v. 18) e com a companhia da mulher (v. 25) e dos dois filhos (Ex 2,22; 18,4). Mais ainda: o Senhor continua a dialogar com ele, seja em Madiã (v. 19), seja no caminho rumo ao Egito (vv. 21-23). Com isso, inicia-se também a longa reflexão sobre o coração do faraó, órgão que simboliza, além das sensibilidades, a compreensão, o raciocínio e a tomada de decisão (v. 21). Moisés fica sabendo que Deus insistirá na autonomia e importância das opções de quem governa. Mas esse Deus também pode se tornar perigoso para quem é enviado por ele (vv. 24-26). Ex 4,14 talvez seja a concretização da ira divina. Contudo, Séfora salva Moisés, semelhantemente às mulheres em Ex 1,15–2,10. Como os israelitas irão marcar as travessas das portas com o sangue do sacrifício pascal, ela marca seu esposo com o sangue do filho circuncidado (Gn 17,10-14.23). Assim, executando o rito e assumindo a relação com seu noivo de sangue, Séfora afasta o perigo. Moisés, porém, semelhantemente a Jacó (Gn 32,23-33), faz uma experiência de limite como rito de passagem. A história continua com o envio de Aarão (v. 27; Ex 4,14) e com o primeiro encontro dos irmãos no monte onde Deus havia chamado Moisés (vv. 27-28; Ex 3,1). Ao ouvir as palavras e ver os sinais do Senhor, o povo acredita na lealdade do Deus atento aos oprimidos e mostra uma reação exemplar (vv. 29-31).

ÊXODO 4–5

os sinais aos olhos do povo. **31** O povo acreditou, pois escutaram que o SENHOR havia se preocupado com os filhos de Israel e visto sua opressão. Então se inclinaram e se prostraram.

Tentativa de negociar a liberdade dos oprimidos

5 **1** Em seguida, Moisés e Aarão foram e disseram ao faraó: "Assim disse o SENHOR, Deus de Israel: 'Envia meu povo, para que, no deserto, celebre para mim!'" **2** O faraó disse: "Quem é o SENHOR, para que eu escute sua voz, a fim de enviar Israel? Não conheço o SENHOR e também não enviarei Israel". **3** Contudo, disseram: "O Deus dos hebreus se encontrou conosco. Queremos, por favor, andar no deserto por um caminho de três dias e sacrificar ao SENHOR, nosso Deus, para que não avance contra nós com a peste ou com a espada". **4** Então o rei do Egito lhes disse: "Moisés e Aarão, por que quereis dispersar o povo de seus trabalhos? Ide a vossas cargas!" **5** E o faraó ainda disse: "Eis que o povo da terra é numeroso agora, mas o fazes descansar de suas cargas".

6 Naquele dia, o faraó ordenou aos capatazes no meio do povo e a seus inspetores: **7** "Não continuareis a dar palha ao povo, para formar os tijolos como ontem e anteontem. Que eles andem e ajuntem palha para si! **8** E lhes imporeis a quantia de tijolos que eles estavam fazendo ontem e anteontem. Disso nada reduzireis, porque eles são preguiçosos. Por isso, eles estão gritando: 'Andemos e sacrifiquemos a nosso Deus!' **9** Que a servidão pese sobre os homens e que, com ela, tenham o que fazer! Que não se interessem por palavras mentirosas!"

10 Os capatazes do povo e seus inspetores saíram e disseram ao povo: "Assim disse o faraó: 'Não serei eu quem vos dará palha. **11** Ide,

---

5,1-23 Embora tenha havido uma troca de governo e de lideranças (Ex 2,23; 4,19), continua a política de opressão. O faraó não quer levar em consideração um Deus que propõe festa e descanso a trabalhadores forçados (vv. 1-2). Muito menos imagina que a insistência na opressão possa provocar uma catástrofe (v. 3). Assim, avalia os líderes religiosamente motivados como prejudiciais ao crescimento econômico, uma vez que eles favorecem o descanso (vv. 4-5). Para o faraó, a religiosidade dos hebreus é mentira e expressão de preguiça (vv. 8-9). Em razão disso, por meio de exigências cada vez maiores, quer impedir que os oprimidos reflitam sobre Deus e sobre seu destino. O fato de os capatazes egípcios envolverem os inspetores israelitas na transmissão das exigências (v. 11), cobrando-os duramente (v. 14), torna a solidariedade entre os explorados ainda mais difícil. De nada adianta os inspetores se apresentarem ao faraó como servos e reclamarem com ele (vv. 15-16), pois o governante apenas repete sua visão e insiste na decisão já tomada (vv. 17-18). Assim, o conflito aumenta, sobretudo quando os inspetores israelitas responsabilizam os líderes religiosos Moisés e Aarão pelo agravamento da situação (vv. 20-21). Moisés, por sua vez, realça as dimensões religiosas do conflito político. Quando a inversão do destino dos oprimidos, anunciada pelos profetas, enfrenta resistência por parte dos opressores, a própria configuração de Deus como libertador é posta em questão (vv. 22-23). A dúvida é tamanha, que Moisés se questiona se o Senhor não agirá como o faraó, maltratando o povo.

ÊXODO 5–6

vós, e, onde puderes encontrar, apanhai palha para vós, porque coisa nenhuma será reduzida de vossos serviços!'" **12** O povo se dispersou por toda a terra do Egito, a fim de ajuntar restolho para a palha. **13** E os capatazes apressavam-se em dizer: "Terminai vossos trabalhos, a quantia diária em cada dia, como quando havia palha!" **14** Então foram feridos os inspetores dos filhos de Israel que os capatazes do faraó tinham colocado sobre eles, dizendo: "Por que ontem e hoje não terminastes vossa meta de fazer tijolos como anteontem?"

15 Os inspetores dos filhos de Israel vieram e gritaram ao faraó: "Por que fazes isso com teus servos? **16** Não é dada palha a teus servos, mas estão dizendo: 'Fazei tijolos para nós!' Eis que teus servos são feridos. E é o pecado de teu povo". **17** Contudo, disse: "Preguiçosos! Vós sois preguiçosos! Por isso, vós estais dizendo: 'Andemos e sacrifiquemos ao Senhor!' **18** Agora, pois, ide! Servi! Não lhes será dada palha, mas a quantia de tijolos precisareis entregar".

19 Então os inspetores dos filhos de Israel se viram em uma má situação, por ter sido dito: "De vossos tijolos, não reduzireis a quantia diária a cada dia". **20** Quando saíram de junto do faraó, avançaram contra Moisés e Aarão, que estavam de pé para encontrá-los. **21** E lhes disseram: "Que o Senhor olhe para vós e julgue! Pois tornastes malcheiroso nosso odor aos olhos do faraó e aos olhos de seus servos, a fim de entregar uma espada nas mãos deles para nos matar".

22 Moisés se voltou para o Senhor e disse: "Senhor, por que maltrataste este povo? Por que me enviaste? **23** Desde que cheguei ao faraó para falar em teu nome, ele maltratou o povo. Mas, com certeza, não libertaste teu povo".

Vocação de Moisés

6 **1** O Senhor disse a Moisés: "Agora verás o que farei ao faraó, porque, com mão forte, precisará enviá-los, ou seja, com mão forte, os expulsará de sua terra".

6,1-13 Após a lamentação de Moisés (Ex 5,22-23), o primeiro discurso do Senhor revela o quanto Deus está decidido a enfrentar a resistência do faraó (v. 1). O segundo discurso de Deus realça que o êxodo irá possibilitar ao povo descobrir o poder do Senhor (vv. 2-3). A dinâmica da libertação prevê, pela imagem do "braço estendido" (v. 6), a intervenção enérgica de Deus e, pelo termo "julgamentos" (v. 6), as dimensões jurídicas (Ex 5,21). Além disso, é mantida a antiga promessa da terra (vv. 4.8). Tudo culmina, por sua vez, na ideia de que, com o êxodo, nasce uma relação íntima e duradoura entre o Senhor e seu povo (v. 7), semelhante a um matrimônio (Ex 6,20). Contudo, desta vez, o povo, em meio ao sofrimento, não acolhe a mensagem transmitida por Moisés (v. 9; Ex 4,31). Também Moisés não adere ao plano de Deus. Contra a proposta que o Senhor lhe faz de falar ao faraó, Moisés opõe, outra vez, a incredulidade tanto do povo sofrido quanto do faraó, assim como sua retórica limitada (vv. 10-12; Ex 3,11; 4,1.10). Contudo, a ordem do Senhor dada a Moisés e Aarão revela a insistência de Deus (v. 13).

ÊXODO 6

² Deus falou a Moisés e lhe disse: "Eu sou o SENHOR. ³ Apareci a Abraão, Isaac e Jacó como Deus Todo-Poderoso, mas meu nome SENHOR não lhes foi conhecido. ⁴ Também estabeleci minha aliança com eles, para lhes dar a terra de Canaã, a terra de suas migrações, pois nela transmigraram. ⁵ Também escutei a queixa dos filhos de Israel, pois os egípcios os mantêm na servidão. E, de minha aliança, me lembrei. ⁶ Por isso, dize aos filhos de Israel: 'Eu sou o SENHOR e vos farei sair de debaixo das cargas dos egípcios, vos libertarei da servidão a eles; com braço estendido e grandes julgamentos vos resgatarei! ⁷ E vos tomarei por meu povo e serei vosso Deus. Então sabereis que eu sou o SENHOR, vosso Deus, que vos fez sair de debaixo das cargas dos egípcios. ⁸ E vos farei chegar à terra pela qual levantei minha mão, a fim de dá-la a Abraão, Isaac e Jacó. Como posse, a darei a vós. Eu sou o SENHOR'".

⁹ Moisés falou assim aos filhos de Israel, mas não escutaram Moisés, por causa da respiração curta e da servidão dura. ¹⁰ O SENHOR falou a Moisés: ¹¹ "Apresenta-te para falar ao faraó, rei do Egito, a fim de que envie os filhos de Israel da terra dele!" ¹² Moisés, porém, falou diante do SENHOR: "Eis que os filhos de Israel não me escutaram. Como, então, o faraó me escutará? Eu sou um incircunciso de lábios".

¹³ Então o SENHOR falou a Moisés e Aarão e lhes deu uma ordem a respeito dos filhos de Israel e do faraó, rei do Egito, a fim de fazer os filhos de Israel saírem da terra dos egípcios.

Genealogia de Moisés e Aarão

¹⁴ Estes são os cabeças de suas casas paternas:

Os filhos de Rúben, primogênito de Israel, são Henoc, Falu, Hesron e Carmi. Essas são as famílias de Rúben.

¹⁵ Os filhos de Simeão são Jamuel, Jamin, Aod, Jaquin, Soar e Saul, o filho da cananeia. Essas são as famílias de Simeão.

¹⁶ E estes são os nomes dos filhos de Levi, segundo suas gerações: Gérson, Caat e Merari. Os anos de vida de Levi foram cento e trinta e sete anos. ¹⁷ Os filhos de Gérson eram Lobni e Semei, com suas famílias. ¹⁸ Os filhos de Caat eram Amram, Isaar, Hebron e Oziel. E os anos de vida de Caat foram cento e trinta e três anos. ¹⁹ Os filhos de Merari eram Mooli e Musi. Essas são as famílias de Levi, segundo suas gerações.

6,14-27 A genealogia garante a Moisés e Aarão legitimidade, pois ocupam um lugar central em meio aos de Israel, ou seja, de Jacó e seus filhos (Gn 46,8-27). Como bisnetos de Levi, netos de Caat e filhos de Amram, os dois irmãos líderes do êxodo formam a quarta geração dos imigrantes hebreus no Egito (Gn 15,16). Moisés e Aarão são apresentados duplamente como levitas – netos por parte de mãe e bisnetos por parte de pai. Teologicamente, esse detalhe é realçado pelo fato de a união entre Amram e Jocabed, sobrinho e tia, infringir a lei (Lv 18,14). No mais, a genealogia, além de introduzir nomes que irão ganhar importância, dá a impressão religiosa de que as épocas não são fruto do acaso, mas pertencem a Deus, verdadeiro Senhor da história.

ÊXODO 6–7

²⁰ Amram tomou sua tia Jocabed como mulher para si, a qual lhe gerou Aarão e Moisés. Os anos de vida de Amram foram cento e trinta e sete anos. ²¹ Os filhos de Isaar eram Coré, Nefeg e Zecri. ²² Os filhos de Oziel eram Misael, Elisafã e Setri. ²³ Então Aarão tomou Isabel, filha de Aminadab, irmã de Naasson, como sua mulher, a qual lhe gerou Nadab, Abiú, Eleazar e Itamar. ²⁴ Os filhos de Coré eram Asir, Elcana e Abiasaf. Essas são as famílias coreítas. ²⁵ Eleazar, o filho de Aarão, tomou uma das filhas de Futiel como mulher para si, a qual lhe gerou Fineias. Esses são os cabeças das casas paternas dos levitas, segundo suas famílias.

²⁶ Estes são, portanto, Aarão e Moisés, sendo que o SENHOR lhes disse: "Fazei os filhos de Israel saírem da terra dos egípcios, segundo seus exércitos!" ²⁷ São eles que falaram ao faraó, rei do Egito, a fim de fazer os filhos de Israel saírem do Egito. Moisés e Aarão são eles.

Novo chamado de Moisés

²⁸ E houve um dia em que o SENHOR, na terra dos egípcios, falou a Moisés. ²⁹ O SENHOR falou a Moisés: "Eu sou o SENHOR. Fala ao faraó, rei do Egito, tudo o que eu estiver falando a ti!" ³⁰ Moisés, porém, disse diante do SENHOR: "Eis que eu sou um incircunciso de lábios. Como, pois, o faraó me escutará?"

Confrontação do faraó com a vontade do Senhor

7 ¹ O SENHOR disse a Moisés: "Vê! Eu te instituo um deus para o faraó. E teu irmão Aarão será teu profeta. ² Tu falarás tudo o que te ordeno. E teu irmão Aarão falará ao faraó, para que, de sua terra, mande embora os filhos de Israel. ³ Eu mostrarei dureza com o coração do faraó e multiplicarei meus sinais e meus prodígios na terra dos egípcios. ⁴ O faraó não vos escutará. No entanto, colocarei minha mão sobre o Egito e, em meio a grandes julgamentos, farei saírem da terra dos egípcios meus exércitos, ou seja, meu povo, os filhos de Israel. ⁵ Quando eu estender minha mão contra os egípcios e do meio deles fizer os filhos de Israel

---

6,28-30 Mais uma vez Deus insiste no diálogo de Moisés com o faraó. Não somente Moisés e os filhos de Israel, mas também o próprio rei do Egito reconhecerá o Senhor. Após a genealogia, Moisés deixa de duvidar da atenção divina para com o povo hebreu. Restam, porém, as dúvidas referentes à sua eloquência e ao faraó. Este último, por sua vez, ganhará agora uma atenção especial de Deus.

7,1-7 Por mais que o faraó não esteja disposto a escutar (v. 4; Ex 6,12.20), o Senhor insiste na libertação de quem é brutalmente subjugado a trabalhos forçados. O opressor, sem compreender que os oprimidos merecem estar livres, será confrontado, por meio do profeta, com a vontade do Deus de Israel (v. 1; Ex 4,16), a qual se tornará visível nos múltiplos sinais (v. 3). A idade avançada dos irmãos líderes (v. 7; Sl 90,10) indica sabedoria e disponibilidade incansável (Jó 32,7).

ÊXODO 7

saírem, os egípcios irão saber que eu sou o SENHOR". **⁶** Moisés e Aarão fizeram como o SENHOR lhes ordenara. Assim fizeram. **⁷** Quando falaram ao faraó, Moisés tinha oitenta anos, e Aarão, oitenta e três.

Transferência do poder

⁸ O SENHOR disse a Moisés e a Aarão: **⁹** "Quando o faraó vos falar: 'Oferecei um prodígio em vosso favor!', dirás a Aarão: 'Toma teu cajado e lança-o diante do faraó! Que se transforme em réptil!'" **¹⁰** Moisés, com Aarão, apresentou-se ao faraó. Fizeram como o SENHOR ordenara. Aarão lançou seu cajado diante do faraó e de seus servos, e em um réptil se transformou. **¹¹** Então o faraó também chamou os sábios e os que praticam feitiçaria. E fizeram também eles, os magos dos egípcios, a mesma coisa com suas ciências ocultas. **¹²** Cada um lançou seu cajado. Transformaram-se em répteis, mas o cajado de Aarão engoliu os cajados deles. **¹³** Contudo, o coração do faraó se fez forte. Não os escutou, conforme o SENHOR falara.

Primeira praga: as águas sangrentas

¹⁴ O SENHOR disse a Moisés: "O coração do faraó está pesado; recusou-se a enviar o povo. **¹⁵** Vai ao faraó pela manhã! Quando ele sair para a água, tu te posicionarás para encontrá-lo à beira do rio. Em tua mão, tomarás o cajado que se transformou em serpente. **¹⁶** Dirás a ele: 'O SENHOR, Deus dos hebreus, me enviou a ti para dizer: Envia meu povo, para que me sirva no deserto! Mas eis que, até agora, não tens escutado. **¹⁷** Assim diz o SENHOR: Nisto saberás que eu sou o SENHOR: com o cajado, que está em minha mão, eu ferirei as águas que estão no rio. Em sangue se transformarão. **¹⁸** E morrerão os peixes que estão no rio. O rio cheirará mal, e os egípcios não conseguirão beber a água do rio'".

7,8-13 Moisés e Aarão reiniciam as negociações com o faraó (Ex 5,1-5). O cajado usado pelos dois irmãos já se tinha transformado em serpente (Ex 4,2-4). Desta vez, porém, parece ser um réptil ainda maior, pois a palavra hebraica pode indicar, além da serpente, um crocodilo (Ez 29,3) ou um monstro marinho (Gn 1,21). Contudo, embora o enviado pelo Senhor demonstre sua superioridade (Nm 17,21-26), o opressor se revela insensível ao poder divino.

7,14-25 As narrativas sobre as pragas referem-se a fenômenos da natureza. A primeira explora a coloração vermelha do Nilo na época da cheia, quando o rio carrega sedimentos que lhe dão tal tonalidade. Essa excepcionalidade, porém, é apresentada como originada por Deus, pois tudo ocorre de forma anunciada e em dimensões gigantescas. Mesmo assistindo à destruição de dois importantes recursos naturais – água para beber e peixes para comer –, o faraó não se solidariza com o povo sofrido. Pelo contrário, dá as costas inclusive aos por ele governados. Até os magos egípcios usam sua arte para, em vez de ajudar, prejudicar o povo (v. 22). O faraó, confiando em sua força, continua indiferente à identidade do Deus dos hebreus (vv. 22-23).

145

ÊXODO 7–8

Ex

19 O Senhor disse a Moisés: "Dize a Aarão: 'Toma teu cajado e estende tua mão sobre as águas do Egito, sobre seus canais, sobre seus rios, sobre suas lagoas e sobre todo reservatório de suas águas, para que se tornem sangue! Haverá sangue em toda a terra do Egito, tanto nas árvores como nas pedras'". **20** Moisés e Aarão fizeram como o Senhor lhes ordenara. Ou seja, levantou o cajado e, diante dos olhos do faraó e dos servos dele, feriu as águas que estavam no rio. E todas as águas que estavam no rio se transformaram em sangue. **21** Os peixes que estavam no rio morreram. O rio cheirou mal, e os egípcios não podiam beber das águas do rio. Por toda a terra do Egito, houve sangue. **22** Os magos egípcios, porém, com suas ciências ocultas, fizeram o mesmo. Então o coração do faraó se fez forte e, conforme o Senhor falara, não os escutou. **23** O faraó se virou e entrou em sua casa. Também não colocou nisso seu coração. **24** Então todos os egípcios cavaram por água para beber nos arredores do rio, pois não podiam beber das águas do rio. **25** Completaram-se sete dias após o Senhor ter ferido o rio.

Segunda praga: as rãs

26 O Senhor disse a Moisés: "Apresenta-te ao faraó e dize-lhe: 'Assim diz o Senhor: Envia meu povo, para que me sirva! **27** Caso tu te recuses a enviá-lo, eis que eu, com rãs, golpearei todo o teu território. **28** O rio fervilhará de rãs. Subirão e entrarão em tua casa, no aposento de teu leito e sobre tua cama, na casa de teus servos e no meio de teu povo, em teus fornos e em tuas amassadeiras. **29** As rãs subirão em ti, em teu povo e em todos os teus servos'".

8 **1** O Senhor disse a Moisés: "Dize a Aarão: 'Com teu cajado, estende tua mão sobre os canais, sobre os braços do Nilo e sobre as lagoas! Faze as rãs subirem sobre a terra do Egito!'" **2** Aarão estendeu sua mão sobre as águas do Egito. As rãs subiram e cobriram a terra do Egito. **3** No entanto, os magos, com suas ciências ocultas, fizeram o mesmo. Fizeram as rãs subirem sobre a terra do Egito. **4** Então o faraó clamou por Moisés e Aarão e disse: "Rogai ao Senhor, para que afaste as rãs de mim e de meu povo! Vou enviar o povo, para que ofereça um sacrifício ao Senhor". **5** Moisés disse ao faraó: "Gloria-te por minha causa! Quando devo rogar por ti, por teus servos e por teu povo, para eliminar as rãs de

---

7,26–8,11 Não reagindo ao anúncio da praga das rãs, o faraó continua a insistir na opressão (vv. 26-29). Contudo, provocada por Aarão (vv. 1-2) e aumentada de forma irracional pelos magos (v. 3; Ex 7,22), a catástrofe atinge até o governante. Por isso, em meio à aflição, este pede a oração de Moisés e promete a libertação do povo oprimido (v. 4). No entanto, a superação do sofrimento (v. 11) e a demonstração da incomparabilidade do Senhor (v. 6) não levam o faraó a cumprir sua promessa.

ÊXODO 8

ti e de tuas casas? Que restem somente no Nilo!" **6** Disse: "Para amanhã!" Então Moisés disse: "Seja conforme tua palavra, para que saibas que não existe igual ao SENHOR, nosso Deus! **7** As rãs se afastarão de ti, de tuas casas, de teus servos e de teu povo. Somente restarão no Nilo". **8** Moisés e Aarão, então, saíram da presença do faraó. E Moisés gritou ao SENHOR por causa das rãs que este colocara para o faraó. **9** O SENHOR agiu conforme a palavra de Moisés, e, nas casas, nos átrios e nos campos, as rãs morreram. **10** Amontoaram-nas, montão por montão, e a terra cheirou mal. **11** O faraó viu que houve alívio e deu peso a seu coração. Não os escutou, conforme o SENHOR tinha falado.

Terceira praga: os mosquitos

12 O SENHOR disse a Moisés: "Dize a Aarão: 'Estende teu cajado e fere o pó da terra, para que em toda a terra do Egito se torne mosquitos!'" **13** E fizeram assim. Com seu cajado, Aarão estendeu sua mão e feriu o pó da terra. Houve mosquitos sobre o ser humano e o gado. Na terra inteira do Egito, todo o pó da terra se tornou mosquitos. **14** Então os magos, com suas ciências ocultas, fizeram o mesmo, a fim de fazer os mosquitos saírem, mas não foram capazes. E houve mosquitos sobre o ser humano e o gado. **15** Então os magos disseram ao faraó: "Isso é o dedo de Deus". O coração do faraó, porém, se fez forte. Assim como o SENHOR tinha falado, não os escutou.

Quarta praga: as moscas

16 O SENHOR disse a Moisés: "Levanta-te logo de manhã e posiciona-te diante do faraó, sendo que está saindo à água, e dize-lhe: 'Assim disse o SENHOR: Envia meu povo, para que me sirva! **17** Se não fores tu quem envia meu povo, serei eu quem enviará as moscas contra ti, contra teus servos, contra teu povo e contra tuas casas. E as moscas encherão as

---

8,12-15 A imagem do pó (vv. 12-13), símbolo da numerosidade (Gn 13,16) e transitoriedade ou limitação (Gn 2,7; 3,19), sublinha a extensão do sofrimento provocado pela praga dos mosquitos, atingindo homem e gado. Os magos, experimentando agora os limites de suas habilidades, vislumbram o dedo do Senhor nos acontecimentos (Ex 31,18), enquanto o faraó permanece insensível aos acontecimentos.

8,16-28 O envio das moscas corresponde à resistência do faraó em enviar o povo (vv. 16-17), com o agravante de o partidarismo do Senhor ganhar visibilidade em Gósen, região no leste do delta do rio Nilo (v. 18; Gn 45,10; 46,28). Todavia, o Deus dos filhos de Israel é soberano também no meio da terra dos egípcios (v. 18). O faraó reage aos danos (v. 20; Ex 12,13.23), mas com a intenção de impor limitações. Moisés, por sua vez, rejeita celebrar sacrifícios na terra, sendo que os animais sacrificados, na visão religiosa dos egípcios, são venerados como representações de divindades (vv. 21-22). Contudo, mesmo alertado sobre a importância de não insistir na enganação (v. 25), o faraó, após ter seu pedido atendido, novamente não honra sua palavra (v. 28).

147

casas dos egípcios e também o solo sobre o qual elas estarão. **18** Naquele dia, porém, tratarei com diferença a terra de Gósen, na qual permanece meu povo, para que ali não tenha moscas, a fim de que saibas que eu sou o Senhor no meio da terra. **19** Estabelecerei uma diferença entre meu povo e teu povo. Amanhã ocorrerá esse sinal'". **20** E o Senhor fez assim. Moscas pesadas entraram na casa do faraó, na casa de seus servos e em toda a terra do Egito. E a terra foi danificada.

21 Então o faraó chamou Moisés e Aarão e disse: "Ide! Oferecei um sacrifício a vosso Deus na terra!" **22** Moisés, porém, disse: "Não é seguro agir assim, porque seria algo detestável para os egípcios. Ofereceremos um sacrifício ao Senhor, nosso Deus. Mas, se oferecermos um sacrifício detestável aos olhos dos egípcios, não nos apedrejarão? **23** Andaremos um caminho de três dias no deserto e ofereceremos um sacrifício ao Senhor, nosso Deus, assim como ele nos diz". **24** O faraó disse: "Eu vos envio, para que ofereçais no deserto um sacrifício ao Senhor, vosso Deus. Apenas não vos distancieis demasiadamente ao andar! Rogai por mim!" **25** Então disse Moisés: "Eis que eu saio de junto de ti e rogarei ao Senhor, para que amanhã afaste as moscas do faraó, de seus servos e de seu povo. Que o faraó apenas não continue a enganar, não enviando o povo para oferecer um sacrifício ao Senhor!" **26** Moisés, pois, saiu de junto do faraó e rogou ao Senhor. **27** E o Senhor agiu de acordo com a palavra de Moisés. Afastou as moscas do faraó, dos servos e do povo dele. Não restou uma só. **28** Contudo, o faraó, também desta vez, deu peso a seu coração e não enviou o povo.

Quinta praga: a peste dos animais

9 **1** O Senhor disse a Moisés: "Apresenta-te ao faraó e fala-lhe: 'Assim diz o Senhor, o Deus dos hebreus: Envia meu povo, para que me sirva! **2** Entretanto, se tu te recusares a soltá-lo e, mais uma vez, o forçares, **3** eis que a mão do Senhor estará sobre tua propriedade, a qual está no campo. Haverá uma peste muito pesada sobre os cavalos, sobre os jumentos, sobre os camelos, sobre o gado grande e sobre o gado pequeno. **4** E o Senhor fará diferença entre a propriedade de Israel e a propriedade dos egípcios. Não morrerá uma só coisa de tudo o que pertence aos filhos de Israel'". **5** Então o Senhor fixou um prazo: "Amanhã o Senhor realizará isso na terra".

9,1-7 O faraó nega novamente o pedido para libertar os hebreus (v. 2). Agora provoca a morte dos animais dos egípcios, a qual prefigura a morte dos primogênitos na décima praga (Ex 12,29-36). Comumente, a peste acompanha maldições e julgamentos divinos (Ex 5,3; Lv 26,25; Dt 28,21). Desta vez, porém, o faraó está menos seguro, pois manda investigar os acontecimentos, mas mesmo assim continua a insistir em sua obstinação (v. 7).

ÊXODO 9

⁶ No dia seguinte, o Senhor realizou isso. Toda a propriedade dos egípcios morreu, ao passo que não morreu uma só coisa da propriedade dos filhos de Israel. ⁷ E o faraó mandou verificar: eis que não morrera uma só coisa da propriedade de Israel. Contudo, o coração do faraó ficou pesado. Não soltou o povo.

Sexta praga: os furúnculos

⁸ O Senhor disse a Moisés e Aarão: "Tomai para vós cinza do forno, enchendo vossos punhados, para que Moisés, diante dos olhos do faraó, a atire ao céu! ⁹ Sobre toda a terra do Egito se tornará poeira. E, em toda a terra do Egito, se tornará, sobre o homem e sobre o gado, furúnculos que florescerão como bolhas".

¹⁰ E tomaram a cinza do forno e ficaram de pé diante do faraó. Moisés a atirou ao céu, e ela se tornou furúnculos, fazendo brotar bolhas no homem e no gado. ¹¹ Os magos, porém, em face dos furúnculos, não suportaram ficar em pé diante de Moisés. De fato, houve furúnculos nos magos e em todos os egípcios. ¹² O Senhor tornou forte o coração do faraó, mas este não os escutou, assim como o Senhor tinha falado a Moisés.

Sétima praga: o granizo

¹³ O Senhor disse a Moisés: "Levanta-te logo de manhã e posiciona-te diante do faraó! Dize-lhe: 'Assim disse o Senhor, o Deus dos hebreus: Envia meu povo, para que me sirva! ¹⁴ De fato, desta vez, eu enviarei todas as minhas pragas até teu coração, a teus servos e a teu povo, para que saibas que, em toda a terra, não existe ninguém se-

---

9,8-12 Com a cinza ou fuligem jogada ao céu, Moisés ilustra, diante do faraó, que a doença seguinte é o resultado da atuação de Deus (Dt 28,27.35), sendo que nem os magos, mencionados pela última vez, conseguem se defender contra tal mal. Não há arte que resista à vontade do Senhor. Contudo, este mesmo Deus age agora, pela primeira vez, de forma direta no coração do faraó. Apesar de saber da provável incapacidade do governante em atender aqueles que insistem na liberdade dos oprimidos, Deus permite que o opressor tome sua decisão com o máximo de autonomia e capacidade reflexiva, ou seja, com o coração cumprindo sua função (1Rs 3,9).

9,13-35 Deus alerta o faraó sobre o sentido das pragas. Elas significam o reconhecimento da incomparabilidade do Senhor (v. 14), e não a eliminação do faraó ou do povo egípcio (v. 15). Aliás, Deus evita maiores danos (v. 19). Entre os egípcios, por sua vez, surgem duas posturas. Alguns dos servos do faraó se salvam, por levarem a palavra do Senhor a sério, outros não (vv. 20-21). A praga do granizo é acompanhada por trovões e fogo, assemelhando-se a uma teofania (vv. 23-24; Ex 19,16-18). Impressionado com o poder do Senhor, o faraó reconhece a própria culpa, a qual contrasta com a justiça do Deus dos hebreus (v. 27). Moisés, no entanto, deixa claro que a confissão do faraó não significa um verdadeiro respeito pelo Senhor (v. 30). Superada a praga, o pecado do governante de coração duro continua (vv. 34-35).

ÊXODO 9

melhante a mim. **15** Porque, caso eu já tivesse estendido minha mão e ferido com a peste a ti e a teu povo, terias sido eliminado da terra. **16** Contudo, eu te fiz permanecer para te fazer ver meu poder, a fim de registrar meu nome em toda a terra. **17** Ainda procedes altivamente contra meu povo, sem soltá-lo. **18** Eis que amanhã, neste horário, farei chover um granizo muito pesado, como não houve no Egito desde o dia de sua fundação até hoje. **19** Manda recolher agora tua propriedade, tudo que é teu no campo! Todo homem e todo animal que se encontrarem no campo e não forem reunidos dentro da casa, ao cair sobre eles o granizo, morrerão'".

20 Quem dos servos do faraó temia a palavra do SENHOR fugiu, com seus servos e com sua propriedade, para dentro das casas. **21** Quem, porém, não pôs seu coração na palavra do SENHOR abandonou seus servos e sua propriedade no campo.

22 O SENHOR disse a Moisés: "Estende tua mão aos céus, para que haja granizo sobre toda a terra do Egito, sobre o homem, sobre o gado e sobre cada planta do campo na terra do Egito!" **23** Moisés, então, estendeu seu cajado aos céus, e o SENHOR soltou trovoadas e granizo. Um fogo foi até a terra, e o SENHOR fez chover granizo sobre a terra do Egito. **24** Houve granizo e fogo lampejando em meio ao granizo. Era muito pesado. Jamais houvera igual a ele em toda a terra do Egito, desde que se tornara uma nação. **25** Em toda a terra do Egito, o granizo feriu tudo o que estava no campo, desde o homem até o gado. O granizo feriu cada planta no campo. Toda a árvore no campo quebrou. **26** Somente na terra de Gósen não houve granizo, pois ali estavam os filhos de Israel.

27 O faraó mandou chamar Moisés e Aarão. Disse-lhes: "Pequei desta vez. O SENHOR é o justo. Eu e meu povo somos os perversos. **28** Rogai ao SENHOR para que as trovoadas de Deus e o granizo sejam suficientes! Então vos enviarei. Não continuareis parados". **29** Moisés lhe disse: "Quando eu sair da cidade, estenderei as palmas de minhas mãos ao SENHOR. As trovoadas cessarão, e não haverá mais o granizo, para que saibas que a terra é do SENHOR. **30** Quanto a ti e a teus servos, soube que ainda não temeis o SENHOR Deus". **31** O linho e a cevada foram feridos, porque a cevada estava com espigas, e o linho, com botão. **32** O trigo e o centeio, porém, não foram feridos, porque eles são tardios.

33 Moisés, pois, saiu de junto do faraó e da cidade e estendeu as palmas de suas mãos ao SENHOR. Cessaram as trovoadas e o granizo. Não se derramou chuva em direção à terra. **34** Então o faraó viu que a chuva tinha cessado, assim como o granizo e as trovoadas. Continuou a pecar e deu peso a seu coração. Ele e seus servos. **35** O coração do faraó se fez forte. E não soltou os filhos de Israel, conforme o SENHOR falara por Moisés.

ÊXODO 10

Oitava praga: os gafanhotos

10¹ O SENHOR disse a Moisés: "Apresenta-te ao faraó, porque eu darei peso ao coração dele e de seus servos, a fim de eu colocar esses meus sinais em seu interior, ² e a fim de que enumeres, aos ouvidos de teu filho e do filho de teu filho, o que provoquei entre os egípcios e os sinais que lhes impus! Então saberão que eu sou o SENHOR". ³ Moisés e Aarão se apresentaram ao faraó e lhe disseram: "Assim disse o SENHOR, Deus dos hebreus: 'Até quando te recusas a humilhar-te diante de mim? Envia meu povo, para que me sirva! ⁴ Porque, se te recusares a enviar meu povo, eis que amanhã eu farei chegar a teu território uma espécie de gafanhoto. ⁵ Cobrirá o visível da terra, e não se poderá ver a terra. Devorará o que escapou, ou seja, o que restou para vós do granizo. E devorará todo tipo de árvore que, para vós, brota no campo. ⁶ Encherão tuas casas, as casas de teus servos e as casas de todos os egípcios. Até hoje, teus pais e os pais de teus pais nunca viram algo assim, desde o dia de sua estada sobre o solo até este dia'". Virou-se e saiu de junto do faraó. ⁷ Os servos do faraó lhe disseram: "Até quando esse será uma cilada para nós? Envia os homens, para que sirvam ao SENHOR, seu Deus! Ainda não sabes que o Egito pereceu?"

⁸ Trouxeram Moisés e Aarão de volta ao faraó, o qual lhes disse: "Ide e servi ao SENHOR, vosso Deus! Quais, porém, são os que vão?" ⁹ Moisés disse: "Queremos ir com nossos jovens e nossos velhos. Queremos ir junto com nossos filhos e nossas filhas, com nosso gado pequeno e nosso gado grande, porque para nós é uma festa do SENHOR". ¹⁰ Contudo, o faraó lhes disse: "Que o SENHOR esteja convosco logo que eu soltar a vós e àqueles dentre vós que caminham a passos miúdos! Vede quanta malícia sobre vossa face! ¹¹ Não será assim. Ide, pois, vós, os homens, e servi ao SENHOR, porque é isso que vós procurais!" E os expulsaram de diante do faraó.

10,1-20 Deus atribui peso ao coração do faraó (v. 1), honrando a decisão autônoma do governante. Quer que este entenda os sinais da atuação do Senhor e que a falta de humildade e, consequente, a insistência na opressão provocam somente catástrofes (vv. 2-3). Nesse sentido, o anúncio de uma invasão incomparável de gafanhotos avisa sobre um futuro marcado pela fome e pela morte. Enfim, por mais que os servos palacianos avisem o faraó a respeito do perigo (v. 7), este, ao negociar novamente com Moisés e Aarão, apenas usa a ironia para reagir à ideia de que o projeto religioso da libertação há de incluir os dois gêneros, todas as idades e o gado (vv. 8-11). O governante imagina que, ao ceder apenas parcialmente, esteja satisfazendo as exigências do povo (v. 11). A praga dos gafanhotos, no entanto, é provocada em conjunto por Moisés e pelo Senhor (vv. 12-13). A ação enérgica (v. 14) e o perigo de morte (v. 17) resultam em pressa e em reconhecimento de culpa por parte do faraó (v. 16), mas não em preocupação com a sobrevivência do povo. Moisés, por sua vez, se revela como quem intercede por seu inimigo (v. 18). Contudo, nem a experiência de alívio nem a insistência de Deus na força do coração do faraó levam este a descobrir a necessidade de libertar os oprimidos por ele (v. 20).

151

ÊXODO 10

¹² Então o SENHOR disse a Moisés: "Estende tua mão sobre a terra do Egito por causa dos gafanhotos, a fim de que subam para a terra do Egito e devorem toda a relva da terra, tudo o que o granizo deixou sobrar!" **¹³** Moisés estendeu seu cajado sobre a terra do Egito e, durante todo aquele dia e toda aquela noite, o SENHOR conduziu um vento leste pela terra. Fez-se manhã, e o vento leste carregou os gafanhotos. **¹⁴** Os gafanhotos subiram por toda a terra do Egito e pousaram em todo o território do Egito. Eram muito pesados. Antes disso não havia gafanhotos como esses. E depois disso não haveria igual. **¹⁵** E cobriram o visível de toda a terra. A terra ficou em trevas. Devoraram todo o feno da terra e cada árvore frutífera que o granizo deixara restar. E, em toda a terra do Egito, não foi deixado como resto nenhum verde nas árvores e nas plantas do campo.

¹⁶ O faraó se apressou a chamar Moisés e Aarão e disse: "Pequei contra o SENHOR, vosso Deus, e contra vós. **¹⁷** Mas agora, pois, carregai meu pecado, somente desta vez, e rogai ao SENHOR, vosso Deus, para que somente afaste de mim essa morte!" **¹⁸** Então saiu de junto do faraó e rogou ao SENHOR. **¹⁹** E o SENHOR mudou muito duramente o vento do mar, que carregou os gafanhotos e os soprou em direção ao mar dos Juncos. Não restou um único gafanhoto em todo o território do Egito. **²⁰** O SENHOR tornou forte o coração do faraó, mas este não soltou os filhos de Israel.

Nona praga: as trevas

²¹ O SENHOR disse a Moisés: "Estende tua mão aos céus, para que haja trevas sobre a terra do Egito! Que as trevas possam ser apalpadas!" **²²** Moisés estendeu sua mão aos céus, e, por três dias, houve trevas escuras em toda a terra do Egito. **²³** Ninguém viu seu irmão e, por três dias, ninguém se ergueu de seu lugar, mas, para todos os filhos de Israel, nas habitações deles, houve luz.

²⁴ O faraó chamou Moisés e disse: "Ide e servi ao SENHOR! Fiquem somente vosso gado pequeno e vosso gado grande! Também os de passos miúdos entre vós poderão ir convosco". **²⁵** Mas Moisés disse: "Tu também precisas dar sacrifícios e holocaustos em nossas mãos, para que os preparemos para o SENHOR, nosso Deus. **²⁶** Também nossa propriedade irá conosco. Não restará um casco, porque dela será tomado para servir ao SENHOR, nosso Deus. Pois, até nossa chegada ali, nós não sabemos como devemos servir ao SENHOR".

10,21-29 O sinal das trevas recorda a situação anterior à criação (Gn 1,2) e faz imaginar um momento de juízo (Dt 28,29; Is 8,22; Jl 2,2; Am 5,18; Sf 1,15). A praga talvez aluda a uma tempestade de areia cuja extensão geográfica e temporal ultrapassa qualquer experiência anterior. Quando o rei do Egito retoma as negociações, Moisés ironicamente oferece a possibilidade de o faraó contribuir com os sacrifícios ao Senhor (v. 25; Ex 10,9). Todavia, apesar do apoio divino, agora o faraó interrompe definitivamente as negociações a respeito da libertação dos oprimidos (v. 28).

ÊXODO 10–11

²⁷ O SENHOR tornou forte o coração do faraó, mas este não se dispôs a soltá-los. ²⁸ O faraó lhe disse: "Vai-te de mim! Cuida-te! Que não continues a ver meu semblante! Porque morrerás no dia de tu veres meu semblante". ²⁹ Moisés disse: "Como falaste! Não verei mais teu semblante".

Anúncio da décima praga

11

¹ O SENHOR disse a Moisés: "Farei vir somente mais uma praga sobre o faraó e sobre o Egito. Depois disso, ele vos enviará daqui. Quando vos enviar inteiramente, de fato, vos expulsará daqui. ² Fala, por favor, aos ouvidos do povo, a fim de que homem e mulher peçam a seu companheiro e sua companheira utensílios de prata e utensílios de ouro!"

³ O SENHOR infundiu nos olhos dos egípcios comiseração pelo povo. Até mesmo Moisés se tornou um homem muito grande na terra do Egito, seja aos olhos dos servos do faraó, seja aos olhos do povo.

⁴ Então Moisés disse: "Assim diz o SENHOR: 'Cerca de meia-noite, eu sairei; estarei no meio dos egípcios. ⁵ Na terra do Egito, morrerá todo primogênito, desde o primogênito do faraó, que sobre o trono deste se assentaria, até o primogênito da criada, a qual está atrás do moinho, e todo primogênito do gado. ⁶ Haverá um grande grito em toda a terra do Egito. Como este, nunca houve. E, como este, não haverá mais. ⁷ Para os filhos todos de Israel, porém, nem um cão aguçará sua língua, seja contra o homem, seja contra o gado, para que saibais que o SENHOR distingue entre o Egito e Israel. ⁸ Então todos estes teus servos descerão a mim e se prostrarão diante de mim, dizendo: 'Sai, tu e todo o povo que está a teus pés!' Depois disso, sairei". E, com ira inflamada, saiu de junto do faraó.

11,1-10 Ainda, provavelmente, na frente do faraó, Moisés escuta outro discurso de Deus. Este comunica a seu enviado a décima praga, o golpe final contra o faraó e o Egito. Depois dela, os filhos de Israel serão expulsos do Egito (v. 1). O povo dos oprimidos, por sua vez, deve compreender mais uma vez que o êxodo inclui a transferência de bens (v. 2; Ex 3,21-22; 12,35). Em contrapartida, o faraó está cada vez mais isolado. Seus servos e seu povo descobrem a grandeza de Moisés. Embora tenham sofrido com as pragas, são favoráveis aos israelitas e a seu líder (v. 3). A continuação do discurso de Moisés dirigido ao faraó (vv. 4-8) anuncia a saída do Senhor (v. 4). Este, ao atingir todos os primogênitos egípcios, desde seres humanos até animais, se oporá justamente a quem representa vigor e força varonil (v. 5; Gn 49,3). Assim, o grito dos egípcios refletirá o grito dos israelitas (v. 6; Ex 2,23; 3,7.9). Estes últimos, porém, serão poupados, sendo que nenhum cão avançará contra eles (v. 7). Os servos do faraó, por sua vez, irão se prostrar diante de Moisés e do Deus dele, descendo de seu lugar supostamente mais alto. Assim, o conflito chega a seu ápice. O objetivo é a saída dos israelitas, de seu Deus e de Moisés, sem que haja espaço para outras negociações com o faraó (v. 8). Caso, pois, este último continue a insistir em não escutar o enviado de Deus, as catástrofes, conforme previsto, se tornarão maiores e mais numerosas (v. 9; Ex 7,3-4). Elas são um alerta, para que o faraó abra seu coração à libertação dos por ele oprimidos. Mas isso, mais uma vez, não se realiza (v. 10).

ÊXODO 11–12

9 O SENHOR dissera a Moisés: "O faraó não vos escutará, a fim de que meus prodígios se tornem numerosos na terra do Egito". **10** Moisés e Aarão realizaram todos esses prodígios diante do faraó, e o SENHOR tornou forte o coração do faraó. Contudo, este não enviou os filhos de Israel de sua terra.

Instruções de Deus a respeito da Páscoa

12 **1** O SENHOR disse a Moisés e Aarão na terra do Egito: **2** "Este mês será o começo dos meses para vós. Ele é o primeiro em relação aos meses do ano. **3** Falai a toda a comunidade de Israel: 'No décimo deste mês, cada um tome para si um gado miúdo por família paterna, um gado miúdo por casa! **4** Se a família for pequena demais para um gado miúdo, então ela e seu vizinho, o mais próximo à sua casa, o tomem, segundo o número de pessoas! Calculareis o gado miúdo conforme o que cada um come. **5** Será, para vós, um gado miúdo perfeito, macho de um ano. Dos cordeiros ou dos cabritos o tomareis. **6** Será guardado por vós até o dia catorze deste mês. E, pela tarde, toda a reunião da comunidade de Israel o abaterá. **7** Tomarão do sangue e o colocarão sobre as ombreiras e a verga, ou seja, sobre as casas nas quais o comem. **8** Comerão a carne nesta noite, assada no fogo. Com ázimos e ervas amargas a comerão. **9** Não comereis dela cozida em água fervida. Pelo contrário, assada no fogo; também sua cabeça, junto com suas pernas e suas vísceras. **10** Nada deixareis restar dele até a manhã. O que, porém, dele tiver sobrado até a manhã queimareis no fogo. **11** E assim o comereis: quadris cingidos, vossas sandálias em vossos pés e vossa vara em vossas mãos. Com pressa o comereis. Essa é uma Páscoa para o

---

12,1-14 O bloco 12,1–13,16 reúne diversos materiais. De um lado, faz a narrativa sobre o êxodo avançar. Do outro, introduz diversas prescrições, sobretudo a respeito da festa da Páscoa. Inicialmente, é apresentada uma nova ordem de calendário (vv. 2-3; Ex 23,6; 34,22). Agora o "mês" da saída do Egito deve ser o primeiro mês do ano. Trata-se do mês de Abib (Ex 13,4) ou Nisã (Ne 2,1), que corresponde ao período de março/abril. A comunidade de Israel é formada por famílias e por seus vizinhos que celebram a Páscoa, sendo que a refeição conjunta favorece a comunhão e a solidariedade, mesmo em terra estrangeira (vv. 3-4). Os três dias entre a escolha – décimo do mês (v. 3) – e o abatimento do animal – décimo quarto do mês (v. 6) – permitem uma reflexão ampla. Talvez se trate de uma referência aos "três dias de trevas escuras" (Ex 10,22). O sangue recolhido representa simbolicamente a vida (vv. 7.22). A refeição inclui, além da carne do animal, os pães ázimos, feitos somente de farinha e água, sendo eles representantes da vida nova, e as ervas amargas, que lembram o sofrimento no Egito (v. 8; Ex 1,14). Tudo será comido em espírito de partida, ou seja, com a emoção e a inquietação de quem experimentará uma mudança significativa na vida (v. 11). Em hebraico, o termo "Páscoa" provém da raiz verbal "passar" ou "pular favoravelmente". Deus anuncia sua travessia, a qual, para os deuses egípcios e os que neles depositam sua confiança, resulta em ferimento terrível, enquanto, para os israelitas, em clemência (vv. 12-13). O acontecimento extraordinário, por sua vez, deve resultar em memória e celebração anual para sempre (v. 14).

ÊXODO 12

SENHOR. [12] Nessa noite, atravessarei a terra do Egito. Ferirei todo primogênito na terra do Egito, desde o homem até o gado. E realizarei julgamentos sobre todos os deuses do Egito. Eu sou o SENHOR. [13] E o sangue sobre as casas será um sinal para vós de que ali vós estais. Verei o sangue e passarei por vós. Não haverá praga danosa entre vós, quando eu ferir a terra do Egito. [14] Este dia será um memorial para vós. E o celebrareis como uma celebração para o SENHOR. Em vossas gerações, vós o celebrareis como prescrição perpétua.

Instruções de Deus a respeito dos pães ázimos

[15] Durante sete dias comereis ázimos. Certamente removereis no primeiro dia a levedura de vossas casas, porque todo aquele que, entre o primeiro e o sétimo dia, comer algo fermentado, essa pessoa será eliminada de Israel. [16] No primeiro dia, haverá uma convocação sagrada e, no sétimo dia, haverá outra convocação sagrada para vós. Entre vós, nenhum trabalho será feito. Apenas o que for comido por cada pessoa será preparado por vós, somente isso. [17] Cuidareis dos ázimos, porque, exatamente nesse dia, fiz sair vossos exércitos da terra do Egito. Como uma prescrição perpétua, cuidareis desse dia em vossas gerações. [18] No primeiro mês, no dia catorze, à tarde, comereis os ázimos, até o dia vinte e um do mês, à tarde. [19] Por sete dias, não se encontrará levedura em vossas casas, porque todo aquele que come algo fermentado, essa pessoa será eliminada da comunidade de Israel, seja um imigrante, seja um nativo da terra. [20] Nada de fermentado comereis. Em todas as vossas habitações comereis ázimos'".

Transmissão das instruções aos anciãos e reação favorável do povo

[21] Moisés convocou todos os anciãos de Israel e lhes disse: "Agarrai e tomai um gado pequeno para vós e para vossas famílias, e abatei a Páscoa! [22] Tomai um feixe de hissopo e submergi-o no sangue que

12,15-20 A celebração da Páscoa se entrelaça com o ritual de comer durante sete dias pães ázimos. Convocações sagradas no primeiro e último dia emolduram a semana de festa, sendo que esses dois dias, assim como o sábado, estarão livres de trabalho (Ex 20,7). Enfim, o rito nasce da narrativa do êxodo e transmite a história da salvação às próximas gerações.

12,21-28 Enquanto Moisés passa aos anciãos a mensagem recebida de Deus (vv. 21-27), o povo o escuta e adora o Senhor (vv. 27-28; Ex 6,9). Parece existir uma confiança nova. A narrativa trabalha com duas perspectivas. De um lado, ela, olhando para o passado, descreve os acontecimentos do êxodo; em meio à sociedade violenta, Israel correu o risco da destruição, seja pelo Senhor (Ex 12,12-13), seja pelos homens, seja pela natureza (v. 23). Do outro, a narrativa olha para o futuro, insistindo em que a experiência de libertação precisa ser contada às gerações vindouras.

155

ÊXODO 12

estiver na bacia. Tocai, com o sangue que estiver na bacia, a verga e as duas ombreiras! Até a manhã, nenhum de vós sairá pela entrada de sua casa. ²³ O SENHOR avançará para golpear os egípcios e verá o sangue sobre a verga e sobre as duas ombreiras. E o SENHOR passará adiante dessa porta e não concederá ao danificador entrar em vossas casas, a fim de golpear. ²⁴ Cuidareis desta palavra por ser uma prescrição perpétua para ti e para teus filhos. ²⁵ Quando tiverdes entrado na terra que o SENHOR, como falou, vos dará, cuidareis desse serviço. ²⁶ E, quando vossos filhos vos disserem: 'Que serviço é esse para vós?', ²⁷ direis: 'Esse é o sacrifício da Páscoa para o SENHOR, o qual, no Egito, passou adiante das casas dos filhos de Israel. Ao golpear os egípcios, libertou nossas casas'". Então o povo se inclinou e se prostrou. ²⁸ Os filhos de Israel foram e fizeram o que o SENHOR ordenara a Moisés e Aarão. Assim fizeram.

Décima praga: os primogênitos, e a expulsão dos israelitas

²⁹ No meio da noite, o SENHOR feriu todo primogênito na terra do Egito, desde o primogênito do faraó, que se sentaria sobre o trono dele, até o primogênito do cativo que estava no cárcere, e todo primogênito do gado. ³⁰ Naquela noite, o faraó, todos os seus servos e todos os egípcios se levantaram. Houve um grande grito, pois não havia casa onde não houvesse um morto. ³¹ Então o faraó, de noite, chamou Moisés e Aarão e disse: "Erguei-vos e saí do meio de meu povo, tanto vós como os filhos de Israel! Ide e servi ao SENHOR como falastes! ³² Levai também vosso gado pequeno e vosso gado grande, conforme falastes! Ide e abençoai também a mim!" ³³ E os egípcios pressionaram o povo, a fim de com pressa enviá-lo da terra, pois diziam: "Todos nós seremos mortos". ³⁴ O povo carregou sua farinha amassada, antes que fermentasse, e, sobre seus ombros, suas amassadeiras, envolvidas em suas vestimentas. ³⁵ Os filhos de Israel agiram de acordo com a palavra de Moisés e solicitaram objetos de prata, objetos de ouro e vestimentas dos egípcios. ³⁶ E o SENHOR infundiu nos olhos dos egípcios comiseração pelo povo. Deixaram-nos fazer as solicitações, para que libertassem os egípcios.

12,29-36 O que foi anunciado há muito tempo, e que poderia ter evitado a catástrofe, agora acontece (Ex 4,23). A insistência na opressão violenta dos imigrantes hebreus resulta em uma morte que atinge todo o Egito. O faraó, por sua vez, muda sua postura: levanta de noite (Ex 7,23), chama novamente Moisés e Aarão (Ex 10,28), permite a saída de todos os israelitas e do gado deles (Ex 5; 10,10.24) e pede a bênção dos por ele oprimidos. A preocupação do faraó e de todo o povo egípcio permite a saída apressada, sendo que a massa de farinha não fermentada, os ázimos, se torna o símbolo do êxodo (Ex 12,15-20.39). A libertação, porém, não é só dos israelitas, mas também dos egípcios que colaboram com os oprimidos (vv. 35-36; Ex 3,21-22; 11,2).

ÊXODO 12

Notícias sobre a partida

37 Os filhos de Israel partiram de Ramsés rumo a Sucot, seiscentos mil valentes a pé, sem contar quem caminha a passos miúdos. **38** Subiu também com eles uma numerosa mescla de gente, gado pequeno e gado grande. A propriedade era muito pesada. **39** Com a massa de farinha que fizeram sair do Egito cozeram broas ázimas, pois não fermentara, porque foram expulsos pelos egípcios e não puderam demorar-se; tampouco fizeram provisões para si. **40** O período que os filhos de Israel habitaram no Egito foi de quatrocentos e trinta anos. **41** No final dos quatrocentos e trinta anos, exatamente nesse dia, todos os exércitos do Senhor saíram da terra do Egito. **42** Essa foi uma noite de vigília ao Senhor, a fim de fazê-los sair da terra do Egito. Durante todas as suas gerações, essa noite, para todos os filhos de Israel, será uma noite de vigília ao Senhor.

Celebração da Páscoa

43 O Senhor disse a Moisés e Aarão: "Esta é a prescrição da Páscoa: nenhum estrangeiro comerá dela. **44** Todo servo adquirido por prata, porém, desde que o tenhas circuncidado, comerá dela. **45** Forasteiro ou assalariado não comerá dela. **46** Em uma só casa será comida. Da carne, nada fareis sair para fora da casa. Nenhum osso lhe quebrareis. **47** Toda a comunidade de Israel fará isso. **48** Quando um imigrante se hospedar junto a ti e quiser celebrar a Páscoa para o Senhor, ao ser circuncidado todo macho com ele, se aproximará para celebrá-la. Será como um nativo da terra. Nenhum incircunciso, porém, comerá dela. **49** Será uma só instrução para o nativo e o imigrante que se hospede em teu meio". **50** Todos os filhos de Israel agiram como o Senhor ordenara a Moisés e Aarão. Assim fizeram. **51** E foi exatamente nesse dia que o Senhor fez os filhos de Israel, de acordo com seus exércitos, saírem da terra do Egito.

12,37-42 De Ramsés (Ex 1,11), cidade no leste do delta do rio Nilo, os israelitas partem para Sucot (v. 37), que, em hebraico, significa "tendas" ou "cabanas", o que lembra também a festa que guarda a memória da travessia do deserto. Os "seiscentos mil homens" (v. 37) e os "quatrocentos e trinta anos" (vv. 40-41) indicam a universalidade da intenção libertadora e a previsão ou o plano de Deus. No mais, o êxodo não é um projeto nacionalista, pois, com os israelitas, há outros que saem da sociedade opressiva (v. 38). Os libertados são os exércitos do Senhor. Existe ainda o detalhe de a vigília ao Senhor resultar na vigília comemorativa de Israel, tendo a noite como momento decisivo (v. 42).

12,43-51 Outras prescrições regulam pormenores da Páscoa. Desde que circuncidados, também servos, assalariados e imigrantes poderão participar dela. Trata-se de uma celebração limitada à casa. Na preparação da Páscoa, diferentemente dos holocaustos (Lv 1,6.8.12), não se quebra nenhum osso do animal (Nm 9,12; Ex 12,9), talvez para simbolizar a integridade da comunidade e das pessoas.

ÊXODO 13

Primogênitos

13
¹ O SENHOR falou a Moisés: ² "Consagra-me todo primogênito! O primeiro que rompe o ventre materno entre os filhos de Israel, tanto do homem como do animal, é meu".

Pães ázimos, instrução dos filhos, sinais memoriais

³ Moisés disse ao povo: "Lembra-te deste dia em que saístes do Egito, da casa dos servos, porque, com mão forte, o SENHOR vos fez sair daqui! Nada de fermentado será comido. ⁴ Hoje estão saindo, no mês de Abib. ⁵ Quando o SENHOR te fizer entrar na terra dos cananeus, heteus, amorreus, heveus e jebuseus, terra que a teus pais jurou te dar, terra que jorra leite e mel, prestarás este serviço neste mês. ⁶ Comerás pães ázimos durante sete dias. No sétimo dia, haverá uma celebração para o SENHOR. ⁷ Pães ázimos serão comidos por sete dias. Não será visto contigo algo fermentado. Não será visto contigo, em todo o teu território, algo levedado. ⁸ Anunciarás a teu filho neste dia: 'Isto é pelo que o SENHOR fez por mim ao eu sair do Egito. ⁹ Será para ti como sinal sobre tua mão e como memorial entre teus olhos, para que a instrução do SENHOR esteja em tua boca, porque, com mão forte, o SENHOR te fez sair do Egito. ¹⁰ Anualmente, cuidarás dessa prescrição dentro do prazo determinado'.

Entrega dos primogênitos

¹¹ Quando o SENHOR te fizer entrar na terra dos cananeus, conforme jurou a ti e a teus pais, e a der a ti, ¹² passarás ao SENHOR o primeiro que rompe o ventre materno. Toda a primeira cria do gado que houver para ti, caso seja macho, pertence ao SENHOR. ¹³ Todo primogênito

---

13,1-2 O nascimento do primeiro filho ou filhote é uma experiência única na vida. Destaca-se, nesse momento, o sentimento individual e coletivo de pertença a Deus e de um chamado à santidade (Ex 19,6; Lv 11,44; 19,2).

13,3-10 A primeira parte do discurso de Moisés realça que a celebração do dia da saída do Egito é acrescida dos pães ázimos, os quais devem ser comidos durante sete dias (vv. 3.6-7), do afastamento de qualquer alimento fermentado ou levedado (v. 7), de uma celebração no último dia (v. 6), da instrução dos filhos a respeito do êxodo (v. 8) e de sinais de memória a serem fixados sobre a mão e entre os olhos (v. 9; Dt 6,8; 11,18). Cada israelita deve lembrar-se da ação de Deus em favor de seu povo no mês de Abib, ou seja, no início da primavera do hemisfério norte, enquanto as espigas amadurecem. Trata-se de uma festa anual em um determinado momento, ajudando a dar estrutura ao ano.

13,11-16 A segunda parte do discurso de Moisés volta ao tema de transferir os primogênitos machos a Deus. O do jumento, único animal impuro, precisa ser substituído ou morto. Os filhos, por sua vez, precisam ser resgatados por uma oferta de cinco siclos, segundo o siclo do santuário (Nm 3,47; 18,16). A instrução dos filhos pelos pais destaca que a obstinação do faraó provocou a reação do Senhor.

ÊXODO 13

do jumento resgatarás com um gado miúdo. Se não o resgatares, tu o desnucarás. Resgatarás todo primogênito do homem entre teus filhos. **14** Quando, amanhã, teu filho te questionar: 'Que é isso?', tu lhe dirás: 'Com mão forte, o SENHOR nos fez sair do Egito, da casa dos servos. **15** Quando o faraó mostrou dureza para nos enviar, o SENHOR matou todo primogênito no Egito, do primogênito do homem até o primogênito do gado. Por isso, eu ofereço em sacrifício ao SENHOR todo primeiro que rompe o ventre materno, no caso, os machos. Todo primogênito de meus filhos, porém, resgatarei. **16** Isso será um sinal sobre tua mão e filactérios entre teus olhos, porque, com mão forte, o SENHOR nos fez sair do Egito'".

PARTIDA DO EGITO E PASSAGEM PELO MAR DOS JUNCOS

Passagem pelo mar dos Juncos

17 Ora, quando o faraó enviou o povo, Deus não o guiou pelo caminho da terra dos filisteus, embora esse fosse o mais próximo, porque Deus dissera: "Para que o povo não se arrependa ao avistar-se com um combate e

---

13,17–14,31 Conduzido por Deus, o povo não toma a rota mais curta. Do norte do Egito até a terra dos filisteus (Ex 13,17) seria uma marcha de duzentos e quarenta quilômetros, ou seja, de aproximadamente dez dias. Reorganizados, os israelitas enfrentam um desvio longo, rumo ao mar dos Juncos, o qual, provavelmente, precisa ser identificado com os lagos Amargos na península do Sinai (Ex 13,18). Sendo água doce, nela há juncos. A tradução grega da Bíblia Hebraica (Septuaginta) identifica o lugar com o mar Vermelho. A saída da ossada de José (Ex 13,19) é definitiva, indicando que as promessas de Deus se cumprem (Gn 50,24-25; Js 24,32). Todavia, a condução e a proteção de Deus são constantes, sendo que, pela nuvem diurna, oferece sombra e, pela coluna de fogo noturna, luz e aquecimento (Ex 13,21-22). Além disso, Deus conduz o povo com seus discursos. Outra vez, indica o abandono do caminho tomado, mas também a necessidade de caminhar por etapas e de organizar um acampamento periódico (Ex 14,2). O faraó, por sua vez, se engana ao interpretar as mudanças de rota dos israelitas como desorientação (Ex 14,3). Usa a força que Deus lhe dá para investir na perseguição, em vez de apostar obedientemente nas ordens divinas (Ex 14,4). Em vez de manter a permissão de saída e o pedido de bênção anteriormente formulado (Ex 12,31-32), o faraó adota o discurso enganador de que os israelitas teriam fugido do serviço (Ex 14,5). Sem maior reflexão, mobiliza a tropa de elite e todos os carros para investir na perseguição (Ex 14,6-7). O povo de Israel, caminhando com mulheres, crianças, idosos, doentes e gado, sai com as mãos elevadas, gesto de entusiasmo e segurança (Ex 14,8). Alcançado, no entanto, pelas tropas egípcias, apavora-se (Ex 14,9-10). E seu grito ao Senhor se transforma em perguntas irônicas a Moisés (Ex 14,11-12). Com as pirâmides, o Egito, de Jati, tinha os túmulos mais famosos no mundo. E a ideia de que era melhor morrer no Egito é o resultado de pessimismo e medo, sendo que, na retrospectiva, sempre se sabe de tudo. Com isso, líder e liderados entram em conflito. Moisés, por sua vez, sem reagir de forma injuriada, opõe-se ao cultivo do medo e pede ao povo que acredite na atuação do Senhor em favor dos perseguidos (Ex 14,13-14). Mesmo assim, também Moisés fica com medo. Como o povo, o líder hebreu grita a Deus (Ex 14,10.15). Este, por sua vez, favorece que Moisés separe o mar para fazer a terra seca surgir, como na criação do mundo (Ex 14,16; Gn 1,9).

ÊXODO 13–14

volte ao Egito!" **18** Deus, então, mudou o povo de direção para o caminho do deserto do mar dos Juncos. Organizados em grupos de cinquenta, os filhos de Israel subiram da terra do Egito. **19** E Moisés levou consigo a ossada de José, porque este, de fato, fizera os filhos de Israel jurarem ao ele dizer: "Deus certamente cuidará de vós. Então fareis subir daqui convosco minha ossada". **20** Partiram de Sucot e acamparam em Etam, à margem do deserto. **21** De dia, o Senhor andava adiante deles em uma coluna de nuvens, para guiá-los pelo caminho, e, de noite, em uma coluna de fogo, para alumiá-los, a fim de que andassem de dia e de noite. **22** Diante do povo, a coluna de nuvens não se retirou durante o dia, e a coluna de fogo, durante a noite.

14 **1** O Senhor falou a Moisés: **2** "Fala aos filhos de Israel, a fim de que voltem e acampem diante de Piairot, entre Magdol e o mar, diante de Baal-Sefon! Defronte dele acampareis, junto ao mar. **3** O faraó, pois, dirá sobre os filhos de Israel: 'Eles estão errando pela terra. O deserto os encerrou'. **4** Tornarei forte o coração do faraó, para que os persiga. Vou ser honrado pelo faraó e por todo o seu exército. Os egípcios saberão que eu sou o Senhor". E fizeram assim.

5 Foi anunciado ao rei do Egito que o povo desaparecera. Então o coração do faraó e dos servos dele se mudou contra o povo. Disseram: "Que é isso que fizemos? Realmente, enviamos Israel, para que não nos servisse". **6** E atrelou seu carro de guerra e tomou seu povo consigo. **7** Tomou seiscentos carros de guerra escolhidos e todos os carros de guerra do Egito, com oficiais sobre todos eles. **8** O Senhor tornou forte o coração do faraó, rei do Egito, e este perseguiu os filhos de Israel. No entanto, os filhos de Israel saíram com mão elevada. **9** Os egípcios os perseguiram e os atingiram com todos os cavalos e carros de guerra do faraó, ou seja,

---

Pela graça divina, o povo dos anteriormente oprimidos terá como continuar sua caminhada rumo à liberdade, sendo que a derrota do poder covarde, que tantas vezes faltou à palavra e somente confia nas armas, irá aumentar a glória de Deus (Ex 14,17-18). Tanto o mensageiro como a nuvem representam a presença de Deus, que é dupla: tenebrosa para os perseguidores e luminosa para os perseguidos (Ex 14,19-20). Também a transformação do mar em terra seca, tendo a colaboração de Moisés, é provocada por Deus, sendo que o vento leste, quente e devastador, indica simbolicamente o julgamento (Ex 14,21; Sl 48,8; Jr 18,17). A imagem dos dois muros d'água permite imaginar o caminho reto, sem que seja possível desviar-se para a esquerda ou para a direita (Ex 14,22; Dt 5,32; Js 1,7). No momento clássico para a ajuda divina, o Senhor, ao restaurar a luz, confunde as tropas egípcias (Ex 14,24-25). Sabe-se, pela literatura egípcia, que, após uma chuva forte na região dos lagos Amargos, os exércitos são impedidos de avançar. Nesse momento, ocorre, por parte dos perseguidores, o reconhecimento do Deus de Israel. São suas últimas palavras. Enfim, o povo dos oprimidos experimenta a libertação definitiva, uma vez que o opressor foge, com seu poder destrutivo e desumano, ao encontro de seu próprio desastre (Ex 14,27). Israel é convidado a contemplar essa lógica na morte do faraó e de quem o apoiou, a fim de acreditar em Moisés como verdadeiro modelo de líder (Ex 14,30-31).

seus condutores e seu exército, enquanto estavam acampados junto ao mar, junto a Piairot, defronte de Baal-Sefon. **10** Quando o faraó se aproximou, os filhos de Israel levantaram seus olhos. Eis que os egípcios tinham partido para trás deles. Então os filhos de Israel temeram muito e gritaram ao Senhor. **11** Disseram a Moisés: "Por acaso nos levaste para morrer no deserto por não haver sepulturas no Egito? Por que fizeste isso conosco, ao fazer-nos sair do Egito? **12** Não foi esta a palavra que falamos a ti no Egito: 'Desiste de nós, pois queremos servir aos egípcios! É melhor para nós servir aos egípcios do que morrermos no deserto'?" **13** Moisés disse ao povo: "Não temais! Posicionai-vos! E vede a salvação do Senhor, que este hoje promoverá para vós! Porque os egípcios, que hoje vedes, jamais tornareis a vê-los. **14** O Senhor combaterá por vós, e vós emudecereis".

15 E o Senhor disse a Moisés: "Por que gritas a mim? Fala aos filhos de Israel, para que partam! **16** Tu, porém, eleva teu cajado, estende tua mão sobre o mar e fende-o, a fim de que os filhos de Israel entrem no meio do mar em seco! **17** Eis que eu torno forte o coração dos egípcios, e entrarão atrás deles. Vou ser honrado pelo faraó e por todo o seu exército, por seus carros de guerra e por seus condutores. **18** Os egípcios saberão que eu sou o Senhor, quando for honrado pelo faraó, por seus carros de guerra e por seus condutores". **19** E o mensageiro de Deus, o qual ia adiante do acampamento de Israel, partiu e foi para trás deles. Partiu também a coluna de nuvem de diante deles e se firmou atrás deles. **20** Entrou entre o acampamento dos egípcios e o acampamento de Israel. Houve a nuvem e as trevas. E a noite clareou, sem que, durante toda a noite, um se aproximasse do outro. **21** Então Moisés estendeu sua mão sobre o mar, e o Senhor, por um forte vento oriental durante toda a noite, expulsou o mar. Transformou o mar em aridez, pois as águas ficaram fendidas. **22** Os filhos de Israel entraram no meio do mar em seco. As águas ficaram para eles como uma muralha à sua direita e à sua esquerda. **23** Os egípcios os perseguiram e entraram atrás deles até o meio do mar, todos os cavalos do faraó, seus carros de guerra e seus condutores. **24** Na vigília da manhã, o Senhor, da coluna de fogo e de nuvem, dirigiu o olhar para o acampamento dos egípcios e debandou o acampamento dos egípcios. **25** Removeu as rodas de seus carros e conduziu-os com dificuldade. Então o Egito disse: "Vou fugir da presença de Israel, porque o Senhor combate por eles contra o Egito".

26 O Senhor disse a Moisés: "Estende tua mão sobre o mar, para que as águas voltem sobre os egípcios, seus carros de guerra e seus condutores!" **27** Ao amanhecer, Moisés estendeu sua mão sobre o mar, sendo que o mar voltou a seu leito. Os egípcios fugiram ao encontro dele, e o Senhor derrubou os egípcios no meio do mar. **28** As águas voltaram e encobriram os carros de guerra e os condutores de todo o exército do

ÊXODO 14–15

faraó, que haviam entrado no mar atrás deles. Não restou um só entre eles. ²⁹ Os filhos de Israel andaram em seco pelo meio do mar. As águas lhes eram como uma muralha à sua direita e à sua esquerda. ³⁰ Naquele dia, o SENHOR salvou da mão dos egípcios, e Israel viu o Egito morto à beira do mar. ³¹ Israel viu a mão grandiosa com a qual o SENHOR agira no meio dos egípcios. O povo temeu o SENHOR. Acreditou no SENHOR e em Moisés, o servo dele.

Cantos de Moisés e Miriam

15 ¹ Então, junto com os filhos de Israel, Moisés cantava este canto ao SENHOR. Disseram:

"Quero cantar ao SENHOR,
porque extremamente se sublimou;
lançou ao mar o cavalo e seu condutor.
² O SENHOR é minha força e meu salmo,
pois se tornou minha salvação.
Este é meu Deus: eu o declararei formoso;
é o Deus de meu pai: eu o exaltarei.
³ O SENHOR é um guerreiro;
SENHOR é seu nome.
⁴ Atirou ao mar os carros do faraó e a tropa dele;
a elite de seus oficiais foi afundada no mar dos Juncos.
⁵ Oceanos subterrâneos os cobrem;
como uma pedra, desceram às profundezas.
⁶ Tua direita, SENHOR, magnífico em poder,
tua direita, SENHOR, derrota o inimigo.

15,1-21 Moisés canta, acompanhado pelos israelitas (v. 1). Inicialmente, formula-se o louvor ao Senhor por este ter libertado seu povo no mar dos Juncos (vv. 1-11). Por ter derrubado algo que o homem considera alto – o cavalo e seu condutor –, o Senhor revelou sua sublimidade (v. 1). A elite das tropas faraônicas não teve como resistir ao Senhor, o qual, como guerreiro (v. 3), combateu por seu povo (Ex 14,14.25). A irritação do Senhor é demonstrada em seu inflamar-se contra quem tenta resistir-lhe (v. 7). Até o caos, simbolizado pelo mar, lhe obedece, a fim de tornar-se sepulcro para seus inimigos (v. 8). Contudo, mesmo diante do perigo mortal, os inimigos continuam a insistir na perseguição de quem já caminha rumo à liberdade (v. 9). Na segunda parte do canto (vv. 12-18), o olhar se dirige ao futuro, mas como se tudo já tivesse acontecido. Caminhando rumo à terra prometida, o povo do êxodo experimenta que a terra engole os revoltosos (v. 12; Nm 16,32-34; 26,10) e que os povos vizinhos, como a Filisteia, Edom, Moab e Canaã, hão de se calar, sendo que eles, apesar de poderosos, não conseguem impedir o avanço dos que o Senhor, por sua lealdade (v. 13; Ex 20,6; 34,6-7), libertou, a fim de que caminhe até o templo de Jerusalém, o aprisco da santidade de Deus (v. 13), monte de sua herança, lugar de sua permanência e santuário (v. 17). O canto culmina no pensamento do reinado ilimitado do Senhor (v. 18). Após retomar, de forma narrativa, a história do êxodo (v. 19), Miriam, com as demais mulheres, transforma o evento em batuque, dança e refrão cantado (vv. 1.21).

ÊXODO 15

⁷ Na abundância de tua majestade, demoles os que se erguem
contra ti;
envias teu ardor, o qual os consome como restolho.
⁸ As águas se amontoaram com o sopro de tuas narinas;
fluidos se posicionaram como um dique;
oceanos subterrâneos coalharam no coração do mar.
⁹ O inimigo disse:
'Perseguirei, atingirei, repartirei despojo;
minha alma se encherá com eles;
desembainharei minha espada,
minha mão tomará posse deles'.
¹⁰ Sopraste com teu vento, o mar os cobriu;
submergiram como chumbo em águas magníficas.
¹¹ SENHOR, quem é igual a ti entre os deuses?
Quem é igual a ti, magnífico na santidade,
temível de louvores, realizador de um milagre?
¹² Estendeste tua direita;
a terra os engolia.
¹³ Guiaste, com tua lealdade, o povo que resgataras;
dirigiste-o, com tua força, ao aprisco de tua santidade.
¹⁴ Povos escutaram disso. Estremeciam.
Medo agarrou os habitantes da Filisteia.
¹⁵ Então os chefes de Edom se apavoraram;
os poderosos de Moab: um abalo os agarrava;
todos os habitantes de Canaã estremeceram.
¹⁶ Terror e tremor caíam sobre eles;
pela grandeza de teu braço, guardavam silêncio como uma pedra,
até que passasse teu povo, ó SENHOR,
até que passasse o povo que adquiriras.
¹⁷ No monte de tua herança os fareis vir e os plantarás,
base que fizeste para tu permaneceres, ó SENHOR,
um santuário, Senhor, que tuas mãos firmaram.
¹⁸ O SENHOR reinará para sempre e eternamente".

¹⁹ Quando o cavalo do faraó, junto com seu carro e seus condutores,
entrou no mar, o SENHOR fez as águas do mar voltarem-se sobre eles. Os
filhos de Israel, porém, andaram em terra seca, no meio do mar. ²⁰ Então Miriam, a profetisa, irmã de Aarão, tomou o pandeiro em sua mão.
E todas as mulheres saíram atrás dela, com pandeiros e dança de roda.
²¹ E Miriam lhes respondeu:

"Cantai ao SENHOR,
porque extremamente se sublimou!
Lançou ao mar o cavalo e seu condutor".

ÊXODO 15–16

PASSAGEM PELO DESERTO:
DO MAR DOS JUNCOS AO MONTE SINAI

Transformação da água em Mara

²² Moisés fez Israel partir do mar dos Juncos. Saíram rumo ao deserto de Sur. Durante três dias, andaram no deserto, mas não encontraram água. ²³ Chegaram a Mara, mas não puderam beber a água de Mara, porque ela era amarga. Por isso, deram-lhe o nome de Mara. ²⁴ O povo murmurou contra Moisés: "Que vamos beber?" ²⁵ E ele gritou ao SENHOR. O SENHOR o instruiu sobre uma madeira, a qual arremessou na água. E a água se tornou doce.

Ali lhe impôs prescrição e direito, e ali o pôs à prova. ²⁶ Disse: "Se escutares realmente a voz do SENHOR, teu Deus, e fizeres o que é reto a seus olhos, se ouvires seus mandamentos e observares todas as suas prescrições, não imporei a ti nenhuma doença das que impus aos egípcios. Realmente, eu sou o SENHOR, aquele que te cura".

²⁷ Chegaram a Elim. Ali havia doze fontes de água e setenta tamareiras. Acamparam ali, junto à água.

Maná e codornizes no deserto de Sin

16 ¹ Partiram de Elim e, no décimo quinto dia do segundo mês após sua saída da terra do Egito, toda a comunidade dos filhos de Israel chegou ao deserto de Sin, entre Elim e o Sinai. ² Toda a

---

15,22-27 O êxodo continua. Inicia-se a travessia do deserto com a etapa do mar dos Juncos até o monte Sinai (Ex 15,22–19,2). O perigo não consiste mais na perseguição por parte dos egípcios, mas agora é a escassez de bens materiais que dificulta o caminho rumo à terra prometida. A palavra "Mara" significa "amargura" (v. 23). Diante da ausência de um bem material absolutamente necessário para a sobrevivência, o povo, de forma legítima, resmunga contra o líder (v. 24), o qual fez o povo partir (v. 22). Contudo, é a providência divina que provoca a superação do impasse. Em vista do futuro, anuncia-se que uma postura marcada pela escuta, retidão e prática daquilo que os mandamentos do Senhor definem fará o povo experimentar seu Deus como médico (vv. 26-27). A abundância experimentada em Elim é um primeiro sinal disso.

16,1-36 Passou-se um mês após a saída do Egito (v. 1; Ex 12,2.6.31). Embora Elim tenha oferecido conforto (Ex 15,27), a comunidade (v. 1) deve caminhar em direção ao destino final, mesmo enfrentando desvios. Ao se dirigir ao deserto de Sin (v. 1), no norte do deserto de Sur (Ex 15,22), o povo volta em direção a seu ponto de partida. A murmuração narrada (v. 2) altera as experiências feitas no Egito. Decerto, havia carne, pão e verduras no Egito (v. 3; Nm 11,5; Dt 11,10). Os israelitas, porém, em vez de usufruírem dos bens egípcios, apenas experimentaram golpes (Ex 1,13; 5,14), cargas pesadas (Ex 1,11; 6,6-7), amargura e servidão dura (Ex 1,14; 6,9). Justamente por isso, a mão grandiosa do Senhor (v. 3; Ex 14,31) agiu em favor deles, embora o povo, com a escassez de alimento no deserto, não esteja mais consciente da vontade libertadora de Deus, a qual originou o êxodo. Contudo, ao experimentarem o Senhor como quem os alimenta (v. 4), os israelitas devem pelo menos colher a dádiva divina.

ÊXODO 16

comunidade dos filhos de Israel murmurou contra Moisés e Aarão no deserto. **3** Os filhos de Israel lhes disseram: "Quem nos dera termos morrido pela mão do SENHOR na terra do Egito, quando estávamos sentados junto à panela de carne e comíamos pão até saciar-nos! De fato, vós nos fizestes sair rumo a este deserto para, de fome, levar à morte toda esta assembleia". **4** O SENHOR disse a Moisés: "Eis que do céu farei chover pão sobre vós. O povo sairá e, a cada dia, colherá a média diária. À prova o porei: será que caminha segundo minha instrução ou não? **5** E, quando, no sexto dia, prepararem o que irão trazer, será o dobro em relação ao que colhem dia após dia". **6** Moisés e Aarão disseram aos filhos de Israel: "À tarde sabereis que o SENHOR vos fez sair da terra do Egito **7** e pela manhã vereis a glória do SENHOR, quando ele tiver escutado vossas murmurações contra o SENHOR. Quem, pois, somos nós, para que murmureis contra nós?" **8** E Moisés disse: "Ao dar-vos, o SENHOR, à tarde carne para comer e pela manhã pão até saciar-vos, e ao escutar, o SENHOR, vossas murmurações, sendo que vós murmurais contra ele, quem somos nós? Vossas murmurações não são contra nós, mas contra o SENHOR". **9** Moisés disse a Aarão: "Dize a toda a comunidade dos filhos de Israel: 'Aproximai-vos do SENHOR, porque escutou vossas murmurações!'" **10** Enquanto Aarão falava a toda a comunidade dos filhos de Israel, voltaram a face ao deserto. Eis que, em uma nuvem espessa, apareceu a glória do SENHOR. **11** E o SENHOR falou a Moisés: **12** "Escutei as murmurações dos filhos de Israel. Fala-lhes: 'Ao crepúsculo da tarde, comereis carne e, pela manhã, vos saciareis de pão. Então sabereis que eu sou o SENHOR, vosso Deus'".

13 À tarde, subiram as codornizes e cobriram o acampamento; e, pela manhã, houve uma camada de orvalho ao redor do acampamento.

À comunidade cabe, pois, a disciplina diária de trabalho e a observância da Torá (v. 4), em especial em vista da sobra dos bens materiais (v. 5), sendo que Deus, ao ouvir as murmurações do povo sofrido (vv. 2.7.8.9.12), manifesta sua glória (vv. 7.10) justamente ao superar a situação de fome. Os alimentos apresentados são fenômenos naturais do deserto. As codornizes (v. 13), da família das galináceas, são aves migratórias que, exaustas após a travessia do mar Mediterrâneo, pousam no chão e, facilmente, podem ser apanhadas. O maná (vv. 31.33.35) é uma secreção doce, deixada por larvas, que, colhido logo de manhã, pode substituir o açúcar ou o mel e, cozido (v. 23), serve para fazer bolos (Nm 11,8). Assim Deus garante aos anteriormente oprimidos a continuidade do projeto de libertação (v. 15), favorecendo, como parâmetro para a colheita, a necessidade de cada um e o número das pessoas que fazem parte da mesma família (v. 16), ou seja, o princípio da proporcionalidade, sem acúmulo de bens (vv. 17-18). Um omer (vv. 16.18.22.32.33.36) é a décima parte de um efá, conforme explica o próprio versículo 36, correspondendo a quatro litros e meio. Junto ao maná, é introduzido o tema do sábado e, por consequência, o do descanso no sétimo dia (vv. 23-30), possibilitado pelo surpreendente excedente do alimento em questão (v. 22), o qual exige apenas o trabalho de conservação (v. 23). No mais, a narrativa destaca o cultivo da memória (vv. 31-36). As futuras gerações devem lembrar-se do maná, ao vê-lo depositado diante das duas tábuas de pedra ou do testemunho (Ex 31,8), que contêm as dez palavras da aliança (Ex 34,1.4.28-29).

ÊXODO 16

14 Quando subiu a camada de orvalho, eis que havia sobre a superfície do deserto algo fino e crepitante, fino como geada sobre a terra. **15** Os filhos de Israel o viram e disseram cada um a seu irmão: "Que é isto?", porque não sabiam o que era aquilo. Moisés lhes disse: "Isso é o pão que o Senhor vos deu como comida do céu. **16** E esta é a palavra que o Senhor ordenou: 'Colhei dele, cada um segundo o que come, um omer por cabeça, segundo o número de vossas pessoas! Cada um tomará para quem estiver em sua tenda'". **17** Os filhos de Israel assim fizeram. Colheram, um, muito, outro, pouco. **18** Quando mediram em omer, não sobrou a quem estava com muito, e quem estava com pouco não sentiu falta. Cada um colheu segundo o que come. **19** E Moisés lhes disse: "Ninguém faça restar dele para a manhã seguinte!" **20** No entanto, não escutaram Moisés, pois alguns deles fizeram restar até a manhã seguinte. Então deu vermes e cheirou mal. E Moisés ficou irritado com eles. **21** Manhã após manhã, colheram-no, cada um segundo o que comia, pois se derretia quando o sol se aquecia. **22** No sexto dia, porém, colheram pão em dobro, dois omeres para cada um. E chegaram todos os chefes da comunidade e o anunciaram a Moisés.

23 Disse-lhes: "É isto que o Senhor falou: 'Amanhã é descanso sabático, um sábado santo para o Senhor. Cozei o que quiserdes cozer! Fervei o que quiserdes ferver! Por compromisso, retende para vós tudo o que sobrou para ser guardado até a manhã!'" **24** E o retiveram até a manhã seguinte, como Moisés ordenara. Não cheirou mal e nele não deu larva. **25** Moisés disse: "Comei-o hoje, porque é sábado, o dia para o Senhor! Hoje não o encontrareis no campo. **26** Seis dias o colhereis, mas no sétimo dia é sábado; nele, nada haverá". **27** No sétimo dia, porém, alguns do povo saíram para colher. Contudo, nada encontraram. **28** O Senhor disse a Moisés: "Até quando vos recusareis a guardar meus mandamentos e minha instrução? **29** Vede que o Senhor vos deu o sábado! Por isso, no sexto dia, ele vos dá o pão de dois dias. Assentai-vos cada um em seu local! No sétimo dia, ninguém saia de seu lugar!" **30** E o povo descansou no sétimo dia.

31 A casa de Israel o denominou maná. Ele era como semente de coentro, branco e com sabor de bolo de mel. **32** Moisés disse: "Esta é a palavra que o Senhor ordenou: 'Enchei dele um omer para ser guardado para vossas gerações, a fim de que vejam o pão que vos dei para comer no deserto, quando vos fiz sair da terra do Egito!'" **33** Moisés disse a Aarão: "Toma uma jarra e mete nela um omer completo de maná e, para ser guardado para vossas gerações, o faze repousar diante do Senhor!" **34** Assim como o Senhor ordenara a Moisés, Aarão o fez repousar diante do testemunho, para ser guardado. **35** Os filhos de Israel comeram o maná durante quarenta anos, até chegarem à terra habitada. Comeram o maná até chegarem ao confim da terra de Canaã. **36** O omer é a décima parte do efá.

ÊXODO 17

Água da rocha em Rafidim

17 ¹Toda a comunidade dos filhos de Israel partiu, segundo a ordem do Senhor, do deserto de Sin para suas etapas. E acamparam em Rafidim, sendo que não havia água para o povo beber. ²Então o povo discutiu com Moisés. Disse: "Dai-nos água para que bebamos!" Disse-lhes Moisés: "Por que discutis comigo? Por que pondes o Senhor à prova?" ³Ali o povo teve sede de água. E o povo murmurou contra Moisés e disse: "Por acaso nos fizeste subir do Egito para, de sede, fazer morrer a nós, a nossos filhos e a nosso gado?" ⁴Então Moisés gritou ao Senhor: "Que farei para este povo? Ainda um pouco e me apedrejarão". ⁵O Senhor disse a Moisés: "Passa adiante do povo! Leva contigo alguns dos anciãos de Israel! Em tua mão, leva o cajado com que feriste o rio Nilo e vai! ⁶Eis que eu me colocarei ali, à tua frente, sobre o rochedo no Horeb. Ferirás o rochedo, e dele sairá água, sendo que o povo beberá". Moisés assim fez sob os olhos dos anciãos de Israel. ⁷Denominou o lugar Massá e Meribá, pela discussão dos filhos de Israel e por eles terem posto o Senhor à prova, dizendo: "Está o Senhor no meio de nós ou não?"

Ataque por parte de Amalec

⁸Ora, veio Amalec e combateu, em Rafidim, contra Israel. ⁹Então Moisés disse a Josué: "Escolhe para nós uns homens e sai! Combate contra Amalec! Amanhã me posicionarei sobre o cume da colina, e o cajado de Deus estará em minha mão". ¹⁰Josué fez como Moisés lhe dissera, a fim de combater contra Amalec. Moisés, Aarão e Hur, no entanto, subiram ao cume da colina. ¹¹Enquanto Moisés elevava sua mão, Israel prevalecia; enquanto, porém, repousava sua mão, Amalec prevalecia.

17,1-7 Pela segunda vez falta água (Ex 15,22-27). Moisés avalia negativamente o protesto do povo, como se este não tivesse o direito de reclamar com o líder. Mais ainda, Moisés interpreta a exigência de superação da miséria como um sinal de oposição ao Senhor (v. 2). A incompreensão do líder, porém, agrava ainda mais o conflito. A solução surge somente quando Moisés, assumindo a dianteira e levando em consideração o protesto do povo, descobre de forma surpreendente que Deus coloca os recursos naturais à disposição do povo sofrido, experiência contrária àquela que o regime opressor fez com as águas do rio Nilo (Ex 7,14-25).

17,8-17 Amalec – neto de Esaú, irmão de Jacó (Gn 36,12.16) – e os amalecitas – moradores da região desértica do Negueb (Nm 13,29) – representam aqueles que, originalmente de posição elevada (Nm 24,20), atacam pela retaguarda os retardatários de quem, já cansado e exausto após ter saído da sociedade opressiva, caminha, de acordo com o reinado do Senhor (v. 16), rumo à liberdade (Dt 25,17-19). Trata-se de uma postura diametralmente oposta à de Jetro e dos madianitas (Ex 18). Contudo, investindo no uso de armas por alguns homens (vv. 9.13) liderados por Josué (v. 9) – primeira menção do futuro sucessor de Moisés! – e na oração, aparece a superioridade da firmeza que caracteriza as mãos de Moisés (v. 12), sendo ele assistido por Aarão e Hur (Ex 24,14). A pedra debaixo de Moisés (v. 12) alude à presença de Deus (Gn 28,11.18; 31,45-46).

167

ÊXODO 17–18

¹²E as mãos de Moisés ficavam pesadas. Tomaram, então, uma pedra e a colocaram debaixo dele, sendo que sobre ela se sentou. Aarão e Hur, no entanto, sustentaram suas mãos, um de um lado e o outro do outro. E as mãos dele ficavam firmes até o pôr do sol. ¹³Então Josué venceu Amalec e o povo dele ao fio da espada. ¹⁴O SENHOR disse a Moisés: "Escreve isso como memorial em um livro e põe no ouvido de Josué que, certamente, apagarei a memória de Amalec debaixo do céu!" ¹⁵Moisés construiu um altar e o denominou "o SENHOR é meu estandarte". ¹⁶Disse: "Porque uma mão esteve contra o trono do SENHOR, de geração em geração haverá o combate do SENHOR contra Amalec".

Reencontro de Jetro com Moisés

18 ¹Jetro, sacerdote de Madiã, sogro de Moisés, escutou tudo o que Deus fizera para Moisés e Israel, o povo dele. Realmente, o SENHOR fizera Israel sair do Egito. ²Então Jetro, sogro de Moisés, tomou Séfora, a mulher de Moisés, depois que este a tinha enviado, ³e os dois filhos dela. O nome de um era Gérson, porque dissera: "Fui imigrante em terra estrangeira". ⁴E o nome do outro era Eliezer, dizendo: "De fato, o Deus de meu pai foi meu auxílio e me libertou da espada do faraó". ⁵Jetro, sogro de Moisés, chegou, rumo ao deserto, a Moisés com os filhos deste e com a mulher deste, pois ele estava acampado ali, no monte de Deus. ⁶Disse a Moisés: "Sou eu, Jetro, teu sogro, que vem a ti com tua mulher e, junto com ela, com os dois filhos dela". ⁷Moisés saiu ao encontro de seu sogro, prostrou-se diante dele e o beijou. Consultaram-se, cada um a seu companheiro, sobre a paz e entraram na tenda. ⁸E Moisés contou a seu sogro tudo o que o SENHOR fizera ao faraó e aos egípcios por causa de Israel, todo o esgotamento que os tinha alcançado no caminho e como o SENHOR os libertara. ⁹Jetro ficou feliz com cada bem que o SENHOR fizera a Israel, porque o libertara da mão dos egípcios. ¹⁰Jetro disse: "Bendito seja o SENHOR, que vos libertou da mão dos egípcios e da mão do faraó, que libertou o povo de debaixo da mão dos egípcios! ¹¹Agora sei que o SENHOR é maior do que todos os deuses, porque manteve a palavra quando contra eles agiram com arrogância". ¹²Então Jetro, o sogro de Moisés, tomou um holocausto e sacrifícios para Deus. E Aarão, junto com todos os anciãos de Israel, veio para, na presença de Deus, comer pão com o sogro de Moisés.

18,1-12 Jetro (Ex 3,1; em Ex 2,18: Reuel) tinha apoiado a volta de Moisés ao Egito (Ex 4,18). Agora, por sua vez, o que escutou sobre a ação libertadora do Senhor em favor dos israelitas, tanto no Egito como durante a travessia do deserto (vv. 1.8), o motiva a promover a reunião familiar, pois a missão perigosa de Moisés (Ex 3,20.24-26) e/ou a situação conflituosa no Egito tinham levado Moisés a enviar sua mulher Séfora e seus dois filhos de volta a Madiã (v. 2) – aliás, o nome do segundo filho, Eliezer, é mencionado e interpretado apenas neste momento (v. 4; Ex 4,20). Enfim, como sacerdote madianita, Jetro, sem inveja, reconhece (vv. 9-11) e celebra (v. 12) a superioridade do Senhor, Deus de Israel.

ÊXODO 18

Instituição de juízes

13 No dia seguinte, Moisés se assentou para julgar o povo. E o povo se deteve diante de Moisés desde a manhã até a tarde. **14** Quando o sogro de Moisés viu tudo o que este fazia para o povo, disse: "Que coisa é esta que tu fazes em relação ao povo? Por que tu te assentas sozinho, enquanto todo o povo, desde a manhã até a tarde, está de pé diante de ti?" **15** Moisés disse a seu sogro: "Porque o povo vem a mim para consultar a Deus. **16** Quando há uma causa para eles, vêm a mim, para que eu julgue entre o homem e seu companheiro e torne conhecidas as prescrições de Deus e a instrução dele". **17** O sogro de Moisés, porém, lhe disse: "A coisa que tu fazes não é boa. **18** Por certo, irás decair – tanto tu como este povo, o qual é teu povo –, porque a coisa é pesada demais para ti. Não suportarás fazê--lo sozinho. **19** Escuta agora minha voz, pois te aconselharei! Deus estará contigo. Esteja, tu, para o povo na frente de Deus e apresenta, tu, as causas a Deus! **20** Adverte-os das prescrições e instruções e torna-lhes conhecido o caminho no qual devem andar e a prática que devem promover! **21** Tu, porém, elegerás de todo o povo homens capazes, tementes a Deus, homens fidedignos que odeiam avareza, e os nomearás responsáveis de mil, responsáveis de cem, responsáveis de cinquenta e responsáveis de dez. **22** Julgarão o povo em todo o tempo. Farão vir a ti cada causa maior, mas eles julgarão toda causa menor. Alivia, pois, o encargo sobre ti, pois o suportarão contigo! **23** Caso executes esta palavra, e assim Deus te ordenar, poderás permanecer. E também todo este povo chegará em paz a seu lugar". **24** Moisés escutou a voz de seu sogro e executou tudo o que dissera. **25** E Moisés escolheu homens capazes dentre todo Israel e os instituiu como cabeças do povo, responsáveis de mil, responsáveis de cem, responsáveis de cinquenta e responsáveis de dez. **26** Julgaram o povo em todo o tempo. Faziam chegar a causa grave a Moisés. E eles julgavam cada causa pequena. **27** E Moisés despediu seu sogro, o qual se foi rumo à sua terra.

18,13-27 Em seu segundo dia de visita a Moisés, Jetro observa o cansaço do povo ao esperar pelas decisões jurídicas de seu líder (v. 14). Por mais que Moisés destaque, de um lado, a existência de litígios no meio do povo do êxodo e, do outro, as dimensões religiosas do direito, focando este como prescrição ou instrução de Deus (vv. 15-16), Jetro critica a falta de praticidade de seu genro ao querer resolver sozinho os pleitos judiciais (v. 18). Assim, aconselha-o a ficar responsável pelas dimensões religiosas do direito, sendo ele o intermediário entre Deus e o povo (v. 19), quem anuncia as instruções divinas à comunidade (v. 20) e resolve as causas mais graves (v. 26). No mais, porém, homens capazes – ou seja, esforçados –, tementes a Deus, fidedignos – ou seja, comprometidos com a verdade – e não avarentos – ou seja, que não aceitam suborno e que estejam livres de corrupção – devem se tornar líderes e juízes junto com ele (v. 21). Além disso, Jetro insiste na distribuição da responsabilidade de acordo com o tamanho dos grupos (v. 21), na diminuição do tempo para atender às demandas e no respeito à hierarquia da jurisdição (v. 22). Enfim, surgem com isso os princípios da liderança partilhada, da subsidiariedade e da colegialidade. Moisés se revela capaz de aceitar os conselhos de seu sogro, um sacerdote madianita, como ordem de Deus (v. 23), sendo que tal contribuição marca também a despedida de Jetro e de sua filha Séfora, mulher de Moisés, da história do êxodo (v. 27).

ÊXODO 19

ESTADA NO MONTE SINAI

Chegada ao Sinai

19 ¹ Na terceira lua nova após saírem da terra do Egito, neste dia, os filhos de Israel chegaram ao deserto do Sinai. ² Partiram de Rafidim e chegaram ao deserto do Sinai. Acamparam no deserto. Israel acampou ali, em frente ao monte.

³ Então Moisés subiu a Deus. O SENHOR o chamou do monte, para dizer: "Assim dirás à casa de Jacó e anunciarás aos filhos de Israel: ⁴ 'Vós vistes o que fiz aos egípcios, como vos carreguei sobre asas de abutres e os trouxe a mim. ⁵ Agora, se escutardes realmente minha voz e guardardes minha aliança, sereis para mim uma propriedade particular entre todos os povos, porque toda a terra é minha. ⁶ Vós sereis para mim um reino de sacerdotes e uma nação santa'. Estas são as palavras que falarás aos filhos de Israel". ⁷ Então Moisés veio e chamou os anciãos do povo. Expôs diante deles todas essas palavras, as quais o SENHOR lhe tinha ordenado. ⁸ Então todos do povo, juntamente, responderam e disseram: "Tudo o que o SENHOR falou faremos". E Moisés levou as palavras do povo de volta ao SENHOR.

19,1-25 A data – exatamente três meses após o êxodo (Ex 12,1-3.6.41.51) – e o novo lugar – um monte no deserto do Sinai – fazem vislumbrar a importância do momento (vv. 1-2). Enquanto Deus aparece no topo do monte, Israel, horizontalmente, experimenta a proximidade ao Senhor, enquanto, verticalmente, está distante dele. Chamado pelo Senhor, Moisés vai ao encontro de Deus e se torna intermediário. Sendo lembrado da ação salvadora de Deus em seu favor (v. 4), o povo é convidado a assumir uma relação nova (vv. 5-6). Ou seja, à aliança oferecida pelo Senhor deve corresponder agora, da parte do povo, a santidade e o serviço sacerdotal em meio aos demais povos, uma vez que a realeza do Senhor se estende à humanidade inteira (Ex 15,18; Sl 22,29). Enfim, de volta ao povo, Moisés transmite às lideranças já reconhecidas a mensagem divina (v. 7), sendo que o povo se compromete com ela (v. 8). Em um novo discurso, o Senhor destaca que sua descida visa fortalecer, de forma constante, a liderança de Moisés (v. 9), uma vez que o povo repetidamente duvida dela (Ex 2,14; 4,1; 5,20-21; 14,11-12; 15,24; 16,2-3; 17,2-3). Pessoas em contato com a palavra de Deus facilmente são alvo de inveja (Nm 12,2; 16,1-3). Contudo, após destacar, outra vez, a disponibilidade do povo (vv. 8-9), Moisés recebe do Senhor instruções sobre como prepará-lo para o encontro festivo com seu Deus (vv. 10-13). A lavagem das vestimentas (v. 10) indica respeito, enquanto a abstinência sexual (v. 15) provavelmente simbolize maior atenção. Afinal, todo o povo, escutando e ouvindo, se tornará testemunha da presença de Deus. Ao mesmo tempo, porém, o povo precisa ser protegido da inefável e fascinante proximidade de Deus. No terceiro dia, ocorre finalmente a descida do Senhor (vv. 16-25). Como no momento das pragas ou da saída do Egito, trovoadas, relâmpagos e uma nuvem ilustram o poder de Deus. Trata-se de fenômenos naturais que acompanham a aparição do Senhor (vv. 16.18; Ex 9,23; 13,21-22). Enfim, ocorrem aproximações, seja por parte do povo (v. 17), de Moisés e de Aarão (v. 24), seja por parte do Senhor, que desce sobre o monte Sinai (vv. 18.20). Ao mesmo tempo, porém, imagina-se o perigo que a proximidade provoca. Tanto o povo (v. 16) como o monte (v. 18) se assustam com a presença do Senhor. Apenas Moisés dialoga calmamente com Deus (v. 19). Enfim, a presença de Deus é, ao mesmo tempo, fascinante e assustadora. Contudo, como Deus mesmo está preocupado com o povo, o propósito por detrás dos acontecimentos é chamar a atenção para o que está por vir.

ÊXODO 19–20

⁹ O SENHOR disse a Moisés: "Eis que virei a ti na nuvem espessa, a fim de que o povo escute quando eu falar contigo e, para sempre, creiam também em ti". E Moisés anunciou as palavras do povo ao SENHOR. ¹⁰ O SENHOR disse a Moisés: "Vai ao povo e, hoje e amanhã, santifica-o! Que lavem suas vestimentas! ¹¹ Estai prontos para o terceiro dia, porque, no terceiro dia, o SENHOR descerá, aos olhos de todo o povo, sobre o monte Sinai! ¹² Faze uma divisa em torno do povo, dizendo: 'Guardai-vos de subir ao monte e de tocar em seu confim! Todo aquele que tocar no monte certamente morrerá. ¹³ Mão nenhuma tocará nele, porque certamente tal animal ou homem será apedrejado ou flechado. Não viverão. Ao prorrogar o chifre de carneiro, eles poderão subir ao monte'". ¹⁴ Moisés desceu do monte rumo ao povo. Santificou o povo, e lavaram suas vestimentas. ¹⁵ Disse ao povo: "Estai prontos depois de três dias! Não vos achegueis a uma mulher!"

¹⁶ No terceiro dia, pela manhã, houve trovoadas, relâmpagos, uma pesada nuvem espessa sobre o monte e um som de chofar muito forte. Todo o povo que estava no acampamento se sobressaltou. ¹⁷ Do acampamento, Moisés fez o povo sair ao encontro de Deus. E posicionaram-se na parte inferior do monte. ¹⁸ O monte Sinai, todo ele era fumaça, porque o SENHOR descera sobre ele em meio ao fogo. Sua fumaça subia como a fumaça da fornalha, e todo o monte se sobressaltou. ¹⁹ O som muito forte do chofar prosseguia. Moisés falava, e Deus lhe respondia em uma voz.

²⁰ O SENHOR desceu sobre o monte Sinai, para o topo do monte. O SENHOR chamou Moisés ao topo do monte. E Moisés subiu. ²¹ O SENHOR disse a Moisés: "Desce! Adverte o povo, para que não transpasse o limite rumo ao SENHOR para ver, pois, dele, muitos poderão cair! ²² Também os sacerdotes que se achegam ao SENHOR devem santificar-se, para que o SENHOR não abra uma brecha neles". ²³ Moisés disse ao SENHOR: "O povo não pode subir ao monte Sinai, porque tu mesmo nos advertiste: 'Delimita o monte e declara-o santo!'" ²⁴ E o SENHOR lhe disse: "Vai, desce e sobe, tu e Aarão contigo! Que os sacerdotes e o povo, porém, não transpassem o limite para subir ao SENHOR, para que este não abra uma brecha neles!" ²⁵ Moisés desceu para junto do povo e refletiu com eles.

Os dez mandamentos

20 ¹ Deus falou todas estas palavras: ² "Eu sou o SENHOR, teu Deus, que te fiz sair da terra do Egito, de uma casa de servos. ³ Não haverá para ti outros deuses diante de minha face. ⁴ Não farás para ti

---

20,1-17 Em meio aos estrondos, a voz divina (Ex 19,19) anuncia o que lhe é importante (v. 1). Por não se dirigir especificamente a Moisés ou ao povo, o horizonte é universal. O preâmbulo (v. 2) apresenta Deus como libertador, recordando o êxodo como evento fundante da relação entre o Senhor, o qual agora assume o papel de legislador, e Israel.

ÊXODO 20

escultura ou qualquer imagem do que há em cima, no céu, nem embaixo, na terra, ou na água, debaixo da terra. **5** Não te prostrarás diante delas, nem lhes servirás, porque eu sou o SENHOR, teu Deus, um Deus zeloso. Em relação aos que me odeiam, preocupo-me com o delito dos pais nos filhos até a terceira e quarta geração, **6** e, em relação aos que me amam e guardam meus mandamentos, promovo a lealdade com milhares. **7** Não levantarás o nome do SENHOR, teu Deus, em vão, porque o SENHOR não inocentará quem levanta o nome dele em vão.

8 Lembra-te do dia do sábado para santificá-lo! **9** Seis dias servirás e farás todo o teu trabalho. **10** O sétimo dia, porém, é sábado para o SENHOR, teu Deus. Não farás nenhum trabalho, nem tu, nem teu filho, nem tua filha, nem teu servo, nem tua serva, nem teu gado, nem teu imigrante que está dentro de teus portões. **11** Porque em seis dias o SENHOR fez o céu, a terra, o mar e tudo o que neles há; no sétimo dia, porém, repousou. Por isso, o SENHOR abençoou o dia do sábado e o santificou. **12** Honra teu pai e tua mãe, para que se prolonguem teus dias sobre o solo que o SENHOR, teu Deus, te dá!

A libertação histórica da servidão no Egito precede as leis, sendo o direito a tentativa de transformar essa experiência prática em um projeto jurídico, com a intenção de proteger, para sempre, a liberdade dos que foram salvos por graça divina. As leis do Decálogo começam com os mandamentos que se referem inteiramente a Deus (vv. 3-7). Assim, a primeira proibição impede a relação com outros deuses (v. 3). Caso contrário, o povo liberto negaria a causa de sua liberdade. Aliás, Deus é pensado como pessoa. Sua face indica sensibilidade, emoção e diálogo. Vivo e disposto a conviver, jamais deve ser reduzido a uma obra de arte, feita por mãos humanas (v. 4). Também ganha destaque o fato de que o Senhor, em sua relação com o povo, valoriza a fidelidade, sendo que sua graça acompanha, infinitamente, os que o amam. Ao mesmo tempo, sua preocupação está com aquelas famílias – três a quatro gerações na mesma casa – que insistem no crime, sendo que este se configura como ódio a Deus (vv. 5-6). Finalmente, indica-se a valorização do nome de Deus, uma vez que este representa todo o projeto de uma solidariedade libertadora (v. 7; Ex 3,14). A segunda parte das leis no Decálogo visa à convivência respeitosa em estruturas familiares, sendo que Deus, de forma expressa, continua a ser mencionado (vv. 8-12). Nesse sentido, o sábado quer favorecer a experiência da igualdade. Pessoas social e economicamente dependentes – servo, serva e imigrante –, como também o animal que está a serviço do homem, descansam também. Tal descanso, por sua vez, oferece a possibilidade de perceber o criador e as obras por ele criadas. Semelhantemente, a insistência na dignidade de pai e mãe visa, ao se favorecer uma convivência e sobrevivência tranquila, à experiência de Deus; por estarem na origem da vida de seus filhos e por transmitirem a história da salvação e os valores dela nascidos (Ex 12,26-27), a honra aos pais espelha algo da honra ou glória a Deus (Ex 14,4.7). A última parte das leis no Decálogo, sem mencionar Deus de forma direta, concentra-se na convivência com todas as pessoas (vv. 13-17); são defendidos os valores básicos da integridade física (v. 13), a relação matrimonial (v. 14) e a propriedade (v. 15) como fundamentos da estabilidade social. No mais, o legislador quer garantir que o companheirismo prevaleça em todas as convivências, seja com o próximo hebreu (Ex 2,13), seja com o estrangeiro (Ex 11,2). Em um processo jurídico, jamais alguém deve tornar-se alvo de mentiras geradas por suborno (v. 16; Ex 23,8; Mq 3,11). Da mesma forma, o companheiro merece estar livre da cobiça por sua casa, sendo que esta representa a família e os bens (v. 17).

ÊXODO 20

¹³ Não matarás. ¹⁴ Não cometerás adultério. ¹⁵ Não furtarás. ¹⁶ Não responderás a teu companheiro como testemunha falsa. ¹⁷ Não cobiçarás a casa de teu companheiro. Não cobiçarás a mulher de teu companheiro, nem seu servo, nem sua serva, nem seu boi, nem seu jumento ou qualquer coisa que seja de teu companheiro".

Pedido para Moisés intermediar

¹⁸ Todo o povo estava vendo os estrondos e os relâmpagos, o som do chofar e o monte fumegante. Ou seja, o povo viu, tremeu e se manteve a distância. ¹⁹ Disse a Moisés: "Fala, tu, conosco, pois queremos escutar! Não nos fale Deus, para que não morramos!" ²⁰ Moisés, porém, disse ao povo: "Não temais, porque Deus veio para vos provar e para que haja temor sobre vossas faces, de modo que não pequeis!" ²¹ O povo se manteve a distância. Moisés se achegou à obscuridade, onde estava Deus.

O altar

²² O SENHOR disse a Moisés: "Assim dirás aos filhos de Israel: 'Vós vistes o que dos céus falei convosco. ²³ Não fareis deuses de prata ao lado de mim, nem fareis deuses de ouro para vós! ²⁴ Farás um altar de terra para mim e, sobre ele, sacrificarás teus holocaustos e teus sacrifícios de comunhão, seja teu gado pequeno, seja teu gado grande. Virei a ti em todo lugar em que tornarei memorável meu nome e te abençoarei. ²⁵ Caso faças um altar de pedras para mim, não as lavrarás como pedra de cantaria, de modo que sobre ele tenhas movido teu cinzel e o tenhas profanado! ²⁶ Nem subirás por escadarias a meu altar, para que não dispas tua nudez sobre ele!'

20,18-21 O povo se sente apavorado diante dos fenômenos que acompanham a descida de Deus (Ex 19,20). Continua a sentir medo da morte (v. 19; Ex 14,11-12; 16,3; 17,3), mas declara sua disposição a escutar (v. 19; Ex 19,5), desde que Moisés intermedeie como previsto por Deus (Ex 19,9). Moisés, por sua vez, indica ser desnecessário ter medo da palavra de Deus. Muito mais, trata-se de provar o respeito por Deus, a fim de desistir de comportamentos contrários à vontade dele (v. 20).

20,22-26 O Código da Aliança (Ex 20,22–23,33) é comunicado a Moisés (v. 22), sendo que este é o intermediário que deve transmitir as leis divinas ao povo (v. 22; Ex 20,19). A legislação insiste, inicialmente, na relação exclusiva com Deus (v. 23; Ex 20,4). Nem os materiais mais preciosos servem para representar Deus. O altar como objeto litúrgico deve favorecer a comunicação dialógica com Deus. Os materiais usados para sua construção – terra ou pedra natural (vv. 24-25) – refletem a pureza divina espelhada pela natureza. A palavra "cinzel", em hebraico, significa também "espada"; por haver o risco de estar manchado de sangue resultado da injustiça, evita-se seu uso para não comprometer o encontro com Deus. Isso vale também para a sexualidade, a qual, igualmente, pode estar marcada pela falta de respeito e violência (v. 26). Enfim, evitando que a liturgia tenha como marco o esforço artístico do celebrante e usando o que a natureza providencia, inclusive os animais, Deus se compromete a ir ao encontro do povo, a fim de lembrá-lo de seu nome e abençoá-lo (v. 24).

ÊXODO 21

Servos e servas

21 ¹Estes são os decretos que lhes exporás: ²'Se adquirires um servo hebreu, seis anos servirá. No sétimo, sairá gratuitamente como liberto. ³Caso entre sozinho, sozinho sairá. Caso ele seja marido de uma mulher, sua mulher sairá junto com ele. ⁴Caso seu senhor lhe dê uma mulher e esta lhe gere filhos e filhas, a mulher e suas crianças serão do senhor dela; e ele sairá sozinho. ⁵Contudo, caso o servo diga: 'Amo meu senhor, minha mulher e meus filhos. Não quero sair como liberto', ⁶seu senhor o apresentará a Deus. À porta ou à ombreira, o trará. E, com uma sovela, seu senhor perfurará a orelha dele. Para sempre, será seu servo.

⁷Se um homem vender sua filha, esta não sairá como saem os servos. ⁸Caso ela desagrade aos olhos de seu senhor, este permitirá o resgate dela, sendo que a ela não se coligou. Não terá autoridade de vendê-la a um povo estrangeiro, pois ele seria pérfido com ela. ⁹Caso ele a coligue a seu filho, agirá com ela segundo o direito das filhas. ¹⁰Caso tome outra para si, não reduzirá a carne dela, a vestimenta dela ou o ato sexual com ela. ¹¹Caso não lhe faça essas três coisas, ela sairá gratuitamente, sem preço.

Crimes capitais

¹²Quem fere um homem, sendo que este morre, certamente morrerá. ¹³Contanto que não tenha armado uma cilada, mas Deus o tenha feito acontecer por sua mão, estabelecerei para ti um lugar, sendo que ali se refugiará. ¹⁴Se um homem agir arrogantemente com seu compa-

---

21,1-11 Os direitos de servos (vv. 2-6) e servas (vv. 7-11) figuram, de forma programática, no início da coleção dos decretos seguintes (v. 1). O servo é alguém economicamente dependente, mas integrado na família de seu Senhor. Justamente por isso ele pode ter sua sobrevivência material e, com isso, sua dignidade humana mais garantidas, semelhantemente a um irmão (Dt 15,12). O tempo de servidão do homem hebreu é limitado a seis anos (v. 2), sendo que sua relação conjugal se encontra protegida (v. 3). Todavia, caso ele tenha adquirido esposa e filhos durante a servidão, estes não serão expostos à situação delicada no momento de o liberto reconstruir sua existência econômica (v. 4). Existe, no entanto, também a possibilidade de se formar uma família grande, na base da convivência amorosa entre todos os seus membros (vv. 5-6). Tal convivência, talvez, seja mais apreciável do que a liberdade individual acompanhada pela miséria. O legislador israelita, em princípio, não imagina que uma mulher hebreia se torne serva. Um credor somente pode aceitar a filha de um devedor seu como esposa para si mesmo (v. 8), tratando-a igual a eventuais outras esposas (v. 10), ou para seu filho (v. 9). Caso contrário, terá de permitir que outra pessoa a resgate (v. 8), para que esta lhe garanta a sobrevivência digna que já não lhe é mais possível na casa do pai.

21,12-17 O legislador apresenta crimes gravíssimos puníveis com a pena de morte, pois não são reparáveis pela indenização. No caso, diferencia-se entre, de um lado, o assassinato ou o ferimento fatal realizado com intenção, ou seja, doloso (v. 13), e, do outro, o ferimento mortal sem intenção, ou seja, culposo (v. 13), garantindo-se ao responsável pelo último o direito de asilo junto ao altar (v. 14; Nm 35,9-34). Interessantemente, a morte trágica de uma vítima não é alheia a Deus. Os delitos contra os pais (vv. 15.17) e o crime de tráfico humano (v. 16; Gn 37,25-27) são tratados como crimes gravíssimos.

ÊXODO 21

nheiro a ponto de matá-lo por astúcia, tu o tomarás, mesmo de junto de meu altar, para que morra. **15** Quem fere seu pai ou sua mãe certamente morrerá. **16** Quem rapta um homem – quer o tenha vendido, quer ele tenha sido encontrado em sua mão – certamente morrerá. **17** Quem amaldiçoa seu pai ou sua mãe certamente morrerá.

Lesões corporais e indenizações

18 Se homens tiverem uma disputa e um homem ferir seu companheiro com uma pedra ou com o punho, sendo que não morre, mas cai sobre seu leito, **19** caso se erga e, sobre seu bordão, ande no beco, quem feriu será inocentado; somente oferecerá algo pela inércia dele e o fará curar-se totalmente.

20 Se um homem ferir seu servo ou sua serva com o bastão, sendo que morre debaixo de sua mão, certamente será vingado. **21** Caso, porém, se mantenha um dia ou dois, não será vingado, porque ele era seu dinheiro.

22 Se homens brigarem e lesarem uma mulher grávida, caso saiam as crianças dela, mas não ocorrer um dano fatal, certamente uma multa será imposta, de acordo com o que lhe determina o marido da mulher; e, por meio de árbitros, a dará. **23** Caso, porém, ocorra um dano fatal, darás vida por vida: **24** olho por olho, dente por dente, mão por mão, pé por pé, **25** queimadura por queimadura, ferida por ferida e chaga por chaga.

26 Se um homem ferir o olho de seu servo ou o olho de sua serva e o danificar, o mandará embora como liberto por causa de seu olho. **27** E, se fizer cair o dente de seu servo ou de sua serva, o mandará embora como liberto por causa de seu dente.

Indenizações por danos causados por um boi

28 Se um boi marrar um homem ou uma mulher e houver morte, certamente o boi será apedrejado, e não se comerá sua carne, mas o dono

---

21,18-27 Visa-se, aqui, a outro caso de lesão corporal e ao direito de indenização. A vítima ganha destaque a partir da mulher grávida, sendo mencionados também a(s) criança(s) ainda não nascida(s) e o marido. Embora provocado involuntariamente, o aborto é traumático e trágico para a família, não existindo uma indenização adequada para ele. No entanto, a multa aplicada tem uma função social, por responsabilizar os brigões e honrar quem sofre (v. 22). Segue-se o princípio do talião (vv. 23-25; Lv 24,17-21; Dt 19,21), que visa, sobretudo, à compensação justa, para evitar vingança desproporcional. Todavia, por ser impossível reparar de forma positiva o dano ocorrido, resta somente a recuperação negativa da igualdade. As leis seguintes parecem prever a possibilidade de transformar o castigo físico em indenização.

21,28-32 Quem descuidar, de forma imprudente, de seu dever de supervisão, permitindo que ocorra um acidente fatal com um adulto (v. 29), uma criança (v. 31) ou uma pessoa dependente (v. 32), é responsável pela vida perdida. A determinação do valor, caso a pena de morte seja transformada em indenização, cabe à comunidade (v. 30). O não uso da carne do animal apedrejado (v. 28) é expressão do luto.

ÊXODO 21–22

do boi é inocente. ²⁹ Caso, porém, esse boi tenha sido marrento no passado, sendo que seu dono foi advertido mas não o vigiou, e tenha morrido um homem ou uma mulher, o boi será apedrejado, e também seu dono morrerá. ³⁰ Caso lhe seja imposta uma compensação, dará como resgate da alma dele tudo o que lhe for imposto. ³¹ Caso marre um filho ou marre uma filha, agirás em relação a ele segundo este direito. ³² Caso o boi marre um servo ou uma serva, dará ao senhor dele o preço de trinta siclos, e o boi será apedrejado.

Danos ao gado

³³ Se um homem mantiver aberta uma cisterna ou se um homem cavar uma cisterna e não a cobrir, e nela cair um boi ou um jumento, ³⁴ o dono da cisterna indenizará: devolverá o preço ao dono dele, mas o que morreu será seu. ³⁵ Se o boi de um homem lesar mortalmente o boi de seu companheiro, venderão o boi vivo e dividirão seu preço; dividirão também o que morreu. ³⁶ No entanto, uma vez que se soube que aquele boi era marrento no passado, mas seu dono não o vigiava, certamente indenizará boi por boi; o que morreu, porém, será seu.

Furto de animais

³⁷ Se um homem furtar um boi ou um gado miúdo e o abater ou o vender, indenizará o boi por cinco do gado grande, e o gado miúdo por quatro do gado pequeno. **22** ¹ Caso o ladrão encontrado no arrombamento seja ferido e morra, não haverá crime de sangue em relação a ele. ² Caso, porém, o sol tenha surgido sobre isso, é um crime de sangue. Certamente indenizará. Caso ele não tenha nada, será vendido em razão de seu furto. ³ Caso o objeto furtado, por sua vez, seja encontrado vivo em sua mão – quer um boi, quer um jumento, quer um gado miúdo –, o indenizará em dobro.

Colheitas danificadas

⁴ Se um homem fizer com que um campo ou uma vinha seja pastado, sendo que solta seu gado, e este pastar no campo do outro, ele o indenizará

21,33-36 É direta a responsabilidade por danos causados por imprudência ao gado do próximo (vv. 33-34). Em outros casos, pode haver responsabilidade indireta, dependendo do conhecimento do dono do animal marrento (vv. 35-36). No caso de um acidente imprevisível, o dano provocado é dividido, fazendo-se prevalecer o princípio da solidariedade.

21,37–22,3 Para o furto de animais, o legislador prevê indenizações mais altas, estimulando o respeito à propriedade do outro, mas não mutilações ou morte. Faz-se a distinção entre uma defesa legítima do patrimônio no momento do furto, a qual pode até causar o ferimento mortal do ladrão, e a vingança ilegítima no dia seguinte.

22,4-5 A danificação da safra do outro, por falta de cuidado ou imprudência (v. 4), é, pelas consequências que causa, semelhante ao furto. A sanção consiste em indenizar o outro com o melhor da própria colheita. Também a negligência (v. 5) é passível de punição.

176

ÊXODO 22

com o melhor de seu campo ou o melhor de sua vinha. **5** Se um fogo se alastrar e encontrar espinheiros, e for consumida uma pilha, a messe ou o campo, quem causou o incêndio certamente indenizará.

Gestão fiduciária

6 Se um homem der a seu companheiro prata ou utensílios para cuidar e, da casa do homem, for furtado, caso o ladrão seja encontrado, este o indenizará duas vezes. **7** Caso o ladrão não seja encontrado, o dono da casa será aproximado a Deus, para verificar se não estendeu sua mão ao que é negócio de seu companheiro. **8** A respeito de um caso de rebelião referente a um boi, um jumento, um gado miúdo, um manto ou algo perdido, onde se diz: 'Realmente, é isso!', a causa daqueles dois precisa chegar perante Deus. Quem Deus declarar perverso indenizará seu companheiro por duas vezes. **9** Se um homem deu a seu companheiro um jumento, um boi, um gado miúdo ou qualquer animal para cuidar, e este morrer, ficar fraturado ou for levado cativo, sem que ninguém o veja, **10** haverá um juramento ao SENHOR entre aqueles dois de que ninguém estendeu sua mão ao que é negócio de seu companheiro. O dono o tomará, e não haverá indenização. **11** Caso, porém, tenha sido furtado realmente de junto dele, indenizará seu dono. **12** Caso realmente tenha sido dilacerado, apresentará o animal dilacerado como testemunha. Não haverá indenização. **13** E, se um homem solicitar a seu companheiro um animal, sendo que este se fratura ou morre sem seu dono estar com ele, certamente o indenizará. **14** Caso seu dono esteja com ele, não o indenizará. Caso seja um assalariado, ele entra em seu salário.

Relação com mulher não casada

15 Se um homem seduzir uma donzela e deitar-se com ela, sem que tenha sido desposada, certamente a adquire para si como mulher por meio do dote. **16** Caso o pai dela realmente se recuse a oferecê-la, ele pagará um preço como dote da donzela.

22,6-14 Visam-se a casos de furto, apropriação indébita, perda ou danificação de um bem – dinheiro (v. 6), objetos de valor (vv. 6.8), animais domésticos (vv. 8.9.12-14) – que um credor de boa-fé entrega a um fiduciário, que se torna administrador e devedor. O conflito maior nasce quando o fiduciário é acusado de desvio (v. 10) ou, no caso de animais, de estar presente no momento do furto (v. 11) ou de ter agido de modo imprudente. Na ausência de provas, busca-se uma decisão por parte de Deus (vv. 8-10). O caso de um animal emprestado se machucar ou morrer implica, de qualquer forma, indenização, desde que o dono dele não esteja presente (v. 13).

22,15-16 Havendo relação sexual, o homem deverá assumir a responsabilidade pela reputação e sobrevivência econômica da jovem. Mesmo não havendo casamento, seja por vontade do pai, seja por vontade da filha, o homem precisa depositar o dote como segurança material. Todavia, a lei aqui não trata do estupro, mas sim em Dt 22,25-27.

ÊXODO 22

Feitiçaria, bestialismo e sacrifício a outros deuses

[17] Não deixarás com vida quem pratica feitiçaria. [18] Certamente morrerá todo aquele que se deita com um animal. [19] Anátema será considerado quem sacrificar aos deuses, exceto ao SENHOR.

Crimes contra indefesos

[20] Não abusarás de um imigrante, nem o reprimirás, porque fostes imigrantes na terra do Egito. [21] Não oprimireis nenhuma viúva ou órfão. [22] Caso, de fato, o oprimas, quando realmente gritar por mim, por certo escutarei o grito dele. [23] Minha ira se inflamará, e vos matarei pela espada. Então vossas mulheres ficarão viúvas, e vossos filhos, órfãos. [24] Caso emprestes prata a alguém de meu povo, ao oprimido que está contigo, não serás para ele como um credor. Não lhe imporeis juros. [25] Caso, de fato, penhores o manto de teu companheiro, o devolverás a ele até o poente do sol. [26] Porque somente ele é seu cobertor, ele é seu manto para sua pele. Com que se deitaria? Se gritar por mim, o escutarei, porque eu sou misericordioso.

Entrega a Deus

[27] Não amaldiçoarás a Deus e não maldirás o chefe de teu povo. [28] Não reterás tua colheita ou teu suco; tu me oferecerás o primogênito de teus filhos. [29] Assim farás com teu boi e com teu gado pequeno: sete dias ficará com a mãe, mas, no oitavo dia, a mim o darás. [30] Sereis homens santos para mim. Não comereis a carne de um animal dilacerado no campo, mas a atirareis ao cão.

22,17-19 A relação sexual com animais (v. 18) contradiz a relação entre homem e mulher como indicador da dignidade humana (Gn 2,23-24). Semelhantemente, feitiçaria ou magia (v. 17), tentativa de influenciar a liberdade do Senhor, e sacrifícios oferecidos a outros deuses (v. 19) ferem a relação com o Deus de Israel, fonte de salvação.

22,20-26 O Código da Aliança insiste na proteção das pessoas mais ameaçadas em sua sobrevivência: o imigrante (v. 20; Ex 23,9; Lv 19,34; Dt 10,19), a viúva, o órfão (v. 21) e o necessitado que, oprimido por outros, precisa de empréstimo (v. 24; Lv 25,36-37; Dt 23,20-21; 2Rs 4,1). O legislador insiste em uma motivação tripla para a solidariedade: a própria experiência de opressão no Egito (v. 21), quando o povo experimentou a miséria divina (vv. 20.23.26), a pertença ao mesmo povo (v. 24) e a mais absoluta lealdade do Deus misericordioso para com os pobres (v. 26), sendo que a misericórdia divina pode assumir feições de ira (v. 23; Ex 34,6).

22,27-30 A relação com Deus e com os líderes deve ser responsável (v. 27; Lv 24,10-16). A santificação (v. 30) passa pelo não acúmulo das riquezas recebidas de Deus (vv. 28-29), pois haverá tamanho bem-estar, que se poderá comer somente o que foi abatido corretamente (v. 30).

ÊXODO 23

Ajuda aos necessitados

23 ¹Não espalharás um boato falso. Que não dirijas tua mão a um perverso, a fim de ser uma testemunha violenta! ² Não estarás com a maioria para maldades e, em um processo, não responderás para, ao se inclinar à maioria, inclinar o direito. ³ Não tratarás com distinção o necessitado em seu processo. ⁴ Se te deparares com o boi de teu inimigo ou com o jumento vagueador dele, sem falta o levarás de volta a ele. ⁵ Se avistares o jumento de quem te odeia agachando-se debaixo de sua carga, desistirás de abandoná-lo; sem falta o deixarás com ele. ⁶ Não inclinarás o direito de teu pobre em seu processo. ⁷ Da palavra falsa, te afastarás. Não matarás um inocente e justo, porque não declararei justo um perverso. ⁸ Não aceitarás suborno, porque o suborno cega aqueles que enxergam e confunde as palavras de justos.

Ano sabático e sábado

⁹ Não reprimirás um imigrante. Conheceis, pois, a alma do imigrante, porque fostes imigrantes na terra do Egito. ¹⁰ Seis anos semearás tua terra e colherás a produção dela. ¹¹ No sétimo a deixarás em pousio e entregue a si própria. Os pobres de teu povo comerão, e, da sobra deles, comerão os animais selvagens do campo. Assim farás com tua vinha e com teu olival. ¹² Durante seis dias farás teus trabalhos e, no sétimo dia, descansarás, a fim de que teu boi e teu jumento repousem, e o filho de tua serva e o imigrante tomem fôlego.

Festas e sacrifícios

¹³ Cuidai de tudo o que vos disse e não recordeis o nome de outros deuses, nem se ouça de tua boca! ¹⁴ Três vezes no ano me celebrarás. ¹⁵ Cuidarás da celebração dos pães ázimos. Durante sete dias, comerás pães

23,1-8 Organizado de forma concêntrica, o conjunto das leis aqui presente visa ao princípio ético de toda a legislação. No início e no fim, o legislador se preocupa com o funcionamento dos processos no tribunal, combatendo realidades que podem impedir a busca de uma decisão justa (vv. 1-2.7-8). Mais especificamente, defende-se a valorização dos direitos dos pobres (vv. 3.6), ou seja, que eles recebam o que é justo segundo a lei. No centro, por sua vez, o legislador insiste no imperativo ético da solidariedade com o mais sofrido, e isso acima de qualquer cultivo de ódio ou inimizade (vv. 4-5).

23,9-12 O ano sabático e o sábado querem favorecer, sobretudo, uma postura marcada pela generosidade e pelo respeito aos pobres e até aos animais.

23,13-19 Insiste-se agora, no final do Código da Aliança (Ex 20,22–23,33), na obediência à palavra de Deus e na relação exclusiva com o Senhor (v. 13). Tal relação, primeiramente, torna-se visível na celebração de festas e sacrifícios (vv. 14-19). São três festas: a dos pães ázimos (v. 15; Ex 12,1-20), a da ceifa dos cereais (v. 16), correspondente à festa das semanas (Dt 16,10), e a da colheita dos frutos, que encerra os trabalhos durante o ano (v. 16), no caso, a vindima e a safra das olivas, correspondente à festa das cabanas (Dt 16,13).

ÊXODO 23

ázimos, como te ordenei em relação à estação do mês de Abib, porque nele saíste do Egito. Que não apareçam sem nada perante mim! **16** E haverá a celebração da ceifa das primícias de teus trabalhos que semeias no campo, e a celebração da colheita, à saída do ano, quando recolhes teus trabalhos do campo. **17** Três vezes no ano, todo varão teu aparecerá perante a face do Senhor, que é o SENHOR. **18** Não oferecerás o sangue de meu sacrifício sobre algo fermentado, e a gordura de minha celebração não pernoitará até a manhã. **19** Farás o melhor das primícias de teu solo chegar à casa do SENHOR, teu Deus. Não ferverás o cabrito no leite de sua mãe.

Promessas e instruções

20 Eis que eu envio meu mensageiro diante de ti para, no caminho, cuidar de ti e te trazer ao lugar que preparei. **21** Cuida-te diante da presença dele e escuta sua voz! Que não o amargures, porque não carregará vossa rebeldia! Realmente, meu nome está nele. **22** Caso escutes, de fato, minha voz e faças tudo o que falo, eu me tornarei, pois, inimigo de teus inimigos e serei agressivo com teus agressores. **23** Certamente meu mensageiro irá adiante de ti e te fará chegar aos amorreus, heteus, ferezeus, cananeus, heveus e jebuseus, e os eliminarei. **24** Não te prostrarás diante de seus deuses e não lhes servirás. Nada farás de acordo com suas práticas, de modo que, certamente, demolirás e quebrarás suas estelas. **25** Servireis ao SENHOR, vosso Deus, pois ele abençoará teu pão e tua água. E, de teu meio, afastarei a doença. **26** Em tua terra, não existirá quem aborte ou seja estéril. Completarei o número de teus dias. **27** Enviarei meu terror diante de ti e debandarei cada povo no meio dos quais entrares.

São festas de peregrinação ao templo (v. 17). No caso da festa da Páscoa ou dos ázimos, o animal somente pode ser sacrificado após todo o fermento ter sido afastado (v. 18; Ex 34,25; Dt 16,2-4), além de nada do sacrifício sobrar até o próximo dia. Sobre a festa da ceifa, a oferta do melhor das primícias expressa a generosidade em relação a Deus (v. 19). A prescrição de não cozer o cabrito no leite de sua mãe (v. 19), a qual originou a dieta *kosher* no judaísmo, com a não mistura de produtos de carne e leite, talvez revele uma sensibilidade especial ao reino animal, sendo que as fêmeas dos mamíferos, de acordo com a cultura do antigo Oriente Próximo, simbolizam, ao amamentar seus filhotes, a fertilidade e o cuidado divino.

23,20-33 A obediência à palavra do Senhor também resulta na proteção divina rumo à terra prometida (vv. 21-22) e na possibilidade de o povo do êxodo instalar-se na região dos povos cananeus (vv. 23-33; Ex 3,8.17), com acesso a alimentos e saúde (v. 25). No entanto, prevê-se que a existência prolongada da sociedade alternativa depende da resistência ao perigo do sincretismo por parte do povo, sobretudo porque as outras culturas não favorecem o mesmo modelo de justiça. Nesse sentido, Israel deve saber que sua relação exclusiva com Deus quer lhe garantir o projeto de construir uma sociedade alternativa, fraterna, justa e mais igualitária. Se, porém, desistir da solidariedade com quem se encontra ameaçado em sua sobrevivência, também Israel experimentará o Senhor como seu opositor (Ex 22,22-23). Portanto, a exclusividade deve resultar não em ódio contra os demais (Ex 22,20; 23,9), mas sim em fidelidade construtiva.

ÊXODO 23–24

Farei com que todos os teus inimigos te deem a nuca. **28** E enviarei vespas diante de ti, para que expulsem heveus, cananeus e heteus de tua presença. **29** Não os expulsarei diante de ti em um só ano, para que a terra não fique desolada e as feras do campo não se multipliquem contra ti. **30** Pouco a pouco os expulsarei de tua presença, até que sejas fecundo e herdes a terra. **31** Demarcarei teu território do mar dos Juncos até o mar dos Filisteus e do deserto até o rio. De fato, entregarei os habitantes da terra em vossas mãos, e os expulsarás de diante de ti. **32** Não estabelecerás uma aliança com eles ou com os deuses deles. **33** Não habitarão em tua terra, para que não te façam pecar em relação a mim. Se servires aos deuses deles, isso certamente será uma cilada para ti".

Celebração da aliança

24 **1** E disse a Moisés: "Sobe ao SENHOR, tu, Aarão, Nadab, Abiú e setenta dos anciãos de Israel, e prostrai-vos a distância! **2** Somente Moisés se achegará, mas eles não se achegarão. O povo não subirá junto com ele".

24,1-18 Retomando os acontecimentos do Sinai, o primeiro convite de Deus (v. 1; Ex 19,24) insiste na subida de Moisés, de seu irmão Aarão, dos dois filhos de Aarão (Nadab e Abiú [Ex 6,23]) e de setenta anciãos, representantes do povo (Ex 3,16; 19,7; Nm 11,16.24), a fim de que, a distância, mas livres do medo, se prostrem (v. 1; Ex 20,18-21). Tal subida ocorre (v. 9), sendo que o grupo, ao ver, observar, comer e beber, pode experimentar a proximidade de Deus de modo inefável e único (vv. 10-11; Ex 19,21; 33,20.23). Todavia, a contemplação se refere apenas aos pés de Deus. O encontro extraordinário, porém, é o resultado da ratificação anterior da aliança entre o Senhor e o povo (vv. 3-8). Moisés, pois, tinha anunciado ao povo as palavras e os decretos do Senhor – aparentemente, o Código da Aliança (Ex 20,22–23,33) –, sendo que o povo, de modo unânime, se comprometeu com a execução de tais leis (vv. 3.7). Mais ainda, Moisés tinha escrito as palavras de Deus (v. 4; Ex 17,14; 34,27-28; Dt 31,9.22.24), transformando-as no livro da aliança (v. 7). No dia seguinte, tinha erguido um altar e doze estelas como sinal da comunhão entre Deus e o povo (v. 4), e, por meio dos sacrifícios celebrados pelos jovens (v. 5), reconheceu-se o poder divino sobre a vida e a morte. Um rito com duas aspersões de sangue – uma vez sobre o altar (v. 6) e outra sobre o povo (v. 8), como no rito da consagração de sacerdotes (Ex 29,16.20; Lv 8,15.19.23) – fez surgir, então, o pacto que tem no livro da aliança (v. 7) sua base e no sangue da aliança (v. 8) a confirmação de que se trata de algo que atinge o núcleo da vida. O segundo convite de Deus prevê uma aproximação somente de Moisés (vv. 2.12). As tábuas de pedra (v. 12) que Moisés deve receber do Senhor lhe serão entregues apenas após quarenta dias e quarenta noites (v. 18; Ex 31,18). Enquanto Moisés escreveu em um livro (vv. 4.7), Deus escreve nas tábuas de pedra, identificadas no Deuteronômio como o decálogo (Dt 4,13; 5,22). Todavia, as tábuas representam a sabedoria, a instrução e a lei, expressão máxima da vontade de Deus, sendo que este agora quer tornar tudo isso disponível ao povo inteiro (Ex 4,12.15). Como no combate a Amalec (Ex 17,8-16), estão novamente presentes Josué (v. 13), Aarão e Hur (v. 14; Ex 31,2). Contudo, somente Moisés sobe e entra na nuvem espessa que encobre o monte (vv. 15.18). Por mais que a nuvem (vv. 15-16.18) represente uma escuridão impenetrável, a aparência da glória do Senhor é experimentada pelos filhos de Israel como um fogo consumidor (v. 17) que clareia tudo. Enfim, a fixação misteriosa da morada da glória do Senhor sobre o monte Sinai (v. 16) prefigura o santuário, no qual Deus irá morar no meio de seu povo (Ex 25,8).

ÊXODO 24–25

3 Moisés foi e contou ao povo todas as palavras do Senhor e todos os decretos. Todo o povo respondeu a uma só voz: "Executaremos todas as palavras que o Senhor falou". **4** E Moisés escreveu todas as palavras do Senhor; levantou cedo de manhã e construiu um altar na parte inferior do monte e doze estelas para as doze tribos de Israel. **5** E enviou uns jovens dos filhos de Israel. Estes fizeram subir holocaustos e ofereceram novilhos como sacrifícios de comunhão. **6** Moisés tomou a metade do sangue e o pôs nas bacias; a outra metade do sangue espargiu sobre o altar. **7** Tomou o livro da aliança e o proclamou aos ouvidos do povo, que disse: "Tudo o que o Senhor falou executaremos e obedeceremos". **8** Moisés tomou o sangue, espargiu-o sobre o povo e disse: "Eis o sangue da aliança, a qual o Senhor estabeleceu convosco conforme todas estas palavras!"

9 Então Moisés, Aarão, Nadab, Abiú e setenta dos anciãos de Israel subiram. **10** Viram o Deus de Israel. Debaixo dos pés dele havia como uma obra de laje de safira e, em relação à claridade, exatamente como o céu. **11** E não enviou sua mão contra os eminentes dos filhos de Israel, sendo que observaram Deus, comeram e beberam.

12 O Senhor disse a Moisés: "Sobe a mim, ao monte, e fica ali, pois quero te oferecer as placas de pedra, instrução e mandamento que anotei para os instruíres!" **13** Moisés se ergueu, junto com seu ministro Josué, e Moisés subiu ao monte de Deus. **14** Disse aos anciãos: "Permanecei aqui até que voltemos a vós! Eis que Aarão e Hur estão convosco. Quem estiver com questões se achegará a eles". **15** Moisés subiu ao monte, sendo que uma nuvem espessa encobriu o monte. **16** E a glória do Senhor fixou morada sobre o monte Sinai, sendo que a nuvem espessa, por seis dias, o encobriu; no sétimo dia, do meio da nuvem espessa, o Senhor chamou Moisés. **17** Aos olhos dos filhos de Israel, a aparência da glória do Senhor era como um fogo consumidor no topo do monte. **18** Moisés entrou no meio da nuvem espessa e subiu ao monte. E Moisés ficou quarenta dias e quarenta noites no monte.

Contribuições para o santuário

25 **1** O Senhor falou a Moisés: **2** "Fala aos filhos de Israel que tomem uma contribuição para mim! Que pegueis minha contribuição de cada homem cujo coração o incitar! **3** E esta será a contribuição que pegareis deles: ouro, prata e bronze, **4** lã de púrpura violeta, lã de púrpura vermelha e carmesim-escarlate, linho e crinas de cabra, **5** couros

---

25,1-9 Para construir o santuário, é preciso pedir ofertas ao povo. As doações, porém, devem ser voluntárias, de acordo com o coração de cada pessoa (v. 2). No mais, todas as dádivas são para o Senhor (v. 2), expressando, portanto, a relação entre o doador e o Deus de Israel, ao contrário de eventuais relacionamentos com outros deuses que o povo queira fazer para si (Ex 20,4; 32,1).

ÊXODO 25

de carneiros tingidos de vermelho e couros de toninhas, toras da madeira de acácias, **6** óleo para a lâmpada, essências aromáticas para o óleo da unção e o incenso perfumado, **7** pedras de cornalina e pedras de engaste para a veste cultual e o peitoral. **8** Que me façam um santuário, pois fixarei morada no meio deles! **9** Fareis tudo conforme o modelo da morada e o modelo de todos os utensílios dela, os quais eu te mostrarei.

Arca do testemunho

10 Que façam uma arca de toras de madeira de acácias, com dois côvados e meio em seu comprimento, com um côvado e meio em sua largura e com um côvado e meio em sua altura! **11** De ouro puro a revestirás. Que a revistas por dentro e por fora! Quanto a ela, farás ao redor dela uma bordadura de ouro. **12** Fundirás para ela quatro argolas de ouro e as fixarás nos quatro cantos dela, duas argolas sobre uma lateral dela e duas argolas sobre a outra lateral dela. **13** Farás varais de toras de madeira de acácias e os revestirás de ouro. **14** Farás os varais entrarem nas argolas sobre os lados da arca, a fim de carregar a arca por meio deles. **15** Os varais ficarão nas argolas da arca. Não serão retirados dela. **16** E dentro da arca meterás o testemunho que te darei.

Tampa de reconciliação e querubins

17 Farás, de ouro puro, uma tampa de reconciliação: dois côvados e meio em seu comprimento e um côvado e meio em sua largura. **18** Farás dois querubins de ouro. Como obra cinzelada os farás, nos dois extremos

Além disso, o santuário torna visível a presença do Senhor no meio de seu povo – e não uma separação do povo – (v. 8), sendo que os materiais preciosos indicam o valor da obra: três metais (v. 3), sete tipos de corantes (ou tecidos tingidos com eles) e couros (vv. 4-5), uma madeira (v. 5), azeite, perfumes e incenso (v. 6), pedras preciosas (v. 7). Contudo, com seu uso em vista da iluminação e perfumadura do ambiente, das unções e das vestes sacerdotais (vv. 6-7), eles estão a serviço da construção do sentido (vv. 6-7). A púrpura é um pigmento natural, preparado com tintas extraídas de moluscos. O corante do carmesim-escarlate é obtido do pigmento produzido pelo inseto chamado "kermes". Também surgem tarefas e responsabilidades ligadas ao santuário.

25,10-16 O santuário é pensado de dentro para fora, sendo que a arca assume a centralidade nos simbolismos. Imaginando um côvado – medida do cotovelo até a ponta do dedo médio – como quarenta e cinco centímetros, vislumbra-se também o tamanho das tábuas. A presença de argolas e varais indica que Israel deve estar sempre pronto para partir. A arca ganha seu sentido do "testemunho" que acolhe (v. 16). Trata-se das tábuas de pedra que Moisés ainda receberá (Ex 31,18), com a instrução e o mandamento anotados por Deus (Ex 24,12).

25,17-22 A arca recebe uma tampa de reconciliação ou expiação, também chamada de propiciatório, pois ela se torna lugar de encontro com Deus (Ex 30,6). De forma inseparável, tal tampa é vinculada a dois querubins, figuras aladas com corpo de leão e cabeça de homem, contemplados, no imaginário israelita, também como seres que, como um trono (Sl 18,10; 80,2), estão a serviço de Deus.

183

ÊXODO 25

da tampa de reconciliação. **19** Faze um querubim a partir desta extremidade e outro querubim a partir daquela extremidade da tampa de reconciliação! Fareis os querubins junto com suas duas extremidades. **20** Os querubins terão asas estendidas para cima, guarnecendo, com suas asas, a tampa de reconciliação. Suas faces estarão uma para a outra; as faces dos querubins estarão em direção à tampa de reconciliação. **21** De cima, fixarás a tampa de reconciliação sobre a arca e, dentro da arca, meterás o testemunho que te darei. **22** Ali me juntarei a ti e te falarei acerca de tudo que te ordenarei para os filhos de Israel, de cima da tampa de reconciliação, do meio dos dois querubins que estão sobre a arca do testemunho.

Mesa dos pães da proposição

23 Farás uma mesa de toras de madeira de acácias. O comprimento dela será de dois côvados, e a altura dela, de um côvado e meio. **24** Com ouro puro a revestirás e lhe farás ao redor uma bordadura de ouro. **25** Para ela, farás ao redor uma moldura de um palmo e, para a moldura dela, farás ao redor uma bordadura de ouro. **26** Também lhe farás quatro argolas de ouro. Fixarás as argolas sobre os quatro cantos, que estão nos quatro pés dela. **27** As argolas estarão perto da moldura, como casinhas para os varais, a fim de carregar a mesa. **28** E farás os varais de toras de madeira de acácias e os revestirás de ouro. Com eles, carregarás a mesa. **29** E farás seus pratos, suas bandejas, suas jarras e suas taças, com os quais algo possa ser derramado; de ouro puro os farás. **30** E, diante de mim, permanentemente arrumarás o pão da proposição sobre a mesa.

Menorá

31 Farás uma menorá de ouro puro. A menorá será feita como obra cinzelada. Seu pedestal e sua haste, suas sépalas, seus botões e suas pétalas serão do mesmo. **32** Seis hastes saem dos lados dela: de um lado

---

Os querubins protegem a arca com suas asas. E, justamente enquanto um olha para o outro (v. 20), tornam-se espaço propício à presença de Deus. Não se menciona nem seu tamanho nem sua configuração, para evitar que sejam copiados. Contudo, junto com a arca do testemunho, os querubins e a tampa de reconciliação formam um espaço sagrado que é móvel. Assim, Deus habita no meio de seu povo, que é chamado a caminhar rumo à terra prometida.

25,23-30 A função principal da mesa é hospedar o pão da proposição, que é, literalmente, o pão da face ou presença (v. 30). Este pão representa a sobrevivência física do homem. Por isso, ele precisa ser permanente (Nm 4,7) e, de tempo em tempo, renovado (Lv 24,5-9). A disponibilidade desse pão indica a presença de Deus.

25,31-40 Como a tampa de reconciliação e os querubins (Ex 25,17-19), também a menorá é cinzelada em uma só peça e de ouro puro. O final de cada haste tem o formato de uma flor: sépalas formam o cálice, e pétalas formam o botão ou a corola. As lamparinas funcionam a óleo ou azeite, e os pavios, por sua vez, são direcionados para que a frente da menorá receba a luz, onde está a mesa dos pães da proposição (Ex 26,35; Nm 8,2), demonstrando que os mandamentos de Deus, representados pela luz (Sl 119,105), iluminam o homem em sua sobrevivência, simbolizada pelos pães.

ÊXODO 25–26

dela, três hastes da menorá; do outro lado dela, três hastes da menorá.
33 Em uma haste estarão três sépalas como flores de amendoeiras, com botão e pétala; e na outra haste estarão três sépalas como flores de amendoeiras, com botão e pétala. Assim será para as seis hastes que saem da menorá. **34** Na menorá mesma estarão quatro sépalas como flores de amendoeiras, com seus botões e suas pétalas: **35** um botão está debaixo de duas hastes dela, um botão está debaixo de outras duas hastes dela e um botão está debaixo das demais duas hastes dela; enfim, para as seis hastes que saem da menorá. **36** Seus botões e suas hastes serão do mesmo. Toda ela será uma só obra cinzelada de ouro puro. **37** Farás as sete lamparinas dela. E farás subir as lamparinas dela, que alumiarão o lado do semblante dela. **38** Suas espevitadeiras e seus cinzeiros serão de ouro puro. **39** Que ela seja feita de um talento de ouro puro, com todos esses utensílios! **40** Vê e faz de acordo com o modelo deles, que te foi mostrado na montanha!

Lonas, tábuas, barras e cortinas

26 **1** Farás a morada com dez lonas: linho retorcido de lã de púrpura violeta, lã de púrpura vermelha e carmesim-escarlate; como querubins as farás, obra de tecelão. **2** O comprimento de uma lona será de vinte e oito côvados; a largura de uma lona, de quatro côvados; será uma só medida para todas as lonas. **3** Cinco lonas serão unidas como uma mulher à sua irmã; e ainda cinco lonas serão unidas como uma mulher à sua irmã. **4** Farás laços de lã de púrpura violeta na bainha de uma lona, para a margem, por causa da união; da mesma forma farás com a bainha da lona marginal no segundo ponto de união. **5** Farás cinquenta laços em uma lona; e ainda farás cinquenta laços na margem da lona que está no segundo ponto de união. Os laços serão correspondentes, como uma mulher à sua irmã. **6** E farás cinquenta colchetes de ouro e unirás as cortinas com os colchetes, como uma mulher à sua irmã, e a morada será uma só.

26,1-37 Com o erguimento da morada, surge o espaço do santuário. As normas insistem, sobretudo, no simbolismo dos elementos. Ao descrever as lonas inferiores feitas de materiais preciosos (vv. 1-6) e as três lonas superiores de materiais mais grossos (vv. 7-14), ganham destaque a união, descrita como relação harmoniosa entre duas irmãs (vv. 3-5.9-11.17), a mesma medida (vv. 2.8) e a correspondência (v. 5). Assim, a morada se torna uma só coisa (vv. 6.11), dando exemplo a Israel. No mais, as lonas oferecem cobertura à morada, justamente como os querubins à arca (v. 1). Também a estrutura de madeira (vv. 15-30) expressa, por peças gêmeas e encaixes, perfeita integração (vv. 17.24). Além disso, tudo corresponde a uma ordem que Moisés recebeu da parte de Deus, seja como modelo (Ex 25,40), seja como direito (v. 30). A cortina divide o espaço dentro da morada (vv. 31-35). São a tampa de reconciliação e a arca do testemunho, a mesa dos pães e a menorá que conferem, com seus significados simbólicos, santidade aos dois espaços interiores da morada. O reposteiro exterior define a entrada e, com isso, o alinhamento de todo o santuário (vv. 36-37).

ÊXODO 26

⁷ Como tenda sobre a morada, farás lonas de crinas de cabra; em forma de onze lonas as farás. ⁸ O comprimento de cada lona será de trinta côvados, e a largura de cada lona, de quatro côvados; será uma só medida para as onze lonas. ⁹ Unirás as cinco lonas à parte e as seis lonas à parte; a sexta lona dobrarás em direção à dianteira da tenda. ¹⁰ Farás cinquenta laços na bainha de uma lona marginal, no ponto de união, e cinquenta laços sobre a bainha da lona do segundo ponto de união. ¹¹ E farás cinquenta colchetes de bronze; farás os colchetes entrarem nos laços e unirás a tenda, para que seja um todo. ¹² O pendente do que excede nas lonas da tenda, quer dizer, metade da lona excedente, penderá sobre as costas da morada. ¹³ O côvado daqui e o côvado dali em vista do que estará pendurado do comprimento das lonas da tenda sobre os lados da morada, daqui e dali, será para cobri-la. ¹⁴ Para a tenda, ainda farás uma coberta de peles de carneiros, tingidas de vermelho, e, para cima, uma coberta de peles de toninhas.

¹⁵ Farás tábuas de toras de madeira de acácias, que fiquem de pé. ¹⁶ A tábua terá um comprimento de dez côvados, e cada tábua terá a largura de um côvado e meio. ¹⁷ Haverá dois encaixes em cada tábua, embutidas como uma mulher em sua irmã. Assim farás com todas as tábuas da morada. ¹⁸ Farás as tábuas para a morada: vinte tábuas para o canto rumo ao sul, ou seja, na direção do sul. ¹⁹ Farás quarenta pedestais de prata para debaixo das vinte tábuas; dois pedestais debaixo de uma tábua, para os dois encaixes dela, e dois pedestais debaixo de outra tábua, para os dois encaixes dela. ²⁰ E para a segunda lateral da morada, para o canto do norte, farás vinte tábuas. ²¹ E seus quarenta pedestais de prata, dois pedestais debaixo de uma tábua e dois pedestais debaixo da outra tábua. ²² Para a parte posterior, em direção ao oeste, farás seis tábuas. ²³ Farás duas tábuas para os ângulos da morada na parte posterior. ²⁴ Serão gêmeas: estarão juntamente integradas desde a parte de baixo até seu topo, rumo à primeira argola. Assim será para as duas delas; serão para os dois ângulos. ²⁵ Serão oito tábuas e os pedestais de prata delas; ou seja, dezesseis pedestais, dois pedestais debaixo de uma tábua e dois pedestais debaixo de outra tábua.

²⁶ Farás cinco barras de toras de madeira de acácias para as tábuas de uma lateral da morada, ²⁷ cinco barras para as tábuas da segunda lateral da morada e cinco barras para as tábuas da lateral da morada na parte posterior, rumo ao oeste. ²⁸ A barra do meio, ou seja, em meio às tabuas, desliza de margem a margem. ²⁹ Revestirás de ouro as tábuas e de ouro farás as argolas, como recipientes das barras. E revestirás de ouro as barras. ³⁰ Erguerás a morada segundo o direito dela, que te mostrei na montanha.

³¹ Farás a cortina de lã de púrpura violeta, lã de púrpura vermelha, de carmesim-escarlate e de linho retorcido, obra de tecelão. Como querubins a farás. ³² E a fixarás sobre as quatro colunas de acácias revestidas

ÊXODO 26–27

de ouro; seus ganchos de ouro estarão sobre os quatro pedestais de prata. [33] Fixarás a cortina debaixo dos colchetes. Ali farás entrar a arca do testemunho, atrás da cortina. A cortina separará para vós o santo e o Santo dos Santos. [34] E fixarás a tampa de reconciliação sobre a arca do testemunho no Santo dos Santos. [35] Colocarás a mesa do lado de fora da cortina e a menorá defronte da mesa, na lateral sul da morada; na lateral norte, fixarás a mesa. [36] Para a entrada da tenda farás um reposteiro de lã de púrpura violeta, lã de púrpura vermelha e carmesim-escarlate, linho retorcido, obra de bordador. [37] Para o reposteiro farás cinco colunas de acácias. Com ouro as revestirás. E seus ganchos serão de ouro. Fundirás para elas cinco pedestais de bronze.

Altar de holocausto, átrio e óleo para a menorá

27 [1] Farás um altar de toras de madeira de acácias, com cinco côvados de comprimento e cinco côvados de largura. O altar será quadrado. Sua altura será de três côvados. [2] Sobre as quatro esquinas dele, farás seus chifres. Os chifres dele serão do mesmo com ele. E o revestirás de bronze. [3] Farás suas panelas para recolher suas cinzas gordurosas, suas pás, suas bacias, seus garfos e seus incensórios. Todos os seus utensílios farás de bronze. [4] Farás para ele uma grade, obra em forma de rede em bronze. E, sobre a rede, farás quatro argolas de bronze, junto às quatro extremidades dele. [5] A partir de baixo, fixarás a rede debaixo do rebordo do altar, de maneira que ela siga até a metade do altar. [6] Farás varais para o altar, varais de toras de madeira de acácias, e os revestirás de bronze. [7] Os varais dele serão trazidos para dentro das argolas, para que, ao carregá-lo, os varais estejam junto às duas laterais do altar. [8] Oco, de placas, o farás. Como se mostrou a ti na montanha, assim farão.

[9] Farás o átrio da morada. Em direção ao sul, haverá cortinas de linho retorcido para o átrio, ou seja, cem côvados em comprimento nesta margem. [10] Suas vinte colunas e seus vinte pedestais serão de bronze. Os ganchos das colunas e suas padieiras serão de prata. [11] E assim será em direção ao norte. Em côvado, serão cem de cortinas em comprimento. Suas vinte colunas e seus vinte pedestais serão de bronze. Os ganchos das colunas e suas padieiras serão de prata. [12] A largura do átrio em direção ao oeste estará com cortinas de cinquenta côvados. Suas colunas

---

27,1-21 Descreve-se, primeiramente, o altar dos sacrifícios queimados (vv. 1-8). Mais tarde, aparecerá ainda o altar de incenso (Ex 30,1-10). Os chifres (v. 2), por lembrarem o touro, talvez indiquem a força do altar; também se pode pensar na coroa divina ou na possibilidade de potinhos com incenso serem pendurados nos chifres. Contudo, como os demais objetos do santuário, também o altar é transportável, razão pela qual sua estrutura é oca, e não maciça (v. 8). O átrio é cercado de uma construção de colunas, vergas, cortinas e portão com reposteiro, aparentemente para impedir que o interior seja visto (vv. 9-19). A oferta do óleo para a menorá é a primeira contribuição permanente para o funcionamento do santuário (vv. 20-21; Ex 25,1-9).

ÊXODO 27–28

serão dez, e seus pedestais, dez. **13** A largura do átrio em direção ao leste, rumo ao oriente, será de cinquenta côvados. **14** Haverá quinze côvados de cortinas para um flanco, com suas três colunas e seus três pedestais; **15** e, para o segundo flanco, haverá quinze de cortinas, com suas três colunas e seus três pedestais. **16** Para o portão do átrio haverá um reposteiro de vinte côvados, de lã de púrpura violeta, de lã de púrpura vermelha e carmesim-escarlate e de linho retorcido, obra de bordador. Haverá suas quatro colunas e seus quatro pedestais. **17** Todas as colunas ao redor do átrio terão vergas de prata. Seus ganchos serão de prata, e seus pedestais, de bronze. **18** O comprimento do átrio será de cem côvados, e a largura, de cinquenta côvados. A altura será de cinco côvados, com linho retorcido. Seus pedestais serão de bronze. **19** Para todos os objetos da morada, enquanto seu serviço cultual, para todas as suas estacas e para todas as estacas do átrio haverá bronze.

20 E tu ordenarás aos filhos de Israel que tomem para ti azeite de oliveira, natural e batido, para a iluminação, a fim de permanentemente fazer a lamparina subir. **21** Na tenda do encontro, do lado de fora da cortina que está junto ao testemunho, Aarão e seus filhos o prepararão diante do SENHOR, da tarde até a manhã. Será uma prescrição perpétua para as gerações deles, da parte dos filhos de Israel.

Vestes sacerdotais

28 **1** Tu, porém, do meio dos filhos de Israel, aproxima de ti teu irmão Aarão e, junto com ele, os filhos dele, para ele exercer o sacerdócio para mim: Aarão, Nadab, Abiú, Eleazar e Itamar, filhos de

---

28,1-43 O sacerdócio de Aarão e de seus filhos se encontra vinculado à liderança profética de seu irmão Moisés, a qual espelha a história de Deus com seu povo. Importam as seguintes relações: o sacerdote é sempre alguém do meio do povo (v. 1; Ex 3,16), e o sacerdócio deve ser exercido para o Senhor (vv. 3-4.41; Ex 29,1.44). As vestes sacerdotais lembram a glória do Senhor (v. 2; Ex 16,7.10; 24,16-17; 29,43; 33,18.22; 40,34-35), sendo que o homem, criado por Deus, e o povo, como nação santa e reino de sacerdotes (Ex 19,6), participam de tal glória, tendo esta como seu verdadeiro ornamento (v. 2; Dt 26,19). Enfim, de um lado as vestes conferem ao sacerdote a santidade para sua missão; não se trata de um esforço pessoal; pelo contrário, o sacerdote depende da colaboração de outros, por exemplo, das pessoas inspiradas por Deus, para que fabriquem suas vestes (v. 3). Do outro lado, as vestes indicam que o sacerdote se apresenta a Deus por Israel, sendo que carrega o povo sobre seus ombros e sobre seu coração, uma vez que os nomes dos filhos de Israel se encontram gravados nas pedras preciosas fixadas nas ombreiras (vv. 9-12) e no peitoral (vv. 17-21); trata-se do memorial da relação perene entre o Senhor e o povo dele (v. 29). Urim e tumim, talvez ligados a decisões por sorteio (Ex 22,7-8; Nm 27,21; 1Sm 28,6), representam Israel enquanto organizado por um direito (v. 30). As campainhas com seu sonido (vv. 34-35) e a inscrição "Santidade ao Senhor" (Ex 39,30) no adorno fixado ao turbante (vv. 36-38) alertam o sacerdote sobre sua responsabilidade de representar Israel como comunidade que se propõe a corresponder à santidade de Deus. A romã (v. 34), por sua vez, indica a terra prometida (Nm 13,23; Dt 8,8) e, por seu sabor e abundância de sementes, a doçura da vida e a fertilidade (Ct 4,13; 8,2).

ÊXODO 28

Aarão! ² Farás vestes sagradas para teu irmão Aarão, para a glória e o ornamento. ³ E tu falarás a todos os sábios de coração, sendo que os enchi com o espírito de sabedoria, para que façam as vestes de Aarão para consagrá-lo, a fim de ele exercer o sacerdócio para mim. ⁴ E estas são as vestes que farão: peitoral, efod, capa, túnica quadriculada, turbante e cinturão. Farão vestes sagradas para teu irmão Aarão e para os filhos dele, a fim de ele exercer o sacerdócio para mim. ⁵ Eles tomarão o ouro, a lã de púrpura violeta, a lã de púrpura vermelha, o carmesim-escarlate e o linho.

⁶ Farão o efod de ouro, lã de púrpura violeta, lã de púrpura vermelha, carmesim-escarlate e linho retorcido, obra de tecelão. ⁷ Duas ombreiras unidas haverá para ele, que serão unidas às suas duas extremidades. ⁸ A faixa tecida do ajustado dele, que está sobre ele, será uma só obra com ele, de ouro, lã de púrpura violeta, lã de púrpura vermelha, carmesim-escarlate e linho retorcido. ⁹ Tomarás duas pedras de ônix e gravarás nelas os nomes dos filhos de Israel. ¹⁰ Seis de seus nomes em uma pedra e os seis nomes restantes na segunda pedra, segundo sua ordem de nascimento. ¹¹ Gravarás nas duas pedras, como gravuras em pedra-selo, os nomes dos filhos de Israel, obra de artesão. Circulados com encaixes de ouro os fabricarás. ¹² Colocarás as duas pedras sobre as ombreiras do efod, pedras de memorial para os filhos de Israel. E, sobre seus dois ombros, Aarão carregará os nomes deles diante do SENHOR. ¹³ Farás encaixes de ouro ¹⁴ e correntes de ouro puro. Como cordões as farás, uma peça de corda. E fixarás as correntes de cordas junto aos encaixes. ¹⁵ Como obra de tecelão, farás o peitoral do direito. Como a obra do efod o farás. Com ouro, lã de púrpura violeta, lã de púrpura vermelha, carmesim-escarlate e linho retorcido o farás. ¹⁶ Será quadrado, dobrado, um palmo em seu comprimento e um palmo em sua largura. ¹⁷ E o guarnecerás com engaste de pedra, ou seja, quatro fileiras de pedra: uma fileira de cornalina, topázio e esmeralda, ou seja, é a primeira fileira; ¹⁸ a segunda fileira de rubi, safira e jade; ¹⁹ a terceira fileira de zircão, ágata e ametista; ²⁰ e a quarta fileira com crisólito, ônix e jaspe. Serão quadriculados em ouro em seus engastes. ²¹ E as pedras serão conforme os nomes dos filhos de Israel; doze por causa dos nomes deles, gravuras em selo, cada um segundo seu nome; haverá para as doze tribos. ²² Farás, de ouro puro, correntes trançadas sobre o peitoral, peça de corda. ²³ Farás junto ao peitoral duas argolas de ouro e fixarás as duas argolas nas extremidades do peitoral. ²⁴ Meterás as duas cordas de ouro nas duas argolas em direção às extremidades do peitoral. ²⁵ E, nos dois encaixes, fixarás os dois extremos das duas cordas, que arrumarás sobre as ombreiras do efod, em direção à frente da face dele. ²⁶ Farás duas argolas de ouro e as porás sobre as duas extremidades do peitoral, junto à bainha dele, a qual está oposta ao efod para dentro. ²⁷ Farás duas argolas de ouro e as fixarás junto às duas ombreiras do efod, abaixo, defronte da face dele, perto de seu ponto de união, em cima da faixa tecida do efod. ²⁸ Com um

ÊXODO 28–29

cadarço de lã de púrpura violeta atarão o peitoral, a partir de suas argolas, às argolas do efod, para estar sobre a faixa tecida do efod. O peitoral não se deslocará de cima do efod. **29** E Aarão, ao entrar no santuário, carregará, sobre seu coração, os nomes dos filhos de Israel no peitoral do direito, como memorial permanente diante do SENHOR. **30** Acrescentarás o urim e o tumim ao peitoral do direito. Estarão sobre o coração de Aarão, ao este entrar perante o SENHOR. Perenemente, perante o SENHOR, Aarão carregará o direito dos filhos de Israel sobre seu coração.

31 Farás toda a capa do efod de lã de púrpura violeta. **32** No meio dela, haverá uma abertura para sua cabeça. Haverá uma gola ao redor da abertura dele, obra de tecedor. Como abertura de um artefato de couro lhe será, sem que se rasgue. **33** Sobre suas abas farás romãs de lã de púrpura violeta, lã de púrpura vermelha e carmesim-escarlate, quer dizer, sobre suas abas ao redor, e, ao redor, campainhas de ouro no meio delas. **34** Uma campainha de ouro e uma romã, outra campainha de ouro e outra romã, sobre as abas da capa ao redor. **35** Esta estará sobre Aarão quando ministra. O sonido dela será escutado ao ele entrar no santuário diante do SENHOR e ao ele sair, para que não morra.

36 Farás um adorno de ouro puro e nele gravarás, como gravuras em selo: 'Santidade ao SENHOR'. **37** Com um cadarço de lã de púrpura violeta o colocarás. Estará sobre o turbante, ou seja, estará na frente da parte dianteira do turbante. **38** Estará sobre a testa de Aarão. E Aarão carregará a culpa concernente às coisas consagradas que os filhos de Israel consagram, em relação a todas as dádivas de suas consagrações. Perenemente estará sobre a testa dele, em favor deles diante do SENHOR. **39** Tecerás, quadriculada, a túnica de linho e farás o turbante de linho; e farás o cinturão, obra de bordador. **40** Farás túnicas para os filhos de Aarão e lhes farás cinturões. Para honra e ornamento, lhes farás gorros altos. **41** Vestirás teu irmão Aarão e, com ele, os filhos dele; e os ungirás, encherás suas mãos e os consagrarás, pois exercerão o sacerdócio para mim. **42** E lhes farás calções de linho para encobrir a nudez dos genitais; serão dos quadris até as coxas. **43** Estarão sobre Aarão e sobre seus filhos quando eles entrarem na tenda do encontro ou se achegarem ao altar, para ministrar no santuário, a fim de que não carreguem culpa nem morram. Será para ele uma prescrição perpétua, assim como para sua descendência depois dele.

Santificação para o serviço sacerdotal

29
1 Isto é o que lhes farás para consagrá-los, a fim de exercerem o sacerdócio para mim: tomarás um novilho, filhote de gado

---

29,1-37 As orientações referentes à instituição de Aarão e de seus filhos como sacerdotes, a qual é presidida por Moisés e ocorre durante sete dias (v. 35), preveem inicialmente a junção de animais e outros materiais (vv. 1-3). O rito começa com os preparativos: lavagem (v. 4), colocação das vestimentas (vv. 5-6) e unção com o óleo perfumado (v. 7). Todavia, para o sacerdote abençoar com suas mãos (Lv 9,22), ele mesmo tem as mãos primeiramente enchidas com os sacrifícios oferecidos a Deus (vv. 9.24).

ÊXODO 29

grande, e dois carneiros sem defeito, ² pão de ázimos, roscas de ázimos banhadas no azeite, tortas de ázimos besuntadas com azeite; de sêmola de trigos os farás. ³ Em um cesto os meterás e, no cesto, os apresentarás, assim como o novilho e os dois carneiros. ⁴ Apresentarás Aarão e os filhos dele na entrada da tenda do encontro, e os lavarás com água. ⁵ Tomarás as vestes e vestirás Aarão com a túnica, com a capa do efod, com o efod e com o peitoral, e lhe ajustarás a faixa tecida do efod. ⁶ Colocarás o turbante sobre a cabeça dele e fixarás o diadema sagrado no turbante. ⁷ Tomarás o óleo da unção e o derramarás sobre a cabeça dele, sendo que o ungirás. ⁸ Aproximarás os filhos dele e, com túnicas, os vestirás. ⁹ Com um cinturão os cingirás, Aarão e os filhos dele, e lhes atarás gorros altos. Um sacerdócio lhes será por prescrição perpétua. Encherás a mão de Aarão e a mão dos filhos dele. ¹⁰ Aproximarás o novilho diante da tenda do encontro. Aarão e seus filhos apoiarão suas mãos sobre a cabeça do novilho. ¹¹ Abaterás o novilho perante o SENHOR, à entrada da tenda do encontro. ¹² Tomarás do sangue do novilho e o meterás, com teu dedo, sobre os chifres do altar, sendo que derramarás o sangue inteiro contra o alicerce do altar. ¹³ Tomarás toda a gordura que cobre as entranhas, o redenho junto ao fígado, os dois rins e a gordura que está junto a eles e os queimarás sobre o altar. ¹⁴ Fora do acampamento incendiarás a carne do novilho, sua pele e seu esterco. Esse é um sacrifício pelo pecado. ¹⁵ Tomarás um carneiro, para que Aarão e seus filhos apoiem suas mãos sobre a cabeça do carneiro. ¹⁶ Abaterás o carneiro. Tomarás o sangue dele e o atirarás sobre o altar ao redor. ¹⁷ Cortarás o carneiro segundo seus pedaços, lavarás suas entranhas e suas pernas, e os meterás sobre suas partes e sobre sua cabeça. ¹⁸ Queimarás o carneiro inteiro sobre o altar. Ele será um holocausto para o SENHOR, um odor apaziguante. Ele será

Com isso, fica claro que o sacerdócio é uma dádiva, pois não é o sacerdote que enche suas mãos. A descrição dos sacrifícios a serem oferecidos a Deus (vv. 10-26) começa, no primeiro momento, com um novilho como sacrifício de pecado e/ou reconciliação (vv. 10-14). O sacerdote, como homem, e o altar, feito pelo homem, são, pois, realidades atingidas pelo pecado e precisam de dignificação para o serviço santo. O animal, por sua vez, como ser vivo remete a Deus, pois este é contemplado como quem dá toda a vida e é o soberano da vida e da morte. Nesse sentido, justamente se reconhece, por meio do sacrifício, o valor do animal, sendo que o rito de apoiar as mãos sobre sua cabeça destaca a relação entre o homem e o animal, além de este último sofrer uma morte substituta para o homem (vv. 10.15.19). No segundo momento, o primeiro carneiro é devolvido por inteiro a Deus em forma de um holocausto ou sacrifício inteiramente queimado (vv. 15-18). Por fim, como sacrifício de comunhão (v. 28), ou seja, sacrifício de boas-vindas ou cumprimento, o segundo carneiro – como carneiro de instituição – é em parte queimado sobre o altar e em parte dado como porção ao sacerdote (vv. 19-26). Contudo, o que na cerimônia original ainda é definido em relação a Moisés (v. 26) é repensado para as futuras instalações de sacerdotes (vv. 27-30), sendo que o ritual da oferta dos sacrifícios de comunhão resulta em uma refeição sagrada (vv. 31-34). Mais ainda, a cerimônia da instituição dos sacerdotes aparentemente se estende durante sete dias (v. 35), assim como também se prevê a reconciliação do altar durante sete dias (vv. 36-37), uma vez que, por ser feito e manuseado pelo homem, é atingido pela impureza, mas, a partir de sua função, lhe cabe a mais absoluta santidade.

ÊXODO 29

um sacrifício queimado para o SENHOR. **19** Tomarás o outro carneiro, sendo que Aarão e seus filhos apoiarão suas mãos sobre a cabeça do carneiro. **20** Abaterás o carneiro, tomarás do sangue dele e o meterás sobre o lóbulo da orelha de Aarão e sobre o lóbulo da orelha direita dos filhos dele, assim como sobre o polegar da mão direita deles e sobre o polegar do pé direito deles. Atirarás o sangue sobre o altar ao redor. **21** Tomarás do sangue que está sobre o altar e do óleo da unção e aspergirás sobre Aarão e as vestes dele, sobre os filhos dele e as vestes dos filhos dele. E consagrarás, assim como, junto com ele, as vestes dele, os filhos dele e as vestes dos filhos dele. **22** Tomarás, do carneiro, a gordura, a cauda gorda, a gordura que cobre as entranhas, o redenho do fígado, os dois rins e a gordura que está sobre eles, e a coxa direita, porque ele é um carneiro de instituição, **23** assim como um pão redondo, uma rosca de pão azeitado e uma torta do cesto dos ázimos que está diante do SENHOR. **24** Colocarás tudo sobre as palmas das mãos de Aarão e sobre as palmas das mãos dos filhos dele, e o moverás como oferta movida perante o SENHOR. **25** Da mão deles o tomarás e, junto com o holocausto, o queimarás sobre o altar como odor apaziguante perante o SENHOR. Ele será um sacrifício queimado para o SENHOR. **26** Tomarás o peito do carneiro da instituição, o qual é para Aarão, e o moverás como oferta movida perante o SENHOR. Será tua porção. **27** Do carneiro de instituição, que é de Aarão e dos filhos dele, consagrarás o peito da oferta movida e a coxa da oferta elevada, que foi movida e que foi elevada. **28** Será, dentre os filhos de Israel, uma prescrição perpétua em relação a Aarão e aos filhos dele, porque ela é uma oferta elevada. Dos sacrifícios de comunhão, será uma oferta elevada da parte dos filhos de Israel, como oferta elevada deles para o SENHOR. **29** Depois dele, as vestes sagradas de Aarão serão para os filhos dele, para nelas serem ungidos e para nelas encherem as mãos deles. **30** O sacerdote dentre os filhos dele que estiver no lugar dele as vestirá durante sete dias, sendo que entrará na tenda do encontro para ministrar no santuário. **31** Tomarás o carneiro de instituição e cozinharás a carne dele em um lugar sagrado. **32** Aarão e seus filhos comerão a carne do carneiro e o pão que está no cesto à entrada da tenda do encontro. **33** Comerão as coisas com que foi provida a reconciliação por eles, para encherem suas mãos, a fim de consagrá-los. Um estranho não comerá, porque elas são sagradas. **34** Caso, até a manhã, haja sobra da carne da instituição e do pão, incendiarás a sobra com fogo. Não será consumida, porque ela é sagrada. **35** Assim farás a Aarão e aos filhos dele, de acordo com tudo que te ordenei. Encherás as mãos deles por sete dias. **36** Por dia prepararás um novilho como sacrifício pelo pecado, por causa da reconciliação. Retirarás o pecado do altar, quando tu o proveres de reconciliação, e o ungirás para consagrá-lo. **37** Por sete dias proverás o altar de reconciliação e o consagrarás. O altar será santíssimo. Tudo o que tocar no altar se tornará santo.

ÊXODO 29–30

Sacrifício permanente

38 Isto é o que prepararás sobre o altar: permanentemente, por dia, dois cordeiros filhotes de um ano. **39** Um cordeiro prepararás pela manhã e o segundo cordeiro prepararás ao entardecer. **40** E, com o primeiro cordeiro, uma décima parte de sêmola de trigo banhado de azeite batido, a quarta parte de um hin, e, como libação, vinho, a quarta parte de um hin. **41** Pela tardinha, prepararás o segundo cordeiro; como a oferta de manjares da manhã, inclusive a libação dela, o prepararás, a fim de que seja um odor apaziguante de um sacrifício queimado para o SENHOR.

42 Será um holocausto permanente para vossas gerações, à entrada da tenda do encontro perante o SENHOR, ali onde me juntarei a vós, a fim de ali te falar. **43** Ali me juntarei aos filhos de Israel, que será santificado em minha glória. **44** Consagrarei a tenda do encontro, o altar, Aarão e os filhos dele. Consagrarei para exercerem o sacerdócio para mim. **45** Fixarei morada no meio dos filhos de Israel e lhes serei Deus. **46** Saberão que eu sou o SENHOR, o Deus deles, que os fez sair da terra do Egito, para eu morar no meio deles. Eu sou o SENHOR, o Deus deles.

Altar de incenso

30 **1** Farás um altar de incensação de incenso. De toras de madeira de acácias o farás. **2** Seu comprimento será de um côvado. Sua largura será de um côvado. Será quadrado e de dois côvados de altura. Seus chifres serão a partir dele. **3** E o revestirás de ouro puro: sua chapa superior, suas paredes ao redor e seus chifres. E lhe farás ao redor uma

---

29,38-46 Sacrifícios permanentes indicam, por parte do homem, a atitude de entrega ao Senhor (vv. 38-42a), enquanto este último insiste em estar presente no meio do povo (vv. 42b-46). Os dois cordeiros representam a carne como alimento básico (vv. 38-41); a sêmola de trigo, o azeite e o vinho (v. 40) trazem, por sua vez, os alimentos vegetais à memória. Um hin equivale a sete litros e meio. Os sacrifícios permanentes serão expressão da abundância de alimentos. Caso contrário, eles não seriam possíveis. Nesse sentido, o odor é apaziguante para o povo, pois representa a vida boa e o direcionamento para o Senhor. No mais, a presença de Deus provoca agora a consagração do povo (v. 43; Ex 19,6; 31,13), da tenda do encontro, do altar, de Aarão e de seus filhos (v. 44). Em vez de Moisés (Ex 28,41; 29,1.21.36-37; 30,29-30; 40,9-11.13), o Senhor é quem consagra. Assim, fica claro que Deus, único realmente capaz de consagrar, atua por Moisés. Enfim, enquanto o Sinai é o primeiro destino do êxodo (Ex 19,4), a presença contínua de Deus é o destino de toda a história (vv. 45-46).

30,1-10 Como todos os utensílios na tenda, também o altar de incenso é de ouro. Feito semelhantemente ao altar dos sacrifícios (Ex 27,1-8), também ele é móvel, porém, com dimensões menores. O altar de incenso é direcionado à arca e à tampa de reconciliação, ou seja, rumo ao Santo dos Santos (v. 6). Na tenda, somente estão presentes ofertas vegetais: pão, azeite e incenso, sendo que este último representa a riqueza luxuriosa da terra. Exceção é o sangue, que, uma vez por ano, é usado no rito de reconciliação.

ÊXODO 30

bordadura de ouro. **4** E lhe farás duas argolas de ouro debaixo da bordadura dele, sobre suas duas laterais. Estarão sobre os dois lados dele. Como casinhas serão para os varais, para com eles carregá-lo. **5** Farás os varais de toras de madeira de acácias e os revestirás de ouro. **6** Defronte da cortina que está junto à arca do testemunho, defronte da tampa de reconciliação que está em cima do testemunho, sendo que ali me junto a ti, o colocarás. **7** Manhã por manhã, Aarão queimará incenso perfumado sobre ele. Ao arrumar as lamparinas o queimará. **8** E, ao Aarão fazer as lamparinas subirem à tarde, o queimará. Para vossas gerações, será um incenso permanente perante o Senhor. **9** Não fareis subir sobre ele um incenso estranho, um holocausto ou oferta de manjares, e não derramareis sobre ele uma libação. **10** Uma vez no ano, Aarão proverá reconciliação junto aos chifres dele com o sangue do sacrifício de reconciliação pelo pecado. Uma vez no ano, proverá reconciliação junto a ele para vossas gerações. Para o Senhor, ele será santíssimo".

Oferta de compensação

11 O Senhor falou a Moisés: **12** "Quando fizeres um levantamento referente à soma dos filhos de Israel conforme seus recenseados, ao recenseá-los, cada um dará ao Senhor uma reconciliação por sua alma, para que entre eles, ao recenseá-los, não ocorra uma praga. **13** Cada um que passa junto aos recenseados dará o seguinte: a metade de um siclo em siclo do santuário, com vinte geras por siclo, uma oferta para o Senhor. **14** Todo aquele que passa junto aos recenseados, de vinte anos para cima, dará a oferta do Senhor. **15** O rico não multiplicará, e o necessitado não diminuirá a metade do siclo para dar a oferta do Senhor, para prover reconciliação junto a vossas almas. **16** Tomarás a prata das reconciliações dos filhos de Israel e a oferecerás concernente ao serviço cultual da tenda do encontro. Para os filhos de Israel será um memorial perante o Senhor, para prover reconciliação junto a vossas almas".

Bacia de bronze

17 O Senhor falou a Moisés: **18** "Farás uma bacia de bronze e o suporte de bronze dela para lavar, e a fixarás entre a tenda do encontro e o altar. E ali meterás água. **19** Com ela, Aarão e seus filhos lavarão suas

---

30,11-16 De forma igualitária, por darem o mesmo valor, todos os israelitas de vinte anos para cima, portanto, hábeis para a guerra (Nm 1,3), participam, com sua oferta, da manutenção do serviço cultual no santuário (v. 16). O destaque da prata na construção da tenda do encontro (Ex 26,19; 27,10-11) indica o esforço do povo. Um siclo do santuário corresponde a onze gramas, e uma gera a pouco mais de meio grama.

30,17-21 Mãos e pés se encontram expostos ao ambiente por não estarem cobertos por roupas. Por isso, a lavagem deles é indicada pela higiene. Ao mesmo tempo, a lavagem guarda a conotação simbólica de uma purificação do pecado que antecede o contato com o sagrado.

ÊXODO 30

mãos e seus pés. **20** Ao entrarem na tenda do encontro ou se achegarem ao altar para ministrar, a fim de queimar um sacrifício para o SENHOR, com água se lavarão, a fim de que não morram. **21** Lavarão suas mãos e seus pés, e não morrerão. Será para eles uma prescrição perpétua: para ele, para a descendência dele, para as gerações deles".

Óleo da unção sagrada

22 O SENHOR falou a Moisés: **23** "Tu, pois, toma para ti aromas do melhor: quinhentos da mirra granulada; a metade disso, ou seja, duzentos e cinquenta, de cinamomo aromático; duzentos e cinquenta de cálamo; **24** segundo o siclo do santuário, quinhentos de cássia; e um hin de azeite de oliveira! **25** Farás disso um óleo da unção sagrada. Perfume de mistura de perfumes, arte de um perfumista. Será óleo da unção sagrada. **26** Ungirás com ele a tenda do encontro, a arca do testemunho, **27** a mesa e todos os seus utensílios, a menorá e seus utensílios, o altar de incenso, **28** o altar de holocausto e todos os seus utensílios, a bacia e seu suporte. **29** Pois os santificarás, e serão santíssimos. Todo aquele que neles toca se torna santo. **30** Ungirás Aarão e seus filhos, e os santificarás, para exercerem o sacerdócio para mim. **31** Aos filhos de Israel, porém, falarás: 'Este será para mim um óleo da unção sagrada por todas as vossas gerações. **32** Não será derramado sobre o corpo de um homem, e, em sua combinação, não fareis parecido a esse. Ele é sagrado. Será santo para vós. **33** Quem preparar um perfume parecido a esse e der dele a um estranho será eliminado de meu povo'".

Incenso

34 O SENHOR disse a Moisés: "Toma para ti aromas perfumados: estoraque, búzio e gálbano. Serão aromas perfumados e incenso natural em partes iguais. **35** Disso farás incenso, perfume obra de perfumista, temperado com sal puro e santo. **36** Triturarás algo disso. Pulveriza e coloca disso diante do testemunho na tenda do encontro, sendo que ali

---

30,22-33 As especiarias para o unguento ou óleo eram raras no mundo antigo. São necessárias grandes quantidades do material bruto para fabricar a essência desejada. O granulado da mirra era importado da Somália, Etiópia e Arábia. O cinamomo ou a canela vinha da Índia ou do Sri Lanka. O cálamo é uma erva cheirosa. A cássia, provavelmente a canela chinesa, era importada do Extremo Oriente. Um hin (v. 24) corresponde a sete litros e meio. A unção da tenda do encontro, dos utensílios e dos sacerdotes remete à finalização do santuário.

30,34-38 Os aromas perfumados – estoraque (provavelmente uma resina produzida pela árvore do benjoeiro), búzio (de difícil identificação, talvez a casca de um caracol marinho que, quando queimada, gera fumaça forte e ardente) e gálbano (possivelmente o extrato da férula) – são misturados com incenso (resina tirada da árvore do gênero *Boswellia*, que também é importada). O sal é acrescentado no mundo antigo para aumentar a quantidade de fumaça.

ÊXODO 30–31

me junto a ti! Será santíssimo para vós. [37] E o incenso que farás segundo a composição dele não o fareis para vós. Para ti, será algo santo para o SENHOR. [38] O homem que fizer algo como ele para cheirá-lo será eliminado de seu povo".

Os artesãos

31 [1] O SENHOR falou a Moisés: [2] "Vê, chamei pelo nome Beseleel, filho de Uri, filho de Hur, da tribo de Judá! [3] E o enchi do espírito de Deus, de sabedoria e entendimento, de conhecimento e todo tipo de trabalho, [4] para planejar projetos, a fim de trabalhar com o ouro, com a prata e com o bronze, [5] com a lapidação de pedra, para engaste, e com o entalho de madeira, a fim de realizar todo tipo de trabalho. [6] Eis que lhe dei Ooliab, filho de Aquisamec, da tribo de Dã; no coração de todo aquele que tem um coração sábio coloquei sabedoria, a fim de que fizessem tudo aquilo que te ordenei: [7] a tenda do encontro, a arca para o testemunho, a tampa de reconciliação que estará sobre ela, todos os utensílios da tenda, [8] a mesa e seus utensílios, a menorá pura e todos os utensílios dela, o altar de incenso, [9] o altar de holocausto e os utensílios dele, a bacia e o suporte dela, [10] os panos de tecido e as vestes sagradas para o sacerdote Aarão, as vestes dos filhos dele para exercer o sacerdócio, [11] o óleo da unção e o incenso de aromas perfumados para o santuário. Farão de acordo com tudo que te ordenei".

Repouso no sábado

[12] O SENHOR disse a Moisés: [13] "Tu, pois, fala aos filhos de Israel: 'Somente guardareis meus sábados, porque, para vossas gerações, será um sinal entre mim e vós, para saber que eu sou o SENHOR que vos santifica. [14] Guardareis o sábado, porque ele é santo para vós. Quem o profanar certamente morrerá. De fato, todo aquele que nele fará um trabalho, essa alma será eliminada do meio do povo dela. [15] Durante seis dias se fará o trabalho; no sétimo dia é sábado, descanso sabático consagrado para o SENHOR. Todo aquele que fizer um trabalho no dia do sábado certamente morrerá. [16] Os filhos de Israel guardarão o sábado a fim de praticar o sábado como aliança perpétua para suas gerações. [17] Entre mim e os filhos de Israel será um sinal perpétuo, porque, em seis dias, o SENHOR fez os céus e a terra e, no sétimo dia, descansou e tomou fôlego'".

31,1-11 Beseleel (v. 2), da tribo sulina de Judá, e Ooliab (v. 6), da tribo nortista de Dã, são os principais artistas. Plenos do espírito de Deus (v. 3; 1Rs 7,13-14), sua criatividade potencializada favorecerá invenções e obras artísticas que levarão à contemplação do divino.

31,12-17 Há uma correspondência entre a santificação do santuário (espaço) e a santificação da semana (tempo), com a diferença de que, caso o santuário deixe de existir, o sábado, porém, continuará a garantir a relação entre Deus e o povo dele.

ÊXODO 31–32

Entrega das placas

¹⁸ Quando ele terminou de lhe falar no monte Sinai, deu a Moisés as duas placas do testemunho, placas de pedra, escritas pelo dedo de Deus.

O bezerro de ouro

32 ¹ Quando o povo viu que Moisés demorava para descer da montanha, o povo se reuniu junto a Aarão. Disseram-lhe: "Ergue-te! Faze-nos deuses que andem diante de nós, porque esse Moisés, o homem que nos fez subir da terra do Egito, não sabemos o que houve com ele!" ² Aarão lhes disse: "Arrancai os anéis de ouro que estão nas orelhas de vossas mulheres, de vossos filhos e de vossas filhas, e trazei-os a mim!" ³ E todo o povo arrancou os anéis de ouro que estavam em suas orelhas e os trouxe a Aarão. ⁴ De sua mão os tomou e, com um estilete, os moldou e os transformou em um bezerro de fundição. E disseram: "Estes são teus deuses, ó Israel, que te fizeram subir da terra do Egito!" ⁵ Quando Aarão o viu, construiu um altar diante dele. E Aarão proclamou e disse: "Amanhã haverá uma celebração para o Senhor". ⁶ No dia seguinte, levantaram-se cedo. Fizeram subir holocaustos e apresentaram sacrifícios de comunhão. O povo se sentou para comer e beber. E ergueram-se para divertir-se.

Ira de Deus e intervenção de Moisés

⁷ O Senhor, porém, falou a Moisés: "Vai, desce, porque teu povo, que fizeste subir da terra do Egito, se corrompeu! ⁸ Depressa desviaram-se do

---

31,18 Como anunciado anteriormente (Ex 24,12; 25,16.21), o Senhor entrega as placas de pedra a Moisés, a fim de continuar a manifestar-se a partir delas (Ex 25,22; 30,6.36).

32,1-6 A ausência de Moisés durante quarenta dias causa incerteza (v. 1) e desconfiança sobre a volta dele e de Josué (Ex 24,13-14.18). Ignorando outra vez a libertação realizada pelo Senhor, o Deus de Israel (v. 1; Ex 14,11; 16,3; 17,3), o povo, junto a Aarão, perverte a aliança feita com seu Deus (Ex 19–24). Infringe o primeiro mandamento (v. 4; Ex 20,3-4). Prevalecem a habilidade artística e uma festa mais simples, organizada por conta própria (v. 6), sem que se exija o compromisso da escuta e a autodoação (Ex 24,7-8). Aliás, no tempo do rei Jeroboão, dois bezerros de ouro irão tornar-se símbolo da separação entre o reino do norte, que é Israel, e o reino do sul, que é Judá (1Rs 12,28). Mais ainda, também nas culturas vizinhas, o touro e/ou o bezerro simbolizam, religiosamente, a força e a fertilidade.

32,7-14 A narrativa volta à montanha. Ao valorizar Moisés (v. 10), o Senhor lhe revela sua paixão e o fervor de seu amor pelo povo, que agora diz ser o povo de Moisés ("teu povo" [v. 7]). Desde o início, Deus vê a teimosia e a obstinação dos israelitas (v. 9), uma vez que se afastam do caminho (v. 8) da aliança salvífica com o Senhor. Moisés, por sua vez, não se preocupa com sua grandeza (v. 10), mas, de forma ousada, procura motivar Deus a desistir de sua ira contra o povo, o qual novamente diz ser do Senhor (vv. 11-12). Afinal, a morte dos israelitas entre os montes (v. 12) colocaria em dúvida a identidade do Senhor entre os egípcios (v. 12) e a fidelidade em relação a si mesmo (v. 13). Enfim, Moisés não acolhe o pedido que Deus lhe dirige (v. 10), mas motiva a compaixão divina (v. 14).

ÊXODO 32

caminho que eu lhes ordenara. Fizeram para si um bezerro de fundição e prostraram-se em direção a ele. Ofereceram-lhe um sacrifício e disseram: 'Estes são teus deuses, ó Israel, que te fizeram subir da terra do Egito!'" ⁹ E o SENHOR disse a Moisés: "Vi este povo: eis que ele é um povo de cerviz dura. ¹⁰ Agora, pois, permite-me que se inflame minha ira no meio deles e os devore! De ti, porém, farei uma grande nação".

¹¹ No entanto, Moisés abrandou a presença do SENHOR, seu Deus, e disse: "SENHOR, por que se inflamará tua ira no meio de teu povo, o qual fizeste sair da terra do Egito com grande poder e com mão forte? ¹² Por que os egípcios dirão: 'Por maldade os fez sair, a fim de matá-los nos montes e liquidá-los da face da terra'? Volta do ardor de tua ira e arrepende-te da maldade em relação a teu povo! ¹³ Lembra-te de Abraão, de Isaac e de Israel, teus servos, aos quais por ti juraste, sendo que lhes falaste: 'Multiplicarei vossa descendência como as estrelas dos céus, e herdarão para sempre toda essa terra, sobre a qual eu disse que a daria à vossa descendência!'" ¹⁴ E o SENHOR se arrependeu quanto à maldade que falara em aplicar a seu povo.

Ira de Moisés

¹⁵ Moisés se virou e desceu do monte. As duas placas do testemunho estavam em sua mão, placas escritas em seus dois lados; elas estavam escritas na frente e no verso. ¹⁶ E as placas? Elas eram obra de Deus. E a escrita? Ela era escrita de Deus, gravada nas placas.

¹⁷ Josué escutou o rumor do povo em seu brado e disse a Moisés: "Há um rumor de combate no acampamento". ¹⁸ Refletiu então: "Não é um rumor de responder a uma valentia e não é um rumor de responder a uma derrota; eu escuto um rumor de humilhar-se". ¹⁹ Quando se aproximou do acampamento, viu o bezerro e danças. Então a ira de Moisés

---

32,15-29 Após quarenta dias e quarenta noites (Ex 24,13-18), Moisés desce, junto com Josué (Ex 24,13), do monte, guardando em suas mãos as placas que confirmam a aliança eterna de Deus com seu povo (vv. 15-16). Contudo, ele descobre como Israel, pelo culto prestado a um deus fabricado (v. 23; Ex 32,8), se oprime e se humilha (v. 18). A primeira reação de Moisés (vv. 19-20) é resultado de sua ira (Ex 32,10-12): anulando a aliança, destrói as placas (v. 19) e, triplamente, o bezerro de ouro (v. 20). E isso ao pé do monte (v. 19), onde estavam o altar e as doze estelas representantes de Israel (Ex 24,4). Em sua segunda reação, Moisés responsabiliza seu irmão Aarão (vv. 21-25). Este, por sua vez, diminui sua responsabilidade: ora por acusar o povo (vv. 22-23), ora por mentir que o bezerro teria saído espontaneamente do ouro lançado ao fogo (v. 24; Ex 32,4), ora por omitir que foi ele quem anunciou o bezerro como deus libertador ao povo (Ex 32,4). A terceira reação de Moisés (vv. 26-29), da forma mais drástica imaginável, visa ilustrar a necessidade de uma adesão exclusiva do povo a seu verdadeiro Deus. Os levitas, portanto, parentes de Moisés (Ex 2,1), ao matarem quem lhes é mais próximo (v. 27) e ao encherem suas mãos como se celebrassem um sacrifício para serem abençoados (v. 29; Ex 29,33.35), demonstram a triste realidade de que a desistência da aliança feita com Deus pode resultar em fratricídio, algo absolutamente indesejável.

ÊXODO 32

se inflamou. De suas mãos arremessou as placas e as quebrou na parte inferior do monte. ²⁰ Tomou o bezerro que tinham fabricado e o queimou no fogo. Moeu-o até ficar fino, espalhou-o sobre a superfície da água e deu-o de beber aos filhos de Israel.

²¹ Moisés disse a Aarão: "O que esse povo fez para ti? De fato, trouxeste um grande pecado sobre ele". ²² Aarão disse: "Que não se inflame a ira de meu senhor! Tu conheces o povo; ele está para o mal. ²³ Disseram a mim: 'Faze-nos deuses que caminhem diante de nós, porque quanto a este Moisés, o homem que nos fez subir da terra do Egito, não sabemos o que lhe aconteceu!' ²⁴ Então lhes disse: 'Quem estiver com ouro, arrancai-o e dai a mim!' E o arremessei ao fogo, e saiu esse bezerro". ²⁵ Moisés viu o povo, porque ele estava desenfreado. De fato, Aarão o deixara desenfreado para o desdém dos que contra eles se erguem.

²⁶ E Moisés ficou de pé no portão do acampamento e disse: "Quem estiver pelo SENHOR venha até mim!" Todos os filhos de Levi se reuniram, então, em direção a ele. ²⁷ Disse-lhes: "Assim disse o SENHOR, Deus de Israel: 'Colocai, cada um, sua espada sobre sua coxa! Atravessai o acampamento e voltai, de portão a portão, e matai, cada um, seu irmão, seu companheiro e seu próximo!'" ²⁸ Os filhos de Levi fizeram segundo a palavra de Moisés. Naquele dia, caíram do povo três mil homens. ²⁹ E Moisés disse: "Enchei, hoje, vossas mãos para o SENHOR, porque cada um foi contra seu filho e seu irmão, a fim de, hoje, conceder uma bênção sobre vós!"

Primeiras negações

³⁰ No dia seguinte, Moisés disse ao povo: "Vós pecastes; houve um grande pecado. Agora, porém, subirei ao SENHOR. Talvez eu possa prover reconciliação quanto a vosso pecado". ³¹ Moisés voltou ao SENHOR e disse: "Ah, este povo pecou! É um grande pecado. Fabricaram para eles um deus de ouro. ³² Que carregues agora o pecado deles! Senão, apaga-me, pois, de teu livro, o qual escreveste!" ³³ O SENHOR disse a Moisés: "Apagarei de meu livro quem pecou contra mim. ³⁴ Vai, pois, agora! Guia o povo para onde te falei! Eis que meu mensageiro irá diante de ti. No dia de minha vi-

---

32,30–33,6 Um dia depois dos acontecimentos dramáticos (v. 30), Moisés investe na busca de uma reconciliação entre Deus e o povo. Não aceita a possibilidade de, junto a outro povo (Ex 32,10), Deus ter seu nome engrandecido. Pelo contrário, como justo inscrito no livro de Deus (Sl 69,29), Moisés vê sua existência atrelada a este povo pecador (v. 32; Nm 11,15). A reação de Deus é progressiva e traz diversas consequências para o povo: o israelita que adere a outros deuses não terá seu pecado carregado por Deus (vv. 32-33) e, como os egípcios, também será lesionado pelo próprio Senhor (v. 35; Ex 12,23.27); de outro lado, no entanto, Deus determina que o projeto do êxodo continue, de acordo com as antigas promessas, com a presença do mensageiro de Deus (v. 34; Ex 14,19; 23,20.23) e na mesma direção (v. 1; Ex 3,8.17). Além disso, em meio a seu luto, o povo recebe a ordem, semelhante à dada aos egípcios (Ex 3,22), de libertar-se dos bens que deram origem ao bezerro de ouro (vv. 4-5), permitindo, assim, que Deus mude de ideia a respeito do povo pecador (v. 5).

199

ÊXODO 32–33

sitação, porém, visitarei o pecado deles junto a eles". ³⁵ E o SENHOR golpeou o povo porque fabricaram o bezerro, sendo que Aarão o fabricara.

33

¹ O SENHOR falou a Moisés: "Vai, sobe daqui, tu e o povo que fizeste subir da terra do Egito à terra a respeito da qual jurei a Abraão, a Isaac e a Jacó: 'Eu a darei à tua descendência!' ² Enviarei um mensageiro diante de ti e expulsarei os cananeus, os amorreus, os heteus, os ferezeus, os heveus e os jebuseus. ³ De fato, rumo à terra que jorra leite e mel, não subirei em teu meio, porque tu és um povo de cerviz dura, a fim de que eu não te extermine no caminho". ⁴ O povo escutou essa palavra ruim. Cobriram-se de luto, e ninguém colocou sobre si seu ornamento. ⁵ O SENHOR disse a Moisés: "Dize aos filhos de Israel: 'Vós sois um povo de cerviz dura! Se eu subisse um só instante em teu meio, te exterminaria. Agora, pois, põe abaixo teu ornamento que está sobre ti! Saberei o que a ti farei!'" ⁶ E, no monte Horeb, os filhos de Israel se libertaram de seus ornamentos.

Diálogo contínuo

⁷ Moisés tomava a tenda e a estendia fora do acampamento, distanciando-a do acampamento, e lhe chamava de tenda do encontro. Todo aquele que procurava pelo SENHOR saía até a tenda do encontro, que estava fora do acampamento. ⁸ Quando Moisés saía até a tenda, todo o povo se erguia. Cada um se posicionava na entrada de sua tenda. Miravam Moisés até ele chegar à tenda. ⁹ E, quando Moisés entrava na tenda, a coluna de nuvem descia, permanecia na entrada da tenda e falava com Moisés. ¹⁰ Todo o povo via a coluna de nuvem permanecendo na entrada da tenda e todo o povo se erguia e se prostrava, cada um na entrada de sua tenda. ¹¹ O SENHOR falava a Moisés face a face, como um homem fala a seu companheiro. Quando voltava ao acampamento, seu ministro Josué, filho de Nun, um jovem, não se retirava do interior da tenda.

Outras negociações

¹² Moisés disse ao SENHOR: "Vê, tu dizes a mim: 'Faze subir este povo!' No entanto, tu não me fizeste saber quem enviavas comigo. E tu

---

33,7-11 Interrompendo a narrativa, destaca-se a futura função da tenda do encontro como lugar onde Deus, em diálogo amigo, se comunica com Moisés (Gn 32,31; Nm 12,8; Dt 34,10; Jz 6,22), sendo que o povo, outra vez, acompanha a distância este encontro (v. 7; Ex 20,18-21). Todavia, em meio ao maior conflito entre Israel e o Senhor, cultiva-se a esperança de que Deus continue a dialogar com seu povo por meio do profeta.

33,12–34,3 Moisés coloca seu nome e sua relação graciosa com Deus a serviço da reconciliação entre Deus e o povo (vv. 12-13.15-16). Somente ao contemplar a Deus como quem conduz seu povo rumo à liberdade Moisés imagina poder conhecer a misericórdia e o caminho dele, sendo que a metáfora do caminho indica toda a orientação que se pode receber de Deus (v. 13; Ex 32,8).

ÊXODO 33–34

disseste: 'Conheço-te pelo nome e encontraste comiseração em meus olhos'. **¹³** Agora, pois, se realmente encontrei comiseração em teus olhos, faze-me conhecer teu caminho! Então irei te conhecer, para que encontre comiseração em teus olhos. Vê, pois, que esta nação é teu povo!" **¹⁴** Disse: "Minha face irá contigo, e te farei repousar". **¹⁵** Contudo, disse-lhe: "Não nos faças subir daqui, se tua face não for! **¹⁶** Aliás, por meio de quê se saberá que encontrei comiseração em teus olhos, eu e teu povo? Não é por tu ires conosco, de modo que, eu e teu povo, sejamos distintos de qualquer povo que existe sobre a face da terra?"

¹⁷ O Senhor disse a Moisés: "Também essa coisa que falaste farei, porque encontraste comiseração em meus olhos e te conheci pelo nome". **¹⁸** Então disse: "Faze-me ver, pois, tua glória!" **¹⁹** Disse: "Eu farei passar toda a minha bondade junto à tua face e proclamarei o nome do Senhor diante de ti. Serei misericordioso com quem eu for misericordioso e terei compaixão por quem eu tiver compaixão". **²⁰** Ainda disse: "Não poderás ver minha face, porque o humano não pode me ver e ficar vivo". **²¹** E o Senhor disse: "Eis um lugar junto a mim! Que te posiciones sobre o rochedo! **²²** Quando passar minha glória, eu te colocarei na fenda do rochedo e, com a palma de minha mão, te cobrirei, até eu ter passado. **²³** Removerei, então, a palma de minha mão, e verás minhas costas. Minha face, porém, não será vista".

34 **¹** O Senhor disse a Moisés: "Esculpe para ti duas placas de pedra como as primeiras! E escreverei sobre as placas as palavras que estiveram sobre as primeiras placas, que quebraste. **²** Fica pronto de manhã! Sobe, de manhã, ao monte Sinai e ali te posiciona para mim sobre o cume do monte! **³** Ninguém subirá contigo, e, em todo o monte, não se verá ninguém! Nem o gado pequeno, nem o gado grande pastarão defronte desse monte".

Renovação da aliança pelo Deus misericordioso

⁴ Moisés esculpiu, como as primeiras, as duas placas de pedra. E, de manhã, se levantou cedo. Subiu ao monte Sinai, como o Senhor

---

As diversas respostas do Senhor (vv. 14.17.18.19.20.21-23) ora destacam a liberdade e a autodeterminação de sua ação misericordiosa (v. 19), com insistência na inacessibilidade de sua presença direta (vv. 18-23), ora indicam a possibilidade de o projeto do êxodo ter futuro junto ao povo (v. 17). Pressupõe-se, porém, a dinâmica da renovação da aliança, sendo que se iniciam os preparativos para isso (vv. 1-3).

34,4-28 No terceiro dia após a adoração do bezerro de ouro (v. 4; Ex 32,30), chega-se à renovação da aliança. O segundo par de placas de pedra (v. 4), após a destruição das primeiras placas (Ex 32,19), já é um sinal de esperança. No entanto, o que Moisés vê de Deus não é narrado. Narra-se, por sua vez, como Deus se revela a Moisés na aclamação e proclamação de seu nome (vv. 5-6), determinando o que tal nome representa (vv. 6-8; Nm 14,18; Ne 9,17; Sl 103,8; 145,8). Por meio de sua compaixão, misericórdia, lentidão na ira e abundância em lealdade e veracidade, o Senhor se propõe a engajar-se em favor do povo, o qual arrisca sua própria existência ao se tornar delinquente, rebelde e pecador.

ÊXODO 34

lhe tinha ordenado, e, em sua mão, levou as duas placas de pedra. **5** O SENHOR desceu em uma nuvem espessa, junto dele se posicionou ali e proclamou no nome do SENHOR. **6** Ora, o SENHOR passou diante dele e proclamou: "O SENHOR é o SENHOR, um Deus compassivo e misericordioso, lento para a ira e abundante em lealdade e verdade, **7** que preserva a lealdade a milhares, carrega delito, rebeldia e pecado, mas certamente não declara inocente. É quem se ocupa do delito dos pais por causa dos filhos, por causa dos filhos dos filhos, por causa da terceira e por causa da quarta geração".

8 Moisés, então, se apressou, se inclinou por terra e se prostrou. **9** Disse: "Por favor, meu Senhor, caso eu tenha encontrado comiseração em teus olhos, meu Senhor, por favor, prossegue em nosso meio! Realmente, ele é um povo de cerviz dura. Perdoa nosso delito e nosso pecado! Tem-nos como herança!" **10** Disse: "Eis que eu firmo uma aliança: diante de todo o teu povo, farei maravilhas que não foram criadas em toda a terra e entre todas as nações; todo o povo, no meio do qual tu estás, verá a ação do SENHOR. De fato, esta será algo temível, pois serei eu quem agirá contigo. **11** Cuida do que hoje eu te ordeno! Eis que expulsarei de diante de ti o amorreu, o cananeu, o heteu, o ferezeu, o heveu e o jebuseu.

12 Cuida-te para que não firmes uma aliança com o habitante da terra na qual tu entrares, a fim de que se torne uma cilada em teu meio! **13** Realmente, derrubareis seus altares, quebrareis suas estelas e cortareis

---

Ao mesmo tempo, porém, Deus visa ao pecado como realidade histórica que transmite uma responsabilidade diferenciada. Ou seja, o crime atinge não somente quem o comete, mas também as próximas gerações, sendo que se perde a inocência (vv. 6-7; Ex 20,5-6). Contudo, Moisés, ao identificar-se com o povo delituoso – ver o uso da primeira pessoa do plural – e concordar com a análise divina de se tratar de um povo de cerviz dura (v. 9; Ex 32,9; 33,3.5), implora pelo perdão de Deus e pela pertença do povo a este como herança (v. 9). A resposta do Senhor traz a nova aliança (vv. 10.27), sendo que Deus, além de acompanhar Israel rumo à terra prometida, se compromete com a expulsão dos povos cananeus (vv. 10-11; Ex 23,28-31; 33,2). Tal expulsão, por sua vez, é pensada no nível religioso. Historicamente, pois, Israel se instala em meio aos povos cananeus. Por isso, insiste-se na evitação da idolatria a partir das prováveis convivências próximas, a fim de não repetir a violação da aliança com o Senhor (vv. 12-17; Ex 23,24-33). Todavia, em vista da história da revelação, algo beneficente para toda a humanidade, Israel, enquanto privilegiado por seu Deus e alvo do zelo dele (v. 14), deve se dedicar de forma exclusiva ao Senhor, a fim de que tal companheirismo resulte em bênção para toda a terra. Mais ainda, determina-se nos versículos 18-26 como tal relação deve ser celebrada de forma autêntica e segura (v. 24), justamente ao observar as três festas dos pães ázimos (v. 18; Ex 12,15.17-18; 13,6-7; 23,15) e/ou da Páscoa (v. 25; Ex 12,11.21.27.43.48), das semanas e da colheita (v. 22; Ex 23,16), além de oferecer a Deus os primogênitos dos animais e do homem (vv. 19-20; Ex 13,2.11-15; 22,28-29) e de observar o sábado (v. 21; Ex 20,8-11; 23,12; 31,13-17). Finalmente, a narrativa sublinha outra vez que a renovação da aliança com Moisés e Israel parte somente da iniciativa de Deus, isto é, das palavras de Deus, identificadas com as dez palavras do decálogo (vv. 27-28; Ex 34,1; Dt 4,13; 10,4). Sem beber e sem comer, Moisés se concentra nessa experiência de Deus (v. 28; Dt 8,3), ao contrário do povo, que comeu e bebeu quando se divertiu junto ao bezerro de ouro (Ex 32,6).

ÊXODO 34

seus postes cultuais. **14** De fato, não te prostrarás diante de outro deus, porque o S{{ENHOR}} tem por seu nome 'zeloso'. Ele é um Deus zeloso. **15** Que não firmes uma aliança com o habitante da terra! Pois te chamaria, e comerias do sacrifício dele, quando se prostituem com seus deuses e oferecem sacrifícios a seus deuses. **16** Tomarás das filhas deles para teus filhos. E as filhas deles irão se prostituir com os deuses deles e induzirão teus filhos a prostituírem-se com os deuses deles. **17** Não farás para ti deuses de fundição.

18 Guardarás a celebração dos pães ázimos. Sete dias comerás pães ázimos, como te ordenei para o prazo do mês de Abib, porque, no mês de Abib, saíste do Egito. **19** Tudo o que primeiro rompe o ventre materno é meu. Que te lembres de todo o teu gado, isto é, do que rompeu: boi ou gado miúdo! **20** Um jumento que rompeu primeiro resgatarás com um gado miúdo. Caso não o resgates, o desnucarás. Resgatarás todo primogênito de teus filhos. Que não apareçam sem nada diante de mim! **21** Prestarás serviço seis dias, mas, no sétimo dia, descansarás. Descansarás na aradura e na ceifa. **22** Realizarás para ti a celebração das semanas, das primícias da ceifa de trigo, e a celebração da colheita na virada do ano. **23** Três vezes no ano, todo teu varão aparecerá perante o Senhor, o S{{ENHOR}}, Deus de Israel! **24** Realmente, desapossarei nações diante de ti e alargarei teu território. Ninguém cobiçará tua terra, quando, três vezes no ano, subires para ver a face do S{{ENHOR}}, teu Deus. **25** Não abaterás o sangue de meu sacrifício junto a algo fermentado, e, do sacrifício da celebração pascal, nada pernoitará até a manhã! **26** Farás o melhor das primícias de teu solo chegar à casa do S{{ENHOR}}, teu Deus. Não cozinharás o cabrito no leite de sua mãe".

27 O S{{ENHOR}} disse a Moisés: "Escreve essas palavras para ti, porque, segundo essas palavras, firmo uma aliança contigo e com Israel!" **28** E ali esteve com o S{{ENHOR}} quarenta dias e quarenta noites. Não comeu pão e não bebeu água, mas, sobre as placas, escreveu as palavras da aliança, as dez palavras.

O rosto resplandecente de Moisés

29 Quando Moisés descia do monte Sinai – as duas placas do testemunho estavam na mão de Moisés ao ele descer do monte –, Moisés não

---

34,29-35 O jejum de Moisés (Ex 34,28) já indicava o quanto este se encontra focado no encontro com Deus. Agora o brilho de seu rosto transmite o quanto Moisés é iluminado, ora por dialogar com Deus, ora por transmitir a palavra de Deus ao povo. Contrariamente aos sacerdotes pertencentes às culturas religiosas vizinhas de Israel, que escondiam seu rosto atrás de uma máscara ao transmitirem uma palavra divina, o próprio rosto de Moisés é transmissor da palavra do Senhor. Somente quando Moisés não está diretamente a serviço da palavra de Deus é que ele coloca o véu. Aliás, a raiz verbal hebraica aqui traduzida como "resplandecer" provocou tanto a imagem de raios de luz como de chifres saindo da cabeça de Moisés (Hab 3,4).

203

ÊXODO 34–35

sabia que a pele de sua face resplandecia por ele lhe ter falado. [30] Aarão, com todos os filhos de Israel, viu Moisés. Eis que a pele da face dele resplandecia. E temeram achegar-se a ele. [31] Moisés, porém, os chamou. Então Aarão e todos os chefes da comunidade voltaram a ele, e Moisés lhes falou. [32] Depois disso, todos os filhos de Israel se achegaram. E lhes ordenou tudo o que o SENHOR lhe falara no monte Sinai. [33] Moisés, então, terminou de lhes falar e colocou um véu sobre sua face.

[34] Enfim, quando Moisés chegava diante do SENHOR para lhe falar, afastava o véu, até ele sair. Saía e falava aos filhos de Israel aquilo que lhe havia sido ordenado. [35] Os filhos de Israel viam a face de Moisés. Realmente, a pele da face de Moisés resplandecia. No entanto, Moisés fazia o véu voltar sobre sua face, até entrar para lhe falar.

Observação do sábado na construção do santuário

35 [1] Moisés reuniu toda a comunidade dos filhos de Israel e lhes disse: "Estas são as palavras que o SENHOR ordenou executar. [2] Durante seis dias, se fará o trabalho; no sétimo dia, porém, haverá para vós a santidade do descanso, descanso sabático para o SENHOR. Será morto todo aquele que nele fizer um trabalho. [3] No dia do sábado, não acendereis fogo em nenhuma de vossas residências".

Pedido de contribuições

[4] E Moisés disse a toda a comunidade dos filhos de Israel: "Esta é a palavra que o SENHOR ordenou: [5] 'Tomai do que vos pertence uma contribuição para o SENHOR! Cada um, de acordo com a generosidade de seu coração, trará a contribuição do SENHOR: ouro, prata e bronze, [6] lã de púrpura violeta, lã de púrpura vermelha, carmesim-escarlate e linho, crinas de cabra, [7] couros de carneiros tingidos de vermelho e couros de toninhas, toras da madeira de acácias, [8] óleo para a lâmpada, essências aromáticas para o óleo da unção e o incenso perfumado, [9] pedras de cornalina e pedras de engaste para a veste cultual e o peitoral! [10] Todos os sábios de coração entre vós virão e farão tudo o que o SENHOR ordenou: [11] a morada, sua tenda, sua cobertura, seus colche-

---

35,1-3 A renovação da aliança possibilita a construção do santuário (Ex 35–40). Israel acolhe, de forma obediente, as ordens divinas já recebidas (Ex 25–31). Tudo se inicia com o sábado como sinal da aliança entre o Senhor e seu povo (Ex 31,13-17).

35,4-29 O pedido mosaico de trazer ofertas para a construção do santuário e para o serviço cultual (vv. 4-19) repete a ordem do Senhor anteriormente dada (vv. 5-9; Ex 25,2-7). Segue-se a lista de materiais e utensílios a serem trazidos e fabricados (vv. 11-19). Contudo, segundo a sabedoria e a generosidade dos corações (vv. 10.20.22.25-26.29) e conforme a motivação do espírito (v. 21), toda a comunidade é envolvida (vv. 10.20-29): homens (vv. 22-23.29) e mulheres (vv. 22.25-26.29), inclusive os chefes (v. 27).

ÊXODO 35

tes, suas tábuas, sua barra, suas colunas, seus pedestais, [12] a arca e seus varais, a tampa de reconciliação, o reposteiro cortinado, [13] a mesa, seus varais e todos os seus utensílios, os pães da proposição, [14] a menorá da iluminação, seus utensílios e suas lamparinas, o azeite para a iluminação, [15] o altar de incenso e seus varais, o óleo da unção, o incenso perfumado, o reposteiro da entrada para a entrada da morada, [16] o altar de holocausto e sua grade de bronze, seus varais e todos os seus utensílios, a bacia e seu suporte, [17] as cortinas do átrio, suas colunas e seus pedestais, o reposteiro do portão do átrio, [18] as estacas da morada, as estacas do átrio e suas cordas, [19] as vestes de tecido para ministrar no santuário, as vestes sagradas para o sacerdote Aarão e as vestes de seus filhos, para exercerem o sacerdócio'".

[20] Toda a comunidade dos filhos de Israel saiu da presença de Moisés, [21] mas todo homem cujo coração estava disposto e cujo espírito o incitava veio e trouxe a oferta do Senhor para a obra da tenda do encontro, para todo o seu serviço cultual e para as vestes sagradas. [22] Os homens vieram junto com as mulheres. De coração generoso, todos trouxeram fivelas, anéis, argolas e pingentes, qualquer utensílio de ouro. Todo homem, pois, moveu uma oferta de ouro para o Senhor. [23] E cada homem trouxe o que consigo encontrava: lã de púrpura violeta, lã de púrpura vermelha, carmesim-escarlate, linho, crinas de cabra, couros de carneiros tingidos de vermelho e couros de toninhas. [24] Todo aquele que elevava uma oferta de prata ou bronze trouxe a oferta elevada do Senhor. E todo aquele que consigo encontrava toras da madeira de acácias as trouxe para toda a obra do serviço cultual. [25] Toda mulher de coração sábio fiou com suas mãos e trouxe o fiado: a lã de púrpura violeta, a lã de púrpura vermelha, o carmesim-escarlate e o linho. [26] E todas as mulheres, visto que seu coração tornou-se disposto por meio da sabedoria, fiaram as crinas de cabra. [27] Os chefes trouxeram as pedras de ônix e as pedras de engaste para a veste cultual e o peitoral, [28] a essência aromática e o azeite para a iluminação, para o óleo da unção e para o incenso perfumado. [29] Cada homem e cada mulher cujo coração o incitou a trazer algo para toda a obra que o Senhor, por Moisés, ordenara fazer, ou seja, os filhos de Israel trouxeram uma oferta voluntária para o Senhor.

Os artesãos

[30] Moisés disse aos filhos de Israel: "Vede, o Senhor chamou pelo nome Beseleel, filho de Uri, filho de Hur, da tribo de Judá, [31] e o espírito

---

35,30–36,7 Moisés anuncia Beseleel e Ooliab como mestres-instrutores (vv. 30-35; Ex 31,1-6). Avisado sobre o excesso de materiais doados, resultado da generosidade do povo, Moisés usa sua autoridade, reconhecida também pelos mestres da obra, para encerrar o processo de doações (vv. 2-7).

ÊXODO 35–36

de Deus o encheu de sabedoria, de entendimento, de conhecimento e de todo tipo de obra, 32 para planejar projetos, a fim de trabalhar com o ouro, com a prata e com o bronze, 33 e com a lapidação das pedras de engaste e com o entalho das madeiras, a fim de realizar qualquer obra projetada. 34 E proporcionou a seu coração – a ele e a Ooliab, filho de Aquisamec, da tribo de Dã – que instruísse. 35 Encheu-os de sabedoria do coração, para realizar qualquer obra de lapidador, de tecelão e de bordador com lã de púrpura violeta, com lã de púrpura vermelha, com carmesim-escarlate e com linho, assim como de tecedor, realizadores de qualquer obra e planejadores de projetos".

36 ¹ E Beseleel agiu, assim como Ooliab e todo homem de coração sábio, sendo que o SENHOR lhes oferecera sabedoria e entendimento, para que soubessem realizar toda obra para o serviço cultual no santuário, conforme tudo o que o SENHOR tinha ordenado.

² Moisés, pois, chamou Beseleel, Ooliab e todo homem de coração sábio, sendo que o SENHOR dera sabedoria ao coração dele, cada um cujo coração o carregara a aproximar-se da obra para realizá-la. ³ Tomaram diante de Moisés toda a oferta que os filhos de Israel trouxeram para a obra do serviço cultual do santuário, a fim de fazê-lo. E, manhã por manhã, eles ainda lhe traziam uma oferta voluntária. ⁴ Todos os homens sábios vieram, cada um de seu trabalho que eles estavam fazendo, para executar a obra do santuário. ⁵ Disseram a Moisés: "O povo multiplica para trazer mais do que seria suficiente para o serviço em relação à obra que o SENHOR ordenou executar". ⁶ Então Moisés ordenou que fizessem atravessar uma notícia no acampamento: "Que nenhum homem, nenhuma mulher, faça ainda trabalho algum para ser oferta do santuário!" E o povo ficou impedido de trazer algo. ⁷ O material, pois, lhes era suficiente para toda a obra, a fim de executá-la e fazer sobrar.

Construção da morada

⁸ Todos os de coração sábio entre os que realizavam a obra fizeram a morada com dez lonas de linho retorcido, lã de púrpura violeta, lã de púrpura vermelha e carmesim-escarlate; como obra de tecelão os fizeram, com querubins. ⁹ O comprimento de uma lona era de vinte e oito côvados; a largura de uma lona, de quatro côvados; era uma só medida para todas as lonas. ¹⁰ Uniram cinco lonas uma à outra e uniram outras cinco lonas uma à outra. ¹¹ E fizeram laços de lã de púrpura violeta sobre a bainha de uma cortina, a partir da extremidade do ponto de união. Da mesma forma fizeram na bainha da lona marginal do

---

36,8-38 Conforme as instruções do Senhor dadas a Moisés (Ex 26,1-37), os de coração sábio constroem o santuário (vv. 8-38).

ÊXODO 36

segundo ponto de união. **12** Fizeram cinquenta laços em uma lona e fizeram cinquenta laços na extremidade da lona que estava no segundo ponto de união; os laços eram correspondentes um ao outro. **13** E fizeram cinquenta colchetes de ouro. Uniram as lonas, uma à outra, com os colchetes. Era uma só morada.

14 E fizeram lonas de crinas de cabra como tenda sobre a morada. Fizeram onze lonas. **15** O comprimento de uma lona era de trinta em côvado. De quatro côvados era a largura de uma lona. Havia uma só medida para as onze lonas. **16** Uniram cinco lonas entre si e seis lonas entre si. **17** Fizeram cinquenta laços sobre a bainha da lona que estava no extremo de um ponto de união, e fizeram cinquenta laços sobre a bainha da cortina no segundo ponto de união. **18** Fizeram cinquenta colchetes de bronze para unir a tenda, a fim de que fosse um só. **19** Fizeram para a tenda uma cobertura de couros de carneiros tingidos de vermelho e, por cima, uma cobertura de couros de toninhas.

20 Fizeram as tábuas para a morada, toras de acácias que estavam de pé. **21** A tábua tinha um comprimento de dez côvados. E cada tábua tinha a largura de um côvado e meio. **22** Havia dois encaixes para cada tábua, embutidas uma na outra. Assim fizeram com todas as tábuas da morada. **23** E fizeram as tábuas para a morada: vinte tábuas para o canto do Negueb, na direção do sul. **24** Fizeram quarenta pedestais de prata para debaixo das vinte tábuas, dois pedestais debaixo de uma tábua para seus dois encaixes e dois pedestais debaixo da outra tábua para seus dois encaixes. **25** E, para a segunda lateral da morada, para o canto do norte, fizeram vinte tábuas. **26** E seus quarenta pedestais de prata: dois pedestais debaixo de uma tábua e dois pedestais debaixo da outra tábua. **27** Para a parte posterior da morada, rumo ao oeste, fizeram seis tábuas. **28** E fizeram duas tábuas para os ângulos da morada, nas partes posteriores. **29** Ficavam parelhos embaixo e, juntamente, ficavam parelhos até seu topo, rumo à primeira argola. Assim fizeram com as duas delas em relação aos dois ângulos. **30** Eram, portanto, oito tábuas com seus pedestais de prata; dezesseis pedestais, dois a dois pedestais debaixo de cada tábua. **31** E fizeram barras de toras de acácias: cinco para uma lateral da morada, **32** cinco barras para as tábuas na segunda lateral da morada e cinco barras para as tábuas da morada em relação às partes posteriores, rumo ao oeste. **33** Fizeram a barra do meio para deslizar entre as tábuas, de extremidade a extremidade. **34** Revestiram de ouro as tábuas e fizeram de ouro suas argolas, casas para as barras. E revestiram de ouro as barras.

35 Fizeram a cortina de lã de púrpura violeta, de lã de púrpura vermelha, de carmesim-escarlate e de linho retorcido, obra de tecelão. Como querubins a fizeram. **36** Fizeram para ela quatro colunas de acácias, revestiram-nas de ouro – também eram de ouro seus ganchos – e fundiram-lhes quatro pedestais de prata. **37** Fizeram um reposteiro para

ÊXODO 36–37

a entrada da tenda, de lã de púrpura violeta, de lã de púrpura vermelha, de carmesim-escarlate e de linho retorcido, obra de bordador, **38** suas cinco colunas e os ganchos delas, e revestiram de ouro seus capitéis e suas padieiras; seus cinco pedestais eram de bronze.

Arca, tampa de reconciliação e querubins

37 **1** E Beseleel fez a arca de toras de acácias. Seu comprimento era de dois côvados e meio; sua largura, de um côvado e meio; e sua altura, de um côvado e meio. **2** Por dentro e por fora a revestiu de ouro puro, e lhe fez ao redor uma bordadura de ouro. **3** Fundiu quatro argolas de ouro, que estão sobre os quatro cantos dela: duas argolas sobre uma lateral e duas argolas sobre outra lateral. **4** E fez varais de toras de acácias e os revestiu de ouro. **5** Nas argolas sobre os lados da arca os fez entrar, a fim de carregar a arca.

6 E, de dois côvados e meio de comprimento e um côvado e meio de largura, fez a tampa de reconciliação de ouro puro. **7** Fez os dois querubins de ouro. Como obra cinzelada os fez, nas duas extremidades da tampa de reconciliação. **8** Um querubim na extremidade daqui e um querubim na extremidade de lá; a partir da tampa de reconciliação, das duas extremidades dela, fez os querubins. **9** Os querubins tinham as asas estendidas para cima, guarnecendo, com suas asas, a tampa de reconciliação. Suas faces estavam uma para a outra. Em direção à tampa de reconciliação, estavam as faces dos querubins.

Mesa e recipientes

10 E, com seu comprimento de dois côvados, sua largura de um côvado e sua altura de um côvado e meio, fez a mesa de toras de acácias. **11** De ouro puro a revestiu e lhe fez ao redor uma bordadura de ouro. **12** Fez-lhe ao redor uma moldura de um palmo e, para a moldura dela, lhe fez ao redor uma bordadura de ouro. **13** E lhe fundiu quatro argolas de ouro. Fixou as argolas sobre os quatro cantos, que estavam nos quatro pés dela. **14** As argolas estavam perto da moldura, como casinhas para os varais, a fim de carregar a mesa. **15** Fez os varais de toras de madeira de acácias e os revestiu de ouro, para carregar a mesa. **16** E, de ouro puro, fez os utensílios que estavam sobre a mesa: seus pratos, suas bandejas, suas taças e as jarras, com os quais algo pudesse ser derramado.

37,1-9 De acordo com as instruções em Ex 25,10-14.17-20, as primeiras três peças do inventário são construídas: a arca, a tampa de reconciliação e os dois querubins.

37,10-16 Seguindo as orientações de Ex 25,23-29, a mesa dos pães e os utensílios pertencentes a ela são feitos.

ÊXODO 37–38

Menorá

17 De ouro puro fez a menorá. Como obra cinzelada, fez a menorá: seu pedestal, sua haste, suas sépalas, seus botões e suas pétalas foram do mesmo. **18** Seis hastes saíam dos lados dela: três hastes da menorá de um lado dela e três hastes da menorá do outro lado dela. **19** Como flores de amendoeiras, três sépalas estavam em uma haste, com botão e pétala; e, como flores de amendoeira, três sépalas estavam noutra haste, com botão e pétala. Assim era para as seis hastes que saíam da menorá. **20** Na menorá mesma estavam quatro sépalas como flores de amendoeira, com seus botões e suas pétalas: **21** um botão estava debaixo de duas hastes dela, um botão estava debaixo de outras duas hastes dela e um botão estava debaixo das demais duas hastes dela; era assim, pois, para as seis hastes que saíam dela. **22** Seus botões e suas hastes eram do mesmo. Toda ela era uma só obra cinzelada de ouro puro. **23** E, de ouro puro, fez as sete lamparinas dela, suas espevitadeiras e seus cinzeiros. **24** De um talento de ouro puro a fez, com todos os seus utensílios.

Altar de incenso, óleo sagrado e incenso

25 E fez o altar de incenso de toras de madeira de acácias. Seu comprimento era de um côvado, e sua largura era de um côvado. Era quadrado, e sua altura era de dois côvados. Seus chifres eram parte dele. **26** De ouro puro o revestiu: sua chapa superior, suas paredes ao redor e seus chifres. E lhe fez ao redor uma bordadura de ouro. **27** E, debaixo de sua bordadura de ouro, lhe fez duas argolas de ouro, sobre suas duas laterais. Estavam sobre os dois lados dele. Eram casinhas para os varais, para com eles carregá-lo. **28** Fez os varais de toras de madeira de acácias e os revestiu de ouro.

29 E fez o óleo sagrado de unção e o puro incenso perfumado, arte de um perfumista.

Altar de holocausto e bacia de bronze

38 **1** E fez o altar de holocausto de toras de madeira de acácias, com cinco côvados de comprimento e cinco côvados de largura. Era quadrado. Sua altura era de três côvados. **2** Fez seus quatro chifres sobre as quatro esquinas dele. Seus chifres eram do mesmo. E o revestiu de

---

37,17-24 Seguindo as orientações de Ex 25,31-39, a menorá, ou seja, o candelabro, é feita de sete braços.

37,25-29 De acordo com as instruções de Ex 30,1-5, o altar de incenso é construído (vv. 25-28). A notícia sobre a elaboração do óleo sagrado e do incenso puro (v. 29) resume as instruções mais detalhadas de Ex 30,22-25.34-36.

38,1-8 O altar de holocausto (vv. 1-7) é construído segundo as orientações de Ex 27,18. A bacia de bronze (v. 8) nasce de acordo com Ex 30,18.

209

ÊXODO 38

bronze. **3** Fez todos os utensílios do altar: as panelas, as pás, as bacias, os garfos e os incensórios. Fez todos os utensílios de bronze. **4** Sob seu rebordo, de baixo até a metade, fez para o altar uma grade, uma peça como rede de bronze. **5** Fundiu quatro argolas nas quatro extremidades para a grade de bronze, como casinhas para os varais. **6** Fez os varais de toras de madeira de acácias e os revestiu de bronze. **7** Então fez os varais entrarem nas argolas sobre as laterais do altar, a fim de com elas carregá--lo. Oco, de placas, o fez.

8 Fez a bacia de bronze e seu suporte de bronze com vistas aos exercícios do ministério, sendo que ministravam na entrada da tenda do encontro.

Átrio

9 Em direção ao sul, a cem côvados, fez o átrio com as cortinas do átrio de linho retorcido. **10** Suas vinte colunas e seus vinte pedestais eram de bronze. Os ganchos das colunas e suas padieiras eram de prata. **11** E, cem côvados em direção ao norte, suas vinte colunas e seus vinte pedestais eram de bronze, e os ganchos das colunas e suas padieiras eram de prata. **12** Em direção ao oeste, havia cortinas com cinquenta côvados. Suas colunas eram dez, e seus pedestais, dez. Os ganchos das colunas e suas padieiras eram de prata. **13** Em direção ao leste, rumo ao oriente, havia cinquenta côvados: **14** em direção a um flanco, cortinas de quinze côvados, suas três colunas e seus três pedestais. **15** E, para o segundo flanco, de cá e de lá em relação ao portão do átrio, havia cortinas de quinze côvados, suas três colunas e seus três pedestais. **16** Todas as cortinas ao redor do átrio eram de linho retorcido. **17** Os pedestais para as colunas eram de bronze. Os ganchos das colunas e suas padieiras eram de prata, e o revestimento de seus capitéis era de prata. E elas, ou seja, todas as colunas do átrio tinham ligações de prata. **18** Sendo de lã de púrpura violeta, de lã de púrpura vermelha, de carmesim-escarlate e de linho retorcido, o reposteiro do portão do átrio era obra de bordador, com vinte côvados de comprimento e altura e cinco côvados em largura, correspondendo às cortinas do átrio. **19** Suas quatro colunas e seus quatro pedestais eram de bronze, e seus ganchos, de prata. E de prata eram o revestimento de seus capitéis e suas padieiras. **20** Todas as estacas para a morada e para o átrio ao redor eram de bronze.

Relatório de gastos

21 Estas são as fiscalizações da morada, da morada do testemunho, sendo que, conforme a ordem de Moisés, foi fiscalizado o serviço cultual

---

38,9-20 O átrio é construído conforme as orientações de Ex 27,9-19.

38,21-31 A fiscalização dos gastos para a construção do santuário visa ao ouro (v. 24), à prata (vv. 25-28; Ex 30,11-16) e ao bronze (vv. 29-31). A quantidade dos metais preciosos reflete a generosidade dos contribuintes e ilustra a beleza do santuário. Em todo caso, insiste-se no controle dos bens materiais doados para fins religiosos.

ÊXODO 38–39

dos levitas, por intermédio do sacerdote Itamar, filho de Aarão. ²²Beseleel, filho de Uri, filho de Hur, da tribo de Judá, fez tudo o que o SENHOR ordenara a Moisés. ²³Com ele, Ooliab, filho de Aquisamec, da tribo de Dã, foi lapidador, tecelão e bordador de lã de púrpura violeta, lã de púrpura vermelha, de carmesim-escarlate e de linho retorcido.

²⁴Todo o ouro aplicado para o trabalho, na obra inteira do santuário, o ouro da oferta movida, foi de vinte e nove talentos e de setecentos e trinta siclos, no siclo do santuário. ²⁵A prata foi, segundo as fiscalizações da comunidade, de cem talentos e de mil setecentos e setenta e cinco siclos, no siclo do santuário, ²⁶meio siclo por cabeça, ou seja, a metade de um siclo, no siclo do santuário, para todo aquele que avançou junto aos recenseados, do filho de vinte anos para cima, que foram seiscentos e três mil quinhentos e cinquenta. ²⁷Eram cem talentos de prata para fundir os pedestais do santuário e os pedestais da cortina, cem talentos para cem pedestais, um talento por pedestal. ²⁸Com mil setecentos e setenta e cinco, fez ganchos para as colunas, revestiu seus capitéis e os ligou. ²⁹O bronze da oferta movida era de setenta talentos e de dois mil e quatrocentos siclos. ³⁰Com ele fez os pedestais da entrada da tenda do encontro, o altar de bronze, a grade de bronze que havia para ele e todos os utensílios do altar, ³¹os pedestais do átrio ao redor, os pedestais do portão do átrio, todas as estacas da morada e todas as estacas do átrio ao redor.

Vestes sacerdotais

39¹Da lã de púrpura violeta, da lã de púrpura vermelha e do carmesim-escarlate, fizeram as vestes de tecido para ministrar no santuário. Fizeram as vestes sagradas que são para Aarão, conforme o SENHOR ordenara a Moisés.

²Fez o efod de ouro, de lã de púrpura violeta, de lã de púrpura vermelha, de carmesim-escarlate e de linho retorcido. ³Estiraram lâminas de ouro. Cortou cadarços, a fim de permearem, como obra de tecelão, entre a lã de púrpura violeta, a lã de púrpura vermelha, o carmesim-escarlate e o linho retorcido. ⁴Fizeram para ele ombreiras unidas, sendo que as uniu às duas extremidades. ⁵A faixa tecida do ajustado dele, que estava sobre ele, era uma só obra com ele, de ouro, lã de púrpura violeta, lã de púrpura vermelha, carmesim-escarlate e linho retorcido, como o SENHOR ordenara a Moisés. ⁶Prepararam as pedras de ônix, circuladas com encaixes de ouro e gravadas, como gravuras em selo, segundo os nomes dos filhos de Israel. ⁷E os colocou sobre as ombreiras do efod.

39,1-31 Conforme as orientações de Ex 28,6-43, são feitas as vestes sacerdotais para Aarão e os filhos dele: o efod (vv. 2-7), o peitoral (vv. 8-21), a capa do efod com campainhas (vv. 22-26), as túnicas, turbantes, toucas, calções e cinturões (vv. 27-29), assim como o diadema sagrado (vv. 30-31).

211

ÊXODO 39

Eram pedras de memorial para os filhos de Israel, como o Senhor ordenara a Moisés.

8 Como obra de tecelão, fez o peitoral, como a obra do efod, com ouro, lã de púrpura violeta, lã de púrpura vermelha, carmesim-escarlate e linho retorcido. 9 Era quadrado. Fizeram o peitoral dobrado. Seu comprimento era de um palmo e, dobrado, sua largura era de um palmo. 10 Guarneceram-no com quatro fileiras de pedra: a primeira fileira de cornalina, topázio e esmeralda; 11 a segunda fileira de rubi, safira e jade; 12 a terceira fileira de zircão, ágata e ametista; 13 a quarta fileira de crisólito, ônix e jaspe. Eram circulados com encaixes de ouro em seus engastes. 14 As pedras eram conforme os nomes dos filhos de Israel. Elas eram doze, conforme os nomes deles. Gravuras em selo, cada um segundo seu nome, para as doze tribos. 15 Sobre o peitoral, fizeram correntes trançadas de ouro puro, peça de corda. 16 Fizeram dois encaixes de ouro e duas argolas de ouro, sendo que fixaram nas extremidades do peitoral. 17 Meteram as duas cordas de ouro nas duas argolas sobre as extremidades do peitoral. 18 E fixaram os dois extremos das duas cordas nos dois encaixes, que arrumaram sobre as ombreiras do efod, para a frente da face dele. 19 Fizeram duas argolas de ouro e as puseram sobre as duas extremidades do peitoral, junto à bainha dele, a qual está por dentro, oposta ao efod. 20 Fizeram duas argolas de ouro e as fixaram junto às duas ombreiras do efod, abaixo, defronte da face dele, perto de seu ponto de união, em cima da faixa tecida do efod. 21 Com um cadarço de lã de púrpura violeta, ataram o peitoral, a partir das argolas dele, às argolas do efod, para estar sobre a faixa do efod. O peitoral não se deslocava de cima do efod, conforme o Senhor ordenara a Moisés.

22 Como obra de tecedor, fez toda a capa do efod de lã de púrpura violeta. 23 No meio dela, era a abertura da capa como abertura de um artefato de couro. Ao redor havia uma gola para a abertura dela, sem que rasgasse. 24 Sobre as abas fizeram romãs de lã de púrpura violeta, lã de púrpura vermelha e carmesim-escarlate retorcido. 25 Fizeram campainhas de ouro puro e fixaram as campainhas no meio das romãs, quer dizer, ao redor sobre as abas da capa, entre as romãs. 26 Uma campainha e uma romã, outra campainha e outra romã, sobre as abas da capa ao redor, para ministrar, conforme o Senhor ordenara a Moisés.

27 Como obra de tecedor, fizeram túnicas de linho para Aarão e os filhos dele, 28 o turbante de linho, as toucas dos gorros altos de linho e os calções de linho, linho retorcido, 29 o cinturão de linho retorcido, lã de púrpura violeta, lã de púrpura vermelha e carmesim-escarlate, obra de bordador, conforme o Senhor ordenara a Moisés.

30 De ouro puro, fizeram um adorno, o diadema sagrado, e, como escrita de gravuras em selo, escreveram sobre ele: "Santidade ao Senhor". 31 Com um cadarço de lã de púrpura violeta o fixaram, para arrumá-lo, na parte de cima, sobre o turbante, conforme o Senhor ordenara a Moisés.

ÊXODO 39–40

Término dos trabalhos

32 Terminou todo o serviço para a morada da tenda do encontro. Os filhos de Israel fizeram tudo conforme o Senhor ordenara a Moisés. Assim fizeram. **33** Levaram a morada a Moisés, a tenda e seus utensílios, seus colchetes e suas tábuas, suas barras, suas colunas e seus pedestais, **34** a cobertura dos couros de carneiros tingidos de vermelho, a cobertura de couros de toninhas e o reposteiro cortinado, **35** a arca do testemunho, seus varais e a tampa de reconciliação, **36** a mesa, todos os seus utensílios e o pão da proposição, **37** a menorá pura, suas lamparinas – lamparinas em fileira –, todos os utensílios dela e o azeite para a iluminação, **38** o altar de ouro, o óleo da unção, o incenso perfumado e o reposteiro da entrada da tenda, **39** o altar de bronze, sua grade de bronze, seus varais e todos os seus utensílios, a bacia e seu suporte, **40** as cortinas do átrio, suas colunas e seus pedestais, o reposteiro do portão do átrio, suas cordas, suas estacas e todos os utensílios para o serviço cultual da morada, a tenda do encontro, **41** as vestes de tecido para ministrar no santuário, as vestes sagradas para o sacerdote Aarão e as vestes dos filhos dele, para exercerem o sacerdócio. **42** Conforme tudo que o Senhor ordenara a Moisés, assim os filhos de Israel executaram todo o serviço. **43** Moisés viu todo o trabalho, e eis que o tinham executado como o Senhor ordenara. Assim o fizeram. E Moisés os abençoou.

Construção da morada e presença da glória do Senhor

40 **1** O Senhor falou a Moisés: **2** "No primeiro dia do primeiro mês, erguerás a morada da tenda do encontro. **3** Ali colocarás a arca do testemunho e guarnecerás a arca com a cortina. **4** Farás entrar a mesa e prepararás sua posição. Farás entrar a menorá e farás as lamparinas dela subirem. **5** Fixarás o altar de ouro para o incenso diante da arca do testemunho e colocarás o reposteiro da entrada para a morada. **6** Fixarás

---

39,32-43 O término dos trabalhos realizados pelos israelitas, com a entrega a Moisés de todos os objetos e materiais necessários para a construção e para o funcionamento do santuário, reflete a obediência deles. A vistoria e a bênção de Moisés (v. 43; Lv 9,23; Dt 33,1) são sinal de aprovação e também de reconciliação entre o líder e o povo.

40,1-38 Um ano após a saída do Egito (vv. 1.17; Ex 12,2), Moisés recebe do Senhor a ordem de edificar o santuário, equipá-lo com os objetos que lhe pertencem (vv. 2-8), ungi-lo (vv. 9-11) e introduzir Aarão e os filhos dele na função sacerdotal (vv. 12-15; Ex 29,4-9), apesar das falhas anteriores de Aarão (Ex 32,21-25). Inicia-se, assim, no primeiro dia do primeiro mês (vv. 1.17; Gn 8,13) um período novo. Ao edificar o santuário (vv. 16-33), Moisés inicia também o funcionamento dos utensílios com a preparação de pães sobre a mesa (v. 23), a subida das lamparinas (v. 25), a queima de incenso perfumado sobre o altar de ouro (v. 27), a oferta de um holocausto e de manjares sobre o altar ao ar livre (v. 29) e a colocação de água na bacia que estava na entrada da tenda, a fim de que ele, Aarão e os filhos deste lavassem suas mãos e seus pés antes de entrarem na tenda (vv. 30-32).

213

ÊXODO 40

o altar de holocausto diante da entrada da morada, a tenda do encontro. **7** E fixarás a bacia entre a tenda do encontro e o altar. Nela meterás águas. **8** Colocarás o átrio ao redor e fixarás o reposteiro do portão do átrio. **9** Tomarás o óleo da unção, ungirás a morada e tudo que nela estiver, a consagrarás com todos os utensílios dela, pois será coisa santa. **10** Ungirás o altar de holocausto e todos os seus utensílios. Consagrarás o altar, pois o altar será santíssimo. **11** Ungirás a bacia e seu suporte, e a consagrarás. **12** Trarás Aarão e os filhos dele para perto da entrada da tenda do encontro e os lavarás com água. **13** Vestirás Aarão com as vestes sagradas, o ungirás e o consagrarás, para que exerça o sacerdócio para mim. **14** Trarás os filhos dele para perto e os vestirás com túnicas. **15** E os ungirás como ungiste o pai deles, para que exerçam o sacerdócio para mim. Sua unção lhes será por sacerdócio perpétuo, conforme suas gerações".

16 Moisés agiu conforme tudo que o Senhor lhe ordenara; assim o fez. **17** No primeiro mês do segundo ano, no primeiro dia do mês, a morada foi erguida. **18** Moisés ergueu a morada, fixou seus pedestais, colocou suas tábuas, meteu suas barras e ergueu suas colunas. **19** Estendeu a tenda sobre a morada e, na parte de cima, colocou a cobertura da tenda sobre ela, conforme o Senhor ordenara a Moisés.

20 Tomou o testemunho e o meteu na arca. Colocou os varais junto à arca e, na parte de cima, fixou a tampa de reconciliação sobre a arca. **21** Fez a arca entrar na morada, colocou o reposteiro cortinado e guarneceu a arca do testemunho, conforme o Senhor ordenara a Moisés.

22 Ao lado da morada, fixou a mesa na tenda do encontro, rumo ao norte, de fora da cortina. **23** Sobre ela preparou a camada de pão perante o Senhor, conforme o Senhor ordenara a Moisés.

24 Defronte da mesa, ao lado da morada, rumo ao sul, colocou a menorá na tenda do encontro. **25** E, perante o Senhor, fez as lamparinas subirem, conforme o Senhor ordenara a Moisés.

26 Diante da cortina, colocou o altar de ouro na tenda do encontro. **27** Sobre ele queimou incenso perfumado, conforme o Senhor ordenara a Moisés.

28 Colocou o reposteiro da entrada da morada. **29** E pôs o altar de holocausto à entrada da morada da tenda do encontro, e sobre ele fez subir o holocausto e a oferta de manjares, conforme o Senhor ordenara a Moisés.

Contudo, antes de Moisés ungir a morada (Ex 30,26-29; Lv 8,10-11), a glória do Senhor já preenche o santuário (v. 34; Ex 29,43), sendo que a intensidade dessa primeira presença de Deus em forma de uma nuvem (Ex 16,10; 24,15-18; Nm 17,7) não permite a aproximação de Moisés, o qual já conhecia a glória de Deus (v. 35; Ex 33,22; 34,6). Enfim, ligado ao santuário, Deus se propõe a morar no meio do povo (Ex 25,8; 29,46). O fato de Israel novamente seguir a nuvem em suas partidas (vv. 36-37; Ex 13,21-22; Nm 10,11-12) é sinal de obediência e esperança, no sentido de o povo dos libertados, de etapa em etapa, caminhar na glória de seu Deus (v. 38) rumo à terra prometida.

ÊXODO 40

30 Colocou a bacia entre a tenda do encontro e o altar. Ali proporcionou água para se lavar. **31** Nela, Moisés, Aarão e os filhos deste lavaram suas mãos e seus pés. **32** Ao entrarem na tenda do encontro e ao se aproximarem do altar, lavavam-se, conforme o SENHOR ordenara a Moisés.

33 Ergueu o átrio ao redor da morada e do altar, e fixou o reposteiro do portão do átrio. Então Moisés terminou a obra.

34 A nuvem cobriu a tenda do encontro, e a glória do SENHOR encheu a morada. **35** Moisés nem foi capaz de entrar na tenda do encontro, porque a nuvem fixara morada sobre ela, e a glória do SENHOR enchera a morada.

36 Ao se levantar a nuvem de sobre a morada, os filhos de Israel partiam para todas as suas etapas. **37** Se a nuvem, porém, não se levantava, não partiam até o dia de ela se levantar. **38** Realmente, durante o dia a nuvem do SENHOR estava sobre a morada e, de noite, havia fogo nela aos olhos de toda a casa de Israel, em todas as suas etapas.

LEVÍTICO

INTRODUÇÃO

No coração da Torá, o livro de Levítico é o centro literário e teológico do Pentateuco, em razão tanto de sua posição na sequência canônica dos livros como da centralidade da exortação dirigida a seus ouvintes-leitores passados e presentes: "Sede santos, porque eu, o SENHOR, vosso Deus, sou santo" (Lv 19,2).

A tradição judaica, em geral, atribui como título dos livros sagrados a primeira palavra que abre o texto. Por isso, o terceiro livro do cânon hebraico na tradição judaica é conhecido como *Wayyqrā*, literalmente "e chamou". A versão grega, chamada de Setenta ou Septuaginta, seguida pela versão latina Vulgata de são Jerônimo, optou por um nome que descrevesse o conteúdo, denominando o livro "Levítico". De fato, o conteúdo do livro trata essencialmente de legislações relativas ao culto presidido por sacerdotes levíticos. O termo "levitas", porém, ocorre apenas em Lv 25,32.33, no contexto da legislação do ano jubilar, referente ao direito de resgate sobre as cidades destinadas à residência dos levitas.

AUTOR, DATA E DESTINATÁRIO

Os estudos bíblicos sobre a data, o autor e o lugar de Levítico produziram muitas especulações. O problema é praticamente o mesmo para o Pentateuco como um todo, isto é, a inviabilidade de datar um texto antigo com critérios estritamente internos. Mesmo quando se busca uma abordagem comparativa histórico-religiosa ou filológica, os resultados também não são exatos, pois dentro do texto se encontram elementos muito antigos e recentes, elaborados em uma fase final de redação, possivelmente ao longo do século III a.C.

Com relação à autoria do material do livro de Levítico, partindo da hipótese de que as tradições cultuais conservadas e transmitidas nos diversos santuários em todo o território de Israel e Judá teriam sido unificadas no período pós-exílico pela classe sacerdotal de Jerusalém, é plausível afirmar que o livro é produto da escola sacerdotal, que ao longo dos séculos conservou, transmitiu, revisou e adaptou ritos e preceitos cultuais transmitidos de geração em geração.

LEVÍTICO – INTRODUÇÃO

Em perspectiva sincrônica, os destinatários explícitos do livro de Levítico são Aarão, os filhos de Aarão, isto é, os sacerdotes e os filhos de Israel, como é possível identificar na introdução de cada fala do Senhor: "Fala aos filhos de Aarão" (Lv 6,2.17; 7,2; 8,2; 10,46; 13,2; 16,2; 17,2; 21,2.24; 22,2.18) e "Fala aos filhos de Israel" (Lv 1,2; 4,2.22.28; 9,3.11; 12,2; 15,2; 17,2; 23,2.10.23.34; 24,2.13; 25,3; 27,2). Entretanto, em perspectiva diacrônica, os destinatários implícitos do livro de Levítico seriam tanto os que retornavam do exílio quanto aqueles que permaneceram na terra e que se empenhavam na reconstrução do templo e na restauração do sistema cultual.

Com repetições, elencos, precisão e empenho por uma linguagem unívoca e técnico-jurídica, o livro de Levítico destaca-se pelo estilo. Diferente dos demais livros do Pentateuco, compostos com estilo narrativo, Levítico limita o estilo narrativo a apenas duas breves passagens (Lv 10,1-5; 24,10-23).

Não obstante os prejuízos em torno do livro de Levítico em razão de seu teor ritualista ou legal, a leitura atenta do livro à luz de seu propósito pedagógico é encantadora, pois a obra visa oferecer instruções e prescrições que possibilitem a seu destinatário viver na presença do Senhor, visto que conviver e compartilhar da santidade de Deus requer certo empenho da comunidade, de cada homem e de cada mulher, na observância de determinadas normativas.

ESTRUTURA

O livro de Levítico pode ser dividido em duas partes: a primeira (Lv 1–16) se dedica principalmente à descrição dos ritos em forma de instruções, referentes aos sacrifícios (Lv 1–7), à ordenação sacerdotal (Lv 8–10), à purificação (Lv 11–15) e à penitência (Lv 16); a segunda (Lv 17–26) traz prescrições de vários gêneros referentes à santidade (Lv 18,4; 19,2.3; 20,7.26; 21,6.8.15.23; 22,9.16.32; 24,22; 26,1), sendo, por isso, chamada de "Código de Santidade".

Ao dispor as duas partes do livro em paralelo, é possível observar certa relação entre ambas, ao menos quanto ao campo semântico e às principais temáticas. Em grandes linhas, o livro pode ser organizado na seguinte estrutura:

LEVÍTICO – INTRODUÇÃO

1–16	**Primeira Parte** **Material** **Sacerdotal**	17–26	**Segunda Parte** **Código de** **Santidade**
1–7 **Sacrifícios**	*1–3: Sacrifícios voluntários: holocausto, oblação e pacífico* *4–5: Expiação e reparação* *6–7: Instruções sobre cada sacrifício*	23–25 *Sacrifícios*	*23: Calendário das festividades* *24: Prescrições complementares* *25: Ano sabático e jubilar*
8–10 **Sacerdócio**	*8: Instituição do sacerdócio* *9: Ministério sacerdotal* *10: Transgressão cultual*	21–22 *Sacerdócio*	*21: Restrições aos sacerdotes e aos sumos sacerdotes* *22: Recomendações sobre as oferendas*
11–15 **Instruções sobre pureza e impureza**	*11: Instrução sobre o puro e o impuro* *12: Instrução sobre a parturiente* *13: Instrução sobre dermatoses* *14: Instrução sobre o que tem dermatose* *15: Instrução sobre os fluxos do corpo*	18–20 *Prescrições de pureza sexual e moral*	*18: Prescrições de moral sexual* *19: Prescrições morais* *20: Prescrições penais*
16 **Dia da expiação**	*16: Prescrições para o dia da expiação*	17 *Sangue*	*17: Prescrições sobre o sangue*

26: Bênçãos e maldições
27: Cumprimento de votos

A segunda parte do livro de Levítico é chamada de "Código de Santidade" sobretudo por causa do apelo divino: "Sede santos, porque eu, o SENHOR, vosso Deus, sou santo" (Lv 19,2); de fato, o projeto do livro é oferecer todas as instruções possíveis a fim de que Israel possa compartilhar da santidade de Deus. Após um

LEVÍTICO – INTRODUÇÃO

breve olhar sobre a estrutura do texto, é possível abordar com mais propriedade os principais temas de Levítico.

PRINCIPAIS TEMAS

A temática de fundo do livro se refere à presença do Senhor em meio a seu povo. De fato, ela é, por assim dizer, o fio condutor que unifica todos os demais temas: teologia dos sacrifícios; critérios de pureza e impureza; instituição e teologia do sacerdócio; calendário de festas; santidade do Senhor e santidade do povo; rituais de expiação e purificação; fidelidade à aliança; valor simbólico do sangue para a purificação e outros.

Para entender o livro de Levítico, entretanto, é preciso compreendê-lo como um desenvolvimento natural da teologia da presença do Senhor em meio a seu povo, delineada nos últimos capítulos do livro do Êxodo. De fato, todos os eventos de Ex 19 até Nm 10 ocorrem ao longo de dois anos (Nm 10,11) e aos pés do Sinai. A proposta teológica dessa sequência textual é restabelecer a convivência harmônica entre Deus e seu povo, recriando o ambiente dos primeiros capítulos do livro do Gênesis, referente ao jardim do Éden, no qual Deus caminhava entre os humanos e se dirigia a eles sem barreiras ou mediações.

O livro do Êxodo, após a introdução do Código da Aliança e o rito de conclusão (Ex 19–24), dedica significativa parte de sua narrativa para descrever a tenda do santuário (Ex 25–31; 35–40). O livro do Êxodo conclui com a imagem da glória do Senhor, descendo e preenchendo a tenda do santuário, sendo que Moisés não podia entrar na tenda porque a nuvem permanecia sobre ela e a preenchia (Ex 40,34-35). O livro de Levítico começa como continuidade do livro do Êxodo, isto é, de dentro da tenda a voz do Senhor chama Moisés para lhe dar as instruções e as prescrições necessárias à convivência entre o Senhor e seu povo (Lv 1,1-3). A partir desse momento, toda a vida do antigo Israel passa a ser reorganizada em função da centralidade da presença do Senhor, que habita na tenda, no meio do acampamento.

O Senhor revela sua vontade de habitar em meio a seu povo (Ex 25,8). Portanto, o objetivo do livro de Levítico é assegurar os instrumentos e os meios necessários para garantir essa particularidade de Israel em relação aos demais povos. Viver com o Senhor exige certo empenho, e Israel não pode contaminar ou comprometer a habitação do Senhor com suas impurezas. Sendo assim, a lei da pureza torna-se o principal instrumento com o qual o povo busca atingir seus objetivos de não contaminar a santidade do Senhor.

A lei da pureza, idealmente, visa criar uma zona de proteção, a fim de resguardar a esfera divina do santuário do contato com as impurezas da esfera profana do mundo externo. Vale notar que impureza não é sinônimo de pecado; pelo contrário, as impurezas fazem parte do cotidiano da humanidade e da criação, estando relacionadas à morte ou decadência do corpo, isto é, o suor, a secreção, a doença, a descamação e assim por diante. A impureza em si não é um problema, sendo, não raramente, eliminada mediante um banho ritual. Nesse sentido, o que colocava a santidade do santuário em risco não eram as impurezas, mas sim o apresentar-se diante do Senhor em estado de impureza ou, na pior das hipóteses, o transcurar as prescrições ou instruções divinas voluntária ou involuntariamente e o apresentar-se no santuário sem a devida purificação prévia.

A impureza tem um caráter relacional, pois ela é compreendida como algo contagioso e transmissível, podendo atingir o santuário, a santidade do Senhor e, consequentemente, a fidelidade do antigo Israel à aliança. Nesse contexto, o sangue dos sacrifícios, além de funcionar como detergente ritual, serve como substituição da vida do transgressor pela vida da vítima sacrificada (Lv 17,11).

Os primeiros sete capítulos do livro de Levítico se concentram na descrição e implantação do sistema sacrificial, cuja função fundamental é a manutenção ou reconstrução da relação de aliança. Os sacrifícios têm a finalidade de reconhecer e celebrar a aliança, bem como de reconstituí-la quando ela é ameaçada por transgressões voluntárias ou involuntárias. De tal modo, o rito do dia da expiação (Lv 16) tem como objetivo eliminar todo e qualquer resquício de impureza, fruto de transgressões conscientes ou inconscientes, da parte de qualquer membro do povo, a fim de garantir a permanência do Senhor em seu santuário, mantendo, assim, a relação de aliança.

Enfim, a temática de maior relevância no livro de Levítico parece ser a custódia da aliança. Todo o sistema sacrificial, a instituição do sacerdócio e as prescrições de purificação estão em

LEVÍTICO – INTRODUÇÃO

função de garantir a permanência da presença e a convivência do Senhor com seu povo: "Fixarei morada no meio dos filhos de Israel e lhes serei Deus. Saberão que eu sou o SENHOR, o Deus deles, que os fez sair da terra do Egito, para eu morar no meio deles. Eu sou o SENHOR, o Deus deles" (Ex 29,45-46). Na verdade, o livro de Levítico se compreende em função dessa vontade do Senhor de estabelecer sua morada em meio a seu povo.

INTERTEXTUALIDADE COM O NOVO TESTAMENTO

As diversas temáticas do livro de Levítico encontram um significativo eco no Novo Testamento. De fato, especialmente os evangelistas abordam a temática da habitação de Deus no meio de seu povo, não mais como presença simbólica, como a glória de Deus que desce sobre a tenda, mas sim como a presença concreta por meio da encarnação do Verbo, isto é, Jesus é a presença real e encarnada de Deus, é ele o Emanuel, que caminha e compartilha a vida e a santidade divinas com o povo, participando também da vida do povo (Jo 1,14; Lc 1,35).

Embora os evangelistas não se detenham em explicitar que Jesus tenha praticado o culto no templo, nas entrelinhas o leitor pode verificar que Jesus, como bom judeu, observava as práticas cultuais. Por exemplo, ao curar o leproso, Jesus o recorda do dever de apresentar-se ao sacerdote para obter a declaração oficial da cura (Lv 14,2-20; Mt 8,4; Mc 1,44; Lc 5,14; 17,14). Ademais, Jesus foi apresentado no templo conforme a prescrição prevista para as mães, referente ao rito de purificação (Lv 12,7; Lc 2,24). A família de Jesus, igualmente, todos os anos peregrinava rumo a Jerusalém para celebrar a Páscoa (Lc 2,41).

A temática do puro e do impuro também é abordada no Novo Testamento, mas no intuito de superar o ritualismo. De fato, o Novo Testamento parece dar uma interpretação diferenciada para questões de pureza e impureza, chamando a atenção do leitor para a necessidade de uma pureza interior (Mt 23,26), isto é, das intenções, dos afetos (Lc 11,41; Jo 13,10.11; At 18,6; 20,26; Rm 14,20; 1Tm 1,5; 3,9; 2Tm 2,22; Tt 1,15; Hb 10,22; 1Pd 1,22). Nesse sentido, os evangelistas se referem à pureza do coração como pureza interior (Mt 5,8; Jo 15,3); de tal modo, Jesus critica a justiça dos fariseus e escribas, como uma prática externa, ineficaz e superficial, comparando-lhes a sepulcros caiados, aparentemente puros por fora, mas cheio de morte e impurezas por dentro (Mt 23,27).

Quanto à temática dos sacrifícios, a expiação constitui a base sobre a qual se apoia a mensagem salvífica do Novo Testamento, sobretudo em relação à morte de Jesus Cristo. Jesus é enviado para salvar do pecado toda a humanidade (Mt 1,22; Jo 1,29; 1Jo 3,5), e essa salvação se dá mediante o sangue dele (Ef 1,7; Ap 1,5); Cristo, portanto, é o cordeiro de Deus que tira o pecado do mundo mediante seu sangue (Lv 16). O que o culto ou os ritos de sacrifícios do livro de Levítico não realizaram, Cristo realiza em sua carne, sendo ele mesmo o cordeiro propiciatório (Rm 3,25; 1Jo 2,2; 4,10); seu sacrifício de expiação pelos pecados é efetivo (2Cor 5,21) e se realiza de uma vez por todas, cancelando definitivamente os pecados (Hb 7,27; 9,12-15.26-28) e estipulando uma nova, eterna e definitiva aliança em seu sangue (1Cor 11,25; Hb 8,6-13).

Paulo compara Jesus à tampa da arca (Rm 3,25), sobre a qual no dia da expiação o sacerdote aspergia o sangue das vítimas, a fim de cancelar os pecados de todo o povo (Lv 16,16). Nessa perspectiva, Jesus substitui o meio oficial oferecido por Deus ao povo para obter o perdão (Hb 9,8-14). Mais de uma vez Cristo é identificado com o cordeiro pascal (1Cor 5,7; 1Pd 1,19).

A interpretação do mistério da paixão de Cristo como superação do sistema hebraico de sacrifícios está muito presente na carta aos Hebreus (Hb 9,11-14). O autor da carta estabelece uma contraposição entre o sangue dos animais, usado nos sacrifícios com a finalidade de purificar o santuário e redimir o pecado do povo, e o sacrifício de Cristo. A superioridade da eficácia do sangue derramado por Cristo, em relação ao das vítimas do culto hebraico, consiste no fato de que por sua morte foi possível alcançar não apenas o perdão definitivo dos pecados, como também o acesso ao santuário (Lv 10,19; Cl 1,20; Ef 1,7; 2,13; Rm 5,12), restrito aos fiéis no culto hebraico. Cristo é o novo sacerdote e inaugura um novo modo de afiliar-se a Deus, isto é, mediante o desejo pessoal de, pelo batismo, associar-se a Cristo.

Além do sacrifício, o Novo Testamento também dá certa atenção à cortina do templo (Lv 4,17; 16,2.12.15), que delimitava o lugar de acesso restrito ao sumo sacerdote, do local dos demais sacerdotes e da assembleia (Ex 26,31-33). Com a morte de Cristo, a cortina (véu) do templo foi rasgada (Mt 27,51; Mc 15,38; Lc 23,45), indicando a abolição do isolamento cultual do "Santo dos Santos". Pela morte de Cristo, Deus se torna acessível a toda a humanidade (Hb 9,7).

LEVÍTICO – INTRODUÇÃO

A assimilação do conteúdo e das práticas do livro de Levítico pelo Novo Testamento oscila entre continuidade, descontinuidade, superação, complemento e cumprimento. Por exemplo, se de um lado Jesus em Mt 12,31 propõe Lv 19,18 entre os textos de síntese do Antigo Testamento, válido também para a igreja primitiva, já em Mc 7,19 parece abolir todas as normas relativas aos alimentos puros e impuros. Em Mt 5,17-19, confirma a obrigação de observar a lei até mesmo nos mínimos detalhes; em Mt 5,21.27.31.33.38, apresenta diversas correções à lei, particularmente à lei do talião (Lv 24,20).

A santidade é uma das temáticas mais caras ao livro de Levítico (Lv 19,2; 20,7-9) e é retomada no Novo Testamento, ora entendida com o mesmo conceito de Levítico, isto é, santidade (Ef 1,4; 1Ts 4,7; 1Pd 1,15.16), ora compreendida como perfeição, completude (Mt 5,48; Jo 17,23; 1Cor 2,6; 2Cor 13,11; Fl 3,15; Cl 2,10; 4,12), sendo que Deus é sempre a medida. Se o chamado à santidade é considerado o coração do livro de Levítico, o apelo a amar o próximo é, por analogia, sua veia principal (Lv 19,18), exprimindo-se de modo muito concreto no cuidado com os mais vulneráveis, especialmente os imigrantes (Lv 19,10.33.34; 23,22).

No Novo Testamento, o amor ao próximo é retomado e apresentado como a essência da lei ensinada por Jesus (Mt 5,43; 19,19; 22,39; Mc 12,31; Lc 10,27; Rm 12,19; 13,9; Gl 5,14; Tg 2,8; 1Pd 1,22), mas com um adendo: o referencial não é o amor próprio, mas sim o amor de Jesus (Jo 13,34; 15,12.17; 1Jo 2,23; 2Jo 1,5). Amar o próximo na medida de Jesus vai além de deixar o resto da colheita para que o necessitado possa respigar (Lv 19,10.33.34; 23,22), a fim de garantir sua sobrevivência. Amar o próximo na medida de Jesus é amar até o fim (Jo 13,1), é dar a própria vida em uma entrega total, incondicional e sem reservas (Jo 19,30).

CONCLUSÃO

Este breve panorama do livro de Levítico permite compreender por que o livro é considerado o centro do Pentateuco, pois contém a resposta de Israel ao desejo de Deus de habitar no meio de seu povo. Mais que um complexo de normas, o livro de Levítico é um complexo teológico que visa custodiar a aliança e garantir a boa convivência entre Deus e seu povo. Nesse sentido, o sacrifício (Lv 1–10; 16) é o meio de o fiel encontrar-se com Deus para compartilhar de sua mesa ou para reconciliar-se de seus pecados; também as normas de purificação (Lv 11–15) representam uma manifestação externa de uma busca interior de apresentar-se dignamente diante de Deus. O Código de Santidade (Lv 17–26), igualmente, assume uma significativa função na espiritualidade do Antigo Testamento, proporcionando à comunidade a possibilidade de participar da essência da santidade de Deus (Lv 19,2). O leitor que se dispuser a seguir o livro de Levítico certamente encontrará na obra uma fonte de perene espiritualidade bíblica, da qual Jesus, os evangelistas e os demais autores do Novo Testamento seguramente beberam.

LEVÍTICO 1

CÓDIGO SACERDOTAL

Holocaustos

1 ¹ O SENHOR chamou Moisés e lhe falou da tenda do encontro: ² "Fala aos filhos de Israel e dize-lhes: Se alguém de vós apresentar uma oferenda ao SENHOR, apresentareis vossa oferenda do animal doméstico, seja do gado grande seja do gado pequeno!

³ Caso a oferenda dele seja um holocausto do gado grande, apresentará um macho sem defeito. Em seu favor, o trará à entrada da tenda do encontro, na presença do SENHOR. ⁴ Apoiará sua mão sobre a cabeça do holocausto, para que lhe seja considerado favorável, a fim de prover-lhe reconciliação. ⁵ Abaterá, pois, o filhote do gado grande na presença do SENHOR. E os sacerdotes, filhos de Aarão, apresentarão o sangue e, ao redor, espargirão o sangue sobre o altar, que está diante da entrada da tenda do encontro. ⁶ Esfolará o holocausto e o cortará em seus pedaços. ⁷ Os filhos do sacerdote Aarão porão fogo sobre o altar e disporão as lenhas sobre o fogo. ⁸ Depois os sacerdotes, filhos de Aarão, disporão os pedaços, a cabeça e a gordura dos rins sobre as lenhas que estão sobre o fogo, o qual está sobre o altar. ⁹ Lavará com água tanto as vísceras dele quanto as pernas dele, e o sacerdote queimará tudo isso sobre o altar. É um holocausto, um sacrifício queimado de odor apaziguante para o SENHOR.

1,1-17 Os versículos 1-2 servem de introdução à sequência textual de Lv 1,1–3,17, que trata da tipologia dos sacrifícios voluntários: holocaustos (vv. 3-17), oferta de manjares (Lv 2,1-16) e sacrifícios de comunhão (Lv 3,1-17). Esses tipos de sacrifícios preveem apenas animais domésticos ou produtos cultivados no campo, pois a oferta deve ser parte dos bens de quem os oferece. A primeira tipologia de sacrifício faz referência ao holocausto (vv. 3-17), modalidade em que a vítima é totalmente queimada sobre o altar. O termo hebraico usado para se referir a essa modalidade de sacrifício é *'olah*, possivelmente derivado do verbo *'alah*, que significa "subir", pois a vítima era colocada sobre o altar, para ser totalmente consumida pelo fogo, a fim de que a fumaça resultante da combustão, subindo até os céus, chegasse a Deus. Os animais oferecidos para o holocausto podiam ser de origem bovina (vv. 3-9), ovina ou caprina (vv. 10-13) e avícola (vv. 14-17), segundo a condição financeira do ofertante. O rito é semelhante para os três tipos de animais. Contudo, o sacrifício do gado grande é descrito com mais detalhes quanto ao lugar de apresentação (v. 3), os gestos dos sacerdotes e a sequência de disposição dos elementos sobre o altar (vv. 7-8). A imposição da mão do fiel sobre a cabeça do animal antes do abate, prevista apenas na oferta de gado grande, tem um valor expiatório (v. 4). A preparação da vítima (o abate), o esquartejamento e a purificação das patas e das vísceras são feitos pelo ofertante (vv. 5.6.9), enquanto a preparação do altar, o contato com o sangue e a disposição da vítima no altar são de responsabilidade do sacerdote (vv. 5.7.8.9). O animal oferecido deve ser macho (vv. 3.10), pois, em uma sociedade agropastoril, a perda de um macho custa menos que a perda de uma fêmea. De fato, a fêmea, além de procriar, produz leite ou ovos para a alimentação da família. Como a Deus se oferece o melhor, a vítima deve ser sem defeitos. Além disso, o holocausto não é ocasião para se livrar de animais defeituosos, doentes ou sem valor comercial (vv. 3.10).

227

LEVÍTICO 1–2

10 Caso a oferta dele para o holocausto seja do gado pequeno, quer de cordeiros, quer de cabritos, apresentará um macho sem defeito. **11** Do lado norte do altar o abaterá na presença do SENHOR. Os sacerdotes, filhos de Aarão, espargirão o sangue dele sobre o altar, ao redor. **12** E o cortará em seus pedaços, inclusive sua cabeça e sua gordura dos rins. O sacerdote os disporá sobre as lenhas que estão sobre o fogo que está sobre o altar. **13** Lavará com água tanto as vísceras quanto as pernas. E o sacerdote apresentará tudo isso e o queimará sobre o altar. Isso é um holocausto, um sacrifício queimado de odor apaziguante para o SENHOR.

14 Caso a oferenda dele para o SENHOR seja um holocausto de aves, das rolinhas ou dos filhotes de pomba, apresentará sua oferenda. **15** O sacerdote a trará ao altar, destroncará a cabeça dela e a queimará sobre o altar. O sangue dela será borrifado sobre a parede do altar. **16** E tirará o papo dela com a plumagem dela e o lançará no lado oriental do altar, no lugar das cinzas gordurosas. **17** Na juntura das asas dela a fenderá, mas não a separará. O sacerdote a queimará no altar, sobre as lenhas que estão sobre o fogo. Isso é um holocausto, um sacrifício queimado de odor apaziguante para o SENHOR.

Oblações

2 **1** Se alguém apresentar como oferenda uma oferta de manjares ao SENHOR, sua oferenda será de sêmola de trigo; sobre ela derramará azeite e porá incenso. **2** E a levará aos sacerdotes, filhos de Aarão. Dela tomará o que enche um punhado dele: da sêmola de trigo dela, do azeite dela, junto com todo o incenso dela. E o sacerdote queimará a

---

2,1-16 "Oblação" é a palavra escolhida pela versão latina da Vulgata para traduzir, em contexto religioso, o termo hebraico que em contexto profano significa "dom", "presente", "oferta" ou "tributo" (Gn 27; 32,15-16; 2Sm 8,6). É possível que o sentido religioso tenha suas origens no uso profano: assim como o rei recebia os tributos em forma de dons da parte dos súditos, com maior razão Deus deveria receber a oblação de seus fiéis. Em contexto litúrgico, portanto, a oblação ou oferta é o tipo de sacrifício pelo qual os fiéis de baixa renda podiam expressar sua gratidão a Deus, oferecendo produtos vegetais, isto é, sêmola de trigo, azeite e incenso. Algumas vezes a oblação é associada ao sacrifício animal (Lv 23,12-13.16-20.37-39; Jz 13,19.23). Lv 2 (Lv 6,7-11; Nm 15,7-11), entretanto, confere à oblação pleno valor de sacrifício, pois, tanto quanto o holocausto (Lv 1,9), ela é um "odor apaziguante para o SENHOR" (vv. 2.9.12). A oferta é preparada pelo fiel, sendo que o sacerdote apenas a recebe e a apresenta ao altar (vv. 4-8). Os sacrifícios de oblação são divididos em dois tipos: a oferta crua (vv. 1-3) e a oferta cozida (vv. 4-10), podendo esta última ser feita em forno (v. 4), em chapa (v. 6) ou em panela (v. 7). A oblação não deve conter levedo ou mel (Ex 23,18; Dt 16,3-4), possivelmente porque o fermento é associado a um processo de corrupção. A oferta é dividida entre o altar e os sacerdotes: a parte queimada no altar é chamada de "memorial" (v. 2); a parte dedicada aos sacerdotes é chamada de "santíssima" (vv. 3.10), indicando o mais alto grau de sacralidade, comparável ao Santo dos Santos do templo. As primícias não são queimadas, mas sim salgadas com o "sal da aliança" (vv. 11-13), expressão que ocorre apenas em outros dois textos (Nm 18,19; 2Cr 13,5), referindo-se à perenidade da aliança, pois esta, assim como o sal, não se decompõe com o passar do tempo.

LEVÍTICO 2–3

parte memorial dela no altar. É um sacrifício queimado de odor apaziguante para o SENHOR. ³ O restante da oferta de manjares será para Aarão e para os filhos dele, visto que é uma parte santíssima dos sacrifícios queimados do SENHOR.

⁴ Se apresentares como oferenda uma oferta de manjares cozida ao forno, será de sêmola de trigo: roscas de ázimos banhadas no azeite e tortas de ázimos besuntadas com azeite.

⁵ Caso tua oferenda seja uma oferta de manjares cozida na chapa, será de sêmola ázima de trigo banhada de azeite. ⁶ Ao reduzi-la a pedaços, derramarás azeite sobre ela. Isso é uma oferenda.

⁷ Caso tua oferenda seja uma oferta de manjares de frigideira, prepararás sêmola de trigo com azeite. ⁸ Levarás ao SENHOR a oferta de manjares que seja preparada com tais ingredientes. E a apresentarás ao sacerdote, que a oferecerá sobre o altar. ⁹ Da oferta de manjares, o sacerdote removerá a parte memorial dela e, sobre o altar, a queimará como sacrifício queimado de odor apaziguante para o SENHOR. ¹⁰ O restante da oferta de manjares será para Aarão e para os filhos dele, visto que é uma parte santíssima dos sacrifícios queimados do SENHOR.

¹¹ Nenhuma oferta de manjares que oferecereis ao SENHOR será feita de algo fermentado. Com efeito, jamais queimareis qualquer levedura ou qualquer mel como sacrifício queimado para o SENHOR. ¹² Como primícias os apresentareis ao SENHOR, mas não subirão sobre o altar como odor apaziguante.

¹³ Temperarás toda oferenda de tua oferta de manjares com sal; não deixarás faltar o sal da aliança de teu Deus sobre tua oferta de manjares; sobre qualquer oferenda tua apresentarás sal.

¹⁴ Caso apresentes uma oferenda de fruta temporã ao SENHOR, de espigas tostadas no fogo e de amido de espiga verde, apresentarás tal oferenda de tua fruta temporã. ¹⁵ Verterás azeite sobre ela e porás incenso em cima dela. Isso é uma oferenda. ¹⁶ O sacerdote queimará a parte memorial dela, ou seja, do amido dela e do azeite dela, junto com o incenso dela. É um sacrifício queimado para o SENHOR.

Sacrifícios pacíficos

3 ¹ Caso sua oferenda seja um sacrifício de comunhão, e caso apresente do gado grande, ou macho ou fêmea, o apresentará sem defeito na

---

3,1-17 A temática do sacrifício pacífico ou de comunhão é retomada e desenvolvida em Lv 7,11-36 (Lv 4,8-9; 7,3-4; 9,18-20; 22,21). Essa modalidade de sacrifício tem por característica a partilha da vítima, em forma de refeição, com quem se está em paz. O motivo do sacrifício poderia ser uma ação de graças votiva ou voluntária. Diferente do holocausto, o sacrifício de comunhão permite a oferta de animais machos e fêmeas sem defeitos. Segundo Lv 3, três tipos de vítimas podem ser oferecidos: bovino (vv. 1-5), ovino (vv. 6-11) e caprino (vv. 12-16).

229

LEVÍTICO 3

presença do SENHOR. **2** Apoiará sua mão sobre a cabeça de sua oferenda e a abaterá à porta da tenda do encontro. Os sacerdotes, filhos de Aarão, espargirão o sangue sobre o altar, ao redor. **3** Do sacrifício de comunhão apresentará um sacrifício queimado ao SENHOR: a gordura que cobre as vísceras e toda a gordura que está junto às vísceras, **4** os dois rins e a gordura que está sobre eles e sobre os lombos, e o redenho que está sobre o fígado, o qual removerá junto com os rins. **5** Os filhos de Aarão queimarão isso no altar, junto com o holocausto que está sobre as lenhas, as quais estão sobre o fogo. É um sacrifício queimado de odor apaziguante para o SENHOR.

6 Caso sua oferenda de sacrifício de comunhão para o SENHOR seja do gado pequeno, ou macho ou fêmea, o apresentará sem defeito. **7** Caso ele apresente um cordeiro como sua oferenda, o apresentará na presença do SENHOR. **8** Apoiará sua mão sobre a cabeça de sua oferenda e a abaterá diante da tenda do encontro. Os filhos de Aarão espargirão o sangue dela sobre o altar, ao redor. **9** Do sacrifício de comunhão apresentará por sacrifício queimado ao SENHOR a gordura dele: a cauda inteira, a qual removerá perto do cóccix, a gordura que encobre as vísceras e toda a gordura que está junto às vísceras, **10** os dois rins e a gordura que está sobre eles e sobre os lombos, e o redenho sobre o fígado, o qual removerá junto com os rins. **11** O sacerdote o queimará sobre o altar como alimento de um sacrifício queimado para o SENHOR.

12 Caso sua oferenda seja uma cabra, a apresentará na presença do SENHOR. **13** Apoiará sua mão sobre a cabeça dela e a abaterá diante da tenda do encontro. E os filhos de Aarão espargirão o sangue dela sobre o altar, ao redor. **14** Dela apresentará sua oferenda como sacrifício queimado ao SENHOR: a gordura que encobre as vísceras e toda a gordura que está junto às vísceras, **15** os dois rins e a gordura que está sobre eles e sobre os lombos, e o redenho sobre o fígado, o qual removerá junto com os rins. **16** O sacerdote os queimará sobre o altar como alimento de um sacrifício queimado, a fim de ser um odor apaziguante. Toda a gordura pertencerá ao SENHOR.

O rito é praticamente o mesmo para os três tipos de animais: imposição das mãos sobre a cabeça da vítima; abate na entrada da tenda do encontro; e espargimento do sangue nas paredes da tenda ao redor do altar, com a retirada da gordura para ser queimada em oferta ao Senhor. No Antigo Testamento, a palavra "gordura" assume também o significado de "parte melhor" (Gn 45,18; Dt 32,14-15). Oferecer a gordura, portanto, significa oferecer o melhor, isto é, o símbolo da prosperidade do animal; de fato, a gordura oferecida é a que circunda os órgãos vitais, com enfoque nos rins, considerado sede da potência generativa. Desse modo, a gordura é associada à ideia de vida e transmissão da vida, semelhante ao sangue (Lv 17,14), sendo ambos reservados a Deus (vv. 16-17). Embora Lv 3 não especifique, a carne do animal sacrificado é dividida entre o fiel, incluindo seus convidados, e o sacerdote, como contributo para seu sustento (Lv 7,18-36). Se ela não for toda consumida no primeiro dia, pode ser consumida também no segundo dia. No terceiro dia, porém, recomenda-se, por questões de saúde pública, queimar todo o restante (Lv 7,16).

LEVÍTICO 3–4

¹⁷ Em todas as vossas habitações haja uma prescrição perpétua para vossas gerações: 'Jamais comereis qualquer gordura ou qualquer sangue'".

Sacrifícios de expiação

4 ¹O Senhor falou a Moisés: ² "Fala aos filhos de Israel: 'Se alguém, por erro involuntário, pecar em relação a qualquer um dos mandamentos do Senhor, sendo que faz uma daquelas coisas que não devem ser feitas, ³ caso o sacerdote ungido peque, tornando o povo culpado, apresentará ao Senhor, por causa do pecado pelo qual se tornou pecador, um novilho sem defeito, filhote de gado grande, como sacrifício pelo pecado. ⁴ Trará o novilho à entrada da tenda do encontro na presença do Senhor; apoiará sua mão sobre a cabeça do novilho e abaterá o novilho na presença do Senhor. ⁵ O sacerdote ungido tomará do sangue do novilho e o trará à tenda do encontro. ⁶ O sacerdote mergulhará seu dedo no sangue e aspergirá o sangue sete vezes perante o Senhor, diante da cortina do santuário. ⁷ E o sacerdote, perante o Senhor, porá do sangue sobre os chifres do altar de incenso aromático, que está na tenda do encontro; todo o restante do sangue do novilho derramará no alicerce do altar de holocausto, que está na entrada da tenda do encontro. ⁸ Toda a gordura do novilho do sacrifício pelo pecado será retirada dele: a gordura que cobre as vísceras e toda a gordura que está sobre as vísceras; ⁹ os dois rins e a gordura que está sobre eles e sobre os lombos,

---

4,1-35 O sacrifício expiatório ou sacrifício pelo pecado se refere a uma transgressão involuntária (vv. 2.13.22.27) que, após a tomada de consciência, gera culpa, sendo necessário um ritual de expiação para alcançar o perdão. O texto não especifica quais são os compromissos referidos e não dá detalhes sobre a transgressão. Nm 35,11, entretanto, dá um exemplo de transgressão involuntária, isto é, quando alguém tira a vida humana sem a intenção de matar. O rito de expiação de Lv 4 não é destinado a obter perdão de culpa moralmente imputável, relacionada à esfera da saúde ou de fenômenos fisiológicos relativos à pureza ou impureza (Lv 12–15), pois sugere um tipo de transgressão que contamina o santuário (Nm 19,13). Por isso, o sangue da vítima é aspergido não sobre o culpado, mas sim sobre os objetos do santuário (Lv 1,5.12; 3,2.8.14). O uso de sangue nos ritos expiatórios tem o significado da oferta simbólica da vida do culpado, que é substituída pela vida do animal sacrificado (Lv 17,11); portanto, em vez de exigir a vida humana do culpado, o Senhor estabelece uma vítima animal. O rito de expiação pode variar nos pormenores, dependendo do sujeito da transgressão: um sacerdote (vv. 3-12), a comunidade (vv. 13-21), um chefe do povo (vv. 22-26), um fiel (vv. 27-35). O gesto central, porém, é o mesmo para todos: colocar o sangue da vítima nos chifres do altar e ao redor do altar (vv. 7.18.25.30). Embora a vítima mude de acordo com o autor da transgressão, o valor do sacrifício expiatório se baseia não na oferta da vítima a Deus, mas sim na aspersão do sangue. De fato, a morte da vítima parece um meio de fornecer o sangue do rito expiatório. No caso da expiação de um sacerdote ou da comunidade (vv. 3-21), a carne da vítima não tem muito valor no sacrifício, tanto que é levada para fora e totalmente queimada (vv. 12.21); já no caso da expiação de um chefe ou de uma pessoa do povo, queima-se apenas a gordura da vítima, como no sacrifício pacífico (vv. 26.31.35).

231

LEVÍTICO 4

e o redenho sobre o fígado, o qual removerá junto com os rins, [10] assim como é retirado do boi do sacrifício de comunhão. O sacerdote os queimará sobre o altar de holocausto. [11] No entanto, a pele do novilho, toda a sua carne, com sua cabeça e com suas pernas, suas vísceras e seu esterco, [12] quer dizer, para fora do acampamento fará sair todo o novilho, para um lugar puro de despejo das cinzas gordurosas. Sobre a lenha no fogo o incendiará; junto com as cinzas gordurosas será incendiado.

[13] Caso toda a comunidade de Israel cometa involuntariamente um erro e a coisa fique oculta aos olhos da assembleia, caso façam em relação aos mandamentos do SENHOR uma daquelas que não devem ser feitas e se tornem culpados, [14] e se torne conhecido o pecado pelo qual se tornaram pecadores, a assembleia apresentará um novilho, filhote de gado grande, como sacrifício pelo pecado. Diante da tenda do encontro o trarão. [15] Os anciãos da comunidade apoiarão suas mãos sobre a cabeça do novilho na presença do SENHOR, e se abaterá o novilho na presença do SENHOR. [16] O sacerdote ungido trará do sangue do novilho à tenda do encontro. [17] O sacerdote mergulhará seu dedo no sangue e sete vezes aspergirá esse sangue perante o SENHOR, diante da cortina. [18] Porá do sangue sobre os chifres do altar que, na presença do SENHOR, está na tenda do encontro. O restante do sangue derramará no alicerce do altar de holocausto, o qual está na entrada da tenda do encontro. [19] Retirará toda a gordura dele e a queimará sobre o altar. [20] Fará ao novilho como fez ao novilho do sacrifício pelo pecado; assim lhe fará. O sacerdote lhes proverá reconciliação, e lhes será perdoado. [21] Fará o novilho sair para fora do acampamento e o incendiará, assim como incendiou o primeiro novilho. Esse é o sacrifício pelo pecado da assembleia.

[22] Uma vez que um chefe, por erro involuntário, pecar, fizer em relação a todos mandamentos do SENHOR, seu Deus, uma daquelas que não devem ser feitas e se tornar culpado, [23] ou lhe for notificado de seu pecado, sendo que pecou por meio dele, trará sua oferenda: um bode das cabras, macho e sem defeito. [24] Apoiará sua mão sobre a cabeça do bode e o abaterá no lugar em que, na presença do SENHOR, se abate o holocausto. Esse é um sacrifício pelo pecado. [25] Com seu dedo, o sacerdote tomará do sangue do sacrifício pelo pecado e o porá sobre os chifres do altar de holocausto, e derramará o sangue dele no alicerce do altar de holocausto. [26] Toda a gordura dele queimará sobre o altar como a gordura de um sacrifício de comunhão, sendo que o sacerdote lhe proverá reconciliação em relação ao pecado dele, e lhe será perdoado.

[27] E, caso alguém do povo da terra, por erro involuntário, peque por fazer, em relação aos mandamentos do SENHOR, uma daquelas que não devem ser feitas e se tornar culpado, [28] ou lhe for notificado seu pecado, sendo que pecou, trará sua oferenda: uma cabrita, sem defeito e fêmea, por seu pecado, pois pecou. [29] Apoiará sua mão sobre a cabeça do sacrifício pelo pecado e abaterá o sacrifício pelo pecado no lugar do holocausto. [30] Com seu dedo, o sacerdote tomará do sangue dele e o porá sobre

LEVÍTICO 4–5

os chifres do altar de holocausto; e derramará todo o sangue dele no alicerce do altar. ³¹ Removerá toda a gordura dele, assim como é removida a gordura de sobre o sacrifício de comunhão. E o sacerdote o queimará sobre o altar como odor apaziguante para o SENHOR. Assim, o sacerdote lhe proverá reconciliação, e lhe será perdoado.

³² Caso traga um cordeiro como sua oferenda para o sacrifício pelo pecado, então trará uma fêmea sem defeito. ³³ Apoiará sua mão sobre a cabeça do sacrifício pelo pecado e, no lugar em que se abate o holocausto, a abaterá como sacrifício pelo pecado. ³⁴ Com seu dedo, o sacerdote tomará do sangue do sacrifício pelo pecado e o porá sobre os chifres do altar de holocausto; e derramará todo o sangue dela no alicerce do altar. ³⁵ Removerá toda a gordura dela, assim como é removida a gordura do cordeiro do sacrifício de comunhão. E, junto com os sacrifícios queimados do SENHOR, o sacerdote os queimará sobre o altar. O sacerdote, pois, lhe proverá reconciliação conforme o sacrifício pelo pecado, sendo que pecou, e lhe será perdoado.

Oferta de reparação

5 ¹ Se alguém pecar nisto: escutou uma expressão de maldição e é testemunha: caso, por ter visto ou ter sabido, não denuncie, carregará o delito dele; ² ou alguém toca em alguma coisa impura, isto é, em um cadáver de uma fera impura, em um cadáver de um animal doméstico impuro ou em um cadáver de um bicharedo impuro, ainda que isso lhe seja oculto: ele está impuro e é culpado; ³ ou, se tocar na impureza de um humano, qualquer impureza dele que o torna impuro, ainda que isso lhe seja oculto, mas ele fica sabendo, torna-se culpado; ⁴ ou, se alguém jurar por tagarelar com os lábios, seja para fazer o mal, seja para

---

5,1-26 A oferta de reparação compreende três níveis de transgressões: contra si mesmo (vv. 1-4), contra as coisas sagradas e Deus (vv. 14-19) e contra o próximo (vv. 20-26). Mesmo as transgressões involuntárias geram responsabilidade pessoal, impureza e culpa (vv. 2.3.4.17.23), sendo, pois, indispensável, após a tomada de consciência, reparar a transgressão cometida. Para a reparação das transgressões contra si, são necessárias a confissão e a oferta de animal (vv. 5-10) ou de cereal (v. 11), conforme o poder aquisitivo da pessoa (vv. 7.11; Lv 12,8; 14,21). Com relação às transgressões contra as coisas sagradas e Deus, não há ressalvas quanto ao poder aquisitivo; o animal oferecido deve ter o valor estabelecido pelo próprio santuário; ademais, será acrescentada uma multa de vinte por cento sobre o valor do que foi transgredido, que será dada ao sacerdote (vv. 14-16; 22,15; 2Rs 12,17). Quanto à transgressão contra o próximo, deve-se restituir, a quem de direito, tudo o que lhe foi lesado, com o acréscimo de vinte por cento; além disso, deve-se oferecer ao Senhor um cordeiro sem defeito, em reparação pela transgressão, conforme o valor estipulado pelo sacerdote. Em todos os casos se prevê o rito de expiação, o qual é realizado pelo sacerdote (vv. 6.10.13.16.18.26). Excetuando-se a referência ao sacrifício das rolinhas e do holocausto dos filhotes de pomba, que pode ser substituído por uma oblação, nada é dito sobre o rito de sacrifício de expiação realizado pelo sacerdote, cujo efeito é o perdão. De fato, não se diz se nestes casos o sacrifício é cruento ou pacífico.

LEVÍTICO 5

fazer o bem, segundo tudo o que o ser humano tagarela em juramento, ainda que isso lhe seja oculto, mas ele fica sabendo, torna-se culpado por qualquer uma dessas coisas; 5 então, se for culpado de uma dessas coisas, confessará em que pecou. 6 E trará sua oferta por culpa ao SENHOR por causa de seu pecado, sendo que cometeu um pecado: uma fêmea do gado pequeno, uma cordeira ou uma cabrita para o sacrifício pelo pecado. Por causa do pecado dele, o sacerdote lhe proverá reconciliação.

7 Caso sua mão não alcance recurso suficiente para um gado miúdo, trará ao SENHOR duas rolinhas ou dois filhotes de pomba como sua oferta por culpa, sendo que cometeu um pecado, um para o sacrifício pelo pecado e outro para o holocausto. 8 Ao sacerdote os trará. Apresentará o primeiro como sacrifício pelo pecado. Destroncará a cabeça dele em frente à nuca dele, mas não fará separação. 9 E aspergirá do sangue do sacrifício pelo pecado contra a parede do altar. O restante do sangue será borrifado no alicerce do altar. Este é um sacrifício pelo pecado. 10 Com o segundo realizará um holocausto de acordo com o direito. E o sacerdote lhe proverá reconciliação após o pecado dele, sendo que cometeu um pecado, e lhe será perdoado.

11 Caso sua mão não alcance o recurso de duas rolinhas ou de dois filhotes de pomba, trará como sua oferenda, sendo que pecou, o décimo de um efá de sêmola de trigo para o sacrifício pelo pecado. Não colocará azeite sobre este nem dará incenso sobre ele, porque ele é um sacrifício pelo pecado. 12 E o trará ao sacerdote. O sacerdote tomará um punhado dele, o que enche seu punhado, como sua parte memorial, e queimará sobre o altar, junto com os sacrifícios queimados do SENHOR. Esse é um sacrifício pelo pecado. 13 O sacerdote lhe proverá reconciliação após o pecado dele, sendo que pecou em uma dessas coisas, e lhe será perdoado. E será para o sacerdote como no caso da oferta de manjares'".

14 E o SENHOR falou a Moisés: 15 "Se alguém, por erro involuntário, cometer uma traição e um pecado em relação às coisas sagradas do SENHOR, trará ao SENHOR sua oferta por culpa: um carneiro sem defeito do gado pequeno, conforme tua avaliação em siclos de prata, com base no siclo do santuário, para a oferta por culpa. 16 Quanto ao que pecou com o sagrado, indenizará, lhe acrescentará um quinto dele e o dará ao sacerdote. O sacerdote lhe proverá reconciliação com o carneiro da oferta por culpa, e lhe será perdoado.

17 E, caso haja alguém que peque e, em relação a todos os mandamentos do SENHOR, faça uma daquelas que não devem ser feitas, embora não o saiba, torna-se culpado e carregará seu delito. 18 Como oferta por culpa trará ao sacerdote um carneiro sem defeito do gado pequeno, conforme tua avaliação. O sacerdote lhe proverá reconciliação por seu erro involuntário, aquele que cometeu involuntariamente. Ele não tinha conhecimento, mas lhe será perdoado. 19 Essa é a oferta por culpa. De fato, tornou-se culpado diante do SENHOR".

LEVÍTICO 5–6

²⁰ E o SENHOR falou a Moisés: ²¹ "Se alguém pecar, cometer uma traição contra o SENHOR e enganar seu compatriota em matéria de depósito, algo colocado em mãos, um roubo ou extorquir seu compatriota, ²² ou encontrar uma coisa perdida e o enganar sobre esta, jurar de forma falsa quanto a uma de todas aquelas coisas que o ser humano faz e com relação a essas coisas pecar, ²³ então, quando pecar e tornar-se culpado, devolverá a coisa roubada que roubou, o extorquido que extorquiu, o bem depositado que foi depositado com ele ou a coisa perdida que encontrou, ²⁴ ou tudo aquilo em relação ao que se jura de forma falsa, indenizará conforme a soma total daquilo e acrescentará um quinto sobre isso, sendo que, no dia de sua culpa, ele o dará a quem pertence. ²⁵ E, para o SENHOR, trará ao sacerdote sua oferta por culpa: um carneiro sem defeito do gado pequeno, conforme tua avaliação referente à oferta por culpa. ²⁶ Diante do SENHOR, o sacerdote lhe proverá reconciliação, e lhe será perdoada qualquer uma das coisas que fez, por haver culpa nele".

Instruções sobre os sacrifícios

6 ¹ O SENHOR falou a Moisés: ² "Ordena a Aarão e aos filhos dele: esta é a instrução do holocausto. O holocausto deve estar em cima do braseiro sobre o altar toda a noite até o amanhecer, e o fogo do altar deve estar aceso nele. ³ O sacerdote vestirá seu traje de linho. Vestirá também calções de linho sobre sua carne. Levantará a cinza gordurosa, quando o fogo tiver consumido o holocausto sobre o altar, e a porá ao lado do altar. ⁴ Tirará suas vestes, se vestirá com outras vestes e fará a cinza gordurosa sair para fora do acampamento, a um lugar puro. ⁵ O fogo sobre

---

6,1–7,38 Os capítulos 6–7 abordam a mesma temática dos capítulos 1–5, mudando, porém, os destinatários. Lv 1–5 tem como destinatário "os filhos de Israel", apresentando os sacrifícios do ponto de vista da matéria; Lv 6–7 dirige-se principalmente aos sacerdotes "Aarão e seus filhos" (6,7.11; 7,10.33), apresentando os sacrifícios do ponto de vista da forma. A unidade textual reflete as seguintes temáticas: instruções sobre o holocausto (6,1-6) e sobre a oblação (6,7-11); oblação para investidura sacerdotal (6,12-16); normas para os sacrifícios de expiação (6,17-23), de reparação (7,1-10) e de comunhão (7,11-21); normas sobre o sangue e a gordura dos sacrifícios de comunhão (7,22-27); especificação sobre as partes do sacrifício de comunhão reservadas aos sacerdotes (7,28-36); e conclusão sobre as normas dos sacrifícios (7,37-38). Os holocaustos e oblações (Lv 1–2) são retomados (6,1-7), a fim de oferecer instruções sobre como lidar com o fogo do altar, com as ofertas segundo seus ritos e com as cinzas sagradas derivadas da combustão dos sacrifícios. É possível que as instruções façam referência à normativa em vigor de Ex 29,38-42, que prescreve dois sacrifícios diários, um de manhã e outro à tarde. Holocaustos e oblações diários, acompanhados de libações (Nm 28,4.8), eram praticados no antigo Oriente Próximo; segundo a prática, todo dia se deveria preparar um banquete para a divindade, de manhã e à tarde. No Levítico, essa prática é reinterpretada à luz da aliança, como expressão de fé na relação entre Deus e seu povo. Conservar o fogo que não se apaga (6,5-6), sobre o qual são feitos os sacrifícios contínuos, é o modo de manter viva a consciência da presença de Deus no acampamento entre seu povo. A prescrição referente ao veto de o sacerdote comer de sua própria oblação (6,16) reproduz a prescrição de Lv 4,12.21.

LEVÍTICO 6

o altar deve estar aceso nele. Jamais se apagará. Manhã por manhã, o sacerdote incendiará lenhas junto com ele, preparará o holocausto sobre ele e queimará as gorduras dos sacrifícios de comunhão sobre ele. **6** Um fogo constante estará aceso sobre o altar. Jamais se apagará.

7 Esta é a instrução para a oferta de manjares: um dos filhos de Aarão a apresentará perante o SENHOR, diante do altar. **8** Com o punhado dele, levantará dela a sêmola de trigo da oferta de manjares, o azeite dela e todo o incenso que estiver sobre a oferta de manjares, e a queimará sobre o altar como odor apaziguante de sua parte memorial para o SENHOR. **9** Aarão e seus filhos comerão o restante dela. Em lugar santo será comido como pães ázimos. No pátio da tenda do encontro o comerão. **10** Não se cozerá algo fermentado. Como porção deles lhes dei dos sacrifícios queimados. Essa é coisa santíssima, como o sacrifício pelo pecado e como uma oferta por culpa. **11** Todo macho entre os filhos de Aarão comerá dela. É uma prescrição perpétua para vossas gerações quanto aos sacrifícios queimados ao SENHOR. Tudo o que nelas tocar será santo".

12 O SENHOR falou a Moisés: **13** "Esta é a oferenda de Aarão e dos filhos dele, a qual eles apresentarão ao SENHOR no dia de ele ser ungido: um décimo de efá de sêmola de trigo da oferta permanente de manjares, metade dela de manhã e metade dela à tarde. **14** Será preparada com azeite sobre uma chapa. Amassada a trarás. As migalhas da oferta de manjares serão pedaços, que apresentarás ao SENHOR como odor apaziguante. **15** E o sacerdote dentre seus filhos, ungido no lugar dele, fará o mesmo. É uma prescrição perpétua: será completamente queimada ao SENHOR. **16** Toda a oferta de manjares do sacerdote será um sacrifício completo. Não será comida".

De fato, com exceção do sacrifício de comunhão (Lv 3,1-17; 7,11-21), quem oferece um sacrifício não pode usufruir de seus dons; por isso, quando o sacerdote é celebrante e oferente, a oferta deve ser totalmente queimada (6,23; Lv 4,3-21). O texto também se delonga em especificar as normas referentes ao consumo do restante da carne dos sacrifícios pela transgressão e dos sacrifícios de reparação (6,18-23; 7,1-10), reservado aos sacerdotes (7,6-18.31-36). Nota-se a ênfase sobre a santidade do que é reservado a Deus, pois a oferta santifica aquilo que a toca (6,20); diferentemente, a impureza humana tende a ser uma ameaça às coisas santas, que, portanto, devem ser protegidas (7,19-21). O conceito de pureza e impureza, todavia, será tratado em Lv 11–15. Especial atenção é dada às ofertas da gordura e do sangue, reservadas exclusivamente a Deus (7,22-27; Lv 3,17), sendo que a pena para quem as transgredir é a eliminação de junto do povo (7,25.27). No contexto da eleição divina, essa pena corresponde à privação da aliança e das promessas. Segundo a motivação teológica da norma, toda a vida do animal está no sangue (17,11.14); como a vida pertence a Deus, não cabe ao humano se apropriar dela. Em relação ao consumo da gordura, como símbolo da riqueza e da fertilidade da terra (Gn 45,18; Lv 3), apenas a gordura do animal sacrificado é reservada a Deus, por ser a melhor parte da oferta. A gordura de animais sacrificados fora do contexto litúrgico, porém, pode ser utilizada diversamente (7,24). O narrador conclui a seção textual (vv. 37-38) elencando os sacrifícios conforme a ordem de apresentação nos capítulos 6 e 7 e adicionando o sacrifício de ordenação, do qual se falou em Ex 29 e se falará em Lv 8, mas que não foi citado em Lv 1–7.

LEVÍTICO 6–7

17 O Senhor falou a Moisés: **18** "Fala a Aarão e aos filhos dele: 'Estas são as instruções para o sacrifício pelo pecado: no lugar em que for abatido o holocausto, na presença do Senhor, será abatido o sacrifício pelo pecado. Essa é uma coisa santíssima. **19** O sacerdote que ofertar o sacrifício pelo pecado poderá comer dele. No lugar santo será comido, no pátio da tenda do encontro; **20** todo aquele que tocar na carne dele será santo; uma vez que, do sangue dele, respingar algo sobre a veste, lavarás em lugar santo a parte sobre a qual tiver respingado. **21** Será quebrado o vaso de barro no qual for cozido. Caso seja cozido em vaso de bronze, este será esfregado e enxaguado com água. **22** Todo macho entre os sacerdotes o comerá. Esse é coisa santíssima. **23** Nenhum sacrifício pelo pecado, de cujo sangue se traz à tenda do encontro para prover reconciliação no santuário, será comido. Será incendiado no fogo.

7 **1** Esta é a instrução da oferta por culpa. Ela é coisa santíssima. **2** No lugar em que abatem o holocausto abaterão a oferta por culpa. Espargirá o sangue dela sobre o altar, ao redor. **3** Apresentará toda a gordura dela: a cauda e a gordura que cobre as vísceras, **4** os dois rins e a gordura que está sobre eles e sobre os lombos, e o redenho sobre o fígado, o qual removerá junto com os rins. **5** O sacerdote os queimará no altar como sacrifício queimado ao Senhor. Ela é uma oferta por culpa. **6** Todo macho entre os sacerdotes a comerá. Em lugar santo será comida. É coisa santíssima.

7 Como o sacrifício pelo pecado, assim será a oferta por culpa: existe uma só instrução para eles. Pertencerá ao sacerdote que proverá reconciliação com ela. **8** E, ao sacerdote que apresenta o holocausto de alguém, pertencerá o couro do holocausto que apresentou. **9** E toda oferta de manjares que cozeres no forno, tudo o que for preparado na frigideira e na chapa, pertencerá ao sacerdote que a apresentou. **10** Toda oferta de manjares, banhada de azeite ou seca, pertencerá a todos os filhos de Aarão, tanto a um quanto ao outro.

11 Esta é a instrução para o sacrifício de comunhão que se apresentará ao Senhor: **12** caso o apresente em ação de graças, junto com o sacrifício de ação de graças, apresentará roscas de ázimos banhadas com azeite, tortas de ázimos besuntadas com azeite, sêmola de trigo amassada, roscas banhadas com azeite. **13** Além das roscas, apresentará como sua oferenda pão fermentado junto com seu sacrifício de comunhão por ação de graças. **14** Apresentará uma parte de toda a oferenda como oferta elevada ao Senhor. Pertence ao sacerdote que esparge o sangue dos sacrifícios de comunhão. **15** A carne de seu sacrifício de comunhão por ação de graças será comida no dia de sua oferenda. Dela nada se deixará até a manhã.

16 Caso o sacrifício de sua oferenda seja um voto ou uma oferta voluntária, seu sacrifício será comido no dia de sua apresentação; o restante dele poderá ser consumido no dia seguinte. **17** No terceiro dia, porém,

LEVÍTICO 7

o restante da carne do sacrifício será incendiado no fogo. **18** No entanto, caso a carne do sacrifício de comunhão dele, de fato, seja comida no terceiro dia, não será considerado favorável; a quem o apresentou não lhe será considerado; será algo estragado. Ademais, aquele que dela comer carregará seu delito. **19** A carne que tocar em qualquer impureza não será comida; será incendiada no fogo. Todo aquele que estiver puro comerá da carne. **20** A pessoa que comer da carne do sacrifício de comunhão pertencente ao Senhor está com sua impureza sobre si. Tal pessoa será eliminada de seu povo. **21** Se a pessoa tocar em qualquer coisa impura, quer em impureza humana, quer em gado impuro, quer em qualquer abominação impura, e comer da carne do sacrifício de comunhão, a qual pertence ao Senhor, essa pessoa será eliminada de seu povo'".

22 O Senhor falou a Moisés: **23** "Fala aos filhos de Israel: 'Não comereis nenhuma gordura de boi, de cordeiro ou de cabra. **24** A gordura de um cadáver ou a gordura de um animal dilacerado poderá ser transformada para qualquer negócio, mas certamente não a comereis. **25** Porque todo aquele que come da gordura do gado que se apresenta como sacrifício queimado ao Senhor, a pessoa que come será eliminada de seu povo. **26** Não comereis nenhum sangue em todas as vossas habitações, seja de ave, seja de gado. **27** Toda pessoa que comer qualquer sangue, essa pessoa será eliminada de seu povo'".

28 O Senhor falou a Moisés: **29** "Fala aos filhos de Israel: 'Quem apresentar seu sacrifício de comunhão ao Senhor trará, do sacrifício de sua comunhão, sua oferenda ao Senhor. **30** Suas mãos trarão o sacrifício a ser queimado ao Senhor: a gordura de sobre o peito – que a traga! –; o peito para movê-lo como oferta movida diante do Senhor. **31** O sacerdote queimará a gordura sobre o altar. O peito, porém, pertencerá a Aarão e aos filhos dele. **32** De seus sacrifícios de comunhão dareis ao sacerdote a coxa direita, como oferta elevada. **33** Quem dentre os filhos de Aarão apresentar o sangue do sacrifício de comunhão e a gordura terá para si a coxa direita como porção. **34** Realmente, dos sacrifícios de comunhão, tomei, de junto dos filhos de Israel, o peito da oferta movida e a coxa da oferta elevada e os dei ao sacerdote Aarão e aos filhos dele, como prescrição perpétua entre os filhos de Israel. **35** Essa é a porção de Aarão e a porção dos filhos dele dos sacrifícios queimados ao Senhor, no dia em que os apresentou para exercerem o sacerdócio para o Senhor, **36** sendo que o Senhor ordenou-lhes dar isso, no dia de ele os ungir dentre os filhos de Israel. É uma prescrição perpétua para as gerações deles'".

37 Essa é a instrução para o holocausto, para a oferta de manjares, para o sacrifício pelo pecado, para a oferta por culpa, para as instituições e para os sacrifícios de comunhão, **38** a qual o Senhor ordenou a Moisés no monte Sinai, no dia de ele ordenar aos filhos de Israel apresentar as oferendas deles ao Senhor, no deserto do Sinai.

Instituição do sacerdócio

8 ¹ O Senhor falou a Moisés: ² "Toma Aarão e, com ele, os filhos dele, as vestes e o óleo da unção, o novilho do sacrifício pelo pecado e os

8,1-36 O rito de consagração sacerdotal apresentado em Lv 8 encontra paralelos em Ex 28, 29 e 39. O texto descreve uma longa cerimônia litúrgica na qual Aarão e seus filhos são ordenados mediante o rito de consagração que compreende: purificação (v. 6); investidura (vv. 7-9.13); unção com óleo (vv. 11-12); três sacrifícios, isto é, um sacrifício de expiação (vv. 14-17), um holocausto (vv. 18-21) e o sacrifício de consagração (vv. 22-29). A liturgia de consagração dura sete dias, durante os quais as ofertas de carne e as oblações são colocadas nas mãos dos sacerdotes e em seguida queimadas como holocausto (vv. 25-29); o sangue do sacrifício de consagração e o óleo da unção são respingados nos candidatos (v. 30), de modo que no sétimo dia estes se tornam plenamente sacerdotes (vv. 33-36). Além do ritual litúrgico, o texto evidencia a obediência de Moisés a Deus, repetindo sete vezes que Moisés fizera tudo o que Deus lhe ordenara (vv. 4.9.13.17.21.29.36). A comunidade desempenha um papel importante na liturgia. De fato, o sacerdote é ordenado em função da comunidade; portanto, não apenas os anciãos, como também toda a comunidade devem ser testemunhas da ordenação sacerdotal. A convocação da assembleia é iniciativa de Deus (vv. 3-4). Depois da reunião da assembleia (v. 5), o primeiro gesto litúrgico é a lavagem ou o banho do sacerdote, simbolizando sua purificação pessoal e habilitando-o a se apresentar diante de Deus (Lv 7,20; 22,3). Segue, então, o momento da investidura, no qual o sacerdote põe pela primeira vez as vestes a serem usadas no exercício de seu ministério. As vestes sacerdotais, com seus inúmeros adornos, parecem ser uma evocação dos adornos da tenda do santuário; desse modo, o sacerdote assume uma função semelhante à da tenda do santuário, sendo ele mesmo este "santuário vivo". Entre os adornos das vestes sacerdotais, está o efod, uma indumentária que cobre o tórax e as costas e é minuciosamente descrita em Ex 28 e 39. Carregando o nome das doze tribos, o efod simboliza a unidade da nação sob a custódia da pessoa e do ministério do sumo sacerdote, responsável por conduzir o povo na realização da vontade de Deus. Os "urim" e os "tumim" (v. 8), colocados em um bolso especial do efod, estão ligados à prática adivinhadora dos sumos sacerdotes (Ex 28,30; Nm 27,21; 1Sm 28,6). Não se sabe o que sejam exatamente, mas, por meio da consulta aos urim e tumim, o sacerdote conhecia a vontade de Deus a ser transmitida ao povo (Ex 28,15-30). O último objeto vestido pelo sacerdote é o turbante com um ornamento frontal em forma de flor, na qual, segundo Ex 28,36, está escrito "Santidade ao Senhor". Após a investidura, segue a unção, primeiro da tenda do encontro com seus objetos, depois dos sacerdotes e, por fim, do altar e de seus objetos, cujo objetivo é a santificação (vv. 10.11.12; Ex 30,29; 40). A investidura e a unção são ritos de passagem pelos quais os eleitos ao sacerdócio são separados de seu estado profano e introduzidos definitivamente em um estado sagrado. O rito de consagração continua, então, com três sacrifícios. Os sacrifícios de expiação e o holocausto (vv. 14-21) seguem em grandes linhas o que foi indicado em Lv 4,3-12 e 1,10-13. A novidade, neste caso, é o sacrifício da consagração (vv. 22-24), segundo o qual, após a apresentação da vítima, a imposição das mãos e a oblação, antes de derramar o sangue no altar e a seu redor, coloca-se o sangue na orelha, na mão e no pé do lado direito do futuro sacerdote. A menção às três partes do corpo simboliza a totalidade da pessoa e a missão sacerdotal no culto: escutar Deus, fazer a oferta dos sacrifícios e andar no caminho da justiça e do direito. Outro gesto específico do sacrifício de consagração é encher as mãos dos sacerdotes de carne e de outros alimentos, a serem apresentados a Deus mediante um rito de elevações e em seguida queimados como oferta (vv. 25-28). De fato, em hebraico a palavra para "ordenação" significa, literalmente, "encher" ou "encher as mãos" (v. 33). O último gesto é a unção com a mistura de sangue e óleo, aspergida sobre o altar e sobre os sacerdotes (v. 30). Por fim, os sacerdotes cozinham e comem o peito do animal, a parte que lhes é reservada (vv. 31-32; Lv 6,9.10; 7,31). A consagração, porém, só se completa ao término de sete dias (v. 33).

LEVÍTICO 8

dois carneiros, bem como o cesto de ázimos! ³ Reúne toda a comunidade na entrada da tenda do encontro!" ⁴ Moisés fez conforme o SENHOR lhe ordenara, e a comunidade foi reunida na entrada da tenda do encontro. ⁵ Moisés disse à comunidade: "Isto é o que o SENHOR ordenou fazer".

⁶ Moisés trouxe para perto Aarão e os filhos dele e os lavou com água. ⁷ Colocou sobre ele a túnica e o cingiu com o cinturão. Vestiu-o com a capa, colocou sobre ele o efod e cingiu-o com a faixa tecida do efod, ajustando-a bem nele. ⁸ Pôs sobre ele o peitoral e acrescentou os urim e os tumim ao peitoral. ⁹ Pôs o turbante sobre a cabeça dele e sobre seu turbante, à frente de sua face, pôs o adorno de ouro, o diadema da santidade, conforme o SENHOR ordenara a Moisés.

¹⁰ Moisés tomou o óleo da unção, ungiu a morada e tudo o que havia nela e os consagrou. ¹¹ Sete vezes aspergiu dele sobre o altar. Ungiu o altar e todos os utensílios dele, a bacia e o suporte, a fim de consagrá-los. ¹² Derramou do óleo da unção sobre a cabeça de Aarão e o ungiu, a fim de consagrá-lo. ¹³ Moisés também trouxe para perto os filhos de Aarão, vestiu-os com túnicas, cingiu-os com cinturão e atou-lhes gorros altos, conforme o SENHOR ordenara a Moisés.

¹⁴ E trouxe o novilho do sacrifício pelo pecado. Aarão e seus filhos apoiaram suas mãos sobre a cabeça do novilho do sacrifício pelo pecado. ¹⁵ Moisés o abateu, tomou do sangue dele e, com seu dedo, o pôs ao redor dos chifres sobre o altar, sendo que retirou o pecado do altar. Derramou o sangue em direção ao alicerce do altar e o consagrou, para lhe prover reconciliação. ¹⁶ E Moisés tomou toda a gordura que estava sobre as entranhas, o redenho do fígado, os dois rins e a gordura deles e os queimou sobre o altar. ¹⁷ Fora do acampamento, porém, incendiou no fogo o novilho, o couro, a carne e o esterco dele, conforme o SENHOR ordenara a Moisés.

¹⁸ Apresentou, então, o carneiro do holocausto. Aarão e seus filhos impuseram suas mãos sobre a cabeça do carneiro. ¹⁹ Moisés o abateu e espargiu o sangue sobre o altar, ao redor. ²⁰ Cortou o carneiro segundo seus pedaços. E Moisés queimou a cabeça, os pedaços e a gordura dos rins. ²¹ Lavou na água as entranhas e as pernas. E Moisés queimou todo o carneiro sobre o altar. Ele era um holocausto de odor apaziguante, um sacrifício queimado para o SENHOR, conforme o SENHOR ordenara a Moisés.

²² E trouxe para perto o segundo carneiro, o carneiro de instituição. Aarão e os filhos dele apoiaram suas mãos sobre a cabeça do carneiro. ²³ Moisés o abateu, tomou do sangue dele e o colocou sobre o lóbulo da orelha direita de Aarão, sobre o polegar da mão direita dele e sobre o polegar do pé direito dele. ²⁴ E trouxe para perto os filhos de Aarão. Moisés colocou do sangue sobre o lóbulo da orelha direita deles, sobre o polegar da mão direita deles e sobre o polegar do pé direito deles. Moisés espargiu o sangue sobre o altar, ao redor. ²⁵ Tomou a gordura, a cauda gorda,

LEVÍTICO 8–9

toda a gordura que está sobre as entranhas, o redenho do fígado, os dois rins, a gordura deles e a coxa direita. **26** Do cesto de ázimos, que estava diante do SENHOR, tomou uma rosca ázima, uma rosca de pão de azeite e uma torta, e as pôs sobre as gorduras e sobre a coxa direita. **27** Colocou tudo sobre as palmas das mãos de Aarão e sobre as palmas das mãos dos filhos dele. E os moveu como oferta movida diante do SENHOR. **28** E Moisés os tomou das palmas das mãos deles e os queimou sobre o altar, junto com o holocausto. Elas eram um sacrifício de instituição de odor apaziguante; ele era um sacrifício queimado para o SENHOR.

29 E Moisés tomou o peito e o moveu como oferta movida diante do SENHOR. Do carneiro da instituição, pertencia como porção a Moisés, conforme o SENHOR ordenara a Moisés.

30 E Moisés tomou do óleo da unção e do sangue que estava sobre o altar e o aspergiu sobre Aarão, sobre as vestes dele, sobre os filhos dele e sobre as vestes dos filhos dele. Consagrou, pois, Aarão, as vestes dele, os filhos dele que estavam com ele e as vestes dos filhos dele.

31 E Moisés disse a Aarão e aos filhos dele: "Cozinhai a carne na entrada da tenda do encontro! Ali a comereis com os pães que estão no cesto do sacrifício de instituição, conforme ordenei: 'Aarão e seus filhos a comerão'. **32** Incendiareis no fogo o que houver de resto da carne e do pão. **33** Durante sete dias, não saireis da porta da tenda do encontro, até o dia de se cumprirem os dias de vossas instituições. Porque durante sete dias se encherá vossa mão. **34** Conforme se fez neste dia, o SENHOR ordenou fazer, a fim de vos prover reconciliação. **35** Durante sete dias, de dia e de noite, permanecereis na entrada da tenda do encontro e cuidareis da incumbência do SENHOR, para que não morrais, porque assim me foi ordenado". **36** Aarão e seus filhos fizeram todas as coisas conforme o SENHOR ordenara pela mão de Moisés.

Ministério sacerdotal

9 **1** No oitavo dia, Moisés chamou Aarão, os filhos dele e os anciãos de Israel. **2** Disse a Aarão: "Toma para ti um bezerro, filhote de gado grande, para o sacrifício pelo pecado e um carneiro para o holocausto, ambos sem defeitos, e apresenta-os diante do SENHOR! **3** Aos filhos de Israel falarás: 'Tomai um bode de cabritos para o sacrifício pelo pecado,

---

9,1-24 Concluído o tempo de passagem ao novo estado, que durou sete dias (Lv 8,33), Aarão se encontra pronto para exercer seu ministério sacerdotal. Assim, em uma única liturgia, o sacerdote Aarão pratica todos os tipos de sacrifícios para si e para o povo, exceto o sacrifício de reparação (Lv 5,1-26). Em grandes linhas, Aarão executa os sacrifícios instituídos e descritos em Lv 1–7. Na verdade, trata-se da oblação acompanhada de sacrifícios (Nm 15,1-12). O primeiro animal que Aarão sacrifica em sua própria expiação é o bezerro, possivelmente em alusão ao bezerro de ouro construído por ele em Ex 32,4. Somente os versículos 2, 3 e 8 apresentam um bezerro como vítima sacrificial. De tal modo, parece que o texto quer cancelar definitivamente um dado negativo do passado de Aarão.

241

LEVÍTICO 9

um bezerro e um cordeiro, ambos de um ano e sem defeitos, para o holocausto **4** e um boi e um carneiro para o sacrifício de comunhão, a fim de sacrificá-los diante do SENHOR, bem como uma oferta de manjares banhada no azeite, porque o SENHOR hoje vos aparecerá!'"

5 Trouxeram, então, diante da tenda do encontro o que Moisés ordenara. Toda a comunidade se aproximou e se deteve diante do SENHOR. **6** Moisés disse: "Que façais essa coisa que o SENHOR ordenou, para que vos apareça a glória do SENHOR!" **7** Moisés disse a Aarão: "Aproxima-te do altar e realiza teu sacrifício pelo pecado e teu holocausto! Provê reconciliação para ti e para o povo! Realiza a oferenda do povo e provê-lhe reconciliação, conforme o SENHOR ordenou!"

8 Aarão se aproximou do altar e abateu o bezerro do sacrifício pelo pecado, que era para ele. **9** Os filhos de Aarão lhe trouxeram o sangue. Submergiu seu dedo no sangue e pôs sobre os chifres do altar. E derramou o sangue no alicerce do altar. **10** Sobre o altar queimou a gordura, os rins e o redenho do fígado do sacrifício pelo pecado, conforme o SENHOR ordenara a Moisés. **11** A carne e o couro, porém, incendiou no fogo fora do acampamento.

12 E abateu o holocausto. Os filhos de Aarão lhe trouxeram o sangue, e ele o espargiu sobre o altar, ao redor. **13** E lhe trouxeram o holocausto, conforme os pedaços dele, e a cabeça, que queimou sobre o altar. **14** Lavou as entranhas e as pernas, e queimou o holocausto sobre o altar.

15 Em seguida, aproximou a oferenda do povo. Tomou o bode do sacrifício pelo pecado, que era para o povo, o abateu e o ofertou como sacrifício pelo pecado, como o anterior. **16** Aproximou o holocausto e o realizou, conforme o direito. **17** E aproximou a oferta de manjares, encheu com ela a palma de sua mão e a queimou sobre o altar, além do holocausto da manhã.

18 E abateu o boi e o carneiro como sacrifício de comunhão, que era para o povo. Os filhos de Aarão lhe trouxeram o sangue, o qual espargiu sobre o altar, ao redor, **19** e as gorduras do boi e do carneiro, a cauda gorda, a membrana gordurosa, os rins e o redenho do fígado. **20** Puseram as gorduras sobre os peitos, sendo que queimou as gorduras sobre o altar. **21** E Aarão moveu os peitos e a coxa direita como oferta movida diante do SENHOR, conforme ordenara a Moisés.

De fato, seria desnecessário um novo sacrifício expiatório, visto que em Lv 8,2 já se fez um sacrifício de expiação, apesar de que Lv 8,2 se refere a um novilho, ao passo que o presente versículo 2 se refere ao bezerro (Ex 32,4.8.19.20.24.35; 1Rs 12,28.32; Os 8,5.6; 13,2). Os sacrifícios têm em vista uma teofania (v. 4), pois o Senhor revelará sua glória. O termo "glória", em hebraico, remete à ideia de "ser importante", "ter peso", e aparece pela primeira vez em Ex 16,7 como símbolo da presença salvífica de Deus em meio a seu povo. Todo o rito conclui com a bênção de Aarão ao povo (v. 22). Nesse caso, a bênção é uma prerrogativa divina transferida ao sacerdote (Nm 6,24-26; Dt 10,8). Depois da segunda bênção (v. 23), há a teofania, confirmando a presença divina, não mais sobre o Sinai, mas na tenda do encontro, junto ao povo. Na prática, concretiza-se o que foi antecipado em Ex 29,45.

LEVÍTICO 9–10

²² Aarão levantou sua mão em direção ao povo e os abençoou. Em seguida desceu, após ter realizado o sacrifício pelo pecado, o holocausto e o sacrifício de comunhão. ²³ E Moisés entrou com Aarão na tenda do encontro. Quando saíram, abençoaram o povo. E a glória do SENHOR apareceu a todo o povo. ²⁴ Um fogo saiu de diante do SENHOR e consumiu o holocausto e a gordura que estavam sobre o altar. Quando todo o povo viu, jubilaram e caíram sobre suas faces.

Consequências da transgressão cultual

10¹ Nadab e Abiú, filhos de Aarão, tomaram cada um seu incensório, puseram fogo neles, puseram incenso sobre ele e apresentaram um fogo estranho diante do SENHOR, o qual não lhes fora ordenado. ² Saiu, então, um fogo de diante do SENHOR e os consumiu; diante do SENHOR morreram.

10,1-20 Este capítulo inaugura o primeiro dia oficial do exercício do sistema de culto: o sacrifício de Nadab e Abiú (vv. 1-7) e o fracasso de Eleazar e Itamar em consumir a porção reservada do sacrifício expiatório (vv. 12-20). Os filhos mais velhos de Aarão, Nadab e Abiú (Ex 6,23; 24,1.9), há pouco habilitados para o serviço do culto, agora cometem uma transgressão que lhes custa a vida (vv. 1-2; Lv 6,1-2): ofereceram um fogo estranho. Possivelmente se trata de um fogo trazido de fora do santuário, portanto, diferente daquele que arde perpetuamente sobre o altar (Lv 6,6). De fato, tanto em Lv 16,12 quanto em Nm 17,11, Aarão recebe as instruções de realizar um rito semelhante, tomando o fogo do altar. É possível que os sacerdotes estivessem realizando um sacrifício de expiação pelo povo (vv. 16-17). Moisés chamou parentes próximos das vítimas para retirar o corpo da frente do santuário, dando a entender que os sacerdotes, de fato, não haviam entrado no santuário. Portanto, antes de entrarem com algo que pudesse profanar o templo (Nm 18,1-7), foram interditados pelo Senhor (vv. 4-5). Os sacerdotes, irmãos e pai dos sacerdotes que morreram, são proibidos de se distanciar do santuário para realizar o rito fúnebre, isto é, descompor os cabelos e rasgar as vestes (v. 6; 2Sm 3,31; Is 22,12; Ez 27,29-32; Jl 1,13; 2,12-13), enquanto realizam o rito de expiação pela comunidade (vv. 6b.7). A motivação dada por Moisés – "porque o óleo da unção do SENHOR está sobre vós" (v. 7) – parece sugerir que a unção cria, com o Senhor, um laço mais forte que os vínculos de sangue. O luto, nesse caso, deve ser feito por todos da casa de Israel; a comunidade é que deve chorar pelos sacerdotes mortos (v. 6). A proibição de ingerir bebidas alcoólicas antes de entrar na tenda do encontro evita a perda da lucidez do sacerdote, extremamente necessária para distinguir o sagrado do profano, o puro do impuro, bem como para instruir o povo sobre o que foi prescrito por Deus (vv. 8-11). A ordem de Moisés quanto à parte reservada aos sacerdotes retoma o que já foi instruído e instituído (vv. 12-16; Lv 6,18; 7,28-36; 8,25-28; 9,4.17.21). Os sacerdotes, porém, mais uma vez não cumprem corretamente a prescrição (Lv 4,22-26; 6,19; 9,15), pois deixam o bode da expiação queimar por inteiro (v. 17), quando na verdade deveriam consumir a parte deles naquele sacrifício. O rito da consumação da carne é parte integral da eficácia expiatória, pois, ao comer a carne, o sacerdote assume sobre si a culpa (Nm 18,23; Ez 4,4-6; Is 53,12), liberando a comunidade do pecado cometido (vv. 17-18). Não é a vítima em si que expia o pecado, mas sim o sacerdote, pois, ao consumir a carne, assume a função expiatória. Aarão, assumindo o papel de sacerdote ministrante no sacrifício da expiação e do holocausto cabível a seus filhos sacerdotes, cumpre o rito de expiação conforme a orientação divina (vv. 19-20).

243

LEVÍTICO 10

3 Moisés disse Aarão: "É isto que o SENHOR falou: 'Manifesto-me como santo aos que estão próximos a mim e, diante de todo o povo, serei glorificado'". Aarão, porém, guardou silêncio.

4 Moisés chamou Misael e Elisafã, filhos de Oziel, tio de Aarão, e lhes disse: "Aproximai-vos e levai vossos irmãos da frente de meu santuário para fora do acampamento!" **5** Aproximaram-se e, em suas túnicas, os levaram para fora do acampamento, conforme Moisés falara.

6 Moisés disse a Aarão e a Eleazar e Itamar, filhos dele: "Não deixeis solto vosso cabelo da cabeça nem rasgueis vossas vestes, para que não morrais e ele fique irritado com toda a comunidade! Que vossos irmãos, toda a casa de Israel, chorem o incêndio que o SENHOR incendiou! **7** E não saireis da porta da tenda do encontro, para que não morrais, porque o óleo da unção do SENHOR está sobre vós". E fizeram conforme a palavra de Moisés.

8 O SENHOR falou a Aarão: **9** "Não bebereis vinho nem bebida inebriante ao entrardes na tenda do encontro, nem tu nem teus filhos que estão contigo, para que não morrais. É uma prescrição perpétua para vossas gerações, **10** a fim de fazer separação entre o santo e o profano e entre o impuro e o puro, **11** e para instruir os filhos de Israel com todas as prescrições que o SENHOR lhes falou pelas mãos de Moisés".

12 Moisés falou a Aarão e Eleazar e Itamar, filhos restantes dele: "Tomai a oferta de manjares que resta dos sacrifícios queimados ao SENHOR e comei-a como pães ázimos ao lado ao altar, porque ela é coisa santíssima! **13** Que a comeis em lugar santo, porque esta é a prescrição para ti e a prescrição para teus filhos referente aos sacrifícios queimados do SENHOR! De fato, assim me foi ordenado. **14** E comereis em um lugar puro o peito da oferta movida e a coxa da oferta elevada, tu, teus filhos e tuas filhas contigo, porque, dos sacrifícios de comunhão dos filhos de Israel, foram dados como tua porção e porção de teus filhos. **15** Trarão a coxa da oferta elevada e o peito da oferta movida junto com os sacrifícios queimados de gordura, para movê-los como oferta movida diante do SENHOR. A ti e a teus filhos, que estão contigo, pertencerão por prescrição perpétua, conforme o SENHOR ordenou".

16 Moisés, porém, buscou, sobretudo, o bode do sacrifício pelo pecado, mas eis que estava incendiado. Então ficou irritado com Eleazar e com Itamar, os filhos restantes de Aarão, e disse: **17** "Por que não comestes o sacrifício pelo pecado no lugar santo? De fato, ele é coisa santíssima. Deu-o a vós para carregar o delito da comunidade, a fim de prover-lhes reconciliação diante do SENHOR. **18** Eis que o sangue dele não foi trazido para dentro do santuário. Certamente deveríeis tê-lo comido no santuário, conforme ordenei".

19 E Aarão falou a Moisés: "Eis que hoje apresentaram seus sacrifícios pelo pecado e seus holocaustos diante do SENHOR, mas coisas como essas me sucedem. Se hoje eu tivesse comido o sacrifício pelo pecado,

LEVÍTICO 10–11

por acaso teria sido bom aos olhos do SENHOR?" **20** Quando Moisés escutou isso, foi bom a seus olhos.

Lv

Instrução sobre o puro e o impuro

11

1 O SENHOR falou a Moisés e a Aarão: **2** "Falai aos filhos de Israel: 'Este é o animal que, dentre todo o gado que está sobre a terra, podereis comer. **3** Comereis todo ruminante dentre o gado que tem o casco fendido, um casco de unha separada. **4** Contudo, não comereis os seguintes dentre os ruminantes e os de casco fendido: o camelo, porque ele é um ruminante, mas não lhe existe um casco fendido; ele será impuro para vós; **5** o arganaz, porque ele é um ruminante, mas não tem o casco fendido; ele será impuro para vós; **6** o coelho, porque ele é um ruminante, mas não tem casco fendido; ele será impuro para vós; **7** o porco, porque ele tem casco fendido, o casco de unha separada, mas ele não rumina; impuro será ele para vós. **8** Não comereis da carne deles nem tocareis em seu cadáver; eles são impuros para vós.

9 De tudo o que há nas águas, podereis comer os seguintes: comereis tudo o que tiver barbatana e escama nas águas, seja nos mares, seja nos rios. **10** Entretanto, tudo o que não tiver barbatana e escama nos mares e nos rios, todo bicharedo aquático e todo ser vivo que está nas águas, eles vos serão uma abominação. **11** Sim, vos serão uma abominação. Não co-

---

11,1-47 Como um legislador, Deus fala a Moisés e Aarão, isto é, dá instruções aos sacerdotes, a fim de que eles possam ensinar os filhos de Israel a separar o puro do impuro e do abominável (Lv 20,25; Ez 44,23). Pelo ato de separar (v. 47), o texto estabelece certo paralelismo entre a ação do sacerdote que deve separar o puro do impuro e a ação divina que separa a luz das trevas (Gn 1,4). A justificativa teológica dessas normas de pureza e impureza alimentar é dada nos versículos 44-45 (Lv 22,31-33; Ex 22,30) e está vinculada à teologia do êxodo e da aliança (Ex 6,7; 7,5.17; 12,51; 10,2; 14,4.18; 20,2; 29,46; Lv 19,2;). Deus é santo (vv. 44-45; Lv 19,2; 21,8), isto é, separado e superior às demais criaturas, seres e coisas do universo. Deus, porém, elegeu Israel para ser seu povo (Ex 6,7; Lv 22,33; 25,38; 26,12; Nm 15,41; Jr 7,23; 11,4; 30,22; Ez 36,28), para compartilhar sua santidade e para conviver em sua presença (Lv 20,7; 21,8; Nm 15,40). Por isso, Deus libertou Israel do Egito e decidiu habitar no acampamento, junto ao povo (Ex 40,34-35). Viver na presença de Deus e compartilhar de sua santidade comporta certas exigências, e a transgressão das prescrições dadas por Deus leva à morte (Lv 10,1-20) ou à eliminação do meio do povo (Lv 5,20.25.27). Neste momento, portanto, são oferecidas instruções sobre pureza, impureza e abominações alimentares. O legislador dá maior atenção aos animais, classificando-os segundo seu hábitat natural: animais domésticos, animais aquáticos, aves, insetos e répteis. Para cada classe de animal são oferecidos critérios específicos de separação entre puros e impuros, em alguns casos havendo uma lista de animais puros ou impuros. Um catálogo análogo se encontra também em Dt 14,3-20. A impureza pode ser contraída por duas vias: ou comendo algo impuro ou tocando algo impuro, sobretudo cadáveres (vv. 8.11.24-28.35-40; Lv 5,2). A impureza, entretanto, não é uma mancha indelével, pois pode ser eliminada pelo banho de purificação, ocasião em que durará apenas um dia (vv. 25.27.28.31.32.39.40). De fato, o estado de impureza não era necessariamente pecado, mas proibia o contato da pessoa com o tabernáculo (e depois com o templo) e com o sistema cultual (sacrificial), porque a impureza ritual é incompatível com a santidade do Senhor.

LEVÍTICO 11

mereis da carne deles e abominareis seu cadáver. **12** Tudo nas águas que não tiver barbatana e escama, isso vos será uma abominação.

13 E, dentre as aves, abominareis estas; não serão comidos, pois eles são uma abominação: o abutre-fouveiro, o abutre-barbudo e o abutre-preto, **14** o milhafre-real e o milhafre-preto, segundo sua espécie, **15** todo corvo segundo sua espécie, **16** a prole do avestruz, o mocho-galego, a gaivota e o falcão, segundo sua espécie, **17** o bufo-real, o corujão-pesqueiro e o corujão-orelhudo, **18** a coruja-das-torres, a coruja-do-mato e o abutre-do-egito, **19** a cegonha e a garça, segundo sua espécie, a poupa e o morcego. **20** Todo bicharedo voador, que caminha de quatro, vos será uma abominação. **21** De todo bicharedo voador, que caminha de quatro, comereis apenas este: aquele que tem pernas sobre suas patas, a fim de saltar com elas sobre a terra. **22** Deles podereis comer estes: o gafanhoto segundo sua espécie, o grilo segundo sua espécie, o acridídeo segundo sua espécie e a locusta segundo sua espécie. **23** No entanto, todo bicharedo voador que tem quatro patas, ele vos será uma abominação.

24 Por estes vos tornareis impuros; todo aquele que tocar no cadáver deles se tornará impuro até a tarde; **25** todo aquele que carregar o cadáver deles lavará suas vestes e se tornará impuro até a tarde: **26** todo gado que tem um casco mas não lhe pertence uma unha separada ou não é ruminante, estes vos serão impuros, e todo aquele que neles tocar se tornará impuro; **27** todo aquele que caminha sobre suas patas, entre todos os animais que caminham de quatro, esses vos serão impuros; todo aquele que tocar no cadáver deles se tornará impuro até a tarde. **28** E quem tocar no cadáver deles lavará suas vestes e ficará impuro até a tarde. Eles vos serão impuros.

29 E este vos será impuro entre o bicharedo que fervilha sobre a terra: a toupeira, o rato e o lagarto segundo sua espécie; **30** o geco, o escíncido, a lagartixa-dos-muros, o lagarto-ágil e o camaleão.

31 Entre todo o bicharedo, esses vos serão impuros. Todo aquele que, ao eles estarem mortos, neles tocar estará impuro até a tarde. **32** E, ao eles morrerem, tudo aquilo sobre o qual um deles cair se tornará impuro: todo utensílio de madeira, uma veste, uma pele ou um pano-saco, qualquer utensílio com que se realiza um trabalho. Na água será metido. Estará impuro até a tarde; depois estará puro. **33** E qualquer objeto de barro dentro do qual um deles cair, tudo o que houver dentro dele se tornará impuro, sendo que o quebrareis. **34** Todo alimento que for comido e sobre o qual tiver caído tal água se tornará impuro. Qualquer bebida que se beber se tornará impura em qualquer objeto desses. **35** E tudo sobre o que tiver caído um cadáver deles se tornará impuro. Um forno ou um fogareiro será demolido, pois eles estarão impuros e impuros vos serão. **36** Apenas uma fonte ou uma cisterna com um reservatório de água permanecerá pura. Quem, porém, tocar no cadáver deles se tornará impuro. **37** Se um cadáver deles cair sobre qualquer semente a

LEVÍTICO 11–12

ser semeada, o que for semeado estará puro. **38** Se, porém, foi dada água sobre a semente e um cadáver desses cair sobre ela, ela vos será impura. **39** Se morrer um gado, sendo que ele vos é um alimento, quem tocar no cadáver dele se tornará impuro até a tarde. **40** Quem tiver comido do cadáver dele lavará suas vestes e ficará impuro até a tarde. E quem tiver carregado o cadáver dele lavará suas vestes e ficará impuro até a tarde.

41 Todo bicharedo que fervilha sobre a terra é uma abominação. Não será comido. **42** Tudo o que caminha sobre o ventre e tudo o que caminha sobre quatro ou até sobre múltiplos pés, ou seja, todo o bicharedo que fervilha sobre a terra, não o comereis, porque ele é uma abominação. **43** Que não torneis abomináveis vossas almas por qualquer bicharedo que fervilha! Não vos torneis impuros com ele, sendo que ficareis impuros por ele! **44** Porque eu sou o SENHOR, vosso Deus. Que vos santifiqueis e sejais santos, porque eu sou santo! E que não torneis impuras vossas almas com qualquer bicharedo que rasteja sobre a terra! **45** Porque eu sou o SENHOR, que vos fez subir da terra do Egito, a fim de ser vosso Deus. Que sejais, pois, santos, porque eu sou santo!

46 Esta é a instrução a respeito do gado, das aves e de todo ser vivente que se move nas águas, e para todo ser vivo que fervilha sobre a terra, **47** a fim de separar entre o que está impuro e o que está puro, entre o animal que pode ser comido e o animal que não será comido'".

Instrução sobre a parturiente

12 **1** O SENHOR falou a Moisés: **2** "Fala aos filhos de Israel: 'Se uma mulher conceber e der à luz um menino, ficará impura por sete dias; ficará impura como nos dias de seu ciclo menstrual. **3** No oitavo

---

12,1-8 Este é o primeiro caso relativo à impureza na esfera sexual (v. 2; Lv 15,19). Ao dar à luz, o corpo da mulher está duplamente relacionado à santidade de Deus: de um lado é Deus quem abre ou fecha o ventre da mulher para a concepção (Gn 16,1; 30,1-2; 1Sm 1,8), sendo que a geração da vida requer uma estreita colaboração entre o corpo da mulher e a vontade de Deus (Gn 4,1); do outro, o sangue é propriedade de Deus, pois no sangue está a vida (Lv 17,11.14). Durante o pós-parto, como no período menstrual, o corpo da mulher elimina sangue, mas fora do espaço cultual, o que o torna inapropriado para o culto, sendo, portanto, impuro. O estado de impureza não é necessariamente pecado; na verdade, o estado de impureza ritual é facilmente revertido com um rito de purificação, um banho, a lavagem das vestes, o passar do tempo e um sacrifício (v. 8; Lv 11,24-25.27-28.31-32.39-40). Pecado, porém, é a pessoa apresentar-se no santuário em estado de impureza, porque esta última é incompatível com a santidade de Deus e pode contaminar o altar. O tempo de purificação ritual durante o pós-parto depende do sexo da criança. No caso do menino, sete dias antes da circuncisão, que é no oitavo de seu nascimento (v. 2; Gn 17,10), e trinta e três dias a partir do dia da circuncisão, totalizando quarenta dias. A menina não é circuncidada, mas o tempo de purificação da mãe é igualmente dividido entre catorze (duas semanas) e sessenta e seis dias, totalizando oitenta dias. Para cumprir o rito de purificação, a oferta da mãe consiste em um holocausto e em um sacrifício de expiação (vv. 7-8; Lv 5,7-8) conforme a condição econômica dos pais.

LEVÍTICO 12–13

dia, a carne do prepúcio dele será circuncidada. **4** Ela permanecerá no sangue da purificação trinta e três dias. Não tocará em nenhuma coisa santa nem entrará no santuário, até se completarem os dias da purificação dela.

5 Caso ela dê à luz uma menina, ficará impura duas semanas, como em sua menstruação. Por sessenta e seis dias permanecerá junto ao sangue da purificação. **6** Ao se completarem os dias de sua purificação, seja para um filho seja para uma filha, ela trará ao sacerdote na entrada da tenda do encontro um cordeiro de um ano para o holocausto e um filhote de pomba ou uma rolinha para o sacrifício pelo pecado. **7** Ele o apresentará diante do Senhor e proverá reconciliação para ela. Ela estará pura de seu fluxo de sangue. Essa é a instrução para quem der à luz um menino ou uma menina. **8** Caso a mão dela não alcance o suficiente para um gado miúdo, tomará duas rolinhas ou dois filhotes de pomba, um para o holocausto e outro para o sacrifício pelo pecado. O sacerdote proverá reconciliação para ela, e ela estará pura'".

Instrução sobre dermatoses

13 **1** O Senhor falou a Moisés e a Aarão: **2** "Se um humano tiver na pele de seu corpo um inchaço, uma pústula ou uma mancha

---

13,1-59 Moisés e Aarão são instruídos sobre os procedimentos para identificação de doenças de pele e em tecidos, bem como seu respectivo diagnóstico e tratamento. Em uma casuística, mais ou menos elaborada, o discurso trata primeiramente do diagnóstico da evolução da dermatose (vv. 2-17), de bolhas na pele (vv. 18-23) e de queimaduras (vv. 24-28), passando, então, a aplicar a classificação da dermatose a casos especiais no couro cabeludo, na barba e sobre a calvície (vv. 29-44). Na segunda parte, o texto trata de marcas que aparecem em tecidos, possivelmente causadas por fungos, chamadas também de dermatose (vv. 47-59). A transição entre a primeira e a segunda parte do argumento prescreve a sentença para aqueles que são diagnosticados com dermatose e declarados impuros (vv. 45-46). Esse era um dos aspectos mais terríveis da doença, porque o indivíduo, privado do convívio familiar e social (Nm 12,10-15), sentia-se praticamente morto. A doença de pele denominada "dermatose" pelo Levítico não corresponde à atual hanseníase. De fato, os sintomas e a evolução da doença descritos em Lv 13 não se enquadram nos sintomas e no progresso da hanseníase, que é lento e pode durar anos, sendo que um período de sete dias não seria suficiente para decidir em caso duvidoso (v. 4). Os sintomas mais nefastos da hanseníase, isto é, a perda de sensibilidade e a necrose dos nervos periféricos e dos ossos faciais, também não são contemplados entre os diagnósticos sacerdotais, que se baseiam apenas na cor da região atingida, na cor do pelo, na profundidade da cútis e na evolução da ferida (vv. 3.5.10.11). Além disso, a hanseníase é incurável, enquanto o Levítico prevê a possibilidade de cura para a doença de que trata (Lv 14). O levita não associa a doença a nenhuma questão moral, mas há casos em que a dermatose é associada à punição divina (Ex 4,6; Nm 12,10; 2Rs 5,27). O diagnóstico da impureza da dermatose não é médico, mas simbólico (Nm 12,12) e dado pelo sacerdote; por exemplo, se a doença tomar todo o corpo do paciente, este último é proclamado puro (vv. 12-17), possivelmente porque embaixo da pele ferida nascerá uma nova epiderme. Tal caso parece contraditório, até mesmo porque não há prescrições quanto à purificação por banho, lavagem das roupas ou queima de tecidos, pois se compreende a troca de pele como um processo de renovação pelo qual a pessoa é proclamada pura.

LEVÍTICO 13

branca, que, na pele de seu corpo, se tornar uma enfermidade de dermatose, então será levado ao sacerdote Aarão ou a um dos sacerdotes dentre seus filhos. ³ O sacerdote examinará a enfermidade na pele do corpo. E, se o pelo na enfermidade tiver se tornado branco e a aparência da enfermidade for mais profunda que a pele de seu corpo, então ela é uma enfermidade de dermatose. E o sacerdote o examinará e o declarará impuro. ⁴ Caso tal mancha na pele do corpo dele esteja branca, mas a aparência não esteja mais profunda do que a pele e o pelo dela não tenha se tornado branco, então o sacerdote isolará a enfermidade por sete dias. ⁵ No sétimo dia, o sacerdote o examinará. Se, a seus olhos, a ferida tiver ficado parada e não tiver se espalhado na pele, então o sacerdote o isolará outros sete dias. ⁶ No sétimo dia, o sacerdote o examinará novamente. Se a enfermidade tiver se tornado incolor, isto é, a enfermidade não tiver se espalhado na pele, então o sacerdote o declarará puro: ela é uma pústula. Lavará suas vestes e estará puro. ⁷ Caso, após ter se mostrado ao sacerdote para sua purificação, a pústula tenha se espalhado mais na pele, então se mostrará novamente ao sacerdote. ⁸ O sacerdote examinará. Se a pústula tiver se espalhado na pele, então o sacerdote o declarará impuro: ela é dermatose.

⁹ Se houver uma enfermidade de dermatose em humano, então este será levado ao sacerdote. ¹⁰ O sacerdote examinará. Se houver um inchaço branco na pele e este tiver tornado branco o pelo e se houver a formação de carne viva no inchaço, ¹¹ então ela é dermatose envelhecida na pele de seu corpo. O sacerdote o declarará impuro, sem que o isole, porque ele está impuro.

¹² Caso a dermatose floresça muito na pele e a dermatose cubra toda a pele da enfermidade, desde a cabeça dele até seus pés, por tudo que os olhos do sacerdote podem ver, ¹³ o sacerdote examinará. Se a dermatose cobrir todo o corpo dele, declarará pura a enfermidade. Ele se tornou todo branco; ele está puro. ¹⁴ Mas, no dia em que nele aparecer carne viva, estará impuro. ¹⁵ O sacerdote examinará a carne viva e o declarará impuro. A carne viva é impura: ela é dermatose. ¹⁶ Se, porém, a carne viva mudar e se tornar branca, ele irá ao sacerdote. ¹⁷ O sacerdote o examinará. Se a enfermidade tiver se tornado branca, o sacerdote declarará pura a enfermidade. Ele está puro.

¹⁸ Se na carne em sua pele houver um furúnculo que ficou sarado, ¹⁹ e houver no lugar do furúnculo um inchaço branco ou uma mancha branco-avermelhada, ele se mostrará ao sacerdote. ²⁰ O sacerdote examinará. Se sua aparência for mais rebaixada do que a da pele e seu pelo tiver se tornado branco, o sacerdote o declarará impuro. Esta é uma enfermidade de dermatose, a qual floresceu no furúnculo. ²¹ Caso o sacerdote a examine e se não houver pelo branco nele, nem estiver mais rebaixada do que a pele, mas ele se tornou incolor, o sacerdote o isolará por sete dias. ²² Caso ela se espalhe muito na pele, o sacerdote o declarará

LEVÍTICO 13

impuro: ela é uma enfermidade. ²³ Caso ela pare em seu lugar, isto é, a mancha não se tenha espalhado, é a cicatriz do furúnculo. O sacerdote o declarará puro.

²⁴ No entanto, se, na carne de sua pele, houver uma queimadura de fogo e houver a formação de uma queimadura com uma mancha branco-avermelhada ou branca, ²⁵ o sacerdote a examinará. Se o pelo tiver se tornado branco na mancha e se a aparência dela for mais profunda do que a da pele, ela é uma dermatose que floresceu na queimadura. O sacerdote o declarará impuro: ela é uma enfermidade de dermatose. ²⁶ Mas, caso o sacerdote a examine e se ela não tiver pelo branco na mancha e ela não estiver mais rebaixada do que a pele e ela tenha ficado incolor, então o sacerdote o isolará por sete dias. ²⁷ E, no sétimo dia, o sacerdote o examinará. Caso ela tenha se espalhado muito na pele, o sacerdote o declarará impuro: ela é uma enfermidade de dermatose. ²⁸ Caso, porém, a mancha pare em seu lugar, sem que tenha se espalhado na pele, sendo que ela ficou incolor, ela é o inchaço da queimadura. O sacerdote o declarará puro, porque ela é a cicatriz da queimadura.

²⁹ Se um homem ou uma mulher tiver uma enfermidade na cabeça ou na barba, ³⁰ o sacerdote examinará a enfermidade. Se a aparência dela for mais profunda que a da pele e nela houver pelo fino amarelado, o sacerdote o declarará impuro: ela é tinha; ela é uma enfermidade de cabeça ou de barba. ³¹ No entanto, se o sacerdote examinar a enfermidade da tinha e se a aparência dela não for mais profunda do que a da pele e nela não houver pelo preto, então o sacerdote isolará a enfermidade da tinha por sete dias. ³² No sétimo dia, o sacerdote examinará a enfermidade. Se a tinha não se tiver espalhado, nem houver pelo amarelo nela e a aparência da tinha não for mais profunda do que a da pele, ³³ então ele se raspará, mas não raspará a tinha. E o sacerdote isolará a tinha por outros sete dias. ³⁴ No sétimo dia, o sacerdote examinará a tinha. Se a tinha não tiver se espalhado na pele e se sua aparência não for mais profunda do que a da pele, então o sacerdote o declarará puro. Lavará suas vestes e estará puro. ³⁵ Caso, porém, a tinha tenha se espalhado muito na pele após a purificação dele, ³⁶ o sacerdote o examinará. Se a tinha tiver se espalhado na pele, o sacerdote não procurará por pelo amarelado; ele estará impuro. ³⁷ No entanto, caso a seus olhos a tinha tenha parado e nela tenha brotado um pelo preto, a tinha foi curada. Ele está puro, e o sacerdote o declarará puro.

³⁸ Se um homem ou uma mulher tiver manchas na pele de seu corpo e forem manchas brancas, ³⁹ o sacerdote examinará. Se as manchas brancas na pele da carne deles ficarem incolores, então é impingem que floresceu na pele. Ele está puro.

⁴⁰ Se um homem raspar sua cabeça, ele estará calvo. Ele estará puro. ⁴¹ Caso seja do lado de sua face que raspe sua cabeça, ele é meio-calvo. Ele

LEVÍTICO 13

estará puro. **42** No entanto, se tiver uma enfermidade branco-avermelhada na calva ou na parte frontal calva, ela é uma dermatose florescente em sua calva ou em sua parte frontal calva. **43** O sacerdote o examinará. Se houver o inchaço branco-avermelhado de uma enfermidade em sua calva ou em sua parte frontal calva, como a aparência da dermatose de pele da carne, **44** então esse homem se encontrará atingido por dermatose; ele estará impuro. O sacerdote, certamente, o declarará impuro, pois sua enfermidade está em sua cabeça.

45 E o atingido por dermatose, no qual estiver a enfermidade: que suas vestes sejam rasgadas e que sua cabeça seja despenteada; que tape o bigode e clame: 'Impuro! Impuro!' **46** Todos os dias que a enfermidade estiver nele, ele certamente estará impuro. Residirá à parte; sua residência será fora do acampamento.

47 E a veste: se a enfermidade da dermatose estiver nela, seja uma veste de lã ou uma veste de linho, **48** ou em tecido ou pano de linho ou de lã, ou em couro ou em qualquer trabalho de couro, **49** e se a enfermidade estiver esverdeada ou avermelhada na veste, no couro, no tecido, no pano ou em qualquer coisa de couro, então ela é uma enfermidade de dermatose. Será mostrada ao sacerdote. **50** O sacerdote examinará a enfermidade e isolará a enfermidade por sete dias. **51** No sétimo dia examinará a enfermidade. Se a enfermidade tiver se espalhado na veste, no tecido, no pano ou no couro, em qualquer coisa trabalhada em couro, então a enfermidade é uma dermatose maligna; ele estará impuro. **52** E se incendiará a veste, o tecido ou o pano, seja de lã, seja de linho, seja de qualquer objeto de couro, sendo que nele esteja a enfermidade, porque ela é uma dermatose maligna. No fogo será incendiada. **53** Caso o sacerdote examine e se a enfermidade não tiver se espalhado na veste, no tecido, no pano ou em qualquer coisa de couro, **54** então o sacerdote ordenará que lavem aquilo em que estava a enfermidade; e, pela segunda vez, o isolará por sete dias. **55** Após lavada, o sacerdote examinará a enfermidade. Se, a seu olho, a enfermidade, de fato, não tiver mudado, mesmo que a enfermidade não se tenha espalhado, ele estará impuro. No fogo o incendiarás. Ela é uma corrosão, tanto em seu avesso quanto em sua parte frontal. **56** Caso o sacerdote examine e se, após ela ter sido lavada, a enfermidade tiver ficado incolor, então ele a arrancará da veste ou do couro, do tecido ou do pano. **57** Caso outra vez seja vista na veste, no tecido ou no pano, ou em qualquer objeto de couro, então ela florescerá. No fogo incendiarás aquilo em que estava a enfermidade. **58** E a veste, o tecido, o pano ou qualquer objeto de couro que lavares, sendo que a enfermidade tenha se afastado deles e uma segunda vez tenha sido lavado, estará puro.

59 Esta é a instrução para a enfermidade de dermatose na veste de lã ou de linho, no tecido ou no pano, ou em qualquer objeto de couro, para ele ser declarado puro ou para ele ser declarado impuro".

LEVÍTICO 14

Instrução a quem tem dermatose

14 ¹ O SENHOR falou a Moisés: ² "Esta será a instrução para o atingido por dermatose. No dia de sua purificação, será levado ao sacerdote. ³ O sacerdote sairá para fora do acampamento e o sacerdote examinará. Se o atingido por dermatose estiver curado da enfermidade de dermatose, ⁴ o sacerdote ordenará que se tomem, para aquele que se purifica, dois pássaros vivos puros, uma madeira de cedro, carmesim-escarlate e hissopo. ⁵ O sacerdote ordenará que se abata um dos pássaros em um vaso de barro sobre águas correntes. ⁶ Tomará, então, o pássaro vivo, a madeira de cedro, o carmesim-escarlate e o hissopo, e, sobre as águas corretes, os submergirá, junto com o pássaro vivo, no sangue do pássaro abatido. ⁷ Aspergirá sete vezes sobre aquele que se purifica da dermatose. Então o declarará puro e soltará o pássaro vivo em direção ao campo.

14,1-57 Na sequência textual, Deus instrui Moisés a respeito dos procedimentos a serem tomados por aqueles que foram curados de dermatose. O fato de ter sido curado não garante a pureza, condição indispensável para participar da assembleia cultual. Por isso, é preciso executar um ritual de passagem do estado de impureza para o estado de pureza. O ritual completo prevê diversas etapas, a fim de que o indivíduo possa ser readmitido na comunidade cultual: o cumprimento da primeira etapa garante o estado de pureza (vv. 1-7); o cumprimento da segunda etapa possibilita entrar no acampamento (v. 8); o cumprimento da terceira etapa habilita o indivíduo a entrar em sua própria tenda (v. 9); a quarta etapa readmite o indivíduo na comunidade cultual, exigindo-lhe que faça uma oferta de reparação, um sacrifício de expiação e um holocausto acompanhado de oblação (vv. 10-20). A primeira etapa do rito de purificação prevê o abate de uma ave, cujo sangue é misturado em água corrente (v. 5), literalmente em hebraico "águas vivas", ou seja, não pode ser água de poço nem de cisterna, mas deve ser de rio ou de nascente. Constata-se um claro paralelismo entre o rito da água corrente misturada ao sangue do animal abatido (vv. 1-7) e as cinzas da novilha vermelha de Nm 19,1-13, pois ambos preveem sete aspersões. No fim da primeira etapa, que dura sete dias, a ave viva é liberada (v. 7), para simbolizar que o animal solto leva embora a impureza e tudo que pesa sobre a pessoa impura (v. 7; Lv 16,21). A segunda etapa e a terceira preveem depilação completa, lavagem das roupas e banho ritual. Cada etapa dura uma semana, habilitando o indivíduo a passar do acampamento à sua tenda. Os ritos de sacrifício visam à readmissão do indivíduo na comunidade cultual. Com relação à oferta de reparação e ao uso do sangue da vítima e do azeite para ungir o lóbulo e o polegar da mão e do pé direito do sujeito que faz a oferta (vv. 14.17-18), o rito de unção é bastante semelhante ao da consagração do sacerdote (Ex 29,7.19-21; Lv 8,24.30). As pessoas de baixa renda também são consideradas, de modo que parte do texto se refere à adaptação do ritual a pessoas de baixo poder aquisitivo (vv. 21-32). A segunda parte do texto é destinada a Aarão e Moisés (vv. 33-57) e se refere aos procedimentos em caso de dermatose em casa, procedente de algum tipo de mofo ou fungo causado por umidade. Trata-se da primeira vez que a "dermatose" é interpretada como punição divina (v. 34), sem, porém, apresentar o motivo. Contudo, o proprietário não deve fazer nenhum tipo de rito nem oferta de sacrifícios. O rito de purificação da casa curada é semelhante à primeira etapa do rito de purificação do indivíduo curado da dermatose (vv. 4-7.48-53); as regras de diagnóstico e os procedimentos de purificação em relação à casa são semelhantes aos referentes às vestes (Lv 13,47-59). De fato, não apenas o corpo, como também todo o ambiente vital do humano devem estar imunes de impurezas, a fim de que a pessoa possa estar em plena comunhão com Deus (vv. 54-57).

LEVÍTICO 14

⁸ Aquele que se purifica lavará suas vestes, raspará todo o seu pelo, se banhará com água e estará puro. Depois entrará no acampamento, mas habitará fora de sua tenda durante sete dias. ⁹ No sétimo dia, raspará todo o seu pelo, a sua cabeça, a sua barba e as sobrancelhas de seus olhos, ou seja, raspará todo o seu pelo. Lavará suas vestes, banhará seu corpo com água e estará puro.

¹⁰ No oitavo dia, tomará dois cordeiros sem defeito e uma ovelhinha sem defeito, filhote de um ano, três décimos de sêmola de trigo como oferta de manjares misturada com azeite e uma medida de azeite. ¹¹ O sacerdote que purifica fará o homem que se purifica parar com essas coisas diante do Senhor, na entrada da tenda do encontro. ¹² O sacerdote tomará um cordeiro e o apresentará como oferta por culpa, juntamente com a medida de azeite. E os moverá como oferta movida diante do Senhor. ¹³ Abaterá o cordeiro no lugar em que se abate o sacrifício pelo pecado e o holocausto, no lugar santo, porque, como o sacrifício pelo pecado, a oferta por culpa pertence ao sacerdote. Isso é coisa santíssima. ¹⁴ O sacerdote tomará do sangue da oferta pelo pecado e o próprio sacerdote o colocará sobre o lóbulo da orelha direita de quem se purifica, sobre o polegar da mão direita dele e sobre o polegar do pé direito dele. ¹⁵ E o sacerdote tomará a medida de azeite e derramará sobre a palma da própria mão esquerda. ¹⁶ O sacerdote submergirá seu dedo direito no azeite, o qual está na palma de sua mão esquerda, e, com seu dedo, aspergirá sete vezes do azeite diante do Senhor. ¹⁷ Do que restou do azeite sobre a palma de sua mão, o sacerdote colocará sobre o lóbulo da orelha direita daquele de quem se purifica, sobre o polegar da mão direita dele e sobre o polegar do pé direito dele, e sobre o sangue da oferta por culpa. ¹⁸ O restante do azeite que estiver sobre a palma da mão do sacerdote colocará sobre a cabeça daquele que se purifica. E, perante o Senhor, o sacerdote lhe proverá reconciliação.

¹⁹ O sacerdote realizará o sacrifício pelo pecado e proverá reconciliação àquele que se purifica de sua impureza. Depois abaterá o holocausto. ²⁰ O sacerdote fará subir o holocausto e a oferta de manjares do altar. Quando o sacerdote lhe prover reconciliação, estará puro.

²¹ Caso ele seja um necessitado e a mão dele não tiver alcance, tomará apenas um cordeiro como oferta por culpa para a oferta movida, a fim de lhe prover reconciliação, um décimo de sêmola de trigo misturada com azeite para a oferta de manjares e uma medida de azeite, ²² duas rolinhas ou dois filhotes de pomba, conforme o que sua mão alcança. Um será para o sacrifício pelo pecado e o outro para o holocausto. ²³ No oitavo dia de sua purificação, os trará ao sacerdote, na entrada da tenda do encontro, perante o Senhor. ²⁴ O sacerdote tomará o cordeiro da oferta por culpa e a medida de azeite, e o sacerdote os moverá como oferta movida diante do Senhor. ²⁵ Após ter abatido o cordeiro da oferta pela culpa, o sacerdote tomará do sangue da oferta pela culpa e o

LEVÍTICO 14

colocará sobre o lóbulo da orelha direita daquele que se purifica, sobre o polegar da mão direita dele e sobre o polegar do pé direito dele. **26** Do azeite o sacerdote derramará sobre a palma da mão esquerda, **27** e, com seu dedo direito, o sacerdote aspergirá sete vezes do azeite, o qual está sobre a palma de sua mão esquerda, perante o Senhor. **28** O sacerdote colocará do azeite, o qual está sobre a palma de sua mão, sobre o lóbulo da orelha direita daquele que se purifica, sobre o polegar da mão direita dele e sobre o polegar do pé direito dele, junto ao lugar do sangue da oferta pela culpa. **29** O restante do azeite, o qual está sobre a palma da mão do sacerdote, colocará sobre a cabeça de quem se purifica, a fim de lhe prover reconciliação perante o Senhor. **30** Assim fará com uma das rolinhas ou com um dos filhotes de pomba, conforme o que a mão dele alcançar. **31** Do que a mão dele alcançar, um será o sacrifício pelo pecado e o outro será o holocausto, junto com a oferta de manjares. Perante o Senhor, o sacerdote proverá reconciliação àquele que se purificou.

32 Esta é a instrução para quem estiver com uma enfermidade de dermatose, sendo que a mão dele não tem alcance para sua purificação".

33 O Senhor falou a Moisés e a Aarão: **34** "Quando entrardes na terra de Canaã, a qual vos dou por propriedade, e eu der uma enfermidade de dermatose em uma casa da terra de vossa propriedade, **35** então aquele a quem pertence a casa virá e anunciará ao sacerdote: 'Algo como uma enfermidade me aparece em casa'. **36** O sacerdote ordenará que desocupem a casa antes que o sacerdote vá para examinar a enfermidade. Não se tornará impuro nada do que estiver na casa. Depois o sacerdote entrará para ver a casa. **37** Examinará a enfermidade. Se a enfermidade nas paredes da casa tiver cavidades esverdeadas ou avermelhadas, e a aparência delas for mais rebaixada do que o muro, **38** o sacerdote sairá da casa rumo à entrada da casa e isolará a casa por sete dias. **39** No sétimo dia, o sacerdote retornará e examinará: se a enfermidade tiver se alastrado pelas paredes da casa, **40** então o sacerdote ordenará que retirem as pedras nas quais está a enfermidade e que as arremessem para fora da cidade, rumo a um lugar impuro. **41** Quanto à casa, se raspará a casa ao redor. O reboco que rasparem, despejarão fora da cidade, rumo a um lugar impuro. **42** E tomarão outras pedras e trarão ao lugar das primeiras pedras; e se tomará outro reboco e se rebocará a casa.

43 Caso a enfermidade retorne e floresça na casa, mesmo depois de terem tirado as pedras e depois de terem raspado a casa e depois de a terem rebocado, **44** o sacerdote virá e examinará: se a enfermidade tiver se espalhado na casa, ela é uma dermatose maligna na casa, sendo que está impura. **45** E se demolirá a casa, com suas pedras, com suas toras de madeira e com o reboco da casa, fazendo sair tudo para fora da cidade, rumo a um lugar impuro. **46** Quem entrar na casa em qualquer um dos dias em que ela está isolada ficará impuro até a tarde. **47** Quem se deitar na casa

LEVÍTICO 14–15

lavará suas vestes e quem comer na casa lavará suas vestes. **48** Caso o sacerdote realmente entre e examine, e se a enfermidade não tiver se espalhado na casa após a casa ter sido rebocada, então o sacerdote declarará a casa pura, porque a enfermidade foi curada. **49** Para retirar o pecado da casa, tomará dois pássaros, madeira de cedro, carmesim-escarlate e hissopo. **50** Abaterá um pássaro em um vaso de barro sobre águas correntes. **51** E tomará a madeira de cedro, o hissopo, o carmesim-escarlate e o pássaro vivo, e os submergirá no sangue do pássaro abatido e nas águas correntes, e sete vezes aspergirá a casa. **52** Retirará o pecado da casa com o sangue do pássaro, com as águas correntes, com o pássaro vivo, com a madeira de cedro, com o hissopo e com o carmesim-escarlate. **53** E soltará o pássaro vivo para o campo, para fora da cidade. Proverá reconciliação à casa, sendo que estará pura.

54 Esta é a instrução para todo tipo de enfermidade de dermatose e tinha, **55** para a dermatose da veste e em relação à casa, **56** para o inchaço, para a pústula e para a mancha branca, **57** a fim de instruir sobre o dia em que algo está impuro e sobre o dia em que algo está puro. Essa é a instrução da dermatose".

Instrução sobre fluxos do corpo

15 **1** O Senhor falou a Moisés e a Aarão: **2** "Falai aos filhos de Israel e dizei-lhes: 'Se um homem sofrer de um corrimento em seu corpo, seu corrimento será impuro. **3** Essa será sua impureza em razão de seu corrimento: quer seu corpo tenha deixado descer seu corrimento, quer seu corpo tenha estancado seu corrimento, ela é sua impureza.

15,1-33 O Senhor instrui os sacerdotes quanto à pureza e impureza sexuais, particularmente relativos aos fluxos genitais, tanto patológicos (vv. 2b-15.25-30) quanto normais (vv. 16-17.19-21); ou procedentes da relação entre o homem e a mulher (v. 18). Trata-se de impurezas contagiosas, mas leves, que podem ser purificadas com ritos específicos, tais como a lavagem das vestes e o banho, e que passam com o término do dia. Somente nos casos de patologias se prevê, além da purificação, a necessidade do rito expiatório (vv. 13-15.28-30). No caso de impurezas relativas aos fluxos normais do corpo, como a emissão de sêmen e a menstruação, a impureza se deve ao fato de que toda perda de sêmen e de sangue se relaciona com a morte, e o contato com a morte torna a pessoa impura, isto é, impedida de ir ao santuário. O rito de purificação não tem como finalidade obter o perdão divino, pois este tipo de impureza não é fruto do pecado, nem é uma punição de Deus. De fato, os comportamentos sexuais moralmente reprováveis não são qualificados com o binômio puro e impuro, mas como prática abominável, cuja pena é a eliminação do povo (Lv 18,26-29). Como bem explica o versículo 31, a pureza é um conceito teológico relacional, que define os pressupostos que o povo eleito deve ter para hospedar em seu meio a presença de Deus. O termo técnico "separar" (v. 31) tem o mesmo sentido de "consagrar", pois, em hebraico, deriva da mesma raiz do nome "nazireu" (Nm 6,1-21), isto é, aquele que foi separado para Deus com votos particulares. Os sacerdotes são responsáveis por velar pela pureza do povo e do santuário, a fim de que o santuário não seja contaminado com impureza, pois esta é incompatível com a santidade do altar, sendo que a contaminação do altar pode levar todo o povo à morte.

LEVÍTICO 15

4 Todo leito sobre o qual se deitar quem sofre de corrimento estará impuro, e todo objeto sobre o qual se sentar estará impuro. **5** O homem que tocar no leito dele lavará suas vestes e se banhará com água. Estará impuro até a tarde. **6** E quem se sentar sobre um objeto em que se senta quem sofre de corrimento lavará suas vestes e se banhará com água. Estará impuro até a tarde. **7** Quem tocar no corpo de quem sofre de corrimento lavará suas vestes e se banhará com água. Estará impuro até a tarde. **8** E, se quem sofre de corrimento cuspir em um puro, lavará suas vestes e se banhará com água. Estará impuro até a tarde. **9** Toda sela sobre a qual montar quem sofre de corrimento estará impura. **10** Todo aquele que toca em qualquer coisa que está debaixo dele estará impuro até a tarde. E quem carregar tais coisas lavará suas vestes e se banhará com água. Estará impuro até a tarde. **11** E todo aquele no qual toca quem sofre de corrimento, sem que tenha enxaguado suas mãos com água, lavará suas vestes e se banhará com água. Estará impuro até a tarde. **12** O objeto de barro no qual toca quem sofre de corrimento será quebrado; e todo objeto de madeira será enxaguado com água.

13 E, se aquele que sofre de corrimento estiver puro de seu corrimento, contará sete dias para sua purificação. Então lavará suas vestes e banhará seu corpo com águas correntes. Estará puro. **14** No oitavo dia, tomará para si duas rolinhas ou dois filhotes de pomba e virá, diante do SENHOR, à entrada da tenda do encontro, e os dará ao sacerdote. **15** Com um, o sacerdote realizará o sacrifício pelo pecado e, com o outro, um holocausto. E o sacerdote lhe proverá reconciliação perante o SENHOR, por causa do corrimento dele.

16 Se de um homem sair uma ejeção de sêmen, banhará todo o seu corpo com água. Estará impuro até a tarde. **17** Toda veste e toda pele sobre a qual houver uma ejeção de sêmen será lavada com água. Estará impura até a tarde.

18 E uma mulher ao lado da qual se deita um homem com ejeção de sêmen: com água se banharão. Estarão impuros até a tarde.

19 Se uma mulher estiver sofrendo com corrimento, ou seja, o corrimento dela em seu corpo é sangue, ela ficará sete dias com seu fluxo menstrual. Todo aquele que nela tocar estará impuro até a tarde. **20** E tudo sobre o que ela se deitar com seu fluxo menstrual ficará impuro; e tudo sobre o que ela se assentar ficará impuro. **21** Todo aquele que tocar no leito dela lavará suas vestes e se banhará com água; estará impuro até a tarde. **22** E todo aquele que tocar em qualquer objeto sobre o qual ela se senta lavará suas vestes e se banhará com água; estará impuro até a tarde. **23** E, caso haja algo em cima do leito ou em cima do objeto sobre o qual ela se assenta, ao tocar nele, ele estará impuro até a tarde. **24** E, caso um homem realmente se deite com ela e o fluxo menstrual dela esteja sobre ele, estará impuro durante sete dias. Qualquer leito sobre o qual ele se deitar estará impuro.

LEVÍTICO 15–16

25 Se uma mulher, durante muitos dias, fora do tempo de seu fluxo menstrual, sofrer de corrimento, ou seja, do corrimento do sangue dela, ou se tiver corrimento para além de seu fluxo menstrual, a impureza dela durará de acordo com os dias do corrimento. Ela estará igual aos dias de seu fluxo menstrual; impura estará. **26** Todo leito sobre o qual se deitar em qualquer dia de seu corrimento será como o leito em que lhe ocorre o fluxo menstrual. E todo objeto sobre o qual se assentar estará impuro, como na impureza de seu fluxo menstrual. **27** Todo aquele que neles tocar estará impuro; lavará suas vestes e se banhará com água; estará impuro até a tarde.

28 Caso ela esteja pura de seu corrimento, contará para si sete dias. Depois estará pura. **29** No oitavo dia, tomará para si duas rolinhas ou dois filhotes de pomba e os trará ao sacerdote à entrada da tenda do encontro. **30** Com um, o sacerdote realizará o sacrifício pelo pecado e, com o outro, um holocausto. E o sacerdote lhe proverá reconciliação perante o SENHOR, por causa do corrimento da impureza dela.

31 Desse modo fareis os filhos de Israel absterem-se de suas impurezas. Não morrerão com suas impurezas, ao tornarem impura minha morada, a qual está em vosso meio.

32 Esta é a instrução para quem sofre de um corrimento e para aquele de quem sai uma ejeção de sêmen, por tornar-se impuro com ela, **33** e para a indisposta com seu fluxo menstrual e para quem sofre com seu corrimento, seja varão, seja do sexo feminino, e para o homem que se deitar com aquela que está impura".

Prescrição para o dia da expiação

16 **1** O SENHOR falou a Moisés após a morte dos dois filhos de Aarão, que morreram ao se apresentarem diante do SENHOR.

16,1-34 A frase introdutória no versículo 1 recapitula o motivo da morte dos filhos de Aarão e, de certa forma, prepara o sacerdote para compreender a importância da instituição do dia da reconciliação e/ou expiação. A transgressão cometida deliberadamente pelos filhos de Aarão manchou o santuário, pois eles morreram sem expiar essa culpa (Lv 10,1-2). Nesse caso, o rito do dia da expiação representa o fator de reequilíbrio da teologia sacerdotal, sublinhando que conviver na presença de Deus exige mais que a observância dos mandamentos (Ex 20,3-17; Lv 15,31). Entretanto, por meio do uso do sangue (Lv 17,11), Deus concede um instrumento para evitar o acúmulo de impurezas (vv. 14-15.18-19), que poderiam levar ao rompimento da aliança. Por isso, o capítulo 16 representa o centro do livro de Levítico e, consequentemente, de todo o Pentateuco. Sua posição central reflete também a centralidade de sua teologia. O dia da expiação é o vértice do sistema sacrificial sacerdotal e tem a máxima importância teológica, pois é o que garante a permanência da presença do Senhor no meio de seu povo, não obstante as impurezas, as transgressões e os pecados do povo (v. 16; Ez 45,18-20). O que de fato ameaça a vida de Israel e a permanência da presença do Senhor no santuário não são as impurezas rituais, derivadas de atos acidentais e inevitáveis (Lv 11–15), mas as transgressões imorais, praticadas deliberadamente, para as quais não há remissão senão a morte do culpado (Lv 4–5).

257

LEVÍTICO 16

² O SENHOR disse a Moisés: "Fala a teu irmão Aarão que não entre, a qualquer momento, no santuário, atrás da cortina, diante da tampa de reconciliação, que está sobre a arca, a fim de que não morra quando apareço na nuvem sobre a tampa de reconciliação!

³ Com isto Aarão virá ao santuário: com um novilho, filhote de gado grande, para o sacrifício pelo pecado e um carneiro para o holocausto. ⁴ Ele se vestirá com uma túnica sagrada de linho. Calções de linho estejam sobre seu corpo, e se cingirá com o cinturão de linho. Trajará o turbante de linho. Essas são as vestes sagradas. Banhará seu corpo com água e se vestirá com elas.

⁵ Da comunidade dos filhos de Israel, tomará dois bodes para o sacrifício pelo pecado e um carneiro para o holocausto. ⁶ Aarão apresentará o novilho do sacrifício pelo pecado, que é para ele, a fim de prover reconciliação para si mesmo e para sua casa. ⁷ E tomará os dois bodes e os porá em pé diante do SENHOR, à entrada da tenda do encontro. ⁸ Então Aarão lançará sortes sobre os dois bodes: uma sorte para o SENHOR e outra sorte para Azazel. ⁹ Aarão apresentará o bode sobre o qual caiu a sorte 'para o SENHOR' e realizará o sacrifício pelo pecado. ¹⁰ Porá vivo em pé diante do SENHOR o bode sobre o qual caiu a sorte 'para Azazel', a fim de prover reconciliação por meio dele, por enviá-lo a Azazel rumo ao deserto.

¹¹ Aarão apresentará o novilho do sacrifício pelo pecado, que é para ele, e proverá reconciliação para si mesmo e para sua casa. Abaterá o novilho do sacrifício pelo pecado, o qual é para ele. ¹² E, de sobre o altar, que está perante o SENHOR, tomará o incensório cheio de brasas de fogo e seus dois punhados cheios de fino incenso de aromas, e entrará atrás

---

A consequência drástica desse tipo de transgressão é a contaminação do santuário e até mesmo da arca da aliança. Visto que os culpados não podem oferecer sacrifícios para purificação, ou porque morreram ou porque não foram advertidos (Lv 10,1-2), cabe a toda a comunidade realizar o rito do dia da expiação (Lv 16,1-34; 23,26-32; Nm 29,7-11). Embora o Senhor habitasse no acampamento, o acesso à sua presença era restrito e ameaçador (v. 2). De fato, o próprio Senhor havia advertido o povo quanto ao risco de vê-lo face a face (Ex 33,20). De tal modo, apenas uma vez por ano o sumo sacerdote entrava do outro lado da cortina (v. 34) e, para tanto, deveria vestir suas santas vestes sacerdotais (v. 4; Lv 8,6-9), a fim de cumprir o rito do grande dia da expiação (vv. 11-24). Depois da purificação do altar externo (v. 20), segue um rito todo peculiar com o bode sobre o qual caiu a sorte para Azazel (vv. 8.10.11.26). O sumo sacerdote coloca as mãos sobre a cabeça da vítima e confessa as culpas, as iniquidades, as rebeliões e os pecados do povo; não há referências às impurezas (v. 21), tratando-se, portanto, de transgressões voluntárias. Nesse caso, não há sacrifício, o bode não é morto no lugar dos culpados, mas é mantido vivo, a fim de levar para fora do acampamento as impurezas, os pecados e as transgressões do povo (v. 22). A identidade de Azazel não é especificada, mas ele aparece como uma figura demoníaca que vivia no deserto, à qual se envia o bode carregado de pecados. Além disso, o dia da expiação e/ou reconciliação previa jejum e repouso tanto para os nativos quanto para os imigrantes residentes. O significado teológico do dia da expiação é o restabelecimento da comunicação entre Deus e seu povo, em nível comunitário e individual, por intermédio da purificação de todas as impurezas causadas pelas transgressões, iniquidades e pecados (vv. 16.19.21.22.30.34) que não foram purificados durante o ano e que caíram sobre o altar e sobre a arca.

LEVÍTICO 16

da cortina. **13** Então meterá o incenso sobre o fogo diante do SENHOR. A nuvem do incenso cobrirá a tampa de reconciliação, que está sobre o testemunho, e ele não morrerá. **14** Tomará do sangue do novilho e, com seu dedo, aspergirá sobre o lado dianteiro da tampa de reconciliação, no lado oriental. E, com seu dedo, aspergirá sete vezes do sangue diante da tampa de reconciliação.

15 Abaterá o bode do sacrifício pelo pecado, que é para o povo, e trará o sangue dele para trás da cortina. Fará com o sangue dele como fez com o sangue do novilho: o aspergirá sobre a tampa de reconciliação e diante da tampa de reconciliação. **16** Proverá reconciliação para o santuário em razão das impurezas dos filhos de Israel, das rebeldias deles e de todos os pecados deles. Assim o fará para a tenda do encontro, que está com eles, em meio às impurezas deles. **17** Nenhum humano deve estar na tenda do encontro, desde que ele entra no santuário para prover reconciliação até que ele saia. E proverá reconciliação para si, para sua casa e para toda a assembleia de Israel. **18** Sairá em direção ao altar, que está diante do SENHOR, e proverá reconciliação para ele. Tomará do sangue do novilho e do sangue do bode e o meterá sobre os chifres do altar, ao redor. **19** Com seu dedo, aspergirá sete vezes do sangue sobre ele: o purificará e o santificará das impurezas dos filhos de Israel.

20 Quando terminou de prover reconciliação para o santuário, para a tenda do encontro e para o altar, apresentará o bode vivo. **21** Aarão apoiará suas duas mãos sobre a cabeça do bode vivo e confessará, sobre este, todos os delitos dos filhos de Israel, todas as rebeldias deles e todos os pecados deles, e os meterá sobre a cabeça do bode. E, pela mão de um homem à disposição, o enviará rumo ao deserto. **22** O bode carregará sobre si todos os delitos deles a uma terra infértil, pois enviará o bode ao deserto.

23 E Aarão entrará na tenda do encontro. Tirará as vestes de linho com que ele se tinha vestido ao entrar no santuário e as depositará ali. **24** Banhará seu corpo com água em lugar sagrado e se vestirá com suas vestes. Então sairá e realizará seu holocausto e o holocausto do povo. Proverá reconciliação para si e para o povo. **25** E, sobre o altar, queimará a gordura do sacrifício pelo pecado.

26 Aquele que enviou o bode para Azazel lavará suas vestes e banhará seu corpo com água. Depois disso, entrará no acampamento. **27** O novilho do sacrifício pelo pecado e o bode do sacrifício pelo pecado, cujo sangue foi trazido para prover a reconciliação no santuário, serão levados para fora do acampamento. No fogo incendiarão as peles deles, a carne deles e o excremento deles. **28** Aquele que os incendiar lavará suas vestes e banhará seu corpo com água. Depois disso, entrará no acampamento.

29 Será uma prescrição perpétua para vós: no sétimo mês, no décimo dia do mês, humilhareis vossas almas e não realizareis nenhum trabalho, tanto o nativo quanto o imigrante que se hospede em vosso meio.

259

LEVÍTICO 16–17

[30] Porque nesse dia se proverá reconciliação para vós, a fim de declará-los puros de todos os vossos pecados. Sereis purificados perante o Senhor. [31] Este será um sábado de descanso sabático para vós: humilhareis vossas almas. É uma prescrição perpétua.

[32] O sacerdote que for ungido e de quem se enche a mão para exercer o sacerdócio no lugar de seu pai proverá a reconciliação, sendo que se vestirá com as vestes de linho, ou seja, as vestes sagradas. [33] Proverá a reconciliação do santuário sagrado, proverá a reconciliação da tenda do encontro e do altar e proverá a reconciliação para os sacerdotes e para todo o povo da assembleia.

[34] Esta vos será uma prescrição perpétua, a fim de, uma vez por ano, prover a reconciliação para os filhos de Israel por causa de todos os pecados deles".

E se fez conforme o Senhor ordenara a Moisés.

CÓDIGO DE SANTIDADE

Prescrição sobre o sangue

17

[1] O Senhor falou a Moisés: [2] "Fala a Aarão, aos filhos dele e a todos os filhos de Israel e dize-lhes: 'Isto é o que o Senhor ordenou. [3] Cada homem da casa de Israel que abater um boi, um cordeiro ou uma cabra no acampamento, ou que abater fora do acampamento, [4] e não o trouxer à porta da tenda do encontro para apresentá-lo como oferenda ao Senhor, diante da morada do Senhor, tal sangue será imputado a esse homem. Sangue derramou. Este homem será eliminado do meio de seu povo.

[5] Deste modo os filhos de Israel trarão seus sacrifícios, os quais eles ainda sacrificam ao Senhor no campo aberto. Em direção à porta da tenda do encontro os trarão ao sacerdote e os sacrificarão como sacrifícios de comunhão ao Senhor. [6] O sacerdote espargirá o sangue sobre o altar do Senhor à porta da tenda do encontro e queimará a gordura

---

17,1-16 O capítulo 17 demarca a transição do Código Sacerdotal (Lv 1–16) ao Código da Aliança (Lv 18–26). De fato, o verbo "expiar" e a explicação teológica do sentido do sangue (vv. 10-12) relacionam o texto aos capítulos precedentes; enquanto a fórmula introdutória é característica do Código de Santidade (v. 2), no qual Deus fala também aos filhos de Israel, pois a santidade é para todos (v. 2; Lv 21,24; 22,18). Os versículos 3-9 praticamente convertem todo abate animal em sacrifício cultual. Abater um animal para consumo fora do contexto cultual teria peso semelhante ao assassinato (v. 4; Gn 4,10-13), cuja pena é a excomunhão (vv. 4.8-9), isto é, não há perdão, nem expiação, nem purificação. Essa normativa visava ao fim dos abates profanos e das práticas idolátricas em honra às divindades inferiores representadas pela figura do bode (v. 7). A expressão "no campo" (v. 5) remete ao fato de que tais cultos eram celebrados nos campos ou acampamentos, e não sobre altares, os quais eram reservados às divindades celestes. A obediência a essa prescrição é possível apenas em uma organização social que dispõe de santuários locais reconhecidos, sendo que a centralização do culto em Jerusalém a tornaria impraticável (Dt 12,4-14).

LEVÍTICO 17

como odor apaziguante para o SENHOR. ⁷ Não sacrificarão mais seus sacrifícios aos demônios em forma de bode, atrás dos quais eles se prostituem. Esta lhes será uma prescrição perpétua segundo as gerações deles'.

⁸ E lhes dirás: 'Cada homem, seja da casa de Israel, seja um imigrante que se hospeda em vosso meio, que fizer subir um holocausto ou um sacrifício, ⁹ sem que o traga à porta da tenda do encontro para realizá-lo ao SENHOR, esse homem será eliminado de seu povo.

¹⁰ Cada homem, seja da casa de Israel, seja um imigrante que se hospeda em vosso meio, que comer qualquer sangue: direcionarei minha face à pessoa que come o sangue e a eliminarei do meio do povo dela. ¹¹ Porque o ânimo do corpo está no sangue dele. Eu mesmo o dei para vós sobre o altar, a fim de promover reconciliação para vossas almas, porque é este sangue que promoverá reconciliação à pessoa. ¹² Por isso, disse aos filhos de Israel: nenhuma pessoa entre vós comerá sangue, nem comerá sangue o imigrante que se hospeda em vosso meio.

¹³ Cada homem, seja dos filhos de Israel, seja do imigrante que se hospeda em vosso meio, que caçar como provisão um animal selvagem ou uma ave, sendo que será comido, derramará o sangue dele e o cobrirá com pó. ¹⁴ Porque a vida de qualquer corpo está no sangue dele, enquanto estiver na vida dele. Tenho dito aos filhos de Israel: não comereis o sangue de nenhum corpo, porque a vida de qualquer corpo está no sangue dele; todo aquele que o comer será eliminado.

¹⁵ E toda pessoa que comer uma carniça ou um animal dilacerado, tanto o nativo quanto o imigrante, lavará suas vestes e se banhará com

---

A fundamentação teológica da proibição do abate fora do contexto cultual se apoia no valor sagrado do sangue como portador de vida (vv. 10-12; Gn 9,4). O termo hebraico usado para referir-se à "vida" é *nefesh*, que em português se traduz por "vida", "alma", "respiro", "garganta" ou "pessoa"; no livro do Gênesis, a *nefesh*/vida é decorrente do hálito divino soprado nas narinas do humano (Gn 2,7). Segundo o autor sacerdotal, a *nefesh*/vida está concentrada no sangue e pertence à esfera divina; por isso, o humano não pode arrogar-se o direito nem de dispor nem de comer dessa fonte de vida. Deus, porém, a concede ao humano (v. 11), para que, usando-a corretamente, seja purificado e redimido do que lhe impede de se aproximar do santuário (Lv 15,31). No entanto, o sangue, por si só, não tem o poder de purificar ou expiar, mas apenas o sangue posto sobre o altar (v. 11), ou seja, dentro do contexto cultual, tem valor catártico. No sistema sacerdotal, a impureza é sinônimo de morte, ao passo que a santidade é sinônimo de vida; consequentemente, a impureza leva à diminuição da vida, que, porém, pode ser combatida com o sangue, fonte de vida. Fora do contexto cultual se preveem duas exceções ao abate de animais para consumo (vv. 13-16): a caça, que pode ser consumida desde que seu sangue seja derramado por terra e coberto; e o animal dilacerado (Lv 22,8; Ex 22,30; Dt 14,21; Ez 4,14), isto é, matado por outro animal e que, portanto, não seguiu o rito de derramamento do sangue (vv. 6.13), desde que, quando consumido, se faça o rito de purificação dos que o comeram (v. 15). O que leva à excomunhão da pessoa da comunidade não é o fato de ela comer um animal dilacerado, mas sim o de transcurar o rito de purificação (v. 16; Lv 11,39-40). Essa normativa é inclusiva, sendo válida tanto para os israelitas quanto para os imigrantes que se encontram entre os filhos de Israel (vv. 8.10.12.13.15).

LEVÍTICO 17–18

água. Estará impuro até a tarde; depois estará puro. ¹⁶ Caso não as lave nem banhe seu corpo, carregará seu delito'".

Prescrições de moral sexual

18 ¹ O SENHOR falou a Moisés: ² "Fala aos filhos de Israel e dize-lhes: 'Eu sou o SENHOR, vosso Deus.

³ Não agireis conforme a prática da terra do Egito, na qual habitastes, nem agireis conforme a prática da terra de Canaã, rumo à qual eu estou vos levando. Não andareis conforme as prescrições deles. ⁴ Agireis conforme meus decretos e guardareis minhas prescrições, a fim de andar de acordo com eles. Eu sou o SENHOR, vosso Deus. ⁵ Guardareis minhas prescrições e meus decretos, porque mediante eles viverá o ser humano que os pratica. Eu sou o SENHOR.

⁶ Nenhum homem se aproximará de um parente carnal para lhe descobrir a nudez. Eu sou o SENHOR.

⁷ Não descobrirás a nudez de teu pai ou a nudez de tua mãe. Ela é tua mãe! Não descobrirás a nudez dela.

⁸ Não descobrirás a nudez da mulher de teu pai. É a nudez de teu próprio pai.

⁹ A nudez de tua irmã, seja filha de teu pai, seja filha de tua mãe, nascida em casa ou nascida fora: não descobrirás a nudez delas.

18,1-30 Com uma série de normas apodíticas, ou seja, imperativas e diretamente impostas, Deus estabelece o diferencial entre o comportamento dos povos circundantes (v. 3; Ex 23,23-24; Ez 20,7-8) e Israel (vv. 4-5; Lv 11,45; 22,23; 25,38.55) em matéria de sexualidade. O texto é marcado com o refrão "Eu sou o SENHOR" (vv. 2.4.5.6.21.30), o qual chama a atenção sobre a autoridade do legislador, bem como sobre a importância do argumento (Lv 20,8-21). O legislador proíbe relações incestuosas (vv. 6-18; Gn 9,20-26) e comportamentos sexuais imorais (vv. 19-23), esclarecendo os efeitos devastadores de tais comportamentos humanos, pois, além de contaminar a sociedade, atingem também a terra (vv. 24-30). O Egito e Canaã são apresentados como modelo de práticas negativas a serem evitadas por Israel (v. 3). De fato, no Egito se acreditava que o faraó era de origem divina e que, para manter a pureza de sua estirpe, deveria casar-se com sua irmã. Essa prática se consolidou como reflexo do mundo divino, pois a deusa egípcia Ísis era irmã e esposa do deus egípcio Osíris. No âmbito dos patriarcas e matriarcas do antigo Israel, é possível encontrar indícios de relações matrimoniais entre parentes: por exemplo, por duas vezes Abraão afirma que Sara é sua irmã (v. 9; Gn 12,10-20; 20,1-18); Jacó se casa com duas irmãs, Raquel e Lia, ambas suas primas (Gn 29,13.21-23.8); também Moisés, Aarão e Miriam são filhos de uma relação consanguínea, entre tia e sobrinho (Ex 6,29). É possível que o matrimônio entre parentes fosse uma prática bem enraizada na sociedade e que em determinado momento foi necessário definir quais matrimônios entre parentes eram lícitos e quais eram ilícitos (Gn 35,22; Dt 25,5-10; Esd 9–10; Ne 13,23-27). A relação homossexual masculina e a relação sexual com animais, além de proibidas, eram consideradas abominação e confusão (vv. 22-23), por seu contraste com a ordem da criação. O sacrifício a Moloc (v. 21; Lv 19,12; 20,2-5; 22,22; 1Rs 11,17) entra na lista das práticas impuras, pois ele era um deus inferior ao qual as crianças eram sacrificadas, sendo jogadas em uma fossa para serem consumidas pelo fogo. Por fim, Deus adverte mais uma vez, exortando os israelitas e os imigrantes a agirem de acordo com as prescrições divinas (vv. 24-30), para não contaminarem a terra.

LEVÍTICO 18

¹⁰ A nudez da filha de teu filho ou da filha de tua filha: não descobrirás a nudez delas, porque elas são tua própria nudez.

¹¹ A nudez da filha da mulher de teu pai, gerada por teu pai: ela é tua irmã. Não descobrirás a nudez dela.

¹² Não descobrirás a nudez da irmã de teu pai. Ela é parenta carnal de teu pai.

¹³ Não descobrirás a nudez da irmã de tua mãe, porque ela é parenta carnal de tua mãe.

¹⁴ Não descobrirás a nudez do irmão de teu pai nem te aproximarás da mulher dele. Ela é tua tia.

¹⁵ Não descobrirás a nudez de tua nora. Ela é mulher de teu filho. Não descobrirás a nudez dela.

¹⁶ Não descobrirás a nudez da mulher de teu irmão. Ela é a nudez de teu irmão.

¹⁷ Não descobrirás a nudez de uma mulher e da filha dela nem tomarás a filha do filho dela ou a filha da filha dela para descobrir a nudez dela. Elas são parentas carnais. Isso será uma infâmia!

¹⁸ Não tomarás uma mulher junto com a irmã dela, por ser agressivo descobrir, durante a vida daquela, sua nudez.

¹⁹ Não te aproximarás de uma mulher com fluxo menstrual no período de impureza dela, a fim de descobrir a nudez dela.

²⁰ Não concederás coabitação à mulher de teu compatriota para procriação, por tornar-te impuro com ela.

²¹ Não permitirás que, de tua descendência, se passe a Moloc. Não profanarás o nome de teu Deus. Eu sou o SENHOR.

²² Não te deitarás com um varão no leito da mulher. É uma coisa detestável!

²³ Não concederás tua coabitação a nenhum gado, por tornar-te impuro com ele. A mulher não se porá de pé diante de um gado, a fim de copular com ele. Seria uma confusão!

²⁴ Que não vos torneis impuros com nenhuma dessas coisas, porque se contaminaram com todas essas coisas as nações que eu mando embora de vossa frente! ²⁵ A terra se tornou impura. Quanto a ela, ocupei-me do delito dela. E a terra vomitou seus habitantes.

²⁶ Vós, porém, o nativo e o imigrante que se hospeda em vosso meio, guardareis minhas prescrições e meus decretos. Não fareis nenhuma dessas coisas detestáveis. ²⁷ Porque os homens da terra que estiveram antes de vós realizaram todas essas coisas detestáveis, e a terra se tornou impura. ²⁸ Porventura a terra não vos vomitará, se a tornardes impura, assim como vomitou a nação que estava antes de vós? ²⁹ De fato, cada um que pratica algo de todas essas coisas detestáveis, ou seja, as pessoas que o fazem serão eliminadas do meio do povo delas. ³⁰ Guardareis, portanto, minhas incumbências, para nada praticardes das prescrições das coisas detestáveis, as quais foram praticadas antes de vós. Não vos tornareis impuros com elas. Eu sou o SENHOR, vosso Deus'".

LEVÍTICO 19

Prescrições morais

19 ¹ O SENHOR falou a Moisés: ² "Fala a toda a comunidade dos filhos de Israel e dize-lhes: 'Sede santos, porque eu, o SENHOR, vosso Deus, sou santo. ³ Cada um de vós temerá sua mãe e seu pai. E guardareis meus sábados. Eu sou o SENHOR, vosso Deus.

19,1-37 Dirigido a toda a comunidade, o texto apresenta os deveres rituais e ético-morais que caracterizam a vida do antigo Israel em sua relação com Deus, com o conterrâneo, com os bens e com o imigrante. Lv 19 possui muitos aspectos de paralelismo com a formulação do decálogo de Ex 20 quanto aos pais (v. 3a), ao sábado (v. 3b), às normas relativas à idolatria (v. 4), ao falso juramento (v. 12) e à autoapresentação do Senhor (v. 36; Ex 20,2). O versículo 2 contém a síntese de todo o Código de Santidade (Lv 11,44-45; 20,7; 21,8; 22,32-33), em que se prescreve aos israelitas a imitação da santidade de Deus. A frase "Eu sou o SENHOR", repetida quinze vezes, evidencia a importância do capítulo em questão, no qual Deus é o referencial da santidade de Israel. O mandamento referente aos pais precede o mandamento do sábado, invertendo-se, assim, a ordem do decálogo (v. 3; Ex 20,8-12; Dt 5,16) e colocando-se os deveres para com os pais, praticamente, na mesma linha de importância do dever para com Deus. De fato, tanto a Deus quanto ao santuário e aos pais se deve o temor (vv. 3.13.30.32). O sacrifício de comunhão deve ser gratuito e voluntário (vv. 5-8), em obediência ao que já foi estabelecido (Lv 7,16-18). A relação com os bens da terra deve ser de gratuidade e partilha; portanto, parte da produção agrícola deve ser deixada para aqueles que não têm terra para cultivar, isto é, os pobres e imigrantes (vv. 9-10). A retidão na relação com o próximo e a prática da justiça são tuteladas por uma série de normas apodíticas (vv. 11-18), cuja violação coloca em risco a coesão social. O amor ao próximo é o eixo deste conjunto de leis e a novidade do Código de Santidade; o próximo é tanto o conterrâneo, o vizinho, o irmão, quanto o imigrante (vv. 18.33-34). A santidade também implica respeitar os limites entre os diversos âmbitos da criação quanto à mistura das espécies animais e vegetais (v. 19). A relação sexual com uma mulher fora dos parâmetros legais é adultério, cuja pena é a morte; mas, no caso de uma serva sem liberdade, a penalidade é menos severa (vv. 21-22). A relação com a terra prometida e com seus frutos deve ser, de certa forma, uma expressão do reconhecimento da soberania de Deus e um ato de louvor; os frutos dos três primeiros anos de produção das árvores são comparados ao prepúcio incircunciso (v. 23) e, como tal, não devem ser consumidos, sendo que no quarto ano os frutos devem ser oferecidos a Deus (v. 24), como na celebração das primícias (Ex 34,26; Lv 2,14; Dt 26,1-11); somente a partir do quinto ano se conquista o direito de consumo e usufruto (vv. 25). Israel não deveria promover ritos de luto semelhantes aos dos pagãos (vv. 27-28; Lv 21,5), embora certas práticas pareçam ter sido assimiladas (Is 3,24; Jr 16,6; 41,5; 47,5; 48,37; Ez 7,8; Am 8,10). A santidade requerida a Israel proíbe práticas relativas à idolatria e cultos à fertilidade, também chamada de prostituição. A prostituição sagrada era comum no antigo Oriente Próximo, atestada também por alguns textos bíblicos (Gn 38,21; Dt 23,18; Os 4,13-14). Segundo essa crença, as relações sexuais realizadas nos templos pagãos eram reflexo das uniões sexuais entre as divindades, que conferiam fertilidade à humanidade e à terra; essas relações eram revestidas de uma aura divina e protegidas pela deusa semita Istar, também chamada Astarte. Deus proíbe veementemente essas práticas em Israel e pelos israelitas, pois, em vez de fecundar a terra, elas a enchem de infâmia (v. 29). Israel deveria observar os sábados e temer o santuário de Deus (v. 30), renegar práticas pagãs (v. 31), respeitar os anciãos (v. 32) e praticar o amor e a justiça para com os imigrantes (vv. 33-34). Sua experiência da migração deve levar Israel a ser solidário com os imigrantes (v. 34; Ex 22,20; 23,9; Dt 10,19; 23,8), a fim de não reproduzir as injustiças vividas no Egito (vv. 35-36). Por fim, Israel é exortado a praticar as prescrições e os direitos de Deus, pois a santidade é para a totalidade do povo (vv. 2.37).

LEVÍTICO 19

4 Não vos vireis para os insignificantes nem fabriqueis deuses de fundição para vós! Eu sou o SENHOR, vosso Deus.

5 Se sacrificardes um sacrifício de comunhão para o SENHOR, o sacrificareis em vosso favor. **6** No dia de vosso sacrifício e no dia seguinte será comido. O que restar até o terceiro dia será incendiado no fogo. **7** Caso, realmente, seja comido no terceiro dia, ele é algo estragado. Não será considerado favorável. **8** Quem dele comer carregará seu delito, porque profanou a santidade do SENHOR. Essa pessoa será eliminada de seu povo.

9 Quando ceifardes a messe de vossa terra, não terminarás de ceifar na margem de teu campo nem recolherás a respiga de tua messe. **10** Não rebuscarás tua vinha nem recolherás o bago caído de tua vinha, mas os deixarás para o oprimido e para o imigrante. Eu sou o SENHOR, vosso Deus.

11 Não furtareis, nem enganareis, nem sereis falsos, cada um com seu compatriota. **12** Não jurareis falsamente por meu nome, pois profanarias o nome de teu Deus. Eu sou o SENHOR.

13 Não explorarás teu companheiro nem roubarás. Não pernoitarás com o pagamento do assalariado até a manhã. **14** Não amaldiçoarás o surdo nem colocarás um obstáculo diante do cego, mas temerás teu Deus. Eu sou o SENHOR.

15 Não praticareis iniquidade no julgamento. Não levantarás o semblante do necessitado nem tratarás com distinção o semblante do grande. Com justiça julgarás teu compatriota. **16** Não andarás caluniando no meio de teu povo nem te colocarás contra o sangue de teu companheiro. Eu sou o SENHOR.

17 Não odiarás teu irmão em teu coração. Por certo, repreenderás teu compatriota e não colocarás um pecado sobre ele. **18** Não te vingarás nem ficarás com rancor dos filhos de teu povo. Amarás teu companheiro como a ti mesmo. Eu sou o SENHOR.

19 Cuidareis de minhas prescrições. Não cruzarás teu gado de dois tipos. Não semearás teu campo com dois tipos nem usarás uma veste de dois tipos de malha.

20 Se um homem se deitar com uma mulher, havendo ejeção de sêmen, sendo ela, como criada, noiva de um homem, mas, de fato, sem que tenha sido resgatada e sem que lhe tenha sido dada a alforria, haverá o dever de indenização. Não morrerão, porque ela não tinha sido alforriada. **21** E ele trará ao SENHOR a oferta dele por culpa à porta da tenda do encontro: um carneiro de oferta por culpa. **22** Com o carneiro da oferta por culpa, o sacerdote lhe promoverá a reconciliação perante o SENHOR, por causa do pecado que ele cometeu. E lhe será perdoado o pecado dele, o qual cometeu.

23 Quando entrardes na terra e plantardes para vós todo tipo de árvore frutífera, tratareis seus frutos como se fossem o prepúcio dela. Por três anos vos ficarão incircuncisos. Não serão comidos. **24** No quarto

LEVÍTICO 19–20

ano, todos os frutos dela serão, como louvores, consagrados ao SENHOR. **25** Comereis os frutos dela no quinto ano, a fim de vos acrescentar a produção dela. Eu sou o SENHOR, vosso Deus.

26 Nada comereis com sangue. Não praticareis adivinhação nem praticareis feitiçarias.

27 Não apareis o cabelo do lado de vossa cabeça nem danificarás a extremidade de tua barba. **28** Não metereis uma incisão em vossa carne por uma pessoa morta nem metereis em vós uma inscrição em forma de tatuagem. Eu sou o SENHOR.

29 Não profanarás tua filha por fazê-la prostituir-se. Que a terra não se prostitua e que a terra não se encha de infâmia!

30 Guardareis meus sábados e temereis meu santuário. Eu sou o SENHOR.

31 Que não vos volteis aos necromantes e aos adivinhos! Que não procureis por impureza entre eles! Eu sou o SENHOR, vosso Deus.

32 Diante de cabelo grisalho te erguerás e tratarás com distinção o semblante de um idoso. Então terás temor de teu Deus. Eu sou o SENHOR.

33 Se um imigrante se hospedar contigo em vossa terra, não abusareis dele. **34** Como um nativo dentre vós, será o imigrante que se hospeda convosco. Como a ti mesmo, o amarás, porque fostes imigrantes na terra do Egito. Eu sou o SENHOR, vosso Deus.

35 Não praticareis iniquidade no julgamento, em relação à medida, ao peso ou à capacidade. **36** Haverá para vós balanças justas, pesos de pedra justos, efá justo e hin justo. Eu sou o SENHOR, vosso Deus, que vos fiz sair da terra do Egito. **37** Cuidareis, pois, de todas as minhas prescrições e de todos os meus juízos. E os praticareis. Eu sou o SENHOR'".

Prescrições penais

20 **1** O SENHOR falou a Moisés: **2** "Dirás aos filhos de Israel: 'Qualquer homem dentre os filhos de Israel e dos imigrantes que residem em Israel que der de sua descendência a Moloc certamente

---

20,1-27 O capítulo apresenta as prescrições penais consequentes das transgressões do que fora estabelecido em Lv 18–19. Desse modo, os versículos 2-5 determinam a pena para quem desobedece à proibição de praticar o culto a Moloc (Lv 18,21): a morte por apedrejamento para o apóstata e a morte civil (a perda dos bens e dos direitos) para os cúmplices. A prática da necromancia e da adivinhação também tem como pena a lapidação e a morte civil (vv. 6.27; Lv 19,31; Dt 18,11; 1Sm 28,7). O tema da vocação do antigo Israel à santidade é retomado (vv. 7-8.22-26; Lv 19) sob dois aspectos: de um lado, estabelece-se uma equivalência entre a observação das normas morais e cultuais como meio eficaz de participação da santidade de Deus (vv. 2-21); do outro, insiste-se no ideal da santidade como eleição e separação de tudo que pode contaminar a pureza do povo, a da terra e a do santuário (vv. 22-26; Lv 1,17; 5,8; 10,10; 11,47). Entre as normas morais, particular atenção é dada às normas que regulam as relações sexuais no âmbito da família (vv. 10-21; Lv 18).

morrerá; o povo da terra o apedrejará com pedras. **3** Eu tornarei minha face contra esse homem e o eliminarei do meio de seu povo, porque deu de sua descendência a Moloc, a fim de tornar impuro meu santuário e profanar meu santo nome. **4** Caso o povo da terra, de fato, oculte seus olhos desse homem ao ele dar alguém da descendência dele a Moloc, sem que isso o mate, **5** eu mesmo colocarei minha face contra esse homem e contra a família dele, e, do meio do povo deles, o eliminarei com todos os que se prostituíram junto com ele, por terem se prostituído junto a Moloc.

6 A pessoa que se virar para os necromantes e para os adivinhos, a fim de se prostituir atrás deles, tornarei minha face contra essa pessoa e a eliminarei do meio do povo dela.

7 Santificai-vos e sede santos, porque eu sou o SENHOR, vosso Deus! **8** Guardareis minhas prescrições e as praticareis. Eu sou o SENHOR, que vos santifica.

9 Se qualquer homem amaldiçoar seu pai ou sua mãe, certamente morrerá; amaldiçoou seu pai ou sua mãe: o sangue dele estará sobre ele.

10 E um homem que comete adultério com a mulher de outro homem, sendo que comete o adultério com a mulher de seu companheiro, certamente morrerá – o adúltero e a adúltera.

11 E um homem que se deita com a mulher do pai dele descobriu a nudez de seu pai; certamente morrerão os dois: o sangue deles estará sobre eles.

12 Um homem que se deita com sua nora: certamente os dois morrerão. Fizeram uma confusão. Seu sangue estará sobre eles.

13 E um homem que se deita com um varão como é o ato de se deitar com uma mulher: os dois fizeram uma coisa detestável; certamente morrerão. Seu sangue estará sobre eles.

14 Um homem que toma uma mulher e a mãe dela: isso é uma infâmia. No fogo, incendiarão a ele e a elas. Que tal infâmia não esteja entre vós!

15 Um homem que solta sua ejeção de sêmen em um gado certamente morrerá. E matareis o gado.

A legislação busca proteger a integridade das relações familiares, exposta ao perigo pelas desordens de natureza sexual, as quais podem ferir a solidariedade familiar baseada na relação com os pais (v. 9; Ex 21,17). A pena para os transgressores da moral familiar e sexual é a morte mediante o apedrejamento. A frase "o sangue dele estará sobre ele" (v. 9) significa que a morte dos transgressores não constitui um homicídio; a lei, entretanto, não autoriza nenhum indivíduo a fazer justiça com as próprias mãos sem antes passar por um julgamento que pronuncie o veredicto. Note-se que a culpa do adultério recai sobre o homem e a mulher (vv. 10-12; Ex 20,14; Dt 22,22). Como o adultério, as relações homossexuais (v. 13; Gn 19,5; Lv 18,22; Jz 19,22) e com animais (vv. 15-16; Lv 18,20.23) levam à condenação à morte. Para os casos de incesto (vv. 17.19-21; Lv 18,9) e de relação com uma mulher menstruada (v. 18; Lv 15,19.24; 18,9), o legislador prescreve não a morte física, mas sim a morte civil.

LEVÍTICO 20–21

16 Uma mulher que se aproxima de qualquer gado para copular com ele: matarás a mulher e o gado; certamente morrerão. O sangue deles estará sobre eles.

17 Um homem que toma sua irmã, filha de seu pai ou filha de sua mãe, e vê a nudez dela, e ela vê a nudez dele: isso é uma vergonha. Serão eliminados aos olhos dos filhos do povo deles. Descobriu a nudez da irmã dele. Carregará a culpa dele.

18 Um homem que se deita com uma mulher menstruada e descobre a nudez dela, sendo que desnudou a fonte dela e que ela descobriu a fonte do sangue dela: os dois serão eliminados do meio do povo deles.

19 Não descobrirás a nudez da irmã de tua mãe ou da irmã de teu pai, porque se desnudou seu parente carnal. Carregarão a culpa deles.

20 Um homem que se deita com sua tia descobriu a nudez de seu tio. Carregarão seu pecado; morrerão sem filhos.

21 Um homem que toma a mulher de seu irmão: isso é uma imundície. Descobriu a nudez de seu irmão; ficarão sem filhos.

22 Guardareis, pois, todas as minhas prescrições e todos os meus decretos, e os praticareis. E a terra, rumo à qual eu vos farei chegar para nela habitardes, não vos vomitará.

23 Não andareis conforme as prescrições da nação que eu mandarei embora de vossa presença, porque, com tudo isso que fizeram, me enojei com eles. **24** E vos disse: Vós herdareis o solo deles. Eu o darei a vós para herdá-lo, uma terra que jorra leite e mel. Eu sou o SENHOR, vosso Deus, sendo que vos separei dos povos.

25 Distingui, portanto, entre o gado puro e o impuro, e entre as aves impuras e as puras, para que não torneis vossas almas detestáveis com o gado, com as aves ou com tudo o que rasteja sobre o solo, que para vós distingui como impuro.

26 Sereis santos para mim, porque eu, o SENHOR, sou santo. Para pertencer-me vos separei dos povos.

27 E, se em um homem ou em uma mulher houver um espírito de um falecido ou um espírito adivinho, certamente morrerá. Com pedras os apedrejarão. Seu sangue estará sobre eles'".

Restrições aos sacerdotes e sumos sacerdotes

21 **1** O SENHOR disse a Moisés: "Dize aos sacerdotes, filhos de Aarão, e menciona-lhes: 'Que ninguém se torne impuro com uma

---

21,1-24 Por causa de sua eleição para participar na santidade de Deus (Lv 19,2; Ex 19,6), Israel deve se comportar de modo diferente dos outros povos (Lv 18,26-30; 20,23-26). E mais ainda os sacerdotes, pois, escolhidos para exercer o serviço sagrado no santuário, devem obedecer às normas específicas de pureza. Desse modo, Lv 21 é dedicado às restrições de pureza aos sacerdotes. O luto envolve contato com um morto, o qual é fonte de impureza (vv. 5-6; Lv 5,2-3; 11,8.11.24-28.35-40; Nm 6,9; 19,11-13; 31,19; Ag 2,13).

LEVÍTICO 21

pessoa morta em meio a seu povo, ² a não ser por um parente carnal dele que lhe é próximo, isto é, por sua mãe, por seu pai, por seu filho, por sua filha ou por seu irmão! ³ E por sua irmã virgem, que lhe é próxima e que não pertenceu a um homem: por ela poderá se tornar impuro. ⁴ Que não se torne impuro como marido em meio a seu povo, por ele se profanar!

⁵ Não farão uma calva em suas cabeças, nem raparão a extremidade de sua barba, nem farão incisões de tatuagem em seu corpo.

⁶ Serão santos para seu Deus e não profanarão o nome de seu Deus, porque eles apresentam os sacrifícios queimados do SENHOR, o alimento de seu Deus. Portanto, deverão ser santos.

⁷ Não tomarão uma mulher prostituta ou deflorada nem uma mulher repudiada por seu homem, porque ele é santo para seu Deus. ⁸ E o consagrarás, porque ele apresenta o pão de teu Deus. Santo será para ti, porque eu, o SENHOR, como santo, vos santifico. ⁹ A filha de um sacerdote que se profana por prostituir-se, sendo que profana seu pai, será incendiada no fogo.

¹⁰ O sumo sacerdote entre seus irmãos, sobre cuja cabeça será derramado o óleo da unção e cuja mão será consagrada a fim de vestir as vestes, não deixará despenteada sua cabeça nem rasgará suas vestes.

¹¹ Não se achegará a quem está morto nem se tornará impuro com seu pai ou com sua mãe. ¹² Não sairá do santuário nem profanará o santuário de seu Deus, porque sobre ele está a consagração do óleo da unção de seu Deus. Eu sou o SENHOR.

¹³ Ele tomará uma mulher virgem. ¹⁴ Nenhuma destas tomará: uma viúva, uma repudiada, uma prostituta ou uma deflorada. Pelo contrário, tomará como mulher uma virgem de seu povo. ¹⁵ Assim, não profanará sua descendência no meio de seu povo. Realmente, eu sou o SENHOR, que o santifica'".

¹⁶ O SENHOR falou a Moisés: ¹⁷ "Fala a Aarão: 'Um homem de tua descendência, conforme as gerações deles, no qual houver uma deformidade

---

Ao sacerdote comum, porém, é permitido aproximar-se dos cadáveres de seus parentes mais próximos (vv. 2-4), sem, contudo, externar sinais de luto (v. 6); mas ao sumo sacerdote, em razão de sua especial consagração e investidura (vv. 11-12; Lv 8,6-12), proíbe-se tanto a aproximação até mesmo dos cadáveres de seus parentes mais próximos quanto a exteriorização de qualquer sinal de luto (vv. 10-12; Lv 10,6-7; 19,27-28). Nada é dito sobre a morte da mulher do sacerdote, mas, com base no caso da morte da mulher de Ezequiel (Ez 24,15-18), é possível que a proibição dos ritos de luto se refira apenas à impureza do cadáver. Em relação ao matrimônio, toda mulher de má fama deve ser evitada pelo sacerdote (vv. 7-9.14; Ez 44,22), sendo que o sumo sacerdote deve se casar com uma virgem de seu povo (v. 13). A pertença à família sacerdotal confere à pessoa certa dignidade, mas também grande responsabilidade em razão da missão do sacerdote junto às coisas santas; de tal modo, para as filhas dos sacerdotes de Israel a "prostituição sagrada" (Gn 38,24; Jz 15,6), admitida em Canaã, é um delito grave, que se paga com a vida (v. 9; Lv 20,14). O segundo discurso (vv. 16-24) se refere às exigências de integridade física dos sacerdotes destinados ao serviço do santuário; todavia, os portadores de deficiência física descendentes dos sacerdotes têm o direito de alimentar-se das ofertas destinadas aos sacerdotes (v. 22).

LEVÍTICO 21–22

não se aproximará para apresentar o alimento de seu Deus. **¹⁸** Realmente, todo homem no qual houver uma deformidade não se aproximará: seja um homem cego, manco, de nariz mutilado ou de um membro defeituoso, **¹⁹** seja um homem no qual houver uma fratura de pé ou uma fratura de mão, **²⁰** seja um corcunda, anão ou vesgo em seu olho, seja com sarna, micose ou testículo esmagado. **²¹** Todo homem da descendência do sacerdote Aarão em que houver uma deformidade não se achegará para apresentar os sacrifícios queimados do SENHOR. Uma deformidade está nele. Não se achegará para apresentar o alimento de seu Deus. **²²** O alimento de seu Deus poderá comer, seja dos santíssimos, seja dos santos. **²³** Apenas não entrará até a cortina nem se achegará ao altar, porque nele há uma deformidade. Não profanará meu santuário, porque eu sou o SENHOR, que os santifica'".

²⁴ E Moisés falou a Aarão, aos filhos dele e a todos os filhos de Israel.

Recomendações sobre as oferendas

22

¹ O SENHOR falou a Moisés: **²** "Fala a Aarão e aos filhos dele, para que se dediquem às coisas santas dos filhos de Israel e não profanem meu santo nome, sendo que eles se santifiquem para mim. Eu sou o SENHOR.

³ Dize-lhes: 'Em relação a vossas gerações, todo homem de toda a vossa descendência que se aproximar das coisas santas, as quais os filhos de Israel santificam para o SENHOR, e tiver a impureza dele sobre si, essa pessoa será eliminada de minha presença. Eu sou o SENHOR.

⁴ Qualquer homem da descendência de Aarão que estiver atingido por dermatose ou sofrer de um corrimento não comerá das coisas santas,

---

22,1-33 O contato com as coisas santas, ou oferendas, requer a observação de certas exigências, a fim de alcançar o objetivo desejado, isto é, a santificação do nome de Deus e a participação do fiel na santidade de Deus. Em primeiro lugar, o legislador coloca a dedicação do sacerdote e sua reverência para não profanarem as oferendas dos filhos de Israel (vv. 2.15-16); nesse sentido, aos sacerdotes é indispensável a observação das normas de pureza (vv. 3-7; Lv 13–14; 15,1-14), sendo que a negligência pode levar à destituição do sacerdócio (vv. 3.9); entre as normas de pureza, está a proibição de comer carne de animais mortos fora do rito (v. 8; Ex 22,30; Lv 11,29-31; 15,16.17; 17,15; Dt 14,21; Ez 4,14), pois o contato com um cadáver é fonte de contaminação; o contato com as coisas santas é reservado exclusivamente ao sacerdote e a seus dependentes (vv. 10-13; Lv 5,15-16); assim como o sacerdote (Lv 21,18-20), também as oferendas de animais devem ser sem defeito (vv. 17-24). O animal comprado de estrangeiros não é aceito para o culto porque, visto não seguir os padrões de exigências, sua pureza não é confiável (v. 25). As normas com relação aos animais apelam à consciência do fiel com relação à sacralidade de toda a criação e de seus instintos afetivos (vv. 26-28; Ex 23,19; 34,26; Dt 14,21): a oferenda não deve ser um ato de violência, mas sim um gesto de profunda comunhão do humano com o criado e com o Criador (Gn 1,26), pois de outro modo não se pode glorificar o nome de Deus e participar de sua santidade. A exortação conclusiva (vv. 31-33) retoma o tema da profanação do nome de Deus e reforça a vocação à santidade (Lv 19,2; 22,2). A referência ao evento central da história de Israel, o êxodo, fecha o capítulo reforçando a eleição e a aliança de Deus com seu povo (v. 33; Lv 11,45).

até que se torne puro. Quem tocar em qualquer impureza de um morto, ou um homem do qual sair uma ejeção de sêmen, ⁵ ou um homem que tocar em qualquer bicharedo, sendo que por meio deste se torna impuro, ou em um humano, sendo que por meio deste se torna impuro por qualquer impureza dele, ⁶ a pessoa que tocar nele ficará impura até a tarde e não comerá das coisas santas. Pelo contrário, banhará seu corpo com água. ⁷ Após o pôr do sol estará puro. Então poderá comer das coisas santas, porque esse é seu alimento.

⁸ Não comerá carniça nem animal dilacerado, para nele não haver impureza. Eu sou o Senhor.

⁹ Que guardem minha incumbência, a fim de que não carreguem um pecado sobre si nem morram com ele, quando o profanam! Eu sou o Senhor, que os santifica.

¹⁰ Nenhum estranho comerá o que é santo. Nem o forasteiro do sacerdote nem um assalariado comerá do que é santo.

¹¹ Se um sacerdote adquirir uma pessoa como propriedade por seu dinheiro, ela comerá com ele. E os nascidos em sua casa comerão do alimento dele. ¹² Se a filha do sacerdote pertencer a um homem estranho, ela não comerá da oferta elevada das coisas santas. ¹³ Mas, se a filha do sacerdote se tornar viúva ou repudiada, sendo que não há para ela um descendente, e retornar à casa de seu pai, como em sua juventude, poderá comer do alimento de seu pai. Contudo, nenhum estranho comerá dele.

¹⁴ Se um homem, por erro involuntário, comer algo sagrado, acrescentará a quinta parte dele sobre isso e dará o sagrado ao sacerdote.

¹⁵ Que não profanem as coisas santas dos filhos de Israel, que elevarão ao Senhor, ¹⁶ sendo que, ao comerem as coisas santas deles, os farão carregar um delito culpável! Realmente eu sou o Senhor, que os santifica'".

¹⁷ O Senhor falou a Moisés: ¹⁸ "Fala a Aarão, aos filhos dele e a todos os filhos de Israel e dize-lhes: 'Qualquer homem da casa de Israel e um imigrante em Israel que apresentarem sua oferenda em relação a quaisquer votos deles e em relação a quaisquer ofertas voluntárias deles, sendo que apresentam um holocausto ao Senhor: ¹⁹ para vos ser favorável, seja um macho sem defeito dentre o gado grande, dentre os cordeiros ou dentre os cabritos! ²⁰ Não apresentareis nada em que houver deformidade, porque não será em vosso favor.

²¹ Se um homem apresentar um sacrifício de comunhão ao Senhor para cumprir um voto ou uma oferta voluntária, seja do gado grande seja do gado pequeno, deverá ser sem defeito para ser agradável; nele não haja nenhuma deformidade. ²² Havendo cegueira, fratura, mutilação, verruga, sarna ou micose, não os apresentareis ao Senhor e deles não oferecereis um sacrifício queimado sobre o altar do Senhor. ²³ Com um boi ou um cordeiro defeituoso e atrofiado, poderás realizar com ele uma oferta voluntária, mas não será considerado favorável para um voto. ²⁴ Não oferecereis ao Senhor o que tem testículo esmagado,

LEVÍTICO 22–23

triturado, arrancado ou cortado; não fareis isso em vossa terra. **25** E, da mão do filho do estrangeiro, nenhuma dessas coisas oferecereis como alimento a vosso Deus, porque o defeito deles está neles. Uma deformidade está neles. Não vos serão considerados favoráveis'".

26 O SENHOR falou a Moisés: **27** "Quando um boi, um cordeiro ou um cabrito for parido, permanecerá sete dias debaixo de sua mãe; do oitavo dia em diante será aceito como oferenda de sacrifício queimado para o SENHOR. **28** Não abatereis um boi ou um cordeiro, ou seja, a ele e a seu filhote, em um só dia. **29** Se imolardes um sacrifício de ação de graças ao SENHOR, o imolareis em vosso favor. **30** No mesmo dia será comido; nada dele fareis restar até a manhã. Eu sou o SENHOR.

31 Guardareis meus mandamentos e os praticareis. Eu sou o SENHOR. **32** E não profanareis meu santo nome, mas serei santificado no meio dos filhos de Israel. Eu sou o SENHOR, que vos santifica, **33** que vos fez sair da terra do Egito, a fim de ser vosso Deus. Eu sou o SENHOR".

Calendário de festividades

23 **1** O SENHOR falou a Moisés. **2** "Fala aos filhos de Israel e dize-lhes: 'As solenidades do SENHOR, nas quais proclamareis convocações de caráter sagrado, são as seguintes – elas são minhas solenidades:

3 Durante seis dias se fará o trabalho, mas o sétimo dia é sábado de descanso sabático. Haverá uma convocação sagrada. Não fareis nenhum trabalho. Em todas as vossas habitações, é um sábado para o SENHOR.

23,1-44 O capítulo se dedica à sacralidade do tempo, a ser tutelado por prescrições que visam salvaguardar a santidade das festas. O calendário oferecido concentra as festas em dois períodos do ano: a primavera (vv. 1-22) e o outono (vv. 23-43), quando o trabalho no campo é mais intenso. As prescrições não vinculam as festividades a um lugar de culto nem estabelecem a necessidade de uma peregrinação, mas insistem que as festas devem ser celebradas onde quer que o destinatário do calendário habite (vv. 14.21.31.41). Todas as festividades têm em comum a convocação sagrada (vv. 2.3.4.7.8.21.24.27.35.36.37) e o repouso (vv. 3.7.8.21.24.28.35.36). São sete festas: quatro na primavera (vv. 4-22: Páscoa, ázimos, primícias e semanas) e três no outono (vv. 23-44: aclamação, expiação e cabanas). O calendário levítico foi precedido (Ex 23,14-17; 34,18-26; Dt 16,1-16; Ez 45,18-25) e sucedido (Nm 28–29) por outros calendários com suas respectivas especificidades. No calendário levítico, as festas são compromissos marcados com o Senhor, momento no qual o povo interrompe suas atividades para se dedicar ao culto. O sábado não é exatamente um dia festivo, mas de repouso e precede a todas as festas (v. 3). Em relação às outras prescrições sabáticas, associadas à criação (Ex 20,8-11), às questões sociais de direito ao repouso (Dt 5,12-15), ou cultuais e sacrificiais (Nm 28,9-10), no calendário levítico, a santificação do sábado consiste em uma assembleia e no repouso. A festa da Páscoa (v. 5) é associada à festa dos ázimos (vv. 6-8); a brevidade da prescrição da festa pascal parece incompatível com sua importância, pois, diversamente de outros calendários (Ex 12; 16,1-8), o levítico não menciona o evento do êxodo nem prescreve sacrifício (Nm 28,16-25). A oferta do primeiro feixe (vv. 9-14) tem uma fundamentação mais teológica que histórica: considerando Deus como legítimo proprietário da terra, a oferta das primícias é um gesto de gratidão pelos produtos do campo, pelo qual o Senhor permite a vida do povo.

LEVÍTICO 23

4 Estas serão as solenidades do SENHOR, convocações sagradas que proclamareis na data delas.

5 No primeiro mês, ao entardecer do décimo quarto dia do mês, é a Páscoa para o SENHOR. 6 No décimo quinto dia desse mês é a festa dos ázimos para o SENHOR; durante sete dias comereis ázimos. 7 No primeiro dia haverá uma convocação sagrada para vós. Não realizareis nenhum trabalho servil. 8 Durante sete dias apresentareis ao SENHOR um sacrifício queimado. No sétimo dia haverá uma convocação sagrada. Não realizareis nenhum trabalho servil'".

9 O SENHOR falou a Moisés: 10 "Fala aos filhos de Israel e dize-lhes: 'Quando chegardes à terra que vos dou e ceifardes vossa messe, trareis ao sacerdote um feixe das primícias de vossa messe. 11 Em vosso favor, o sacerdote moverá o feixe perante o SENHOR; no dia seguinte ao sábado, o moverá. 12 No dia de moverdes vosso feixe, realizareis um holocausto para o SENHOR, com um cordeiro de um ano, sem defeito. 13 A oferta de manjares dele é de dois décimos de sêmola de trigo, banhado com azeite, como oferta queimada de odor apaziguante para o SENHOR; sua libação de vinho é uma quarta parte de um hin. 14 Não comereis pão nem grão torrado nem espiga verde, até exatamente esse dia, isto é, até trazerdes a oferenda de vosso Deus. É uma prescrição perpétua para vossas gerações em todas as vossas habitações.

15 A partir do dia seguinte ao sábado, isto é, do dia de trazerdes o feixe da oferta movida, contareis sete sábados completos para vós. 16 Até o dia seguinte do sétimo sábado, contareis cinquenta dias. Então apresentareis ao SENHOR uma nova oferta de manjares. 17 Trareis de vossas habitações uma oferta movida: que sejam dois pães de dois décimos de sêmola de trigo. Fermentados, serão cozidos, como primícias para o SENHOR. 18 Além do pão, apresentareis sete cordeiros de um ano, sem defeito, um gado grande e dois carneiros. Serão um holocausto para o SENHOR, junto com a oferta de manjares e com as libações deles, como oferta queimada de odor apaziguante para o SENHOR. 19 Preparareis

---

A festa das semanas (vv. 15-22; Ex 23,16; Dt 16,10) se realiza cinquenta dias após a oferenda do primeiro feixe, e sua oferta consiste em dois pães levedados e cozidos feitos com a farinha do grão recém-colhido. O detalhado elenco de sacrifícios prescritos nessa festa chama a atenção se comparado à Páscoa e à festa das cabanas (Lv 16; Ex 12; Dt 16,1-8), o que leva à conclusão de que tenha sido inserida mais recentemente no calendário. A festa das semanas também tem um caráter social; de fato, o versículo 22 repete Lv 19,2 quanto à atenção aos mais necessitados da comunidade, incluindo o imigrante (Lv 19,10). A festa da aclamação (vv. 23-25) tem como característica o anúncio mediante o som da trombeta, posteriormente desenvolvida em Nm 29,2-6; no judaísmo rabínico essa festa coincide com o início de ano judaico. A festa da expiação (vv. 26-32) contém prescrições muito diferentes da celebração do grande dia de expiação (Lv 16), embora se trate de um dia penitencial. A festa das cabanas (vv. 33-44; Ne 8,14-17) pretende atualizar o dom da terra por parte do Senhor; por isso quer reproduzir a alegria dos antepassados quando, por ação de Deus, o povo, após ter sido libertado pelo Senhor, sobreviveu às provas do deserto e foi conduzido à terra prometida.

LEVÍTICO 23

um bode para o sacrifício pelo pecado e dois cordeiros de um ano para o sacrifício de comunhão. **20** O sacerdote os moverá junto com o pão das primícias como oferta movida diante do SENHOR. Junto com os dois cordeiros, são algo santo para o SENHOR, pertencente ao sacerdote. **21** Exatamente nesse dia proclamareis: será uma convocação sagrada para vós. Não realizareis nenhum trabalho servil. É uma prescrição perpétua para vossas gerações em todas as vossas habitações.

22 Ao ceifardes a messe em vossas terras, não liquidarás, ao ceifares, a margem de teu campo nem respigarás as respigas de tua colheita. Para o oprimido e o imigrante as deixarás. Eu sou o SENHOR, vosso Deus'".

23 O SENHOR falou a Moisés: **24** "Fala aos filhos de Israel: 'No primeiro dia do sétimo mês será para vós descanso sabático: um memorial por brado, uma convocação sagrada. **25** Não realizareis nenhum trabalho servil, mas apresentareis ao SENHOR um sacrifício queimado'".

26 O SENHOR falou a Moisés: **27** "'Justo no décimo dia desse sétimo mês é o dia da reconciliação. Haverá uma convocação sagrada para vós. Humilhareis vossas almas e apresentareis ao SENHOR um sacrifício queimado. **28** Exatamente nesse mesmo dia, não realizareis nenhum trabalho, porque esse é o dia da reconciliação, para vos prover de reconciliação perante o SENHOR, vosso Deus. **29** De fato, toda pessoa que, exatamente nesse dia, não se humilhar será eliminada de seu povo. **30** E toda pessoa que, exatamente nesse dia, realizar algum trabalho, farei perecer tal pessoa no meio de seu povo. **31** Não realizareis nenhum trabalho. É uma prescrição perpétua para vossas gerações em todas as vossas habitações. **32** Esse é um sábado de descanso sabático para vós. Humilhareis vossas almas ao entardecer do nono dia do mês; de uma tarde à outra tarde, fareis vosso descanso sabático'".

33 O SENHOR falou a Moisés: **34** "Fala aos filhos de Israel: 'No décimo quinto dia desse sétimo mês, durante sete dias, é a festa das cabanas para o SENHOR. **35** No primeiro dia haverá uma convocação sagrada. Não realizareis nenhum trabalho servil. **36** Durante sete dias apresentareis ao SENHOR um sacrifício queimado. No oitavo dia haverá uma convocação sagrada para vós. Apresentareis ao SENHOR um sacrifício queimado. Esse é um rito. Não realizareis nenhum trabalho servil. **37** Essas são as solenidades do SENHOR, sendo que as proclamareis como convocações sagradas, a fim de apresentar um sacrifício queimado ao SENHOR: um holocausto, uma oferta de manjares, um sacrifício e libações; cada coisa em seu dia, **38** além dos sábados do SENHOR, além de vossas dádivas, além de todos os vossos votos e além de todas as vossas ofertas voluntárias, as quais dareis ao SENHOR.

39 Justo no décimo quinto dia do sétimo mês, ao terdes colhido a produção da terra, celebrareis a festa do SENHOR por sete dias: no primeiro dia descanso sabático e no oitavo dia descanso sabático. **40** No primeiro dia tomareis para vós o fruto de uma árvore esplendorosa, palmas de

LEVÍTICO 23–24

tamareiras, ramagem de uma árvore viçosa e de salgueiros ribeirinhos, e vos alegrareis perante o SENHOR, vosso Deus, durante sete dias. **41** No ano, a celebrareis por sete dias como festa para o SENHOR. É uma prescrição perpétua para vossas gerações. No sétimo mês a celebrareis. **42** Habitareis em cabanas por sete dias. Todos os nativos de Israel habitarão nas cabanas, **43** a fim de que vossas gerações saibam que fiz os filhos de Israel habitar nas cabanas ao fazê-los sair da terra do Egito. Eu sou o SENHOR, vosso Deus'".

44 Assim Moisés falou das solenidades do SENHOR aos filhos de Israel.

Prescrições complementares

24 **1** O SENHOR falou a Moisés: **2** "Ordena aos filhos de Israel que tomem para ti azeite de oliveira, natural e batido, para a iluminação, a fim de permanentemente deixar acesa a lamparina. **3** Do lado de fora da cortina do testemunho, na tenda do encontro, Aarão o organizará permanentemente diante do SENHOR, do entardecer até o amanhecer. Será uma prescrição perpétua para vossas gerações: **4** sobre a menorá pura, permanentemente organizará as lamparinas diante o SENHOR.

5 Tomarás sêmola de trigo e dela cozerás doze roscas. Cada rosca será de dois décimos de um efá. **6** Em duas fileiras, seis em cada fileira,

---

24,1-23 Além do fogo permanente (Lv 6,5-6), o sacerdote deve estar em contínuo serviço, a fim de conservar sempre acesa as chamas da menorá, o candelabro em forma de árvore do santuário (vv. 1-4; para a menorá: Ex 25,31-40; 37,17-24; 40,9.24-25; para as lamparinas da menorá: Nm 8,1-4). A prática de acender lâmpadas no santuário e de preparar uma mesa com alimentos evoca a ideia do santuário como morada da divindade, sendo que esses objetos teriam por finalidade garantir o bem-estar da divindade em sua habitação. Enquanto nos santuários das divindades do antigo Oriente Próximo tais usos eram compreendidos de modo muito material, por intermédio de banquetes suntuosos, no santuário do Deus de Israel essa ideia é mais simbólica, sendo a lâmpada sagrada símbolo de Deus e de sua relação com a criação. De fato, a menorá reúne símbolos sagrados do antigo Israel, isto é, o candelabro e as árvores sagradas (Zc 4). Os doze pães (vv. 5-9) são uma evocação da teologia da aliança; cada pão deve ser feito de dois décimos de um efá, praticamente o dobro da medida diária suficiente a um homem (Ex 16,16). Os pães são ofertas santíssimas, análogos às oblações (Lv 2,3.10; 6,10) e aos sacrifícios (Lv 6–7), que devem ser consumidos pelos sacerdotes em lugar santo. O número, isto é, doze pães, é igualmente evocação da aliança perpétua de Deus com as doze tribos descendentes de Israel (Gn 9,16; 17,7.13.19; Ex 31,16). A sequência textual retorna ao estilo narrativo, para oferecer instruções e estabelecer regras gerais sobre a pena de morte em caso de blasfêmia e maldições contra Deus (v. 16). A equiparação entre o imigrante e o nativo é uma característica da teologia do Código de Santidade (v. 16). O texto faz uma passagem da culpa mais grave contra Deus àquela contra o ser humano, estabelecendo como princípio geral da lei penal "fratura por fratura, olho por olho, dente por dente" (v. 20; Ex 21,24), isto é, a lei do talião. O paralelismo entre a vida humana e a vida animal é evidenciado, sendo que o dano feito a um animal ou à sua vida pode ser reparado mediante uma compensação econômica. O dano feito à vida humana, porém, é irreparável. A lei também estabelece um limite ao que foi prejudicado, sendo que não se pode exigir mais do que o correspondente à sua perda.

LEVÍTICO 24–25

as disporás sobre a mesa pura diante do SENHOR. **7** Sobre cada fileira meterás incenso natural. Será a parte memorial para o pão, o sacrifício queimado para o SENHOR. **8** Perenemente, de sábado em sábado, o organizará diante do SENHOR. Da parte dos filhos de Israel, será uma aliança perpétua. **9** Será para Aarão e para os filhos dele. Em um lugar santo o comerão, porque isso lhe será coisa santíssima entre os sacrifícios queimados ao SENHOR. Será uma prescrição perpétua".

10 O filho de uma mulher israelita – ele era o filho de um homem egípcio – saiu do meio dos filhos de Israel, sendo que o filho da israelita e um homem israelita brigaram no acampamento. **11** Ora, o filho da mulher israelita blasfemou o nome e amaldiçoou. Então o trouxeram a Moisés. O nome da mãe dele era Selomit, filha de Dibri, da tribo de Dã. **12** Retiveram-no na prisão, para, em relação a eles, tomar uma decisão segundo a boca do SENHOR.

13 O SENHOR falou a Moisés: **14** "Faze sair para fora do acampamento aquele que amaldiçoou! E todos os que escutaram apoiarão suas mãos sobre a cabeça dele e o apedrejarão: toda a comunidade.

15 Falarás aos filhos de Israel: 'Qualquer homem que amaldiçoar seu Deus carregará seu pecado, **16** mas o que blasfemar o nome do SENHOR certamente morrerá. Toda a comunidade certamente o apedrejará. Seja um imigrante, seja um nativo, ele, ao blasfemar o nome, morrerá.

17 Se um homem ferir a alma de um ser humano, certamente morrerá. **18** Quem ferir a alma de um gado indenizará por ela: é vida por vida. **19** Se um homem infligir um dano corporal a seu compatriota, de acordo com o que fez lhe será feito. **20** Fratura por fratura, olho por olho, dente por dente: de acordo com o dano corporal que inflige ao humano, lhe será infligido.

21 Quem fere um gado indenizará por ele, mas quem fere um humano será morto.

22 Haverá para vós um só direito, o qual é para o imigrante e para o nativo. De fato, eu sou o SENHOR, vosso Deus'".

23 Moisés falou aos filhos de Israel. Fizeram sair para fora do acampamento quem havia amaldiçoado. E o apedrejaram com pedras. Os filhos de Israel agiram conforme o SENHOR ordenara a Moisés.

Ano sabático e jubileu

25 **1** O SENHOR falou a Moisés no monte Sinai: **2** "Fala aos filhos de Israel e dize-lhes: 'Quando entrardes na terra que eu vos dou, a terra também manterá o repouso sabático para o SENHOR. **3** Seis anos

---

25,1-55 Localizado no monte Sinai (Lv 25,1; 26,46; 27,34), o discurso do capítulo 25 aborda especificamente a legislação referente ao ano sabático da terra e ao jubileu. Embora outras coleções de leis contemplem o repouso sabático (Ex 23,10-11; Dt 15,1-18), apenas o livro de Levítico o aplica diretamente à terra.

LEVÍTICO 25

semearás teu campo, seis anos podarás tua vinha e colherás sua produção. **4** No sétimo ano, porém, haverá um sábado de descanso sabático para a terra, um sábado para o SENHOR: não semearás teu campo nem podarás tua vinha. **5** A brotação de tua ceifa não ceifarás, e as uvas do não podado não vindimarás. Será um ano de descanso sabático para a terra. **6** O sábado da terra vos será para alimento: a ti, a teu servo, a tua serva, a teu assalariado e a teu forasteiro, os quais se hospedam contigo, **7** a teu gado e aos animais que estão em tua terra. Toda a produção dela será para alimentar-se.

8 Contarás para ti sete sábados anuais, sete vezes sete anos, a fim de que os dias dos sete sábados anuais sejam quarenta e nove anos. **9** Então, no sétimo mês, no décimo do mês, farás passar o chofar estridente. No dia da reconciliação fareis passar o chofar em toda a vossa terra. **10** Santificareis o ano do quinquagésimo ano. Na terra, proclamareis uma libertação para todos os habitantes dela. Esse será o jubileu para vós: retornareis, cada um, à sua propriedade e retornareis, cada um, à

A expressão "o sábado da terra" (v. 6) se encontra tanto no decálogo (Ex 20,10; Dt 5,13) quanto no versículo 6, e se refere ao ano sabático propriamente dito, como um dom do Senhor feito à terra. Enquanto o sábado semanal tem seu princípio na criação (Gn 2,2-3; Ex 20,8-11) ou no êxodo (Dt 5,12-15), o ano sabático tem seu princípio no dom da terra (v. 2). O ano sabático deve ser celebrado no sétimo ano e contempla principalmente a esfera agrícola, isto é, o repouso da terra, sem plantações, podas ou colheitas em larga escala; já o ano do jubileu é celebrado a cada cinquenta anos e visa, sobretudo, à restituição da propriedade da terra a seu dono originário (vv. 8-17; Lv 23,15), bem como à libertação dos "escravos" por dívidas, a fim de que voltem à sua família e à sua propriedade originária. A abertura do ano jubilar coincide com o início do dia da expiação (v. 9; Lv 16) e é anunciada com o som do chofar, um tipo de berrante feito de chifre de carneiro. O centro teológico da perícope recai sobre a bênção de Deus, proprietário legítimo da terra (v. 23), que garante o sustento de seu povo sem que a terra seja cultivada (vv. 11-13.20-22; Ex 16,22-26). Na legislação da Mesopotâmia e do Egito, a terra originariamente era propriedade da coroa e, na ausência de herdeiros, retornava ao rei (Gn 47,20-26). No antigo Israel, Deus, o supremo soberano e legislador, reivindica a si o direito de propriedade da terra concedida ao povo (v. 23; Nm 33,50–34,29); portanto, diante de Deus, proprietário legítimo da terra, Israel será sempre imigrante e hóspede (1Cr 29,15; Sl 39,13). Com base no direito de concessão, nasce o direito de resgate perpétuo, com seus diversos desdobramentos em caso de alienação da terra ou de si mesmo decorrente de endividamento (vv. 25-34) e de empobrecimento (vv. 35-53). Nesse contexto, ganha notoriedade a figura do "resgatador" (em hebraico *goel* [vv. 24.26.29.31.32.48.51.52; Nm 35,19]), que é um parente próximo responsável por proteger os direitos daqueles que não têm possibilidade de se autofinanciar (vv. 48-49; Rt 4; Jr 32,8). Em último caso, se um israelita não puder pagar por seu resgate e não tiver um resgatador, no ano do jubileu deverá ser liberado de suas dívidas e ter suas propriedades de volta (v. 54). A matriz teológica dessa legislação se apoia no entendimento de que tanto a terra quanto o povo de Israel são propriedades perpétuas e exclusivas de Deus, separadas e consagradas a ele (v. 23; Lv 19,2; 20,7; 21,7), portanto, inalienáveis; por isso, jamais um israelita deverá reduzir outro israelita a propriedade sua, escravizando-o. Na terra concedida a Israel, embora a escravidão seja lícita, esta última deve se limitar aos imigrantes e estrangeiros (vv. 44-46); e, caso um israelita se torne escravo de um imigrante, pode se liberar a qualquer momento mediante o pagamento de resgate ou aguardar até o ano jubilar (vv. 47-55). A perícope se conclui reforçando o conceito teológico-sacerdotal segundo o qual Israel é propriedade exclusiva de Deus, que o libertou do Egito (v. 55; Lv 19,36; 22,33; 23,43).

LEVÍTICO 25

sua família. **11** O ano do quinquagésimo ano será um jubileu para vós. Não semeareis nem ceifareis até mesmo o que brotar naturalmente nem vindimareis o que não foi podado. **12** De fato, o jubileu será santo para vós. Comereis a própria produção do campo. **13** Nesse ano do jubileu, retornareis, cada um, à sua propriedade.

14 Se venderdes algo vendável a vosso compatriota ou adquirirdes algo da mão de vosso compatriota, não sereis abusivos, ninguém com seu irmão. **15** De acordo com o número de anos após o jubileu, adquirirás de teu compatriota, e, conforme os anos de produção, ele venderá a ti. **16** De acordo com a quantidade dos anos multiplicarás o preço dele e, à medida que forem poucos os anos, reduzirás o preço dele. De fato, é o número de produções que ele te vende. **17** Não sereis abusivos, ninguém com seu compatriota. Temerás teu Deus, porque eu sou o SENHOR, vosso Deus.

18 Praticareis minhas prescrições. Guardareis meus decretos e os praticareis. Então habitareis na terra em segurança. **19** A terra dará seus frutos, e vos alimentareis com fartura. Habitareis nela em segurança.

20 E, se disserdes: 'O que comeremos no sétimo ano? Eis que não semearemos nem colheremos nossa produção', **21** então, no sexto ano, promulgarei minha bênção para vós, sendo que ela promoverá a produção para três anos. **22** Semeareis no oitavo ano, mas vos alimentareis da produção velha. Até o nono ano, até chegar a produção dele, comereis do que é velho.

23 A terra não será vendida definitivamente, porque a terra é minha. De fato, vós sois imigrantes e residentes forasteiros junto a mim. **24** Em toda a terra de vossa propriedade, proporcionareis o resgate pela terra.

25 Se teu irmão empobrecer e vender parte da propriedade dele, virá o resgatador dele que lhe é mais próximo e resgatará o que foi vendido de seu irmão. **26** Se um homem não tiver um resgatador para si, mas sua mão atingir e alcançar o suficiente para seu resgate, **27** calculará os anos de sua venda e restituirá o que sobra ao homem, sendo que a ele vendeu. E retornará à sua propriedade. **28** Caso sua mão não alcance o suficiente para lhe restituir, o que foi vendido ficará até o ano do jubileu na mão de quem o adquiriu. No jubileu, porém, saíra e retornará à propriedade dele.

29 Se um homem vender uma casa residencial em uma cidade com muralha, há possibilidade do resgate dela até completar-se um ano da venda dela. São os dias em que poderá acontecer o resgate dela. **30** Caso não seja resgatada até se completar para ela um ano acabado, se confirmará: a casa que está na cidade com muralha será definitivamente de quem a adquiriu e das gerações dele. Não sairá no jubileu. **31** As casas dos sítios, porém, ao redor das quais não há uma muralha, são consideradas juntas com o campo da terra. Haverá resgate para elas. No jubileu sairá.

32 Quanto às cidades dos levitas, às casas das cidades de propriedade deles, existe um resgate perpétuo para os levitas, **33** sendo que um dos levitas resgatará, ou a casa vendida sairá no jubileu por estar na cidade

LEVÍTICO 25

de propriedade dele. De fato, as casas das cidades dos levitas são, no meio dos filhos de Israel, de propriedade deles. **34** O campo de pastagem das cidades deles não será vendido, porque lhes é uma propriedade perpétua.

35 Se teu irmão empobrecer e a mão dele vacilar contigo, tu o sustentarás, seja um imigrante, seja um residente forasteiro, para que viva contigo. **36** Não tomarás dele a juros nem com ágio, mas terás temor de teu Deus, para que teu irmão possa viver contigo. **37** Não lhe darás teu dinheiro com juros nem darás teu alimento com aumento. **38** Eu sou o Senhor, vosso Deus, sendo que vos fiz sair da terra do Egito, para vos dar a terra de Canaã, a fim de ser vosso Deus.

39 Se teu irmão empobrecer junto a ti e te for vendido, não o farás prestar serviço de servo. **40** Como um assalariado, como um residente forasteiro estará contigo. Servirá a ti até o ano do jubileu. **41** E sairá de junto de ti: ele e os filhos dele junto com ele. Retornará à família dele. À propriedade de seus pais retornará. **42** De fato, eles são meus servos, sendo que os fiz sair da terra do Egito. Não serão vendidos como venda de servo. **43** Nele não o dominarás brutalmente, mas terás temor de teu Deus.

44 Que teu servo e tua serva, os quais te pertencem, sejam das nações que estão a vosso redor! Delas adquirirás um servo ou uma serva. **45** Também tomarás dos filhos dos residentes forasteiros que se hospedam convosco, dos familiares deles que estão convosco, sendo que os fizeram nascer em vossa terra. Eles vos serão como propriedade. **46** E, depois de vós, os deixareis como herança para vossos filhos, para deles tomarem posse como de uma propriedade. Perpetuamente lhes servirão. Quanto a vossos irmãos, os filhos de Israel, não dominarás brutalmente um dentre seus irmãos.

47 Se um imigrante ou um residente forasteiro que está contigo alcançar recursos, e teu irmão junto a ele empobrecer e for vendido ao imigrante, residente forasteiro que está contigo ou a um descendente da família do imigrante, **48** haverá resgate para ele após ter sido vendido. Um de seus irmãos o resgatará. **49** O tio dele ou o filho do tio dele o resgatará. Ou a carne de sua carne, alguém de sua família, o resgatará. Ou, após ter alcançado recursos, ele se resgatará a si mesmo. **50** Calculará com quem o adquiriu desde o ano que foi vendido até o ano do jubileu: o dinheiro de sua venda será conforme o número de anos, segundo os dias que está com ele como assalariado.

51 Caso ainda sejam muitos anos, restituirá como seu resgate com base neles, segundo o dinheiro de sua aquisição. **52** Caso tenha restado pouco em anos até o ano do jubileu, lhe fará o cálculo: com base em seus anos, restituirá seu resgate. **53** Como um assalariado estará com ele ano após ano. A teus olhos, não o dominará brutalmente.

54 Caso não seja resgatado de algum desses modos, sairá no ano do jubileu, ele e, com ele, os filhos dele. **55** De fato, os filhos de Israel a mim pertencem como servos. Eles são meus servos, sendo que os fiz sair da terra do Egito. Eu sou o Senhor, vosso Deus.

LEVÍTICO 26

Bênçãos e maldições

26 ¹ Não fareis insignificantes para vós, não erguereis uma escultura ou uma estela para vós, não arrumareis em vossa terra pedra fantasiosa para vos prostrar junto a ela, porque eu sou o SENHOR, vosso Deus. ² Guardareis meus sábados e temereis meu santuário. Eu sou o SENHOR.

³ Se andardes conforme minhas prescrições, se guardardes meus mandamentos e os praticardes, ⁴ darei vossas chuvas no tempo delas. A terra dará seu produto, e a árvore do campo dará seu fruto. ⁵ Vossa debulha alcançará a vindima, e a vindima alcançará a semeadura. Comereis vosso pão com fartura e habitareis com segurança em vossa terra.

⁶ Proporcionarei paz na terra, e vos deitareis sem quem sobressalte. Apartarei a fera nociva da terra. A espada não atravessará vossa terra. ⁷ Perseguireis vossos inimigos. Pela espada, cairão diante de vós. ⁸ Cinco de vós perseguirão cem, e cem dentre vós perseguirão dez mil. Vossos inimigos cairão pela espada diante de vós.

⁹ A vós me virarei, vos tornarei fecundos, vos multiplicarei e erguerei minha aliança convosco. ¹⁰ Comereis do que é velho, ou seja, o que ficou envelhecido. E precisareis fazer sair o velho diante do novo.

26,1-46 Bênçãos e maldições constituem um gênero literário específico, presente no fim de coletâneas legislativas (Lv 26; Dt 28), presente também em outras coletâneas legislativas do antigo Oriente Próximo, por exemplo no Código de Hamurábi, pelo qual a divindade se comprometia a abençoar os que seguiam suas leis e punir os que as transgrediam. O elenco de bênçãos e maldições de Lv 26 é introduzido pela síntese dos deveres da aliança: a proibição de fabricar ídolos de qualquer material (vv. 1-2) e a obrigação de guardar o sábado. O combate à idolatria será um tema muito presente na história, na vida e nas instituições do antigo Israel (Ex 20,3; Lv 19,3-4.30; Dt 7,5; 2Rs 23,14; Jr 17,19-27; Ez 20,12-13). Essas admoestações pressupõem que todo desvio de caráter moral parte dos desvios cultuais. Deus recompensa a fidelidade (vv. 3-13) favorecendo as chuvas, a regularidade climática, a fertilidade do solo, a abundância na produção, a saciedade, a paz e a segurança (Ex 25,8; Dt 11,13-14; Ez 36,28; 37,27). Ademais, Deus assegura sua presença libertadora, amigável e familiar andando em meio a seu povo por meio de sua habitação (v. 13; Lv 11,45; 18,3-5; 22,33; 25,38; 26,45). A infidelidade do povo, porém, será punida com maldições (vv. 14-45), isto é, doenças, estado de pânico e terror dos inimigos, infertilidade da terra, falta de chuvas, fome, invasão de animais selvagens e desterro. A cada punição o povo será avaliado: se não se arrepender da hostilidade e rebeldia contra Deus, a punição seguirá com maior intensidade (vv. 18.21.24.28), ao ponto de os pais comerem a carne dos próprios filhos e de os cadáveres serem lançados sobre o cadáver de seus ídolos (vv. 27-33). A máxima punição consiste na destruição da identidade de Israel mediante o exílio e a dispersão do povo eleito entre as nações pagãs. De certo modo, o exílio seria uma bênção para a terra, uma oportunidade de repouso sabático, constantemente violado pelo povo infiel (vv. 34-35). O texto, entretanto, revela o coração da teologia da aliança: não obstante a infidelidade do povo e a consequente punição, Deus não abandona nem rompe sua aliança, mas permanece fiel caminhando junto a seu povo (vv. 44-45; Lv 11,45; 18,3-5; 22,33; 25,38). Embora o povo viole as prescrições, o direito e as instruções dados por Deus, a aliança estabelecida com os patriarcas e com o povo eleito permanece válida. Deus é justo, pois permanece fiel às suas promessas, não obstante o pecado humano (v. 45).

LEVÍTICO 26

11 Colocarei minha morada em vosso meio, e minha alma não se enfastiará de vós. **12** Andarei entre vós e serei vosso Deus. E vós sereis meu povo. **13** Eu sou o SENHOR, vosso Deus, sendo que vos fiz sair da terra do Egito, para não lhes serdes servos. Quebrei os jugos sobre vós e vos fiz andar de forma ereta.

14 Caso não me escuteis nem pratiqueis todos esses mandamentos, **15** caso rejeiteis minhas prescrições, caso vossa alma se enfastie de meus decretos, sem praticar todos os meus mandamentos e assim anulardes minha aliança, **16** eu também vos farei isto: com pavor, tísica e febre vos visitarei, para esgotamentos dos olhos e para definhamentos da alma. Em vão semeareis vossa semente, pois vossos inimigos a comerão. **17** Fixarei minha face em vós, e sereis lesados diante de vossos inimigos. Os que vos odeiam vos dominarão. Fugireis sem haver quem vos persiga.

18 Caso não me escuteis com isso, continuarei a corrigir-vos. Será sete vezes por causa de vossos pecados. **19** Quebrarei o orgulho de vossa força: farei com que vossos céus sejam como ferro e vossa terra como bronze. **20** Vosso vigor se acabará em vão. Vossa terra não dará seu produto, e a árvore da terra não dará seu fruto.

21 E, caso andeis para um encontro hostil comigo e não queirais me escutar, continuarei como quem vos fere: sete vezes de acordo com vossos pecados. **22** Enviarei a vós a fera do campo, que vos desfilhará, eliminará vosso gado e vos diminuirá. E vossos caminhos ficarão desolados.

23 E, caso não vos deixeis corrigir por mim com essas coisas, mas andeis para um encontro hostil comigo, **24** também eu andarei para um encontro hostil convosco. Até mesmo eu vos ferirei sete vezes por causa de vossos pecados. **25** Junto a vós farei chegar uma espada, a qual se vingará por reivindicação da aliança. Em vossas cidades vos reunireis, mas enviarei a peste entre vós. Sereis entregues na mão do inimigo. **26** Ao eu vos cortar o sustento de pão, dez mulheres cozerão vosso pão em um único forno. Devolverão vosso pão por peso. Comereis, mas não vos saciareis.

27 Caso com isso não me escuteis, mas andeis para um encontro hostil comigo, **28** também andarei convosco com furor de um encontro hostil. Certamente eu vos corrigirei sete vezes por causa de vossos pecados. **29** Comereis a carne de vossos filhos e comereis a carne de vossas filhas. **30** Suprimirei vossos lugares altos, eliminarei vossos altares de incenso, amontoarei vossos defuntos sobre os defuntos de vossos ídolos, e minha alma se enfastiará de vós. **31** Entregarei vossas cidades à desolação, arrasarei vossos santuários e não cheirarei o odor de vosso apaziguamento. **32** Eu arrasarei a terra. Vossos inimigos, que nela habitam, ficarão desolados. **33** Entre as nações vos espalharei. Desembainharei a espada atrás de vós. Vossa terra será uma desolação, e vossas cidades se tornarão uma ruína. **34** Então a terra saldará os sábados dela durante todos os dias de sua desolação. Vós estareis na terra de vossos inimigos. Então a terra descansará, pois obterá o saldo dos sábados dela. **35** Todos os dias de sua desolação, descansará o que não descansou em vossos sábados ao terdes

LEVÍTICO 26–27

habitado sobre ela. **36** Quanto aos sobreviventes dentre vós, farei entrar pânico no coração deles, enquanto estiverem nas terras de seus inimigos. O som de uma folha dissipada os perseguirá. Fugirão como se foge da espada e cairão, mesmo que não exista um perseguidor. **37** Tropeçarão, o homem sobre seu irmão, como diante da espada, mesmo que não exista quem persiga. E, para vós, não haverá resistência perante vossos inimigos. **38** Perecereis entre as nações. A terra de vossos inimigos vos consumirá. **39** E os sobreviventes dentre vós apodrecerão com o delito deles nas terras de vossos inimigos. Até mesmo por causa dos delitos de seus pais, apodrecerão com eles.

40 No entanto, confessarão seu delito e o delito de seus pais, por causa de sua traição, com a qual me traíram. Mesmo que tenham andado para um encontro hostil comigo **41** – e também eu andava para um encontro hostil com eles, sendo que os fiz entrar na terra de seus inimigos –, que seu coração incircunciso se rebaixe e que saldem seu delito. **42** Então me lembrarei de minha aliança com Jacó e também de minha aliança com Isaac. Mesmo de minha aliança com Abraão me lembrarei. E me lembrarei da terra. **43** A terra, porém, precisará ser abandonada por eles. Que se saldem os sábados dela na desolação sem eles! Eles saldarão seu delito, porque rejeitaram meus decretos, e a alma deles se enfastiou de minhas prescrições. **44** Mesmo com isso, ao eles estarem na terra de seus inimigos, não os rejeitarei nem me enfastiarei deles, para liquidá-los, a fim de anular minha aliança com eles, porque eu sou o Senhor, o Deus deles. **45** Por eles me lembrarei da aliança com os antepassados, sendo que os fiz sair da terra do Egito aos olhos das nações, para ser o Deus deles. Eu sou o Senhor'".

46 Essas são as prescrições, os decretos e as instruções que o Senhor, no monte Sinai, colocou pela mão de Moisés entre si e entre os filhos de Israel.

Tarifas por pessoa e coisas consagradas

27 **1** O Senhor falou a Moisés: **2** "Fala aos filhos de Israel e dize-lhes: 'Se um homem, segundo tua estimativa de pessoas, proceder maravilhosamente com um voto ao Senhor, **3** e se se tratar de tua estimativa do varão, de alguém entre vinte e sessenta anos, tua estimativa será cinquenta siclos de prata segundo o peso do santuário. **4** Caso ela seja do sexo feminino, tua estimativa será de trinta siclos. **5** Caso seja

---

27,1-34 O Levítico se conclui com uma tabela de valores referentes aos votos ou à consagração de algo reservado exclusivamente a Deus (v. 1; Lv 7,16; 22,21; Nm 30,3-16; Dt 12,6-12; 23,19.22-24). A primeira parte apresenta os critérios para fazer uma estimativa de valor conforme a idade e o sexo da pessoa (vv. 1-8). O texto não especifica o motivo que leva a pessoa a emitir um voto nem entra no mérito do voto. Entretanto, os textos bíblicos oferecem alguns exemplos de votos (Gn 28,20-22; Jz 11,34-39; 1Sm 1,28).

LEVÍTICO 27

alguém entre cinco e vinte anos, tua estimativa seja de vinte siclos para o varão e de dez siclos para o sexo feminino. [6] Caso seja alguém entre um mês e cinco anos, tua estimativa seja de cinco siclos de prata para o varão e de três siclos de prata para o sexo feminino. [7] Caso seja alguém de sessenta anos para cima, tua estimativa seja de quinze siclos no caso do varão e de dez siclos para o sexo feminino. [8] Caso ele esteja demasiado empobrecido para tua estimativa, o porás em pé diante do sacerdote, e o sacerdote o estimará. Segundo o que a mão de quem fez o voto alcançar, o sacerdote o estimará.

[9] Caso seja um gado do qual apresentem uma oferenda ao SENHOR, tudo do que se dará ao SENHOR será santo. [10] Não se trocará nem se alterará um bom por um mau ou um mau por um bom. Caso realmente se altere gado por gado, será santo, tanto este como o que foi alterado. [11] Caso seja qualquer gado impuro, do qual não devereis apresentar uma oferenda ao SENHOR, porás o gado em pé diante do sacerdote. [12] O sacerdote o estimará. Seja bom, seja mau, tua estimativa será a do sacerdote. [13] Caso alguém realmente o queira resgatar, acrescentará um quinto à tua estimativa.

O voto não precisa ser, necessariamente, feito pela pessoa implicada, podendo ser realizado por um terceiro, como, por exemplo, se prevê a oferta de voto de uma criança entre um mês e cinco anos de idade (v. 6). Um texto emblemático com relação ao compromisso e às consequências de um voto é a história da filha de Jefté (Jz 11,29-40), oferecida em voto por seu pai e, consequentemente, sacrificada em holocausto. Todavia, o sacrifício não é a única matéria de oferta de um voto, pois o serviço ao santuário, por exemplo, também podia ser matéria do voto, como no caso de Samuel (1Sm 1,1-28). O valor de cinquenta siclos para um homem adulto em pleno potencial produtivo corresponde ao tributo imposto ao rei da Samaria pelo rei da Assíria (2Rs 15,20), praticamente o valor de mercado de um escravo. A legislação referente ao voto de animais faz distinção entre animais oferecidos em sacrifício e animais domésticos impuros (vv. 9-13), mas a oferta a Deus mediante um voto é irrevogável; nesse sentido, a casuística é mais elaborada a fim de evitar que a lei seja burlada, tanto por bem quanto por mal. Em última instância, caso a pessoa insista em trocar o animal, deverá oferecer tanto o primeiro quanto aquele pelo qual pensava em substituir. Prevê-se a possibilidade de resgate do animal; nesse caso, o dono deve pagar um quinto a mais que o valor de mercado. Em referência aos bens imobiliários, casa e campo, o legislador usa o termo "santificar", em vez de "votar", a fim de indicar dons feitos espontaneamente ao santuário (vv. 14-25). A consagração do campo, especificamente, é regulada de acordo com a legislação do jubileu (vv. 16-25; Lv 25). Casos particulares também são contemplados e classificados como irrevogáveis, por causa da consagração. Com exceção de animais primogênitos (vv. 26-27), nenhuma coisa consagrada a Deus pode ser vendida ou resgatada, sob pena de morte (vv. 28-29). A consagração de algo a Deus implica um dom total, que exclui qualquer possibilidade de uso por parte de uma pessoa (Js 6,17; 7,1; 1Sm 15). O dízimo da terra, da semente e dos frutos, bem como de animais, contribuição a ser oferecida no templo, entra para a lista dos votos e também pode ser resgatado, seguindo o critério do acréscimo de um quinto sobre o valor de venda (vv. 30-33). O texto não aborda o caráter social do dízimo para o sustento dos levitas, dos pobres, das viúvas, dos órfãos e dos imigrantes (Nm 18,21-32; Dt 14,22-26; 26,12-15). Por fim, o texto conclui a revelação divina feita a Moisés no monte Sinai (v. 34; Lv 25,1; 26,46) sugerindo que toda a legislação do Levítico deva ser lida sob a perspectiva da aliança.

LEVÍTICO 27

14 Se alguém santificar sua casa como algo consagrado ao SENHOR, o sacerdote o estimará entre bom e mau. Conforme o sacerdote o estimar, assim se confirmará. **15** Caso aquele que santificou queira resgatar sua casa, acrescentará um quinto ao dinheiro de tua estimativa. E será dele.

16 Caso alguém consagre algo do campo de sua propriedade ao SENHOR, tua estimativa será de acordo com a semeadura dele: um hômer de semente de cevada a cinquenta siclos de prata. **17** Caso consagre seu campo desde o ano do jubileu, conforme tua estimativa se confirmará. **18** Caso consagre seu campo depois do jubileu, o sacerdote lhe calculará o dinheiro segundo os anos restantes até o ano do jubileu e reduzirá tua estimativa. **19** Caso aquele que consagrou o campo realmente queira resgatá-lo, acrescentará a ele um quinto do dinheiro de tua estimativa, e com ele permanecerá. **20** Caso não resgate o campo e caso venda o campo a outro homem, não será mais resgatado. **21** Ao ele sair no jubileu, o campo será algo consagrado ao SENHOR como campo anátema; será do sacerdote como sua propriedade. **22** Caso consagre ao SENHOR um campo de sua aquisição, sem que seja do campo de sua propriedade, **23** o sacerdote lhe calculará o montante de tua estimativa até o ano do jubileu. E oferecerá tua estimativa nesse dia como algo consagrado ao SENHOR. **24** No ano do jubileu, o campo voltará àquele de quem o adquiriu, sendo que a propriedade de terra pertence àquele. **25** Toda a tua estimativa será segundo o siclo do santuário: de vinte geras será o siclo.

26 O primogênito que nasce como primogênito no gado pertencerá, evidentemente, ao SENHOR. Ninguém o consagrará, seja um boi, seja um cordeiro. Ele será do SENHOR. **27** Caso seja um gado impuro, se redimirá segundo tua estimativa e se acrescentará um quinto a isso. Caso não seja resgatado, será vendido segundo tua estimativa.

28 Apenas tudo o que é anátema, que alguém, de tudo que lhe pertence, dedica como anátema ao SENHOR, seja de um ser humano, seja de um gado, seja do campo de sua propriedade, não será vendido nem resgatado. Todo anátema é algo santíssimo. Ele é para o SENHOR. **29** Nenhum anátema, que do ser humano é dedicado como anátema, poderá ser redimido. Certamente morrerá.

30 Todo o dízimo da terra, da semeadura da terra ou do fruto da árvore pertencerá ao SENHOR. Como algo consagrado pertencerá ao SENHOR. **31** Caso alguém realmente queira resgatar algo de seu dízimo, acrescentará um quinto a ele. **32** E todo o dízimo do gado grande ou do gado pequeno, tudo o que passa debaixo do bastão, a décima parte será como algo consagrado ao SENHOR. **33** Não se examinará se é bom ou mau, e nada se alterará. Caso alguém realmente o altere, o alterado será santo, bem como o outro. Nada será resgatado'".

34 Esses são os mandamentos que o SENHOR, no monte Sinai, ordenou a Moisés no tocante aos filhos de Israel.

NÚMEROS

INTRODUÇÃO

O nome "Números" é uma tradução literal para o português do título que aparece nas versões gregas ("*Arithmoi*"), já conhecido no segundo século da era cristã e acolhido pelos textos latinos, nos quais aparece como "*Numeri*". Esse título foi dado provavelmente pelos grandes recenseamentos dos israelitas encontrados em Nm 1–4 e 26, que constituem um marco para a mensagem teológica do livro. As enumerações também aparecem quanto aos grupos de levitas de Nm 3,14-51 e nas listas encontradas em Nm 7,10-83; 26,5-51; 28,1–29,38; 31,31-52. O nome do livro em hebraico não é retirado da primeira palavra que aparece no texto, como acontece com os demais livros da Torá. Os autores sagrados preferiram identificá-lo como "No deserto" ("*Bemidbar*" [Nm 1,1.19; 3,4.14 etc.]), refletindo no título um tema essencial do livro: a passagem do povo de Israel pelo deserto, em direção à terra prometida, sob a direção do Senhor.

AUTOR, DATA E DESTINATÁRIO

A organização final de Números revela um intenso esforço escribal no retorno do exílio da Babilônia, após o edito de Ciro (538 a.C.). Durante o cativeiro, uma teologia leiga chamada de deuteronomista (D) e outra sacerdotal (P, do alemão Priester) resgataram a história das origens de Israel, fortalecendo a identidade israelita, respondendo a questões teológicas referentes à derrota do povo escolhido, dando esperança aos exilados e preparando um possível retorno à terra. A vida de fé dos grandes personagens da história que viveram fora de Canaã ou em peregrinação a ela, especialmente Abraão e Moisés, servia como modelo para o cativeiro e foi consignada por escrito. No retorno da Babilônia, os livros de Gênesis, Êxodo e Levítico, por um lado, e Deuteronômio, por outro, já tinham uma forma proto-canônica.

A sociedade judaica do período persa e do segundo templo apresentava pluralidade cultural, política e teológica. A edição da Torá, ou seja, do Pentateuco, nesse período teve de receber contribuições de diferentes partes e fazer uma ponte entre as teologias sacerdotal e deuteronomista, integrando em uma perspectiva dialética os diferentes grupos que as representavam. Diante dos

NÚMEROS – INTRODUÇÃO

conflitos teológicos e da necessidade de integrar novos elementos à Torá antes de seu fechamento, o livro de Números era o único à disposição dos editores do Pentateuco.

Nesse período, já estava disponível uma vasta quantidade de tradições escritas na biblioteca do segundo templo, além de tradições populares que circulavam oralmente ou em fragmentos escritos. Os autores sacerdotais interpretam em Números muitas dessas tradições, incorporadas especialmente em Nm 10–24. Algumas leis adicionais no livro de Números também refletem tentativas de explicação de leis anteriores presentes em Levítico e Deuteronômio. Esse processo de interpretação e atualização dos textos explica em boa medida a multiplicidade de materiais e de gêneros literários do livro.

ESTRUTURA

Eis, de forma esquematizada, a estrutura literária do livro de Números:

1,1–10,10	**Preparação para partir do Sinai**
1,1–4,49	*Recenseamento*
5,1–6,27	*Leis diversas*
7,1–8,26	*Oferendas dos chefes e consagração dos levitas*
9,1–10,10	*Preparação próxima da partida*
10,11–12,16	**Partida do Sinai a Cades**
10,11–10,36	*Ordem de partida*
11,1–12,16	*Crises e reclamações na caminhada*
12,17–18,22	**Israel em Cades e arredores**
13,1–14,45	*Missão dos exploradores e reação do povo*
15,1–15,41	*Prescrições e leis cultuais*
16,1–17,28	*Questionamento à autoridade de Moisés e de Aarão*
18,1–22	*Prescrições diversas*
19,1–21,35	**Partida de Cades às planícies de Moab**
19,1–21,35	*Sofrimentos na caminhada e primeiras vitórias*
22,1–36,13	**Israel em Moab**
22,1–25,18	*Episódio de Balaão e Baal-Fegor*
25,19–27,23	*Novas disposições*
28,1–30,17	*Disposições sobre sacrifícios e festas*
31,1–36,13	*Despojos de guerra e partilha*

NÚMEROS – INTRODUÇÃO

PRINCIPAIS TEMAS

A caminhada no deserto em Números é descrita como uma peregrinação litúrgico-militar. No primeiro censo (Nm 1), os israelitas são contados em vista de formar o exército de Israel (Nm 1,3) que se dirige triunfalmente à conquista da terra prometida. Ao mesmo tempo, insistentes indicações litúrgicas e de ritos de pureza presentes em todo o livro, além da reiteração da terra como dom (Nm 13,1; 20,24; 27,12; 33,53), mostram que o fim último da peregrinação é o cumprimento da promessa divina em vez de uma simples investida militar bem-sucedida. O início de Números (Nm 1,1) mostra o povo preparando-se para a expedição rumo à tomada de Canaã, mas sua localização geográfica, acampado aos pés do Sinai – o monte da aliança –, e sua condição de receptores da mensagem divina por meio de Moisés dão o caráter religioso de toda a peregrinação. Todos os membros da comunidade são santos, e Deus habita no meio deles (Nm 14,14; 16,3), de forma que a organização para a partida é feita seguindo extensas orientações divinas, apresentadas em Nm 1–10. O final do livro mostra Israel nas planícies de Moab, diante de Jericó, prestes a entrar na terra prometida pelo lado leste do Jordão, com uma nota indicando que Números apresenta os mandamentos e julgamentos do Senhor para Israel (Nm 36,13), o que reforça a intenção teológica do texto.

Fazendo sombra ao dom gratuito de Deus estão cerca de quinze relatos de queixas, murmurações e rebeliões contra o Senhor, Moisés e Aarão, presentes amiúde na caminhada no deserto (Nm 10,11–21,20). Esses relatos demarcam o tema da desobediência, que se estenderá até Moisés, Miriam e Aarão (Nm 12,1-2; 20,2-13). As narrativas de conflito aproximam-se em muitos aspectos das presentes em Ex 15,22–18,27, mas com diferenças substanciais. Em Êxodo, as murmurações estão frequentemente associadas à falta de água ou alimento e acontecem majoritariamente antes do referencial ético conferido com a aliança no Sinai (Ex 19–20). Em Números, os queixosos reclamam do caminho perigoso e da posição especial de Moisés, colocam-se contra o projeto de entrada em Canaã e até decidem resolutamente voltar ao Egito. Desse modo, em Números, a rebelião dos israelitas contra a vontade de Deus se expressa de maneira muito mais fundamental, o que abre espaço para consequentes condenações e fatalidades (Nm 11,1.33; 12,9-10;

NÚMEROS – INTRODUÇÃO

16,31-35; 17,6-15), tendo como ápice a condenação de toda a geração recenseada em Nm 1 a morrer no deserto (Nm 14,20-35). Na ótica teológica do livro, as punições representam uma visita de Deus para prestar contas da ação dos infiéis e para proteger os inocentes, garantindo a restauração da santidade do acampamento.

Os conflitos e castigos levantam o tema da presença santa do Senhor no meio do povo: até que ponto a infidelidade dos israelitas é capaz de tornar o acampamento impuro e romper a relação privilegiada entre Israel e Deus? Esse comportamento contrário à aliança pode impedir o cumprimento da promessa da terra? Uma série de relatos ao longo de todo o livro vai ensinando que a santidade do acampamento se mantém pela obediência às ordens divinas. Nos conflitos, a mediação de Moisés normalmente resolvia as situações por meio da consulta a Deus e da realização de suas instruções (Nm 11,2.11-23; 14,13-19). O livro frequentemente traz fórmulas similares a "Moisés fez exatamente o que o SENHOR tinha ordenado" ou então "os israelitas fizeram exatamente o que o SENHOR havia ordenado" (Nm 2,34; 17,26; 21,9). A dimensão da obediência está presente no censo (Nm 1,54), no acampamento (Nm 2,34), na apresentação das ofertas (Nm 7) e na montagem e desmontagem do acampamento (Nm 9,23); a partida para a terra prometida é feita exatamente como ordenado nos dez primeiros capítulos (Nm 10,14-36).

Como parte fundamental da santidade e da obediência, está a observância da legislação cultual, assim como o papel mediador sacerdotal. Para manter a posição de Israel como povo santo, é preciso a observância das prescrições rituais que povoam boa parte de Números. Qualquer impureza deveria ser retirada do acampamento (Nm 5,1-31). Ao mesmo tempo, o livro deixa claro que Israel é um povo eleito, que caminha sob a liderança dos sacerdotes, os quais têm a função de proteger e restituir a pureza, especialmente em caso de falta (Nm 29,7-11). A responsabilidade dos filhos de Levi de manter a santidade do acampamento exigia que tivessem uma posição à parte dos demais israelitas, de forma que se fale da separação dos levitas (Nm 3–4), da consagração dos nazireus e sua separação do povo (Nm 6), bem como da separação dos sacerdotes em relação aos levitas (Nm 8). Aarão e sua família (Nm 17,17-28; 20,28) têm um lugar privilegiado no exercício do sacerdócio (Nm 16–17).

NÚMEROS – INTRODUÇÃO

Finalmente, o sacerdócio e o culto são um sinal de que Deus está disposto a acompanhar os israelitas, mesmo diante de sua impureza, rebeldia e pecado. Deus habita no meio do povo (Nm 14,14) tanto com sua presença local quanto a partir de sinais: a tenda ou tabernáculo, presente no centro do acampamento e lugar de encontro com Deus (Nm 10,33-36; 11,24-25); a nuvem, que caminha com os israelitas para indicar a direção da jornada (Nm 9,16-18); a arca (Nm 35,34), lugar de expiação e sinal da eleição divina; a glória do Senhor (Nm 14,10; 16,19), ou seja, a forma como Deus se manifestou ao povo para comunicar-lhe decisões particulares de sua vontade, como parte de processos importantes referentes ao pecado do povo. A celebração da Páscoa, mesmo em certas situações de impureza (Nm 9,1-14), e leis que orientavam a caminhada, mesmo após grandes situações de conflito (Nm 15), indicam que Deus estava disposto a continuar a dirigir o povo. A certeza de que a promessa da conquista permanece é refletida especialmente no estabelecimento de uma nova geração (Nm 26), que deveria levar a cabo a promessa feita aos patriarcas. É no sentido da garantia da posse da terra que são apresentados os sucessos militares que ocupam a parte final do livro (Nm 20,14-21; 21,1-3.21-32.33-35) e as insistentes bênçãos presentes na história de Balaão (Nm 22–24), as quais atestam a continuidade da bênção aarônica sobre Israel (Nm 6,22-27). Na última seção do livro, encontram-se orientações precisas para a vida dos israelitas já na terra, antecipando a conquista, enquadradas pela história das filhas de Salfaad (Nm 27,1-11; 36,1-13).

INTERTEXTUALIDADE COM O NOVO TESTAMENTO

Poucos temas e motivos teológicos de Números aparecem no Novo Testamento. Balaão (Nm 22–24) é um personagem citado como exemplo de um profeta oportunista (2Pd 2,15-16; Jd 11) e incentivador da idolatria (Ap 2,14). O Evangelho de João usa a poderosa imagem do levantamento da serpente de bronze (Nm 21,4-9) como um exemplo da exaltação gloriosa e salvadora de Jesus. Os discursos de Estêvão e Paulo em Atos dos Apóstolos conhecem as tradições dos quarenta anos no deserto (At 7,42; 13,18) e as interpretam como um tempo de infidelidade do povo e de castigo (assim como Hb 3,7-19), bem como do cuidado de Deus. A leitura da exortação de 1Cor 10,1-5 é tipológica: Cristo é o alimento do

NÚMEROS – INTRODUÇÃO

deserto, rejeitado pelos israelitas, que foram condenados a perecer no deserto, como um exemplo do que os cristãos não devem fazer.

CONCLUSÃO

Números é o livro que apresenta Israel no deserto. Trata-se de um lugar de conflitos e murmurações, onde a fé de Israel é colocada à prova e os israelitas são preparados exterior e interiormente para tomar Canaã. Somente um novo coração, fiel ao projeto libertador de Deus e comprometido com a ética revelada no Sinai, é capaz de acolher o cumprimento da promessa da terra prometida. No retorno do exílio da Babilônia, o livro de Números reflete uma concepção amadurecida da fé israelita, que enfrenta diferentes desertos em sua história e compreende que a obediência às prescrições divinas demarca o caminho seguro para a união com Deus no passado de Israel e no tempo de reconstrução de Judá. As questões com as quais Números lida no período persa reaparecem em formatos diferentes ao longo da história israelita. Como ficam as promessas de Deus diante da infidelidade de seu povo? Deus dá outras chances aos que pecam ou mesmo aos líderes que abandonam seu chamado? Encontrar-se com o quarto livro do Pentateuco significou e continua significando contemplar o caminho que foi feito entre a promessa e o cumprimento dela, capacitando o leitor a optar por pertencer à nova geração, que triunfalmente toma Canaã como herança.

PREPARAÇÃO PARA PARTIR DO SINAI

RECENSEAMENTO

Primeiro recenseamento

Nm

1 [1] E o SENHOR falou a Moisés no deserto do Sinai, na tenda do encontro, no primeiro dia do segundo mês, no segundo ano da saída deles da terra do Egito: [2] "Levantai a soma de toda a comunidade dos filhos de Israel, conforme seus clãs, a casa dos pais deles, pelo número dos nomes de cada varão, cabeça por cabeça deles. [3] De todo aquele que, de vinte anos para cima, está saindo para o exército em Israel, deles, tu e Aarão fareis o recenseamento, de acordo com seus esquadrões. [4] E convosco estará um homem de cada tribo. Ele será o cabeça da casa dos pais dele. [5] E estes são os nomes dos homens que ficarão convosco:

De Rúben: Elisur, filho de Sedeur.
[6] De Simeão: Salamiel, filho de Surisadai.
[7] De Judá: Naasson, filho de Aminadab.
[8] De Issacar: Natanael, filho de Suar.
[9] De Zabulon: Eliab, filho de Helon.

1,1-47 Enquanto em Levítico apresenta-se o povo recebendo a lei no Sinai (Lv 27,34), em Números Deus fala a Moisés já no deserto (v. 1), lugar solitário (Dt 32,10) e perigoso para a vida (Dt 8,15). A dificuldade para sobreviver no caminho pelo deserto gerará crises e conflitos, mostrando a fragilidade da comunidade santa e o papel de Moisés como mediador entre ela e Deus. A tenda do encontro é o lugar onde o Senhor habita, construído junto com a morada (Ex 25,8-9; 40,34). Ali, ele manifesta sua glória, aparecendo como juiz e solucionando os episódios de conflito (Nm 14,10; 16,19; 20,6). O texto é iniciado com indicações cronológicas precisas (v. 1), que conectam a caminhada no deserto à saída do Egito (Ex 16,1; 19,1; 40,17), colocando em movimento o projeto de chegar a Canaã, a terra prometida. O censo é um pedido de Deus, e Moisés e Aarão são fiéis cumpridores das ordens divinas (vv. 17-18), como se assinala até o final do livro (Nm 36,13). A maioria dos chefes tribais (vv. 5-15) tem um nome teofórico (com a partícula *El*, que significa "deus"). Dentre as tribos, são contados os que podem lutar, ou seja, os de vinte anos para cima (v. 3; Lv 27,3-4), caracterizando uma marcha militar. Contudo, a tomada de Canaã é um projeto religioso, pois a terra é recebida como dom divino (Nm 13,1). O recenseamento das tribos introduz temas que se estabelecem até Nm 10: Israel é um povo santo, ordenado por Deus; toda a comunidade está ao redor do santuário; e os levitas, separados do povo, têm um papel central. A tribo de Levi não aparece entre os chefes das tribos (vv. 5-15), e seu recenseamento é atrasado para Nm 3–4. Essa posição especial aparece no episódio do bezerro de ouro, quando ela foi destacada do povo pecador (Ex 32,25-29). Em Nm 1,50, os levitas serão consagrados para o serviço da habitação. O simbólico número dos recenseados (seiscentos e três mil [v. 46]) significa, em hebraico, "filhos de Israel", dando a entender que todo israelita deve preparar-se para a chegada à terra da promessa. O total de recenseados se mantém quase igual durante a caminhada (Ex 12,37; Nm 26,51), revelando que, mesmo no deserto, Deus cuida de seu povo e, como prometido a Abraão, torna-o numeroso (Gn 12,2; 13,16).

NÚMEROS 1

10 Dos filhos de José: de Efraim, Elisama, filho de Amiud; de Manassés, Gamaliel, filho de Fadassur.

11 De Benjamim: Abidã, filho de Gedeoni.

12 De Dã: Aiezer, filho de Amisadai.

13 De Aser: Fegiel, filho de Ocrã.

14 De Gad: Eliasaf, filho de Reuel.

15 De Neftali: Aíra, filho de Enã".

16 Esses são os chamados da comunidade, chefes das tribos de seus pais. Eles serão os cabeças de milhares de Israel. **17** Moisés, com Aarão, tomou esses homens que foram designados pelos nomes. **18** Então convocaram toda a comunidade no primeiro dia do segundo mês e determinaram os ancestrais de suas famílias, conforme as casas de seus pais pelo número dos nomes, de vinte anos para cima, cabeça por cabeça deles. **19** Conforme o SENHOR mandara a Moisés, ele os recenseou no deserto do Sinai.

20 E os filhos de Rúben, primogênito de Israel: as gerações deles, conforme seus clãs, conforme a casa de seus pais, pelo número dos nomes, cabeça por cabeça deles, todo varão de vinte anos para cima, todo aquele que estava saindo para o exército; **21** os recenseados deles, da tribo de Rúben, foram quarenta e seis mil e quinhentos.

22 Os filhos de Simeão: as gerações deles, conforme seus clãs, a casa de seus pais, os recenseados deles, pelo número dos nomes, cabeça por cabeça deles, todo varão de vinte anos para cima, todo aquele que estava saindo para o exército; **23** os recenseados deles, da tribo de Simeão, foram cinquenta e nove mil e trezentos.

24 Os filhos de Gad: as gerações deles, conforme seus clãs e a casa de seus pais, pelo número dos nomes de vinte anos para cima, todo aquele que estava saindo para o exército; **25** os recenseados deles, da tribo de Gad, foram quarenta e cinco mil seiscentos e cinquenta.

26 Os filhos de Judá: as gerações deles, conforme seus clãs e a casa de seus pais, pelo número dos nomes de vinte anos para cima, todo aquele que estava saindo para o exército; **27** os recenseados deles, da tribo de Judá, foram setenta e quatro mil e seiscentos.

28 Os filhos de Issacar: as gerações deles, conforme seus clãs e a casa de seus pais, pelo número dos nomes de vinte anos para cima, todo aquele que estava saindo para o exército; **29** os recenseados deles, da tribo de Issacar, foram cinquenta e quatro mil e quatrocentos.

30 Os filhos de Zabulon: as gerações deles, conforme seus clãs e a casa de seus pais, pelo número dos nomes de vinte anos para cima, todo aquele que estava saindo para o exército; **31** os recenseados deles, da tribo de Zabulon, foram cinquenta e sete mil e quatrocentos.

32 Os filhos de José, dos filhos de Efraim: as gerações deles, conforme seus clãs e a casa de seus pais, pelo número dos nomes de vinte anos para

NÚMEROS 1

cima, todo aquele que estava saindo para o exército; **33** os recenseados deles, da tribo de Efraim, foram quarenta mil e quinhentos.

34 Os filhos de Manassés: as gerações deles, conforme seus clãs e a casa de seus pais, pelo número dos nomes de vinte anos para cima, todo aquele que estava saindo para o exército; **35** os recenseados deles, da tribo de Manassés, foram trinta e dois mil e duzentos.

36 Os filhos de Benjamim: as gerações deles, conforme seus clãs e a casa de seus pais, pelo número dos nomes de vinte anos para cima, todo aquele que estava saindo para o exército; **37** os recenseados deles, da tribo de Benjamim, foram trinta e cinco mil e quatrocentos.

38 Os filhos de Dã: as gerações deles, conforme seus clãs e a casa de seus pais, pelo número dos nomes de vinte anos para cima, todo aquele que estava saindo para o exército; **39** os recenseados deles, da tribo de Dã, foram sessenta e dois mil e setecentos.

40 Os filhos de Aser: as gerações deles, conforme seus clãs e a casa de seus pais, pelo número dos nomes de vinte anos para cima, todo aquele que estava saindo para o exército; **41** os recenseados deles, da tribo de Aser, foram quarenta e um mil e quinhentos.

42 Os filhos de Neftali: as gerações deles, conforme seus clãs e a casa de seus pais, pelo número dos nomes de vinte anos para cima, todo aquele que estava saindo para o exército; **43** os recenseados deles, da tribo de Neftali, foram cinquenta e três mil e quatrocentos.

44 Os recenseados que Moisés, com Aarão e os chefes de Israel, recenseou foram estes: doze homens, um por cada casa dos pais dele. **45** E todos os recenseados dos filhos de Israel, conforme a casa de seus pais, de vinte anos para cima, todo aquele que estava saindo para o exército em Israel; **46** todos os recenseados foram seiscentos e três mil quinhentos e cinquenta.

47 Os levitas, porém, segundo a tribo de seus pais, não foram recenseados entre eles.

Estatuto dos levitas

48 O SENHOR falou a Moisés: **49** "Somente não recensearás a tribo de Levi; o total deles não será levantado no meio dos filhos de Israel. **50** E, tu, estabelece os levitas junto à morada do testemunho, sobre todos os

---

1,48-54 Os levitas são retirados da lista de tribos (Nm 1,5-15) para funções ligadas somente ao culto, desconectando-se do militarismo do censo. Qualquer estranho, ou seja, não sacerdote, é considerado pecador e não pode aproximar-se de Deus, de forma que os levitas são uma barreira contra um possível pecado do povo (Ex 32,25-29). Contudo, sua função é menos serem guardas e mais serem administradores das coisas santas, podendo até chegar a tocar na arca da aliança (1Sm 6,15). A tenda do encontro é chamada de "morada" (v. 50, como em Ex 25–27) para reforçar a presença do Senhor junto ao povo peregrino. A escolha dos levitas para sua função de salvaguardar a santidade da morada ensina que o Senhor está presente com sua glória e pode ser tocado, mas somente pela mediação do sacerdócio.

293

NÚMEROS 1–2

utensílios dela e sobre tudo o que lhe pertence! Eles carregarão a morada e todos os utensílios dela, e eles estarão a serviço dela. Ao redor da morada acamparão. ⁵¹ Quando a morada partir, os levitas a desmontarão, e, quando a morada acampar, os levitas a levantarão. O estranho que se aproximar será morto. ⁵² Os filhos de Israel acamparão cada um junto a seu acampamento e cada um junto à sua bandeira, segundo seus esquadrões. ⁵³ Os levitas, porém, acamparão ao redor da morada do testemunho, para que não haja ira contra a comunidade dos filhos de Israel. Os levitas cuidarão da guarda da morada do testemunho". ⁵⁴ Os filhos de Israel fizeram conforme tudo que o SENHOR mandara a Moisés; assim fizeram.

Organização das tribos

2 ¹ O SENHOR falou a Moisés e Aarão: ² "Os filhos de Israel acamparão cada um junto à sua bandeira, sob os emblemas da casa de seus pais; acamparão em frente, ao redor da tenda do encontro.

³ Os que acamparão no oriente, onde nasce o sol, são os da bandeira do acampamento de Judá, segundo seus esquadrões. O chefe dos filhos de Judá será Naasson, filho de Aminadab. ⁴ Seu exército e seus recenseados são setenta e quatro mil e seiscentos.

⁵ Os que acampam junto dele são a tribo de Issacar, e o chefe dos filhos de Issacar será Natanael, filho de Suar. ⁶ Seu exército e seus recenseados são cinquenta e quatro mil e quatrocentos.

2,1-34 O Senhor já havia se dirigido a Moisés (Nm 1,1.48), mas, a partir daqui, também a Aarão. A ordem é para que os israelitas se estruturem em um arranjo na forma quadrada, com três tribos (sendo uma dominante) em cada flanco; a organização entrevê uma hierarquia coerente com a época persa. Ao leste, estão os filhos de Lia (Issacar e Zabulon), chefiados por Judá, cuja proeminência deve refletir a situação na época do exílio ou do pós-exílio; trata-se da posição privilegiada, pois dali nasce o sol e é para onde se volta a abertura do tabernáculo (Ex 27,13-15). Ao sul, estão os demais filhos de Lia (Rúben e Simeão) e, como Levi é colocado no centro, é substituído pelo filho da serva de Lia, Gad; a chefia é de Rúben, por ser primogênito de Jacó. Ao oeste, reúne-se o tronco que vem de Raquel, sob o comando de Efraim, que tinha recebido a bênção de Jacó com a mão direita (Gn 48,13-20), e os flancos ficam com Manassés e Benjamim, filhos de José. Ao norte, estão os filhos das escravas de Lia (Aser) e Raquel (Dã e Neftali). Dã encabeça porque é o primeiro dos filhos de Jacó com suas concubinas (Gn 30,6). Essa estrutura das tribos reflete motivos militares (v. 32), mas a organização é, sobretudo, religiosa. No Egito, o acampamento militar de Ramsés II era quadrado, ao redor da tenda do faraó, considerado um deus, modelo seguido também pelos assírios. Dessa forma, Nm 2 insiste em que Deus está no centro de um povo santo, distribuído em ordem perfeita, dando a direção para a terra prometida. Toda a organização para a marcha é uma resposta obediente de Moisés e Aarão, descrita com detalhes no capítulo. O espaço entre os acampamentos das tribos e a tenda era preenchido por levitas (Nm 1,52; 2,17; 3), sendo que os aaronitas ficavam na entrada da tenda, ressaltando a santidade do acampamento em razão de nele Deus habitar.

NÚMEROS 2

⁷ Então a tribo de Zabulon: o chefe dos filhos de Zabulon será Eliab, filho de Helon. ⁸ Seu exército e seus recenseados são cinquenta e sete mil e quatrocentos.

⁹ Todos os recenseados do acampamento de Judá, conforme seus esquadrões, são cento e oitenta e seis mil e quatrocentos. Eles partirão primeiro.

¹⁰ A bandeira do acampamento de Rúben estará na direção do sul, conforme seus esquadrões. O chefe dos filhos de Rúben será Elisur, filho de Sedeur. ¹¹ Seu exército e seus recenseados são quarenta e seis mil e quinhentos.

¹² Os que acampam junto dele são a tribo de Simeão. O chefe dos filhos de Simeão será Salamiel, filho de Surisadai. ¹³ Seu exército e seus recenseados são cinquenta e nove mil e trezentos.

¹⁴ Então a tribo de Gad: o chefe dos filhos de Gad será Eliasaf, filho de Reuel. ¹⁵ Seu exército e seus recenseados são quarenta e cinco mil seiscentos e cinquenta.

¹⁶ Todos os recenseados do acampamento de Rúben são cento e cinquenta e um mil quatrocentos e cinquenta, conforme seus esquadrões. Eles partirão em segundo lugar.

¹⁷ Então partirá a tenda do encontro, com o acampamento dos levitas no meio dos acampamentos. Conforme acamparem, assim partirão. Cada um em seu lugar, segundo suas bandeiras.

¹⁸ A bandeira do acampamento de Efraim, conforme seus esquadrões, estará na direção do ocidente. O chefe dos filhos de Efraim será Elisama, filho de Amiud. ¹⁹ Seu exército e seus recenseados são quarenta mil e quinhentos.

²⁰ Junto dele está a tribo de Manassés. O chefe dos filhos de Manassés será Gamaliel, filho de Fadassur. ²¹ Seu exército e seus recenseados são trinta e dois mil e duzentos.

²² Então a tribo de Benjamim: o chefe dos filhos de Benjamim será Abidã, filho de Gedeoni. ²³ Seu exército e seus recenseados são trinta e cinco mil e quatrocentos.

²⁴ Todos os recenseados do acampamento de Efraim são cento e oito mil e cem, conforme seus esquadrões. Eles partirão em terceiro lugar.

²⁵ A bandeira do acampamento de Dã, conforme seus esquadrões, estará na direção norte. O chefe dos filhos de Dã será Aiezer, filho de Amisadai. ²⁶ Seu exército e seus recenseados são sessenta e dois mil e setecentos.

²⁷ Os que acampam junto dele são a tribo de Aser. O chefe dos filhos de Aser será Fegiel, filho de Ocrã. ²⁸ Seu exército e seus recenseados são quarenta e um mil e quinhentos.

²⁹ Então a tribo de Neftali: o chefe dos filhos de Neftali será Aíra, filho de Enã. ³⁰ Seu exército e seus recenseados são cinquenta e três mil e quatrocentos.

NÚMEROS 2–3

31 Todos os recenseados do acampamento de Dã são cento e cinquenta e sete mil e seiscentos. Estes partirão por último, conforme suas bandeiras".

32 Esses são os recenseados dos filhos de Israel, segundo a casa de seus pais. Todos os recenseados dos acampamentos, conforme seus esquadrões, são seiscentos e três mil quinhentos e cinquenta. **33** Mas, conforme o SENHOR havia ordenado a Moisés, os levitas não foram recenseados no meio dos filhos de Israel.

34 Os filhos de Israel fizeram tudo conforme o SENHOR havia ordenado a Moisés. Assim, acamparam segundo suas bandeiras e partiram cada um segundo seus clãs e segundo a casa de seus pais.

Tribo de Levi: sacerdotes

3 **1** Eis as genealogias de Aarão e Moisés, no dia em que o SENHOR falou a Moisés no monte Sinai.

2 Estes são os nomes dos filhos de Aarão: o primogênito Nadab, Abiú, Eleazar e Itamar.

3 Estes são os nomes dos filhos de Aarão, os sacerdotes ungidos, cuja mão se encheu para o sacerdócio. **4** Contudo, Nadab e Abiú morreram diante do SENHOR, quando, no deserto do Sinai, ofereciam um fogo estranho diante do SENHOR. Eles não tiveram filhos. Então, na presença de Aarão, pai deles, Eleazar e Itamar exerceram o sacerdócio.

Levitas e suas funções

5 O SENHOR falou a Moisés: **6** "Faze a tribo de Levi se aproximar! Tu a estabelecerás, diante do sacerdote Aarão, para que se coloque a serviço dele. **7** Cuidarão da guarda dele e da guarda de toda a comunidade diante da tenda do encontro, a fim de ministrar o serviço da morada.

3,1-4 Nm 3–4 formam a primeira seção que ensina sobre Aarão e os levitas, assim como Nm 8; 18; 35,1-8. A fórmula inicial ("eis as genealogias de...") é típica de Gênesis e conecta a história de Números à história dos ancestrais israelitas, além de acentuar o desenvolvimento dos levitas. Por ser um texto genealógico, o nome de Aarão aparece antes de Moisés, respeitando a cronologia dos filhos de Levi (Ex 6,20; Nm 3,1; 26,59; 1Cr 5,29; 23,13). A morte por castigo de Nadab e Abiú, filhos de Aarão (Lv 10,1-3), deve representar disputas posteriores pela legitimidade do sacerdócio, ligadas à época da redação do texto, mas, narrativamente, mostra que há dificuldades e ameaças no caminho pelo deserto. Os ungidos são Eleazar e Itamar, cujas mãos são enchidas (v. 3), o que representa uma fórmula antiga de investidura usada para o sacerdote, que enchia sua mão de parte das vítimas oferecidas em sacrifício.

3,5-10 Após definir quem são os legítimos sacerdotes (Nm 3,1-4), o texto apresenta os demais membros de Levi. Os levitas tentarão tomar o sacerdócio em Nm 16,5-11, e a informação de que são "doados" (v. 9) já prepara a superioridade dos filhos de Aarão na tribo. Sua função é de assistência, fazendo o serviço externo quanto à morada (como no estatuto de Nm 1,50-54). Os levitas montam guarda para proteger o santuário, de forma que o pecado de um estranho, se se aproximar da morada, não condene todo o acampamento (Nm 16–17).

NÚMEROS 3

[8] Cuidarão de todos os utensílios da tenda do encontro e da guarda dos filhos de Israel para ministrar o serviço da morada. [9] Darás os levitas a Aarão e aos filhos dele. Eles lhe serão doados dentre os filhos de Israel. [10] Recensearás Aarão e os filhos dele. Eles cuidarão do sacerdócio deles, e o estranho que se aproximar será morto".

Eleição dos levitas

[11] O SENHOR falou a Moisés: [12] "Eis que eu tomo os levitas do meio dos filhos de Israel no lugar de todo primogênito que abre o ventre materno dentre os filhos de Israel. Os levitas serão meus, [13] pois todo primogênito é meu. No dia em que feri todo primogênito na terra do Egito, eu, o SENHOR, santifiquei para mim todo primogênito em Israel, desde ser humano até animal. Eles serão meus".

Recenseamento dos levitas

[14] O SENHOR falou a Moisés no deserto do Sinai: [15] "Faze o recenseamento dos filhos de Levi conforme a casa dos pais deles e conforme os clãs deles! De todo varão de um mês para cima, farás o recenseamento deles".
[16] Moisés fez o recenseamento deles, conforme a ordem do SENHOR, conforme fora mandado. [17] E estes são os filhos de Levi, pelos nomes deles: Gérson, Caat e Merari.
[18] E estes são os nomes dos filhos de Gérson, conforme os clãs deles: Lobni e Semei. [19] E os filhos de Caat, conforme os clãs deles, são Amram, Isaar, Hebron e Oziel. [20] E os filhos de Merari, conforme os clãs deles, são Mooli e Musi. Esses são os clãs de Levi conforme a casa dos pais deles.

3,11-13 Em sinal da salvação dos israelitas na décima praga do Egito (Ex 12,29-34), todo primogênito em Israel deveria pertencer ao Senhor (Ex 13,11-16). Tradições sobre primogênitos são antigas. Nas culturas do antigo Oriente Próximo, era comum que fossem responsáveis pelo culto mortuário dos pais e que recebessem objetos sagrados como herança. Em Israel, os levitas ocupam o lugar dos primogênitos desde o episódio do bezerro de ouro (Ex 32,25-29), o que lhes confere uma posição sagrada diante das outras tribos (Nm 8,16-20). Não são sacerdotes rebaixados, mas, sim, membros do povo purificados para funções rituais.

3,14-39 Este é o primeiro censo dos Levitas, contando os varões de um mês para cima, enquanto Nm 4,34-49 apresentará o recenseamento somente dos adultos. O texto inicia-se com a ordem-cumprimento (vv. 14-16), reforçando a obediência estrita de Moisés, sendo que o retrato detalhado do censo serve para reforçá-la. Há um problema com os números, provavelmente por ser um texto corrompido. Segundo os totais individuais (Gérson = sete mil e quinhentos, Caat = oito mil e seiscentos, Merari = seis mil e duzentos), o montante dos levitas seria de vinte e dois mil e trezentos, mas o versículo 39 corrige para vinte mil. Os grupos tinham funções especificadas e deviam ser dispostos ao redor da morada, formando um quadrado protetor, entre o santuário e as outras tribos (ver nota a Nm 2,1-34). Os sacerdotes tinham a posição privilegiada, ao leste, voltados para a porta de entrada. Na marcha, os gersonitas e os meraritas se adiantavam por motivos práticos: levavam o material mais pesado e necessário para armar a tenda, sendo seguidos pelos caatitas, que transportavam os objetos sagrados.

NÚMEROS 3

21 De Gérson é o clã de Lobni e o clã de Semei. Esses são os clãs dos gersonitas. **22** Os recenseados deles, pelo número de todo varão de um mês para cima, são sete mil e quinhentos. **23** Os clãs dos gersonitas acamparão depois da morada na direção do ocidente. **24** O chefe da casa do pai dos gersonitas era Eliasaf, filho de Lael. **25** Os filhos de Gérson tinham a guarda na tenda do encontro: a morada e a tenda, sua cobertura e o véu na entrada da tenda do encontro, **26** as cortinas do átrio e o véu da entrada do átrio que está sobre a morada e sobre o altar, ao redor, e também suas cordas para todo o seu serviço.

27 De Caat são o clã amramita, o clã isaarita, o clã hebronita e o clã ozielita. Esses eram os clãs caatitas. **28** Pelo número de todo varão de um mês para cima eram oito mil e seiscentos que estavam cuidando da guarda do santuário. **29** O clã dos filhos de Caat acampava do lado da morada na direção sul. **30** O chefe da casa paterna dos clãs caatitas era Elisafã, filho de Oziel. **31** Tinham a guarda da arca, da mesa e da menorá, dos altares e dos utensílios do santuário com que ministram, como também do véu e de todo o seu serviço.

32 O chefe dos chefes de Levi era Eleazar, filho do sacerdote Aarão. Ele tinha a vigilância dos que cuidavam da guarda do santuário.

33 De Merari é o clã moolita e o clã musita. Esses são os clãs de Merari. **34** Os recenseados deles pelo número de todo varão de um mês para cima eram seis mil e duzentos. **35** O chefe da casa paterna dos clãs de Merari era Suriel, filho de Abiail. Eles acampavam ao lado da morada na direção norte. **36** Os filhos de Merari tinham a supervisão da guarda das tábuas da morada, de suas vigas, de suas colunas, de suas bases, de todos os seus utensílios e de todo o seu serviço; **37** além das colunas do átrio ao redor e suas bases, suas estacas e suas cordas.

38 Os que acampavam diante da morada na direção do oriente diante da tenda do encontro, para o lado do nascer do sol, eram Moisés com Aarão e seus filhos, que cuidavam da guarda do santuário, para a guarda dos filhos de Israel. O estranho que se aproximasse seria morto.

39 Todos os recenseados dos levitas, que Moisés com Aarão recensearam conforme a ordem do SENHOR, de acordo com os clãs deles, todo varão de um mês para cima, eram vinte e dois mil.

Substituição dos primogênitos pelos levitas

40 O SENHOR disse a Moisés: "Faze o recenseamento de todo primogênito varão dos filhos de Israel de um mês para cima e levanta o

---

3,40-51 Israel tem um problema: o número de levitas é menor que o dos primogênitos de Israel, de forma que não é possível que todo levita resgate um primogênito. Assim, os israelitas deviam oferecer uma compensação financeira no lugar dos duzentos e setenta e três indivíduos que não podiam ser redimidos. O valor de cinco ciclos (cerca de cinquenta e sete gramas de prata) devia corresponder ao valor de um adulto vendido como escravo no mercado aberto e corresponde ao valor de um voto de um homem entre um mês e cinco anos de idade (Lv 27,6; Nm 18,6).

NÚMEROS 3–4

número dos nomes deles! **41** Então tomarás os levitas para mim – eu sou o SENHOR – em lugar de todo primogênito entre os filhos de Israel e o animal dos levitas em lugar de todo primogênito entre os animais dos filhos de Israel".

42 Moisés fez o recenseamento de todo primogênito entre os filhos de Israel conforme o SENHOR lhe ordenara. **43** E todo primogênito varão pelo número dos nomes, de um mês para cima, conforme os recenseados deles, eram vinte e dois mil duzentos e setenta e três.

44 O SENHOR falou a Moisés: **45** "Toma os levitas em lugar de todo primogênito dentre os filhos de Israel e um animal dos levitas em lugar de todo animal deles. Os levitas serão meus. Eu sou o SENHOR. **46** Quanto ao resgate dos duzentos e setenta e três dentre os primogênitos dos filhos de Israel que excederam o número dos levitas, **47** tomarás cinco siclos por cabeça segundo o siclo do santuário, isto é, vinte geras por siclo. **48** Darás o dinheiro a Aarão e a seus filhos. Será o resgate dos que sobraram entre eles".

49 Moisés tomou o dinheiro do resgate dos que excederam o número dos que seriam resgatados pelos levitas. **50** Tomou o dinheiro dos primogênitos dos filhos de Israel. Eram mil trezentos e sessenta e cinco, segundo o siclo do santuário. **51** Moisés entregou o dinheiro do resgate a Aarão e aos filhos deste, conforme a ordem do SENHOR e conforme o SENHOR havia mandado a Moisés.

Levitas: filhos de Caat

4 **1** O SENHOR falou a Moisés e Aarão: **2** "Levanta a soma dos filhos de Caat entre os filhos de Levi, segundo os clãs e a casa dos pais deles, **3** de trinta anos para cima até cinquenta anos, todo aquele que está entrando para o exército, para fazer um trabalho na tenda do encontro.

4 Este é o serviço dos filhos de Caat na tenda do encontro, no Santo dos Santos. **5** Quando se levantar o acampamento, virão Aarão e seus filhos, farão o véu do cortinado descer e cobrirão com ele a arca do testemunho.

Teologicamente, a substituição levítica conecta todas as famílias ao serviço realizado por eles e defende a absoluta pertença de Israel ao Senhor. Assim, tanto a saída da escravidão do Egito quanto o caminho pelo deserto devem ser entendidos como dom divino.

4,1-20 Diferente do primeiro censo, a ordem é contar, aqui, somente os levitas de trinta anos para cima, sendo também descritas suas funções no manejo da tenda do encontro. Segundo o primeiro censo, os membros de outras tribos vão para o serviço militar aos vinte anos (Nm 1,3). Contudo, o exército que cuida da morada exige a idade de trinta anos, o que parece implicar um caminho de iniciação e um treinamento mais elaborado. Apesar de Gérson ser o primogênito de Levi (Gn 46,11; Ex 6,16; 1Cr 6,2), os caatitas aparecem em primeiro lugar nesta lista, uma vez que seu serviço no santuário é feito servindo diretamente aos aaronitas com a parte mais santa da tenda (v. 4) e carregando-a (v. 15). O lugar de destaque de Caat explica-se porque Aarão e Moisés eram seus descendentes (Ex 6,16-20; Nm 26,59-60; 1Cr 6,2-3). A ordem para que eles não sejam destruídos (v. 18) esclarece por que, mesmo após a condenação do caatita Coré (Nm 16,32), a continuação de seu clã é garantida em Nm 26,7.

NÚMEROS 4

⁶ Colocarão sobre ela uma cobertura de couro de doninhas, estenderão em cima um pano todo de púrpura violácea e colocarão seus varais.

⁷ Então estenderão sobre a mesa da proposição um pano de púrpura violácea e colocarão sobre ela as bandejas, os copos, as taças e as jarras de libação. Sobre ela estará também o pão contínuo. ⁸ Depois estenderão sobre eles um pano de púrpura escarlate e o cobrirão com uma cobertura de couro de doninhas. Então colocarão seus varais.

⁹ Tomarão um pano de púrpura violácea, cobrirão a menorá da iluminação, suas lâmpadas, seus espevitadores, seus incensórios e todos os vasos de seu azeite com que o servem. ¹⁰ Então o colocarão, com todos os seus utensílios, sob a cobertura de couro de doninhas e o colocarão sobre a padiola.

¹¹ Sobre o altar de ouro, estenderão um pano de púrpura violácea, o cobrirão com uma cobertura de couro de doninhas e porão seus varais.

¹² Tomarão todos os utensílios do serviço com os quais eles servem no santuário, os colocarão no pano de púrpura violácea, os cobrirão com uma cobertura de couro de doninhas e colocarão sobre a padiola.

¹³ Então tirarão as cinzas gordurosas do altar e estenderão sobre ele o pano de púrpura vermelha. ¹⁴ Colocarão sobre ele todos os seus utensílios com que servem: os incensórios, os garfos, as pás e as bacias, todos os utensílios do altar. Então estenderão sobre ele a cobertura de couro de doninha e colocarão seus varais.

¹⁵ Assim que o acampamento for levantado, Aarão e seus filhos terminarão de cobrir o santuário e todos os utensílios do santuário. Depois disso virão os filhos de Caat para carregá-lo. E não tocarão no santuário para que não morram. Esse é o encargo dos filhos de Caat na tenda do encontro. ¹⁶ Da supervisão de Eleazar, filho do sacerdote Aarão, será o azeite da lâmpada, o incenso dos aromas, a oferta contínua e o azeite da unção. Terá a supervisão de toda a morada e de tudo o que nela está, no santuário e em seus utensílios".

¹⁷ O Senhor falou a Moisés e Aarão: ¹⁸ "Não aniquilareis a tribo dos clãs caatitas do meio dos levitas. ¹⁹ Fazei-lhes isso! Então viverão e não morrerão quando se aproximarem do Santo dos Santos. Aarão e seus filhos entrarão e os colocarão, cada um, em seu serviço e junto a seu encargo. ²⁰ E não entrarão para ver, nem sequer um momento, o santo, para que não morram".

Filhos de Gérson e Merari

²¹ O Senhor falou a Moisés: ²² "Levanta a soma, também deles, dos filhos de Gérson, segundo os clãs e a casa dos pais deles. ²³ De trinta

---

4,21-33 Os clãs de Gérson e Merari se ocupam das partes mais externas da tenda do encontro, de modo gradativo. Os textos insistem em que o sacerdócio de Aarão faz a supervisão do trabalho levítico (vv. 16.33). A diferença bem estabelecida entre a função dos clãs levíticos deixa entender que até mesmo entre eles há normas de pureza e santidade a serem cumpridas. Há quatro níveis de proximidade da morada e tanto levitas quanto aaronitas estão submetidos aos limites estabelecidos pelo Senhor.

NÚMEROS 4

anos para cima até cinquenta anos, farás o recenseamento deles, de todo aquele que está entrando para servir ao exército, a fim de prestar um serviço na tenda do encontro.

24 Este é o serviço dos clãs gersonitas, para servir e carregar. **25** Carregarão as cortinas da morada, a tenda do encontro, sua cobertura, a cobertura de pele de doninha junto com ela, por cima, o cortinado da entrada da tenda do encontro, **26** as cortinas do átrio, o cortinado da entrada da porta do átrio, que está sobre a morada e sobre o altar, ao redor, suas cordas e todos os utensílios de seu serviço. Farão tudo o que por eles deverá ser feito. **27** Todo o serviço dos filhos dos gersonitas estará sob a autoridade de Aarão e de seus filhos, segundo todo o encargo deles e todo o serviço deles. Supervisionareis em vigilância todo o encargo deles. **28** Esse é o serviço da guarda dos filhos dos gersonitas na tenda do encontro. A tarefa deles estará sob a mão de Itamar, filho do sacerdote Aarão".

29 Tu os recensearás, os filhos de Merari, segundo os clãs e a casa dos pais deles. **30** De trinta anos para cima até cinquenta anos, recensearás todo aquele que está entrando para o exército, para servir ao serviço da tenda do encontro.

31 Esta é sua tarefa de transporte conforme todo o seu serviço na tenda do encontro: as tábuas da morada, as vigas, as colunas e as bases delas; **32** as colunas do átrio ao redor, as bases, as estacas e suas cordas, conforme todos os utensílios deles e conforme todo o serviço deles. Contareis pelos nomes os utensílios, de cujo transporte terão a tarefa.

33 Esse é o serviço dos clãs dos filhos de Merari, conforme todo o seu serviço na tenda do encontro, sob a mão de Itamar, filho do sacerdote Aarão".

Recenseamento final dos levitas

34 Moisés, Aarão e os chefes da comunidade recensearam os filhos dos caatitas conforme os clãs deles e conforme a casa dos pais deles: **35** de trinta anos para cima até cinquenta anos; todo aquele que estava entrando para o exército, para o serviço da tenda do encontro. **36** Foram recenseados deles, conforme seus clãs, dois mil setecentos e cinquenta. **37** Estes são os recenseados dos clãs dos caatitas: todo aquele que está servindo na tenda do encontro que Moisés recenseou com Aarão, segundo a ordem do Senhor pela mão de Moisés.

4,34-49 Nm 4 é finalizado com uma lista sumária do número dos recenseados, acompanhada da insistência de que a ordem do Senhor foi cumprida pela mão de Moisés com o auxílio de Aarão (vv. 37.41.49). Assim, sob as ordens do Senhor, Israel todo está organizado ao redor da tenda do encontro, com suas funções bem determinadas, e ela está devidamente protegida pelo cordão formado por levitas e sacerdotes.

NÚMEROS 4–5

38 Os recenseados dos filhos de Gérson conforme os clãs deles e a casa dos pais deles: **39** de trinta anos para cima até cinquenta anos, todo aquele que estava entrando para o exército, para o serviço na tenda do encontro. **40** Os recenseados deles, conforme os clãs deles e a casa dos pais deles, foram dois mil seiscentos e trinta. **41** Estes são os recenseados dos clãs dos filhos de Gérson: todo aquele que estava servindo na tenda do encontro, que Moisés recenseou com Aarão, conforme a ordem do Senhor.

42 E os recenseados dos clãs dos filhos de Merari, conforme os clãs deles e a casa dos pais deles, **43** de trinta anos para cima até cinquenta anos, todo aquele que estava entrando para o exército, para o serviço na tenda do encontro, **44** foram os recenseados deles, conforme os clãs deles, três mil e duzentos. **45** Esses são os recenseados dos clãs dos filhos de Merari que Moisés recenseou com Aarão, conforme a ordem do Senhor pela mão de Moisés.

46 Todos os recenseados que Moisés recenseou com Aarão, os chefes de Israel e os levitas, conforme os clãs deles e a casa dos pais deles, **47** de trinta anos para cima até cinquenta anos, todo aquele que estava entrando para servir ao serviço do culto e ao serviço do transporte na tenda do encontro; **48** os recenseados deles foram oito mil quinhentos e oitenta. **49** Fez-se o recenseamento deles conforme a ordem do Senhor pela mão de Moisés, atribuindo-se a cada homem seu serviço e seu transporte. Eles foram supervisionados conforme o Senhor havia ordenado a Moisés.

LEIS DIVERSAS

Expulsão dos impuros

5

1 O Senhor falou a Moisés: **2** "Ordena aos filhos de Israel que mandem para fora do acampamento todo portador de lepra, todo aquele que tem corrimento e todo impuro pelo contato com um morto! **3** Mandareis para fora desde varão até mulher; para fora do acampamento os mandareis. Assim não contaminarão seus acampamentos,

---

5,1-4 Após a organização do acampamento, salvaguardando, no centro, a presença do Senhor (Nm 1–4), Nm 5–6 apresenta leis que protegem a pureza e a santidade das tribos. As leis aqui reunidas são semelhantes ao Código de Santidade (Lv 17–26) e às leis de pureza (Lv 11–16), e a leitura dos textos em paralelo ajuda a esclarecer as normativas. A impureza é identificada a partir de condições físicas anormais – doenças de pele (o termo hebraico traduzido por "lepra" certamente tem sentido mais amplo) e corrimentos de longa duração nos órgãos sexuais (Lv 15) – além do contato com o morto, antítese da vida. O afastamento dos impuros deve ser lido na ótica teológica: a presença do Senhor, que garante a sobrevivência no meio do deserto e santifica seu povo, é soberana. Assim, a vida não pode correr o risco de ser ferida pela impureza humana. O texto, agora, retrata a obediência de todo Israel (v. 4).

NÚMEROS 5

onde eu moro no meio deles". **4** Os filhos de Israel assim fizeram: mandaram-nos para fora do acampamento. Conforme o Senhor falara a Moisés, assim fizeram os filhos de Israel.

Reparação de ofensas

5 O Senhor falou a Moisés: **6** "Fala aos filhos de Israel, homem ou mulher: 'Se cometerem um pecado comum ao ser humano, a fim de cometerem uma traição contra o Senhor, aquela pessoa será culpada. **7** Confessarão seu pecado que cometeram. Devolverá a indenização dele em sua totalidade e acrescentará sobre ela um quinto do que é seu e dará àquele contra quem se tornou culpado. **8** Se, porém, não houver um resgatador para o homem, a fim de lhe devolver a indenização, a indenização a ser devolvida será para o Senhor em favor do sacerdote, além do carneiro da expiação por meio do qual se fará a expiação em favor do culpado. **9** E toda oferta elevada dentre todas as coisas consagradas que os filhos de Israel apresentam ao sacerdote será dele. **10** Portanto, as coisas sagradas de um homem serão dele; o que for dado ao sacerdote será dele'".

Oferta pelo ciúme

11 O Senhor falou a Moisés: **12** "Fala aos filhos de Israel e dize-lhes: 'Qualquer homem, se a mulher dele se afastar e cometer uma traição contra ele, **13** isto é, se outro homem se deitar com ela havendo ejaculação de sêmen e se isso ficar oculto aos olhos de seu marido e ela se esconder, se ela se contaminar e não houver uma testemunha junto a ela, e ela não for pega em flagrante; **14** se um espírito de ciúme atravessar seu marido e o tornar ciumento de sua mulher – quer ela tenha se contaminado, quer um espírito de ciúme tenha atravessado seu marido e o tornado ciumento sem ela ter-se contaminado –; **15** o homem trará sua

---

5,5-10 A injustiça nas relações humanas é vinculada à falta contra o Senhor (v. 6), de forma que a impureza moral também fere a santidade do acampamento. O texto reflete a legislação de Lv 6,1-7, acrescentando que, no caso de morte do prejudicado, o sacerdote recebe a indenização. Dessa forma, a purificação passa por uma restituição das relações humanas, mediadas também por relações humanas.

5,11-31 O texto mostra a impureza de uma mulher acusada de traição (v. 12), após a discussão sobre a traição contra Deus (Nm 5,6). É uma mostra detalhada e complexa de como um rito deve ser feito e das frases que o acompanham, pouco comum nos textos bíblicos. Nas duas regulações anteriores, homem e mulher são afetados igualmente. Neste caso, a legislação só se aplica às mulheres acusadas de adultério e não aos homens. De certo modo, apresenta um avanço quanto a mais severos processos jurídicos pelo ciúme: no Código de Hamurábi, a mulher poderia ser jogada em um rio e, se sobrevivesse, seria considerada inocente. Ainda assim, não se pode deixar de notar que o texto eclipsa as consequências do adultério também para o homem (Lv 20,10). No conjunto de Números, quer valorizar a mediação sacerdotal para a expiação das impurezas morais dos israelitas.

NÚMEROS 5

mulher ao sacerdote e trará uma oferenda por causa dela: um décimo do efá de farinha de cevada. Sobre ela não derramará azeite nem colocará incenso sobre ela, porque ela é uma oferta de ciúmes. Será uma oferta de memorial, que recorda a culpa.

16 O sacerdote fará a mulher aproximar-se e a colocará diante do Senhor. **17** Então o sacerdote tomará água santa em um recipiente de barro. Além disso, o sacerdote tomará da cinza que está no pavimento da morada e a colocará na água. **18** E o sacerdote fará a mulher manter-se em pé diante do Senhor e soltará os cabelos da mulher, entregará nas palmas das mãos dela a oferta do memorial, oferta de ciúmes. E na mão do sacerdote estarão as águas da amargura que amaldiçoam.

19 O sacerdote a fará jurar e dirá para a mulher: Caso nenhum homem tenha se deitado contigo e caso, estando sob o poder de teu marido, não te tenhas afastado por impureza, sê inocentada por estas águas amargas amaldiçoadoras. **20** Mas, se tu, quando, sob o poder de teu marido, te afastaste e te tornaste impura, e um homem além de teu marido tiver colocado em ti sua camada de sêmen, **21** então o sacerdote fará a mulher jurar com juramento de maldição, pois o sacerdote dirá à mulher: O Senhor te entregue como maldição e imprecação no meio de teu povo. O Senhor fará com que tua coxa decaia e teu ventre fique inchado. **22** Que entrem estas águas amaldiçoadoras em tuas entranhas para incharem o ventre e fazer decair a coxa!' E a mulher dirá: 'Amém, amém!'

23 O sacerdote escreverá essas maldições no livro e, com as águas amargas, as apagará. **24** Fará a mulher beber das águas amargas que amaldiçoam. Entrarão nela as águas amaldiçoadoras, para se tornarem amargas.

25 O sacerdote tomará da mão da mulher a oferta dos ciúmes, agitará a oferta diante do Senhor e a oferecerá no altar. **26** O sacerdote tomará um punhado da oferta rememorativa dela e o queimará no altar. Depois fará a mulher beber das águas. **27** Quando a fizer beber das águas, acontecerá que, caso ela tenha se tornado impura e cometido uma traição contra seu marido, as águas amaldiçoadoras entrarão nela para serem amargas. O ventre dela inchará, e as coxas dela decairão. E a mulher se tornará uma maldição no meio de seu povo. **28** Caso a mulher não tenha se tornado impura, pura ela será. Será inocente e conceberá uma descendência.

29 Essa é a lei dos ciúmes, quando uma mulher sob o poder de seu marido se afastar e se tornar impura, **30** ou quando um espírito de ciúme atravessar um homem e este se enciumar de sua mulher. Ele fará a mulher comparecer diante do Senhor, e o sacerdote realiza com ela toda essa lei. **31** Então o homem estará isento de culpa, mas aquela mulher carregará a culpa dela".

Nazireato

6 ¹ O SENHOR falou a Moisés: ² "Fala aos filhos de Israel e lhes dirás: 'Quando um homem ou uma mulher fizer um voto especial, o voto de nazireu para consagrar-se ao SENHOR, ³ deverá abster-se de vinho ou bebida forte; vinagre de vinho e vinagre de bebida forte não beberá. E suco de uvas não beberá, e uvas frescas e secas não comerá. ⁴ Todos os dias de seu nazireato, de tudo que é feito da videira, do vinho, dos grãos de uva e até da casca, não comerá. ⁵ Durante todos os dias do voto de seu nazireato, navalha não passará sobre sua cabeça até completarem-se os dias que se consagrou ao SENHOR; será santo. Deixará crescer as madeixas de cabelo de sua cabeça.

⁶ Durante todos os dias de sua consagração ao SENHOR, não se achegará a uma pessoa morta. ⁷ Por seu pai, por sua mãe, por seu irmão e por sua irmã, não se contaminará por eles, quando eles morrerem, porque um voto a seu Deus está sobre sua cabeça. ⁸ Durante todos os dias de seu nazireato, ele será consagrado ao SENHOR.

⁹ E, se por acaso alguém morrer junto dele, de forma súbita, e tornar impura a cabeça de seu nazireato, então raspará sua cabeça no dia de sua purificação; no sétimo dia a raspará. ¹⁰ E no oitavo dia trará duas rolas ou dois pombinhos ao sacerdote para a entrada da tenda do encontro. ¹¹ O sacerdote oferecerá um pelo pecado e outro em holocausto. Em seguida fará expiação por ele, em razão do pecado junto à pessoa morta. Naquele dia santificará sua cabeça. ¹² Ele consagrará ao SENHOR os dias de seu nazireato. Trará um cordeiro de um ano como oferta pela culpa. Os dias precedentes não serão contados, porque se tornou impuro seu nazireato.

¹³ Esta é a lei do nazireu: no dia em que se completarem os dias de seu nazireato, virá com ele para a entrada da tenda do encontro.

6,1-21 Após a condenação de casos de impureza, o texto ensina sobre a consagração dos nazireus ("separados"), que podia ser temporária ou permanente (como no caso de Sansão [Jz 13,5-7.14]). Trata-se de homens e mulheres que, no meio do povo, vivem em um estado particular de pureza e por meio dos quais a bênção divina se estende a outros (em Gn 49,26 e Dt 33,16, José é o nazireu entre seus irmãos). A consagração podia ser feita pela própria pessoa ou por um familiar, como no caso de Ana dedicando um voto por Samuel (1Sm 1,11). As restrições do nazireato lembravam sua condição especial. A limitação de bebida lembrava a dos sacerdotes ao entrar no santuário (Lv 10,9), mas, no caso do nazireu, devia ser guardada durante toda a consagração. O contato com os mortos é terminantemente proibido, diferente dos sacerdotes (Lv 21,1-4) e, em caso de impureza não intencional, o rito de expiação devia ser mais rigoroso que o normal (Lv 11,39-40). Os cabelos deviam ser longos, como extensão da cabeça (esta, símbolo de poder na antropologia judaica), sendo um sinal de santidade, como o diadema do sumo sacerdote e o óleo da unção (Ex 29,6; Lv 8,9; 21,12). A prática do nazireato era muito antiga, já testemunhada por Amós (Am 2,12).

NÚMEROS 6

14 Então fará sua oferenda aproximar-se ao SENHOR: um cordeiro de um ano íntegro para o holocausto, uma cordeira de um ano íntegra em sacrifício pelo pecado, um carneiro íntegro como sacrifício de comunhão, **15** um cesto de ázimos de flor de farinha, roscas amassadas em azeite, tortas ázimas untadas em azeite e as ofertas deles e suas libações. **16** O sacerdote os fará aproximarem-se diante do SENHOR, fará o sacrifício por seu pecado e seu holocausto. **17** Quanto ao carneiro, fará um sacrifício de comunhão ao SENHOR junto ao cesto de ázimos. O sacerdote fará ainda sua oferta e sua libação.

18 Então o nazireu raspará a cabeça de seu nazireato na entrada da tenda do encontro. Tomará os cabelos da cabeça de seu nazireato e colocará sobre o fogo que está embaixo do sacrifício de comunhão. **19** O sacerdote tomará a espádua cozida do carneiro, uma rosca ázima do cesto e uma torta ázima, e as colocará sobre as palmas das mãos do nazireu, depois de haver raspado a cabeça de seu nazireato. **20** O sacerdote as agitará. Ela será para o sacerdote uma agitação santa diante do SENHOR junto com o peito da agitação e junto com a espádua da oferta elevada. Então, depois, o nazireu poderá beber vinho'".

21 Esta é a lei do nazireu, de quem faz um voto de oferenda pessoal ao SENHOR por seu nazireato, sem contar o que sua mão poderá dar a mais. Conforme seu voto que prometeu, assim fará em relação à lei de seu nazireato.

Bênção a Aarão

22 O SENHOR falou a Moisés: **23** "Fala a Aarão e seus filhos: 'Assim abençoarão os filhos de Israel dizendo-lhes:

24 O SENHOR te abençoe e te guarde!
25 Que o SENHOR faça brilhar sua face e tenha piedade de ti!
26 O SENHOR levante sua face para ti e te conceda a paz!'
27 Assim porão meu nome sobre os filhos de Israel para que eu os abençoe".

6,22-27 Ao final de Nm 6, o narrador continua os temas da purificação e consagração dos israelitas, representados na bênção sacerdotal destinada não a grupos particulares, mas sim a todo o povo. A bênção não é um gesto exclusivamente sacerdotal (Gn 24,60; 2Sm 6,18; 1Rs 8,55), mas aqui os sacerdotes são autorizados a proferirem as palavras de bênção do próprio Deus (v. 23), ressaltando sua responsabilidade para com Israel. Essa mediação garante a presença graciosa do Senhor, que torna visível sua bondade, ao fazer brilhar sua face (v. 26), e reforça o sentido de eleição, ao colocar seu nome sobre Israel (v. 27).

OFERENDAS DOS CHEFES E CONSAGRAÇÃO DOS LEVITAS

Oferta de carros

7 ¹ No dia em que Moisés terminou de levantar a morada, ungiu-a e santificou-a com todos os seus utensílios. E também ao altar e a todos os seus utensílios, ungiu-os e santificou-os. ² Então os chefes de Israel fizeram uma oferta. Eles eram os cabeças da casa de seus pais, eram chefes das tribos. Eles são aqueles que ficaram de pé junto àqueles que foram recenseados. ³ Trouxeram a oferenda deles diante do Senhor: seis carros cobertos e doze bois, um carro para cada dois chefes, e um boi para cada um. Fizeram-nos aproximar-se diante da morada. ⁴ O Senhor disse a Moisés: ⁵ "Toma-os deles! Serão para servir ao serviço da tenda do encontro. Tu os darás aos levitas, a cada um conforme seu serviço". ⁶ Moisés tomou os carros e os bois e os deu aos levitas. ⁷ E deu dois carros e quatro bois aos filhos de Gérson, conforme o serviço deles. ⁸ E deu quatro carros e oito bois aos filhos de Merari, conforme o serviço deles, sob a direção de Itamar, filho do sacerdote Aarão. ⁹ Mas aos filhos de Caat não deu nada, porque o serviço do santuário que carregam nos ombros está sobre eles.

Oferta da dedicação

¹⁰ E os chefes apresentaram a dedicação do altar, no dia em que ele foi ungido. Os chefes ofereceram a oferenda deles diante do altar, ¹¹ e o

---

7,1-9 Quando se poderia esperar o início da marcha para Canaã, o texto retrocede no tempo e lança o leitor para um mês antes do censo das tribos (Nm 1,1), para a ocasião da construção da morada (Ex 40) e da unção do altar (Lv 8). A sequência cronológica retornará apenas em Nm 10,11. Essa recordação resgata a obediência, a generosidade e a atenção cuidadosa das tribos em relação à morada e ao culto, preparando positivamente o leitor para o início da caminhada. Nos versículos 1-9, a generosidade das oferendas dos carros feita pelos chefes das tribos manifesta a resposta grata à presença do Senhor na morada e o reconhecimento do trabalho dos levitas no transporte dela.

7,10-89 A lista apresenta um catálogo detalhado das doações para a dedicação do altar feitas pelos representantes das tribos em uma cerimônia de doze dias. A longa e repetitiva descrição das doações denota intenções teológicas. As tribos foram retratadas como diferentes em tamanho e, consequentemente, em força e recursos. Contudo, assim como estavam equidistantes da morada, sua oferta é a mesma, indicando que todos estavam comprometidos com o sustento das atividades litúrgicas e do sacerdócio. As imagens da reconstrução do templo em Esd 2 sugerem que esse retrato de Israel foi importante no retorno do exílio babilônico. O resultado da generosidade e do comprometimento obediente dos israelitas é o cumprimento da promessa de Ex 25,22: apesar de Deus não poder ser visto, a voz divina continua guiando Moisés do meio dos querubins (v. 89). Os querubins mencionados são seres híbridos alados que, nas tradições do antigo Oriente Próximo, acompanhavam a divindade. Para Israel, são retratados no propiciatório da arca da aliança (Ex 25,27-22), sugerindo um trono vazio, já que Deus não pode ser representado por imagens humanas.

Senhor disse a Moisés: "Dia por dia, chefe após chefe, apresentarão sua oferenda para a dedicação do altar".

¹² No primeiro dia, ofereceu sua oferenda Naasson, filho de Aminadab, da tribo de Judá. ¹³ Sua oferenda foi uma bandeja de prata de cento e trinta siclos, uma bacia de prata de setenta siclos segundo o siclo do santuário (as duas cheias de flor de farinha amassada em azeite para a oferta), ¹⁴ um vaso de ouro de dez siclos cheio de incenso, ¹⁵ um novilho filhote do gado grande, um carneiro, um cordeiro de um ano para o holocausto, ¹⁶ um bode para o sacrifício pelo pecado, ¹⁷ e, para o sacrifício de comunhão, dois bois, cinco carneiros, cinco bodes e cinco cordeiros de um ano. Essa foi a oferta de Naasson, filho de Aminadab.

¹⁸ No segundo dia, ofereceu sua oferta Natanael, filho de Suar, chefe de Issacar. ¹⁹ Sua oferenda foi uma bandeja de prata de cento e trinta siclos, uma bacia de prata de setenta siclos segundo o siclo do santuário (as duas cheias de flor de farinha amassada em azeite para a oferta), ²⁰ um vaso de ouro de dez siclos cheio de incenso, ²¹ um novilho filhote do gado grande, um carneiro, um cordeiro de um ano para o holocausto, ²² um bode para o sacrifício pelo pecado, ²³ e, para o sacrifício de comunhão, dois bois, cinco carneiros, cinco bodes e cinco cordeiros de um ano. Essa foi a oferta de Natanael, filho de Suar.

²⁴ No terceiro dia, ofereceu sua oferta o chefe dos filhos de Zabulon, Eliab, filho de Helon. ²⁵ Sua oferenda foi uma bandeja de prata de cento e trinta siclos, uma bacia de prata de setenta siclos segundo o siclo do santuário (as duas cheias de flor de farinha amassada em azeite para a oferta), ²⁶ um vaso de ouro de dez siclos cheio de incenso, ²⁷ um novilho filhote do gado grande, um carneiro, um cordeiro de um ano para o holocausto, ²⁸ um bode para o sacrifício pelo pecado, ²⁹ e, para o sacrifício de comunhão, dois bois, cinco carneiros, cinco bodes e cinco cordeiros de um ano. Essa foi a oferta de Eliab, filho de Helon.

³⁰ No quarto dia, ofereceu sua oferta o chefe dos filhos de Rúben, Elisur, filho de Sedeur. ³¹ Sua oferenda foi uma bandeja de prata de cento e trinta siclos, uma bacia de prata de setenta siclos segundo o siclo do santuário (as duas cheias de flor de farinha amassada em azeite para a oferta), ³² um vaso de ouro de dez siclos cheio de incenso, ³³ um novilho filhote do gado grande, um carneiro, um cordeiro de um ano para o holocausto, ³⁴ um bode para o sacrifício pelo pecado, ³⁵ e, para o sacrifício de comunhão, dois bois, cinco carneiros, cinco bodes e cinco cordeiros de um ano. Essa foi a oferta de Elisur, filho de Sedeur.

³⁶ No quinto dia, ofereceu sua oferta o chefe dos filhos de Simeão, Salamiel, filho de Surisadai. ³⁷ Sua oferenda foi uma bandeja de prata de cento e trinta siclos, uma bacia de prata de setenta siclos segundo o siclo do santuário (as duas cheias de flor de farinha amassada em azeite para a oferta), ³⁸ um vaso de ouro de dez siclos cheio de incenso, ³⁹ um novilho filhote do gado grande, um carneiro, um cordeiro de um ano para o holocausto, ⁴⁰ um bode para o sacrifício pelo pecado, ⁴¹ e, para o

sacrifício de comunhão, dois bois, cinco carneiros, cinco bodes e cinco cordeiros de um ano. Essa foi a oferta de Salamiel, filho de Surisadai.

[42] No sexto dia, ofereceu sua oferta o chefe dos filhos de Gad, Eliasaf, filho de Reuel. [43] Sua oferenda foi uma bandeja de prata de cento e trinta siclos, uma bacia de prata de setenta siclos segundo o siclo do santuário (as duas cheias de flor de farinha amassada em azeite para a oferenda), [44] um vaso de ouro de dez siclos cheio de incenso, [45] um novilho filhote do gado grande, um carneiro, um cordeiro de um ano para o holocausto, [46] um bode para o sacrifício pelo pecado, [47] e, para o sacrifício de comunhão, dois gados grandes, cinco carneiros, cinco bodes e cinco cordeiros de um ano. Essa foi a oferta de Eliasaf, filho de Reuel.

[48] No sétimo dia, ofereceu sua oferta o chefe dos filhos de Efraim, Elisama, filho de Amiud. [49] Sua oferenda foi uma bandeja de prata de cento e trinta siclos, uma bacia de prata de setenta siclos segundo o siclo do santuário (as duas cheias de flor de farinha amassada em azeite para a oferta), [50] um vaso de ouro de dez siclos cheio de incenso, [51] um novilho filhote do gado grande, um carneiro, um cordeiro de um ano para o holocausto, [52] um bode para o sacrifício pelo pecado, [53] e, para o sacrifício de comunhão, dois bois, cinco carneiros, cinco bodes e cinco cordeiros de um ano. Essa foi a oferta de Elisama, filho de Amiud.

[54] No oitavo dia, ofereceu sua oferta o chefe dos filhos de Manassés, Gamaliel, filho de Fadassur. [55] Sua oferenda foi uma bandeja de prata de cento e trinta siclos, uma bacia de prata de setenta siclos segundo o siclo do santuário (as duas cheias de flor de farinha amassada em azeite para a oferta), [56] um vaso de ouro de dez siclos cheio de incenso, [57] um novilho filhote do gado grande, um carneiro, um cordeiro de um ano para o holocausto, [58] um bode para o sacrifício pelo pecado, [59] e, para o sacrifício de comunhão, dois bois, cinco carneiros, cinco bodes e cinco cordeiros de um ano. Essa foi a oferta de Gamaliel, filho de Fadassur.

[60] No nono dia, ofereceu sua oferta o chefe dos filhos de Benjamim, Abidã, filho de Gedeoni. [61] Sua oferenda foi uma bandeja de prata de cento e trinta siclos, uma bacia de prata de setenta siclos segundo o siclo do santuário (as duas cheias de flor de farinha amassada em azeite para a oferta), [62] um vaso de ouro de dez siclos cheio de incenso, [63] um novilho filhote do gado grande, um carneiro, um cordeiro de um ano para o holocausto, [64] um bode para o sacrifício pelo pecado, [65] e, para o sacrifício de comunhão, dois bois, cinco carneiros, cinco bodes e cinco cordeiros de um ano. Essa foi a oferta de Abidã, filho de Gedeoni.

[66] No décimo dia, ofereceu sua oferta o chefe dos filhos de Dã, Aiezer, filho de Amisadai. [67] Sua oferenda foi uma bandeja de prata de cento e trinta siclos, uma bacia de prata de setenta siclos segundo o siclo do santuário (as duas cheias de flor de farinha amassada em azeite para a oferta), [68] um vaso de ouro de dez siclos cheio de incenso, [69] um novilho filhote do gado grande, um carneiro, um cordeiro de um ano para o holocausto, [70] um bode para o sacrifício pelo pecado, [71] e, para o sacrifício

NÚMEROS 7–8

de comunhão, dois bois, cinco carneiros, cinco bodes e cinco cordeiros de um ano. Essa foi a oferta de Aiezer, filho de Amisadai.

72 No décimo primeiro dia, ofereceu sua oferta o chefe dos filhos de Aser, Fegiel, filho de Ocrã. **73** Sua oferenda foi uma bandeja de prata de cento e trinta siclos, uma bacia de prata de setenta siclos segundo o siclo do santuário (as duas cheias de flor de farinha amassada em azeite para a oferta), **74** um vaso de ouro de dez siclos cheio de incenso, **75** um novilho filhote do gado grande, um carneiro, um cordeiro de um ano para o holocausto, **76** um bode para o sacrifício pelo pecado, **77** e, para o sacrifício de comunhão, dois bois, cinco carneiros, cinco bodes e cinco cordeiros de um ano. Essa foi a oferta de Fegiel, filho de Ocrã.

78 No décimo segundo dia, ofereceu sua oferta o chefe dos filhos de Neftali, Aíra, filho de Enã. **79** Sua oferenda foi uma bandeja de prata de cento e trinta siclos, uma bacia de prata de setenta siclos segundo o siclo do santuário (as duas cheias de flor de farinha amassada em azeite para a oferta), **80** um vaso de ouro de dez siclos cheio de incenso, **81** um novilho filhote do gado grande, um carneiro, um cordeiro de um ano para o holocausto, **82** um bode para o sacrifício pelo pecado, **83** e, para o sacrifício de comunhão, dois bois, cinco carneiros, cinco bodes e cinco cordeiros de um ano. Essa foi a oferta de Aíra, filho de Enã.

84 Esta é a dedicação do altar pelos chefes de Israel no dia em que foi ungido: doze bandejas de prata, doze bacias de prata, doze vasos de ouro. **85** Cada uma das bandejas de prata era de cento e trinta siclos, e cada uma das bacias de prata era de setenta siclos. Toda a prata dos utensílios era de dois mil e quatrocentos siclos segundo o siclo do santuário. **86** Cada um dos doze vasos de ouro cheios de incenso era de dez siclos, segundo o siclo do santuário; todo o ouro dos vasos era de cento e vinte siclos. **87** Para o holocausto, todo o gado grande eram doze novilhos, doze carneiros, doze cordeiros de um ano e suas ofertas de manjares; e, para o sacrifício pelo pecado, doze bodes. **88** E todo o gado do sacrifício de comunhão eram vinte e quatro novilhos, sessenta carneiros, sessenta bodes e sessenta cordeiros de um ano. Essa é a dedicação do altar depois que ele foi ungido.

89 Quando Moisés entrou na tenda do encontro para falar com ele, ouviu a voz de quem lhe falava de cima da cobertura que está sobre a arca do testemunho, entre os dois querubins. E lhe falava.

Lâmpadas da menorá

8 **1** O Senhor falou a Moisés: **2** "Fala a Aarão! Tu lhe dirás: 'Quando fizeres subir as lâmpadas em frente à menorá, faze brilhar as sete lâmpadas!'"

8,1-4 Após a descrição da obediência das tribos (Nm 7,1-88) e do serviço de Moisés no santuário (Nm 7,89), o foco retorna para a obediência de Aarão, que faz exatamente como o Senhor manda (v. 3), seguindo todas as instruções (v. 4). As determinações de Ex 25,31-37 encontram cumprimento perfeito em Números.

NÚMEROS 8

³ E assim fez Aarão em frente à face da menorá: fez as lâmpadas dele subirem, conforme o SENHOR tinha ordenado a Moisés. ⁴ E esta é a obra da menorá batida em ouro; até sua haste e até sua floreira batida. Assim, fez a menorá conforme a aparência que o SENHOR havia mostrado a Moisés.

Consagração dos levitas ao Senhor

⁵ O SENHOR falou a Moisés: ⁶ "Toma os levitas do meio dos filhos de Israel! Tu os purificarás. ⁷ Assim lhes farás para purificá-los: asperge sobre eles água da remoção do pecado, e então farão passar a navalha sobre toda a carne deles e lavarão suas vestes para se purificarem. ⁸ Tomarão um novilho filhote do gado grande e sua oferta de flor de farinha amassada em azeite, e tomarás um segundo novilho filhote do gado grande para o sacrifício pelo pecado.

⁹ Farás os levitas aproximarem-se diante da tenda do encontro e convocarás toda a comunidade dos filhos de Israel. ¹⁰ Farás os levitas aproximarem-se diante do SENHOR, e os filhos de Israel apoiarão suas mãos sobre os levitas. ¹¹ Aarão fará o rito da agitação dos levitas diante do SENHOR junto aos filhos de Israel para estarem a serviço da obra do SENHOR.

¹² Os levitas apoiarão suas mãos sobre a cabeça dos novilhos. Então sacrificarás um como sacrifício pelo pecado e outro em holocausto ao SENHOR, a fim de fazer a expiação pelos levitas. ¹³ Farás os levitas ficarem de pé diante de Aarão e diante de seus filhos. Então os agitarás como oferenda de agitação ao SENHOR. ¹⁴ Separarás os levitas do meio dos filhos de Israel, e eles serão meus. ¹⁵ Depois disso, os levitas entrarão para servir à tenda do encontro.

O texto remete à rotina dos sacerdotes no santuário, já que as luzes da menorá precisavam ser cuidadas duas vezes ao dia (Ex 29,38-42; 30,7-8) e o fogo devia ser mantido sempre aceso (Lv 6,8-13; 24,2-4). A forma do candelabro é semelhante a uma árvore, símbolo da vida e da fertilidade no antigo Oriente Próximo.

8,5-26 A consagração dos levitas é feita em duas etapas. A primeira (vv. 5-7) envolve ritos que já aparecem no Levítico como sinal de purificação de contaminações no corpo (Nm 14,8-9). A segunda (vv. 8-19) é a apresentação dos levitas a Aarão diante da tenda do encontro para serem oferecidos ao Senhor. Ali, são retratados como oferta viva, uma vez que ocuparam o lugar dos primogênitos (Nm 3,11-13.40-51). Impõem-se as mãos sobre eles, como se faz com os animais a serem sacrificados (v. 12; Lv 3,12-13) e são "agitados", como uma metáfora para a ação do sacerdote sobre o peito do animal retalhado, o qual o agitava como sinal de que tomava essa porção para si (Lv 7,28-34). Assim, o levita é consagrado ao serviço dos sacerdotes. A idade mínima de vinte e cinco anos (v. 23) para os levitas é diferente de Nm 4,3, quando se menciona a de trinta anos. Em Esd 3,8, encontra-se uma idade menor, de vinte anos. Também se menciona o serviço de levitas aposentados na história cronista (1Cr 23,24.27; 2Cr 31,17), o que deve indicar que a falta de trabalhadores exigia certa flexibilidade na legislação.

NÚMEROS 8–9

Purificarás os levitas e os agitarás como oferenda de agitação. **16** Porque eles serão doados para mim no meio dos filhos de Israel, em lugar do primeiro parto de todo ventre. A todos os primogênitos dentre os filhos de Israel, tomei-os para mim. **17** Porque é meu todo primogênito dentre os filhos de Israel, dentre o ser humano e dentre os animais. No dia que eu feri todo primogênito na terra do Egito, santifiquei-os para mim. **18** Tomarei os levitas, em lugar de todo primogênito dentre os filhos de Israel. **19** Darei os levitas. São doados a Aarão e a seus filhos no meio dos filhos de Israel para servirem ao ministério dos filhos de Israel na tenda do encontro e para fazerem expiação pelos filhos de Israel. Então não haverá praga entre os filhos de Israel quando eles se aproximarem do santuário".

20 E Moisés, com Aarão e toda a comunidade dos filhos de Israel com os levitas, fez conforme tudo o que o SENHOR ordenara em relação aos levitas. Assim os filhos de Israel lhes fizeram. **21** Os levitas se purificaram e lavaram suas vestes, e Aarão fez com eles a agitação diante do SENHOR e fez a expiação por eles para purificá-los. **22** Depois disso, os levitas vieram para servir à obra deles na tenda do encontro, diante de Aarão e diante de seus filhos, conforme o SENHOR ordenara a Moisés.

23 O SENHOR falou a Moisés: **24** "Isso é o que pertence aos levitas de vinte e cinco anos para cima: entrará para servir ao exército no serviço da tenda do encontro. **25** A partir dos cinquenta anos, porém, voltará do serviço no exército e não servirá mais. **26** Poderá servir aos irmãos dele na tenda do encontro, para cuidar da guarda. Mas não servirá em nenhuma obra. Assim tu farás aos levitas, no que se refere à guarda deles".

PREPARAÇÃO PRÓXIMA DA PARTIDA

Páscoa

9 **1** O SENHOR falou a Moisés no deserto do Sinai, no primeiro mês, no segundo ano da saída deles da terra do Egito: **2** "Os filhos de Israel farão a Páscoa em seu tempo determinado. **3** No dia catorze deste mês, no meio da tarde, vós a fareis em seu tempo determinado, conforme todos os seus estatutos e conforme todas as suas normas a fareis".

9,1-14 A primeira Páscoa foi celebrada no Egito, preparando o povo para a libertação (Ex 12,2-11.21-27.43-49). Uma nova celebração, ordenada em Lv 23,5-8, é realizada no versículo 5, um ano após a saída do Egito. A abertura aos que ficaram impuros na caminhada e a imigrantes autorizada pelo próprio Senhor (v. 9) é um indicativo da condição dos dispersos no exílio da Babilônia, projetada no passado de Israel. Essa segunda Páscoa é um marco fundamental, que direciona positivamente o leitor: trata-se do prelúdio de um novo e impressionante recomeço, o início da marcha rumo à terra prometida após a experiência no Sinai, levando a cabo a libertação do Êxodo.

NÚMEROS 9

⁴ Moisés falou aos filhos de Israel para fazerem a Páscoa. ⁵ E fizeram a Páscoa no primeiro mês no dia catorze, no meio da tarde, no deserto do Sinai. Assim os filhos de Israel fizeram conforme tudo o que o SENHOR ordenara a Moisés.

⁶ E os homens que estavam impuros por causa de um ser humano morto e não podiam fazer a Páscoa naquele dia também se aproximaram diante de Moisés e diante de Aarão. Naquele mesmo dia, ⁷ aqueles homens disseram-lhe: "Nós estamos impuros por causa de um ser humano morto. Por que somos subtraídos a fim de não oferecer a oferenda do SENHOR em seu tempo determinado no meio dos filhos de Israel?" ⁸ Moisés lhes disse: "Ficai de pé, e eu ouvirei o que o SENHOR vos ordenou!"

⁹ O SENHOR falou a Moisés: ¹⁰ "Fala aos filhos de Israel: 'Qualquer um de vós ou de vossas gerações que estiver impuro por causa de uma pessoa morta ou em um caminho distante fará mesmo assim a Páscoa do SENHOR. ¹¹ No segundo mês, no dia catorze, no meio da tarde a farão. Com ázimos e ervas amargas a comerão. ¹² Não deixarão sobrar dela nada até a manhã e não quebrarão nenhum osso dela. Conforme todo o estatuto da Páscoa, a farão. ¹³ O homem que se encontrar puro ou não estiver em viagem e deixar de fazer a Páscoa, aquele vivente será cortado de seu povo. Não apresentou uma oferenda ao SENHOR em seu tempo determinado; portanto, aquele homem carregará seu pecado.

¹⁴ E, quando se hospedar convosco um imigrante, fará a Páscoa do SENHOR conforme o estatuto da Páscoa, e, conforme sua norma, assim fará. Será um estatuto para vós, para o imigrante e para o nativo da terra'".

Nuvem sobre a morada

¹⁵ E, no dia em que se levantou a morada, a nuvem cobriu a morada que pertence à tenda do testemunho. De tarde até a manhã, havia sobre a morada algo como um clarão de fogo. ¹⁶ Assim acontecia continuamente: a nuvem a cobria, e de noite havia um clarão de fogo.

¹⁷ E, conforme a nuvem se levantava de cima da tenda, os filhos de Israel partiam. No lugar em que a nuvem se alojava, lá os filhos de Israel acampavam. ¹⁸ Conforme a ordem do SENHOR, os filhos de Israel

---

9,15-23 A nuvem é retratada como um pilar que guia os israelitas na saída do Egito (Ex 13,21-22), como sinal da presença divina na aliança no Sinai (Ex 24,15-18) e como sinal da habitação do Senhor na tenda, onde este se comunicava com Moisés (Ex 33,7-11). Mais uma vez, a nuvem aparece conectada à morada (v. 15), como indicativo concreto da presença de Deus. A insistência na fórmula "conforme a ordem do SENHOR" (vv. 18.20.23) completa a expectativa da jornada no deserto e indica sua iminência. O povo, purificado, generoso e obediente, está organizado ao redor da tenda, contando com a mediação dos sacerdotes e levitas, organizados a partir do culto, e sob a direção de Moisés. Deus está no meio das tribos e, com a nuvem, direciona o deslocamento do acampamento.

NÚMEROS 9–10

partiam, e, conforme a ordem do SENHOR, acampavam. Todos os dias em que a nuvem se alojava sobre a morada, acampavam. **19** Quando a nuvem se alongava muitos dias sobre a morada, os filhos de Israel cuidavam da guarda do SENHOR e não partiam. **20** E acontecia que, quando a nuvem estava poucos dias sobre a morada, conforme a ordem do SENHOR, acampavam, e, conforme a ordem do SENHOR, partiam. **21** E acontecia que, quando havia nuvem desde a tarde até a manhã e a nuvem se levantava de manhã, então partiam, ou, de dia ou de noite, se a nuvem se levantasse, então partiam. **22** Ou dois dias, ou um mês, ou quando a nuvem se alongava dias sobre a morada para alojar-se sobre ela, os filhos de Israel acampavam e não partiam, mas, quando ela se levantava, partiam. **23** Conforme a ordem do SENHOR, acampavam e, conforme a ordem do SENHOR, partiam. Cuidavam da guarda do SENHOR, conforme a ordem do SENHOR pela mão de Moisés.

Trombetas para a convocação

10 **1** O SENHOR falou a Moisés: **2** "Faze para ti duas trombetas de prata! Tu as farás em obra batida. Serão para ti para o chamado da comunidade e para pôr em marcha os acampamentos. **3** Soarão nelas, e se reunirá junto a ti toda a comunidade na entrada da tenda do encontro. **4** Mas, caso soem somente em uma trombeta, serão reunidos junto a ti os chefes, cabeças de milhares de Israel.

5 Quando soardes um toque, partirão os acampamentos dos que estão acampados na direção do oriente. **6** Quando soardes o segundo toque, partirão os acampamentos dos que estão acampados na direção sul. Soarão um toque para as partidas deles. **7** E, quando convocardes a assembleia, soareis, mas não bradareis. **8** Os filhos de Aarão, os

---

10,1-10 A fabricação das trombetas ilustra a última etapa da preparação para a peregrinação, partindo do Sinai, passando pelo deserto, rumo à terra prometida. As funções desses instrumentos são semelhantes às encontradas no antigo Egito, ligadas à guerra e à reunião da comunidade para o louvor. Ainda assim, alguns pontos teológicos se destacam. Tal como o Senhor havia ordenado que materiais de ferro batido fossem colocados no tabernáculo (os querubins [Ex 25,18], a menorá [Ex 25,31]), as trombetas seguem o mesmo procedimento de elaboração, mas são usadas para fazer ressoar para fora da tenda a convocação divina. Ao cadenciar todo Israel no compasso do plano divino, elas também estão em função da dinâmica de ordem-cumprimento típica de Números e demarcam que a direção da marcha sai do centro do acampamento, sob a mediação dos sacerdotes. Além disso, os toques sonoros servem não somente para lembrar que o Senhor salvará os israelitas, como também para indicar o dia das alegrias (v. 10), ou seja, nas festas cultuais a serem celebradas na terra (Dt 16,14). A partir disso já se antecipa e se assegura a entrada em Canaã e sua conquista. Isso explica por que as trombetas reaparecem em Números somente em situações de guerra (Nm 31,6) e por que seu uso cultual será atrasado para o retorno do exílio da Babilônia (2Cr 5,12-13), celebrando a alegria da reconstrução do templo e das muralhas de Jerusalém (Esd 3,10; Ne 12,35.41).

NÚMEROS 10

sacerdotes, soarão as trombetas. Serão para vós e para vossas gerações um estatuto eterno.

⁹ E, quando em vossa terra entrardes para a guerra, contra o adversário que vos oprime, fareis bradar as trombetas, para vos lembrardes diante do SENHOR, vosso Deus, que sereis salvos de vossos inimigos. ¹⁰ E, no dia de vossas alegrias, em vossos encontros e nos princípios de vossos meses, soareis nas trombetas sobre vossos holocaustos e sobre vossos sacrifícios de comunhão, e eles se tornarão um memorial diante de vosso Deus. Eu sou o SENHOR, vosso Deus".

PARTIDA DO SINAI A CADES

ORDEM DE PARTIDA

Povo em marcha

¹¹ E, no segundo ano, no segundo mês, aos vinte do mês, a nuvem se levantou de cima da morada do testemunho. ¹² Então os filhos de Israel partiram para a marcha deles a partir do deserto do Sinai, e a nuvem fez morada no deserto de Parã.

¹³ Então partiram pela primeira vez, conforme a ordem do SENHOR por meio de Moisés. ¹⁴ E a bandeira do acampamento dos filhos de Judá partiu por primeiro, conforme seus esquadrões e conforme seu exército: Naasson, filho de Aminadab ¹⁵ E, junto ao exército da tribo dos filhos de Issacar, Natanael, filho de Suar. ¹⁶ E, junto ao exército da tribo dos filhos de Zabulon, Eliab, filho de Helon.

¹⁷ Então se fez a morada descer, e partiram os filhos de Gérson e os filhos de Merari, que estavam carregando a morada. ¹⁸ E partiu a bandeira do acampamento de Rúben, conforme seus esquadrões. Sobre seu exército estava Elisur, filho de Sedeur. ¹⁹ E, sobre o exército da tribo dos filhos de Simeão, conforme seus esquadrões, estava Salamiel, filho de

---

10,11-28 Uma notação temporal retoma a sequência cronológica da narração, dezenove dias após a data mencionada em Nm 1,1. Desse modo, chega ao fim a longa digressão iniciada em Nm 7,1, bem como as etapas de preparação para a jornada. A partir de Nm 10,11, os textos cobrem a maior fase da vida de Israel entre o Egito e Canaã, trinta e oito anos desde a partida do Sinai até a chegada às planícies de Moab. O clima de ansiedade pela longa preparação e a antecipação da conquista fazem dessa etapa o primeiro clímax do livro. Mais uma vez, a ideia de ordem-cumprimento aparece (v. 13), garantindo que as ações humanas são dirigidas pelo projeto arquitetado nos capítulos anteriores: a marca para levantar o acampamento é a nuvem (Nm 9,15-23), e a ordem das tribos segue rigorosamente o que havia sido prescrito em Nm 2,1–3,39. O narrador faz um sumário da partida até a chegada ao deserto de Parã, que acontecerá somente em Nm 12,16, conferindo um tom positivo ao período. Contudo, as narrativas posteriores das etapas em Tabera (Nm 11,3), Cibrot-Ataava e Haserot (Nm 11,35), até chegar ao deserto, mostram uma reação revoltosa de parte de Israel.

NÚMEROS 10

Surisadai. **20** E, sobre o exército da tribo dos filhos de Gad, estava Eliasaf, filho de Reuel.

21 E partiram os caatitas, que carregavam o santuário. Outros erguiam a morada até a chegada deles.

22 Partiu a bandeira do acampamento dos filhos de Efraim, conforme seus esquadrões. E, sobre seu exército, estava Elisama, filho de Amiud. **23** E, sobre o exército da tribo dos filhos de Manassés, estava Gamaliel, filho de Fadassur. **24** E, sobre o exército da tribo dos filhos de Benjamim, estava Abidã, filho de Gedeoni.

25 Então partiu a bandeira do acampamento dos filhos de Dã, formando a retaguarda para todos os acampamentos, conforme seus esquadrões. E, sobre seu exército, estava Aiezer, filho de Amisadai. **26** E, sobre o exército da tribo dos filhos de Aser, estava Fegiel, filho de Ocrã. **27** E, sobre o exército da tribo dos filhos de Neftali, estava Aíra, filho de Enã.

28 Essas foram as partidas dos filhos de Israel segundo seus esquadrões. Então partiram.

O Senhor, guia do povo

29 Moisés disse para Hobab, filho do madianita Reuel, sogro de Moisés: "Nós estamos partindo para o lugar que o SENHOR disse: 'Eu o darei para vós'. Vem conosco, e te faremos bem, porque o SENHOR falou bem sobre Israel!" **30** Ele lhe respondeu: "Não irei. Porque antes irei para minha terra e para minha parentela". **31** Moisés disse: "Não nos abandones, por favor, porque conheces onde acampamos no deserto e tu serás

---

10,29-36 Há uma pluralidade de tradições sobre o sogro de Moisés, que aparece com o nome de Reuel (Ex 2,18), Jetro (Ex 18,1) ou Hobab (Jz 4,11). Ele é identificado como dono de rebanhos de ovelhas (Ex 3,1), além de ser o sacerdote de Madiã que instrui Moisés sobre a organização do povo e a distribuição de funções de governo (Ex 18,1-12). Sendo assim, a narrativa mostra até aqui como os madianitas eram conhecedores do deserto e apoiavam Moisés no projeto de libertação. A insistência de Moisés sobre a ajuda de Hobab e a conexão deste com Reuel abrem espaço para a participação humana na caminhada, que acontecerá por meio de estrangeiros. A bondade de Deus é estendida aos madianitas, em uma condição equiparável à dos israelitas (v. 32). Ainda assim, a direção definitiva é dada pelo Senhor: a arca da aliança, que estava localizada no centro (Nm 4,5), agora é colocada à frente dos israelitas, na função de "procurar" um lugar de repouso. O verbo traduz termo hebraico que significa "reconhecer", "explorar", "espionar", de forma que reflete a exploração antecipada da terra por parte de Deus, garantindo sua posse (Ez 20,6). A jornada de três dias retoma o caminho do êxodo (Ex 3,12.18). A presença do Senhor na nuvem (v. 34) é conectada a dois versos no formato de cantos de guerra, como parte de um ritual ao redor da arca (1Sm 4,3; 2Sm 11,11), exaltando a certeza da vitória do Senhor. As poesias recebem marcas no original que reforçam o tom litúrgico do texto, ilustrando uma procissão santa que vai para a terra e entra em conflito com seus inimigos. Essa tradição de uma "guerra santa" não deve ser entendida pelo leitor moderno em caráter exemplar; trata-se de textos muito antigos, que têm a função de ensinar sobre o poder libertador de Deus em períodos históricos marcados pela luta armada.

NÚMEROS 10–11

nossos olhos! **32** Quando vieres conosco, aquele bem que o SENHOR fizer conosco, nós o faremos a ti".

33 Então partiram do monte do SENHOR, um caminho de três dias. E a arca da aliança do SENHOR partia diante deles, um caminho de três dias, para lhes procurar um repouso.

34 A nuvem do SENHOR estava sobre eles durante o dia, quando eles partiam do acampamento. **35** Quando a arca partia, Moisés dizia: "Levanta-te, SENHOR, para que teus inimigos se dispersem e os que te odeiam fujam diante de ti!" **36** Quando pousava, dizia: "Volta, SENHOR! São multidões de milhares de Israel".

CRISES E RECLAMAÇÕES NA CAMINHADA

Queixas contra o Senhor

11 **1** E, como o povo estava se queixando do mal, aos ouvidos do SENHOR, o SENHOR ouviu, e sua ira se acendeu. Então o fogo do SENHOR ardeu contra eles e consumiu a extremidade do acampamento. **2** Então o povo clamou a Moisés, e Moisés orou ao SENHOR. O fogo se apagou. **3** Então ele chamou o nome daquele lugar de Tabera, porque ardeu contra eles o fogo do SENHOR.

11,1-3 Até Nm 10, o cenário preparado era o mais positivo possível. O sucesso da empreitada rumo à terra de Canaã é representado pela celebração da Páscoa que antecede a marcha (Nm 9,1-14) e pela presença de Deus no centro do batalhão santo, ilustrada na tenda e na nuvem (Nm 9,15-23). Em tom litúrgico, as trombetas levam as ordens do Senhor para todo o acampamento (Nm 10,1-10), que é guiado pela arca e por Hobab. Finalmente, na partida, Deus antecipa a prospecção da terra (Nm 10,33), e aclamações de guerra cantam a vitória do Senhor (Nm 10,34-36). Contudo, uma voz aparece desde o início do livro alertando sobre a necessidade de salvaguardar a santidade divina, reforçando o poder do Senhor e propondo punições severas para os que cruzassem os limites da impureza (Nm 3,4.10; 4,15-20; 5,2; 8,19). Em Nm 11, o narrador faz um giro fundamental no enredo, saindo do triunfalismo do Sinai em direção às dificuldades no caminho do deserto. Surgem conflitos, murmurações e rebeliões, indicadores da fragilidade humana da comunidade de Israel, que ferem a santidade do acampamento e são punidos com a ira divina. Os versículos 1-3 constituem uma história de conflito em miniatura, um roteiro pragmático para as próximas narrativas de rebelião, que seguem, em geral, a mesma estrutura: (a) o povo murmura (contra os líderes ou contra Deus, majoritariamente), (b) Deus pune com castigo, (c) Moisés intercede em favor dos filhos de Israel, e (d) Deus intervém positivamente em resposta. A narrativa é etiológica, explicando o nome da localidade como Tabera, que significa "incêndio", um sinal da ira ardente do Senhor (v. 3). Nesses tipos de relato, a ira divina em forma de punição é uma ação para proteger o acampamento dos que impedem a realização da marcha litúrgico-militar nos moldes projetados em Nm 1–10. No versículo 1, somente uma extremidade do acampamento é atingida pelo fogo, sinal do juízo divino (Lv 10,1-2; Nm 16,35), enfatizando que o castigo não dizimou todo o acampamento e que o plano de chegada a Canaã deve prosseguir. Moisés aparece constantemente como mediador, aplacando o castigo e retomando o foco da marcha.

NÚMEROS 11

Carne para o povo

4 A multidão que estava no meio deles suspirava de avidez. E também os filhos de Israel se voltaram, choraram e disseram: "Quem nos dará carne para comer? **5** Lembramos o peixe que comíamos no Egito de graça, os pepinos, as melancias, o alho-poró, as cebolas e os alhos. **6** Mas agora nossa garganta está seca, privada de tudo. Nossos olhos nada veem, exceto o maná".

7 Quanto ao maná, ele era como a semente do coentro, e seu aspecto era como o aspecto do bdélio. **8** O povo se espalhava: colhiam e moíam em moinhos ou trituravam no pilão; ferviam na panela e, com ele, faziam broas. Seu sabor era como o sabor da torta de azeite. **9** De noite, quando o orvalho caía sobre o acampamento, caía também sobre ele o maná.

10 Moisés ouviu o povo chorando segundo seus clãs, cada um na entrada de sua tenda. Então se acendeu muito a ira do SENHOR, e isso era um mal aos olhos de Moisés. **11** Moisés disse ao SENHOR:

"Por que quiseste fazer mal a teu servo? E por que não encontrei graça a teus olhos, a ponto de colocares a carga de todo este povo sobre mim? **12** Concebi eu todo este povo? Dei-o, eu, à luz, para que me digas: 'Carrega-o em teu peito, conforme a ama de leite carrega quem está mamando, e isso sobre a terra que juraste a seus pais!'? **13** De onde conseguirei para mim carne a fim de dar a todo este povo que chora junto de mim dizendo: 'Dá-nos carne, para que comamos!'? **14** Não poderei apenas eu carregar todo este povo, porque é muito pesado para mim. **15** E, caso tu estejas me tratando deste modo, dá-me a morte, por favor! Caso eu tenha encontrado graça a teus olhos, não verei meu mal".

16 O SENHOR disse a Moisés: "Reúne para mim setenta homens dentre os anciãos de Israel, que sabes que são anciãos do povo e seus

---

11,4-23 A crise sai das margens do acampamento (Nm 11,1) e se estabelece no meio do povo, partindo de um grupo específico (talvez estrangeiros que se juntaram ao êxodo [Ex 12,38]). O desejo ávido dos queixosos levanta duas questões (v. 4): dúvidas sobre a liderança ("quem nos dará...") e o pedido incoerente de carne no deserto. Ressurgem as memórias do Egito (Ex 14,11; 16,3; 32,1.23), típicas das narrativas de murmuração, idealizando o período da escravidão. O maná é descrito com detalhes, reforçando sua beleza, mas também como um contraponto à suposta gratuidade da carne dada aos escravos, já que exigia o esforço humano para prepará-lo ao consumo (v. 8). A fala pejorativa dos revoltosos quanto ao maná reflete uma crise interior: o tema não é a falta de alimento, mas sim o desprezo quanto ao cuidado do Senhor no deserto (v. 20). Moisés faz uma prece intercessora, reconhecendo a necessidade de líderes que carreguem o povo como uma ama de leite amamenta um filho (vv. 12-14), e, assim como a serva está ligada à mãe, os líderes devem estar ligados ao Senhor. É um dos raros casos no Antigo Testamento em que Deus é representado por uma imagem feminina. A resposta divina trata dos dois temas: em primeiro lugar, novos líderes são levantados no deserto, os anciãos de Israel tornam-se auxiliares de Moisés (vv. 16-17); então o Senhor garante que a impossibilidade da carne no deserto é pequena diante da grandeza dele (v. 23).

318

NÚMEROS 11

oficiais! Tu os levarás para a tenda do encontro, e se manterão lá contigo. **¹⁷** Descerei e falarei contigo lá. Retirarei o espírito que está sobre ti e colocarei sobre eles. Levarão contigo a carga do povo, para que tu não a carregues sozinho.

¹⁸ E dirás ao povo: 'Santificai-vos para amanhã; então comereis carne, porque chorastes aos ouvidos do SENHOR dizendo: Quem nos fará comer carne? Bom para nós era no Egito. Pois bem, o SENHOR vos dará carne, e comereis. **¹⁹** Não comereis um dia, nem dois dias, nem cinco dias, nem dez dias, nem vinte dias, **²⁰** mas até um mês inteiro e até que ela saia de vosso nariz. Será para vós uma lembrança a fim de que não desprezeis o SENHOR, que está no meio de vós, e não choreis diante dele dizendo: Por que saímos do Egito?'"

²¹ Disse Moisés: "O povo, no meio do qual eu estou, são seiscentos mil a pé, e tu dizes: 'Eu lhes darei carne e comerão durante um mês inteiro'? **²²** Mesmo que lhes imolasse gado pequeno e gado grande, lhes encontraria o necessário? Caso lhes sejam reunidos todos os peixes do mar, lhes encontrará o necessário?" **²³** O SENHOR disse a Moisés: "Porventura a mão do SENHOR se encurtou? Agora verás. Por acaso o valor de minha palavra existe ou não?"

O espírito sobre os setenta anciãos

²⁴ Então Moisés saiu e falou ao povo as palavras do SENHOR. Reuniu setenta homens dentre os anciãos do povo e permaneceu com eles ao redor da tenda. **²⁵** E o SENHOR desceu na nuvem, falou-lhe, tomou do espírito que estava sobre ele e colocou-o sobre os setenta homens anciãos. Quando o espírito pousou sobre eles, profetizaram, mas nada acrescentaram.

²⁶ Restaram dois homens no acampamento; o nome de um era Eldad, e o nome do segundo era Medad. Então o espírito pousou sobre

---

11,24-30 A escolha de setenta homens deve refletir o uso mais amplo do número (Ex 1,5; 24,1; Jz 8,30) como indicador de uma grande quantidade. O chamado para perto da tenda afirma a eleição dos anciãos, bem como a divisão do espírito de Moisés sobre eles, em uma posição próxima aos anciãos de Ex 24,1-11. Ainda que a doação do espírito seja uma marca do chamado permanente à profecia (2Rs 2,12), o texto ressalta seu caráter temporário (v. 25). Isso acontece para preparar o enaltecimento da posição privilegiada de Moisés como único profeta (Nm 12,8). Tanto o derramamento do espírito sobre Eldad e Medad como a queixa de Josué vinculam-se a disputas posteriores entre o poder institucionalizado e não institucionalizado na época da construção do texto. O desejo de Moisés de que todo o povo experimentasse o carisma profético (v. 29) indica que não se trata tanto de um êxtase (como vivido por Saul, por exemplo [1Sm 10,10; 19,23-24]), mas mais de uma sabedoria que permitisse enxergar o significado mais profundo da caminhada no deserto em vez de perder-se em desejos sem sentido. Isso explica por que o Senhor não resolve prontamente o problema da carne no deserto, mas dá líderes que orientem as necessidades dos israelitas.

NÚMEROS 11

eles. Eles estavam entre os inscritos e não haviam saído para a tenda. Profetizaram no acampamento. **27** Um jovem correu e anunciou a Moisés e disse: "Eldad e Medad estão profetizando no acampamento". **28** Josué, filho de Nun, ministro de Moisés, um de seus escolhidos, disse: "Moisés, meu senhor, impede-os!" **29** Moisés lhe disse: "Estás sendo ciumento por minha causa? Quem dera todo o povo do Senhor fosse profeta, quando o Senhor colocar seu espírito sobre eles". **30** Moisés reuniu-se no acampamento, ele e os anciãos de Israel.

Codornizes

31 E um vento se levantou de junto do Senhor, vindo do mar, passou e deixou codornizes sobre o acampamento, assim como a extensão da marcha de um dia de um lado e do outro, ao redor do acampamento, e na espessura de dois côvados sobre a face da terra. **32** O povo se levantou durante todo aquele dia e durante toda aquela noite, e ainda durante todo o dia seguinte, e recolheram as codornizes. O que recolheu menos recolheu dez hômeres. Então efetivamente as estenderam ao redor do acampamento. **33** A carne ainda estava entre os dentes deles, antes de ser cortada, quando a ira do Senhor se acendeu contra o povo. E o Senhor feriu o povo com um golpe muito grande. **34** E chamou-se aquele lugar de Cibrot-Ataava – sepulcros do desejo –, porque lá sepultaram o povo que se entregou a seus apetites. **35** De Cibrot-Ataava, o povo partiu para Haserot, e permaneceram em Haserot.

11,31-35 O episódio está em paralelo com Ex 16, assim como outras histórias de rebelião em Números encontram correlatos nas histórias de conflito de Êxodo (como Ex 32–34 e Nm 13–14; Ex 15,22-27 e Nm 20,1-9). As reclamações do povo antes do Sinai giram em torno de temáticas objetivas e externas: falta de água e comida (Ex 15,22-27; 16,1-36), perigos de invasores (Ex 17,8-16) e centralização da liderança (Ex 18,1-27). Nessas ocasiões, Deus escuta as queixas e dá uma resposta favorável às reclamações. Entre as duas sequências de relatos de conflitos, está a experiência ética no Sinai, representada pela aliança e pela doação da lei (Ex 19–Lv 27). Após o Sinai, as reclamações fogem de elementos para a manutenção imediata da vida e refletem crises com atos extremos de falta de fé. Os conflitos pós-Sinai, portanto, têm uma conotação mais dura e uma condenação da parte de Deus com muito mais severidade. A doação das codornizes é feita por um "vento", a mesma palavra hebraica que designa o "espírito" doado aos setenta anciãos (Nm 11,25). As aves haviam caído fora do acampamento, em zona impura, o que representa bem como o desejo de carne havia afastado o povo de Deus. O Senhor dá a abundância que supostamente tinham no Egito (dez hômeres equivalem a pouco mais de quatro metros cúbicos), mas a ganância e a gula do povo acabam por transformar o dom em castigo. O lugar, então, é marcado como "sepulcros do desejo" (v. 34), pois ali morrem os desejos desenfreados do povo que impedem a caminhada no deserto de acordo com o projeto de Deus.

NÚMEROS 12

Miriam e Aarão falam contra Moisés

12¹ Então Miriam e Aarão falaram contra Moisés, por causa da mulher cuchita que ele tomara. De fato, ele tinha tomado uma mulher cuchita. ² Disseram: "Falou o SENHOR exclusivamente só por meio de Moisés? Não falou também por meio de nós?" E o SENHOR ouviu. ³ O homem Moisés era muito humilde, mais que todo ser humano que está sobre a superfície do solo.

⁴ Subitamente, o SENHOR disse a Moisés, Aarão e Miriam: "Saí, vós três, para a tenda do encontro!" E os três saíram. ⁵ O SENHOR desceu na coluna de nuvem, ficou na entrada da tenda e chamou Aarão e Miriam. Então eles dois saíram. ⁶ Ele disse:

"Ouvi, pois, minhas palavras.
Caso haja um profeta dentre vós,
eu, o SENHOR, em uma visão, me darei a conhecer a ele,
em sonho lhe falarei.
⁷ Não é assim com meu servo Moisés,
que é fiel em toda a minha casa.
⁸ Boca a boca falo com ele,
e em visão, não em enigmas.
Ele contempla a figura do SENHOR.
Então por que não temeis falar contra meu servo, contra Moisés?"

⁹ E acendeu-se contra eles a ira do SENHOR, e este se foi. ¹⁰ Então a nuvem se desviou de cima da tenda, e eis que Miriam ficou leprosa, branca como a neve. Aarão voltou para Miriam, e eis que ela estava leprosa.
¹¹ Aarão disse a Moisés: "Ai, meu senhor, por favor não coloques sobre nós o pecado que cometemos loucamente e que pecamos! ¹² Não seja

12,1-16 A rebelião chega à liderança de Israel. Aarão é o sacerdote que está com Moisés desde seu chamado (Ex 4,14-17); Miriam, irmã de Aarão, aparece entoando o cântico de libertação (Ex 15,20-21) e, na memória de Israel, aparece como líder, ao lado de seu irmão (Mq 6,4). O primeiro conteúdo da queixa é a mulher de Moisés, sobre a qual há dúvidas quanto à sua identidade. O texto dificilmente se refere à Séfora (Ex 2,21) e deve retratar uma mulher estrangeira, segundo a tradução grega da Septuaginta, uma etíope. Não fica claro se o problema era quanto à sua origem ou se refletia um conflito familiar. Na verdade, o tema fundamental levantado por Aarão e Miriam é o papel de Moisés como único canal de Deus para Israel; trata-se, portanto, de um conflito por autoridade. Nm 12 coloca limites à revelação feita fora dos campos institucionais, subordinando a profecia à autoridade mosaica. O Senhor defende Moisés em um elegante texto poético, reforçando sua autoridade única sobre os israelitas, mas também seus limites: ele fala com Deus diretamente, mas Moisés somente contempla sua figura (v. 8), já que não pode ver a glória de Deus face a face (Ex 33,18-23). O relato também legitima Aarão, que, diferentemente do episódio do bezerro de ouro (Ex 32,21-24), reconhece seu pecado e intercede por Miriam (v. 11), deixando, por isso, de ser castigado. Somente Miriam é punida. Provavelmente, a proteção sobre Aarão reflete o período da composição do texto, que privilegia os interesses dos líderes sacerdotais, omitindo o que pudesse macular a imagem de seus líderes antepassados, mesmo que cometessem pecados.

NÚMEROS 12–13

ela, pois, como o morto que, quando sai do ventre de sua mãe, uma metade de sua carne já foi consumida!"

13 Moisés gritou ao SENHOR: "Deus, por favor, cura-a, pois, eu te peço!"

14 O SENHOR disse a Moisés: "Se seu pai, de fato, cuspisse em sua face, ela não se sentiria envergonhada sete dias? Será confinada sete dias fora do acampamento e depois será recolhida".

15 E Miriam foi confinada fora do acampamento por sete dias. Então o povo não partiu até que Miriam fosse recolhida ao acampamento.
16 Depois o povo partiu de Haserot, e acamparam no deserto de Parã.

ISRAEL EM CADES E ARREDORES

MISSÃO DOS EXPLORADORES E REAÇÃO DO POVO

Exploração da terra

13 **1** O SENHOR falou a Moisés: **2** "Envia homens a fim de explorarem a terra de Canaã, que eu estou dando aos filhos de Israel! Enviareis um homem de cada tribo da casa de seus pais, cada chefe entre eles".

3 Moisés os enviou do deserto de Parã conforme a ordem do SENHOR. Todos eles eram homens. Eles eram os cabeças dos filhos de Israel. **4** E estes eram os nomes deles:

> da tribo de Rúben, Samua, filho de Zacur;
> **5** da tribo de Simeão, Safat, filho de Hori;
> **6** da tribo de Judá, Caleb, filho de Jefoné;

13,1-24 Israel chega à fronteira da terra prometida, formando o segundo clímax do livro. Contudo, não será o cumprimento da promessa, e sim mais um episódio de conflito e murmuração. A tomada da terra é iniciativa de Deus (diferente de Dt 1,19-24), que a "explorou" por antecipação (Nm 10,33; Ez 20,6), de forma que a ação dos israelitas é simbólica. Deve-se explorar para reconhecer a beleza da terra que já foi dada aos patriarcas, motivando sua conquista pela geração do êxodo. Consequentemente, deve ser feita por representantes de todas as tribos (vv. 4-15), e não por poucos espiões (como em Js 2,1; 7,2; 18,2). Apresenta-se a mudança do nome de um dos exploradores (v. 16), de *Hoshea'* ("Oseias", em hebraico, "salvação") para *Yehoshua'* ("Josué", em hebraico, "o SENHOR salva"), recebendo a partícula divina *Yah*, que não está presente em nenhum outro nome da lista. Assim, reforça-se o papel especial de Josué entre os novos líderes (Nm 11,24-30), como sinal da salvação que vem de Deus. Os doze representantes são enviados a ver sinais do cumprimento da promessa (v. 18) e a tomar frutos da terra para que todos os israelitas também os vejam (v. 20). Uma antiga tradição sobre a conquista de Hebron situa os descendentes de Enac como primeiros habitantes do lugar, expulsos por Josué (Js 15,14; 21,11; Jz 1,20), e como descendentes de gigantes (Gn 6,1-4; Nm 13,33); a menção a eles não é negativa e enquadra-se na lógica do relato: se a terra é farta e tem frutos gigantes (v. 23), os habitantes também são de grande porte. A narrativa da exploração enfoca o aspecto positivo, especialmente a beleza dos frutos de Hebron, cidade marcada pelas histórias dos patriarcas (Gn 13,17-16; 35,27-29). O "cacho" (v. 24: em hebraico *'Eshcol*) de uvas de tamanho descomunal é retratado como um exemplo do que se encontra em todo o vale, que é nomeado como "torrente das uvas".

322

NÚMEROS 13

⁷ da tribo de Issacar, Igal, filho de José;
⁸ da tribo de Efraim, Oseias, filho de Nun;
⁹ da tribo de Benjamim, Falti, filho de Rafu;
¹⁰ da tribo de Zabulon, Gediel, filho de Sodi;
¹¹ da tribo de José, para a tribo de Manassés, Gadi, filho de Susi;
¹² da tribo de Dã, Amiel, filho de Gemali;
¹³ da tribo de Aser, Setur, filho de Miguel;
¹⁴ da tribo de Neftali, Naabi, filho de Vapsi;
¹⁵ da tribo de Gad, Guel, filho de Maqui.

¹⁶ Esses são os nomes dos homens que Moisés enviou para explorar a terra. E a Oseias, filho de Nun, Moisés chamou Josué.

¹⁷ Então Moisés os enviou para explorar a terra de Canaã. Disse-lhes: "Subi pelo Negueb! Subi pela montanha! ¹⁸ Vede como é a terra, o povo que nela está habitando! Porventura ele é forte ou fraco, ele é pouco ou muito numeroso? ¹⁹ E qual é a terra em que está habitando: porventura ela é boa ou má? Como são as cidades nas quais ele está habitando: porventura em acampamentos ou em fortalezas? ²⁰ E como é a terra: porventura ela é fértil ou estéril? Porventura nela há árvores ou não? Sede fortes e tomai do fruto da terra!"

Os dias eram os dias das primícias das uvas. ²¹ Subiram e exploraram a terra do deserto de Zin até Reob, a entrada de Emat. ²² Subiram o Negueb e foram até Hebron. Lá estavam Aimã, Sesai e Tolmai, descendentes de Enac. Hebron fora construída sete anos antes de Soã, no Egito. ²³ E vieram até a torrente de Escol. Dali cortaram um ramo e um cacho de uva, que em dois carregaram com um varal, como também romãs e figos. ²⁴ E chamou-se aquele lugar de torrente de Escol, por causa do cacho que os filhos de Israel ali cortaram.

Relato dos exploradores

²⁵ E voltaram da exploração da terra no fim de quarenta dias. ²⁶ Foram e chegaram até Moisés, Aarão e toda a comunidade dos filhos de Israel no deserto de Parã, na direção de Cades. A eles e a toda a comunidade devolveram a questão. E fizeram-nos ver o fruto da terra.

13,25-33 Por um lado, os exploradores centram-se nas dificuldades militares da conquista e, ao mitificá-las, difamam a terra: os habitantes fortes tornam-se os gigantes lendários de Gn 6,4, e a terra cheia de frutos, que mana leite e mel, passa a devorar seus habitantes. Por outro lado, Caleb lembra a natureza teológica da caminhada: os israelitas devem tomar a terra como herança, assim como prometido por Deus aos patriarcas (Gn 15,3.4.7). É o primeiro relato protagonizado por Caleb, que aparece anteriormente só na lista dos representantes das tribos (Nm 13,6). Sua ação no Pentateuco é limitada, mas ele e Josué serão os únicos de sua geração a entrar na terra prometida (Nm 14), e sua heroicidade na conquista do sul de Canaã será recordada posteriormente (1Sm 30,14; Js 15,13-18; Jz 1,12-20).

NÚMEROS 13–14

27 Então lhe contaram e disseram: "Entramos na terra para a qual nos enviaste; todavia, ela é uma terra que jorra leite e mel. E este é seu fruto. **28** O povo, porém, que está habitando na terra é forte, e as cidades têm praças inacessíveis muito grandes. Também vimos ali os descendentes de Enac. **29** Amalec está habitando na terra do Negueb; o heteu, o jebuseu e o amorreu habitam na montanha. O cananeu habita junto ao mar e na ribeira do Jordão".

30 Caleb, no entanto, fez o povo calar-se diante de Moisés e disse: "De fato, vamos subir e tomá-la em herança, porque certamente prevaleceremos contra ela". **31** Os homens, porém, que tinham subido com ele disseram: "Não conseguiremos subir contra aquele povo, porque ele é mais forte que nós". **32** Então propagaram uma difamação contra a terra que, junto aos filhos de Israel, tinham explorado: "A terra que atravessamos para explorá-la é uma terra que devora os que nela habitam. E todo o povo que vimos no meio dela são homens de estatura. **33** Ali vimos os Nefilim. Os filhos de Enac, pois, são dos Nefilim. A nossos olhos, éramos como gafanhotos. E assim ficamos aos olhos deles".

Revolta de Israel

14 **1** E toda a comunidade se levantou, e soltaram sua voz. Naquela noite, o povo chorou. **2** Todos os filhos de Israel murmuraram contra Moisés e contra Aarão. Toda a comunidade lhes disse: "Oxalá tivéssemos morrido na terra do Egito ou tivéssemos morrido neste deserto! **3** Por que o SENHOR nos fez vir para esta terra, a fim de fazer nossas mulheres caírem pela espada e nossas crianças tornarem-se objeto de saque? Não nos seria melhor voltar ao Egito?" **4** Disseram cada um para seu irmão: "Vamos instituir um líder, e voltaremos ao Egito".

5 Então Moisés e Aarão caíram sobre suas faces diante de toda a assembleia da comunidade dos filhos de Israel. **6** Josué, filho de Nun, e Caleb, filho de Jefoné, dos que tinham explorado a terra, rasgaram

---

14,1-9 O cenário de queixas e difamação da terra (Nm 13,32), que já era dramático, vai sendo desenvolvido com uma tensão crescente a partir da rebelião de todos os israelitas contra Moisés e Aarão. Está envolvida "toda a assembleia da comunidade dos filhos de Israel" (v. 5). É a primeira vez nos episódios de conflitos em Números que uma revolta generalizada atenta contra o projeto da marcha litúrgico-militar rumo a Canaã. A queixa é grave, já que acusa antecipadamente o Senhor de assassinar os israelitas. Além do mais, é a primeira vez que as saudades do Egito ganham um contorno prático, com a decisão de colocar um líder que guie o povo no caminho de volta. Retirar a liderança significa rejeitar a direção do Senhor, refletida em Moisés e Aarão. Os dois acusados caem por terra, mesmo antes da aparição da glória do Senhor (Lv 8,24; Nm 16,4), ou seja, sabem o que está por vir e antecipam o juízo. Seu silêncio, bem como o atraso do castigo divino, prepara o protagonismo de Josué e Caleb, novos líderes em resposta à queixa do povo, os quais fazem uma réplica à difamação da terra (Nm 13,32-33). Seu discurso defende que o inimigo de Israel não pode ser nem o Senhor nem os gigantes habitantes da terra. A única coisa que incapacitaria o sucesso da marcha militar seriam os próprios israelitas. O inimigo é interno: a falta de fé no Senhor.

NÚMEROS 14

suas vestes. **7** Disseram a toda a comunidade dos filhos de Israel: "A terra que atravessamos para explorá-la é terra muito, muito boa. **8** Caso o SENHOR se compraza conosco, então nos fará entrar nessa terra e a dará a nós. É uma terra que jorra leite e mel. **9** Tão somente não vos rebeleis contra o SENHOR! E que vós não temais o povo da terra, porque eles serão devorados como nosso pão! Retirou-se, pois, de cima deles a sombra protetora. Quanto a nós, o SENHOR está conosco. Que não os temais!"

Ira do Senhor e intercessão de Moisés

10 Toda a comunidade disse que os apedrejassem com pedras, mas a glória do SENHOR apareceu na tenda do encontro a todos os filhos de Israel. **11** O SENHOR disse a Moisés: "Até quando este povo me desprezará? E até quando não crerão em mim, apesar de todos os sinais que fiz no meio dele? **12** Com peste o ferirei e o deserdarei. Então farei de ti uma nação maior e mais forte que esta".

13 Moisés disse ao SENHOR: "Os egípcios ouvirão que, com tua força, fizeste este povo subir do meio deles. **14** Ao que habita esta terra dirão que ouviram que tu, SENHOR, estás no meio deste povo, que eras tu, SENHOR, quem, olho a olho, se deixava ver, que tua nuvem permanecia sobre eles e que, em uma coluna de nuvem de dia e em uma coluna de fogo à noite, eras tu quem caminhava diante deles. **15** Caso faças este povo morrer como um homem, as nações que ouviram tua fama dirão: **16** 'Por não ser capaz de fazer este povo entrar na terra, a qual lhes havia jurado, o SENHOR os abateu no deserto'. **17** Agora, pois, torne-se grande a força de meu Senhor, conforme falaste: **18** 'O SENHOR é paciente e grande em misericórdia. Ele carrega a culpa e a transgressão. Por certo, não deixa impune, mas se

---

14,10-25 O discurso de Caleb e Josué não consegue resgatar a teologia da conquista no seio dos revoltosos. O ápice da incoerência do povo se dá quando aqueles que acusavam o Senhor de matar violentamente os israelitas no deserto (Nm 14,3) convertem-se em assassinos, buscando apedrejar seus líderes. O apedrejamento geralmente era a forma de punir crimes religiosos importantes (Lv 20,2.7; 24,23; Nm 15,36; Dt 13,10). Um processo judiciário contra eles é aberto com a aparição da glória do Senhor na tenda do encontro (v. 11). Moisés novamente aparece como mediador, mas o verdadeiro protagonista de Nm 14 é o Senhor, que fala em discursos de uma extensão ímpar no livro de Números (Nm 14,11-12.20-36). A ameaça de castigo abre espaço para a intercessão de Moisés, que manifesta conhecer não o Deus violento e infiel que emerge da queixa do povo (Nm 14,3-4), mas a natureza forte e graciosa, cheia de um amor estável, que o caracteriza. Um primeiro discurso divino dirigido a Moisés (vv. 20-25) se inicia com uma fórmula de juramento ("tão certo como eu vivo"), indicando a solenidade das afirmações. Toda a geração do primeiro recenseamento (Nm 1,1-47) está condenada, incluindo Moisés e Aarão. Contudo, assim como para os patriarcas e matriarcas de Israel, a promessa permanece-lhes viva na descendência (Gn 1,28; 9,1; 15,13; 17,2.6; 22,18; 24,60). Teologicamente, o texto quer ensinar que a entrada na terra prometida não pode ser feita sem fé. A necessidade de uma nova geração indica que somente uma nova atitude interior pode garantir a conquista de Canaã. A santidade da caminhada deve ser mantida com uma luta incansável, uma vez que a vida na terra deve ser, na mesma proporção, santa.

NÚMEROS 14

preocupa com a culpa dos pais junto com os filhos, até a terceira e a quarta geração'. **19** Perdoa, pois, a culpa deste povo conforme a grandeza de tua misericórdia, conforme suportaste este povo desde o Egito até aqui!"

20 Então o SENHOR disse: "Perdoo conforme tua palavra. **21** Contudo, tão certo como eu vivo e que a glória do SENHOR enche toda a terra, **22** todos os homens que viram minha glória e meus sinais, os quais realizei no Egito e no deserto, mas que me tentaram por dez vezes e não obedeceram à minha voz, **23** não verão a terra que jurei a seus pais. Todos aqueles que me provocaram não a verão. **24** Meu servo Caleb, porém, visto que outro espírito estava com ele e que me seguiu, eu o farei entrar na terra na qual ele havia entrado. Sua descendência tomará posse dela. **25** Ora, amalecita e cananeu são os habitantes do vale. Amanhã, no entanto, voltai e, pelo caminho do mar dos Juncos, parti rumo ao deserto!"

Condenação da primeira geração do êxodo

26 E o SENHOR falou a Moisés e a Aarão: **27** "Até quando esta comunidade má estará murmurando contra mim? Escutei as murmurações dos filhos de Israel que eles murmuram contra mim. **28** Dize-lhes: 'Por minha vida – oráculo do SENHOR –, conforme falastes a meus ouvidos, assim vos farei. **29** Neste deserto cairão vossos cadáveres, todos os vossos recenseados segundo todos os que foram enumerados de vinte anos para cima, vós que murmurastes contra mim. **30** Vós não entrareis na terra pela qual levantei minha mão a fim de nela vos fazer morar, exceto Caleb, filho de Jefoné, e Josué, filho de Nun. **31** E vossas crianças, de quem dissestes que se tornariam objeto de saque, eu os farei entrar; conhecerão, pois, a terra que desprezastes. **32** Quanto a vós, porém, vossos cadáveres cairão neste deserto. **33** Vossos filhos apascentarão no deserto durante quarenta anos. Carregarão vossas prostituições até que vossos cadáveres acabem no deserto. **34** Conforme o número de dias que explorastes a terra – quarenta dias, para cada dia um ano –, carregareis

---

14,26-38 O discurso é uma nova versão do anterior (Nm 14,20-25), com alguns traços distintivos. A repetição serve para conferir peso às palavras de condenação e, sobretudo, à garantia da tomada da terra pela descendência imediata da geração do êxodo. Aarão é inserido como destinatário, valorizando-se o papel sacerdotal na mediação entre Deus e o povo. Um dado substancial é a menção às quatro décadas de castigo. Os "quarenta anos" fazem parte de tradições hebraicas muito antigas. São retratados aqui como um período de punição, mas nos profetas anteriores são vistos como um lugar de especial cuidado de Deus (Am 2,10-11; Os 2,16). O período de punição é colocado como proporcional aos dias de exploração da terra, de forma que o castigo não seja desmedido. Ezequiel usará a mesma razão no discurso divino para falar dos pecados de Israel, de forma que os quarenta dias que o profeta passa deitado de lado representam quarenta anos do pecado de Judá (Ez 4,6). Finalmente, Caleb também é colocado como uma garantia da promessa e, após o castigo dos culposos, o texto termina com uma boa notícia: o Senhor garante a vida àqueles que serão a marca do cumprimento da promessa, o qual é iminente. Não é mais o tempo da espera, e sim o final da preparação.

NÚMEROS 14–15

por quarenta anos vossas culpas, e então conhecereis minha oposição'. **35** Eu, o Senhor, falei. Isso farei a toda esta comunidade má, pois se congregaram contra mim. Neste deserto se acabarão e ali morrerão".

36 E os homens que Moisés havia enviado para explorar a terra retornaram e, por terem propagado uma difamação contra a terra, fizeram murmurar contra ele toda a comunidade. **37** No entanto, os homens que propagaram uma má difamação contra a terra morreram com a praga diante do Senhor. **38** Contudo, Josué, filho de Nun, e Caleb, filho de Jefoné, que eram daqueles homens que foram explorar a terra, ficaram vivos.

Tentativa fracassada de conquista

39 Moisés falou essas palavras a todos os filhos de Israel, e o povo muito se contristou. **40** Levantaram-se, então, de manhã e subiram ao topo da montanha dizendo: "Eis que nós subimos para o lugar que o Senhor havia mencionado, porque pecamos". **41** Moisés disse: "Por que transgredis a ordem do Senhor? Isso não terá êxito. **42** Não subais, porque o Senhor não está em vosso meio! Que não sejais derrotados diante de vossos inimigos! **43** Com certeza, os amalecitas e os cananeus estarão ali diante de vós, e caireis pela espada. Porque vos desviastes do Senhor, o Senhor não estará convosco". **44** Contudo, teimaram em subir ao topo da montanha. A arca da aliança do Senhor e Moisés, porém, não se apartaram do meio do acampamento. **45** Então os amalecitas e os cananeus, que habitavam naquela montanha, desceram, os feriram e os desbarataram até Horma.

Prescrições e leis cultuais

Oferendas de vegetais

15 **1** O Senhor falou a Moisés: **2** "Fala aos filhos de Israel e dize-lhes: 'Quando entrardes na terra de vossas habitações que eu vos dou

---

14,39-45 O final do relato iniciado em Nm 13 é atrasado com esta pequena história da tentativa de tomada da terra. Após o duplo discurso divino, exortando à completa obediência, como condição para conquistar Canaã (Nm 14,20-36), esta história constitui um apêndice trágico que mostra a derrocada de Israel em uma narrativa exemplar de desobediência. A falta do povo termina com o que eles mais temiam (Nm 14,3-4): a completa destruição, em forma de chacina, dos militares israelitas. Enquanto Moisés cumpriu fielmente a ordem do Senhor ao enviar os exploradores para a terra (Nm 13,3), os israelitas transgrediram a ordem do Senhor (v. 41) e enfrentam as consequências de colocar-se fora da direção divina.

15,1-16 Nm 15 apresenta um arranjo de leis referentes à liturgia de Israel bem organizadas em três seções de estrutura semelhante. Começam com: "O Senhor falou/disse a Moisés" (Nm 15,1.17.37), mencionam a terra em que vão entrar (Nm 15,2.18), ordenam que algo seja feito (Nm 15,3.22.28) e, finalmente, concluem-se com a fórmula que lembra a salvação de Israel do Egito e seu chamado à santidade (Lv 19,36-37; 20,26; 22,31-33; 23,43; 25,55; Nm 15,41). Nm 14 terminara com um contraexemplo, enfatizando as consequências do abandono do Senhor por parte de Israel (Nm 14,39-45).

NÚMEROS 15

Nm

[3] e preparardes um sacrifício queimado para o SENHOR, um holocausto ou um sacrifício, seja para cumprir um voto, seja como oferenda espontânea, seja por ocasião de vossas festas, a fim de preparar um perfume de alívio ao SENHOR, quer de gado grande, quer de gado pequeno, [4] então o ofertante aproximará sua oferenda ao SENHOR, a oferta de uma décima parte de flor de farinha amassada com um quarto de hin de azeite. [5] E, para cada cordeiro, prepararás uma libação de vinho de um quarto de hin, além do holocausto ou do sacrifício. [6] Para um carneiro, prepararás uma oferta de dois décimos de flor de farinha amassada em um terço de hin de azeite, [7] e oferecerás uma libação de vinho, um terço de um hin, como perfume de alívio ao SENHOR. [8] Se preparares um novilho para um holocausto ou um sacrifício, a fim de proceder maravilhosamente a um voto ou a um sacrifício de comunhão para o SENHOR, [9] oferecerás, além do novilho, uma oferta de três décimos de flor de farinha amassada com a metade de um hin de azeite, [10] e oferecerás uma libação de vinho, metade de um hin, como sacrifício queimado de perfume de alívio ao SENHOR. [11] Assim será feito para cada boi e cada carneiro, para cada ovelha entre os cordeiros ou os cabritos. [12] Conforme o número que oferecereis, assim o fareis para cada um conforme o número deles.

[13] Assim, todo nativo fará tais coisas, ao oferecer um sacrifício queimado de perfume de alívio ao SENHOR. [14] Quando um imigrante se hospedar convosco ou quem estiver entre vós com vossas gerações, preparará um sacrifício queimado de perfume de alívio ao SENHOR. Conforme vós fazeis, assim ele fará. [15] Quanto à assembleia, haverá um estatuto para vós e para o imigrante-hóspede. Será um estatuto perpétuo para vossas gerações. Como vós, assim será também o imigrante perante o SENHOR. [16] Haverá uma só lei e um só direito para vós e para o imigrante que se hospeda convosco'".

Primícias do pão

[17] O SENHOR falou a Moisés: [18] "Fala aos filhos de Israel e dize-lhes: 'Quando entrardes na terra, pois sou eu quem vos fará entrar ali,

---

As leis aqui apresentadas referem-se ao que deve ser feito na ocasião da entrada da terra, garantindo ao leitor que a promessa não se rompeu com a grande rebelião no oásis de Cades (Nm 13–14). Mais uma vez, as leis resgatam a pureza e a santidade, que devem acompanhar o povo na peregrinação, para, então, serem vividas na terra que o Senhor dá como herança. As leis dos versículos 1-16 demarcam a importância dos sacrifícios como instrumentos de mediação e ressaltam a ética da generosidade e de agradecimento que comprometem o israelita e o imigrante, recordando-os de que os frutos da terra só aparecem graças à bondade do Senhor.

15,17-21 A doação dos primeiros frutos é prescrita em Lv 23,9-14. Em Números, é estendida não somente à primeira colheita, mas também ao processo de cozimento do pão. Dessa forma, o princípio de que as primícias pertencem a Deus também chega à vida doméstica. Aqui, aparece um termo técnico hebraico referente à "oferta elevada" (Lv 7,32; Nm 18,8), indicando que a porção da massa separada deve ser doada ao sacerdote.

NÚMEROS 15

[19] quando comerdes do pão da terra, elevareis uma oferta elevada para o SENHOR'. [20] A primeira de vossas massas, uma rosca, elevarás como oferta elevada. Como a oferta elevada da eira, assim a elevarás. [21] Da primeira de vossas massas, dareis uma oferta elevada ao SENHOR, segundo vossas gerações.

Expiação das faltas involuntárias

[22] Quando cometerdes um erro por inadvertência e não praticardes todos esses mandamentos que o SENHOR falou a Moisés, [23] tudo quanto o SENHOR vos ordenou por Moisés desde o dia em que o SENHOR o ordenou e daí em diante de geração em geração, [24] assim se procederá: se longe dos olhos da comunidade algo foi cometido por inadvertência, toda a comunidade preparará um novilho filhote do gado grande como holocausto de perfume de alívio ao SENHOR e, conforme o direito, a oferta e a libação dele. Será um bode para o sacrifício pelo pecado. [25] O sacerdote fará a expiação para toda a comunidade dos filhos de Israel, e lhes será perdoado, pois foi um erro por inadvertência, visto que eles trouxeram sua oferenda como sacrifício queimado para o SENHOR, seu sacrifício pelo pecado perante o SENHOR por causa de seu erro por inadvertência. [26] A toda a comunidade dos filhos de Israel e ao imigrante que se hospeda entre eles será perdoado, uma vez que todo o povo estava em erro por inadvertência.

[27] Caso uma pessoa peque por inadvertência, apresentará, como sacrifício de pecado, uma cabra de um ano. [28] O sacerdote fará a expiação pela pessoa que, por errar por inadvertência, caiu em pecado diante do SENHOR com um erro involuntário. Ao lhe fazer a expiação, ela será perdoada. [29] Quanto ao nativo entre os filhos de Israel e ao imigrante que entre eles se hospeda, que haja uma só lei para vós e para quem comete um erro por inadvertência.

[30] A pessoa, porém, que procede com mão elevada, seja ele nativo ou imigrante, está insultando o SENHOR. Tal pessoa será eliminada do meio de seu povo, [31] porque desprezou a palavra do SENHOR e anulou o mandamento dele. Certamente tal pessoa será eliminada. A culpa estará com ela".

15,22-31 As regulamentações sobre faltas involuntárias são complementos à legislação de Lv 4–5. Nos versículos 22-25, o interlocutor aparece no plural, indicando falhas referentes a toda a congregação, no formato de um pecado nacional. Os versículos 27-31 referem-se a faltas individuais que constituem, assim, o foco principal desse conjunto de leis. Há diferenças significativas nos animais que devem ser imolados e na condenação daquele que despreza o mandamento divino em comparação com o texto correlato de Levítico, o que pode representar correções posteriores da legislação ou conflitos entre diferentes teologias que são resolvidos com um acréscimo tardio de seções legislativas em Números.

NÚMEROS 15

Caso de violação do sábado

32 Os filhos de Israel estiveram no deserto e, no dia sábado, encontraram um homem ajuntando lenha. **33** Os que o encontraram enquanto ajuntava lenha o apresentaram a Moisés, a Aarão e a toda a comunidade. **34** Colocaram-no sob guarda, porque não estava declarado o que lhe seria feito. **35** O SENHOR disse a Moisés: "Tal homem certamente morrerá. Fora do acampamento, toda a comunidade o apedrejará com pedras". **36** E toda a comunidade o fez sair para fora do acampamento. Apedrejaram-no com pedras. Conforme o SENHOR ordenara a Moisés, morreu.

Borlas das vestes

37 O SENHOR disse a Moisés: **38** "Fala aos filhos de Israel e dize-lhes que, segundo suas gerações, façam-se borlas sobre as pontas de suas vestes! E que, sobre as borlas da ponta, fixem um fio de púrpura violácea! **39** 'Para vós, este pertencerá à borla. Quando o virdes, vos lembrareis de todos os mandamentos do SENHOR e os colocareis em prática. Não seguireis vossos corações e vossos olhos, porque, seguindo-os, vós vos prostituireis, **40** a fim de vos lembrardes e colocardes em prática todos os meus mandamentos. Então sereis santos para vosso Deus. **41** Sou eu, o SENHOR, vosso Deus, que vos fiz sair da terra do Egito, para ser Deus para vós. Eu sou o SENHOR, vosso Deus'".

15,32-36 A condenação capital de quem fere o sábado é colocada como um exemplo concreto da legislação anterior, que pune com severidade quem age deliberadamente contra o mandamento do Senhor (Nm 15,30-31). Existiam penas pela infração da lei do sábado (Ex 31,14-15; Nm 15,35; 35,2), assim como a pena de morte para outros casos (Ex 21,12.15.17; 22,18; Lv 24,14-17; Dt 17,18; 22,22; 24,7). Contudo, as sentenças de morte eram raríssimas. O judaísmo rabínico ensina que um tribunal que executou uma única pessoa em setenta anos foi considerado um tribunal assassino. Portanto, o rigor do texto de Números deve servir para reforçar a necessidade da obediência fiel ao ordenamento divino, que é garantia da manutenção da santidade do povo.

15,37-41 Em consonância com as advertências do capítulo para a obediência à lei do Senhor, a legislação pede que sejam construídas franjas nas pontas das vestes junto a um fio de púrpura arroxeada (como o que formava o pano que embrulhava a arca [Nm 4,6]). Esse procedimento seria uma lembrança visual para que Israel no futuro seguisse os mandamentos do Senhor e não "explorasse" o coração e os olhos, que levavam à idolatria. O mesmo verbo usado na exploração da terra (Nm 10,33; 13,1) é curiosamente usado no texto hebraico para advertir dos perigos de seguir os próprios desejos em vez de os mandamentos, como na tentativa frustrada da tomada da terra (Nm 13–14).

NÚMEROS 16

Questionamento à autoridade de Moisés e de Aarão

Revolta de Coré, Datã e Abiram

16 ¹ Coré, filho de Isaar, filho de Caat, filho de Levi, tomou Datã e Abiram, filhos de Eliab, e On, filho de Felet, filhos de Rúben. ² Diante de Moisés, levantaram-se com duzentos e cinquenta homens dentre os filhos de Israel, chefes da comunidade, chamados do conselho, homens de renome. ³ Reuniram-se contra Moisés e contra Aarão e lhes disseram: "É demais para vós. De fato, toda a comunidade, todos eles são santos, e o Senhor está no meio deles. Por que, então, vos elevais acima da assembleia do Senhor?"

⁴ Quando Moisés ouviu isso, caiu sobre sua face ⁵ e falou a Coré e a toda a comunidade dele: "De manhã, o Senhor fará saber quem é dele e quem é o santo que ele aproximará de si. Quem ele escolher aproximará de si. ⁶ Fazei isto, Coré e toda a sua comunidade, tomai para vós incensórios, ⁷ ponde fogo neles e, amanhã, diante do Senhor, colocai junto a eles incenso! Será santo aquele que o Senhor escolher. É demais para vós, ó filhos de Levi".

⁸ E Moisés disse a Coré: "Escutai, por favor, ó filhos de Levi! ⁹ É pouco para vós que o Deus de Israel vos tenha separado da comunidade de Israel para vos aproximar de si, para prestar o serviço da morada do Senhor, para estar perante a comunidade, a fim de ministrar-lhes? ¹⁰ Ele te aproximou e, contigo, todos os teus irmãos, os filhos de Levi, e buscais também o sacerdócio? ¹¹ Por isso, tu e toda a tua comunidade estais coligando-se contra o Senhor. E Aarão, o que é ele para que murmureis contra ele?"

¹² Moisés mandou chamar Datã e Abiram, filhos de Eliab. Eles, porém, disseram: "Não subiremos. ¹³ É pouco que nos fizeste subir de uma

---

16,1-35 Após a seção legislativa de Nm 15, a narrativa retoma o tema das revoltas, desta vez contra a autoridade de Moisés e Aarão, sobretudo ligadas a disputas pela autoridade sacerdotal. A longa seção de Nm 16–19 demonstra pela história e pela lei a importância do sacerdócio aaronita para Israel. Nm 16,1-35 relata a história de um grupo de rubenitas articulados com duzentos e cinquenta líderes que, junto com Coré, se levantam contra a autoridade de Moisés e Aarão (v. 3) e pretendem o sacerdócio (v. 10). A rejeição dos líderes desdobra-se diretamente na recusa em participar do projeto divino de marcha até Canaã (v. 12). Enquanto Nm 12,1-12 visava exaltar a figura de Moisés como profeta, aqui Moisés se torna defensor do sacerdócio de Aarão. Moisés não apela a Deus imediatamente; tampouco o Senhor aparece para resolver a disputa, como havia acontecido em outras rebeliões (Nm 11,10-11; 12,4; 14,11). A reação de Moisés é propor uma disputa pública para resolver a querela, de forma que, publicamente, os rebeldes sejam condenados pela glória do Senhor. Como previsto em Nm 15,30-31, a ira divina cresce como um castigo implacável contra os revoltosos. O texto é usado para legitimar o grupo de sacerdotes aaronitas no assentamento em Canaã no retorno do exílio da Babilônia. No contexto do Pentateuco, reforça as estruturas que garantem a santidade necessária para o empreendimento da marcha litúrgico-militar.

331

NÚMEROS 16

terra que jorra leite e mel, para fazer-nos morrer no deserto? De fato, queres fazer-te príncipe sobre nós até mesmo totalmente. **14** Tampouco nos fizeste entrar em uma terra que mana leite e mel, nem nos deste uma herança de campos e vinhas. Arrancarás os olhos daqueles homens? Não subiremos". **15** Então Moisés se irou muito e disse ao SENHOR: "Não te voltes para a oferta deles! Não levei um só jumento deles e a nenhum deles fiz mal".

16 E Moisés disse a Coré: "Ficai perante o SENHOR tu e toda a tua comunidade: amanhã, tu, eles e Aarão! **17** Tomai cada um seu incensório e sobre eles ponde incenso! Apresentai perante o SENHOR cada um seu incensório: duzentos e cinquenta incensórios! Também tu e Aarão, cada um seu incensório!" **18** Tomaram, pois, cada um seu incensório, puseram fogo sobre eles e colocaram incenso sobre eles. Ficaram em pé na entrada da tenda do encontro, bem como Moisés e Aarão. **19** Coré, porém, reuniu contra eles toda a comunidade à entrada da tenda do encontro. E a glória do SENHOR apareceu a toda a comunidade.

20 E o SENHOR falou a Moisés e a Aarão: **21** "Apartai-vos do meio desta comunidade, pois eu os aniquilarei em um instante!" **22** Caíram, então, sobre suas faces e disseram: "Ó Deus, o Deus dos espíritos de toda carne, um só homem peca, e te encolerizas contra toda a comunidade?" **23** O SENHOR falou a Moisés: **24** "Fala à comunidade: 'Afastai-vos do redor da morada de Coré, Datã e Abiram!'"

25 Moisés, então, se levantou e foi a Datã e Abiram, e atrás dele foram os anciãos de Israel. **26** Falou à comunidade: "Afastai-vos, por favor, de junto das tendas desses homens perversos e não toqueis em nada que é deles, para que não pereçais em todos os pecados deles!"

27 Retiraram-se, então, de junto, ou seja, do redor da morada de Coré, Datã e Abiram. E Datã e Abiram saíram, postando-se na entrada de suas tendas, com suas mulheres, seus filhos e suas crianças. **28** Moisés disse: "Nisto sabereis que o SENHOR me enviou para realizar todas estas obras, e que não foi por meu coração. **29** Caso estes morram como morre todo ser humano e a visitação de todo ser humano os visitar, o SENHOR não me enviou. **30** Caso, porém, o SENHOR crie uma novidade, o solo abrir sua boca e os tragar com tudo que é deles, caso desçam vivos ao mundo inferior, então sabereis que esses homens desprezaram o SENHOR".

31 Quando ele terminou de falar todas essas palavras, o solo que estava debaixo deles se fendeu, **32** a terra abriu sua boca e os tragou com suas casas, com todo ser humano pertencente a Coré e toda posse.

33 Eles, com tudo que era deles, desceram vivos rumo ao mundo inferior. A terra os cobriu. Desapareceram do meio da assembleia. **34** Todo Israel, porém, que estava ao redor deles fugiu do ruído deles, porque diziam: "Que a terra não nos trague!" **35** E um fogo saiu de junto do SENHOR e consumiu os duzentos e cinquenta homens que ofereciam incenso.

NÚMEROS 17

Incensórios

17¹ O Senhor falou a Moisés: ² "Dize ao sacerdote Eleazar, filho do sacerdote Aarão, que retire os incensórios do meio do incêndio, porque são santos! Espalha amplamente o fogo! ³ Quanto aos incensórios desses pecadores, em troca das vidas deles os transformarão em lâminas de metal batido e em um revestimento para o altar, porque os apresentaram diante do Senhor e se tornaram santos. Serão um sinal para os filhos de Israel".

⁴ Então o sacerdote Eleazar tomou os incensórios de bronze, os quais aqueles que foram queimados tinham apresentado. Laminaram-nos como revestimento para o altar. ⁵ Será um memorial para os filhos de Israel, a fim de que nenhum estranho à descendência de Aarão se aproxime para queimar incenso diante do Senhor e se torne como Coré e a comunidade dele, conforme o Senhor lhe falara por meio de Moisés.

Revolta do povo e mediação de Aarão

⁶ No dia seguinte, toda a comunidade dos filhos de Israel murmurou contra Moisés e contra Aarão: "Vós fizestes o povo do Senhor morrer". ⁷ Enquanto a comunidade se reunia contra Moisés e contra Aarão e se virava para a tenda do encontro, eis que a nuvem a cobriu, e a glória do Senhor apareceu. ⁸ E Moisés e Aarão foram para a frente da tenda do encontro. ⁹ O Senhor falou a Moisés: ¹⁰ "Afastai-vos do meio desta comunidade, pois vou aniquilá-los em um instante!" Caíram, então, sobre suas faces. ¹¹ E Moisés disse a Aarão: "Toma o incensório, põe nele o fogo de cima do altar e coloca incenso! Vai depressa à comunidade e faze a expiação por eles, porque a cólera saiu de diante do Senhor! A praga começou". ¹² Conforme Moisés falara, Aarão o tomou e correu para o meio da assembleia. Eis que a praga havia começado entre o povo. Pôs o incenso e fez a expiação pelo povo. ¹³ Ficou de

---

17,1-5 O altar dos holocaustos, feito com madeira, já estava, segundo o Êxodo (Ex 38,2), revestido de bronze. Como o fogo divino havia consumido os incensórios dos pecadores (Nm 16,35), também os havia purificado, de forma que não podiam ser usados senão como objetos santos. Assim, são reaproveitados como uma nova cobertura para o altar, que se torna um memorial permanente para que nenhum estranho à descendência de Aarão ouse oferecer o incenso. Sendo um elemento visual que resgata a necessidade da obediência estrita ao Senhor, a cobertura feita com os incensórios lembra as borlas das vestes de Nm 15,38-41.

17,6-15 Mais uma história é inserida para reafirmar o ministério sacerdotal de Aarão. Nela a queixa do povo sobre a morte dos levitas queixosos (v. 6) soa como sinal de desobediência. A ótica da escrita do texto está preocupada em legitimar um grupo sacerdotal pós-exílico, razão pela qual as graves denúncias feitas pelo povo são motivo para punição, de forma que sejam, então, socorridos com o incenso de Aarão. Aqui se revela o objetivo do autor: exaltar o poder sacerdotal como a única mediação válida entre Deus e a congregação de Israel.

NÚMEROS 17

pé entre os mortos e os vivos, e a praga se deteve. ¹⁴ Os mortos na praga foram catorze mil e setecentos, sem contar os mortos por causa de Coré. ¹⁵ Então Aarão voltou a Moisés na entrada da tenda do encontro, pois a praga havia sido detida.

Vara de Aarão

¹⁶ O SENHOR falou a Moisés: ¹⁷ "Fala aos filhos de Israel e toma deles uma vara, uma vara de cada casa paterna, de todos os seus chefes segundo as casas de seus pais, doze varas! Escreverás o nome de cada um sobre sua vara. ¹⁸ E o nome de Aarão escreverás sobre a vara de Levi, porque há uma só vara para o líder da casa paterna deles. ¹⁹ Tu as depositarás na tenda do encontro, diante do testemunho, pois ali me juntarei a vós. ²⁰ O homem que eu eleger, a vara dele brotará. Farei cessarem as murmurações dos filhos de Israel contra mim, que eles murmuram contra vós".

²¹ Moisés falou aos filhos de Israel. Então todos os chefes deles lhe deram doze varas: uma vara para cada chefe, uma vara para cada chefe segundo as casas paternas deles. E a vara de Aarão estava no meio das varas deles. ²² Moisés, então, depositou as varas diante do SENHOR, na tenda do testemunho. ²³ Quando Moisés, no dia seguinte, foi até a tenda do testemunho, eis que a vara de Aarão tinha florescido para a casa de Levi. Um broto tinha saído, uma flor florescera, e amêndoas amadureceram. ²⁴ Moisés fez todas as varas saírem de diante do SENHOR em direção a todos os filhos de Israel. Cada um viu e tomou sua vara.

²⁵ O SENHOR disse a Moisés: "Leva a vara de Aarão de volta para diante do testemunho, para depósito e sinal para os filhos da rebeldia, para que cessem as murmurações deles contra mim, e não morram!" ²⁶ Moisés fez conforme o SENHOR lhe ordenara; assim fez.

²⁷ Os filhos de Israel disseram a Moisés: "Eis que desfalecemos, perecemos todos nós, perecemos. ²⁸ Todo aquele que se aproxima da morada do SENHOR morrerá. Será que acabaremos por desfalecer?"

17,16-28 A prova feita com as varas dos israelitas depositadas na tenda do testemunho é a última história que confirma o sacerdócio, reafirmando a teologia das precedentes. O termo hebraico que designa "vara" também pode ser traduzido como "tribo", revelando que a tribo de Levi, representada em Aarão, tem proeminência em relação às demais. A guarda da vara de Aarão no interior da tenda do encontro reafirma que a liderança no culto é exclusiva do sumo sacerdote. Somente ele pode se aproximar do lugar santíssimo, enquanto os outros ficam a uma distância segura. O castigo implacável dos revoltosos, que gerou medo na população (vv. 27-28), não significa o fim das murmurações, já que o povo voltará a revoltar-se contra Moisés e Aarão (Nm 20,2).

NÚMEROS 18

PRESCRIÇÕES DIVERSAS

Função dos sacerdotes e dos levitas

18 ¹ O SENHOR disse a Aarão: "Carregareis a ofensa do santuário: tu, teus filhos e tua casa paterna. E tu e teus filhos contigo carregareis a ofensa de vosso sacerdócio. ² Traze para perto de ti também teus irmãos da tribo de Levi, do ramo de teu pai, para que se unam a ti e te assistam enquanto tu e teus filhos contigo estiverem diante da tenda do testemunho! ³ Eles cuidarão de tua guarda e da guarda de toda a tenda. Não se aproximarão, porém, dos utensílios do santuário e do altar, para que não morram nem eles nem vós. ⁴ Eles se unirão a ti e cuidarão da guarda da tenda do encontro e de todo serviço cultual da tenda. Nenhum estranho, porém, se aproximará de vós. ⁵ Cuidareis da guarda do santuário e da guarda do altar, e não mais haverá ira contra os filhos de Israel. ⁶ Eis que eu tomei vossos irmãos levitas do meio dos filhos de Israel. Doados ao SENHOR, serão uma dádiva para vós, para prestar o serviço da tenda do encontro. ⁷ Tu e teus filhos contigo cuidareis de vosso sacerdócio em tudo que se refere ao altar e à parte interna do cortinado, e servireis. Como um serviço que é doação concedo vosso sacerdócio. O estranho, porém, que se aproximar morrerá".

Parte dos sacerdotes

⁸ O SENHOR falou a Aarão: "Eis que eu te concedo a guarda sobre minhas ofertas elevadas. De todas as coisas consagradas dos filhos de Israel, eu as dou como porção a ti e a teu filho, como estatuto perpétuo. ⁹ Isto será teu do Santo dos Santos, do que não é para o fogo: toda oferenda deles em relação a qualquer oferta de manjares deles, em relação a

---

18,1-7 Retomam-se as funções referentes aos sacerdotes e levitas elencadas especialmente em Nm 8, subordinando os filhos de Levi aos filhos de Aarão. Ambos são reafirmados como guardas do santuário, e a repetição das normas parece relevante à medida que não é dirigida a Moisés, como em Nm 8,1.5. É a primeira vez que Números apresenta Aarão como destinatário único da mensagem do Senhor (vv. 1.8.20; Lv 10,20). Comumente, Moisés é quem transmite as ordens a seu irmão (Nm 6,23; 8,2).

18,8-20 Como os levitas devem dedicar-se inteiramente ao serviço do santuário, sua subsistência deve ser garantida pelo povo. As normas que regulamentam a doação das ofertas aos sacerdotes (as "ofertas elevadas") aparecem em Levítico (Lv 6,14–7,36; 27,6-33) e são retomadas aqui. O acesso às primícias também respeita regulamentações internas que constroem camadas distintas de pureza, para valorizar os sacerdotes, os únicos que podem comer ofertas santíssimas (vv. 9-10), além de condenar a impureza presente na família do próprio sacerdote (v. 13). Outras ofertas servem de sustento para a família mais ampla. O estatuto sobre as ofertas é descrito como uma "aliança perpétua de sal", termo pouco corrente na Bíblia (Lv 2,13; 2Cr 13,5) e que deve significar, aqui, o caráter permanente da legislação. O sal, ao garantir a conservação dos alimentos, simboliza uma realidade inalterável (Ex 30,35; Lv 2,13).

335

NÚMEROS 18

qualquer sacrifício pelo pecado deles e em relação a qualquer oferta por culpa deles que retornam a mim. Isso será coisa santíssima para ti e para teus filhos. **10** No Santo dos Santos a comerás. Todo varão a comerá. Será para ti algo sagrado.

11 E isto será teu: a oferta elevada de uma dádiva deles em relação a todas as ofertas movidas dos filhos de Israel. A ti, a teus filhos e a tuas filhas contigo as dou, como estatuto perpétuo. Todo aquele que em tua casa estiver puro dela poderá comer. **12** O melhor de todo o azeite, o melhor do mosto e do cereal, suas primícias que dão ao SENHOR, a ti os dou. **13** As primícias de tudo que houver na terra deles e que trouxerem ao SENHOR serão tuas. Todo aquele que em tua casa estiver puro delas poderá comer. **14** Tudo o que estiver consagrado ao extermínio em Israel será teu. **15** Todo aquele que abre o ventre de qualquer carne que apresentarem ao SENHOR, desde o ser humano até o gado, será teu. Contudo, certamente resgatarás o primogênito do ser humano e resgatarás o primogênito do gado impuro. **16** O resgate dele resgatarás com a idade de um mês, segundo tua tarifa: cinco siclos de prata segundo o siclo do santuário, que é de vinte geras. **17** Somente não resgatarás o primogênito do boi, o primogênito do cordeiro e o primogênito da cabra. Eles são santos. Espargirás seu sangue sobre o altar e queimarás sua gordura. Será um sacrifício queimado de perfume de alívio ao SENHOR. **18** Tua será a carne deles, como são teus o peito da oferta movida e a coxa direita. **19** Toda oferta elevada das coisas consagradas que os filhos de Israel elevam ao SENHOR, eu as dou a ti, a teus filhos e a tuas filhas contigo, como um estatuto perpétuo. Isso será uma aliança perpétua de sal diante do SENHOR, para ti e para tua descendência contigo”. **20** O SENHOR disse a Aarão: “Não receberás herança na terra deles, e não haverá uma porção para ti no meio deles. Eu sou tua porção e tua herança no meio dos filhos de Israel”.

Dízimo aos levitas

21 Eis que dou aos filhos de Levi todo dízimo em Israel como herança pelos serviços deles, pois eles prestam o serviço da tenda do encontro. **22** Os filhos de Israel não se aproximarão da tenda do encontro para não carregarem um pecado que leve a morrer. **23** O levita prestará o serviço da tenda do encontro. E eles carregarão sua culpa.

18,21-32 Os sacerdotes não são inseridos na herança da terra (Nm 17,30), assim como os levitas (v. 24). Dessa forma, ainda que Coré e seus homens tenham se rebelado contra as autoridades (Nm 16), a sobrevivência dos levitas é garantida pelo Senhor com os dízimos ofertados pelo povo, como herança pelo serviço no santuário. O versículo 25 retoma a fala de Deus a Moisés para instruir sobre a relação dos levitas e dos sacerdotes com o dízimo. Mais uma vez, a relação é de subordinação, já que a melhor parte do dízimo deve ser oferecida ao sacerdote.

NÚMEROS 18–19

É um estatuto perpétuo para vossas gerações que, no meio dos filhos de Israel, não recebam uma herança. **24** De fato, dou como herança aos levitas o dízimo dos filhos de Israel, que, como oferta elevada, elevam ao Sẽnhor. Por isso, lhes disse: 'Não receberão herança no meio dos filhos de Israel'".

25 O Sẽnhor falou a Moisés: **26** "Falarás aos levitas e lhes dirás: 'Quando tomardes dos filhos de Israel o dízimo que, por vossa herança, vos dou junto a eles, elevareis, como oferta elevada ao Sẽnhor, um dízimo do dízimo. **27** Será considerado para vós como vossa oferta elevada, como cereal da eira ou como produto do lagar. **28** Assim também vós elevareis uma oferta elevada do Sẽnhor dentre todos os vossos dízimos que tomareis dos filhos de Israel. Disso dareis a oferta elevada do Sẽnhor ao sacerdote Aarão. **29** De todas as vossas dádivas elevareis a oferta elevada do Sẽnhor, de cada coisa seu melhor, como sua parte consagrada'. **30** E lhes dirás: 'Quando elevardes o melhor dela, será considerado aos levitas como produto da eira e como produto do lagar. **31** Comereis dele em todo lugar, vós e vossas casas, porque ele é um salário para vós, um pagamento por vosso serviço na tenda do encontro. **32** Não carregareis um pecado por causa dele, quando elevardes o melhor dele, e não profanareis as coisas consagradas dos filhos de Israel para que não morrais'".

Preparação da água lustral

19 **1** O Sẽnhor falou a Moisés e a Aarão: **2** "Este é o estatuto da lei que o Sẽnhor ordenou: 'Fala aos filhos de Israel que tomem para ti uma novilha vermelha sem defeito, sem que nela haja um dano corporal e sem que sobre ela tivesse subido uma canga! **3** Vós a entregareis ao sacerdote Eleazar. Ele a fará sair para fora do acampamento, e ela

---

19,1-10a Apesar de os sacerdotes e os levitas serem responsáveis pela proteção da tenda do testemunho, eles próprios poderiam contaminá-la. Sendo assim, Nm 19 mostra os procedimentos para que eles se mantenham em estado de pureza legal. A organização do capítulo com a fórmula introdutória "este é o estatuto da lei" (v. 2; 31,21-23) realça a importância do rito para garantir a santidade do santuário. Os textos de Lv 4 apresentam os ritos de purificação sobre os pecados do sumo sacerdote e da comunidade de Israel. Eles contavam com a imolação de um animal (novilho, bode, cabra, cordeiro), o uso de seu sangue para aspergir parte do santuário e o altar dos holocaustos e, finalmente, a queima de parte do animal pelo sacerdote. Em Números, a purificação é feita sem a necessidade do sacrifício ritual. A novilha não é queimada pelo sacerdote, e o verbo hebraico não indica queima litúrgica. O que importa é a preparação da água com elementos de purificação: as cinzas de uma novilha não profanada, ou seja, que não devia ter sido usada para nenhum outro trabalho cotidiano (v. 2), cuja incomum menção à cor vermelha lembra o sangue dos sacrifícios; o próprio sangue do animal é queimado, diferente dos sacrifícios, inserindo nas cinzas esse potente elemento purificador para a antiguidade; finalmente, a madeira de cedro, a púrpura escarlate e o hissopo, que eram usados na purificação dos leprosos (Lv 14,4).

NÚMEROS 19

será degolada diante dele. **4** O sacerdote Eleazar tomará do sangue dela com seu dedo e, sete vezes, aspergirá com o sangue dela a parte dianteira da face da tenda do encontro. **5** Queimará a novilha aos olhos dele. Queimará sua pele, sua carne e seu sangue com os intestinos dela. **6** O sacerdote tomará uma madeira de cedro, hissopo e púrpura escarlate, e os lançará no meio da fogueira da novilha. **7** O sacerdote lavará suas vestes e banhará sua carne na água. Depois entrará no acampamento. O sacerdote ficará impuro até a tarde. **8** E quem a queimou lavará suas vestes na água e banhará sua carne na água. Ficará impuro até a tarde. **9** E um homem puro recolherá a cinza da novilha e a depositará em um lugar puro, fora do acampamento. Ela será guardada para a comunidade dos filhos de Israel, para a água lustral. Isso é um sacrifício pelo pecado. **10a** E quem recolheu a cinza da novilha lavará suas vestes. Ficará impuro até a tarde.

Impureza com um morto

10b E será um estatuto perpétuo para os filhos de Israel e para o imigrante que se hospeda no meio deles. **11** Quem tocar em um morto, qualquer que seja a pessoa morta, sete dias ficará impuro. **12** Por meio dela, purifica-se no terceiro dia e no sétimo dia. Estará puro. Caso não se purifique no terceiro dia e no sétimo dia, não estará puro. **13** Todo aquele que tocar em um morto, qualquer que seja a pessoa que está morta, e não se purificar contamina a morada do SENHOR. Tal pessoa será eliminada de Israel, porque a água lustral não foi aspergida sobre ele. Estará impuro. Sua impureza ainda estará nele.

14 Esta é a lei referente a um ser humano que morre em uma tenda: todo aquele que entra na tenda, bem como todo aquele que está na tenda, sete dias estará impuro. **15** Todo vaso aberto que sobre si não tiver a tampa de corda ficará impuro.

16 E todo aquele que, em campo aberto, tocar em um traspassado pela espada, em um morto, na ossada de um ser humano ou em sepulcro ficará impuro sete dias.

17 Para o impuro, tomarão da cinza da fogueira do sacrifício pelo pecado e a colocarão, com água viva sobre ela, em um vaso. **18** Um homem

---

19,10b-22 Após as instruções sobre a água lustral, o texto ensina o processo de purificação em caso de contato com um cadáver ou o lugar onde ele foi encontrado. Nesse caso, a impureza é rigorosa e contamina até objetos que estão próximos ao morto (vv. 15.21), seguindo legislações sobre o contato com cadáveres precedentes da Torá (Lv 21,1-4; 22,4-7; Nm 5,2; 6,6-13; 9,6) que, contudo, não incluem uma liturgia de purificação. Na legislação levítica, uma impureza contraída exigia a lavagem em água e um período de espera (Lv 11,28-40; 15,16-18) ou o resguardo por um período e a posterior oferta sacrificial (Lv 14; 15,13). Números mostra uma alternativa para as famílias enlutadas que não fosse tão cara e difícil quanto os sacrifícios, indicando um tratamento feito com a água lustral, preparada com elementos presentes em uma oferta pelo pecado.

NÚMEROS 19–20

puro tomará um hissopo, o submergirá na água e aspergirá sobre a tenda, sobre todos os utensílios e sobre as pessoas que estiverem ali, bem como sobre aquele que tocou em uma ossada, em um traspassado, em um morto ou em um sepulcro. **¹⁹** No terceiro dia e no sétimo dia, o puro aspergirá sobre o impuro. No sétimo dia, retirará o pecado dele. Então lavará suas vestes, se banhará em água e, à tarde, ele estará puro. **²⁰** No entanto, o homem que se tornar impuro e não se purificar, tal pessoa será cortada do meio da assembleia, porque contaminou o santuário do SENHOR. A água lustral não foi aspergida sobre ele. Ele está impuro'.

²¹ Será para eles um estatuto perpétuo. Quem aspergir a água lustral lavará suas vestes. Quem tocar na água lustral estará impuro até a tarde. **²²** Tudo em que o impuro tocar estará impuro. E a pessoa que o tocar estará impura até a tarde".

PARTIDA DE CADES ÀS PLANÍCIES DE MOAB

SOFRIMENTOS NA CAMINHADA E PRIMEIRAS VITÓRIAS

Morte de Miriam e águas de Meriba

20 **¹** Os filhos de Israel, toda a comunidade, chegaram ao deserto de Zin no primeiro mês. O povo habitou em Cades. Ali morreu Miriam e ali foi sepultada.

² Como não havia água para a comunidade, reuniram-se contra Moisés e contra Aarão. **³** O povo discutiu com Moisés. Disseram: "Oxalá tivéssemos perecido quando pereceram nossos irmãos diante do SENHOR! **⁴** Por que fizestes a assembleia do SENHOR vir rumo a este deserto? Para

---

20,1-13 Inicia-se, aqui, a última etapa de peregrinação dos israelitas (Nm 20,1–22,1), saindo do oásis de Cades até chegar às planícies de Moab, onde terão uma nova chance de entrada na terra prometida. A primeira notação, sobre a morte de Miriam, relembra a rebelião anterior ocorrida nesse mesmo local (Nm 13–14), quando o Senhor prometeu que somente Josué e Caleb entrariam na terra prometida (Nm 14,24.30), de forma que os líderes do povo, Moisés, Aarão e Miriam, também perecessem no deserto. O texto segue apresentando um relato de conflito muito semelhante a Ex 17,1-7. Contudo, sua função é explicar por que Moisés e Aarão não entrarão na terra prometida, já que ambos não participam da revolta de Nm 13–14. A narrativa se assemelha a outros textos de rebelião, mostrando a queixa dos israelitas e o papel intercessor de Moisés e Aarão. Contudo, as diferenças são significativas. Em primeiro lugar, o narrador mostra que a falta de água era uma realidade concreta, justificando, em partes, a reclamação do povo (v. 2). Deus não manifesta sua ira divina em forma de castigo contra os queixosos, mas estende a Moisés uma missão com três partes: tomar o cajado, reunir a comunidade e falar com a rocha (v. 8). A dinâmica repetitiva da ordem-cumprimento, típica de Números, não aparece aqui, já que a ação de Moisés e Aarão não segue o roteiro traçado por Deus (vv. 10-11). Eles convocam o povo, e Moisés fala com eles, acusando-os de revoltosos, em vez de falar com a rocha. Em seu discurso, ordena para eles, e não para Deus, a ação de tirar água da rocha. Finalmente, em vez da inusitada ação de dar ordem para o rochedo, Moisés o golpeia duas vezes, como sinal de sua falta de fé (Nm 20,12.24) e de desrespeito à santidade de Deus.

339

NÚMEROS 20

nós e nosso gado aqui morrermos? **5** Por que nos fizestes subir do Egito para nos trazer a este lugar ruim? Não há lugar para semeadura, nem figueira, nem videira, nem romãs. E não há água para beber".

6 Então Moisés e Aarão se foram da frente da assembleia para a entrada da tenda do encontro e caíram sobre suas faces. E lhes apareceu a glória do SENHOR. **7** O SENHOR falou a Moisés: **8** "Toma a vara e reúne a comunidade, tu e Aarão, teu irmão! Falai à rocha diante dos olhos deles, para que ela dê sua água! Tu lhes farás sair água da rocha e farás a comunidade e seu gado beberem".

9 Moisés tomou a vara de diante do SENHOR, conforme lhe tinha ordenado. **10** E Moisés e Aarão reuniram a assembleia diante da rocha. Disse-lhes: "Escutai, pois, ó rebeldes! Por acaso podemos fazer sair água para vós desta rocha?" **11** Moisés ergueu sua mão e duas vezes golpeou a rocha com sua vara. Saiu muita água. A comunidade, então, bebeu, bem como seu gado.

12 O SENHOR disse a Moisés e a Aarão: "Porque não acreditastes em mim, a fim de santificar-me aos olhos dos filhos de Israel, não fareis esta assembleia entrar na terra que lhes dei".

13 Estas são as águas de Meriba, onde os filhos de Israel discutiram com o SENHOR, que nelas se santificou.

Conflito com Edom

14 E Moisés enviou mensageiros de Cades ao rei de Edom: "Assim diz teu irmão Israel: 'Tu conheces todo o esgotamento que nos sobreveio. **15** Nossos pais desceram ao Egito, e no Egito habitamos muitos dias. E os egípcios maltrataram a nós e a nossos pais. **16** Gritamos, então, ao SENHOR, e ele escutou nossa voz. Enviou um anjo e nos fez sair do Egito. Eis que estamos em Cades, uma cidade na extremidade de teu território. **17** Queremos, pois, atravessar tua terra. Não atravessaremos campo ou vinha, não beberemos água de poço. Caminharemos pelo caminho do rei. Não nos desviaremos para a direita nem para a esquerda, até que tenhamos atravessado teu território'". **18** Edom lhe disse: "Não me atravessarás, para que eu não saia com a espada de encontro a ti!" **19** Os filhos de Israel lhe disseram: "Subiremos pela estrada e, caso eu e meus rebanhos

---

20,14-21 Próximo das fronteiras de Canaã, Moisés pede passagem no território dos edomitas, considerando esse povo como seu irmão (v. 1). De fato, o Pentateuco descreve Edom como descendente de Esaú (Gn 36,9), irmão mais velho de Jacó, de quem nascem os israelitas. Na história dos patriarcas, apesar das disputas entre os irmãos, forma-se um ambiente de fraternidade e ajuda (Ex 32,4-22; 34,1-11), o que destoa da rejeição do pedido de passagem feito de forma tão cuidadosa por Moisés. A iniciativa própria de Moisés parece ser a causa do fracasso: diferente de Nm 13,1, a iniciativa de enviar mensageiros não vem do Senhor e, portanto, resultará em uma empreitada malsucedida. Tais atitudes, que não refletem uma fiel obediência ao projeto divino, tornam ainda mais longo o caminho e atrasam a chegada à terra prometida.

NÚMEROS 20–21

bebamos de tua água, darei seu valor. Não há outra coisa: apenas quero atravessar a pé". **20** Disse, porém: "Não atravessarás!" E Edom saiu de encontro a ele, com um povo pesado e com mão forte. **21** Edom se recusou a dar travessia a Israel em seu território, e Israel se desviou dele.

Morte de Aarão

22 Os filhos de Israel, toda a comunidade, partiram de Cades e chegaram ao monte Hor. **23** E o SENHOR disse a Moisés e a Aarão, no monte Hor, na fronteira da terra de Edom: **24** "Aarão será reunido a seu povo, porque não entrará na terra que dei aos filhos de Israel, visto que vos revoltastes contra minha ordem nas águas de Meriba. **25** Toma Aarão e seu filho Eleazar, e faze-os subir o monte Hor! **26** Despe Aarão de suas vestes e veste-as em seu filho Eleazar! Aarão, pois, será reunido e ali morrerá".

27 Moisés agiu conforme o SENHOR tinha ordenado. Diante dos olhos de toda a comunidade, subiram o monte Hor. **28** E Moisés despiu Aarão das vestes dele e as vestiu em Eleazar, filho dele. Aarão morreu ali, no cume do monte. Moisés e Eleazar, no entanto, desceram do monte. **29** Toda a comunidade viu que Aarão havia falecido. Então, durante trinta dias, toda a casa de Israel chorou Aarão.

Vitória sobre o rei de Arad

21

1 O rei cananeu de Arad, habitante do Negueb, escutou que Israel chegara pelo caminho de Atarim. Combateu contra Israel

---

20,22-29 Quando Miriam e Aarão se rebelam contra Moisés, somente ela é castigada com lepra e banimento de sete dias (Nm 12,14-15). Como o sumo sacerdote de Israel é reincidente em sua revolta contra a ordem do Senhor por sua atitude em Meriba (Nm 20,1-13), sua morte é descrita como um sinal terrível do juízo divino (Jr 8,2; 25,33; Ez 29,5), feito diante dos olhos de toda a comunidade (v. 27). A ausência de uma descrição de seu sepultamento reforça essa ideia. Ao mesmo tempo, quando se diz que "será reunido a seu povo" (v. 24), o texto escolhe a mesma fraseologia usada para descrever a morte de um homem justo em idade avançada, como Abraão (Gn 25,8), Ismael (Gn 25,17), Isaac (Gn 35,29), Jacó (Gn 49,33), Moisés (Nm 31,2). O Deus libertador do êxodo permanece inalterado: sua eleição sobre Israel e sua santidade garantida pelo sacerdócio se perpetuam na descendência aaronita, de forma que seu filho seja um sinal do começo de uma nova geração, que continua com o comprometimento divino refletido nas instituições de Israel.

21,1-3 É a primeira história de Números que quebra a sequência das rebeliões e insucessos iniciada em Nm 11 e apresenta Israel vitorioso diante do inimigo. No conjunto do livro, a história é significativa. No início da marcha litúrgico-militar, há uma série de conflitos e rebeliões iniciados por uma história exemplar de murmuração (Nm 11,1-3). Após a condenação da geração do Êxodo e dos quarenta anos de peregrinação errante, no final dessa geração aparece a história exemplar de Nm 21,1-3, que marca a obediência dos israelitas e seu sucesso, na forma de uma pequena conquista. Desta vez, a intercessão de Moisés não é necessária, já que todo o povo é retratado buscando o auxílio divino e esperando sua resposta. O nome do lugar, "Horma", deriva de uma palavra hebraica que significa "consagrar ao extermínio" (Nm 18,14), indicando que a conquista militar foi arrasadora.

341

NÚMEROS 21

e dentre eles fez prisioneiros. ² Então Israel fez um voto ao SENHOR e disse: "Caso realmente entregues este povo em minha mão, votarei ao extermínio as cidades deles". ³ O SENHOR escutou a voz de Israel e entregou o cananeu. Então Israel os votou ao extermínio, bem como as cidades deles. E chamou o lugar de Horma.

Serpente de bronze

⁴ E partiram do monte Hor pelo caminho do mar dos Juncos, para rodear a terra de Edom. O alento do povo, porém, encurtou no caminho. ⁵ O povo falou contra Deus e contra Moisés: "Por que nos fizestes subir do Egito? Para morrer no deserto? Realmente, não há pão nem água. E nosso alento chegou ao fim com esse pão de penúria".

⁶ Então o SENHOR enviou contra o povo as serpentes abrasadoras, que morderam o povo. Da parte de Israel, um povo numeroso morreu. ⁷ E o povo foi a Moisés e disse: "Pecamos porque falamos contra o SENHOR e contra ti. Ora ao SENHOR para que, de junto de nós, afaste as serpentes!" E Moisés orou pelo povo. ⁸ O SENHOR disse a Moisés: "Faze para ti uma serpente abrasadora e coloca-a sobre um estandarte! Todo mordido que a vir viverá". ⁹ Então Moisés fez uma serpente de bronze e a colocou sobre o estandarte. Caso a serpente mordesse um homem, este contemplava a serpente de bronze e vivia.

21,4-9 Entre a morte da geração antiga e o nascimento de uma nova, que conquistará Canaã, está uma história paradigmática de vida e morte, que recorre a um poderoso símbolo no antigo Oriente Próximo: a serpente. Trata-se do último episódio de murmuração protagonizado por todo Israel, fechando a sequência narrativa dos conflitos iniciada em Nm 11,1-3. O texto segue a estrutura dos relatos de queixa, ressaltando que a caminhada afeta o "alento" dos israelitas, ou seja, suas estruturas mais interiores. O termo hebraico usado é *nefesh*, que, em maior extensão, significa o próprio ser humano (Lv 17,10; 23,30; Pr 3,22), de forma que, próximo à terra, a vida do povo diminui. Da mesma forma que Deus castigou o povo com o fogo na primeira das revoltas, em Tabera (Nm 11,1), a ira divina se manifesta na última delas no formato de serpentes cuja mordida é semelhante ao fogo. A figura da serpente é ambivalente na antiguidade, podendo representar o bem ou o mal, a morte ou a proteção e a cura, o poder ou a sabedoria. No relato, passa de ameaça mortal para símbolo de restauração da vida, especialmente por sua associação com o estandarte (v. 8). Os egípcios costumavam levar para os campos de batalha estandartes com seus animais sagrados para que qualquer soldado, ao olhar para eles, tivesse suas forças restituídas. A letal serpente abrasadora que rasteja na terra, ao ser alçada ao ar em um bastão, exigia uma mudança de olhar dos israelitas, de forma que todo aquele que a contemplasse no alto viveria. Antes de partir para a Transjordânia (Nm 21,10), o episódio das serpentes de bronze insiste em que os israelitas devem ter uma nova atitude em sua relação com Deus. Assim como Moisés "contempla a figura do SENHOR" (Nm 12,8), para entrar na terra, Israel precisa reconhecer e experimentar a força salvadora de seu Deus, que gera vida.

NÚMEROS 21

Partidas em direção à Transjordânia

10 Os filhos de Israel partiram e acamparam em Obot. **11** Partiram de Obot e acamparam em Jeabarim, no deserto em frente a Moab, no oriente. **12** Partiram de lá e acamparam junto à torrente de Zared. **13** Partiram de lá e acamparam no outro lado do Arnon, que está no deserto. Ele, pois, sai do território dos amorreus, porque o Arnon é a fronteira de Moab, ou seja, entre Moab e os amorreus. **14** Por isso se diz no livro das guerras do SENHOR:

> "Vaeb em Sufa e a torrente do Arnon;
> **15** e a ladeira da torrente que se estende para habitar em Ar e se apoia na fronteira de Moab".

16 E de lá foram na direção de Beer. É o poço do qual o SENHOR dissera a Moisés: "Reúne o povo, pois vou lhes dar água!" **17** Então Israel cantou este canto:

> "Subi, ó poço!
> Respondei-lhe!
> **18** Ó poço, príncipes o cavaram,
> os nobres do povo o abriram,
> com bastão de comando, com os bordões deles!"

Do deserto, foram para Matana, **19** de Matana para Naaliel, de Naaliel para Bamot **20** e de Bamot à várzea que está no campo de Moab, no cume do Fasga, que se alteia sobre o ermo.

Conquista da Transjordânia: vitória sobre Seon e Og

21 Israel enviou mensageiros a Seon, rei dos amorreus: **22** "Que eu possa atravessar tua terra! Não nos desviaremos nem para um campo,

---

21,10-20 A aproximação de Canaã é mostrada com a animação do povo, representada pelo tom lírico dos cânticos nos versículos 14-15.17-18. Uma breve descrição dos estágios da jornada até a Transjordânia (Nm 33,5-49) é apresentada em poucos versículos, uma construção que imprime um ritmo veloz aos acontecimentos. A menção ao "livro das guerras do SENHOR" (v. 14), única na Bíblia, quer reforçar que Deus é o chefe das batalhas, tornando Israel bem-sucedido nas empreitadas militares. A referência a Beer, um poço, mostra a mudança geográfica significativa, do terreno desértico ("ermo" [v. 20]) para as estepes, terras mais férteis. A última parte do itinerário (vv. 14-20) preanuncia a vitória sobre Seon, rei dos amorreus, e Og, rei de Basã (Nm 21,21-35).

21,21-35 Israel chega aos territórios ao leste do Jordão. O objetivo dos israelitas não era seu assentamento nessas regiões transjordânicas, mas a passagem por elas para chegar a Canaã. Por sua vez, o rei de Seon e o de Og, agindo como os edomitas (Nm 20,14-21), fecham a passagem. Contudo, a resposta de Israel desta vez não é pacífica, fazendo com que as vitórias militares, iniciadas em Horma (Nm 21,1-3), continuem. Os versículos 27-30 apresentam um antigo canto que celebrava a vitória de Seon sobre Moab.

343

NÚMEROS 21

nem para uma vinha. Não beberemos água de um poço. Andaremos no caminho do rei até que tenhamos atravessado teu território".

23 Seon, porém, não concedeu a Israel atravessar seu território. E Seon reuniu todo o seu povo e saiu de encontro a Israel na direção do deserto. Quando chegou a Jasa, combateu contra Israel. **24** E Israel o feriu ao fio da espada e tomou sua terra em herança, desde o Arnon até o Jaboc, até os filhos de Amon, porque a fronteira dos filhos de Amon era fortificada.

25 Israel tomou todas aquelas cidades e Israel se assentou em todas as cidades dos amorreus, em Hesebon e em todas as suas aldeias. **26** De fato, Hesebon era a cidade de Seon, rei dos amorreus. Este, pois, combatera o primeiro rei de Moab e tomara toda a terra dele, de seu limite até o Arnon. **27** Por isso, os compositores de provérbios dizem:

> "Entrai em Hesebon!
> Que seja construída e firmada a cidade de Seon!
> **28** Porque um fogo saiu de Hesebon, uma chama da cidadela de Seon.
> Devorou Ar de Moab, os senhores das alturas do Arnon.
> **29** Ai de ti, ó Moab!
> Pereceste, ó povo de Camos!
> Entregou seus filhos como fugitivos e suas filhas como cativas a Seon, o rei dos amorreus.
> **30** Nós os flechamos:
> Hesebon pereceu até Dibon.
> Até Nofá, que vai até Medaba, os arrasamos".

31 Israel, então, habitou na terra dos amorreus.

32 Moisés mandou espiar Jazer: capturaram as aldeias dela e tomaram posse do amorreu que ali estava.

33 Então se viraram e subiram o caminho de Basã. Og, rei de Basã, saiu de encontro a eles, ele e todo o seu povo, para a guerra em Edrai. **34** O SENHOR disse a Moisés: "Não o temas, porque em tua mão o entrego, com todo o seu povo e com toda a sua terra. Conforme fizeste a Seon, rei dos amorreus, que habita em Hesebon, lhe farás". **35** E feriram-no, com seus filhos e com todo o povo dele, sem que lhe deixassem restar um sobrevivente. E tomaram posse da terra dele.

A recorrência a um texto estrangeiro alheio a Israel é incomum e provavelmente ocorre porque havia uma forte tradição antimoabita em Israel, presente em outros textos (Nm 25; Jz 3,12-30; 2Rs 3; Is 15–16; Jr 48). A pequena menção sobre a conquista e o assentamento na terra dos amorreus (v. 31) dá o fundamento para que as tribos de Rúben e Gad negociem com Moisés sua habitação nesse lugar (Nm 32). A menção à conquista de Og (vv. 33-35) reforça o protagonismo do Senhor na conquista e a necessidade da obediência dos filhos de Israel.

ISRAEL EM MOAB

EPISÓDIO DE BALAÃO E BAAL-FEGOR

Balac e Balaão

22 [1] Os filhos de Israel partiram e acamparam nas estepes de Moab, no outro lado do Jordão, em Jericó. [2] Balac, filho de Sefor, viu tudo o que Israel tinha feito aos amorreus. [3] E Moab tremeu muito diante do povo, porque ele era numeroso. Então Moab sentiu nojo perante os filhos de Israel. [4] Moab disse aos anciãos de Madiã: "Agora a assembleia pastará todos os nossos arredores como o boi pasta a relva do campo". Naquele tempo, Balac, filho de Sefor, era rei de Moab. [5] Ele enviou mensageiros a Balaão, filho de Beor, em Petor, que está junto ao rio, na terra dos filhos de seu povo, para o chamar: "Eis que um povo saiu do Egito, ocultou a vista da terra e está habitando à minha frente. [6] Agora, pois, vai! Amaldiçoa para mim este povo, porque ele é mais poderoso do que eu! Talvez eu possa feri-lo. Então o expulsarei da terra, porque sei que quem abençoas é abençoado e quem amaldiçoas ficará amaldiçoado".

[7] Os anciãos de Moab e os anciãos de Madiã foram com a remuneração das adivinhações em suas mãos e chegaram a Balaão. Falaram-lhe as palavras de Balac. [8] Ele lhes disse: "Pernoitai aqui, e eu vos retornarei a palavra que o SENHOR me falar!" E os príncipes de Moab se sentaram com Balaão. [9] Deus veio a Balaão e disse: "Quem são esses homens contigo?" [10] Balaão disse a Deus: "Balac, filho de Sefor, o rei de Moab, os enviou a mim, dizendo: [11] 'Eis que o povo que saiu do Egito me ocultou a vista da terra. Agora vai, amaldiçoa para mim este povo! Talvez poderei combatê-lo e expulsá-lo'". [12] Deus disse a Balaão: "Não irás com eles. Não amaldiçoarás o povo, porque ele é abençoado". [13] Balaão se levantou pela manhã e disse aos príncipes de Balac: "Ide à vossa terra, porque o SENHOR não me dá a permissão de ir convosco!" [14] Os

---

22,1-20 Seguindo a geografia do texto, o livro de Números abre a partir daqui um novo bloco literário narrando as ações de Israel nas planícies de Moab (Nm 22–24). O canto de Nm 21,27-30 guarda a memória de uma grande derrota dos moabitas por Seon. O texto quer justificar o temor dos moabitas pelos israelitas quando estes, por sua vez, derrotam o poderoso Seon, de forma que Balac precisa recorrer a um poderoso mago profissional da Mesopotâmia para amaldiçoar Israel e impedir seu avanço. Há uma inscrição do século VIII a.C. em Tell Deir 'Alla que descreve Balaão, filho de Beor, como "o homem que vê os deuses", revelando que era uma personagem conhecida na região da Transjordânia. A história bíblica tem como pano de fundo uma antiga concepção de que as bênçãos ou maldições poderiam ser efetivas se fossem pronunciadas da forma correta, de forma que o único modo de se proteger do poder de Balaão era impedindo-o de proferir suas maldições. Há um tríplice encontro do mago com Deus, sendo narrados aqui o primeiro (vv. 9-14) e o segundo (v. 20). Nessas experiências, Balaão é transformado em um profeta do Senhor, com o chamado de realizar a bênção de Israel ordenada em Nm 6,22-27.

NÚMEROS 22

príncipes de Moab se levantaram, foram a Balac e disseram: "Balaão se recusou a vir conosco".

15 Balac, porém, voltou a enviar príncipes, mais numerosos e mais honrados que aqueles. **16** Chegaram a Balaão e lhe disseram: "Assim diz Balac, filho de Sefor: 'Não te negues, por favor, a vir até mim, **17** porque, certamente, te honrarei muito! Tudo o que disseres a mim, farei. Vai, por favor, amaldiçoa para mim este povo!'" **18** Balaão, porém, respondeu e disse aos servos de Balac: "Mesmo que Balac me desse sua casa cheia de prata e ouro, eu não poderia transgredir a ordem do SENHOR, meu Deus, para fazer seja coisa pequena, seja coisa grande. **19** Agora, assentai-vos também vós, por favor, nesta noite! Vou saber o que o SENHOR falar outra vez comigo". **20** Deus veio a Balaão de noite e lhe disse: "Se os homens vierem chamar-te, levanta-te! Vai com eles! Apenas agirás de acordo com a palavra que eu te falar".

Balaão e sua mula

21 Balaão se levantou pela manhã, encilhou sua mula e foi com os príncipes de Moab. **22** Quando ele estava andando, a ira de Deus se acendeu. O anjo do SENHOR se posicionou no caminho para se opor a ele. Ele, pois, estava montado sobre sua mula, e dois de seus jovens estavam com ele. **23** A mula viu o anjo do SENHOR posicionado no caminho, com a espada dele desembainhada na mão. E a mula se desviou do caminho e andou pelo campo. Então Balaão golpeou a mula para fazê-la voltar ao caminho.

24 O anjo do SENHOR, porém, se colocou em uma vereda de vinhas, com uma muralha de um lado e uma muralha do outro. **25** A mula viu o anjo do SENHOR, apertou-se na parede e apertou o pé de Balaão contra a parede, e este continuou a golpeá-la.

26 E o anjo do SENHOR voltou a atravessar e deteve-se em um lugar estreito, onde não havia caminho para se desviar à direita ou à esquerda. **27** A mula viu o anjo do SENHOR e agachou-se sob Balaão. Então a ira de Balaão se acendeu, e ele golpeou a mula com um ramo.

22,21-35 Nos dois encontros anteriores com Deus (Nm 22,9-20), Balaão é dissuadido a abençoar os israelitas em vez de amaldiçoá-los. O surgimento da ira do Senhor durante o cumprimento de sua ordem parece estranho, mas remete a situações semelhantes ocorridas com Jacó (Gn 31,3; 32,22-32), Moisés (Ex 3; 4,24) e Josué (Js 1,1-9; 5,13). Assim, a missão do mago-profeta estrangeiro é apresentada de forma semelhante à de grandes personagens da história de Israel, debaixo da vigilância constante do Deus que chama. Ainda assim, no terceiro encontro de Balaão com o Senhor, ele é incapaz de perceber claramente a manifestação divina, ao contrário de sua montaria. O texto, carregado de elementos populares, é um retrato da missão de Balaão. Sua mula consegue ver melhor o que está acontecendo no avesso dos acontecimentos, ensinando que o profeta chamado por Deus modifica, dirige e enxerga a profundidade da história em um grau mínimo. O Senhor é o verdadeiro condutor da vida e o dispensador da bênção.

NÚMEROS 22

28 O Senhor, porém, abriu a boca da mula, e ela disse a Balaão: "Que te fiz, que já me golpeaste por três vezes?" 29 Então Balaão disse à mula: "Porque me maltrataste. Se eu tivesse uma espada em minha mão, agora te mataria". 30 A mula disse a Balaão: "Por acaso não sou eu tua mula, que montaste desde quando me tornei tua até este dia? Porventura tive, de fato, o costume de agir assim contigo?" Ele disse: "Não!"

31 Então o Senhor desvelou os olhos de Balaão, e ele viu o anjo do Senhor posicionado no caminho, com sua espada desembainhada na mão. Inclinou-se, pois, e prostrou-se sobre seu nariz. 32 E o anjo do Senhor lhe disse: "Por que golpeaste tua mula, e isso por três vezes? Eis que eu saí para me opor, porque o caminho é inclinado diante de mim. 33 A mula me viu e, por três vezes, desviou-se de minha presença. Se ela não se tivesse desviado de minha presença, agora eu te teria matado e lhe teria conservado a vida". 34 Balaão disse ao anjo do Senhor: "Pequei, porque não sabia que, a meu encontro, tu estavas posicionado no caminho. Agora, se pareceu mal a teus olhos, eu retornarei". 35 O anjo do Senhor, porém, disse a Balaão: "Vai com os homens, mas somente falarás a palavra que eu te falar!" E Balaão foi com os príncipes de Balac.

Balaão e Balac

36 Balac ouviu que Balaão estava vindo e saiu ao encontro dele rumo à cidade de Moab, que está nos confins do Arnon, no limite do território. 37 Balac disse a Balaão: "Por acaso não te enviei, de fato, mensageiros para te chamar? Por que não vieste a mim? Realmente, não poderei te honrar". 38 Balaão disse a Balac: "Eis que vim a ti. Será que agora realmente posso falar algo? Falarei a palavra que Deus coloca em minha boca". 39 Balaão foi com Balac. E entraram em Cariat-Husot. 40 Balac sacrificou um gado grande e um gado pequeno, e os enviou a Balaão e aos príncipes que estavam com ele. 41 E, de manhã, Balac tomou Balaão e o fez subir a Bamot-Baal. De lá, viu o limite do povo.

22,36-41 A expectativa de Balac é ressaltada com seu deslocamento para as fronteiras de Moab a fim de encontrar Balaão. A narrativa aumenta a tensão dramática, uma vez que, mesmo com a queixa do rei, o sacrifício comum mostra o compromisso do mago-profeta com seu contratante. Contudo, a cena anterior da mula de Balaão preparou esta: da mesma forma que o animal se detém três vezes porque vê o que Deus quer mostrar, ressaltando a cegueira de seu dono, Balaão será porta-voz da mensagem de Deus, a qual Balac é incapaz de aceitar.

NÚMEROS 23

Oráculos de Balaão

23 ¹ Balaão disse a Balac: "Constrói-me aqui sete altares e prepara para mim sete novilhos e sete carneiros!" ² Então Balac fez conforme Balaão havia falado. Em cada altar, Balac e Balaão ofereceram um novilho e um carneiro. ³ Balaão disse a Balac: "Posiciona-te junto a teu holocausto! Eu, porém, vou. Talvez o SENHOR se encontre comigo. A coisa que ele me mostrar, a ti anunciarei". E ele foi para um monte calvo.

⁴ Deus se encontrou com Balaão, e Balaão lhe disse: "Preparei os sete altares e ofereci um novilho e um carneiro em cada altar". ⁵ E o SENHOR pôs uma palavra na boca de Balaão e disse: "Volta a Balac e assim falarás!" ⁶ Voltou, então, a ele. Eis que ele estava de pé junto a seu holocausto, ele e todos os príncipes de Moab. ⁷ Então ele proferiu seu provérbio e disse:

"De Aram, ele me trouxe Balac, o rei de Moab, das montanhas do oriente:
'Vem, amaldiçoa Jacó para mim! Vem, execra Israel!'
⁸ Como posso amaldiçoar? Deus não o amaldiçoa.
Como posso execrar? O SENHOR não execra.
⁹ De fato, desde o cume dos rochedos o vejo, desde as colinas o observo:
eis um povo que morará à parte, não será contado entre as nações.
¹⁰ Quem conta Jacó, que é como a poeira, e quem enumera o grão de areia de Israel?
Que minha alma morra a morte dos retos!
Que meu fim seja como o deles!"

23,1–24,25 Entre 22,41–24,13, o texto apresenta três tentativas frustradas de amaldiçoar os israelitas, incitadas por Balac. A organização narrativa segue uma mesma sequência nas três ocasiões, com poucas variantes: (a) o rei leva o mago-profeta a três lugares altos para ver o povo de Israel (Nm 22,41; 23,14; 23,28), em uma tentativa desesperada de encontrar um lugar correto para a maldição; (b) Balac constrói sete altares e sacrifica um novilho e um carneiro (23,1-2.14.29-30), oferecendo as entranhas dos animais para adivinhações e tentando comprar o favor de Deus; (c) Balaão se separa do rei para consultar Deus (23,3-5.15-16), e, na terceira ocasião, não busca sinais para reproduzir em forma de discurso, mas fala tomado pelo espírito de Deus (24,1-2); (d) Balaão pronuncia um oráculo em forma de bênção (23,7-10.18-24; 24,3-9), sendo que a terceira poesia mostra a ação benfazeja do Senhor abençoando Israel, com imagens de fertilidade e vida; (e) o rei de Moab reage frustrado, de forma crescente, contra as bênçãos do mago-profeta (23,11.25; 24,10-11), retirando a recompensa em dinheiro pelo serviço na terceira cena e culpando Deus por isso; (f) Balaão responde, reafirmando sua missão como arauto (23,12.26; 24,12-13) e decide ir embora, constituído verdadeiro profeta do Senhor, que já não depende dos contratos do rei. Em sua última resposta, profere um quarto oráculo (24,14-25), que constitui o clímax de suas falas, projetando um futuro glorioso para Israel. A imagem da "estrela" e do "cetro" (24,17) é usada no Antigo Testamento para designar reis (Sl 45,6; Is 14,12; Am 1,5.8) e mostra aqui em sete oráculos uma imagem triunfalista da monarquia subjugando as nações vizinhas do futuro Israel. Sobretudo, a misericórdia e a bondade do Senhor que elegeu Israel perpassam os poemas desde o primeiro: o povo é herdeiro da bênção patriarcal, que se cumpre tanto na descendência dos que saíram no êxodo quanto na posse da terra.

NÚMEROS 23

¹¹ Balac disse a Balaão: "Que me fizeste? Busquei-te para amaldiçoar meus inimigos, mas eis que abençoaste plenamente". ¹² Então Balaão respondeu e disse: "Não preciso ter cuidado para falar o que o SENHOR põe em minha boca?" ¹³ Balac, no entanto, lhe disse: "Vem comigo para um outro lugar, de onde poderás vê-lo: não verás nada além da extremidade dele, pois todo ele não poderás ver. Amaldiçoa-o de lá para mim!" ¹⁴ E o levou ao campo dos Vigilantes, ao cume do Fasga. Construiu sete altares e ofereceu um novilho e um carneiro em cada altar. ¹⁵ Balaão disse a Balac: "Posiciona-te aqui, junto a teu holocausto, e eu assim irei ao encontro dele!" ¹⁶ O SENHOR, então, se encontrou com Balaão e pôs uma palavra na boca dele. Disse: "Volta a Balac e assim falarás!" ¹⁷ Quando chegou até ele, eis que ele estava posicionado junto a seu holocausto, e os príncipes de Moab estavam com ele. Balac lhe disse: "O que o SENHOR falou?" ¹⁸ Então proferiu seu provérbio e disse:

"Levanta-te, ó Balac, e escuta!
Ouve-me, ó filho de Sefor!
¹⁹ Deus não é homem, para que minta, nem filho do ser humano, para que se arrependa.
Por acaso ele diz algo e não o faz?
Ou fala algo e não o cumpre?
²⁰ Eis que aceitei abençoar.
Ele abençoou, não vou revogar isso.
²¹ Não mirou a desgraça em Jacó e não viu a fadiga em Israel.
O SENHOR, seu Deus, está com ele, e a aclamação do rei ressoa nele.
²² É Deus quem os fez sair do Egito, como se lhe houvesse chifres de um búfalo.
²³ De fato, não há presságio contra Jacó, nem adivinhação contra Israel.
Conforme o tempo, será dito a Jacó e a Israel: 'Que fez Deus?'
²⁴ Eis que é um povo que se levanta como uma leoa e que se ergue como um leão.
Não se deitará até que tenha devorado a presa e bebido o sangue dos traspassados".

²⁵ Balac disse a Balaão: "Se, de fato, não queres amaldiçoá-lo, pelo menos não o abençoes plenamente!" ²⁶ Balaão, porém, respondeu e disse a Balac: "Porventura não te falei: 'Farei tudo o que o SENHOR falar'?" ²⁷ Balac disse a Balaão: "Vem, por favor! Vou te levar a outro lugar. Talvez pareça reto aos olhos de Deus que, de lá, o amaldiçoes para mim". ²⁸ Balac levou Balaão ao cume do Fegor, como quem dirige o olhar ao semblante do ermo. ²⁹ Então Balaão disse a Balac: "Constrói para mim aqui sete altares e prepara para mim sete novilhos e sete carneiros!" ³⁰ Balac fez conforme Balaão dissera. Ofereceu um novilho e um carneiro em cada altar.

NÚMEROS 24

24 ¹ Balaão viu que abençoar Israel era bom aos olhos do SENHOR. E não foi, como nas outras vezes, em busca de presságios, mas dirigiu sua face para o deserto. ² Quando Balaão levantou seus olhos, viu Israel fixando morada segundo suas tribos. Então o espírito de Deus ficou sobre ele. ³ Proferiu seu provérbio e disse:

> "Oráculo de Balaão, filho de Beor,
> oráculo do varão de olhar íntegro,
> ⁴ oráculo daquele que escuta os ditos de Deus, que, caindo mas com olhos desvelados, observa a visão do Todo-Poderoso.
> ⁵ Como ficaram boas tuas tendas, ó Jacó, tuas moradas, ó Israel!
> ⁶ Estenderam-se como torrentes, como jardins junto a um rio; como aloés que o SENHOR plantou, como cedros junto às águas.
> ⁷ A água escorre de seus cântaros, sua sementeira está com muita água.
> Seu rei se levanta mais que Agag, seu reinado se reergue.
> ⁸ É Deus quem o fez sair do Egito, como se lhe houvesse chifres de um búfalo.
> Consumirá nações que lhe são adversárias, roerá os ossos delas e destroçará as setas delas.
> ⁹ Como um leão ou como uma leoa, agachou-se e deitou-se: quem o fará levantar-se?
> Quem te abençoa é abençoado, mas quem te amaldiçoa é amaldiçoado".

¹⁰ Então se acendeu a ira de Balac contra Balaão, e ele bateu palmas. Balac disse a Balaão: "Para amaldiçoar meus inimigos te chamei, mas eis que plenamente os abençoas. E isso por três vezes. ¹¹ Agora foge para teu lugar! Prometi, realmente, honrar-te, mas eis que o SENHOR está te privando da honra". ¹² Balaão disse a Balac: "Porventura não falei também a teus mensageiros que me enviaste: ¹³ 'Mesmo que Balac me desse sua casa cheia de prata e ouro, eu não poderia transgredir a ordem do SENHOR para fazer o bem ou o mal segundo meu coração. Falarei o que o SENHOR falar'?" ¹⁴ E agora eis que estou indo a meu povo. Vem, vou te expor o que este povo, no futuro, fará a teu povo!"

¹⁵ Proferiu, então, seu provérbio e disse:

> "Oráculo de Balaão, filho de Beor, oráculo do varão de olhar íntegro,
> ¹⁶ oráculo de quem escuta os ditos de Deus e sabe do conhecimento do Altíssimo,
> que, caindo mas com os olhos desvelados, observa a visão do Todo-Poderoso.
> ¹⁷ Irei vê-lo, mas não agora;
> eu o contemplarei, mas não de perto.

NÚMEROS 24–25

De Jacó surge uma estrela, de Israel se ergue um cetro; esmaga as têmporas de Moab e o vértice de todos os filhos de Set.

[18] Edom será propriedade e Seir será propriedade de seus inimigos; Israel, porém, age com vigor.

[19] De Jacó, pois, alguém dominará e fará perecer o sobrevivente da cidade".

[20] E proferiu seu provérbio, quando viu Amalec. Disse:

"Amalec era o primeiro das nações, mas seu fim será até o perecimento".

[21] E proferiu seu provérbio, quando viu o quenita. Disse:

"Tua habitação é estável,

e teu ninho posto na rocha:

[22] entretanto, Caim será incendiado, quando Assur te deportar".

[23] Proferiu seu provérbio e disse:

"Ai, quem permanecerá vivo quando Deus impor isso?

[24] Haverá navios da margem do Cetim; oprimirão Assur e oprimirão Éber;

também ele perecerá para sempre".

[25] E Balaão se ergueu. Foi e voltou para seu lugar. Também Balac seguiu seu caminho.

Infidelidade e castigo em Fegor

25 [1] Quando Israel se assentou em Setim, o povo se profanou ao prostituir-se com as filhas de Moab. [2] Elas chamaram o povo para os sacrifícios de seus deuses, e o povo comeu. Prostraram-se para os

---

25,1-18 A longa narrativa de Balaão é uma garantia para o futuro de Israel e destaca o cumprimento das promessas patriarcais para a nova geração. Isso explica o tom profundamente negativo de Nm 25, que descreve a condenação definitiva da antiga geração. O texto tem paralelos linguísticos, temáticos e teológicos com o episódio do bezerro de ouro (Ex 32–34), mostrando que a geração que está prestes a entrar na terra prometida ainda mostra o comportamento de quando saiu do Egito. Cumpre-se, em sentido negativo, a advertência que Deus fez ao renovar a aliança com Israel, orientando-o a não fazer aliança nem tomar como esposa as habitantes das terras a serem dominadas (Ex 34,15-16). O nome da mulher madianita golpeada, Cozbi (v. 15), é construído a partir do verbo hebraico que significa "enganar", "mentir", mostrando que o pacto com as moabitas é um engano que os leva à idolatria. O pecado gravíssimo em Baal-Fegor quebra o triunfalismo das vitórias militares de Israel, resgatando mais uma vez o ponto decisivo para a tomada da terra: a ética do Sinai. Em parte, isso ajuda a entender o porquê da violência contra os culpados, extinguindo definitivamente a antiga geração da lista dos que entrarão em Canaã. Ao apresentar o protagonismo de Fineias aplacando a ira do Senhor, o texto também defende o sacerdócio aaronita na época da redação final do texto no pós-exílio. O papel mediador de Fineias, neto de Aarão, dá o fundamento para que os sacerdotes vindos de Sadoc – sacerdote do templo de Jerusalém na época de Davi e Salomão (2Sm 8,17) – venham a reclamar a autenticidade de seu sacerdócio no pós-exílio (Ez 44,15), alegando descenderem de Fineias.

351

NÚMEROS 25–26

deuses delas. **3** Israel se atrelou a Baal-Fegor. Então a ira do SENHOR se acendeu contra Israel.

4 O SENHOR disse a Moisés: "Toma todos os líderes do povo e, para o SENHOR, suspende-os em frente ao sol, para que a ira ardente do SENHOR se desvie de Israel!" **5** Moisés disse aos juízes de Israel: "Matai entre seus homens cada um dos que se atrelaram a Baal-Fegor!"

6 Eis que um homem dos filhos de Israel veio e trouxe para perto de seus irmãos uma madianita, sob os olhos de Moisés e sob os olhos de toda a comunidade dos filhos de Israel. Eles estavam chorando na entrada da tenda do encontro. **7** Fineias, filho de Eleazar, o filho do sacerdote Aarão, o viu, se levantou do meio da comunidade, tomou a lança em sua mão, **8** foi atrás do homem israelita até a alcova e transpassou os dois: o homem israelita e, pelo ventre dela, a mulher. Foi detida, então, a praga de cima dos filhos de Israel. **9** Os mortos pela praga foram vinte e quatro mil.

10 O SENHOR falou a Moisés: **11** "Fineias, filho de Eleazar, filho do sacerdote Aarão, retirou minha cólera de cima dos filhos de Israel. Quando ele defendeu com zelo meu zelo entre eles, não exterminei, por meu zelo, os filhos de Israel. **12** Por isso, dize: 'Eis que lhe ofereço minha aliança de paz'. **13** Será uma aliança de um sacerdócio perpétuo para ele e para sua descendência depois dele, por ter sido zeloso por seu Deus e por ter feito a expiação pelos filhos de Israel".

14 O nome do homem israelita golpeado e que foi ferido mortalmente junto com a madianita era Zambri, filho de Salu, chefe de uma casa paterna simeonita. **15** O nome da mulher madianita que foi ferida mortalmente era Cozbi, filha de Zur. Ele era o líder de famílias de uma casa paterna em Madiã.

16 O SENHOR falou a Moisés: **17** "Oprimi os madianitas e golpeai-os, **18** porque eles vos oprimiram com seus ardis e agiram ardilosamente convosco no caso de Fegor e no caso de Cozbi, irmã deles, filha de um chefe de Madiã, que fora ferida no dia da praga, no caso de Fegor!"

NOVAS DISPOSIÇÕES

Segundo recenseamento de Israel

19 Após a praga, **26** **1** o SENHOR disse a Moisés e ao sacerdote Eleazar, o filho de Aarão: **2** "Levantai a soma de toda a comunidade dos filhos

---

25,19–26,56 O narrador inicia o novo censo em Nm 26 demarcando que a praga de Nm 25 extinguiu a geração do êxodo (25,19). Moisés permanece como guia e líder até o final do Deuteronômio (Dt 34), mas tampouco poderá entrar na terra prometida, conforme já ordenado pelo Senhor (Nm 20,12). Eleazar é a representação da nova geração, que já desponta protagonizando o sacerdócio israelita. Ao mesmo tempo, os nomes que aparecem em Nm 26 são inéditos e mostram que todo o povo se havia renovado.

NÚMEROS 26

de Israel de vinte anos para cima, segundo a casa dos pais deles, de todo aquele que em Israel sai para o exército!"

3 Moisés e o sacerdote Eleazar lhes falaram, então, em Jericó, nas estepes de Moab, junto ao Jordão, **4** ou seja, aos homens de vinte anos para cima, conforme o Senhor ordenara a Moisés.

Os filhos de Israel que saíram da terra do Egito eram:

5 Rúben, o primogênito de Israel. Os filhos de Rúben eram: de Henoc, o clã dos henoquitas; de Falu, o clã dos faluítas; **6** de Hesron, o clã dos hesronitas; de Carmi, o clã dos carmitas. **7** Esses eram os clãs dos rubenitas. Seus recenseados eram quarenta e três mil setecentos e trinta.

8 O filho de Falu era Eliab. **9** Os filhos de Eliab eram: Namuel, Datã e Abiram. Eles mesmos, Datã e Abiram, foram os chamados da comunidade que brigaram com Moisés e Aarão, junto com a comunidade de Coré, quando eles brigaram com o Senhor. **10** A terra, porém, abriu sua boca e, ao morrer a comunidade, tragou a eles e a Coré, quando o fogo devorou os duzentos e cinquenta homens. Tornaram-se, então, um estandarte. **11** Os filhos de Coré, porém, não tinham morrido.

12 Os filhos de Simeão eram, segundo seus clãs: de Namuel, o clã dos namuelitas; de Jamin, o clã dos jaminitas; de Jaquin, o clã dos jaquinitas; **13** de Zera, o clã dos zeraítas; de Saul, o clã dos saulitas. **14** Esses eram os clãs dos simeonitas: vinte e dois mil e duzentos.

15 Os filhos de Gad eram, segundo seus clãs: de Sefon, o clã dos sefonitas; de Hagi, o clã dos hagitas; de Suni, o clã dos sunitas; **16** de Ozni, o clã dos oznitas; de Eri, o clã dos eritas; **17** de Arod, o clã dos aroditas; de Areli, o clã dos arelitas. **18** Esses eram os clãs dos filhos de Gad segundo seus recenseados: quarenta mil e quinhentos.

19 Os filhos de Judá eram Her e Onã. Her e Onã, no entanto, morreram na terra de Canaã. **20** Os filhos de Judá eram, segundo seus clãs: de Selá, o clã dos selaítas; de Farés, o clã dos faresitas; de Zera, o clã dos zeraítas. **21** E os filhos de Farés foram: de Hesron, o clã dos hesronitas; de Hamul, o clã dos hamulitas. **22** Esses eram os clãs de Judá segundo seus recenseados: setenta e seis mil e quinhentos.

A estrutura, as sequências e as fórmulas deste recenseamento são muito similares ao primeiro (Nm 1,1-47), mostrando que a ajuda divina mantém o povo na caminhada, sinal da fidelidade do Senhor às promessas feitas aos patriarcas. Algumas tribos são descritas com mais níveis de clãs, como é o caso de Gad (vv. 15-18). A tribo de Manassés é enumerada com detalhes (vv. 28-34), apresentando os personagens de Nm 27,1-11. O número de recenseados diminui sutilmente em relação ao primeiro censo, mostrando que o amor estável de Deus garante o cumprimento da promessa na descendência, mesmo diante das numerosas rebeliões dos israelitas (Nm 14,18) e da falta de fé da antiga geração, que acreditava que seus filhos morreriam no deserto (Nm 14,3). Como é a força do Senhor que garante a conquista, há somente uma menção militar (v. 2), de forma que a contagem dos habitantes serve muito mais para distribuir as terras de acordo com o tamanho das tribos (vv. 53-56) que para quantificar o exército de Israel.

NÚMEROS 26

²³ Os filhos de Issacar eram, segundo seus clãs: de Tola, o clã dos tolaítas; de Puvá, o clã dos puvaítas; ²⁴ de Jasub, o clã dos jasubitas; de Semeron, o clã dos semeronitas. ²⁵ Esses eram os clãs de Issacar segundo seus recenseados: sessenta e quatro mil e trezentos.

²⁶ Os filhos de Zabulon eram, segundo seus clãs: de Sared, o clã dos sareditas; de Elon, o clã dos elonitas; de Jalel, o clã dos jalelitas. ²⁷ Esses eram os clãs zabulonitas segundo seus recenseados: sessenta mil e quinhentos.

²⁸ Os filhos de José, segundo seus clãs, eram: Manassés e Efraim.

²⁹ Os filhos de Manassés eram: de Maquir, o clã dos maquiritas – e Maquir gerou Galaad –; de Galaad, o clã dos galaaditas. ³⁰ Estes eram os filhos de Galaad: de Jezer, o clã dos jezeritas; de Helec, o clã dos helequitas; ³¹ de Asriel, o clã dos asrielitas; de Siquém, o clã dos siquemitas; ³² de Semida, o clã dos semidaítas; de Héfer, o clã dos heferitas. ³³ Salfaad, filho de Héfer, não teve filhos; entretanto, teve filhas. Os nomes das filhas de Salfaad eram: Maala, Noa, Hegla, Melca e Tersa. ³⁴ Esses eram os clãs de Manassés. Os recenseados deles eram cinquenta e dois mil e setecentos.

³⁵ Estes eram os filhos de Efraim segundo seus clãs: de Sutala, o clã dos sutalaítas; de Bequer, o clã dos bequeritas; de Taã, o clã dos taanitas. ³⁶ Estes eram os filhos de Sutala: de Erã, o clã dos eranitas. ³⁷ Esses eram os clãs dos filhos de Efraim segundo seus recenseados: trinta e dois mil e quinhentos. Eram esses os filhos de José segundo seus clãs.

³⁸ Os filhos de Benjamim eram, segundo seus clãs: de Bela, o clã dos belaítas; de Asbel, o clã dos asbelitas; de Airam, o clã dos airamitas; ³⁹ de Sufam, o clã dos sufamitas; de Hufam, o clã dos hufamitas. ⁴⁰ E os filhos de Bela eram Ared e Naamã: de Ared, o clã dos areditas; de Naamã, o clã dos naamanitas. ⁴¹ Esses eram os filhos de Benjamim segundo seus clãs. Os recenseados deles eram quarenta e cinco mil e seiscentos.

⁴² Estes eram os filhos de Dã segundo seus clãs: de Suam, o clã dos suamitas. Esses eram os filhos de Dã segundo seus clãs. ⁴³ Todos os clãs dos suamitas, conforme seus recenseados, eram sessenta e quatro mil e quatrocentos.

⁴⁴ Os filhos de Aser eram, segundo seus clãs: de Jimna, o clã dos jimnaítas; de Jessui, o clã dos jessuítas; de Beria, o clã dos beriaítas. ⁴⁵ Dos filhos de Beria eram: de Heber, o clã dos heberitas; de Malquiel, o clã dos malquielitas. ⁴⁶ O nome da filha de Aser era Sera. ⁴⁷ Esses eram os clãs dos filhos de Aser segundo seus recenseados: cinquenta e três mil e quatrocentos.

⁴⁸ Os filhos de Neftali eram, segundo seus clãs: de Jasiel, o clã dos jasielitas; de Guni, o clã dos gunitas; ⁴⁹ de Jeser, o clã dos jeseritas; de Selém, o clã dos selemitas. ⁵⁰ Esses eram os clãs de Neftali segundo seus clãs. E seus recenseados eram quarenta e cinco mil e quatrocentos.

NÚMEROS 26

[51] Estes eram os recenseados dos filhos de Israel: seiscentos e um mil setecentos e trinta.

[52] O SENHOR falou a Moisés: [53] "A esses será repartida a terra em herança, segundo o número dos nomes. [54] A quem tem número maior, multiplicarás sua herança. E a quem tem número menor, diminuirás sua herança. Conforme seus recenseados, a cada um será dada sua herança. [55] A terra será repartida, no entanto, por sorteio. Receberão a herança segundo os nomes das tribos de seus pais. [56] Conforme o sorteio, será repartida a herança entre quem é mais numeroso e quem é menor".

Recenseamento dos levitas

[57] Estes eram os recenseados de Levi, segundo seus clãs: de Gérson, o clã dos gersonitas; de Caat, o clã dos caatitas; de Merari, o clã dos meraritas.

[58] Estes eram os clãs de Levi: o clã dos lobnitas, o clã dos hebronitas, o clã dos moolitas, o clã dos musitas, o clã dos coreítas. E Caat gerou Amram. [59] O nome da mulher de Amram era Jocabed. Era filha de Levi e havia nascido para Levi no Egito. Para Amram, ela gerou Aarão, Moisés e Miriam, a irmã deles. [60] De Aarão foram gerados Nadab, Abiú, Eleazar e Itamar. [61] Nadab e Abiú morreram, quando eles ofereciam um fogo estranho diante do SENHOR.

[62] Os recenseados deles, todo varão de um mês para cima, eram vinte e três mil. De fato, não tinham sido recenseados entre os filhos de Israel, porque não lhes fora dada uma herança no meio dos filhos de Israel.

[63] Esses foram recenseados por Moisés e pelo sacerdote Eleazar, os quais recensearam os filhos de Israel em Jericó, nas estepes de Moab, junto ao Jordão. [64] Entre estes não houve mais ninguém dos recenseados por Moisés e pelo sacerdote Aarão, quando recensearam os filhos de Israel no deserto do Sinai. [65] O SENHOR, pois, lhes dissera: "Por certo, morrerão no deserto". E deles ninguém sobrou, exceto Caleb, filho de Jefoné, e Josué, filho de Nun.

26,57-65 O censo dos levitas é apresentado após o primeiro recenseamento (Nm 3,14-39) separadamente porque os levitas não participariam da guerra. Como o novo censo não se ocupa tanto do tema militar quanto da partilha da terra (ver nota a Nm 26,1-56), o número da tribo de Levi aparece à parte, porque os levitas não recebem terra como herança. Enquanto a rebelião dos simeonitas (Nm 25,14) faz com que seu número diminua de cinquenta e nove mil e trezentos (Nm 1,23) para vinte e dois mil e duzentos (Nm 26,14), a ação exemplar dos levitas faz com que cresçam de vinte e dois mil (Nm 3,39) para vinte e três mil (26,62). O recenseamento das tribos e dos levitas termina com os principais elementos da promessa patriarcal: a terra (Nm 26,53-56) e a descendência (vv. 63-65).

355

NÚMEROS 27

Herança dos sem filhos

27 ¹ E se aproximaram as filhas de Salfaad, filho de Héfer, filho de Galaad, filho de Maquir, filho de Manassés, dos clãs de Manassés, filho de José. Estes são os nomes das filhas dele: Maala, Noa, Hegla, Melca e Tersa. ² À entrada da tenda, colocaram-se de pé diante de Moisés, diante do sacerdote Eleazar e diante dos chefes de toda a comunidade, dizendo: ³ "Nosso pai morreu no deserto e ele não estava no meio da comunidade dos que, na comunidade de Coré, se congregaram contra o SENHOR. Pelo pecado dele morreu, e não teve filhos. ⁴ Por que o nome de nosso pai seria apagado do meio de seu clã, por não ter tido um filho? Dá-nos uma propriedade no meio dos irmãos de nosso pai!"

⁵ Então Moisés apresentou a causa diante do SENHOR. ⁶ E o SENHOR disse a Moisés: ⁷ "As filhas de Salfaad falam corretamente. Por certo, tu lhes darás uma propriedade de herança no meio dos irmãos do pai delas e passarás para elas a herança de seu pai. ⁸ E falarás para os filhos de Israel: 'Se um homem morrer e não tiver um filho, passareis a herança dele para sua filha! ⁹ Caso não tenha uma filha, dareis a herança dele ao irmão dele! ¹⁰ Caso não tenha irmãos, dareis a herança dele aos irmãos do pai dele! ¹¹ Caso não existam irmãos do pai dele, dareis a herança dele a um remanescente mais próximo dele, que é de seu clã, para que a possua em herança!'" Aos filhos de Israel, isso se tornou um estatuto de direito, conforme o SENHOR ordenara a Moisés.

Moisés substituído por Josué

¹² O SENHOR disse a Moisés: "Sobe a este monte de Abarim! Vê a terra que dei aos filhos de Israel! ¹³ Tu a verás e também serás reunido a teu povo, como Aarão, teu irmão, foi reunido. ¹⁴ Pois, na contenda da comu-

---

27,1-11 No censo do clã de Manassés, o texto já indicava que Salfaad não havia deixado filhos, mas somente filhas, o que prenuncia o tema do direito das mulheres à herança. Ainda que Jó 42,15 indique a participação das filhas na divisão da herança, o que já aparece em leis do antigo Oriente Próximo do segundo e terceiro milênios, vários textos bíblicos testemunham o contrário (Dt 21,15-17; 25,5-10). No caso de falecimento sem descendentes homens, as terras iriam para o parente mais próximo do sexo masculino (Lv 25,48-49), garantindo que as terras não saíssem da posse da família. Assim, é possível compreender como o texto ressalta a coragem das filhas de Salfaad (Maala, Noa, Hegla, Melca e Tersa) ao reclamarem participação nos bens do pai. Como a morte de Salfaad não havia sido considerada um castigo por ofensa grave, já que ele não havia participado da rebelião de Coré (Nm 16–17), suas terras não podiam ser confiscadas de sua família. A decisão divina é em favor das mulheres. Contudo, uma questão fica em aberto, uma vez que, se elas casassem com alguém de outra tribo, a terra sairia do clã de Manassés. Dessa forma, o problema volta a ser discutido em Nm 36,1-12.

27,12-23 No conjunto do Pentateuco, Moisés tem um relacionamento privilegiado com Deus (Ex 33,11; Nm 12,6-8), mas é solidário com os israelitas, mesmo diante da proposta divina de construir um novo povo a partir dele (Ex 32,32; Nm 14,12.17-19). Assim, também sua sorte será a mesma dos filhos de Israel: morrer no deserto e não entrar na terra prometida.

NÚMEROS 27–28

nidade no deserto de Zin, fostes rebeldes à minha ordem, em vez de, por meio das águas, santificar-me diante dos olhos deles". Essas foram as águas da contenda de Cades, no deserto de Zin.

¹⁵ Moisés, porém, falou ao SENHOR: ¹⁶ "Que o SENHOR, Deus dos espíritos de toda carne, estabeleça um homem sobre a comunidade ¹⁷ que saia e entre à frente deles, que os faça sair e entrar! Então a comunidade do SENHOR não será como gado pequeno que não tem pastor". ¹⁸ O SENHOR disse a Moisés: "Toma para ti Josué, filho de Nun, um homem no qual há espírito, e apoia tua mão sobre ele! ¹⁹ Põe-no em pé diante do sacerdote Eleazar e diante de toda a comunidade! Aos olhos deles, lhe darás ordens. ²⁰ Concederás a ele parte de teu esplendor, a fim de que toda a comunidade dos filhos de Israel o escute. ²¹ Ele se porá em pé diante do sacerdote Eleazar, o qual, por ele, irá consultar diante do SENHOR segundo o juízo dos urim. Conforme a ordem dele, sairão e, conforme a ordem dele, entrarão, ele e todos os filhos de Israel com ele, toda a comunidade".

²² Moisés agiu conforme o SENHOR lhe ordenara. Tomou Josué e o pôs em pé diante do sacerdote Eleazar e diante de toda a comunidade. ²³ Apoiou suas mãos sobre ele e lhe deu ordens conforme o SENHOR falara por meio de Moisés.

DISPOSIÇÕES SOBRE SACRIFÍCIOS E FESTAS

Sacrifícios diários

28 ¹ O SENHOR falou a Moisés: ² "Ordena aos filhos de Israel e ize-lhes: 'Tereis cuidado com minha oferenda, meu alimento, como sacrifício queimado de perfume de alívio, para apresentá-lo a mim em seu prazo'.

O texto de sua sucessão por Josué, contudo, não dá ao castigo de Moisés uma dimensão coletiva, mas entende-o como uma retribuição individual, pelo pecado em Massa e Meriba (Nm 20,12). Josué, que já ocupa uma posição particular como servidor de Moisés na tenda do encontro (Ex 33,11), foi sinalizado por Deus como uma garantia do cumprimento da promessa da terra, já que, da geração antiga, somente ele e Caleb tomarão posse dela (Nm 14,30). Assim como Eleazar substituiu Aarão na missão do sacerdócio (Nm 20,27-28), sendo revestido com o traje sacerdotal de seu pai, Josué substitui Moisés na condução do povo, recebendo o poder com a imposição das mãos sobre ele (v. 23). No contexto da descrição da nova geração feita em Nm 26–27, a colocação de Josué no lugar de Moisés indica que os israelitas que entrarão na terra contarão com a mesma autoridade e mediação que seu antigo líder tinha junto ao Senhor.

28,1-8 Nm 28 e 29 apresentam uma série de prescrições sobre os ritos a serem celebrados durante o ano, projetando como seria a vida cultual de Israel quando estivesse assentado na terra prometida. Os sacrifícios tinham grande importância para os povos da época, já que a crença de que Deus habitava acima do firmamento tornava o sacrifício o caminho privilegiado de comunicação com Deus: o animal sacrificado constituía um sinal do reconhecimento da bondade do Senhor na terra, subindo ao céu como odor agradável e servindo para a expiação dos pecados.

NÚMEROS 28

3 E lhes dirás: 'Este é o sacrifício queimado que apresentareis ao SENHOR: dois cordeiros de um ano, sem defeito, dois por dia como holocausto contínuo. **4** Um cordeiro prepararás pela manhã e o segundo cordeiro prepararás ao entardecer, **5** com um décimo do efá de flor de farinha como oferta, amassada em um quarto de hin de azeite refinado. **6** É um holocausto contínuo, que foi feito no monte Sinai como perfume de alívio, um sacrifício queimado para o SENHOR. **7** E sua libação será a quarta parte de um hin para cada cordeiro. Derramarás a libação no santuário como bebida embriagante. **8** Ao entardecer, prepararás o segundo cordeiro. Como a oferta da manhã e como a libação dele o prepararás. Será um sacrifício queimado de perfume de alívio ao SENHOR.

Sacrifício do sábado e da lua nova

9 No dia de sábado, serão dois cordeiros de um ano, sem defeito, e, como oferta, dois décimos de flor de farinha amassada em azeite e a libação dele. **10** Será um holocausto de sábado em cada sábado, junto com o holocausto contínuo e com a libação dele.

Assim, tornava o povo merecedor das bênçãos divinas. Chama a atenção que as normas sobre ritos são repetidas em Números, uma vez que aparecem em outros lugares no Pentateuco. Os holocaustos diários já haviam sido mencionados em Ex 29,38-41; os diferentes tipos de sacrifício são descritos com detalhes em Lv 1–7; Lv 23 se ocupa das festas sagradas e das ofertas de animais correspondentes a elas; Nm 15,1-16 fala das oblações que devem acompanhar os sacrifícios. Essa insistência nas normas para os sacrifícios visa à organização teológica do livro. Os primeiros capítulos de Números (Nm 2–4), ao narrarem a disposição da arca e das tribos, criam uma ordem espacial que mantém a santidade do acampamento e que garante o sucesso da investida contra o deserto. Nm 28–29 coligam os sacrifícios aos dias do ano, estruturando uma ordem temporal, no formato de um calendário litúrgico que mantém a santidade da geração da conquista. O interesse central desses textos é demarcar as obrigações dos sacerdotes, que devem agir em nome da nação para manter a comunicação com o Senhor, já que a ordem dos sacrifícios é dada "aos filhos de Israel" (v. 2). Também são uma garantia de que a promessa, mantida com a eleição de Josué como sucessor de Moisés (Nm 27,12-23), será cumprida por ocasião da entrada na terra. É impressionante a quantidade de novilhos, carneiros e ovelhas sacrificados em um ano, somando as ofertas das festas anuais a partir do texto de Nm 28–29: mais de mil e duzentos animais, bem como uma tonelada de farinha e mil garrafões de óleo e vinho oferecidos. Esse alto montante de animais e frutos funciona como uma antecipação da fartura que os israelitas viverão a partir da entrada na terra de Canaã.

28,9-15 Após os sacrifícios ordinários, o texto começa a especificar o comportamento cultual em dias festivos e solenes, iniciando com os sacrifícios sabáticos e referentes à lua nova. O número de animais para os sacrifícios aparece no formato de uma ampliação gradativa e cumulativa: nunca se deixa de fazer o que é previsto nos ritos ordinários, aumentando-se sempre os sacrifícios em dias festivos e solenes. No sacrifício sabático, oferecem-se a mais o holocausto de dois cordeiros (v. 9), ou seja, o dobro dos sacrifícios diários ordinários (Nm 28,1-8), lembrando que se trata do sábado, o dia do Senhor (Gn 2,3; Ex 20,11; 31,17). Os versículos 11-15 prescrevem os sacrifícios de dois novilhos, um carneiro e sete cordeiros para o início dos meses, ou seja, em número superior às ofertas diárias e do sábado, o que aumenta, proporcionalmente, a quantidade de grãos e libações oferecidas.

358

NÚMEROS 28

11 No início de vossos meses, apresentareis um holocausto ao SENHOR: dois novilhos filhotes do gado grande, um carneiro e sete cordeiros de um ano, sem defeito. **12** Para cada novilho, uma oferta de três décimos de flor de farinha amassada em azeite. E, para cada carneiro, uma oferta de dois décimos de flor de farinha amassada em azeite. **13** Para cada cordeiro, a oferta de um décimo de flor de farinha amassada em azeite. Será um holocausto de perfume de alívio, um sacrifício queimado para o SENHOR. **14** Quanto às libações pertencentes a eles, será, em vinho, a metade de um hin por novilho, um terço de hin por carneiro e um quarto de hin por cordeiro. No tocante aos meses do ano, esse será o holocausto mês por mês. **15** E, junto com o holocausto contínuo e com a libação pertencente a ele, prepararás um bode para o sacrifício pelo pecado para o SENHOR.

Páscoa

16 No primeiro mês, aos catorze dias do mês, é a Páscoa do SENHOR. **17** E no dia quinze desse mês é festa. Durante sete dias, serão comidos pães ázimos. **18** No primeiro dia, haverá uma convocação santa para vós. Não fareis nenhum trabalho servil. **19** Apresentareis um sacrifício queimado como holocausto ao SENHOR: dois novilhos filhotes do gado grande, um carneiro e sete cordeiros de um ano. Sem defeito vos serão. **20** Como oferta de manjares referente a eles, preparareis para cada novilho três décimos de flor de farinha amassada em azeite e para o carneiro dois décimos. **21** Um décimo prepararás para cada um dos sete cordeiros.

Como o calendário do antigo Israel é lunar, trata-se da festa da lua nova. Simbologias ligadas à lua aparecem relacionadas ao dia do Senhor, como o eclipse (Is 13,10; Ez 32,7), como quando ela assume a cor de sangue (Jl 2,31) ou como, nos tempos messiânicos, ela terá um brilho sem igual (Is 30,26). A festa por ocasião da lua nova é importante e motivo de grande celebração no santuário (Sl 81,4; Is 66,23; Ez 46,3), mas também comemorada em família (1Sm 20,5-6.18.24), de forma que nem o comércio pode ser realizado nesse dia (Am 8,5).

28,16-25 Depois de tratar das celebrações periódicas ligadas aos sábados e ao início dos meses (Nm 28,9-15), parte-se para sacrifícios ligados a festas anuais, iniciando com a Páscoa, que recorda a preparação para a saída do Egito (Ex 12,1-28). O texto de Nm 9,2-14 já havia estipulado os requisitos ligados à pureza necessários para a liturgia da Páscoa. Aqui, o texto inicia-se lembrando a data em que ela deve ser celebrada: duas semanas após o início do ano, na curta primavera de Canaã. Essa datação entrevê um calendário litúrgico organizado a partir da vida não de nômades peregrinos no deserto, mas sim de um povo sedentarizado e agrícola. Trata-se do início da colheita, quando se passa da carência para a fartura. Mesmo assim, os israelitas devem comer pães ázimos lembrando a dura preparação para a saída do Egito e a alegria da grande libertação da escravidão. Além do mais, devem ofertar um bode pelo pecado, como sinal da purificação: o pecado mancha a santidade do acampamento, e o sangue do animal ofertado purifica a impureza causada pela infidelidade. Enquanto o livro de Levítico (Lv 23,5-8) reforça a assembleia santa e a abstenção de obra servil, Números dá mais peso ao sistema sacrificial da celebração, assim como acontece na totalidade de Nm 28–29. Os sacrifícios que foram previstos para o primeiro dia do mês devem ser repetidos por sete dias, reforçando a solenidade da Páscoa.

NÚMEROS 28–29

²² E um bode para o sacrifício pelo pecado, a fim de fazer a expiação por vós. ²³ Preparareis isso além do holocausto da manhã, que é o holocausto contínuo. ²⁴ Durante sete dias, preparareis isso diariamente como alimento, como sacrifício queimado de perfume de alívio ao SENHOR. Junto ao holocausto contínuo o prepararás, com a libação referente a ele. ²⁵ No sétimo dia, haverá uma convocação santa para vós. Não fareis nenhum trabalho servil.

Festa das semanas ou Pentecostes

²⁶ No dia das primícias, quando em vossa festa das semanas apresentardes uma oferta nova ao SENHOR, haverá uma convocação santa para vós; não fareis nenhum trabalho servil. ²⁷ Apresentareis um holocausto de perfume de alívio ao SENHOR: dois novilhos filhotes do gado grande, um carneiro e sete cordeiros de um ano. ²⁸ A oferta referente a eles será flor de farinha amassada em azeite: três décimos para cada novilho, dois décimos para cada carneiro ²⁹ e um décimo para cada um dos sete cordeiros. ³⁰ E um bode para fazer a expiação por vós. ³¹ Preparareis isso além do holocausto contínuo e da oferta referente a ele, com as libações que lhes pertencem. Sem defeito vos serão.

Festa das aclamações

29¹ No sétimo mês, no primeiro do mês, haverá uma convocação santa para vós. Não fareis nenhum trabalho servil. Será um dia de aclamação para vós. ² Preparareis um holocausto de perfume de alívio ao SENHOR: um novilho filhote do gado grande, um carneiro e sete cordeiros de um ano, sem defeito. ³ A oferta de manjares referente a eles

---

28,26-31 Seguindo o calendário agrícola, no final da colheita e da debulha dos grãos, celebra-se a festa das semanas (Ex 23,16; Lv 23,15-21; Dt 16,9-12). Por acontecer sete semanas (cinquenta dias) após a festa dos pães ázimos, a festa das semanas será posteriormente conhecida, em grego, como Pentecostes ("quinquagésimo" em grego). Após o trabalho duro da semeadura, colheita e debulha dos grãos, o calendário cultual de Israel pede uma festa para agradecimento e oferecimento das primícias, que sobem aos céus, em forma de fumaça, como odor agradável a Deus (v. 27).

29,1-6 Chegando à metade do ano, o calendário litúrgico de Israel supõe a festa das aclamações, celebrada no sétimo mês, Etanim (1Rs 8,2), que em hebraico significa "duradouro". O número sete é significativo e aparece continuamente como um marcador das festas. Celebrava-se o sábado a cada sete dias na semana; havia sete dias do ano em que o trabalho era proibido (Nm 28,18.25.26; 29,1.7.12.35); o sétimo mês era santificado por três grandes festas, a convocação no primeiro dia do mês, o dia da expiação e a festa das cabanas, que era a maior; a cada sete anos, os escravos eram libertados, a terra descansava do plantio e as dívidas eram perdoadas (Ex 23,10-11; Dt 15,1-18); finalmente, depois de quarenta e nove anos (sete vezes sete), no quinquagésimo, as terras vendidas voltavam a seus donos originais (Lv 25). Além do mais, muitos animais ofertados em sacrifício aparecem em números múltiplos de sete. Dessa forma, é de esperar que o sétimo mês seja especial na organização das festas que coligam os seres humanos ao Senhor.

será flor de farinha amassada em azeite: três décimos para o novilho, dois décimos para o carneiro **4** e um décimo para cada um dos sete cordeiros. **5** E, para fazer a expiação por vós, um bode para o sacrifício pelo pecado, **6** além do holocausto do mês, com a oferta de manjares pertencente a ele, e do holocausto contínuo, com a oferta pertencente a ele, e das libações referentes a eles, conforme o direito em relação a eles, como perfume de alívio, sacrifício queimado ao SENHOR.

Dia das expiações

7 No décimo dia desse sétimo mês, haverá uma convocação santa para vós. Curvareis vossas almas e não fareis nenhum trabalho. **8** Apresentareis um holocausto de perfume de alívio ao SENHOR: um novilho filhote do gado grande, um carneiro e sete cordeiros de um ano. Sem defeito vos serão. **9** A oferta de manjares pertencente a eles será flor de farinha amassada em azeite: três décimos para o novilho, dois décimos para o carneiro **10** e um décimo para cada um dos sete cordeiros. **11** E, além do sacrifício pelo pecado do rito da expiação e do holocausto contínuo, da oferta de manjares pertencente a ele e das libações referentes a eles, um bode para o sacrifício pelo pecado.

Festa das cabanas

12 No décimo quinto dia do sétimo mês, haverá uma convocação santa para vós. Não fareis nenhum trabalho servil. Celebrareis uma festa

---

Isso também se explica pelo pareamento da liturgia com o trabalho agrícola, já que se trata do tempo de baixa demanda de tarefas do campo e, consequentemente, de maior descanso, dando espaço para as celebrações. A colheita está terminada, e espera-se que passe o verão do hemisfério norte (de abril a outubro), caracterizado por poucas chuvas. A liturgia de aclamação é marcada pela alegria e pelo reconhecimento de que os dons recebidos (a colheita já realizada) vêm do Senhor, além de servir como preparação para que venham as primeiras chuvas em outubro e para que o campo seja fértil na próxima colheita.

29,7-11 As festas do sétimo mês estão conectadas entre si de maneira gradativa e pedagógica. O primeiro passo é a alegria e o reconhecimento dos dons recebidos por Deus, já entrevendo a colheita seguinte (Nm 29,1-6). Como preparativo para a próxima semeadura, propõe-se o dia das expiações (Lv 16; 23,27-32), que constitui um momento para que cada israelita reflita sobre suas ações e demonstre arrependimento, "curvando suas almas" (v. 7). Dessa forma, não impediriam uma nova doação de bênçãos por meio quer das primeiras chuvas em outubro e das últimas em abril, quer da fertilidade do solo e dos animais, quer de uma colheita abundante.

29,12–30,1 No sétimo mês, depois de alegrar-se pelas bênçãos recebidas (Nm 29,1-6) e demonstrar o arrependimento na liturgia de expiação de pecados (Nm 29,7-11), o povo contempla sua vida à luz dos ancestrais na festa das cabanas (Lv 23,33-36.39-44; Dt 16,13-15). Durante a festa, os israelitas viviam em cabanas para recordar o sofrimento vivido no deserto, reconhecendo que o presente era próspero, fruto da ação benevolente de Deus. Provavelmente, trata-se de um momento de renovação da aliança, lembrança da lei (Dt 31,10-13) e súplica pelas chuvas. No texto de Números sobre a festa das cabanas, a quantidade de holocaustos e oferendas é muito maior que nos outros dias solenes e festivos, o que representa a gratidão pela colheita.

NÚMEROS 29

de sete dias ao SENHOR. **13** Apresentareis um holocausto, um sacrifício queimado, perfume de alívio ao SENHOR: treze novilhos filhotes do gado grande, dois carneiros e catorze cordeiros de um ano, sem defeito. **14** A oferta de manjares referente a eles será flor de farinha amassada em azeite: três décimos para cada um dos treze novilhos, dois décimos para cada um dos dois carneiros **15** e um décimo para cada um dos catorze cordeiros. **16** E um bode para o sacrifício pelo pecado, além do holocausto contínuo, da oferta de manjares e da libação referentes a ele.

17 No segundo dia sejam doze novilhos filhotes do gado grande, dois carneiros e catorze cordeiros de um ano, sem defeito. **18** A oferta de manjares e as libações pertencentes a eles, para os novilhos, para os carneiros e para os cordeiros, conforme o direito, sejam segundo o número deles. **19** E um bode para o sacrifício pelo pecado, além do holocausto contínuo, da oferta de manjares e das libações pertencentes a eles.

20 No terceiro dia sejam onze novilhos, dois carneiros e catorze cordeiros de um ano, sem defeito. **21** A oferta de manjares e as libações pertencentes a eles, para os novilhos, para os carneiros e para os cordeiros, conforme o direito, sejam segundo o número deles. **22** E um bode para o sacrifício pelo pecado, além do holocausto contínuo, da oferta de manjares e da libação pertencentes a ele.

23 No quarto dia sejam dez novilhos, dois carneiros e catorze cordeiros de um ano, sem defeito. **24** A oferta de manjares e as libações pertencentes a eles, para os novilhos, para os carneiros e para os cordeiros, conforme o direito, sejam segundo o número deles. **25** E um bode para o sacrifício pelo pecado, além do holocausto contínuo, da oferta de manjares e da libação pertencentes a ele.

26 No quinto dia sejam nove novilhos, dois carneiros e catorze cordeiros de um ano, sem defeito. **27** A oferta de manjares e as libações pertencentes a eles, para os novilhos, para os carneiros e para os cordeiros, conforme o direito, sejam segundo o número deles. **28** E um bode para o sacrifício pelo pecado, além do holocausto contínuo, da oferta de manjares e da libação pertencentes a ele.

29 No sexto dia sejam oito novilhos, dois carneiros e catorze cordeiros de um ano, sem defeito. **30** A oferta de manjares e as libações pertencentes a eles, para os novilhos, para os carneiros e para os cordeiros, conforme o direito, sejam segundo o número deles. **31** E um bode para o sacrifício pelo pecado, além do holocausto contínuo, da oferta de manjares e das libações pertencentes a ele.

32 No sétimo dia sejam sete novilhos, dois carneiros e catorze cordeiros de um ano, sem defeito. **33** A oferta de manjares e as libações pertencentes a eles, para os novilhos, para os carneiros e para os cordeiros, conforme o direito, sejam segundo o número deles. **34** E um bode para o sacrifício pelo pecado, além do holocausto contínuo, da oferta de manjares e da libação pertencentes a ele.

NÚMEROS 29–30

35 No oitavo dia haverá uma reunião solene para vós. Não fareis nenhum trabalho servil. **36** Apresentareis ao SENHOR um holocausto, um sacrifício queimado como perfume de alívio: um novilho, um carneiro e sete cordeiros de um ano, sem defeito. **37** A oferta de manjares e as libações pertencentes a eles, para o novilho, para o carneiro e para os cordeiros, conforme o direito, sejam segundo o número deles. **38** E um bode para o sacrifício pelo pecado, além do holocausto contínuo, da oferta de manjares e da libação pertencentes a ele.

39 Isso preparareis ao SENHOR em vossos encontros solenes, além de vossos votos e vossas ofertas voluntárias, de vossos holocaustos, vossas ofertas de manjares, vossas libações e dos sacrifícios de comunhão'".

30

1 Moisés disse tudo aos filhos de Israel, conforme o SENHOR lhe tinha ordenado.

Leis sobre os votos

2 Moisés falou aos líderes das tribos dos filhos de Israel: "É esta a palavra que o SENHOR ordenou:

3 Se um homem fizer um voto ao SENHOR ou fizer um juramento, para, junto com sua alma, comprometer-se, não profanará sua palavra. Agirá conforme tudo que saiu de sua boca.

4 Se uma mulher, em sua juventude, fizer um voto ao SENHOR e se comprometer na casa de seu pai, **5** se seu pai escutar o voto dela e o compromisso dela com o qual, junto à sua alma, se comprometeu, e se o pai dela se fizer de surdo para ela, todos os votos dela serão válidos e válido será todo compromisso com o qual, junto à sua alma, se comprometeu. **6** Caso o pai dela, porém, no dia em que o escutou, tenha desaprovado o juramento dela ou o compromisso com o qual, junto à sua alma, se comprometeu, então não são válidos. O SENHOR a perdoará, porque o pai dela a desaprovou.

30,2-17 Os textos anteriores à legislação sobre os votos falam sobre as festas cultuais em Israel (Nm 28–29). São momentos de grande apelo popular e, por sua conexão com as demandas da agricultura, envolvem frequentemente pedidos relacionados às chuvas e à fertilidade das mulheres, do solo e dos animais. Para a piedade popular da época, era comum que nesse tipo de rituais fossem feitas ofertas populares e votos, na forma de promessas (Nm 28,39; 1Sm 1). Ao mesmo tempo, em muitos casos essas promessas não eram cumpridas quando a situação já não era mais adversa (Ecl 5,4). Por isso, há aqui a inserção de leis concretas sobre os votos, aplicáveis a demandas cotidianas. Não ser fiel à uma promessa feita seria trazer a impureza para a comunidade santa que se preparava para tomar a terra prometida. Nesse caso, o texto indica que uma mulher não podia fazer votos que envolvessem bens externos a ela, já que, se solteira, pertenciam ao pai e, se casada, ao marido. As mulheres enviuvadas ou repudiadas estavam em condições de responsabilidade semelhantes aos homens quanto a seus bens. Apesar de o texto tratar dos votos feitos por mulheres, sua função é orientar os homens sobre sua responsabilidade neles.

NÚMEROS 30–31

7 Caso ela, de fato, pertença a um homem, os votos dela ou uma promessa irrefletida dos lábios dela, com a qual junto à sua alma se comprometeu, estarão sobre ela. **8** Caso o marido dela escute isso e, no dia em que ele escutar, se faça de surdo em relação a ela, os votos dela serão válidos e válido será o compromisso com o qual, junto à sua alma, se comprometeu. **9** Caso, porém, no dia em que escutar isso o marido dela a desaprove, o voto dela, que está junto a ela, estará anulado, assim como a promessa irrefletida dos lábios dela com a qual, junto à sua alma, se comprometeu. O Senhor, então, a perdoará.

10 O voto de uma viúva ou de uma repudiada, tudo com que, junto à sua alma, se comprometeu abster-se, estará válido junto a ela. **11** Caso ela, na casa de seu marido, tenha feito um voto ou, junto à sua alma, tenha se comprometido por um juramento, **12** e o marido dela o tenha escutado e se tenha feito de surdo em relação a ela, sem que a desaprovasse, então todos os votos dela estão válidos e válido está todo o compromisso com o qual, junto à sua alma, se comprometeu. **13** Contudo, caso o marido dela, no dia em que escutou, realmente os tenha anulado, tudo o que saiu dos lábios dela referente a seus votos e à abstinência de sua alma é inválido. O marido dela os anulou, e o Senhor a perdoará.

14 Todo voto e juramento de um compromisso para curvar a alma, o marido dela poderá validá-lo e o marido dela poderá anulá-lo. **15** Caso, porém, o marido dela, de fato, em relação a ela, de um dia para o outro, se faça de surdo, tornará válido todos os votos dela ou todos os compromissos que estão junto dela. Tornou-os válidos, porque, no dia em que os escutou, fez-se de surdo. **16** Caso os anule, de fato, bem depois de ter escutado isso, carregará a culpa dela".

17 Esses são os estatutos que o Senhor ordenou a Moisés referentes a um homem e à mulher dele, a um pai e à filha dele que, na juventude dela, está na casa do pai dela.

DESPOJOS DE GUERRA E PARTILHA

Guerra contra Madiã

31
1 O Senhor falou a Moisés: **2** "Executa a vingança dos filhos de Israel nos madianitas! Depois serás reunido a teu povo".

31,1-24 Antes do segundo censo (Nm 26), Nm 25 narra a última ação da antiga geração, que é enganada pelas mulheres moabitas e passa a idolatrar Baal-Fegor. O texto termina com uma advertência a Moisés para que destrua os madianitas (Nm 25,16-18), já que os moabitas eram um grupo menor que formava parte de uma confederação de tribos de Madiã. Em Nm 31, narra-se a primeira ação militar da nova geração, que, cumprindo o pedido anterior feito a Moisés, mostra sua obediência ao apelo do Senhor. A presença de Fineias, filho do sumo sacerdote, carregando utensílios do santuário e a trombeta (v. 6) é significativa, pois dá natureza litúrgica à batalha, que ganha os traços de uma guerra santa.

NÚMEROS 31

³ Moisés, então, falou ao povo: "Armai homens dentre vós para o combate, a fim de que estejam contra Madiã, para proporcionar a Madiã a vingança do SENHOR! ⁴ De todas as tribos de Israel, enviareis ao exército mil de cada tribo".

⁵ Mobilizaram, então, dentre os milhares de Israel, mil de cada tribo, doze mil armados para o exército. ⁶ E Moisés os enviou ao combate, mil de cada tribo: eles e Fineias, o filho do sacerdote Eleazar, com os utensílios do santuário e as trombetas da aclamação em sua mão.

⁷ Foram ao combate contra Madiã, conforme o SENHOR ordenara a Moisés, e mataram todo varão. ⁸ Junto aos traspassados deles, mataram os reis de Madiã: Evi, Recém, Zur, Hur e Rebe, cinco reis de Madiã. E, à espada, mataram Balaão, o filho de Beor. ⁹ E os filhos de Israel levaram cativas as mulheres de Madiã e as crianças deles. Saquearam todos os animais deles, todo o gado deles e toda a riqueza deles. ¹⁰ Nas residências deles, queimaram com fogo todas as suas cidades e todos os seus acampamentos. ¹¹ Tomaram todo despojo e toda presa entre ser humano e animal, ¹² e trouxeram os prisioneiros, a presa e o despojo a Moisés, ao sacerdote Eleazar e à comunidade dos filhos de Israel para o acampamento nas estepes de Moab, junto ao Jordão, na altura de Jericó.

¹³ Moisés, o sacerdote Eleazar e todos os chefes da comunidade saíram ao encontro deles fora do acampamento. ¹⁴ Moisés se irritou com os oficiais da tropa, comandantes de mil e comandantes de cem, que vinham do combate de guerra. ¹⁵ E Moisés lhes disse: "Deixastes viver toda mulher? ¹⁶ Eis que, no caso de Fegor, elas, pela palavra de Balaão, tornaram-se causa de traição do SENHOR para os filhos de Israel. E ocorreu a praga na comunidade do SENHOR. ¹⁷ Agora matai dentre as crianças todo varão! E matai toda mulher que conheceu um homem pelo ato de deitar-se com o varão! ¹⁸ Deixai viver para vós todas as meninas entre as mulheres, porém, que não conheceram um varão pelo ato de deitar-se! ¹⁹ E, vós, acampai fora do acampamento durante sete dias: todo aquele que matou uma pessoa e todo aquele que tocou em um traspassado! No terceiro dia e no sétimo dia, vós e vossos prisioneiros, purificai-vos! ²⁰ E purificareis toda veste, todo utensílio de couro, toda peça de crinas de cabra e todo utensílio de madeira".

É importante dizer que a guerra santa não é um paradigma para o Antigo Testamento, mas está ligada fundamentalmente à conquista de Canaã, como um sinal do poder de Deus na concepção de povos antigos, que liam suas empreitadas militares na ótica teológica. Por isso, os guerreiros são tratados como impuros e precisam do ritual da água lustral para se purificarem, não podendo entrar no acampamento, sob o risco de profaná-lo. No texto, toda impureza deve ser tratada com veemência; até mesmo Balaão, que tinha agido como profeta do Senhor (Nm 22–24), deve, por incitar a idolatria, ser condenado como qualquer outro madianita. Da mesma forma, todas as mulheres que tiveram relações com madianitas devem ser exterminadas, assim como todo menino, considerado um potencial guerreiro. O foco do texto não está na guerra em si, mas nos critérios para a partilha dos despojos, que, por refletir a distribuição da terra de Canaã que acontecerá na conquista, será um tema recorrente nos capítulos seguintes.

NÚMEROS 31

²¹ O sacerdote Eleazar disse aos homens da tropa que vinham da guerra: "Este é o estatuto da lei que o SENHOR ordenou a Moisés. ²² Apenas o ouro, a prata, o bronze, o ferro, o estanho e o chumbo, ²³ toda coisa que entra no fogo, fareis passar pelo fogo e será pura. Contudo, tu o purificarás com água lustral. E tudo o que não entra no fogo, fareis passar pela água. ²⁴ No sétimo dia, lavareis vossas vestes, e elas ficarão puras. Depois entrareis no acampamento".

Partilha dos despojos de guerra

²⁵ O SENHOR disse a Moisés: ²⁶ "Tu, junto com o sacerdote Eleazar e com os líderes das casas paternas da comunidade, levanta a soma da presa dos prisioneiros entre ser humano e gado! ²⁷ Dividirás a presa em duas partes entre os soldados da guerra que saíram para o combate e toda a comunidade. ²⁸ Tirarás um tributo para o SENHOR junto aos homens da guerra que saíram para o combate: um de cada quinhentos, seja dos seres humanos, seja do gado grande, dos jumentos ou do gado pequeno. ²⁹ Da metade deles tomarás e, como oferta elevada ao SENHOR, darás ao sacerdote Eleazar. ³⁰ Da metade dos filhos de Israel tomarás um de cinquenta, seja dos seres humanos, seja dos bois, dos jumentos ou das ovelhas dentre todo o gado, e os darás aos levitas, que cuidam da vigilância da morada do SENHOR".

³¹ Moisés e o sacerdote Eleazar fizeram conforme o SENHOR ordenara a Moisés. ³² A presa, a parte restante do saque que o povo da tropa havia saqueado, foram seiscentos e setenta e cinco mil cabeças de gado pequeno. ³³ O gado grande foi setenta e dois mil. ³⁴ Os jumentos foram sessenta e um mil. ³⁵ Quanto ao ser humano, das mulheres que não conheciam um varão pelo ato de deitar-se com ele, o total foi de trinta e duas mil. ³⁶ A metade da porção dos que saíram com a tropa, o número de ovelhas, foi de trezentos e trinta e sete mil e quinhentos. ³⁷ O tributo para o SENHOR dentre as ovelhas foi de seiscentos e setenta e cinco. ³⁸ Os bois eram trinta e seis mil. O tributo deles para o SENHOR foi de setenta e dois. ³⁹ Os jumentos foram trinta mil e quinhentos. O tributo deles para o SENHOR foi de sessenta e um. ⁴⁰ As almas dos seres humanos foram dezesseis mil. O tributo delas para o SENHOR foi de trinta e duas

---

31,25-47 O texto mostra a abundância dos despojos de guerra: são mais de oitocentos mil animais, trinta e duas mil virgens, além de milhares de moedas de ouro. Além do mais, estabelece uma proporcionalidade que atende às necessidades do povo, dos sacerdotes, dos levitas e do serviço do santuário. O texto é um reflexo da distribuição da terra prometida às tribos e reforça que, para sacerdotes e levitas, é necessário um tratamento especial. Eles não participarão da distribuição de terras, já que o serviço em função do santuário é sua herança (Nm 18,20.23), portanto, precisam que seu sustento seja garantido. A insistência no tributo dado ao Senhor (v. 28) é um lembrete constante de que a vitória não é conquistada senão pela força divina.

NÚMEROS 31–32

almas. **41** Então Moisés deu o tributo como oferta elevada do SENHOR ao sacerdote Eleazar, conforme o SENHOR ordenara a Moisés.

42 Da metade pertencente aos filhos de Israel, que Moisés repartira dos homens combatentes, **43** portanto, da metade pertencente à comunidade – as ovelhas eram trezentas e trinta e sete mil e quinhentas, **44** os bois eram trinta e seis mil, **45** os jumentos eram trinta mil e quinhentos **46** e as almas dos seres humanos eram dezesseis mil –, **47** dessa metade pertencente aos filhos de Israel, Moisés tomou uma unidade de cinquenta seres humanos e de animais, um de cada cinquenta, e os deu aos levitas, que cuidavam da vigilância da morada do SENHOR, conforme o SENHOR ordenara a Moisés.

Oferta dos oficiais

48 E os oficiais se aproximaram de Moisés, encarregados dos milhares do exército: comandantes de mil e comandantes de cem. **49** Disseram a Moisés: "Teus servos levantaram a soma dos homens de guerra que estavam em nossas mãos; não faltou nenhum de nós. **50** Queremos apresentar a oferta do SENHOR, cada um o que encontrou de utensílio de ouro: bracelete, pulseira, anel, brinco e colar, para, diante do SENHOR, fazer a expiação por nossas almas". **51** Então Moisés e o sacerdote Eleazar tomaram o ouro deles, todos os utensílios de artesanato. **52** Todo o ouro da oferta elevada, que elevaram ao SENHOR, era dezesseis mil setecentos e cinquenta siclos, da parte dos comandantes de mil e dos comandantes de cem. **53** Os homens do exército tinham saqueado cada um para si. **54** Moisés e o sacerdote Eleazar tomaram o ouro dos comandantes de mil e de cem e trouxeram-no à tenda do encontro para, diante do SENHOR, ser um memorial para os filhos de Israel.

Tribos que se instalam na Transjordânia

32

1 O gado dos filhos de Rúben e dos filhos de Gad era imenso, muito numeroso. Eles viram a terra de Jazer e a terra de Galaad.

31,48-54 Diferente da primeira geração, que perece no deserto, nenhum dos guerreiros da segunda geração morre em campo de batalha (v. 49). Isso ajuda a construir uma atmosfera positiva com relação à conquista e aumenta os contrastes entre a primeira geração recenseada (Nm 1) e a segunda (Nm 26). A grandiosa vitória militar contra os madianitas, seguida por uma generosa oferta dos oficiais militares, de certa forma, reverte as catástrofes que aconteceram com a antiga geração (Nm 14,39-45; 25,1-3). Assim como esta foi descrita como responsável pelo sustento do santuário (Nm 7) por meio de donativos das doze tribos, também a nova geração apresenta sua gratidão ao Senhor na forma de doações para a tenda do encontro.

32,1-42 As tribos de Rúben e Gad querem assentar-se na Transjordânia, em Jazer e Galaad. Trata-se dos territórios conquistados ao derrotarem os reis Seon e Og (Nm 21,21-35), que não se localizam em Canaã, mas do outro lado do rio Jordão. Dessa forma, desdobra-se o tema da partilha dos despojos de guerra iniciado em Nm 31.

367

NÚMEROS 32

Eis que o lugar era lugar de gado. **²** Então os filhos de Gad e os filhos de Rúben vieram e disseram a Moisés, ao sacerdote Eleazar e aos chefes da comunidade: **³** "Atarot, Dibon, Jazer, Nemra, Hesebon, Eleale, Sebam, Nebo e Beon, **⁴** a terra que o SENHOR golpeou diante da comunidade de Israel é uma terra de gado. E o gado pertence a teus servos". **⁵** Disseram: "Caso tenhamos encontrado graça a teus olhos, que esta terra, como propriedade, seja dada a teus servos! E não nos faças atravessar o Jordão!"

⁶ Moisés disse aos filhos de Gad e aos filhos de Rúben: "Vossos irmãos entrarão na guerra, enquanto vós habitareis aqui? **⁷** Por que desencorajais o coração dos filhos de Israel a passar para a terra que o SENHOR lhes deu? **⁸** Assim o fizeram vossos pais, quando eu os enviei de Cades Barne para ver a terra. **⁹** Subiram até a torrente de Escol, viram a terra e desencorajaram o coração dos filhos de Israel a vir à terra que o SENHOR lhes havia dado. **¹⁰** Naquele dia, acendeu-se a ira do SENHOR, e ele jurou: **¹¹** 'Estes homens que sobem do Egito, de vinte anos para cima, jamais verão o solo que jurei a Abraão, a Isaac e a Jacó, porque não me seguiram, **¹²** com exceção de Caleb, filho do cenezeu Jefoné, e de Josué, filho de Nun, pois eles seguiram o SENHOR'. **¹³** Então se acendeu a ira do SENHOR contra Israel. Quarenta anos, ele os fez vagarem pelo deserto, até acabar com toda a geração que, aos olhos do SENHOR, fez o mal. **¹⁴** Eis que levantastes, em lugar de vossos pais, uma prole de homens pecadores, para acrescentar ainda mais ao ardor da ira do SENHOR para Israel. **¹⁵** Se vos desviardes dele, ele o deixará ainda mais no deserto, e vós causareis a destruição de todo este povo".

¹⁶ Achegaram-se a ele e disseram: "Queremos construir aqui redis de ovelhas para nosso rebanho e cidades para nossas crianças. **¹⁷** Nós, porém, apressados nos armaremos diante dos filhos de Israel, até que os fizermos chegar ao lugar deles. Nossas crianças, porém, habitarão em cidades fortificadas, em frente aos habitantes da terra. **¹⁸** Não voltaremos a nossas casas até os filhos de Israel tomarem posse, cada um, de sua herança. **¹⁹** Pois daí em diante não teremos uma herança com eles no

---

Contudo, acentua-se o caráter teológico da entrada na terra prometida, já que a leitura de Moisés ao pedido das duas tribos resgata o grande conflito acontecido em Cades (Nm 13–14). Ali, dez exploradores representando dez tribos difamaram a terra de Canaã, opondo-se ao projeto de conquista, defendido por Caleb e Josué, o que resultou na condenação de todo o povo. Novamente, os israelitas estão prestes a entrar na terra, e, mais uma vez, levanta-se a questão da unidade das tribos na obediência ao Senhor e no reconhecimento da realização da promessa divina. Entretanto, a reação de Rúben e Gad é oposta à dos dez exploradores de Nm 13–14: as duas tribos não estão contra a tomada da terra e, com as demais, participarão da conquista. Assim, assegura-se que a disposição interior da nova geração não é a mesma que a da primeira, de forma que, pela obediência ao plano divino, também Manassés poderá estabelecer uma parte de sua tribo na região transjordânica.

outro lado do Jordão; com efeito, nossa herança nos veio do lado oriental do Jordão".

²⁰ Moisés lhes disse: "Caso pratiqueis essa palavra e, diante do Senhor, vos armeis para a guerra, ²¹ e caso cada um de vós atravesse armado o Jordão diante do Senhor, até que ele tenha expulsado seus inimigos diante dele, ²² e caso a terra fique submetida ao Senhor e depois volteis e sejais inocentes perante o Senhor e perante Israel, então esta terra será vossa propriedade diante do Senhor. ²³ Caso, porém, não façais assim, pecareis contra o Senhor. Sabei que vosso pecado vos encontrará! ²⁴ Construí cidades para vós e para vossas crianças, redis para vossas ovelhas! Fareis o que saiu de vossa boca".

²⁵ Os filhos de Gad e os filhos de Rúben disseram a Moisés: "Teus servos agirão de acordo com o que o senhor ordena. ²⁶ Nossas crianças, nossas mulheres, nosso gado e todos os nossos animais estarão ali, nas cidades de Galaad. ²⁷ E teus servos, como um exército, atravessarão para a guerra, cada um armado diante do Senhor, conforme o Senhor falar".

²⁸ E, a respeito deles, Moisés deu ordens ao sacerdote Eleazar, a Josué, filho de Nun, e aos líderes das casas paternas das tribos dos filhos de Israel. ²⁹ Moisés lhes disse: "Caso os filhos de Gad e os filhos de Rúben convosco atravessem o Jordão, cada um, diante do Senhor, armado para a guerra, e a terra fique submetida a vós, então vós lhes dareis a terra de Galaad por propriedade. ³⁰ Caso não atravessem armados convosco, então, na terra de Canaã, terão propriedades entre vós".

³¹ Os filhos de Gad e os filhos de Rúben responderam: "Faremos o que o Senhor falou a teus servos. ³² Armados diante do Senhor, atravessaremos a terra de Canaã. E a posse de nossa herança estará conosco além do Jordão". ³³ Então Moisés lhes deu – aos filhos de Gad, aos filhos de Rúben e à meia tribo de Manassés, filho de José – o reino de Seon, rei dos amorreus, e o reino de Og, rei de Basã: a terra com suas cidades nos territórios, ou seja, as cidades da terra ao redor.

³⁴ Os filhos de Gad construíram Dibon, Atarot e Aroer, ³⁵ Atrot-Sofã, Jazer e Jogbeá, ³⁶ Bet-Nemra e Bet-Arã, cidades fortificadas e redis de ovelhas. ³⁷ Os filhos de Rúben construíram Hesebon, Eleale e Cariataim, ³⁸ Nebo e Baal-Meon, com nomes mudados, e Sabama. Enfim, deram outros nomes às cidades que construíram.

³⁹ Então os filhos de Maquir, filho de Manassés, foram rumo a Galaad e a capturaram. Expulsaram os amorreus que nela estavam. ⁴⁰ Moisés deu Galaad a Maquir, filho de Manassés, que nela habitou. ⁴¹ Então Jair, filho de Manassés, foi e capturou as aldeias dela e as chamou de Havot-Jair. ⁴² Nobá, porém, foi e capturou Canat e as vilas dela. Chamou-as por seu nome: Nobá.

NÚMEROS 33

Etapas do Egito ao Jordão

33 ¹ Estas foram as etapas dos filhos de Israel, quando, por intermédio de Moisés e Aarão, saíram, conforme suas tropas, da terra do Egito. ² Moisés escreveu as saídas deles segundo suas etapas, conforme a ordem do SENHOR. E estas são as etapas deles segundo suas saídas.

³ Partiram de Ramsés no primeiro mês, no décimo quinto dia do primeiro mês. No dia seguinte à Páscoa, os filhos de Israel saíram com mão elevada, aos olhos de todos os egípcios. ⁴ Os egípcios estavam sepultando os que o SENHOR havia golpeado entre eles, todo primogênito, quando contra os deuses deles o SENHOR executou julgamentos. ⁵ Os filhos de Israel partiram de Ramsés e acamparam em Sucot. ⁶ Partiram de Sucot e acamparam em Etam, que está no limite do deserto. ⁷ Partiram de Etam, voltaram na direção de Piairot, que está defronte a Baal-Sefon, e acamparam diante de Magdol. ⁸ Partiram de Piairot, passaram pelo meio do mar rumo ao deserto e andaram um caminho de três dias no deserto de Etam. Então acamparam em Mara. ⁹ Partiram de Mara e chegaram a Elim. Em Elim havia doze fontes de água e setenta palmeiras. Ali acamparam. ¹⁰ Partiram de Elim e acamparam junto ao mar dos Juncos. ¹¹ Partiram do mar dos Juncos e acamparam no deserto de Sin. ¹² Partiram do deserto de Sin e acamparam em Dafca. ¹³ Partiram de Dafca e acamparam em Alus. ¹⁴ Partiram de Alus e acamparam em Rafidim; ali não havia água para o povo beber. ¹⁵ Partiram de Rafidim e acamparam no deserto do Sinai.

¹⁶ Partiram do deserto do Sinai e acamparam em Cibrot-Ataava. ¹⁷ Partiram de Cibrot-Ataava e acamparam em Haserot. ¹⁸ Partiram de Haserot e acamparam em Retma. ¹⁹ Partiram de Retma e acamparam

---

33,1-49 No texto anterior, Moisés havia retomado um evento em Cades Barne para julgar o futuro das tribos a partir do assentamento em Canaã. Neste capítulo, essa técnica de memória geográfica é ampliada, de forma que se retomam quarenta estações de parada dos israelitas desde Ramsés, no Egito, até chegar às estepes de Moab, na fronteira da terra prometida. O número quarenta é simbólico e faz lembrar os quarenta anos de peregrinação no deserto. Por sua vez, a lista geográfica é complexa e traz dificuldades na comparação com o conjunto do Pentateuco: alguns lugares nunca foram mencionados anteriormente e outros não aparecem em nenhum outro texto do Antigo Testamento. Isso desloca o foco para o sentido teológico do aparecimento de um elenco dessa natureza no livro de Números. É um convite para que o leitor israelita se lembre de sua história, que nasce da grande libertação do Egito conduzida pelo Senhor, como um prelúdio paradigmático para a entrada em Canaã. A mesma mão divina que conduziu a saída vitoriosa do Egito acompanhou o povo por um longo itinerário no deserto e o conduziu às estepes de Moab. Estar ali, às fronteiras da terra da promessa, implica reconhecer um plano muito mais amplo, antigo e profundo conduzido pelo Senhor, que se estende continuamente ao longo da história, conectando a chegada em Canaã com a história dos patriarcas. A mesma voz que promete garante o cumprimento das promessas. A menção à morte de Aarão (vv. 38-39, já narrada em Nm 20,22-29) deve lembrar que mesmo o sacerdote escolhido por Deus foi punido por sua falta e condenado a perecer no deserto (Nm 13–14), de forma que o julgamento de Deus continua se estendendo às ações dos israelitas.

NÚMEROS 33

em Remon-Farés. **20** Partiram de Remon-Farés e acamparam em Lebna. **21** Partiram de Lebna e acamparam em Ressa. **22** Partiram de Ressa e acamparam em Ceelata. **23** Partiram de Ceelata e acamparam no monte Sefer. **24** Partiram do monte Sefer e acamparam em Harada. **25** Partiram de Harada e acamparam em Macelot. **26** Partiram de Macelot e acamparam em Taat. **27** Partiram de Taat e acamparam em Taré. **28** Partiram de Taré e acamparam em Matca. **29** Partiram de Matca e acamparam em Hesmona. **30** Partiram de Hesmona e acamparam em Moserot. **31** Partiram de Moserot e acamparam em Benê-Jaacã. **32** Partiram de Benê-Jaacã e acamparam em Hor-Gadgad. **33** Partiram de Hor-Gadgad e acamparam em Jetebata. **34** Partiram de Jetebata e acamparam em Ebrona. **35** Partiram de Ebrona e acamparam em Asiongaber. **36** Partiram de Asiongaber e acamparam no deserto de Zin. Este é Cades.

37 Partiram de Cades e acamparam no monte Hor, no limite da terra de Edom. **38** E, conforme a ordem do SENHOR, o sacerdote Aarão subiu ao monte Hor e, no ano quarenta da saída dos filhos de Israel da terra do Egito, no quinto mês, no primeiro do mês, morreu ali. **39** Aarão tinha cento e vinte e três anos quando morreu no monte Hor. **40** E o cananeu, rei de Arad – ele habitava no Negueb, na terra de Canaã –, escutou sobre a chegada dos filhos de Israel. **41** Partiram, então, do monte Hor e acamparam em Salmona. **42** Partiram de Salmona e acamparam em Funon. **43** Partiram de Funon e acamparam em Obot. **44** Partiram de Obot e acamparam em Jeabarim, no território de Moab. **45** Partiram de Jeabarim e acamparam em Dibon-Gad. **46** Partiram de Dibon-Gad e acamparam em Elmon-Deblataim. **47** Partiram de Elmon-Deblataim e acamparam nos montes de Abarim, em frente ao Nebo. **48** Partiram dos montes de Abarim e acamparam nas estepes de Moab, junto ao Jordão, em Jericó. **49** E acamparam junto ao Jordão de Bet-Jesimot até Abel-Setim, nas estepes de Moab.

Instruções para a conquista de Canaã

50 O SENHOR falou a Moisés nas estepes de Moab, junto ao Jordão em Jericó: **51** "Fala aos filhos de Israel e dize-lhes: 'Quando vós atravessardes o Jordão rumo à terra de Canaã, **52** expulsareis de vossa frente todos os habitantes da terra, fareis perecer todas as imagens deles, demolireis

---

33,50-56 Uma última advertência prepara os capítulos finais, que tratam da vida em Canaã. Ela resgata pontos teológicos fundamentais que foram vividos nos quarenta anos de peregrinação e pelas quarenta estações de parada elencadas em Nm 33,1-49. Em primeiro lugar, a tomada da terra também é uma conquista de uma liberdade espiritual, que permite que Israel viva de acordo com as instruções do Senhor. Isso implica uma constante luta para que o encanto pelas imagens e cultos estrangeiros não contamine as concepções sobre Deus que foram construídas no enraizamento do Senhor na vida dos ancestrais de Israel.

NÚMEROS 33–34

suas estátuas de fundição e destruireis todos os seus lugares altos. **53** Tomareis posse da terra e nela habitareis, porque vos dei a terra para possuí-la. **54** Repartireis a terra como herança por sorteio, segundo vossos clãs. A quem é numeroso, aumentareis sua herança; e a quem é pouco numeroso, diminuireis sua herança. Onde cair a sorte para alguém, isso lhe pertencerá. Segundo as tribos de vossos pais se repartirá a herança. **55** Caso não expulsardes de vossa frente os habitantes da terra, os que restarem entre eles se tornarão espinhos em vossos olhos e aguilhões em vossos flancos. Sobre a terra em que vós habitareis vos oprimirão. **56** Conforme planejei de fazer a eles, a vós farei'".

Fronteiras da terra

34 **1** O Senhor falou a Moisés: **2** "Ordena aos filhos de Israel e dize-lhes: 'Quando vós entrardes na terra de Canaã, esta será a terra que vos cairá em herança: a terra de Canaã de acordo com suas fronteiras.

3 A margem do sul vos será do deserto de Zin até o lado de Edom. Vossa fronteira sul será a partir da extremidade do mar do Sal, na direção leste. **4** Essa fronteira vos cercará pelo sul na direção da subida dos Escorpiões e passará por Zin. Suas saídas serão do sul até Cades Barne. Sairá a Haser-Adar e passará por Asemona. **5** De Asemona, a fronteira cercará a torrente do Egito, e as saídas dela serão rumo ao mar.

6 A fronteira oeste será o Grande Mar. Essa será vossa fronteira oeste.

7 E esta será vossa fronteira norte: desde o Grande Mar, a demarcareis para vós até o monte Hor. **8** Do monte Hor, demarcareis até a entrada de Emat. As saídas da fronteira serão rumo a Sedada. **9** E a fronteira sairá rumo a Zefrona, e as saídas dela serão em Haser-Enã. Essa será vossa fronteira norte.

Nenhuma novidade local pode ser maior que a imagem divina construída em uma história de caminho concreto, com a presença de Deus no centro. Em segundo lugar, a distribuição de terras deve atender às necessidades de cada tribo, de forma que todas tenham direito à vida. Por isso, a ideia da atribuição das porções de terra por sorteio indica que o próprio Senhor, o qual conduziu a história de seu povo, é quem se encarregará de atribuir aos grupos conforme a necessidade deles. Finalmente, faz-se uma admoestação para que os povos vizinhos sejam destruídos, como acontece em outras partes do Pentateuco (Ex 23,23-33; Lv 20; Dt 7,2-6), como condição para que Israel não seja novamente derrotado. Essa condição prepara a leitura da história posterior dos israelitas, que, permitindo que o culto estrangeiro continue em seu interior, perdem a terra e tornam-se novamente escravos dos assírios e babilônios.

34,1-12 O Senhor reapresenta a extensão da terra prometida, garantindo os detalhes da herança que Israel receberá. As fronteiras são muito próximas das que foram exploradas pelos doze enviados de Moisés em Nm 13. Com isso, reafirma-se que a nova geração recebe exatamente o mesmo que foi prometido a seus pais, garantindo que nenhum pecado ou rebelião diminuiu a extensão da doação divina. Ao mesmo tempo, a imagem é idealizada, uma vez que, mesmo em sua maior extensão com Davi e Salomão, Israel nunca alcançou todo o território da costa do Mediterrâneo.

NÚMEROS 34

10 Demarcareis vossa fronteira leste de Haser-Enã a Sefama. **11** A fronteira descerá de Sefama até Ribla, ao leste de Ain. E a fronteira descerá roçando, a leste, o costado do mar de Quineret. **12** Então a fronteira descerá rumo ao Jordão, e as saídas dele serão no mar do Sal. Essa será vossa terra, conforme as fronteiras dela ao redor'".

Encarregados da partilha

13 Então Moisés ordenou aos filhos de Israel: "Esta é a terra que repartireis como herança por sorteio, e que o Senhor ordenou dá-la às nove tribos e meia. **14** Porque a tribo dos filhos dos rubenitas, segundo a casa de seus pais, e a tribo dos filhos dos gaditas, segundo a casa de seus pais, já haviam recebido; também a meia tribo de Manassés já havia recebido sua herança. **15** Duas tribos e meia haviam recebido sua herança do outro lado do Jordão, na altura de Jericó, a leste, na direção do levante do sol".

16 E o Senhor falou a Moisés: **17** "Estes são os nomes dos homens que vos repartirão a terra em herança: o sacerdote Eleazar e Josué, filho de Nun. **18** Tomareis um chefe de cada tribo para repartir a terra em herança. **19** Estes são os nomes dos homens:

para a tribo de Judá: Caleb, filho de Jefoné;
20 para a tribo dos filhos de Simeão: Samuel, filho de Amiud;
21 para a tribo de Benjamim: Elidad, filho de Caselon;
22 para a tribo dos filhos de Dã: o chefe Boci, filho de Jogli;
23 para os filhos de José, da tribo dos filhos de Manassés: o chefe Haniel, filho de Efod;
24 para a tribo dos filhos de Efraim: o chefe Camuel, filho de Seftã;
25 para a tribo dos filhos de Zabulon: o chefe Elisafã, filho de Farnac;
26 para a tribo dos filhos de Issacar: o chefe Faltiel, filho de Ozã;
27 para a tribo dos filhos de Aser: o chefe Aiud, filho de Salomi;
28 para a tribo dos filhos de Neftali: o chefe Fedael, filho de Amiud".

29 A esses o Senhor ordenou que, na terra de Canaã, repartissem a herança aos filhos de Israel.

34,13-29 Canaã será repartida entre nove tribos e meia, já que Rúben, Gad e a meia tribo de Manassés habitaram a Transjordânia (Nm 32). Ainda que o território dessas duas tribos e meia não esteja nos limites da terra (Nm 34,1-12), ele é tratado como parte da herança dada por Deus, o que garante que não seja tratado como secundário com relação às outras tribos. Da mesma forma que doze líderes foram escolhidos para explorar a terra (Nm 13,4-15), outros doze líderes são tomados por Moisés para receber a terra como herança. Esses homens não são tratados como líderes militares, entrevendo que a vitória deve ser atribuída ao Senhor e não aos esforços dos israelitas. Com exceção de Caleb e Josué, os demais nomes são inéditos na lista de chefes de Israel (vv. 19-28), indicando que se trata completamente de uma nova geração, que também recebe a eleição divina.

NÚMEROS 35

Cidades dos levitas

35 ¹ O SENHOR falou a Moisés nas estepes de Moab, junto ao Jordão, na altura de Jericó: ² "Ordena aos filhos de Israel que, de suas propriedades hereditárias, deem aos levitas algumas cidades para habitar! E, em relação às cidades, dareis aos levitas pastagem nos arredores delas. ³ As cidades lhes serão para habitar, e as pastagens pertencentes a elas serão para o gado deles, as posses deles e cada animal deles. ⁴ As pastagens das cidades que dareis aos levitas, desde o muro da cidade para fora, serão de mil côvados ao redor. ⁵ Fora da cidade, medireis dois mil côvados em direção ao leste, dois mil côvados em direção ao sul, dois mil côvados em direção ao oeste e dois mil côvados em direção ao norte. A cidade ficará no centro. Isso lhes será como pastagens das cidades.

⁶ As cidades que dareis aos levitas são as seis cidades de refúgio, e as dareis para que o homicida possa fugir para lá. Além dessas, ainda dareis quarenta e duas cidades. ⁷ Todas as cidades que dareis aos levitas serão quarenta e oito cidades, elas e as pastagens delas. ⁸ Quanto às cidades que dareis da propriedade dos filhos de Israel, de quem tem muito tomareis um número maior e de quem tem pouco tomareis um número menor. Cada um dará aos levitas de suas cidades na proporção de sua herança que irão herdar".

Cidades de refúgio

⁹ O SENHOR falou a Moisés: ¹⁰ "Fala aos filhos de Israel e dize-lhes: 'Quando vós tiverdes atravessado o Jordão rumo à terra de Canaã, ¹¹ escolhereis para vós umas cidades. Elas vos serão cidades de refúgio. Ali

---

35,1-8 Na ocasião da distribuição das tribos ao redor do santuário, foi determinada exatamente a posição dos levitas, formando um cinturão ao redor dele (Nm 2). Essas regras funcionavam para o Israel itinerante e precisam ser atualizadas para um modelo sedentário. No entanto, as determinações sobre a distribuição de terra excluíam os levitas (Nm 18,20; 26,62), que não formariam um assentamento no formato das tribos. Contudo, sua posição privilegiada de guardiões da santidade do acampamento pelo serviço do culto (Nm 1,48-54) exigia uma alocação separada do povo. Isso justifica a doação de cidades para que criem seus rebanhos e também sua responsabilidade sobre as cidades de refúgio. Estas eram locais de proteção para que pessoas que matassem, sem intenção, alguém não fossem assassinadas por vingança (Ex 21,12-13; Nm 35,9-29), de forma que fossem afastadas do convívio da comunidade para que, além de serem protegidas, não a contaminassem por sua impureza.

35,9-29 Israel é o povo santo, porque Deus habita no meio dele. Dessa forma, vislumbrar a chegada a Canaã implica também a estruturação de leis que regem a santidade da terra. O texto legisla sobre o homicídio intencional e o não intencional. No antigo Israel, o sangue era um poderoso elemento purificador, mas também uma terrível fonte de impureza (Dt 19,10; 21,9.23), de forma que o derramamento de sangue profanaria a terra. Isso justifica o estabelecimento de um vingador de sangue, em geral um parente próximo da vítima, que tinha o direito de fazer justiça, isto é, matar o homicida (Gn 4,15; 9,6; Dt 19,12).

NÚMEROS 35

se refugiará o homicida que, por erro involuntário, feriu uma pessoa. **12** Elas vos serão as cidades para o refúgio diante do vingador. O homicida não morrerá antes que ele compareça para o julgamento diante da comunidade. **13** Das cidades que dareis, seis vos serão cidades de refúgio. **14** Fixareis três das cidades além do Jordão e fixareis três das cidades na terra de Canaã. Serão as cidades de refúgio. **15** Para os filhos de Israel, para o imigrante e para o residente entre vós, essas serão as seis cidades de refúgio, para se refugiar ali todo aquele que, por erro involuntário, golpeia uma pessoa.

16 Caso, porém, o tenha ferido com um utensílio de ferro, ele morrerá como homicida. Certamente o homicida morrerá. **17** Caso o tenha ferido com uma pedra na mão, e, por meio dela, poderia morrer, e ele morreu, ele é um homicida. E o homicida certamente morrerá. **18** Ou feriu com um utensílio de madeira na mão, por meio do qual podia morrer, e morreu, ele é um homicida. E o homicida certamente morrerá. **19** O vingador de sangue, ele próprio matará o homicida; quando topar com ele, o matará.

20 Caso o empurre com ódio ou se lançar, com má intenção, contra ele e este morrer, **21** ou, por inimizade, o golpear com sua mão, e este morrer, o homicida golpeador certamente morrerá; o vingador de sangue matará o homicida quando topar com ele. **22** Caso, porém, em um instante, o tenha empurrado, mas sem inimizade, ou contra ele tenha lançado qualquer utensílio, mas sem intenção, **23** ou, com qualquer pedra com a qual se pode matar, sem ver se jogou sobre ele, e ele tenha morrido – no entanto, ele não lhe era inimigo, nem procurava o mal dele –, **24** a comunidade julgará entre quem golpeou e o vingador de sangue segundo esses decretos. **25** A comunidade livrará o homicida da mão do vingador de sangue. E a comunidade o fará voltar à cidade do refúgio dele, para onde se refugiara. Nela habitará até a morte do sumo sacerdote, que o ungiu com o óleo sagrado. **26** Caso, porém, o homicida, de fato, saia do território da cidade de seu refúgio, para onde se refugiara, **27** e se o vingador de sangue o encontrar fora do território de sua cidade de refúgio, então o vingador de sangue matará o homicida, e não lhe será um crime de sangue, **28** visto que devia habitar em sua cidade de refúgio até a morte do sumo sacerdote. Depois da morte do sumo sacerdote, o homicida

---

Em caso de homicídio involuntário, era necessário o estabelecimento de medidas protetoras. Assim, o Código da Aliança prevê a estruturação de lugares para abrigar aqueles que feriram mortalmente um homem, mas sem intenção (Ex 21,12-13), descritos aqui como "cidades de refúgio". Elas funcionam como uma prisão, não permitindo que o culpado contamine a santidade de Israel, mas também como proteção, para que não seja morto (Js 20,1-9). O texto entrevê que o homicida receba uma unção com óleo sagrado do sumo sacerdote, que deve servir como uma medida de proteção, um limite para a vingança de sangue. Na lógica de que a expiação da morte de um homem só pode ser feita com a morte de outro homem, somente quando morre o sumo sacerdote é que o pecado é expiado e o culpado reconquista sua liberdade.

NÚMEROS 35–36

poderá voltar à terra de sua propriedade. [29] Esses vos serão os estatutos do direito para vossas gerações, em todas as vossas habitações.

Julgamento do homicida

Nm

[30] Em relação a todo aquele que fere uma pessoa, o homicida será morto segundo a palavra de testemunhas. Uma só testemunha não tem como responder para que uma pessoa morra. [31] Não aceitareis uma compensação para a pessoa do homicida, pois ele, como culpado, deve morrer. Certamente morrerá. [32] Não aceitareis uma compensação para que fuja da cidade do refúgio dele e, então, volte a habitar na terra antes da morte do sacerdote. [33] Não profanareis a terra, pois nela vós estais, porque o sangue profana a terra. Em relação à terra, nenhuma expiação será feita do sangue que nela foi derramado, a não ser pelo sangue daquele que o derramou. [34] Não contaminareis a terra, pois nela vós habitais, porque eu moro no meio dela. De fato, eu, o SENHOR, moro no meio dos filhos de Israel'".

Herança da mulher casada

36 [1] Os líderes das casas paternas do clã dos filhos de Galaad, filho de Maquir, filho de Manassés, dos clãs dos filhos de José, aproximaram-se e falaram em frente a Moisés e em frente aos chefes, os líderes das casas paternas dos filhos de Israel. [2] Disseram: "O SENHOR

35,30-34 Leis hititas diziam que a pena de morte poderia ser trocada pelo pagamento de um resgate em dinheiro, uma compensação financeira que expiava o pecado. O tema teológico da santidade, fundamental para o livro de Números, é conectado indissociavelmente à vida, de forma que o assassinato tem, necessariamente, de ser punido pela pena de morte. A execução do condenado se torna também meio de expiação da terra profanada por um crime. Isso porque o sangue, símbolo da vida dada por Deus (Lv 17,11; Dt 12,23), quando derramado injustamente profana a terra (Gn 4,10-11; Gn 9,4-5).

36,1-13 Logo após o segundo recenseamento (Nm 26), o primeiro texto sobre a segunda geração apresenta o problema da herança das mulheres pela queixa das filhas de Salfaad na tribo de Manassés (Nm 27,1-11). Ali, o Senhor decide que, caso não tivessem como herdeiros homens, as terras iriam para as filhas do falecido, para que a herança fosse mantida na tribo. Para garantir que essa herança não saísse do clã quando houvesse um casamento com um membro de outra tribo, uma filha que recebesse a herança deveria casar-se com alguém de sua própria tribo (v. 36). A história é uma boa conclusão para a sequência narrativa iniciada em Nm 31 ao redor do tema da justa distribuição da terra de Canaã às tribos, reforçando que a distribuição feita pelo Senhor (Nm 33,54) não pode ser alterada por conflitos entre as tribos. O versículo 13 conclui todo o livro de Números de forma aparentemente abrupta. No entanto, a retomada da história das filhas de Salfaad é significativa. Em sua primeira menção (Nm 27), ela é seguida da substituição de Moisés por Josué, sendo que é anunciada a morte de Moisés logo que ele subisse ao monte e contemplasse a terra (Nm 27,12-13), mas o tema não foi mais trabalhado em Números. O Deuteronômio apresentará as últimas revelações do Senhor a Moisés e o acompanhará até o final de sua peregrinação.

NÚMEROS 36

ordenou a meu senhor que, mediante sorteio, desse a terra em herança aos filhos de Israel. E meu senhor recebeu do SENHOR a ordem de dar a herança de Salfaad, nosso irmão, às filhas dele. ³ Ora, se elas se tornarem esposas de alguém dentre os filhos das demais tribos dos filhos de Israel, a herança delas será subtraída da herança de nossos pais e acrescentada à herança da tribo à qual irão pertencer. Então nossa herança, que nos veio por sorteio, será diminuída. ⁴ E, caso haja o jubileu para os filhos de Israel, a herança delas será acrescentada à herança da tribo à qual irão pertencer. A herança delas será subtraída da herança da tribo de nossos pais".

⁵ Moisés, então, ordenou aos filhos de Israel conforme a ordem do SENHOR: "Está certo o que a tribo dos filhos de José fala. ⁶ Esta é a palavra que o SENHOR ordenou referente às filhas de Salfaad: 'De acordo com o que é bom a seus olhos, se tornarão esposas, contanto que se tornem esposas de alguém de um clã da tribo de seus pais. ⁷ Quanto aos filhos de Israel, nada se apartará de uma tribo para outra, porque cada um dos filhos de Israel se apegará à herança da tribo de seus pais. ⁸ Toda filha possuidora de herança da parte das tribos dos filhos de Israel se tornará esposa de alguém do clã da tribo de seu pai, a fim de que os filhos de Israel possuam, cada um, a herança de seus pais. ⁹ Da herança de uma tribo, nada se apartará para outra tribo, porque as tribos dos filhos de Israel se apegarão cada qual à sua herança'".

¹⁰ Conforme o SENHOR ordenara a Moisés, assim agiram as filhas de Salfaad. ¹¹ Maala, Tersa, Hegla, Melca e Noa, filhas de Salfaad, se tornaram esposas dos filhos de seus tios. ¹² Como se tornaram esposas de quem era dos clãs dos filhos de Manassés, filho de José, a herança delas permaneceu com a tribo do clã do pai delas.

¹³ Esses são os mandamentos e os julgamentos que o SENHOR, por meio de Moisés, ordenou aos filhos de Israel nas estepes de Moab, junto ao Jordão, na altura de Jericó.

DEUTERONÔMIO

INTRODUÇÃO

O Deuteronômio é o quinto livro da Bíblia. Em hebraico, recebe o seu título das duas primeiras palavras: *elleh hadd*e*varim* ("estas são as palavras"). Já na Septuaginta denomina-se *deuteronómion*, terminologia que, provavelmente, vem retomada a partir da ordem contida em Dt 17,18: "Então escreverá para si uma cópia dessa lei". Nesse sentido, *deuteronómion* significa "repetição da lei", "cópia da lei" ou "segunda lei". As traduções em vernáculo seguem a nomenclatura grega, que foi a assumida por São Jerônimo na Vulgata: *Deuteronomium*.

AUTOR, DATA E DESTINATÁRIO

Os estudiosos, em geral, admitem que por detrás do Deuteronômio, como para todo o *corpus* do Pentateuco, subjaz um longo processo de formação que foi iniciado no século IX a.C. até alcançar sua forma final e canônica entre os séculos V-IV a.C. em Judá-Jerusalém. Portanto, o Deuteronômio passou, certamente, por diversas mãos e atravessou diferentes épocas da história sociorreligiosa do antigo Israel. É praticamente impossível de determinar a autoria, mas atribui-se à corrente denominada *deuteronômico-deuteronomista*, formada por ilustres cortesãos, sábios, profetas, sacerdotes e o "povo da terra" (2Rs 21,24; 23,30). Essa corrente atuou na coleção e elaboração dos textos antes, durante e depois do exílio na Babilônia.

A figura humana central é Moisés, servo de Deus (Nm 12,7-8; Dt 34,5; Js 1,2). Do ponto de vista "cronológico", o conteúdo do Deuteronômio transcorre no dia da morte de Moisés. Uma leitura atenta permite perceber que se está diante de Moisés, que discursa ao povo. Esse grande líder é como um patriarca que, antes de morrer, procura deixar seu testamento-herança aos "filhos". A grande finalidade do Deuteronômio é renovar a aliança selada no Horeb com a geração que, nascida no deserto, irá atravessar o rio Jordão e adentrar a terra de Canaã sob a guia de Josué, que, pela imposição das mãos de Moisés, assume a tarefa como seu sucessor e novo líder do povo (Dt 1,38; 3,28; 31,1-8.14.23; 34,9).

DEUTERONÔMIO – INTRODUÇÃO

ESTRUTURA

O Deuteronômio pode ser estruturado em três grandes partes: Dt 1–11; 12–26; 27–34. Com base na forma e no conteúdo, admite--se, ainda, que o livro possa ser subdividido em cinco unidades:

1,1–4,43   *Primeiro discurso de Moisés: sobre os elementos importantes do período do deserto*

4,44–28,68   *Segundo discurso de Moisés: sobre a aliança estabelecida no Horeb (Dt 5,1-27)*

28,69–30,20   *Terceiro discurso de Moisés: sobre a aliança renovada em Moab*

31,1–33,29   *Últimas disposições e ações de Moisés antes de sua morte.*

34,1-12   *Relato da morte de Moisés*

A favor dessa subdivisão está um dado particular que se encontra nas palavras de introdução: "Estas são as palavras" (Dt 1,1); "esta é a instrução" (Dt 4,44); "essas são as palavras da aliança" (Dt 28,69); "esta é a bênção" (Dt 33,1).

Do ponto de vista formal, quatro gêneros literários predominam no Deuteronômio: textos narrativos, legais, exortativos e poéticos. Repetição, persuasão e retórica caracterizam os discursos presentes no Deuteronômio. As prescrições legais não possuem um cunho autoritário, mas são acompanhadas de reflexões e exortações, com a finalidade de motivar o povo (ouvinte-leitor) a colocá-las em prática.

Dt 12–26 contém um conjunto de leis que supõe, amplia e atualiza o "Código da Aliança" (Ex 20,19–23,33). Enquanto na parte central se concentram as leis (Dt 12–26), na primeira (Dt 1–11) e na última (Dt 27–34) predominam os textos narrativos. Dentro dessa lógica, os textos exortativos entrelaçam as leis e as narrativas, a fim de sensibilizar e envolver de todo o coração o povo com a vontade de Deus. A parte poética só aparece no final (Dt 32,1-44).

PRINCIPAIS TEMAS

Do ponto de vista teológico, cinco temas se destacam: (a) a aliança de Deus com o povo, (b) a eleição gratuita, (c) o dom da terra, (d) o dom da lei e (e) a centralidade do lugar legítimo de culto. Esses temas aparecem entrelaçados em todo o escrito.

Quanto à aliança e à eleição, o Senhor, Deus de Israel, é quem, gratuitamente, elege Israel como seu povo. Por isso, este deve amá-lo de todo o coração e com todas as forças (Dt 6,4-5). Amar

Deus significa ser fiel à sua aliança estabelecida (Dt 7,9; 11,1). Obediência e serviço retratam o amor incondicional a Deus (Dt 7).

Desse amor, atestado na ação libertadora que Deus operou ao tirar seu povo da opressão do Egito, deriva a consciência que Israel adquire sobre sua eleição: é pura graça divina, porque o Senhor é fiel às promessas que fez aos pais. Junto a isso, a terra de Canaã é o dom precioso que consolida as promessas e representa o ponto de chegada dos que foram libertados do Egito (Dt 8,7-10) e conduzidos pelo deserto (Dt 1,6–4,43).

Para se manter na terra, a obediência à legislação recebida no Sinai e renovada nas estepes de Moab se torna o modo de demonstrar a fidelidade ao Senhor e a seu amor. Da obediência à aliança decorrem as bênçãos (Dt 28,1-2). Da desobediência decorrem as maldições (Dt 27,14-21; 28,15-68).

Quanto ao conjunto, a unidade literária do Deuteronômio se verifica na interdependência teológica entre as afirmações: um único Deus, um único povo, uma única terra, um único lugar de culto e uma única legislação. A alusão ao único lugar de culto é central para a teologia do livro (Dt 12,5.11.14.18.21).

O Deuteronômio é o livro no qual Moisés se dirige ao povo no quadragésimo ano após a saída do Egito (Dt 1,3), no dia de sua morte (Dt 32,48; 34,5), que representa o término do período da fundação do *javismo* na história de Israel. Moisés é o libertador do Egito, o guia que não se perde na caminhada pelo deserto rumo a Canaã. É o legislador, mediador da aliança e responsável pelo nascimento do povo eleito.

Como a morte de José marca o fim da era patriarcal (Gn 50,26), a morte de Moisés (Dt 34,5) marca o final do período do deserto, graças ao qual tem início uma nova e determinante fase: a entrada, a conquista e os altos e baixos que o povo eleito experimentará em Canaã, retratados nos livros de Josué, Juízes, Samuel e Reis. Linguagem, estilo, vocabulário e teologias, então, caracterizam as afinidades desses livros com o Deuteronômio, especialmente a ideologia da retribuição temporal: as bênçãos são reservadas aos justos, enquanto as maldições são reservadas aos injustos no confronto com a lei de Moisés. Por essa dinâmica, o Deuteronômio expõe as diversas consequências da unicidade de Deus e do povo na vida humana pessoal e coletiva. É o retrato de uma utopia social sem pobreza.

Deuteronômio – Introdução

No Deuteronômio, Moisés faz ecoar sua voz, que permite ao povo identificar como este deve percorrer um caminho de fé como obediência incondicional a Deus e total abertura a seu plano salvífico. Essas são chaves que ajudam a ler e interpretar a "lei de Moisés". É o conhecimento de Deus e de sua vontade que determina o comportamento condizente com a lei que foi dada por meio de Moisés.

Intertextualidade com o Novo Testamento

O Deuteronômio é o quinto livro do Antigo Testamento mais citado no Novo Testamento. A título de exemplo, Jesus vence as tentações (Mt 4,4.7.10; Lc 4,4.8.12) citando Dt 6,13.16; 8,3. Diante de um escriba, que indaga sobre a vida eterna em Lc 10,27, vem citado Dt 6,5. Sobre a justificação pela fé, Rm 10,6-8 cita Dt 9,4; 30,12-14. Isso permite dizer que a graça da justificação, operada em Jesus Cristo, Palavra Encarnada, inaugurou o caminho da santificação que se tornou, no mundo, a missão do Espírito Santo.

Conclusão

O Deuteronômio é um farol que ilumina o caminho de cada fiel, pelo qual o presente é lido à luz do passado em função do futuro que se espera pleno das bênçãos de Deus.

Deuteronômio 1

Prólogo do narrador

1 ¹ Estas são as palavras que Moisés falou a todo Israel, no outro lado do Jordão, no deserto, na Arabá, diante de Suf, entre Parã, Tofel, Labão, Haserot e Di-Zaab. ² Foram onze dias desde o Horeb, pela via do monte Seir até Cades Barne. ³ No quadragésimo ano, no décimo primeiro mês, no primeiro dia do mês, Moisés falou aos filhos de Israel, conforme tudo o que o Senhor lhe havia ordenado acerca deles, ⁴ depois de ele ter ferido Seon, rei dos amorreus, que residia em Hesebon, e Og, rei de Basã, que residia em Astarot junto a Edrai. ⁵ No outro lado do Jordão, na terra de Moab, Moisés explicou esta instrução:

PRIMEIRO DISCURSO DE MOISÉS

Instruções preliminares

⁶ O Senhor, nosso Deus, falou-nos no Horeb, dizendo: "Há muito vós residis neste monte. ⁷ Virai-vos, ponde-vos em marcha e ide ao monte dos amorreus e de todos os moradores dele, na Arabá, no monte, na Sefelá, no Negueb e no litoral do mar, a terra dos cananeus e o Líbano, até o grande rio Eufrates! ⁸ Vede! Coloco diante de vós a terra. Entrai e tomai posse da terra que o Senhor jurou dar a vossos pais: a Abraão, a Isaac e a Jacó, para eles e para seus descendentes depois deles!"

⁹ Disse-vos naquele tempo: "Não posso vos suportar sozinho. ¹⁰ O Senhor, vosso Deus, vos fez numerosos; eis que, hoje, vós sois numerosos como as estrelas do céu. ¹¹ Que o Senhor, o Deus de vossos pais, vos faça crescer mil vezes mais e que vos abençoe como vos falou! ¹² Como suportarei sozinho vosso peso, vosso fardo e vossos litígios? ¹³ Escolhei, para vós, homens sábios, entendidos e conhecidos de cada uma de vossas tribos e capazes de compreender, e os constituirei como vossos líderes!"

1,1-5 Os ouvintes, que serão instruídos pelos discursos de Moisés (v. 5), já se encontram na Cisjordânia, isto é, do lado oeste da terra de Canaã. A vitória sobre os reis da Transjordânia serve de parâmetro para a entrada e conquista da terra (Nm 21,21-35; Dt 2,26–3,11). Pela cronologia indicada (v. 3), faltam dois meses para o término dos quarenta anos de permanência no deserto. Moisés, como mestre e pai, antes de morrer (Dt 34), transmite sua instrução aos filhos de Israel.

1,6-18 A permanência no Horeb, nome alternativo para o Sinai (Ex 16,1; Dt 33,2), durou cerca de dez meses (Ex 19,1; Nm 1,1; 10,11). O que aconteceu, entre a chegada (Ex 19,1) e a saída do Horeb (Nm 10,11), está em forma de relatos e de leis. Moisés, nesta lembrança, coloca como critério a dupla promessa feita aos patriarcas: terra e descendência numerosa (Gn 15; 17,1-8; 26,2-6; 35,11-13). Moisés não esconde suas limitações pessoais. Assim, o poder é descentralizado e dado a homens capazes de julgar o povo, que continua crescendo segundo a promessa divina (Gn 1,28; 9,1; Ex 1,7-10.19). À diferença de Ex 18,17-18, não há referência a Jetro, sogro de Moisés, e ao conselho dele recebido, mas a proposta é a mesma: descentralizar a administração da justiça e do direito.

DEUTERONÔMIO 1

14 Então me respondestes, dizendo: "A palavra que falaste é boa para praticar". **15** Assim, tomei líderes de vossas tribos, homens sábios e conhecidos, e dei-os como líderes sobre vós: chefes de mil, chefes de cem, chefes de cinquenta, chefes de dez e escribas para vossas tribos. **16** E ordenei, naquele tempo, a vossos juízes: "Ao escutar vossos irmãos, julgai com justiça entre um homem e seu irmão ou seu imigrante! **17** No julgamento não olhareis as faces; escutareis tanto o pequeno como o grande; não temereis as faces humanas, porque o juízo pertence a Deus. Se a questão for difícil demais para vós, vos aproximareis de mim, e a escutarei. **18** Naquele tempo, vos ordenei todas as palavras que devíeis praticar".

Do Horeb a Cades Barne

19 Partimos do Horeb e andamos, como vistes, por aquele grande e tremendo deserto, caminho do monte dos amorreus, conforme nos ordenou o Senhor, nosso Deus, e viemos até Cades Barne. **20** Eu vos disse: "Viestes até o monte dos amorreus, que o Senhor, nosso Deus, nos dá. **21** Vê, o Senhor, teu Deus, coloca essa terra diante de ti! Sobe e toma posse, conforme te falou o Senhor, Deus de teus pais: 'Não terás medo e não te desencorajarás'". **22** Então, de mim, todos vós vos aproximastes e dissestes: "Mandemos homens adiante de nós para que explorem para nós a terra e nos relatem o caminho pelo qual devemos subir, e as cidades às quais chegaremos e pelas quais entraremos!" **23** A meus olhos, foi boa essa palavra. Tomei dentre vós doze homens, um por tribo. **24** Partiram e subiram rumo ao monte; entraram no vale de Escol. Assim a exploraram. **25** Tomaram em suas mãos os frutos da terra e trouxeram até nós e nos relataram a coisa: "É boa a terra que o Senhor, nosso Deus, nos dá". **26** Mas não quisestes subir e vos rebelastes contra o que disse o Senhor, vosso Deus. **27** E murmurastes em vossas tendas e dissestes: "Foi por nos odiar que o Senhor nos fez sair da terra do Egito, para dar-nos nas mãos dos amorreus e nos suprimir. **28** Para onde subiremos? Nossos irmãos esmoreceram nosso coração ao dizer: 'É um povo grande e mais alto que nós; as cidades são grandes e fortificadas até os céus; e também vimos

---

1,19-46 A ordem de partida é executada. A proposta da sondagem do território, à diferença de Nm 13,1-2, vem dos exploradores e não do Senhor. Contudo, fica claro que a garantia da vitória não se encontra nas habilidades bélicas do povo, mas sim na certeza de que o Senhor é quem concede a vitória nas batalhas (Ex 17,8-16). A punição recai sobre a geração rebelde e não sobre os filhos. Com isso, o Senhor não pune os filhos pela culpa de seus pais (Jr 31,29-30; Ez 18,2). Caleb, Josué e suas famílias são poupados da sentença porque foram fiéis e tiveram boa disposição (Nm 14,30-32). Moisés aparece como o servo sofredor (Is 53,4-8), porque, de certa forma, assume e paga pelos erros do povo. Os versículos 23 e 37 permitem uma interpretação diferente em relação a Nm 20,12: Moisés não entrou na terra prometida por ter acolhido a sugestão dos filhos de Israel. Cades Barne, na dinâmica do deserto, é um local estratégico (Dt 2,14). Os "enaquitas" (v. 28) são os descendentes de Enac, povo lendário de gigantes que, segundo a narrativa bíblica, habitaram Canaã (Gn 6,2-4; 14,5; Nm 13,33; Dt 2,10-11; 2Sm 21,16).

384

DEUTERONÔMIO 1–2

lá os filhos dos enaquitas'". ²⁹ Então vos respondi: "Não vos apavoreis e não os temais! ³⁰ O SENHOR, vosso Deus, caminha diante de vós; ele combaterá por vós de acordo com tudo o que, a vossos olhos, fez convosco no Egito. ³¹ E no deserto viste como o SENHOR, teu Deus, te levou, como um homem leva seu filho, por todo o caminho pelo qual andastes até chegar a este lugar". ³² Apesar dessa palavra, não acreditastes no SENHOR, vosso Deus, ³³ que andou diante de vós no caminho, para procurar-vos um lugar para acampar-vos; de noite, pelo fogo, para vos fazer ver o caminho pelo qual devíeis andar, e, durante o dia, pela nuvem.

³⁴ O SENHOR, porém, ouviu o som de vossas palavras, endureceu-se e jurou: ³⁵ "Ninguém dentre os homens desta má geração verá a boa terra que eu jurei dar a vossos pais, ³⁶ exceto Caleb, filho de Jefoné; ele a verá. A terra sobre a qual andou darei a ele e a seus filhos, porque seguiu plenamente o SENHOR". ³⁷ Também contra mim a ira do SENHOR ardeu por vossa causa: "Também ali tu não entrarás. ³⁸ Josué, filho de Nun, que está de pé diante de ti, ele entrará ali. Encoraja-o, porque ele fará Israel herdar! ³⁹ Quanto ao de passos miúdos, de quem dissestes: 'Será uma presa', e quanto a vossos filhos, que não conheceram nem o dia bom nem o dia mau, eles entrarão ali. A eles darei a terra, e tomarão posse dela. ⁴⁰ Mas, vós, retrocedei em vosso favor e parti na direção do deserto, caminho do mar dos Juncos!" ⁴¹ Então respondestes e me dissestes: "Pecamos contra o SENHOR. Nós subiremos e combateremos conforme tudo o que o SENHOR, nosso Deus, nos ordenou". E cada homem cingiu-se com armas de guerra, e vos preparastes para subir o monte. ⁴² O SENHOR, porém, me disse: "Dize-lhes: 'Não subais e não façais guerra, porque não estou no meio de vós! Sereis derrotados diante de vossos inimigos'". ⁴³ Assim vos falei, mas não escutastes e vos rebelastes contra o que o SENHOR disse; fostes arrogantes e subistes o monte. ⁴⁴ Os amorreus, que habitavam naquele monte, saíram a vosso encontro e vos perseguiram como fazem as abelhas e vos abateram desde Seir até Horma. ⁴⁵ Então voltastes e chorastes diante do SENHOR; mas o SENHOR não escutou vossa voz e não vos deu ouvidos. ⁴⁶ E habitastes por muitos dias em Cades, conforme os muitos dias que ali habitastes.

Passagem pacífica pela Transjordânia

2 ¹ Então nos movemos e partimos na direção do deserto, no caminho do mar dos Juncos, conforme me falou o SENHOR, e contornamos,

---

2,1-13 O prelúdio das primeiras conquistas na Transjordânia está marcado por duas proibições de combate, seguidas de justificativas dadas pelo Senhor. Os filhos de Israel não podem atacar Edom em razão dos favores concedidos a Esaú (Gn 32,4). Moab e Amon também foram favorecidos por descenderem de Ló (Gn 19,30-38); em contrapartida, os filhos de Israel devem atacar Seon, rei de Hesebon, e Og, rei de Basã, porque o Senhor os entregou em suas mãos. Nm 20,14-21 traz uma tradição diferente e afirma que Edom recusou a proposta e saiu para combater os filhos de Israel, que mudaram a rota. Nm 22,2–24,25 apresenta, também, uma tradição diferente em relação a Moab.

385

DEUTERONÔMIO 2

por muitos dias, o monte Seir. **2** O SENHOR me disse: **3** "Já contornastes demasiadamente esse monte; movei-vos para o norte, e **4** ordena ao povo, dizendo: 'Vós estais passando pela fronteira de vossos irmãos, os filhos de Esaú, habitantes em Seir; eles vos temerão, mas guardai-vos! **5** Não os provoqueis, porque não vos darei a terra deles, nada do caminho calcado a pé, porque, como posse, dei a Esaú o monte Seir. **6** Com prata comprareis o alimento deles que comereis e pagareis com prata pela água que beberies; **7** porque o SENHOR, teu Deus, te abençoou toda a obra de tuas mãos, pois conhece teu vagar por este grande deserto; o SENHOR, teu Deus, está contigo há quarenta anos, e não te faltou coisa alguma'". **8** Assim passamos por nossos irmãos, os filhos de Esaú, habitantes de Seir, desde o caminho da Arabá, de Elat e Asiongaber. Nós nos movemos e passamos pelo caminho do deserto de Moab. **9** Então o SENHOR me disse: "Não sities Moab e não entres em guerra contra eles, porque não te darei a posse da terra dele, pois dei a posse de Her aos filhos de Ló!" **10** Antes habitaram nela os emitas, povo grande e alto, como os enaquitas; **11** os refaítas eram, igualmente, considerados como os enaquitas, mas os moabitas os chamavam emitas. **12** Em Seir, antes habitaram os horitas, mas os filhos de Esaú os expulsaram e os suprimiram diante deles e habitaram no lugar deles, como Israel fez na terra de sua posse, que o SENHOR lhes deu. **13** "Agora, pois, ponde-vos de pé e passai a torrente de Zared!" Assim passamos a torrente de Zared.

Campanhas militares na Transjordânia

14 O tempo de peregrinação, de Cades Barne até que passamos a torrente de Zared, foi de trinta e oito anos, até que toda a geração dos homens de guerra fosse extinta do meio do acampamento, conforme o SENHOR lhes havia jurado. **15** A mão do SENHOR esteve contra eles para os eliminar do acampamento até que seu número se completasse. **16** E, quando se acabaram e morreram todos os homens de guerra do meio do povo, **17** o SENHOR me falou: **18** "Hoje, tu estás atravessando Her, a fronteira de Moab, **19** e te aproximarás diante dos filhos de Amon. Não os sitiarás e não os provocarás, porque não te darei a posse da terra dos filhos de Amon, pois a dei por posse aos filhos de Ló". **20** Esta terra também foi considerada dos refaítas que nela habitaram, mas os amonitas a chamavam de zonzomitas, **21** povo grande e alto, como os enaquitas. O SENHOR, porém, os suprimiu diante deles, pois os desapossaram e, no lugar deles, habitaram. **22** Como fez aos filhos de Esaú, os habitantes de Seir, quando diante deles suprimiu os horitas: desapossaram-nos e permaneceram no lugar deles até hoje. **23** E os aveus, que habitavam nos vilarejos até Gaza,

---

2,14-25 O autor fez acréscimos para explicar como os filhos de Esaú e os amonitas tomaram posse de seu território. Gn 14,5 narra a derrota dos refaítas. Dt 3,11.13 afirma que o território continuou conhecido pela fama dos refaítas. Esta nota continua em Dt 2,20-23, e o versículo 12 indica o modo como se deu a posse de Canaã pelos filhos de Israel.

DEUTERONÔMIO 2–3

os caftoreus, saídos de Caftor, os suprimiram e habitaram em seu lugar. ²⁴ "Ponde-vos de pé, parti e atravessai a torrente do Arnon! Vê, dou em tuas mãos o amorreu Seon, rei de Hesebon, e sua terra. Começa a tomar posse e contra ele provoca a guerra! ²⁵ Começarei, exatamente hoje, a infundir teu terror e teu temor diante dos povos que estão sob os céus; ouvirão tua fama, tremerão e se aterrorizarão diante de ti."

Vitória sobre o reino de Seon

²⁶ Então a Seon, rei de Hesebon, enviei mensageiros do deserto de Cedimot com palavras de paz, dizendo: ²⁷ "Desejo atravessar tua terra, andarei reto pelo caminho, não me desviarei para a direita ou para a esquerda. ²⁸ Por prata me venderás a comida que comerei e a água que me darás para beber. Tão somente que eu atravesse com meus pés ²⁹ – como me fizeram os filhos de Esaú, habitantes em Seir, e os moabitas, habitantes em Her –, até que eu tenha atravessado o Jordão, rumo à terra que o SENHOR, nosso Deus, está dando para nós". ³⁰ Mas Seon, rei de Hesebon, não quis nos deixar atravessar por ele; porque o SENHOR, teu Deus, se obstinou em seu espírito e endureceu o coração dele, para entregá-lo em tuas mãos, como neste dia. ³¹ Então o SENHOR me disse: "Vê, a ti comecei a dar Seon e sua terra! Começa a tomar posse de sua terra!" ³² Então Seon saiu para combater-nos pela guerra em Jasa, ele e todo o seu povo. ³³ O SENHOR, nosso Deus, o entregou a nós, e o ferimos, com seus filhos e todo o seu povo. ³⁴ Naquele tempo, tomamos todas as suas cidades e, em cada cidade, consagramos os homens, as mulheres e os de passos miúdos; não deixamos ficar um resto; ³⁵ apenas ficamos com os animais e o butim das cidades que tomamos para nós. ³⁶ Desde Aroer, que está à margem da torrente do Arnon, e a cidade que está no vale, até Galaad, não houve um obstáculo que fosse páreo para nós. O SENHOR, nosso Deus, pôs tudo à nossa frente. ³⁷ Somente da terra dos filhos de Amon não te aproximaste, nem da margem da torrente do Jaboc, nem das cidades do monte. Tudo foi feito como nos ordenou o SENHOR, nosso Deus.

Vitória sobre o reino de Og

3 ¹ Então nos movemos e subimos pelo caminho de Basã, mas Og, seu rei, saiu para nos enfrentar pela guerra, ele e todo o seu povo

---

2,26-37 A proposta de Moisés a Seon foi de paz e não condiz com a ordem de ataque dada pelo Senhor. A justificativa aparece no versículo 30 e faz recordar a obstinação do faraó (Ex 9,12; 10,20; 11,27). Segundo Nm 21,21, Israel é quem envia os mensageiros a Seon com a proposta de passagem pacífica pelo território.

3,1-11 A narrativa da vitória sobre Og segue o modelo da vitória precedente sobre Seon. As grandes dimensões do leito de Og, aproximadamente quatro metros de comprimento por dois de largura, servem para fundamentar a notícia de que ele foi o último descendente dos refaítas, mas servem, principalmente, para exaltar o Senhor, que derruba os poderosos de seus tronos e eleva os humildes. É uma lição que os filhos de Israel não devem esquecer.

Deuteronômio 3

em Edrai. **2** O SENHOR, porém, me disse: "Não o temerás, porque o dei em tuas mãos, todo o seu povo e a sua terra. Farás a ele como fizeste a Seon, rei dos amorreus, habitante em Hesebon". **3** O SENHOR, nosso Deus, também deu Og, rei de Basã, em nossas mãos, com todo o seu povo, e o ferimos sem que dele ficasse um resto. **4** Naquele tempo, tomamos todas as suas cidades; não houve uma torre que não tomássemos deles: sessenta cidades, toda a região de Argob, reino de Og, em Basã. **5** Todas essas cidades eram fortificadas, com muralha forte, portas e ferrolhos. Além das numerosas cidades sem muros. **6** Consagramo-las como fizemos a Seon, rei de Hesebon, ao consagrarmos todas as cidades, os homens, as mulheres e os de passos miúdos; **7** mas pilhamos todos os animais e o butim dessas cidades. **8** Assim, naquele tempo, tomamos a terra das mãos dos dois reis dos amorreus, que estavam do outro lado do Jordão, desde a torrente do Arnon até o monte Hermon **9** – os sidônios chamam o Sarion de Hermon, e os amorreus o chamam de Sanir –; **10** todas as cidades do planalto, todo Galaad e todo Basã, até Salca e Edrai, cidades do reino de Og, em Basã; **11** porque apenas Og, rei de Basã, foi que restou dentre os refaítas. Eis que seu leito era um leito de ferro. Não está ele em Rabá, cidade dos filhos de Amon? Tem nove côvados de comprimento e quatro côvados de largura, em côvados comuns.

Partilha do território

12 E naquele tempo possuímos esta terra, desde o Aroer, que está sobre o Arnon; metade do monte de Galaad e suas cidades dei aos rubenitas e aos gaditas. **13** O resto de Galaad e todo Basã, reino de Og, dei para a metade da tribo de Manassés: toda a região de Argob; todo Basã era chamado de terra dos refaítas. **14** Jair, filho de Manassés, tomou toda a região de Argob até a fronteira dos gessureus e dos maacateus, e os chamou por seu nome: aldeias de Basã de Jair, até este dia. **15** E, para Maquir, dei Galaad. **16** Aos rubenitas e aos gaditas dei Galaad até a torrente do Arnon – a fronteira estava na metade da torrente –, até o Jaboc. A torrente fronteira dos filhos de Amon, **17** assim como a Arabá e o Jordão. A fronteira era desde Quineret até o mar da Arabá, o mar do Sal,

---

3,12-22 Moisés, pela conquista da Transjordânia e pela partilha desse território entre Rúben, Gad e a meia tribo de Manassés, não saiu diminuído em relação a Josué (vv. 21-22), cuja missão, ao passar o Jordão, será conquistar e dividir a terra entre as tribos (Js 1,1-9). Fica estabelecida a continuidade: Moisés iniciou a conquista, e Josué a levou a pleno cumprimento. Como o Senhor fez com Moisés, fará igualmente com Josué (Js 1,1-9). Essa tradição da conquista da Transjordânia difere da narrada em Nm 32, onde não há o apelo dos rubenitas e gaditas dirigido a Moisés. Permanece, porém, a condição de que devem ajudar seus irmãos a conquistar a Cisjordânia. Assim, todo o povo participa da conquista, mas só o Senhor tem a última palavra sobre a terra e sobre sua divisão entre as tribos. O estabelecimento de mulheres, crianças e animais é um sinal de que a posse, além de garantida, foi segura, sem ameaças, pois os antigos habitantes e seus respectivos reis foram consagrados ao extermínio.

abaixo das encostas do Fasga, na direção do oriente. **18** Naquele tempo, ordenei-vos: "O Senhor, vosso Deus, deu-vos esta terra para possuí-la. Passareis armados diante de vossos irmãos, os filhos de Israel, todo o exército. **19** Somente vossas mulheres, vossos de passos miúdos e vossos animais, sei que há para vós muitos animais, habitarão em vossas cidades, que vos dei, **20** até que o Senhor faça descansar, como a vós, vossos irmãos, e também eles possuam a terra que o Senhor, vosso Deus, está lhes dando do outro lado do Jordão. Então cada um retornará para sua posse, que vos dei". **21** E, naquele tempo, ordenei a Josué: "Teus olhos viram tudo o que o Senhor, vosso Deus, fez a esses dois reis. Assim fará o Senhor a todos os reinos que atravessares. **22** Não os temas, porque o Senhor, vosso Deus, ele é quem combate por vós!"

Apelo de Moisés

23 Naquele tempo, supliquei o favor do Senhor: **24** "Senhor, meu Senhor, tu começaste a mostrar a teu servo tua grandeza e tua mão forte. Que Deus, nos céus e na terra, é capaz de fazer tuas obras e tuas façanhas? **25** Desejo passar e ver, por favor, a boa terra que está além do Jordão, este belo monte e o Líbano". **26** O Senhor, porém, irou-se contra mim por vossa causa e não me ouviu. Então o Senhor me disse: "Basta! Não continues mais a falar comigo sobre esta coisa! **27** Sobe ao cume do Fasga, levanta teus olhos para o oeste e para o norte, para o sul e para o leste, e vê com teus olhos, porque não passarás este Jordão! **28** Ordena a Josué, fortifica-o e firma-o, porque ele é quem atravessará diante deste povo, e ele os fará herdar a terra que verás!" **29** E habitamos no vale, defronte de Bet-Fegor.

Exortações à obediência

4 **1** E agora escuta, ó Israel, os decretos e os juízos que eu vos ensino a praticar, a fim de que vivais, entreis e tomeis posse da terra que o

---

3,23-29 Moisés dirige ao Senhor uma súplica em favor próprio. Esta súplica está baseada na fidelidade do Senhor à sua palavra e na participação de Moisés em seus planos divinos. Moisés exalta o Senhor e sua grandeza, mas não o convence, pois o Senhor não é como o ser humano, que se deixa corromper e se comover por elogios. A resposta negativa do Senhor é mitigada pela visão da terra concedida a Moisés do cume do Fasga. Três temas estão presentes na narrativa: a entrada negada, a visão da terra e a nomeação de Josué como sucessor de Moisés. Esses temas, cuja narrativa será retomada em Dt 31,1, mostram a importância e o valor da vocação e da missão de Moisés, feitas de obediência ao Senhor e de serviço ao povo, que deve aprender a obedecê-lo como seu líder. Josué, além de ser instruído a ser firme, forte e corajoso, assume a mesma condição de servo obediente.

4,1-40 Esta fala pode ser subdividida em três partes: prólogo (vv. 1-8), exortação (vv. 9-31) e epílogo (vv. 32-40).

4,1-8 A vida e a sentença que pesa sobre Moisés servem de exemplos para o povo, a fim de que este aprenda a obedecer ao Senhor de forma incondicional, tome posse da terra e viva.

DEUTERONÔMIO 4

SENHOR, Deus de vossos pais, vos dá! ² Nada acrescentareis sobre a palavra que eu vos ordeno e dela nada tirareis, a fim de observar os mandamentos do SENHOR, vosso Deus, que eu vos ordeno. ³ Vossos olhos viram o que o SENHOR fez a Baal-Fegor, porque todo homem que andou atrás de Baal-Fegor, o SENHOR, teu Deus, o suprimiu. ⁴ Mas vós, que aderistes ao SENHOR, vosso Deus, hoje estais todos vivos. ⁵ Vê! Ensinei-vos decretos e juízos como me ordenou o SENHOR, meu Deus, para assim se praticar no meio da terra que vós entrais para tomar posse dela. ⁶ Observareis e praticareis, pois nisto está vossa sabedoria e vossa inteligência aos olhos dos povos, que escutarão todos esses decretos e dirão: "Eis que esta nação é um povo sábio e inteligente". ⁷ Com efeito, qual nação é tão grande, com deuses tão próximos dela, como o SENHOR, nosso Deus, em tudo o que nós o invocamos? ⁸ Qual é a nação grande que tenha decretos e juízos justos como é toda esta instrução que eu estou colocando hoje diante de vós?

⁹ Tão somente observa a ti mesmo e observa muito teu respiro, a fim de que não esqueças as coisas que viram teus olhos e não se distanciem de teu coração todos os dias de tua vida! Ensina-as a teus filhos e aos filhos de teus filhos! ¹⁰ Um dia estiveste de pé diante do SENHOR, teu Deus, no Horeb, quando o SENHOR me disse: "Reúne para mim o povo, pois os farei ouvir minhas palavras! Que aprendam a me temer todos os dias que eles vivam sobre o solo e façam seus filhos aprenderem!" ¹¹ Então vos aproximastes e ficastes ao pé do monte. E o monte ardia em fogo até o centro dos céus; trevas, nuvens e escuridão. ¹² Então o SENHOR vos falou do meio do fogo. Vós escutastes o som das palavras, mas não vistes nenhuma imagem, apenas o som. ¹³ E vos declarou sua aliança, sendo que vos ordenou praticar as dez palavras, e as escreveu sobre duas placas de pedra. ¹⁴ E, naquele tempo, o SENHOR me ordenou a vos ensinar decretos e juízos para que vós os praticásseis na terra que vós estais atravessando para dela tomardes posse. ¹⁵ Muita atenção com vossas almas, porque não vistes imagem alguma no dia em que o SENHOR, vosso Deus, vos falou no Horeb, do meio do fogo. ¹⁶ Não vos corrompais e não façais, para vós, uma imagem esculpida de nenhuma coisa, imitação de homem ou mulher, ¹⁷ imitação de nenhum animal que há na terra,

---

O passado relembrado serviu de base para a fala de Moisés que se concentra no presente, em função do futuro dos que nasceram no deserto e atravessarão o Jordão para tomar posse da terra. A locução "escuta, ó Israel" (v. 1) aparece pela primeira vez no livro e equivale a "obedece, ó Israel" (Dt 5,1; 6,4; 9,1; 20,3; 27,9).

4,9-31 O conhecimento do conjunto legislativo deve determinar o comportamento de todo o povo. Assim, os filhos de Israel testemunham que aderiram ao Senhor. Os termos "aliança" (vv. 13.23.30) e "dez palavras" (v. 13) são centrais, pois se ligam à revelação do Senhor no Horeb e preparam a enumeração do Decálogo (Dt 5,1-22). A proibição de fazer imagens serve para fundamentar a lógica da retribuição: bênção para quem obedece, castigo para quem desobedece (Dt 27,1–28,69). A base de toda a argumentação é a grandeza do Senhor.

DEUTERONÔMIO 4

imitação de nenhum pássaro que voa nos céus, **18** imitação de nenhum réptil que se arrasta sobre o solo, imitação de nenhum peixe que há nas águas, debaixo da terra! **19** Ao levantares teus olhos para o céu e ao vires o sol, a lua, as estrelas e todo o exército dos céus, que tu não sejas atraído e a eles te prostres e lhes sirvas, porque o SENHOR, teu Deus, os dividiu entre todos os povos que estão debaixo dos céus! **20** Como neste dia, pois, o SENHOR vos tomou e vos fez sair da fornalha de ferro, do meio do Egito, para ser para ele como o povo de sua herança. **21** O SENHOR, porém, irou-se comigo por vossa causa e jurou que eu não atravessarei o Jordão e que não entrarei para a boa terra que o SENHOR, teu Deus, te dá como herança. **22** Porque eu morrerei nesta terra, não atravesso o Jordão. Vós, porém, atravessareis e possuireis esta boa terra. **23** Sede atentos a vós mesmos, não esqueçais a aliança que o SENHOR, vosso Deus, fez convosco, fazendo para vós uma imagem esculpida de qualquer coisa, segundo te ordenou o SENHOR, teu Deus! **24** Porque o SENHOR, teu Deus, é um fogo devorador, é um Deus ciumento. **25** Quando gerardes filhos e netos, envelhecerdes na terra, vos corromperdes e fizerdes uma escultura, uma imagem qualquer, e fizerdes o mal aos olhos do SENHOR, teu Deus, para o irritar **26** – hoje testemunham contra vós os céus e a terra –, certamente perecereis rápido sobre a terra, vós que atravessareis o Jordão para possuí-la. Não prolongareis os dias sobre ela, porque certamente sereis suprimidos. **27** O SENHOR vos dispersará entre os povos, e restarão poucos varões entre as nações, para onde o SENHOR vos conduzir. **28** Lá, servireis a deuses, obra das mãos do ser humano, de madeira e de pedra, que não veem, não ouvem, não comem e não cheiram. **29** Então, de lá, buscarás o SENHOR, teu Deus, e o encontrarás, se o buscardes de todo o teu coração e de toda a tua alma. **30** Em tua angústia, todas essas palavras te encontrarão, e, nos últimos dias, voltarás ao SENHOR, teu Deus, e ouvirás sua voz, **31** porque um Deus misericordioso é o SENHOR, teu Deus; não te abandonará, não te extinguirá e não esquecerá a aliança que jurou a teus pais.

32 Pergunta, pois, sobre os dias antigos que te precederam, desde o dia em que Deus criou o ser humano sobre a terra, de uma a outra extremidade dos céus! Houve uma coisa tão extraordinária como esta? Ouviu-se coisa semelhante? **33** Acaso um povo ouviu a voz de Deus falando do meio do fogo, como tu ouviste, e viveu? **34** Ou acaso provou um Deus ir e tomar para si uma nação do meio das nações, com provas, sinais, portentos, com guerras e com mão forte e braço estendido, com grandes espantos, como fez o SENHOR, vosso Deus, por vós no Egito diante de teus olhos? **35** A ti foi feito ver e saber que o SENHOR, ele é Deus e não há outro fora dele. **36** Dos céus te fez ouvir sua voz para te corrigir e sobre a

---

4,32-40 Nada do que existe nos céus, sobre e sob a terra pode se igualar ou representar o Senhor. Os filhos de Israel, cumprindo a vontade divina, tornam-se sua eloquente imagem entre os povos. Visto que não há Deus como o Senhor, não haverá povo como Israel.

Deuteronômio 4

terra te fez ver seu grande fogo, e ouviste suas palavras do meio do fogo. **37** Porque amou teus pais, escolheu a descendência deles depois deles e, pelo grande poder dele, diante dele te fez sair do Egito: **38** para despojar grandes povos, mais fortes que tu; para te fazer entrar e para te dar, por herança, a terra deles, como neste dia. **39** Reconhece, hoje, e considera em teu coração que o SENHOR, só ele, é Deus e que não há outro acima dos céus e embaixo sobre a terra! **40** Portanto, observa seus decretos e seus mandamentos que hoje te ordeno, para que haja um bem para ti e para teus filhos depois de ti e para que teus dias se prolonguem sobre o solo que o SENHOR, teu Deus, te dá todos os dias.

Cidades de refúgio

41 Moisés, então, separou três cidades além do Jordão, do lado oriental, **42** para que nelas se refugiasse o homicida que involuntariamente e sem ódio premeditado matasse seu próximo. Assim ele se refugiará e sobreviverá em uma destas cidades: **43** Bosor, no deserto, na terra alta, para os rubenitas; Ramot, em Galaad, para os gaditas; e Golã, em Basã, para os manasseítas.

SEGUNDO DISCURSO DE MOISÉS

Introdução

44 Esta é a instrução que Moisés expôs diante dos filhos de Israel. **45** Estas são as normas, os decretos e os juízos que Moisés falou aos filhos de Israel, quando saíram do Egito, **46** do outro lado do Jordão, no vale defronte a Bet-Fegor, na terra de Seon, rei dos amorreus, que residia em Hesebon. Moisés e os filhos de Israel o haviam ferido quando saíram do Egito **47** e haviam tomado posse de sua terra e da terra de Og, rei de Basã; os dois reis amorreus que estavam do lado oriental do Jordão, **48** desde Aroer, que está na margem da torrente do Arnon, até o monte Sion, que é o Hermon, **49** e toda a Arabá, ao oriente do Jordão, até o mar da Arabá, nas encostas do Fasga.

4,41-43 A desobediência cometida ocasionou a permanência no deserto por quarenta anos (Nm 13,25–14,38). De alguma forma, o deserto se tornou um refúgio para os filhos de Israel. Esta última fala de Moisés aproxima a história da vida que não deixa de ser uma peregrinação. Assim, como conquistou e dividiu a Transjordânia, Moisés provê as cidades de refúgio para o homicida involuntário, a fim de que este não seja tratado, pela lei do talião, como um criminoso. A base disso é a legislação recebida no Horeb (Ex 21,12-14).

4,44-49 O versículo 45 serve de transição, pois encerra o primeiro discurso e lança as bases do segundo, introduzido pelos versículos 46-49. A lei que Moisés transmite e ensina aos filhos de Israel tem seu lugar antes da entrada na terra e de sua tomada. Em sua base, estão os episódios fundamentais: a saída do Egito, a vitória sobre os dois reis amorreus e a ocupação do território deles. O "oriente do Jordão" é a Transjordânia (v. 49).

DEUTERONÔMIO 5

Decálogo

5 ¹ Moisés chamou todo Israel e lhe disse: "Escuta, ó Israel, os decretos e os juízos que eu, hoje, falo a vossos ouvidos! Que os aprendais e os observeis, a fim de praticá-los! ² O SENHOR, nosso Deus, selou conosco uma aliança no Horeb. ³ Não foi com nossos pais que o SENHOR selou esta aliança, mas foi conosco, todos os que, hoje, aqui estamos vivos. ⁴ Face a face o SENHOR falou convosco no monte, do meio do fogo. ⁵ Eu, naquele tempo, estava de pé entre o SENHOR e vós, para narrar-vos a palavra do SENHOR, porque temestes o fogo e não subistes o monte, quando ele disse: ⁶ 'Eu sou o SENHOR, teu Deus, que te fiz sair da terra do Egito, de uma casa de escravos. ⁷ Não existirão para ti, além de mim, outros deuses. ⁸ Não farás para ti uma escultura, imagem alguma do que está nos céus, em cima, do que está na terra, embaixo, ou do que está nas águas, embaixo da terra. ⁹ Não te prostrarás diante delas e não lhes servirás, porque eu sou o SENHOR, teu Deus, um Deus ciumento: puno a culpa dos pais sobre os filhos, até a terceira e a quarta geração dos que me odeiam, ¹⁰ mas trato com favor a milhares, aos que me amam e guardam meus mandamentos.

¹¹ Não farás uso do nome do SENHOR, teu Deus, em vão, porque o SENHOR não inocentará quem usa em vão o nome dele.

¹² Guardarás o dia do sábado para santificá-lo, como te ordenou o SENHOR, teu Deus. ¹³ Seis dias trabalharás e farás toda a tua obra, ¹⁴ mas o sétimo dia é repouso para o SENHOR, teu Deus. Tu não farás obra alguma, nem teu filho, nem tua filha, nem teu escravo, nem tua escrava, nem teu boi, nem teu jumento, nem nenhum animal teu, nem teu imigrante que está dentro de teus portões, para que, como tu, repousem teu escravo e tua escrava. ¹⁵ Lembra-te de que foste escravo na terra do Egito e de que o SENHOR, teu Deus, te fez sair de lá com mão forte e braço teso! Por isso, o SENHOR, teu Deus, te ordenou a observar o dia do sábado.

¹⁶ Honra teu pai e tua mãe, como te ordenou o SENHOR, teu Deus, para que se prolonguem teus dias e para que te beneficie o solo que o SENHOR, teu Deus, te dá!

¹⁷ Não matarás.

¹⁸ Não adulterarás.

¹⁹ Não roubarás.

5,1-22 O Decálogo, pronunciado e escrito pelo próprio Senhor, está emoldurado pelas palavras de Moisés em tom exortativo (vv. 1-5.22). A teofania é um elemento central: por um lado, serve para exaltar a grandeza do Senhor; por outro, serve para evidenciar o papel mediador de Moisés. O êxodo do Egito, ação libertadora do Senhor que atesta sua fidelidade, motiva e determina as relações humanas pautadas na justiça e no direito. A referência à assembleia evoca o caráter social da aliança, sentido da norma e da obediência. À diferença de Ex 20,2-17, esta versão do Decálogo evidencia o sábado como ponto central da relação do Senhor com os filhos de Israel, pois destaca a família, o próximo e os animais, dando relevo à cobiça que envolve a mulher do próximo e seus bens.

DEUTERONÔMIO 5

²⁰ Não darás um falso-testemunho contra teu próximo.

²¹ Não desejarás a mulher de teu próximo e não desejarás a casa de teu próximo, nem seu campo, nem seu escravo, nem sua escrava, nem seu boi, nem seu jumento e nada do que é de teu próximo'.

²² Essas são as palavras que o SENHOR falou à vossa assembleia com voz forte no monte, do meio do fogo, da nuvem e da escuridão. Nada acrescentou. Escreveu-as sobre duas placas de pedra e deu-as para mim'.

Mediação profética de Moisés

²³ Quando ouvistes a voz do meio da escuridão e que o monte estava ardendo no fogo, viestes a mim: todos os chefes de vossas tribos e vossos anciãos. ²⁴ Dissestes: 'Eis que o SENHOR, nosso Deus, nos fez ver sua glória e sua grandeza, e ouvimos sua voz do meio do fogo. Neste dia, vimos que Deus fala com o ser humano, e este permanece vivo. ²⁵ Então por que morreremos? Realmente, este grande fogo nos devorará. Morreremos, pois, caso continuarmos a ouvir a voz do SENHOR, nosso Deus. ²⁶ De fato, que ser carnal ouviu a voz do Deus vivo, que fala do meio do fogo, e está vivo como nós? ²⁷ Aproxima-te, tu, e escuta tudo o que dirá o SENHOR, nosso Deus! Tu nos falarás tudo o que o SENHOR, nosso Deus, te falará. Escutaremos e agiremos'. ²⁸ Ao falardes assim comigo, o SENHOR escutou a voz de vossas palavras. E o SENHOR me disse: 'Escutei a voz das palavras desse povo e o que a ti falaram. Tudo o que falaram está bem. ²⁹ Quem dera, para eles, isto fosse do coração deles: temer-me e, todos os dias, observar todos os meus mandamentos. Assim seria sempre um bem para eles e para seus filhos. ³⁰ Vai e dize-lhes: 'Voltai para vossas tendas!' ³¹ Tu, porém, permanece de pé aqui comigo! Vou te falar cada mandamento, os decretos e os juízos, os quais deverás ensinar. Então agirão na terra que eu lhes dou, para dela tomarem posse. ³² Observai e praticai conforme vos ordenou o SENHOR, vosso Deus! Não vos distanciareis para a direita ou para a esquerda. ³³ Andai no caminho que o SENHOR, vosso Deus, vos ordenou, para que vivais e seja um bem para vós, e prolongueis vossos dias na terra que possuireis!

5,23-33 O temor apodera-se do povo diante da manifestação portentosa do Senhor e torna-se a razão para Moisés ser confirmado em seu papel de mediador. "Ver", "ouvir", "falar" e "observar" são verbos que possuem conotação profética. Por isso, é notória a tensão entre o versículo 24 e o 25. Por um lado, o povo reconhece que ouvir a voz do Senhor, seu Deus, não lhe causa a morte; mas, por outro, teme morrer se a continuar ouvindo. Nesse ponto, o povo recua diante de sua condição profética. A aliança, ratificada pelo Decálogo e explicitada pelos mandamentos, decretos e juízos, estabelece seu caráter profético. Percebe-se que a instrução, para ser obedecida, deve ser ensinada e considerada fonte de vida.

DEUTERONÔMIO 6

Amor a Deus

6 ¹ Este é o mandamento – os decretos e os juízos – que o SENHOR, vosso Deus, me ordenou para vos ensinar, para ser praticado na terra que vós atravessareis, a fim de possuí-la. ² Por isso, temerás o SENHOR, teu Deus, ao observar todos os seus decretos e mandamentos, que eu te ordeno: tu, teu filho e o filho de teu filho, por todos os dias de tua vida, para que teus dias se prolonguem. ³ Escuta, ó Israel, observa para praticar, a fim de que seja um bem para ti, e de que muito vos multipliqueis na terra em que escorre leite e mel, como te falou o SENHOR, o Deus de teus pais.

Maior mandamento

⁴ Escuta, ó Israel: o SENHOR, nosso Deus, o SENHOR é único. ⁵ Amarás o SENHOR, teu Deus, com todo o teu coração, com toda a tua alma e com todo o teu vigor. ⁶ Estas palavras, que hoje eu te ordeno, estarão sobre teu coração. ⁷ Para teus filhos as repetirás e delas falarás ao sentares em tua casa, ao andares pelo caminho, ao te deitares e ao te levantares. ⁸ Tu as ligarás à tua mão como um sinal, e serão como um filactério entre teus olhos. ⁹ E as escreverás sobre os batentes de tua casa e em teus portões. ¹⁰ Quando o SENHOR, teu Deus, te fizer entrar na terra que jurou dar a teus pais Abraão, Isaac e Jacó, cidades grandes e boas que não construíste, ¹¹ casas plenas de todos os bens que não encheste, poços que não escavaste, vinhas e olivais que não plantaste, quando comeres e ficares saciado. ¹² Guarda-te! Não te esqueças do SENHOR, que te fez sair da terra do Egito, de casa de escravos! ¹³ Temerás o SENHOR, teu Deus, a ele servirás e em seu nome jurarás. ¹⁴ Não andareis atrás de outros deuses, dentre os deuses dos povos que estão a vosso redor, ¹⁵ porque o SENHOR, teu Deus, que está em teu meio, é um Deus ciumento! Que não se inflame a ira do SENHOR, teu Deus, contra ti! Que não te suprima de sobre

---

6,1-3 A observância dos mandamentos, decretos e juízos está associada ao temor do Senhor e diz respeito ao que é o mais importante na lei, enquanto identifica o povo que lhe pertence.

6,4-25 A declaração é uma profissão de fé, síntese teológica e espiritual que evoca a revelação contida em Ex 3,14. A fidelidade exigida está baseada na unicidade do Senhor e em seu grande feito: a libertação do Egito. As palavras sobre o coração (v. 6) aludem à lei escrita na carne e não mais sobre placas de pedra (Ez 36,26-29). As palavras na frente dos olhos permitem discernir o caminho justo (Sl 1), nos braços indicam a força que dela deriva e sobre os umbrais e portas da casa evocam a pertença (vv. 8-9). O Senhor havia prometido a terra aos pais, mas a alusão a cidades, casas, poços, vinhas e olivais denota que o povo herda uma realidade acima do próprio dom. Está em jogo a felicidade, motivo suficiente para que Israel não se deixe seduzir por outras divindades. A experiência de libertação dos pais deve ser transmitida para as futuras gerações (Ex 13,14-15; Js 4,6-7.21-24). O versículo 16 evoca Ex 17,7 e desse modo se aprende a via da fidelidade. A permissão de jurar no nome do Senhor, no versículo 13, chama a atenção (Ex 20,7; Dt 5,11).

DEUTERONÔMIO 6–7

a face do solo! **16** Não tentareis o Senhor, vosso Deus, como o tentastes em Massá! **17** Em verdade, observareis os mandamentos do Senhor, vosso Deus, seus testemunhos e seus decretos que te ordenou! **18** Farás o que é correto e bom aos olhos do Senhor, para que seja bom para ti, para que entres e tomes posse da boa terra que o Senhor jurou a teus pais, **19** para que expulses todos os teus inimigos diante de ti, conforme falou o Senhor. **20** Quando teu filho te perguntar depressa: 'Que são estes testemunhos, decretos e juízos que o Senhor, nosso Deus, vos ordenou?', **21** então dirás a teu filho: 'Fomos escravos do faraó no Egito, mas o Senhor nos fez sair do Egito com mão forte. **22** A nossos olhos, o Senhor realizou sinais e portentos, grandes e danosos, contra o Egito, contra o faraó e contra toda a sua casa. **23** E nos fez sair de lá para nos fazer entrar e nos dar a terra que jurou dar a nossos pais. **24** O Senhor ordenou-nos praticar todos esses decretos e temer o Senhor, nosso Deus, para nos beneficiar todos os dias e nos fazer viver como neste dia. **25** Será justiça para nós se observarmos e praticarmos todo este mandamento diante do Senhor, nosso Deus, conforme nos ordenou'.

Israel diante das nações

7 **1** Quando o Senhor, teu Deus, te fizer entrar na terra, onde tu estás adentrando para possuí-la, e tiver expulsado de tua frente nações numerosas – os heteus, os gergeseus, os amorreus, os cananeus, os ferezeus, os heveus e os jebuseus, sete nações mais numerosas e mais potentes do que tu –, **2** o Senhor, teu Deus, as entregará a ti e as ferirás. Verdadeiramente, as votarás ao anátema. Não farás com elas uma aliança e delas não terás piedade. **3** Não as desposarás. Não darás tua filha ao filho delas e não tomarás a filha delas para teu filho, **4** pois de mim afastariam teu filho e ambos serviriam a outros deuses. A ira do Senhor arderia contra vós e rapidamente te suprimiria. **5** Ao contrário, assim lhes farás: demolireis seus altares, despedaçareis suas estelas, partireis seus totens e queimareis suas imagens entalhadas no fogo, **6** porque, para o Senhor, teu Deus, tu és um povo santo. O Senhor, teu Deus, escolheu a ti para ser o povo dele, propriedade dentre todos os povos que estão sobre a face do solo.

7,1-10 O tema da fidelidade absoluta ao Senhor se amplia com a radical separação entre Israel e as outras nações. A proibição das relações, por vínculo matrimonial com as sete nações citadas, quer assegurar a aliança de Israel com o Senhor. Esta será um critério decisivo para julgar a atitude dos líderes do povo, em particular da monarquia (1Rs 11,1-13), e servirá de base para as reformas de Esdras e Neemias, visando à pureza legal (Esd 9,1–10,44; Ne 13,23-27). A destruição dos lugares de culto, das imagens e de tudo que se liga às divindades de Canaã coaduna-se bem com a proibição de Dt 5,8-10. O objetivo é afastar todas as possibilidades de idolatria que ferem Dt 6,4. A obediência à ordem do Senhor é a garantia de que Israel, ainda que menos numeroso, será bem-sucedido ao tomar posse da terra, porque é objeto do amor do Senhor.

DEUTERONÔMIO 7

⁷ O SENHOR se afeiçoou a vós e vos escolheu, não porque sois o mais numeroso dentre os povos, mas porque sois o menor dentre todos os povos. ⁸ Porque o SENHOR vos tinha amor e observava o juramento que jurara a vossos pais, o SENHOR vos fez sair com mão forte e te resgatou de uma casa de escravos, da mão do faraó, rei do Egito. ⁹ Saberás, pois, que o SENHOR é teu Deus. Ele é Deus, o Deus fiel, que observa a aliança e a graça, por mil gerações, aos que o amam e observam seus mandamentos. ¹⁰ No entanto, restitui pessoalmente aos que o odeiam, para fazê-los perecer. Não é moroso ao que o odeia; pessoalmente o restitui.

Ordenanças e interditos

¹¹ Observarás o mandamento, os decretos e os juízos que hoje eu te ordeno, a fim de praticá-los. ¹² Se escutardes esses juízos, os observardes e praticardes, o SENHOR, teu Deus, observará a aliança e a graça por ti, porque jurou a teus pais. ¹³ Pois te amará, te abençoará e te multiplicará. Abençoará o fruto de teu ventre e o fruto de teu solo: teu trigo, teu mosto e teu óleo, a cria de tuas vacas e os gerados por tuas ovelhas sobre o solo que, a teus pais, jurou te dar. ¹⁴ Serás bendito mais do que todos os povos. Contigo não existirá infértil ou estéril entre teus animais.

¹⁵ O SENHOR afastará de ti toda a enfermidade e todas as moléstias horríveis do Egito que conheceste. Não as porá sobre ti, mas as dará aos que te odeiam. ¹⁶ Devorarás todos os povos que o SENHOR, teu Deus, te entregar; a teus olhos, não terás piedade deles e não servirás a seus deuses, porque isso seria um tropeço para ti. ¹⁷ Se cogitares em teu coração: 'Estas nações são mais numerosas do que eu. Como as poderei desapropriar?', ¹⁸ não tenhas medo delas! Lembra-te, veementemente, do que o SENHOR, teu Deus, fez ao faraó e a todos os egípcios: ¹⁹ as grandes provas que teus olhos viram, os sinais e os prodígios, a mão forte e o braço estendido, com os quais o SENHOR, teu Deus, te fez sair do Egito! Assim fará o SENHOR, teu Deus, a todos os povos diante dos quais tu temes. ²⁰ O SENHOR, teu Deus, também enviará contra eles vespas, até fazer perecer os remanescentes e os que se esconderem de tua face. ²¹ Não tremas diante deles, porque o SENHOR, teu Deus, está em teu meio, um Deus grande e terrível!

7,11-26 A fidelidade exigida acarreta as bênçãos sobre a forma de fecundidade do solo, dos animais e do ser humano e corresponde ao desejo do Criador para suas criaturas (Gn 1,22.28; 9,1). O que Israel foi em relação ao Egito e o que será em relação aos outros povos dependem da fidelidade às ordens do Senhor. O extermínio a ser praticado é justificado: o Senhor abomina a idolatria que os povos praticam na terra que lhe pertence (Lv 25,23). A prata e o ouro que revestem os ídolos (v. 25) são uma sedução a ser evitada. Isso antecipa e explica o que, na campanha de Josué, dará errado (Js 7,16-26). Esse critério se estenderá até o final de 2 Reis e servirá para explicar o pecado dos reis, que acarretará a destruição da Samaria (capital do reino do norte) e de Jerusalém (capital do reino do sul).

DEUTERONÔMIO 7–8

²² O SENHOR, teu Deus, pouco a pouco, expulsará essas nações diante de ti. Não as poderás exterminar rapidamente, pois contra ti se multiplicariam os animais do campo. ²³ O SENHOR, teu Deus, as entregará diante de ti e as confundirá com grande confusão até que elas sejam suprimidas. ²⁴ Entregará, em tua mão, seus reis, e tu farás perecer seus nomes sob os céus. Diante de ti, nenhum homem resistirá, até que os tenhas suprimido. ²⁵ Queimarás as esculturas de seus deuses no fogo. Não cobiçareis a prata ou o ouro que estão sobre elas. Nada tomarás para ti. Do contrário, tropeçarás no que é abominável ao SENHOR, teu Deus. ²⁶ Não farás entrar em tua casa algo abominável, porque serás exterminado como ele. Com firmeza, abominarás isso, e, veementemente, o detestarás, pois ele é destinado ao extermínio.

Educação no deserto

8 ¹ Todo mandamento que hoje eu te ordeno, observareis e praticareis, a fim de que vivais e vos torneis numerosos, entreis e tomeis posse da terra que o SENHOR jurou a vossos pais. ² Recorda-te de todo o caminho que o SENHOR, teu Deus, te fez andar, estes quarenta anos no deserto para te humilhar, para te provar, para saber o que estava em teu coração, se observarias ou não seu mandamento! ³ Ele te humilhou e te causou fome, mas te deu de comer o maná, que não conhecias nem o conheciam teus pais, para te fazer saber que não só de pão vive o ser humano, mas de tudo que sai da boca do SENHOR viverá o ser humano. ⁴ Sobre ti, tua veste não se gastou, e teu pé não inchou nestes quarenta anos. ⁵ Reconhece, pois, em teu coração que, como um homem corrige seu filho, o SENHOR, teu Deus, te estava corrigindo! ⁶ Observarás os mandamentos do SENHOR, teu Deus, para andar em seus caminhos e para temê-lo. ⁷ Porque o SENHOR, teu Deus, te fará entrar na terra boa, terra de torrentes de águas, de fontes e nascentes que brotam tanto no plano como no monte; ⁸ uma terra de trigo e de cevada, de videira, de figueira e de romãzeira, uma terra de oliveira de azeite e de mel, ⁹ uma terra na qual não comerás pão com parcimônia e na qual não sentirás falta de nada; uma terra cujas pedras são de ferro e de cujos montes retirarás o bronze. ¹⁰ Comerás, te saciarás e bendirás o SENHOR, teu Deus, pela terra boa que te deu.

¹¹ Sê atento e não te esqueças do SENHOR, teu Deus, deixando de observar seus mandamentos, seus juízos e seus decretos que hoje eu estou

---

8,1-20 Os versículos 1-6 contêm o enunciado fundamental que, por sua vez, é desenvolvido nos versículos 7-18. Caso não haja obediência, uma punição é anunciada nos versículos 19-20. Se o tempo do deserto esteve marcado pela penúria e por murmurações (Ex 15,22–18,27; Nm 10,11–22,1), o tempo futuro será marcado pela abundância na terra boa e fértil, na dependência da obediência à voz do Senhor. Por isso, é preciso exercitar a memória em dois sentidos: "lembrar" (vv. 2.18) e "não esquecer" (vv. 11.14.19).

te ordenando! **12** Comerás e te saciarás, construirás casas boas e habitarás; **13** teu gado graúdo e teu gado miúdo se tornarão numerosos, prata e ouro aumentarão para ti, e tudo que há para ti aumentará. **14** Que teu coração não se eleve! Que não te esqueças do S ENHOR, teu Deus, que te fez sair da terra do Egito, de uma casa de escravos; **15** que te fez andar pelo grande e terrível deserto, com serpente abrasadora e escorpião; no árido, onde não havia água, fez jorrar para ti água de rochedo de pederneira; **16** que te fez comer o maná no deserto, que teus pais não conheciam, para te humilhar e para te provar, e, após isso, para te fazer o bem! **17** Mas dirás em teu coração: 'Minha força e o vigor de minha mão me fizeram este portento'. **18** Que, pois, te recordes do S ENHOR, teu Deus! Realmente é ele quem te dá a força para realizar um portento, a fim de erguer, neste dia, sua aliança que jurou a teus pais. **19** Se, em verdade, te esqueceres do S ENHOR, teu Deus, e andares atrás de outros deuses, e, servindo-lhes, te prostrares diante deles, testemunho, hoje, contra vós que, certamente, perecereis. **20** Como as nações que o S ENHOR faz perecer diante de vós, assim perecereis, porque não escutastes a voz do S ENHOR, vosso Deus.

Fidelidade de Deus aos patriarcas

9 **1** Escuta, ó Israel! Tu estás atravessando, hoje, o Jordão, para entrar e conquistar nações grandes e mais fortes do que tu, cidades grandes e fortificadas até os céus, **2** um povo grande e alto, descendente dos enaquitas, que tu conheceste e dos quais tu ouviste: 'Quem resistiria aos filhos de Enac?' **3** Hoje, tomarás conhecimento de que o S ENHOR, teu Deus, passa à tua frente como um fogo que devora. Ele os exterminará e ele os submeterá a ti, de tal forma que tu os desapropriarás e rapidamente os destruirás, como o S ENHOR te falou. **4** Que não digas em teu coração, quando o S ENHOR, teu Deus, os expulsar de tua frente: 'Foi por minha justiça que o S ENHOR me fez entrar para possuir esta terra', mas é pela perversidade destas nações que o S ENHOR as desapropria diante de ti. **5** Não é por tua justiça nem pela retidão de teu coração que entrarás para possuir as terras deles, mas é pela perversidade destas nações que o S ENHOR, teu Deus, as desapropria diante de ti, com o intuito de exaltar a palavra que o S ENHOR, teu Deus, jurou a teus pais, Abraão,

9,1-29 A conquista da terra está associada à vitória sobre as nações que nela residem. A justiça do Senhor é que concede a vitória sobre os residentes, ao passo que as injustiças de Israel são colocadas como impertinência. A posse da terra não é um direito de Israel, mas sim a realização da vontade do Senhor, que fez promessas aos patriarcas. A rebelião evocada lembra Dt 5,1–6,3 e Ex 32–34. Pelo pecado de Aarão, a tribo de Levi carrega não uma sorte mas sim um peso. Sobressai a figura de Moisés como homem capaz de interceder e de fazer grandes sacrifícios pelo povo eleito. A assembleia (v. 10) é constituída em função da legislação promulgada (Dt 4,10; 10,4; 18,16). O profeta Elias fará uma experiência semelhante à de Moisés, mas sem jejum (1Rs 19,8).

DEUTERONÔMIO 9

Isaac e Jacó. **6** E saberás que não é por tua justiça que o SENHOR, teu Deus, te dá em herança esta terra boa para possuí-la, pois tu és um povo de dura cerviz. **7** Recorda-te! Não te esqueças de que provocaste a ira do SENHOR, teu Deus, no deserto, desde o dia em que saíste da terra do Egito até vossa entrada neste lugar! Fostes rebeldes com o SENHOR. **8** No Horeb, provocastes a ira do SENHOR. E o SENHOR se indignou convosco, para vos aniquilar.

9 Ao subir o monte para receber as placas de pedra, as placas da aliança que o SENHOR fez convosco, eu residi no monte quarenta dias e quarenta noites. Não comi pão nem bebi água. **10** Então o SENHOR me deu as duas placas de pedra, escritas com o dedo de Deus. Sobre elas estavam todas as palavras que o SENHOR havia falado convosco no monte do meio do fogo, no dia da assembleia. **11** Após os quarenta dias e as quarenta noites, o SENHOR deu-me as duas placas de pedra, as placas da aliança. **12** E o SENHOR me disse: 'Ergue-te e desce rapidamente daqui, porque teu povo, que fizeste sair do Egito, se corrompeu! Rapidamente se afastaram do caminho que lhes ordenei. Fizeram para si um ídolo de metal fundido'. **13** O SENHOR me disse: 'Vi este povo. Eis que ele é um povo de dura cerviz. **14** Afasta-te de mim, pois os exterminarei e cancelarei seu nome de debaixo do céu! De ti, porém, farei uma nação mais forte e numerosa do que esta'.

15 Então me virei e desci do monte. O monte ardia no fogo, e em minhas mãos estavam as duas placas da aliança. **16** E vi: eis que havíeis pecado contra o SENHOR, vosso Deus; havíeis feito para vós um bezerro de metal fundido, distanciando-vos rapidamente do caminho que o SENHOR vos ordenara. **17** Agarrei as duas placas e, de minhas duas mãos, as arremessei e as quebrei a vossos olhos. **18** Prostrei-me diante do SENHOR, como na primeira vez. Por quarenta dias e quarenta noites, não comi pão e não bebi água, por causa de vosso pecado que cometestes, fazendo o que é mau aos olhos do SENHOR, para irritá-lo. **19** De fato, tive medo diante da ira e da cólera que o SENHOR desencadeou contra vós, para vos exterminar, mas o SENHOR me escutou ainda aquela vez. **20** Também muito se encolerizou o SENHOR contra Aarão, a ponto de exterminá-lo, mas, naquele tempo, orei também por Aarão. **21** E, quanto a vosso pecado, o bezerro que havíeis feito, tomei-o, queimei-o ao fogo e o fiz em pedaços. Esmaguei-o bem até que virasse pó e lancei o pó dele na torrente que desce da montanha.

22 Ora, em Tabera, Massa e Cibrot-Ataava provocastes a ira do SENHOR. **23** Quando, porém, o SENHOR mandou-vos ir de Cades Barne, dizendo: 'Subi e possuí a terra que vos dei!', vos rebelastes contra a ordem do SENHOR, vosso Deus. Não acreditastes nele e não escutastes sua voz. **24** Fostes rebeldes para com o SENHOR desde o dia em que vos conheci. **25** Prostrei-me diante do SENHOR. Permaneci prostrado por quarenta dias e quarenta noites, porque o SENHOR dissera que vos

DEUTERONÔMIO 9–10

exterminaria. **²⁶** Orei ao SENHOR e disse: 'SENHOR, meu Senhor, que não destruas teu povo e tua herança, que resgataste em tua grandeza e que, com mão forte, fizeste sair do Egito! **²⁷** Recorda-te de teus servos Abraão, Isaac e Jacó! Que não olhes para a dureza deste povo, para sua perversidade e para seu pecado! **²⁸** Não digam os da terra de onde nos fizeste sair: O SENHOR não foi capaz de fazê-los entrar na terra de que lhes havia falado e, de seu ódio contra eles, os fez sair para os fazer morrer no deserto. **²⁹** Eles, pois, são teu povo e tua herança, que fizeste sair por tua grande força e com teu braço estendido'.

Decálogo em novas placas de pedra

10 **¹** Naquele tempo, o SENHOR me disse: 'Entalha para ti duas placas de pedra como as primeiras e sobe até mim no monte! E faze para ti uma arca de lenho! **²** Escreverei sobre as placas as palavras que estavam sobre as primeiras placas, as quais quebraste, pois as depositarás na arca'. **³** Fiz uma arca de lenho de acácia e entalhei duas placas de pedra como as primeiras. Subi ao monte com as duas placas em minha mão. **⁴** Ele escreveu sobre as placas, como havia escrito nas primeiras, as dez palavras que o SENHOR vos havia falado no monte, do meio do fogo, no dia da assembleia. E o SENHOR as deu para mim. **⁵** Então voltei, desci do monte e depositei as placas na arca que eu havia feito. Elas ficaram ali, como o SENHOR me havia ordenado.

Ordem de partida e de conquista

⁶ Os filhos de Israel partiram dos poços de Benê-Jaacã para Mosera. Ali Aarão morreu e foi sepultado; seu filho Eleazar foi feito sacerdote depois dele. **⁷** Dali, partiram para Gadgad e, de Gadgad, para Jetebata, uma terra de torrentes de água. **⁸** Naquele tempo, o SENHOR separou a tribo de Levi para carregar a arca da aliança do SENHOR, para estar diante do SENHOR, para servir-lhe e abençoar, em seu nome, até o dia de hoje. **⁹** Por isso, Levi não tem parte nem herança com seus irmãos.

10,1-5 A destruição das duas placas do Decálogo, por indignação de Moisés diante do pecado do povo, e a nova confecção delas acompanham a mesma dinâmica de Ex 32–34. A renovação da aliança denota, por um lado, que a intercessão de Moisés foi atendida, mas, por outro, afirma que é pura iniciativa do Senhor. Não houve mudança nas palavras do Decálogo, indicando a estabilidade da legislação promulgada (2Rs 23,1-3; Esd 9; Ne 10). Aqui, à diferença de Ex 25,10-16, nada se diz sobre as dimensões da arca.

10,6-11 A lista mais completa está em Nm 33,31-38, onde se reafirma que Aarão morreu sobre o monte Hor (Nm 20,22-29). Apesar do pecado de Aarão, a escolha da tribo de Levi foi mantida, bem como sua função em relação à tenda-santuário (Nm 3,1–4,49; 16,8-10) e à bênção (Nm 6,22-27), reforçando o dom do perdão e da expiação dos pecados (Nm 18,1-8). Não é possível identificar a localização de Mosera (v. 6). O juramento do Senhor, feito aos patriarcas, é uma garantia para o futuro.

Deuteronômio 10–11

O Senhor mesmo é sua herança, como o Senhor, teu Deus, lhe falou. **10** Eu estive no monte como nos primeiros dias: quarenta dias e quarenta noites. O Senhor me escutou também desta vez; assim, o Senhor não quis destruir-te. **11** Então o Senhor me disse: 'Levanta-te, caminha à frente do povo! Entrem e tomem posse da terra que, aos pais deles, jurei lhes dar!'

Razões para obedecer

12 E agora, ó Israel, o que o Senhor, teu Deus, está te pedindo? Apenas temer o Senhor, teu Deus, andar em todos os seus caminhos, amá-lo e servir ao Senhor, teu Deus, com todo o teu coração e com toda a tua alma. **13** Observar as ordens do Senhor e seus decretos, que eu, hoje, te ordeno, para teu bem. **14** Eis que são do Senhor, teu Deus, os céus e os céus dos céus, a terra e tudo o que nela está. **15** O Senhor se apegou somente a teus pais, amou-os e escolheu sua descendência depois deles, isto é, a vós, entre todos os povos, conforme este dia. **16** Que circuncideis o prepúcio de vosso coração e que não mais endureçais vossa cerviz! **17** Porque o Senhor, vosso Deus, ele é o Deus dos deuses e o Senhor dos senhores: o Deus grande, valente e temível, que não valoriza aparências e não aceita suborno. **18** É quem faz justiça a um órfão e a uma viúva, quem ama o imigrante, para dar-lhe pão e veste. **19** Que, pois, ameis o imigrante, porque imigrantes fostes na terra do Egito! **20** Ao Senhor, teu Deus, temerás e lhe servirás. A ele te unirás e em seu nome jurarás. **21** Ele seja teu louvor, pois ele é teu Deus, que te fez essas grandes e terríveis coisas que teus olhos viram. **22** Teus pais desceram ao Egito com setenta pessoas, mas agora o Senhor, teu Deus, te fez numeroso como as estrelas do céu.

Experiência do passado

11 **1** Amarás o Senhor, teu Deus, e, todos os dias, observarás sua ordem, seus decretos, seus juízos e seus mandamentos. **2** Hoje

---

10,12-22 A retórica predomina, e o amor aparece como elemento diferenciador e motivador da adesão ao Senhor e da obediência a seus mandamentos (Dt 4,37). A exortação exige os cuidados com o imigrante, bem mais pertinente que em Dt 1,16; 5,14. Tudo está fundamentado na qualificação absoluta e soberana do Senhor sobre os céus, a terra e os deuses (Gn 1,1–2,4a). A circuncisão do coração aponta para a interiorização da lei (Jr 31,31-34; Ez 36,16-32). As locuções "Deus dos deuses" e "Senhor dos senhores" (v. 17) não se repetem no livro, mas se encontram em Sl 50,1; 84,8; 136,2-3; Dn 2,47. A permissão de jurar no nome do Senhor evoca Dt 6,13.

11,1-7 A lembrança dos sinais que provocaram a saída do Egito (Ex 1,8–14,31) e de certos percalços que se deram durante a marcha pelo deserto (Nm 16) fundamenta ainda mais a exigência do amor incondicional ao Senhor que agiu e puniu quem se obstinou diante de sua vontade.

DEUTERONÔMIO 11

devereis reconhecer não vossos filhos, que não conheceram e não viram a correção do SENHOR, vosso Deus, mas a grandeza dele, sua mão forte e seu braço estendido, **3** seus sinais e suas obras que fez no meio do Egito contra o faraó, rei do Egito, e contra toda a sua terra: **4** o que fez ao exército do Egito, a seus cavalos e a seus carros, os quais precipitou nas águas do mar dos Juncos. Estáveis diante deles, quando estavam atrás de vós. O SENHOR os destruiu até este dia. **5** E o que fez por vós no deserto até entrardes neste lugar, **6** o que fez a Datã e a Abiram, filhos de Eliab, filho de Rúben, quando a terra abriu sua boca e os engoliu, com suas casas, com suas tendas e com todas as criaturas que, com eles, estavam de pé no meio de todo Israel. **7** Sim, vossos olhos viram toda a grande obra que o SENHOR fez.

Promessa do futuro na terra

8 Observareis, pois, toda ordem que hoje eu estou te ordenando, para que sejais fortes, entreis e tomeis posse da terra que vós estais atravessando para possuí-la, **9** e para que sejam longos vossos dias sobre o solo que o SENHOR jurou a vossos pais, para dar a eles e à descendência deles uma terra que faz escorrer leite e mel. **10** De fato, a terra na qual tu estás entrando para possuí-la não é como a terra do Egito, da qual saíste, onde semeavas tua semente e, com teus pés, a irrigavas, como um jardim de verdura. **11** A terra, porém, que vós estais atravessando para possuí-la é uma terra de montes e vales, que bebe as águas da chuva do céu. **12** É uma terra de que o SENHOR, teu Deus, está cuidando, pois os olhos do SENHOR, teu Deus, sempre estão sobre ela, do começo até o fim do ano. **13** Se realmente escutardes minhas ordens, que eu hoje vos ordeno, de amar o SENHOR, vosso Deus, e de servir-lhe com todo o vosso coração e com toda a vossa alma, **14** então darei a chuva à vossa terra em seu tempo, tanto a temporã como a tardia, e recolherás teu trigo, teu vinho e teu óleo; **15** e darei a erva de teu campo a teu animal; comerás e ficarás saciado. **16** Sede atentos a vós mesmos, a fim de que vosso coração não se deixe seduzir e de que não vos afasteis para servir e vos prostrar diante de outros deuses. **17** A ira do SENHOR arderia contra vós, ele fecharia os céus, e não haveria chuva; o solo não daria seu fruto, e rapidamente pereceríeis sobre a boa terra que o SENHOR vos está dando.

11,8-17 À diferença do relato dos exploradores (Nm 13,27), a boa avaliação da terra é feita em comparação com o Egito (v. 10). A tônica recai sobre o cuidado do Senhor com a terra (v. 12), porque, em Canaã, as chuvas são sazonais, e o solo exige maior dedicação para que produza seus frutos (vv. 14-15). Tem-se um critério para avaliar a fidelidade ou a infidelidade: o dom da chuva (vv. 16-17), que faz lembrar a ação do profeta Elias (1Rs 17,1–18,46).

Gestos de fidelidade

18 Poreis estas minhas palavras em vosso coração e em vossa alma; vós as atareis a vossas mãos como um sinal, e serão como um filactério entre vossos olhos; **19** vós as ensinareis a vossos filhos, falando delas quando estiveres sentado em tua casa, andando pelo caminho, quando te deitares e te levantares; **20** e as escreverás sobre os batentes de tua casa e em teus portões, **21** a fim de que se multipliquem vossos dias e os dias de vossos filhos sobre o solo que o Senhor jurou a vossos pais dar-lhes como os dias do céu sobre a terra. **22** Se realmente observardes toda esta ordem que eu vos ordeno para praticá-la, por amar o Senhor, vosso Deus, andando em seus caminhos e apegando-vos a ele, **23** então o Senhor expulsará todas as nações de diante de vós, e possuireis nações grandes e mais fortes do que vós. **24** Será vosso todo lugar que nele pisar a planta de vossos pés; vosso território se estenderá desde o deserto e o Líbano, desde o rio Eufrates, até o mar Ocidental. **25** Nenhum homem resistirá diante de vós. O Senhor, vosso Deus, incutirá o medo e o terror de vós sobre toda a terra que ireis pisar, como vos falou.

Bênção e maldição

26 Vê, eu estou pondo, hoje, diante de vós bênção e maldição! **27** A bênção, se escutardes as ordens do Senhor, vosso Deus, que, hoje, eu vos ordeno. **28** A maldição, se não escutardes as ordens do Senhor, vosso Deus, e vos distanciardes do caminho que, hoje, eu vos ordeno, para ir atrás de outros deuses que não conhecestes. **29** Quando o Senhor, teu Deus, te fizer entrar na terra, sendo que ali entras para possuí-la, então fixarás a bênção sobre o monte Garizim e a maldição sobre o monte Ebal. **30** Não estão esses além do Jordão, atrás do caminho da entrada do sol, na terra dos cananeus que habitam na Arabá diante de Guilgal, próximo dos carvalhos de Moré? **31** Porque vós estais atravessando o Jordão para entrar e para possuir a terra que o Senhor, vosso Deus, vos está dando; vós a possuireis e nela habitareis. **32** Portanto, estareis atentos para praticar todos os decretos e todos os juízos que, hoje, eu estou colocando diante de vós.

11,18-25 Como em Dt 6,4-9, a conquista da terra e a permanência nela exigem a fidelidade dos que ouvem e o empenho na educação das futuras gerações, exatamente o que não aconteceu com a geração que sucederá a Josué e que se estabelecerá na época dos juízes (Jz 2,10).

11,26-32 A alusão às bênçãos e às maldições antecipa o que será proclamado em Dt 28. É o tema dos dois caminhos (Dt 7,12-15; Sl 1).

DEUTERONÔMIO 12

CONJUNTO DE LEIS

Um único santuário

12 ¹ Estes são os decretos e juízos que observareis e praticareis na terra que o SENHOR, Deus de teus pais, te deu ao tomar posse dela, a fim de que vós estejais vivos todos os dias sobre o solo.

² Destruireis ali, certamente, todos os lugares onde as nações, por vós desalojadas, serviram a seus deuses sobre os altos montes e sobre

---

12,1–26,19 Este conjunto de leis contém leis provenientes de diferentes locais, dentre os quais o reino de Israel. Tais leis teriam chegado ao reino de Judá por ocasião da queda da Samaria em 722 a.C. Denominado comumente de "Código Deuteronômico", ele se inspira, amplia e atualiza o "Código da Aliança" (Ex 20,22–23,23). Nota-se o uso indistinto dos pronomes e sufixos pronominais de segunda pessoa singular e plural, dado que reforça a presença de mais de um redator. As leis são casuísticas, mas é possível perceber uma correspondência com o Decálogo e com suas leis apodíticas (Dt 5,7-21). As leis apontam para o dever religioso e civil, individual e coletivo, principalmente em favor dos mais necessitados. Na dinâmica e teologia do Deuteronômio, o amor a Deus e ao próximo testemunha a força solidária da aliança estabelecida entre Deus e seu povo, que está prestes a entrar na terra de Canaã. Dt 12,1–26,19 foi associado ao "livro da lei" (2Rs 22,8.11), ou "livro da aliança" (2Rs 23,2.21), descoberto durante o reinado de Josias (2Rs 22,1–23,28). É possível que esse "livro da aliança" tenha que ver com Ex 24,7, indicando a passagem da oralidade à escrita da Torá (Pentateuco) na época do rei Josias.

12,1–13,1 O texto foca na centralização do culto em um único lugar, aludido em diversos textos (Dt 14,22-29; 15,19-23; 16,2.11; 17,8-13; 18,1-8; 26,2-15). Na dinâmica do reino do norte, seria reflexo de uma disputa entre os principais santuários: Siquém (Js 24,1), Siló (Js 18,1; Jz 18,31; 21,19; 1Sm 1,3; Jr 7,12) e Betel (Jz 21,2; 1Sm 10,3; 1Rs 12,29; Am 7,10-13). O totem (*asherah*) indica um poste sagrado (v. 3; Ex 34,13; Dt 7,5; 16,21), ou uma divindade feminina, como Astarte, citada tanto no singular (1Sm 31,10; 1Rs 11,5.33; 2Rs 23,13) como no plural (Jz 2,13; 10,6; 1Sm 7,4). Astarte, ou *Asherah*, e Baal formavam uma espécie de casal responsável pela fecundidade do solo e eram invocados nos *bāmôt*, isto é, nos lugares altos (Nm 22,41; 1Rs 12,31; 14,23). Um único lugar de culto poderia favorecer a unidade do povo com seu Deus único (Dt 6,4). Essa disposição também poderia ser considerada um ponto de partida para a reforma religiosa e social que o livro do Deuteronômio busca incutir e desencadear. Ezequias (2Rs 18,3-8) e Josias (2Rs 23,4-20) fizeram reformas com base nessa proposta. No âmbito monárquico (Dt 12,8 evoca Jz 17,6; 18,1; 19,1; 21,25), a centralização favoreceria o controle político, religioso e econômico (Dt 14,25), mas a proposta do livro parece ir além disso, pois busca eliminar as práticas religiosas cananeias, consideradas nocivas à implantação do que seria capaz de unificar todo o povo: a eliminação da pobreza (Dt 15,11; 24,12.14-15). A mesma informação de Dt 12,12 se repete em Dt 14,27.29. Segundo as instruções do recenseamento, a tribo de Levi possuía um estatuto e foi reservada para diversos serviços relacionados ao santuário e ao culto (Nm 1,48-54; 3,1–4,49; 26,57-65). A permissão de sacrificar fora do santuário aponta para a reorganização dos sacrifícios locais e amplia o sentido da comunhão entre os que tomam parte nos sacrifícios, salvaguardando o sangue das vítimas (Gn 9,4; Lv 17,13). 1Sm 14,32-33 aponta uma violação dessa lei. Quanto ao puro e ao impuro, como regras alimentares, há uma maior flexibilidade em relação ao que está dito em Lv 10,10; 11,29.47. A atenção ao levita mostra que a centralização do culto criou problemas para a classe sacerdotal que oficiava em Jerusalém (Dt 14,27; 16,11.14; 26,11). Neemias buscou eliminar tais problemas por ocasião de sua segunda missão (Ne 13,10). 2Rs 21,1-18 critica Manassés com base nessas proibições.

DEUTERONÔMIO 12

as colinas, ou debaixo de qualquer árvore verde. ³ Demolireis seus altares, quebrareis suas estelas, queimareis seus totens no fogo e picareis as imagens de seus deuses; então destruireis, daquele lugar, o nome deles.

⁴ Não fareis assim com o SENHOR, vosso Deus, ⁵ mas, ao contrário, irás ao lugar que o SENHOR, vosso Deus, escolheu, dentre todas as vossas tribos, para ali colocar seu nome; onde o fizer habitar, ali o buscareis. ⁶ Levareis para ali vossos holocaustos, vossos sacrifícios, vossos dízimos, a oferta de vossas mãos, vossos votos, vossas ofertas espontâneas, os primogênitos de vosso gado graúdo e de vosso rebanho miúdo. ⁷ Ali comereis diante do SENHOR, vosso Deus, e vos alegrareis com cada feito alargado de vossas mãos, vós e vossas casas, porque o SENHOR, teu Deus, te abençoou.

⁸ Não fareis igual a tudo o que hoje nós estamos fazendo aqui, onde cada homem pensa ser correto aos próprios olhos, ⁹ porque até agora não entrastes para o lugar do repouso e para a herança que o SENHOR, teu Deus, te dá. ¹⁰ Atravessareis o Jordão e habitareis na terra que o SENHOR, teu Deus, vos fará herdar. E vos fará repousar dentre vossos inimigos que vos cercam; assim habitareis em segurança. ¹¹ Será o lugar que o SENHOR, teu Deus, escolherá para, nele, fazer habitar seu nome; para ali, e só para ali, levareis tudo o que eu vos ordeno: vossos holocaustos, vossos sacrifícios, vossos dízimos, a oferta de vossas mãos e todo escolhido de vossos votos que devotareis ao SENHOR. ¹² E vos alegrareis diante do SENHOR, vosso Deus: vós, vossos filhos e vossas filhas, vossos servos e vossas servas, bem como o levita que está dentro de vossos portões, porque não há, para ele, uma parte, ou uma herança, convosco.

¹³ Guarda-te de oferecer teus holocaustos em cada lugar que vires, ¹⁴ porque apenas no lugar que o SENHOR escolher, em uma de tuas tribos, ali é que oferecerás teus holocaustos e ali farás tudo o que eu te ordeno! ¹⁵ Contudo, caso haja um desejo em teu íntimo, poderás sacrificar e comerás carne, conforme a bênção que o SENHOR, teu Deus, te deu dentro de teus portões: tanto o impuro como o puro poderão comê-lo, bem como à gazela e ao cervo. ¹⁶ Todavia, não comereis o sangue; sobre a terra o derramareis como água. ¹⁷ Não poderás comer dentro de teus portões o dízimo de teu trigo, de teu mosto e de teu óleo, nem os primogênitos de teu gado graúdo e do rebanho miúdo, nada de teus votos que devotaste, bem como tuas ofertas espontâneas e a oferta de tuas mãos, ¹⁸ pois essas comerás diante do SENHOR, teu Deus, no lugar que o SENHOR, teu Deus, tiver escolhido: tu, teu filho e tua filha, teu servo e tua serva, bem como o levita que está dentro de teus portões. Assim te alegrareis diante do SENHOR, teu Deus, por cada feito alargado de tuas mãos. ¹⁹ Todos os teus dias sobre teu solo, guarda-te de abandonar o levita.

²⁰ Quando o SENHOR, teu Deus, tiver expandido teu território, como te falou, e disseres: 'Quero comer carne', porque teu íntimo deseja comer carne, então comerás carne com todo o desejo de teu íntimo. ²¹ Se

DEUTERONÔMIO 12–13

estiver longe de ti o lugar que o SENHOR, teu Deus, escolherá para lá colocar seu nome, então poderás sacrificar de teu gado graúdo ou de teu rebanho miúdo, que te deu o SENHOR, teu Deus. Conforme te ordenei, comerás dentro de teus portões o quanto deseja teu íntimo. **22** Comerás como se come a gazela e o cervo; juntos, o puro e o impuro a comerão. **23** Contudo, sé forte para não comer o sangue, porque o sangue, ele é vida; por isso não podes comer a vida com a carne. **24** Não o comerás. Sobre a terra o derramarás como água. **25** Não o comerás, pois isso será um bem para ti e para teus filhos depois de ti, porque farás o correto aos olhos do SENHOR. **26** Apenas tuas coisas consagradas, que serão para ti, e teus votos tomarás e levarás para o lugar que o SENHOR escolherá. **27** Então oferecerás teus holocaustos, a carne e o sangue, sobre o altar do SENHOR, teu Deus. O sangue de teus sacrifícios será derramado junto ao altar do SENHOR, teu Deus. A carne, porém, poderás comer.

28 Observa e escuta todas estas palavras que eu te ordeno, pois isso será um bem eterno para ti e para teus filhos depois de ti, porque terás feito o que é bom e correto aos olhos do SENHOR, teu Deus! **29** Quando o SENHOR, teu Deus, tiver exterminado as nações, que tu estás entrando ali para desapossá-las diante de ti, e as tiveres desapossado e habitares na terra delas, **30** guarda-te para que não te enredes atrás delas, depois que foram destruídas diante de ti! Que tu não busques os deuses delas, dizendo: 'Como serviram a essas nações a seus deuses? Assim também eu quero fazer'. **31** Não farás assim ao SENHOR, teu Deus, porque toda a abominação que o SENHOR odeia fizeram a seus deuses; a seus deuses queimaram no fogo até seus filhos e suas filhas. **13** **1** Cada palavra que eu vos ordeno, observareis e praticareis. Nada acrescentarás a ela e nada tirarás dela.

Punição para quem induz à idolatria

2 Quando se levantar, em teu meio, um profeta ou um intérprete de sonho e te der um sinal ou um prodígio, **3** e acontecer o sinal ou o prodígio daquele que te disse: 'Sigamos outros deuses, os quais não conheces, e lhes sirvamos!', **4** não escutarás as palavras desse profeta ou desse

---

13,2-19 O ingresso em Canaã também oferece riscos. Se na primeira tentativa o medo se apoderou dos filhos de Israel por causa da alta estatura dos que nela habitavam (Nm 13,25-33), desta vez a preocupação recai sobre a idolatria e a apostasia. Esse perigo é de ordem interna. O texto alude à sedução e ao erro em três níveis: falso profeta, familiares e amigos, bem como uma cidade que se corrompe e não pune os desviados, dado que prepara o crime dos gabaonitas, acobertado pela tribo de Benjamim (Jz 19–21). Os versículos 2-6 antecipam o tema sobre o verdadeiro e o falso profeta presente em Dt 18,9-22. Dt 17,2-7 contém mais detalhes sobre a violação e o desvio praticados em família (v. 7). Pela primeira vez se faz referência aos "filhos de Belial", alusão aos que praticam ou promovem a iniquidade e a desordem no meio do povo, sendo, por isso, gente sem valor ou "vagabundos" (Dt 15,9; Jz 19,22; 20,13; 1Sm 2,12).

DEUTERONÔMIO 13

intérprete de sonho, porque o SENHOR, vosso Deus, vos prova para saber: será que amais o SENHOR, vosso Deus, de todo o vosso coração e de toda a vossa alma? **5** Seguireis apenas o SENHOR, vosso Deus, e a ele temereis; suas ordens observareis, sua voz escutareis, a ele servireis e a ele aderireis. **6** Mas aquele profeta ou aquele intérprete de sonho será morto, porque instigou a revolta contra o SENHOR, vosso Deus, que vos fez sair da terra do Egito e que te resgatou da casa da escravidão, para te desviar do caminho que o SENHOR, teu Deus, nele te ordenou andar. Assim eliminarás o mal de teu meio. **7** Se teu irmão, filho de tua mãe, ou teu filho, ou tua filha, ou a mulher de teu seio, ou teu amigo que contigo respira, te instigar em segredo, dizendo: 'Vamos e sirvamos a outros deuses!' que tu, nem teus pais, não conheceste **8** dentre os deuses dos povos a vosso redor, próximos a ti ou distantes de ti, de uma extremidade da terra a outra extremidade da terra, **9** não lhe aderirás e não o escutarás. Teu olho não terá piedade dele, não o preservarás e não cobrirás seu delito, **10** porque, certamente, o eliminarás. Por primeiro, tua mão estará contra ele e, por último, a mão de todo o povo. **11** Com pedras o apedrejarás, para que morra, porque buscou desviar-te do SENHOR, teu Deus, que te fez sair da terra do Egito, da casa da escravidão. **12** Todo Israel escutará e temerá, e não se continuará a fazer, em teu meio, um mal como esse. **13** Se, em uma de tuas cidades que o SENHOR, teu Deus, te dá para ali habitar, escutares que **14** homens, filhos de Belial, saíram de teu meio e desviaram os habitantes de sua cidade, dizendo: 'Vamos e sirvamos a outros deuses que vós não conheceis!', **15** investigarás, procurarás e bem sondarás. Então, se for verdade, fixada a palavra de que essa abominação foi feita em teu meio, **16** ferirás, por certo, os habitantes dessa cidade a fio de espada. Vota-a ao extermínio e tudo o que há nela! Até seu gado passarás a fio de espada. **17** Todo seu espólio recolherás no meio da praça. Atearás fogo à cidade, com todo o espólio dela, como sacrifício completo para o SENHOR, teu Deus. Será para sempre um montão de ruínas, sobre as quais nada mais se construirá. **18** Não se prenda à tua mão nada do que foi votado ao extermínio, a fim de que o SENHOR desista do ardor de sua ira, conceda-te misericórdias, apiede-se de ti e multiplique-te, como jurou a teus pais, **19** se escutares a voz do SENHOR, teu Deus, ao observar todas as ordens que eu, hoje, te ordeno, a fim de fazer o que é reto aos olhos do SENHOR, teu Deus.

A punição, prevista para os três casos, é a eliminação dos responsáveis que buscam fazer adeptos para os deuses dos outros povos e induzem ao erro. É um proselitismo nefasto que precisa ser eliminado do meio do povo. Esse tipo de erro lembra a sedução e a desobediência presentes em Gn 3. Não está previsto, porém, o que deve ser feito no caso de um rei ser a causa dos desvios (1Rs 12,25-33; 2Rs 21). O critério fundamental de conhecimento sobre o verdadeiro Deus é seu feito libertador do Egito, citado duas vezes (vv. 6.11), tema que abre o Decálogo (Ex 20,3; Dt 5,6). As atitudes exigidas ao povo, como prova de fidelidade a Deus, são o amor e a total obediência. As ações citadas no versículo 18 evocam Ex 32,12; 34,6-7. A violação desse anátema ocorre em Js 7,1-26, na primeira tentativa da conquista de Hai.

DEUTERONÔMIO 14

Eleição e obrigações

14 ¹ Vós sois filhos do Senhor, vosso Deus. Não vos fareis incisões e não vos rapareis o pelo entre os olhos por um morto, ² pois tu és um povo consagrado ao Senhor, teu Deus. O Senhor te escolheu para ser-lhe um povo próprio dentre todos os povos que estão sobre a face do solo.

Lei sobre o consumo de carne animal

³ Não comerás algo abominável. ⁴ Esta é a classe de animais que comereis: boi, cordeiro, cabra, ⁵ cervo, gazela, gamo, bode montês, antílope, búfalo e camurça. ⁶ Podereis comer todo animal de casco fendido e de unha separada, de duas garras e que rumina. ⁷ Não comereis apenas estes entre os que ruminam e que têm cascos fendidos, fissurados: o camelo, a lebre, o coelho. Eles ruminam, mas não têm o casco fendido; para vós são impuros. ⁸ Também o porco, que tem a unha fendida, mas não rumina: ele será impuro para vós. Da carne deles não comereis e não tocareis em sua carcaça. ⁹ Isto é o que comereis de tudo que está nas águas: comereis tudo o que tem espinha e escamas, ¹⁰ mas não comereis o que não tiver espinhas e escamas; isso será impuro para vós.

14,1-2 Explica-se, aqui, por qual razão Israel é um povo separado: a adoção filial por parte de Deus. O versículo 2 evoca a eleição ouvida na chegada ao Sinai em Ex 19,5-6. A consagração aproxima Israel da santidade de seu Deus (Lv 19,2). Duas seções evidenciam o que caracteriza a eleição como amor de Deus (Dt 7,6): a alimentação de Israel é diferente dos outros povos (vv. 3-21), e Israel sabe ser grato a seu Deus pelos benefícios recebidos (vv. 22-29). Além disso, Israel não presta culto aos mortos (Lv 19,28; Jr 7,29; 16,6; 41,5), como os pagãos (Jr 47,5; Mq 1,16), ou aos deuses cuja atenção fosse atraída pelas incisões feitas no corpo (1Rs 18,28). Entre os fenícios, a morte (*mot*) era uma divindade (Is 28,15).

14,3-21 Os animais são mencionados por seu hábitat, como no primeiro relato da criação (Gn 1,1–2,4a); de acordo com cada grupo, são apresentados os puros e os impuros. Gn 9,3 permite o consumo de carne animal, mas sem fazer a distinção, como acontece aqui e na formulação mais complexa em Lv 11,1-23. Os animais não são impuros por natureza, mas são considerados impróprios para Israel manifestar a santidade que vem de seu Deus, que concede vida e preserva da morte. Essa distinção alimentícia atesta a conduta diferenciada de Israel: além de não cultuar em lugares indevidos (Dt 12,2-4), não segue os costumes dos povos circunvizinhos (Dt 12,30-31) e não presta culto a seus deuses (Dt 13). A assimilação e a prática dessa legislação apontam para o domínio do ser humano sobre os animais (Gn 1,28; 9,2), mas indicam, principalmente, o domínio sobre seus instintos predatórios. Em linha de regra, o que não é apto ao sacrifício não serve como alimento. Bons exemplos de obediência a essa legislação alimentar se encontram em Dn 1,8-16; 2Mc 6,18-31; 7,1-42. A proibição de consumir um animal puro encontrado morto (v. 21) deve-se à regra referente ao sangue (Dt 12,16.23.27; 15,23). Dt 10,18 trata o imigrante como um protegido de Deus, ao lado da viúva e do órfão. Por isso, a distinção entre dar a carne ao imigrante e vendê-la ao estrangeiro. A sensibilidade da relação entre geradora e gerado (v. 21) evocaria uma prática cananeia (Ex 23,19; 34,26).

DEUTERONÔMIO 14

[11] Cada pássaro puro podereis comer, [12] mas, dentre eles, é isto o que não comereis: a águia, o gipaeto e o xofrango, [13] o milhafre, o gavião e o falcão segundo sua espécie, [14] todo corvo segundo sua espécie, [15] a avestruz, a coruja, a gaivota e o falcão segundo sua espécie, [16] o mocho, o íbis, o açor, [17] o pelicano, o abanto, o alcatraz, [18] a cegonha e todo tipo de garça, a poupa e o morcego. [19] Todo inseto alado, ele será impuro para vós; não comereis. [20] Comereis, porém, toda ave pura. [21] Não comereis carcaça alguma; ao imigrante que está dentro de teus portões a dareis, para que a coma, ou venderás a um estrangeiro, porque tu és um povo consagrado ao SENHOR, teu Deus. Não cozeras um cabrito no leite de sua mãe.

Lei sobre o dízimo

[22] Darás o dízimo, por certo, de cada produto de teu semeado que, ano a ano, sai do campo. [23] Comerás diante do SENHOR, teu Deus, no lugar que tiver escolhido para ali fazer habitar seu nome, o dízimo de teu trigo, de teu mosto e de teu óleo, os primogênitos de teu gado graúdo e de teu gado miúdo. Assim, aprenderás a temer o SENHOR, teu Deus, por todos os teus dias. [24] Contudo, se o caminho for muito longo para ti a ponto de não o poderes levar, porque está longe de ti o lugar escolhido pelo SENHOR, teu Deus, para ali fazer habitar seu nome – visto que o SENHOR, teu Deus, te abençoará –, [25] então permutarás pela prata e, com a prata firme em tuas mãos, irás ao lugar que o SENHOR, teu Deus, escolherá para si. [26] Darás a prata por tudo o que teu íntimo desejar: pela vaca e pela ovelha; pelo vinho e pela bebida fermentada, ou por tudo o que teu íntimo desejar. Então comerás ali, diante do SENHOR, teu Deus, e te alegrarás, tu e tua casa. [27] Não abandonarás o levita que está dentro de teus portões, porque não há para ele uma parte na herança contigo. [28] Ao final de três anos, naquele ano, separarás o dízimo de teu produto e o deporás dentro de teus portões. [29] Virá contigo o levita, que não tem parte nem herança, bem como o imigrante, o órfão e a viúva que estão dentro de teus portões; comerão e se saciarão, a fim de que o SENHOR, teu Deus, te abençoe em cada obra que tua mão fizer.

14,22-29 A bênção é o elemento que une Dt 12 e 14. O dízimo está ligado à taxa devida ao proprietário da terra e que podia ser paga com produtos nela cultivados. É devido ao sacerdote para garantir sua vida (Gn 14,20; Lv 27,30-32; Nm 18,21-32), porque Deus é o verdadeiro dono da terra (Ex 19,5; Lv 25,23). Já em 1Sm 8,15-17 o dízimo aparece ligado ao direito do futuro rei. O dízimo anual destinava-se ao templo e podia ser consumido por quem ofertava (Dt 12,6.11.27). Já o dízimo trienal destinava-se aos menos favorecidos (Dt 26,12-15). A prática do dízimo era uma prova de fidelidade, e acreditava-se que podia reverter calamidades (Ml 3,8-10).

DEUTERONÔMIO 15

Ano da remissão

15 ¹ Ao final de cada sete anos realizarás a remissão. ² Esta é a regra sobre a remissão: cada credor perdoará o que tiver emprestado a seu próximo. Não pressionarás seu próximo e seu irmão que clama: 'É remissão do SENHOR'. ³ Poderás pressionar o estrangeiro. Tua mão, porém, perdoará teu irmão, que te pertence. ⁴ Desse modo, não haverá, no meio de ti, um pobre, porque, certamente, o SENHOR, teu Deus, te abençoará na terra que te dá por herança para possuí-la. ⁵ Se, por certo, apenas escutares a voz do SENHOR, teu Deus, observando e praticando toda esta ordem que, hoje, eu te ordeno, ⁶ visto que o SENHOR, teu Deus, te abençoará como te falou, então emprestarás a muitas nações, mas tu não pedirás empréstimo; dominarás muitas nações, mas, sobre ti, elas não dominarão. ⁷ Se, junto a ti, houver um pobre, um dentre teus irmãos, em um dos portões de tuas cidades, na terra que o SENHOR, teu Deus, te dá, não endurecerás teu coração e não fecharás a mão a teu irmão pobre, ⁸ mas lhe abrirás, generosamente, a mão e, com largueza, emprestarás de acordo com a necessidade dele o que lhe for necessário. ⁹ Guarda-te de que não haja algum pensamento ímpio em teu coração, ou que digas: 'Está próximo o sétimo ano, o ano da remissão'. Malvado seria teu olhar contra teu irmão pobre, e nada darias para ele. Então ele clamaria contra ti ao SENHOR, e contra ti estaria um pecado. ¹⁰ A ele darás largamente. Assim não será malvado teu coração ao lhe dar, porque, por causa desta palavra, o SENHOR, teu Deus, te abençoará em cada obra e em cada feito alargado de tuas mãos. ¹¹ Visto que não faltará um pobre no meio da terra, por isto eu te ordeno: 'Abre generosamente tua mão a teu irmão, ao que necessita de ti e a teus pobres em tua terra!'

¹² Se teu irmão, hebreu ou hebreia, se vender a ti, então te servirá por seis anos, mas no sétimo ano o enviarás livre de teu meio. ¹³ E, quando o enviares livre de teu meio, não o enviarás de mãos vazias, ¹⁴ mas o carregarás bem com algo de teu rebanho, de tua eira e de teu lagar. Como

---

15,1-18 Nota-se uma dupla legislação: a remissão por dívidas (vv. 1-11) e a liberdade dada a quem caiu na escravidão (vv. 12-18). A ênfase recai sobre o perdão total das dívidas e sobre um ato compensatório que superam Ex 21,2-6 e Lv 25,38-55. Os dons evocam o ato de espoliar os egípcios antes do êxodo (Ex 3,21-22; 11,2; 12,35-36). Dt 15,9 alude ao clamor dos filhos de Israel diante da dura escravidão em Ex 2,23-24; 3,7. A lei da remissão em Dt 31,10 aparece ligada à festa das cabanas em função da renovação da aliança (Dt 16,13-15). Não se tem notícia de que esta lei, de fato, tenha sido colocada em prática. O livro de Rute atesta a prática da benevolência para com a viúva e o imigrante. Ne 10,32 não fala da remissão por dívidas, ou por servidão, mas do repouso da terra a cada sete anos para frear a ganância. A base se encontra em Ex 23,10-11 e Lv 25,2-7. Parece que uma sensibilidade agrária serviu de motivação para fazer referência à remissão da escravidão causada por dívidas. Talvez Gn 29,1–32,3 ajude a fundamentar o sentido atribuído ao ano da remissão. Dt 23,21 retoma o empréstimo a juros feito ao imigrante. Muitos paralelos, com base nas bênçãos pela fidelidade à aliança, encontram-se em Dt 28.

411

Deuteronômio 15–16

te abençoou o SENHOR, teu Deus, tu lhe darás. **15** Lembrarás que foste escravo na terra do Egito e que o SENHOR, teu Deus, te resgatou. Por isso te ordeno, hoje, esta palavra. **16** Se, porém, ele te disser: 'Não sairei de teu meio', porque ama a ti e à tua casa, pois é um bem para ele estar contigo, **17** então tomarás um ponteiro e, contra tua porta, furarás a orelha dele; assim será, para sempre, teu servo; de igual modo farás com tua serva. **18** Não será duro, a teus olhos, deixá-lo livre de teu meio, porque o que te serviu, por seis anos, valeu mais que o dobro do salário de um remunerado. Assim, o SENHOR, teu Deus, te abençoará em tudo que farás.

Primogenitura do rebanho

19 Todo primogênito macho, que tiver nascido de teu gado graúdo e de teu gado miúdo, consagrarás ao SENHOR, teu Deus. Não farás o primogênito de teu boi trabalhar e não tosquiarás o primogênito de tua ovelha. **20** A cada ano, ele será alimento para ti e para tua casa, no lugar que o SENHOR, teu Deus, tiver escolhido. **21** Se houver nele um defeito, se for coxo ou cego, qualquer tipo de defeito, não o sacrificarás ao SENHOR, teu Deus. **22** Tu, tanto o impuro como o puro, sem distinção, poderás comê-lo dentro de teus portões, como a gazela e o cervo. **23** Apenas não comerás seu sangue, mas o derramarás sobre a terra como a água.

Festa da Páscoa

16 **1** Observa o mês de Abib e celebra a Páscoa ao SENHOR, teu Deus, porque no mês de Abib o SENHOR, teu Deus, te fez sair do Egito à noite. **2** Imolarás ao SENHOR, teu Deus, na Páscoa, um animal miúdo,

15,19-23 A lei sobre os primogênitos (Ex 13,1-2.11-16), já aludida em Dt 12,6.17; 14,23, tem que ver com as primícias a serem oferecidas (Dt 26,1-11). Assim, assegura-se a oferta ao templo tanto pastoril como agrícola. Segundo a lógica interna, essa lei serve de transição entre a lei da remissão (Dt 15,1-18) e a legislação sobre as três festas (Dt 16,1-17), pois incute ainda mais a capacidade de abertura e despojamento dos bens, para endossar e encorajar a peregrinação ao lugar escolhido por Deus. No Decálogo, os animais já tinham sido beneficiados com o dia de repouso (Dt 5,14). Contudo, a lei sobre os primogênitos parece alargar a aplicação das leis sociais e religiosas de Ex 22,28-29 e poderia estar relacionada ao descaso nas ofertas, praticado após a reconstrução do templo (Ml 1,7-14). A lei exige que os filhos de Israel aprendam a oferecer a Deus, com generosidade, o que possuem de melhor. Mais uma vez o sacrifício cultual familiar é distinto do não cultual, com finalidade alimentícia, e fica debaixo da regra do sangue a ser derramado por terra (Dt 12,23).

16,1-8 A ordem dada por Josias em 2Rs 23,21-23 parece condizente com a única referência à Páscoa no livro do Deuteronômio, como memória de libertação do Egito. Ex 12,1-14 contém especificações detalhadas sobre o animal a ser sacrificado: um cordeiro, ou um cabrito, por família. Já o versículo 2 parece permitir que se celebre com um animal graúdo (um boi) e permite que sua carne seja cozida. 2Cr 35,7-8 atesta que Josias ofereceu grande quantidade de animais como vítimas pascais, entre as quais estavam três mil bois.

DEUTERONÔMIO 16

ou graúdo, no lugar que o Senhor tiver escolhido para ali colocar seu nome. ³ Não comerás com isso algo fermentado; durante sete dias comerás ázimos, pão de aflição, porque às pressas saíste da terra do Egito; desse modo te lembrarás do dia em que saíste da terra do Egito por todos os dias de tua vida. ⁴ Que por sete dias não se veja, junto a ti, fermento em todo o teu território! A carne que terás imolado à tarde do primeiro dia não pernoitará até a manhã. ⁵ Não poderás imolar a Páscoa em um dos portões da cidade que o Senhor, teu Deus, te dá, ⁶ mas tão somente no lugar que o Senhor, teu Deus, tiver escolhido para ali fazer habitar seu nome. Imolarás a Páscoa à tarde, ao pôr do sol, no momento de tua saída do Egito. ⁷ Cozerás e comerás no lugar que o Senhor, teu Deus, escolherá para si; pela manhã voltarás e irás para tuas tendas. ⁸ Por seis dias comerás ázimos e, no sétimo dia, haverá uma solene assembleia para o Senhor, teu Deus. Não farás obra alguma.

Festa das semanas

⁹ Sete semanas contarás para ti, iniciando a contagem das sete semanas pela foice lançada sobre a espiga. ¹⁰ Farás a festa das semanas para o Senhor, teu Deus; darás a oferta voluntária de tua mão por tudo que o Senhor, teu Deus, te houver abençoado. ¹¹ Tu te alegrarás diante do Senhor, teu Deus, com teu filho, tua filha, teu servo e tua serva, o levita, que está dentro de teus portões, o imigrante, o órfão e a viúva que vivem em teu meio, no lugar que o Senhor, teu Deus, tiver escolhido para ali fazer habitar seu nome. ¹² Lembra-te de que foste escravo no Egito! Observarás e praticarás esses decretos.

A alusão aos ázimos está menos elaborada que em Ex 12,15-20 e mais próxima a Ex 34,18 e Lv 23,8. É possível que a união da festa da Páscoa, de índole pastoril, com a dos ázimos, de índole agrícola, seja uma nova prática inaugurada por Josias, a fim de chancelar a centralização do culto e de solenizar a peregrinação ao templo de Jerusalém. A festa, que estava pautada em tradições locais, foi nacionalizada para garantir maior controle econômico e religioso, unificar o povo e incutir a força do memorial do êxodo. Assim, o rito dos pães ázimos aparece fortemente conexo à saída do Egito, razão pela qual a definição "pão de aflição" (v. 3) é única não apenas no livro, como também em todo o Antigo Testamento. Enquanto Dt 16,6 refere-se ao "pôr do sol" como hora da saída libertadora do Egito, Ex 12,29-31 atesta que essa saída aconteceu à noite e após a passagem do Senhor, que causou o extermínio de todos os primogênitos dos homens e dos animais. Nisso estaria o fundamento para a permissão de celebrar também com animais provenientes do gado graúdo.

16,9-12 Trata-se da festa agrícola primaveril que celebrava o dom das primeiras colheitas (Ex 34,22). A versão grega chamou-a de "Pentecostes", porque ocorria cinquenta dias, ou seja, sete semanas (v. 9) após a Páscoa (Lv 23,16; Tb 2,1). A amplitude dos beneficiados faz a ênfase recair sobre a alegria da comunidade (Dt 12,7.12; 14,29; Rt 2). A atenção ao menos favorecido (v. 11) está presente em Lv 23,15-22. A festa, que encerrava a colheita do trigo, passou a designar o dom da lei recebido no Sinai. Ex 20,24 não centraliza o culto em um único lugar (2Sm 7,13). A lembrança da escravidão no Egito reforça a motivação (Dt 15,15).

413

DEUTERONÔMIO 16

Festa das cabanas

13 Farás a festa das cabanas por sete dias, após colher os frutos de tua eira e de teu lagar. **14** E te alegrarás em tua festa: tu, teu filho, tua filha, teu servo e tua serva, o levita, o imigrante, o órfão e a viúva que estão entre teus portões. **15** Por sete dias festejarás para o SENHOR, teu Deus, no lugar que o SENHOR tiver escolhido. Assim, o SENHOR, teu Deus, te abençoará em tudo, por teu fruto e pela obra de tuas mãos. Estarás alegre.

Obrigação anual

16 Cada um de teus varões comparecerá diante do SENHOR, teu Deus, três vezes por ano, no lugar que tiver escolhido: na festa dos ázimos, na festa das semanas e na festa das cabanas. Ninguém comparecerá diante do SENHOR de mãos vazias. **17** Cada homem estará com o dom de sua mão, conforme a bênção que o SENHOR, teu Deus, te deu.

Justiça em cada cidade

18 Juízes e oficiais colocarás para ti em cada um de teus portões que o SENHOR, teu Deus, dá para ti segundo tuas tribos. Julgarão o povo com reta justiça. **19** Não desviarás a justiça; não distinguirás pelas faces; não aceitarás suborno, porque o suborno cega os olhos dos sábios e distorce as palavras dos justos. **20** Persegue só o que é reto, para que vivas e possuas a terra que te dá o SENHOR, teu Deus!

16,13-15 A mesma ordem em Lv 23,33-36 exige a abstenção do trabalho servil. Nm 29,12-39 determina que a festa comece no décimo quinto dia do mês e detalha o que deve ser oferecido em cada dia de festa. Sl 4,8 atesta que a colheita é motivo de alegria. É possível que esta festa recorde uma prática cananeia assimilada por Israel, quando se habitava em cabanas durante a colheita da uva e sua prensa no lagar (Jz 9,27; 21,19-20).

16,16-17 Esta lei, sem oferecer detalhes, é paralela a Ex 23,14.17; 34,23. Por certo, não era de fácil cumprimento, pois dependia da distância a ser percorrida. Fazer os homens se apresentarem três vezes por ano ao único local de culto era, sem dúvida, uma ação estratégica: para além de cumprir um gesto religioso, esta lei visava movimentar a economia de Jerusalém e de seu templo. A partir da dominação helênica, judeus da diáspora, tementes e prosélitos afluíam para Jerusalém na festa das semanas (Pentecostes), prática que se intensificou durante a dominação romana.

16,18-20 Para manter a ordem, os juízes estabelecidos nas cidades deviam ser honestos e irrepreensíveis. À porta da cidade se reúne o tribunal (Dt 21,19), e, diante dela, mas fora da cidade, se executa a sentença (Dt 22,24). Ex 23,1-3.6-9 são paralelos e possuem o mesmo objetivo: evitar as falhas e as faltas cometidas nos tribunais. As três exigências são apodíticas e formuladas na negativa. O rei Josafá (2Cr 19,4-11) empreendeu reformas no exercício da justiça e criou, para além dos tribunais locais, uma jurisdição central em Jerusalém confiada a sacerdotes, levitas e anciãos. Com isso, aliviou seu peso de "suprema corte e última instância de apelação". No exercício da justiça e do direito, não se coloca a idade como critério, mas se exigem sabedoria e equidade. Assim, um jovem podia se tornar juiz, desde que demonstrasse possuir a sabedoria própria do ancião, como se encontra na adição grega presente em Dn 13,1-64, pautada, talvez, em Dt 22,20-21.

Ações proibidas

²¹ Não fincarás para ti um totem ou qualquer lenho ao lado do altar do SENHOR, teu Deus, que tiveres feito para ti. ²² Não erguerás uma estela para ti, porque é odiável ao SENHOR, teu Deus. **17** ¹ Não imolarás ao SENHOR, teu Deus, um boi ou um cordeiro que tenha um defeito ou algo ruim, porque isso seria uma abominação ao SENHOR, teu Deus. ² Se for encontrado em teu meio, em um de teus portões que o SENHOR, teu Deus, te dá, um homem ou uma mulher que faça o que é mau aos olhos do SENHOR, teu Deus, violando a aliança dele, ³ andando e servindo a outros deuses, e se prostre diante deles, seja o sol, seja lua, seja o exército dos céus – o que não ordenei –, ⁴ e se te relatarem e escutares, deverás investigar bem. Então, se for verdade, fixada a palavra de que essa abominação foi feita em Israel, ⁵ farás esse homem e essa mulher que fizeram essa coisa ruim saírem, e, em teus portões, apedrejarão o homem e a mulher, para que morram. ⁶ Pela boca de duas ou três testemunhas poderás sentenciar de morte, mas não sentenciarás de morte pela boca de uma única testemunha. ⁷ Contra esse tal, a mão das testemunhas será a primeira para fazê-lo morrer, depois a mão de todo o povo. Assim eliminarás o mal de teu meio.

Apelação à suprema corte

⁸ Se um caso te supera ao julgar entre sangue por sangue, disputa por disputa, ferida por ferida, ou processo litigioso, dentro de teus portões, então te levantarás e subirás ao lugar que o SENHOR, teu Deus,

---

16,21–17,7 Ao invés de erguer, Ex 34,13 e Dt 12,3 ordenam derrubar tudo o que promove a idolatria. 1Rs 11,1-13 atesta que Salomão, seduzido por suas mulheres, construiu santuários e altares para as divindades estrangeiras. Jeroboão I induziu Israel ao erro, e 1Rs 14,15 anuncia o castigo pela desobediência, lembrado ainda na reflexão sobre a queda da Samaria em 2Rs 17,16. Mesmo com essas advertências, Manassés não se deixou intimidar e fez erguer um poste sagrado (2Rs 21,3; 2Cr 33,3). Não há notícias de que algum rei tenha sido lapidado por esse crime. Lv 22,20 contém a mesma lei, mas ressalta que não haveria benefício para o ofertante. A ordem dos versículos 2-7 retoma Dt 13,7-12. Assim, o povo elimina a infidelidade de seu meio e purifica-se pela lapidação dos culpados (Lv 24,14). A pena de morte era grave e só podia ser aplicada se a falta também fosse grave, como é o caso da sedução à idolatria (Dt 13,2-19), contudo teria de ser mediante o testemunho de duas ou mais pessoas (Nm 35,30; Dt 19,15-21a). O versículo 1 parece deslocado do contexto. Enquanto Ex 12,5 exige que o animal seja sem defeito algum, Dt 15,21 proíbe que um animal defeituoso seja oferecido e sacrificado.

17,8-13 A lógica segue a lei do talião (Ex 21,22-25; Lv 24,17-20; Dt 19,21). A instituição de juízes, citada em Dt 1,9-18, releitura de Ex 18,13-26, serve de fundamento para esta ordem centralizada no templo. A alusão ao sacerdote antes do juiz aponta para uma mudança no regime, sendo ela talvez um indício da hierocracia que, pouco a pouco, após a reconstrução do templo e a retomada dos serviços religiosos em 520 a.C., assumirá o poder (Ag 2,10-14). O Sl 122,5 atesta que em Jerusalém estão os tronos da justiça.

DEUTERONÔMIO 17

escolher para si. **9** Irás aos sacerdotes levitas e ao juiz que estiverem lá naqueles dias. Indagarás, e declararão para ti a palavra de juízo. **10** Sobre tua boca estará a sentença que te declararam do lugar que o SENHOR tiver escolhido, e cuidarás de praticar tudo o que te tiverem instruído. **11** Procederás de acordo com a instrução que te instruírem e agirás segundo a sentença que te disserem; não te desviarás nem para a direita nem para a esquerda da palavra que te anunciarem. **12** O homem que agir por presunção e não escutar o sacerdote que lá estiver para oficiar ao SENHOR, teu Deus, ou o juiz, então esse homem deverá morrer. Assim eliminarás o mal de Israel. **13** Todo o povo escutará e temerá, e já não agirá com presunção.

Direitos e deveres do rei

14 Ao entrares na terra que o SENHOR, teu Deus, te dá, ao tomares posse dela, ao habitares nela e ao dizeres: 'Quero colocar um rei sobre mim, como todas as nações à minha volta', **15** só poderás colocar sobre ti um rei eleito pelo SENHOR, teu Deus; será um dentre teus irmãos que colocarás sobre ti como rei. Não colocarás sobre ti um homem estrangeiro, que não seja, ele mesmo, teu irmão. **16** Ele não multiplicará cavalos para si nem fará o povo voltar para o Egito, a fim de ter mais cavalo, porque o SENHOR vos disse: 'Jamais voltareis por esse caminho'. **17** Ele não multiplicará mulheres para si, para que seu coração não se distancie. Ele não multiplicará, para si, ouro e prata em demasia. **18** Quando se assentar sobre o trono em seu reino, então escreverá para si uma cópia dessa lei conforme o livro que está diante dos sacerdotes levitas. **19** Com ele estará, e nele lerá todos os dias de sua vida, a fim de que aprenda a temer o SENHOR, seu Deus, e a observar todas as palavras desta lei e a praticar todos esses decretos. **20** Desse modo, seu coração não se elevará acima de seus irmãos nem se distanciará dessa ordem, nem para a direita nem para a esquerda. Assim, seus dias serão longos em seu reino, para ele e para seus filhos no meio de Israel.

17,14-20 A designação do livro, "Deuteronômio", ou seja, "segunda lei" ou simplesmente "cópia da lei", vem do versículo 18 segundo a versão grega. Jz 9,1-57 atesta que Abimelec se fez proclamar rei em Siquém, mas só aparecerá como desejo do povo em 1Sm 8,5 e que resultará na unção de Saul (1Sm 10,1). À diferença deste texto, 1Sm 8,10-18 mostra que os direitos do futuro rei são, na verdade, inconvenientes e que a autoridade local deixará de existir. Tais direitos são as pedras de tropeço da monarquia, pois atestam a ganância. Uma corrente antimonárquica está presente em Os 7,3-7; 13,9-11; Ez 34,1-10. As proibições parecem retratar as atitudes atribuídas a Salomão (1Rs 5,1-8; 9,15-24; 10,14–11,13). Davi não exigiu que Salomão fizesse, para si, uma cópia da lei, mas que observasse tudo o que está escrito na lei de Moisés (1Rs 2,3). Escrever uma cópia da lei é antítese da atitude do rei Joaquim (Jr 36). Após o exílio, nota-se a estreita ligação entre a lei de Deus e a função dos sacerdotes (Ml 2,5-7).

Direito dos sacerdotes

18 ¹ Não haverá para os sacerdotes levitas e para toda a tribo de Levi porção e herança com Israel. Eles se alimentarão dos sacrifícios ao fogo e da herança oferecidos ao Senhor. ² Não haverá herança para ele no meio de seus irmãos: o Senhor, ele mesmo, é sua herança, como lhe falou. ³ Isto será justo para os sacerdotes dentre o povo, dentre os que fazem sacrifício de um boi ou de uma ovelha: dar-se-á ao sacerdote a costela, as mandíbulas e o estômago; ⁴ as primícias de teu trigo, de teu mosto e de teu óleo, e as primícias da tosquia de tuas ovelhas lhe darás. ⁵ Porque o Senhor, teu Deus, escolheu a ele e a seus filhos, dentre todas as tribos, para estar de pé e para oficiar, em nome do Senhor, todos os dias. ⁶ E quando um levita vier de um de teus portões, existentes em todo Israel, onde ele se hospedou como imigrante, e vier com todo o desejo de seu ser ao lugar que o Senhor tiver escolhido, ⁷ poderá oficiar em nome do Senhor, seu Deus, como fazem todos os seus irmãos, os levitas que ali estão de pé diante do Senhor. ⁸ Comerão uma porção igual à dos outros, além de receberem pela venda do que é de seus pais.

Charlatanismo e profetismo

⁹ Quando tu entrares na terra que o Senhor, teu Deus, te dá, não aprenderás a fazer as coisas abomináveis daquelas nações. ¹⁰ Junto a

---

18,1-8 O direito dos sacerdotes levitas fundamenta-se na eleição para o serviço ao culto (Nm 18,20-24), razão pela qual passam a ter direito na oferta das primícias do pastoreio e da agricultura (Lv 7,28-34). Com isso, buscava-se evitar os abusos cometidos pelos sacerdotes corruptos (1Sm 2,12-17). Ao lado do direito do sacerdote, está o direito do rei (1Sm 8,9-18). A afirmação da idêntica dignidade, independente do lugar de proveniência do sacerdote levita, quis atenuar as rivalidades surgidas com a centralização do culto e pretendeu gerar equidade entre os sacerdotes de Jerusalém e os que moravam em outras localidades. 2Rs 23,8-9 dá a entender que os que oficiavam nos lugares altos estariam marcados pela idolatria e, portanto, não poderiam ter os mesmos privilégios. 2Mc 4,1-17 atesta, na época do helenismo, a corrupção no meio sacerdotal: aquisição do sumo sacerdócio por dinheiro e abandono dos serviços litúrgicos. Dt 12,12.18-19; 14,27.29; 16,11.14 colocam o levita como protegido por Deus, ao lado da viúva, do órfão e do imigrante (Nm 35,2-8). O cuidado com os sacerdotes e levitas foi particular durante a segunda ação de Neemias (Ne 12,44-47; 13,12).

18,9-22 No Deuteronômio, Israel tem a missão de purificar a terra, mas também está sendo alertado dos riscos e perigos ligados às práticas idolátricas, razão pela qual as nações estão perdendo a terra (Dt 9,5; 12,29–13,1). As proibições servem de alerta para manter Israel na fidelidade à aliança. O primeiro rei de Israel baniu essas práticas, mas, em um ato de desespero, praticou a necromancia (1Sm 28,1-25). O anúncio de um profeta futuro serve para ratificar Moisés como profeta por excelência (Ex 20,18-21; Dt 5,23-28) e para preparar a instituição da profecia com a eleição de Samuel (1Sm 3,1-21). Essa promessa passou a qualificar, como profeta, o futuro messias. Os profetas autênticos não falaram por presunção, não induziram ao erro (Dt 13,2-6; 17,12) e não recuaram diante do erro dos reis (1Sm 15,23; 1Rs 22; Jr 23,9-40; 28). A queda de Jerusalém decorreu da desobediência à voz dos profetas (Esd 9,11; Br 2,24; Dn 9,6).

DEUTERONÔMIO 18–19

ti não se encontrará quem faça passar seu filho ou sua filha pelo fogo, quem faça augúrio, sortilégio, presságios, magia, **11** encantamento, consulta a espírito, adivinhação e invoque mortos, **12** porque é uma abominação ao SENHOR quem faz isso, e é por causa dessas abominações que o SENHOR, teu Deus, as desaposa diante de ti. **13** Com o SENHOR, teu Deus, serás coerente, **14** porque essas nações, as quais tu desapossarás, escutam presságios e augúrios, mas o SENHOR, teu Deus, não te deu nada disso. **15** O SENHOR, teu Deus, fará surgir para ti, como eu, um profeta de teu meio e do meio de teus irmãos. A ele escutareis. **16** Assim está conforme ao que pediste ao SENHOR, teu Deus, no Horeb, ao dizer no dia da assembleia: 'Não continuarei a ouvir a voz do SENHOR, meu Deus, e não verei este grande fogo, assim não morrerei'. **17** Então me disse o SENHOR: 'Foi bom o que falaram. **18** Farei surgir, para eles, um profeta, como tu, dentre seus irmãos. Colocarei minhas palavras em sua boca, e ele falará para eles tudo o que lhe ordenarei. **19** Ao homem, porém, que não escutar minhas palavras, as quais fala em meu nome, eu lhe pedirei contas. **20** Quanto ao profeta que presumir falar alguma palavra em meu nome que não lhe ordenei falar, ou falar em nome de outros deuses, esse profeta deverá morrer'. **21** Se em teu coração disseres: 'Como reconheceremos a palavra que o SENHOR não falou?' **22** Quando o profeta falar em nome do SENHOR e não se realizar a palavra, então o SENHOR não falou aquela palavra. O profeta a falou com presunção. Dele não terás medo.

Cidades de refúgio

19 **1** Quando o SENHOR, teu Deus, eliminar as nações, tomarás posse da terra que o SENHOR, teu Deus, te dá, as desapossarás e habitarás em suas cidades e em suas casas. **2** No meio da terra, que o SENHOR, teu Deus, te dá para possuí-la, separarás três cidades. **3** Estabelecerás para ti

---

19,1-13 O primeiro homicídio voluntário está narrado em Gn 4,1-16, e, mesmo assim, Deus não permitiu que Caim fosse vítima de vingança por sua culpa (Gn 3,13-15). O próprio Moisés parece ter cometido um homicídio involuntário (Ex 2,11-15), depois do qual, fugindo, encontrou refúgio junto ao sacerdote Jetro, que se tornou seu sogro (Ex 2,16-22). O altar dos santuários foi usado como local de refúgio para o homicida (1Rs 1,50-53; 2,28-34). O Código da Aliança prevê que o homicídio involuntário não seja punido com base na lei do talião, mas afirma que existirá um local de refúgio e enfatiza que a pena de morte se aplica para quem matar pai, mãe e tenha traficado ou escravizado seu próximo (Ex 21,12-17). Nm 35,9-34 contém uma tradição mais abrangente sobre o homicídio. Moisés já havia estabelecido, ao leste do Jordão, três cidades de refúgio nas terras dadas a Rubén, Gad e à meia tribo de Manassés (Dt 4,41-43). A execução dessas ordens dadas a Moisés aparece em Js 20,1-9. Com a centralização do culto em Jerusalém, vê-se a necessidade de estabelecer cidades de refúgio entre os levitas para garantir a vida de quem involuntariamente cometeu um homicídio. Além disso, atenua-se o direito de vingança legítima e evita-se o aumento de injustiças pela aplicação da lei do talião (Dt 19,22). Está previsto em Dt 21,1-9 um rito de purificação no caso de um homicídio causado por um desconhecido. O rei Manassés, por sua vez, derramou muito sangue inocente e nem por isso foi executado (2Rs 21,16).

DEUTERONÔMIO 19

o caminho e tripartirás a porção de terra que o SENHOR, teu Deus, te fará herdar, e será um refúgio para o homicida. **4** Esta é a regra: o homicida que ali se refugiar viverá. Quem ferir seu próximo por ignorância, sem que houvesse previamente ódio por seu próximo, **5** quem for com seu próximo à floresta para cortar lenha e, ao empunhar o machado para cortar a árvore, o ferro sair do cabo e seu próximo morrer, ele fugirá para uma dessas cidades e viverá. **6** Assim, o vingador do sangue não virá atrás do homicida e, no ardor de seu coração, não o alcançará ao longo do caminho ferindo-lhe a vida, sem que haja nele uma sentença de morte, pois não o odiava previamente. **7** Por isso, eu te ordeno: três cidades separarás para ti. **8** Caso, porém, o SENHOR, teu Deus, alargue tuas fronteiras, como jurou a teus pais, e te dê toda a terra que prometeu dar a teus pais, **9** porque terás observado toda essa ordem e a terás praticado como eu, hoje, te estou ordenando, por amor ao SENHOR, teu Deus, para andar todos os dias em seu caminho, acrescentarás ainda para ti três cidades àquelas três. **10** Assim, não se derramará sangue de um inocente no meio da terra que o SENHOR, teu Deus, te dá por herança, e não haverá sangue sobre ti. **11** Contudo, se houver um homem que odeia seu próximo, arma-lhe uma cilada, ergue-se contra ele, vem a feri-lo de morte e foge para uma daquelas cidades, **12** então enviarão anciãos de sua cidade, o prenderão e o entregarão nas mãos do vingador do sangue, e será morto. **13** Sobre ele, teu olho não terá compaixão; livrarás de Israel o sangue inocente. Isso será um bem para ti.

Limites

14 Não mudarás as cercas de teu próximo, que, em tua herança, teus antepassados fixaram, terra que herdarás e que o SENHOR, teu Deus, te dá para possuí-la.

Testemunhas

15 Não será aceita uma única testemunha contra um homem, por uma culpa ou um pecado, caso um pecado tenha sido praticado; a palavra será

19,14 Este versículo contém uma lei apodítica pouco consistente com o contexto. O único paralelo na Torá está em Dt 27,17, que denomina maldito o autor de tal injustiça. A referência aos antepassados quer assegurar a legítima herança da terra, pôr freio à cobiça e atestar que ela é um dom feito pelo Senhor a seu povo. É um tema frequente em outros livros (Jó 24,2; Sl 16,6; Pr 15,25; 22,28; 23,10; Os 5,16).

19,15-21 O valor de um testemunho, em uma sentença de morte, já havia sido determinado em Dt 17,6. Somente o livro do Deuteronômio traz essa legislação e está conforme ao Decálogo (Ex 20,16; 23,1; Dt 5,20). Pr 6,19 coloca o falso-testemunho como uma das seis coisas abomináveis aos olhos de Deus. A aplicação da lei do talião, contra a falsa testemunha, vai além do que se diz em Ex 23,7, mas a sentença está condizente com Pr 19,5. A função do castigo, apesar de extremo, tem valor pedagógico, como já enunciado em Dt 13,12, e objetiva o fim do mal no meio do povo (Dt 13,6; 17,7.12). O versículo 19 traz a motivação da aplicação da lei do talião no versículo 21, que, por sua vez, é menor que a citada em Ex 21,23-25.

Deuteronômio 19–20

aceita pela boca de duas ou três testemunhas. **16** Caso se levante uma testemunha violenta contra um homem para acusá-lo de um crime, **17** então os dois homens, que disputam, se colocarão de pé diante do Senhor, diante dos sacerdotes e dos juízes que oficiam naqueles dias. **18** Os juízes investigarão bem se a testemunha é falsa e se deu um falso-testemunho contra seu irmão; **19** fareis a ele como tramou fazer com seu irmão. Assim eliminarás o mal de teu meio. **20** Os outros ouvirão, temerão e não continuarão a fazer, em teu meio, essa coisa maldosa. **21** Teu olho não terá compaixão: será vida por vida, olho por olho, dente por dente, mão por mão, pé por pé.

Guerra

20 **1** Quando saíres para a guerra contra teus inimigos e vires cavalos, carros e um povo bem mais numeroso que o teu, não terás medo deles, porque contigo está o Senhor, teu Deus, que te tirou da terra do Egito. **2** Assim será quando vos aproximardes da guerra: o sacerdote se colocará à frente e falará ao povo **3** e lhes dirá: 'Escuta, Israel, hoje vós estais próximos da guerra contra vossos inimigos! Que vosso coração não desfaleça! Não temais, não vos espaventeis e não vos aterrorizeis diante deles, **4** pois o Senhor, vosso Deus, caminha convosco para guerrear por vós contra vossos inimigos e para vos salvar!' **5** E os comandantes falarão ao povo: 'Há algum homem que tenha construído uma casa e não a inaugurou? Que se vá e volte para sua casa! Que não morra na guerra e outro homem a inaugure! **6** Há algum homem que tenha plantado uma vinha e dela não tenha colhido frutos? Que se vá e volte para sua casa! Que não morra na guerra e outro homem venha colher dela! **7** Há algum homem que seja noivo de uma mulher e não a tenha desposado? Que se vá e volte para sua casa! Que não morra na guerra e outro homem a tome para si!' **8** E os comandantes acrescentarão uma

20,1-20 Não se trata de promover uma "guerra santa", mas esta prescrição justifica as campanhas militares que ocorrerão sob o comando de Josué na conquista da terra prometida. Em Nm 14,9, Josué e Caleb buscaram encorajar o povo a não temer os habitantes de Canaã. O encorajamento diante de um inimigo mais poderoso é feito com base na experiência de libertação do Egito. O Senhor é o valente guerreiro e o aliado que luta ao lado e a favor de seu povo (Ex 14,24; Is 41,10; Ne 4,14). Foi confiando em Deus que Davi encarou Golias (1Sm 17,45; Sl 20,8). Assim se educa, pois alianças com os poderosos não podem salvar (Is 31,1). Dt 20,5-8 contém medidas de proteção e de precaução para o êxito na guerra (Jz 7,1-8). O homem recém-casado não deve ir para a guerra (Dt 24,5). Na travessia de Cades ao Arnon, os filhos de Israel foram proibidos de mover guerra aos filhos de Esaú e aos filhos de Ló (Dt 2,1-25), mas a guerra foi feita contra Seon, rei dos amorreus (Dt 2,26-37), e a Og, rei de Basã (Dt 3,1-11), porque não permitiram que Israel passasse pelos territórios deles. Nm 31,1-54 vai além do que está prescrito em Dt 20,12-17. O interdito parece ser justificado em Dt 20,18, que tem em comum com Ex 34,15-16 o risco da idolatria, mas a forma passa da proibição de contrair aliança à ordem de exterminar os inimigos. Jr 6,6 ordena que árvores sejam cortadas para que Jerusalém seja assediada. Contudo, as árvores frutíferas evocam a criação e, por isso, devem ser preservadas (Gn 1,29; Sl 104,14-15).

Deuteronômio 20–21

fala ao povo e dirão: 'Algum homem está com o coração temeroso e fraco? Que se vá e volte para sua casa! Que o coração de seus irmãos não desfaleça como seu coração!'

9 Quando os comandantes terminarem de falar ao povo, então se aproximarão os chefes dos exércitos à testa do povo. **10** Quando te aproximares de uma cidade para guerrear contra ela, antes lhe proporás a paz. **11** Se houver resposta de paz e te abrir seus portões, então todo o povo que nela se encontra será teu escravo e te servirá. **12** Se recusar a paz e fizer guerra contra ti, então a sitiarás, **13** e, quando o Senhor, teu Deus, a der em tuas mãos, todo varão dela será ferido a fio de espada. **14** Apenas mulheres, crianças, rebanhos e tudo o que há na cidade, todo o seu despojo, tomarás para ti e consumirás o despojo de teus inimigos que o Senhor, teu Deus, tiver dado para ti.

15 Assim farás a todas as cidades muito afastadas de ti, que não são cidades dessas nações. **16** Das cidades desses povos, porém, que o Senhor, teu Deus, te dá por herança, não deixarás viver nenhum ser que respira, **17** porque consagrarás e votarás ao extermínio os hititas, os amorreus, os cananeus, os ferezeus, os heveus e os jebuseus, como te ordenou o Senhor, teu Deus. **18** Desse modo, não vos ensinarão a fazer abominações como fazem para seus deuses, pecando contra o Senhor, vosso Deus. **19** Quando sitiares uma cidade por muitos dias, guerreando contra ela para te apoderares dela, não abaterás suas árvores a golpe de machado; porque delas comerás, não as cortarás. Acaso a árvore do campo é um ser humano para vir diante de ti com uma barreira? **20** Apenas se souberes que uma árvore não é frutífera poderás destruí-la, cortá-la e construir com ela algo para o assédio contra a cidade que te faz guerra, até que essa caia.

Caso de homicídio oculto

21 **1** Quando houver um homicídio no solo que o Senhor, teu Deus, te dá para possuí-lo, estendido sobre o campo, e não se sabe quem o feriu, **2** então teus anciãos e teus juízes sairão e medirão as cidades que estão ao redor do morto. **3** Da cidade mais próxima do morto, os anciãos dessa cidade tomarão uma novilha que ainda não tenha servido e que não tenha carregado um jugo. **4** Os anciãos daquela cidade farão a novilha descer a uma torrente perene de água, na qual não se faça

---

21,1-9 O sangue derramado por homicídio profana o solo (Gn 4,10; Nm 35,33-34). Esta lei casuística completa Dt 19,1-13 e prevê um caso em que, devidamente, não se possa aplicar a lei do talião. Nota-se que o ocorrido no campo implica a decisão que a cidade mais próxima deve tomar. Anciãos e sacerdotes são lideranças que possuem funções específicas, mas os filhos de Levi, neste caso, não oficiam o sacrifício. O versículo 5 parece uma inserção que serve para atestar a validade do ato (Nm 19,11-16). O rito de purificação, associado ao gesto de lavar as mãos sobre a novilha, equivale à declaração de inocência (Sl 26,6; 73,13; Is 1,15-16). O sangue da novilha derramado sobre a torrente deve levar para longe a culpa de quem não pode ser punido (Dt 9,21).

DEUTERONÔMIO 21

serviço ou semeadura; ali quebrarão a nuca da novilha na torrente. **5** Os sacerdotes, filhos de Levi, se aproximarão, porque o SENHOR, teu Deus, os escolheu para ministrar e para abençoar em nome do SENHOR; sobre os lábios deles estará cada disputa e cada lesão. **6** Todos os anciãos daquela cidade, os que se aproximaram do morto, lavarão suas mãos sobre a novilha que teve a nuca quebrada na torrente, **7** responderão e dirão: 'Nossas mãos não derramaram este sangue e nossos olhos não viram. **8** SENHOR, perdoa Israel, teu povo, que resgataste! Não permitas que sangue inocente seja derramado no meio de Israel, teu povo'. E o sangue lhes será perdoado. **9** Assim tu removerás de teu meio o sangue inocente e farás o que é reto aos olhos do SENHOR.

Situação dos cativos

10 Quando saíres para a guerra contra teus inimigos, e o SENHOR, teu Deus, os entregar em tuas mãos, e fizeres prisioneiros, **11** se vires entre os prisioneiros uma mulher formosa e te sentires ligado a ela, poderás tomá-la para ti por esposa. **12** Então a conduzirás para dentro de tua casa; ela raspará sua cabeça e aparará suas unhas, **13** deporá sua veste de prisioneira que endossa e habitará em tua casa; chorará por seu pai e por sua mãe um ciclo lunar inteiro. Depois a tomarás, serás seu marido, e ela, para ti, será por esposa. **14** Se te desgostares dela, deixarás livre por sua vida; não a venderás por prata, não a maltratarás, porque a desonraste.

Direito de primogenitura

15 Se um homem tiver duas mulheres, uma que é a amada e a outra a odiada, e gerarem filhos para ele, a amada e a odiada, e se o filho primogênito for da odiada, **16** quando vier o dia de fazer herdar a seus filhos o que é dele, não poderá fazer primogênito ao filho da amada diante do filho da odiada que é o primogênito. **17** Mas ao primogênito, filho da odiada, se reconhecerá o direito ao dobro de tudo que lhe pertence, porque ele foi a primícia de seu vigor; para ele é o direito de primogenitura.

21,10-14 A mulher prisioneira, tomada por esposa, recebe um tratamento diferenciado ao entrar e ao sair da casa do homem que a desposou. Este caso modera as ações previstas em Dt 20,12-17 e supera o direito ao despojo de Jz 5,30 e ao rapto de Jz 21,8-14. A permissão do matrimônio parece contradizer a proibição presente em Dt 7,3-4. O encantamento pela formosura da mulher ao ponto de provocar a união lembra Gn 6,2; 34,1-24; Sl 45,11-12.

21,15-17 Lamec é o primeiro caso de bigamia fecunda (Gn 4,19-20). Abraão teve outros filhos, além de Isaac e Ismael, mas deu a herança ao filho de Sara, dando aos demais apenas presentes (Gn 25,5-6). Jacó também foi bígamo e declarou que Rúben era o primogênito de seu vigor com Lia, a não amada (Gn 29,31; 49,3), mas a bênção foi dada aos filhos de José (Gn 48,1-21), primogênito da amada Raquel (Gn 30,22-24). Também 1Cr 26,10 atesta a preferência dada ao filho não primogênito. Gn 25,29-34 alude ao desprezo pelo direito à primogenitura de Esaú. No âmbito profético, Eliseu foi feito herdeiro de Elias e, como herança, pediu uma dupla porção do espírito de Elias (2Rs 2,9). O dobro foi dado a Jerusalém pelo mal que sofreu (Is 40,2; 61,7; Zc 9,12).

Filho insubmisso

[18] Se um homem tiver um filho insubmisso e rebelde, que não escuta a voz de seu pai e de sua mãe, que já o castigaram e ainda assim não os escuta, [19] então seu pai e sua mãe tomarão medidas contra ele e o levarão aos anciãos de sua cidade e ao portão de onde moram, [20] e dirão aos anciãos de sua cidade: 'Este nosso filho é insubmisso e rebelde; não escuta nossa voz, é falso e se embriaga'. [21] Todos os homens de sua cidade o apedrejarão, e morrerá. O mal será tirado do meio de ti, e todos os de Israel escutarão e temerão.

Pena por enforcamento

[22] Se um homem for sentenciado de morte por um pecado, e sua morte for por enforcamento sobre uma árvore, [23] seu cadáver não pernoitará pendurado à árvore, mas certamente o sepultarás naquele dia; pois o que foi pendurado é uma maldição de Deus. Assim, não contaminarás o solo que o Senhor, teu Deus, te dá em herança.

Leis diversas

22 [1] Não desviarás o olhar do boi de teu irmão ou de sua ovelha perdidos, não te omitirás diante deles, mas os reconduzirás e os devolverás a teu irmão. [2] Caso teu irmão não se encontrar próximo a ti, ou não o conheceres, então o acolherás junto à tua casa e contigo

---

21,18-21 A insubmissão dos filhos aos pais é um tema sapiencial (Sl 78,8; Pr 1,8; 30,17) e profético (Is 30,1; Jr 5,23; Sf 3,1). Lv 20,9 prevê a pena de morte para filhos que amaldiçoam os pais. A punição tem uma função pedagógica para Israel formar as gerações na observância do quarto mandamento (Dt 13,12; 19,19).

21,22-23 Abranda-se o rigor praticado no Egito (Gn 40,19.22; 41,13). O rei de Hai e os cinco reis que investiram contra Gabaon foram enforcados por ordem de Josué segundo esta legislação (Js 8,29; 10,26-27). O enforcamento foi uma prática comum durante o reinado de Assuero (Est 2,23; 5,14; 6,4; 7,9-10; 8,7; 9,13-14.25).

22,1-12 A preocupação com os animais alheios, presente em Ex 23,4-5, diz respeito ao inimigo e não ao próximo. O deuteronomista apela para a necessidade do próximo e vai além de qualquer forma de rivalidade. A permissão de ficar com os filhotes endossa o respeito pela maternidade até mesmo dos pequenos animais. Ex 21,33-34 atesta a culpa pela falta de precaução que levou o boi ou o asno a cair em uma cisterna destampada. Ao estender a responsabilidade para os pertences do próximo, reforça-se a exigência do último mandamento (Ex 20,17; Dt 5,21). Pr 27,10 atesta que um vizinho próximo é mais útil que um parente distante. Zc 7,9 exige que a justiça, a lealdade e a misericórdia sejam praticadas para com o próximo. A proteção no telhado assemelha-se a bordas (Ex 25,25.27; 30,3-4), ou a um terraço (Js 2,8; 1Sm 9,25; 2Sm 11,2). Lv 19,19 reúne as proibições dos versículos 9-11. A questão do travestimento talvez tenha que ver com usos e costumes dos povos cananeus, ou com alguma forma de idolatria, razão pela qual se diz que é abominável para Deus. A lei se estendeu até sobre o modo de vestir e sobre os adornos (Nm 15,37-39), criando a ligação dos versículos 9-11 ao versículo 5.

DEUTERONÔMIO 22

estará até que teu irmão o busque, e o devolverás para ele. ³ Da mesma forma farás com seu asno, com seu manto e com qualquer coisa perdida por teu irmão, assim farás com tudo o que ele tenha perdido e tu tenhas encontrado. Não te omitirás. ⁴ Se vires o asno de teu irmão ou seu boi caídos no caminho, não te omitirás diante deles, mas, por certo, o ajudará a levantá-los.

⁵ Não estará sobre a mulher o que é do homem, e o manto da mulher não vestirá o homem, porque é abominação ao SENHOR, teu Deus, quem faz isso.

⁶ Se à tua frente, pelo caminho, encontrares um ninho de pássaro, sobre uma árvore ou por terra, com passarinhos ou ovos, e a mãe estiver sobre os passarinhos ou sobre os ovos, não pegarás a mãe que está sobre seus filhotes. ⁷ Por certo, afugentarás a mãe e tomarás os filhotes para ti. Isso será um bem para ti, e teus dias se prolongarão.

⁸ Se construíres uma casa nova, farás um anteparo para teu teto, e não derramarás sangue em tua casa, se dela alguém vier a cair.

⁹ Não semearás em tua vinha duas espécies, assim não seria tudo consagrado: a semente que semeaste e o produto da vinha.

¹⁰ Não lavrarás com um boi e um asno juntos.

¹¹ Não endossarás tecidos mistos, lã e linho juntos.

¹² Bordas farás para ti sobre os quatro cantos do manto com o qual te cobrirás.

Leis matrimoniais

¹³ Se um homem tomar uma mulher e tiver relações com ela e a odiar, ¹⁴ difamando-a com palavras escandalosas e pronunciando sobre ela

---

22,13–23,1 Os casos têm que ver com os mandamentos que proíbem o adultério (Ex 20,14.17; Dt 5,18.21). O repúdio recebeu revisões em Dt 24,1-5. Os portões da cidade serviam de tribunal, sendo Gn 23,10 o primeiro caso levado aos anciãos. Em Israel, os anciãos foram instituídos durante a primeira etapa da marcha pelo deserto e deviam ser irrepreensíveis no exercício da justiça (Ex 18,21; Dt 1,9-18; Rt 4,1-13). A sentença emitida visava restaurar a ordem violada e tinha uma função pedagógica (Dt 17,4). O caso previsto no versículo 21 encontra exemplificação na violação de Dina, filha de Jacó (Gn 34). José não foi sentenciado de morte, apesar da falsa denúncia que sofreu da mulher de Putifar (Gn 39,6-20). O caso mais famoso é o adultério de Davi com Betsabeia (2Sm 11), sobre os quais essa lei não foi aplicada, talvez porque ainda não existisse ou porque o rei gozava de privilégios. Contudo, a punição veio para ambos na sentença de morte da criança concebida no adultério (2Sm 12,1-24). Para os casos do livro do Gênesis é preciso lembrar que a lei não retroage, mas o que se passa com o patriarca Jacó e com seus filhos permite cogitar que a origem dessa legislação provém do Israel do norte. Lv 19,29 proíbe que o pai desonre e prostitua sua filha, pois o ganho com isso é abominável (Dt 23,18-19). A sentença de morte prevista para esses casos não contradiz Ex 20,13; 21,12; Dt 5,17. O dote pela violação de uma virgem já aparece previsto no "Código da Aliança", podendo o pai recusar a união matrimonial (Ex 22,15-16). O caso de Judá com Tamar (Gn 38) teve um desfecho positivo em relação ao previsto em Dt 22,21 e inverte a sentença em Dt 23,1. A mesma lei encontra-se em Lv 18,8, e o insulto é punido com a morte (Lv 20,9), pois é digno de maldição (Dt 27,20).

DEUTERONÔMIO 22–23

uma injúria e dizendo: 'Esta mulher desposei e dela me aproximei, mas não encontrei nela os sinais da virgindade', **15** então o pai da jovem e a mãe dela trarão os sinais da virgindade da jovem para os anciãos que estão ao portão da cidade. **16** O pai da jovem dirá aos anciãos: 'Dei minha filha a este homem por mulher, mas ele a odeia; **17** por isso ele se pôs a dizer palavras escandalosas, afirmando: 'Não encontrei em tua filha os sinais da virgindade', mas estes são os sinais da virgindade de minha filha'. Então estenderão a veste diante dos anciãos da cidade. **18** Os anciãos daquela cidade tomarão o homem e o castigarão. **19** Imputarão a ele uma multa de cem siclos de prata e darão ao pai da jovem, porque foi injuriada uma jovem de Israel. Continuará sua mulher e não poderá repudiá-la por todos os seus dias. **20** Mas, se essa palavra for verdadeira e não encontrarem os sinais da virgindade da jovem, **21** então a jovem será trazida para fora da porta da casa de seu pai, e os homens da cidade a lapidarão, e morrerá, porque praticou uma infâmia em Israel, ao prostituir a casa de seu pai. Assim eliminarás o mal de teu meio.

22 Se encontrares um homem deitado com uma mulher desposada, morrerão os dois: o homem que com a mulher se deitou e a mulher. Assim eliminarás o mal de teu meio. **23** Se houver uma jovem, virgem prometida a um homem, e outro homem a encontrar na cidade e se deitar com ela, **24** então os dois serão levados ao portão daquela cidade, serão lapidados e morrerão: a jovem acusada, porque não gritou na cidade, e o homem acusado porque violentou a mulher de seu próximo. Assim eliminarás o mal de teu meio. **25** Mas, se foi no campo que o homem encontrou a jovem prometida e a violentou, deitando-se o homem com ela, então somente o homem que se deitou com ela morrerá. **26** Não fareis coisa alguma à jovem; não há para a jovem um pecado mortal, porque é como um homem que se levanta contra seu próximo e lhe tira a vida. É um caso semelhante. **27** De fato, ele a encontrou no campo; a jovem prometida gritou, mas não havia um salvador para ela. **28** Se um homem encontrar uma jovem virgem que não esteja prometida, a tomar, se deitar com ela e forem flagrados, **29** então o homem que se deitou com ela dará ao pai da jovem cinquenta siclos de prata, e ela será sua mulher; visto que a violentou, não poderá repudiá-la por todos os seus dias. **23** **1** Um homem não tomará a mulher de seu pai e não descobrirá a ponta do manto de seu pai.

Excluídos da assembleia

2 Não entrará na assembleia do SENHOR quem tenha o pênis mutilado ou cortado. **3** Não entrará na assembleia do SENHOR um bastardo;

23,2-9 A mutilação era um impedimento ao sacerdócio (Lv 21,16-23). O Deuteronômio o alarga para os leigos e inclui os filhos bastardos. Amonitas e moabitas são filhos de Ló, gerados com suas filhas (Gn 19,30-38). A proibição para amonitas e moabitas não foi pautada no incesto cometido, mas na recusa do auxílio no tempo da marcha pelo deserto (Nm 21,16-35; Dt 2,2–3,7). O juízo sobre Balaão evoca Nm 22,2–24,18 e Js 24,9-10.

DEUTERONÔMIO 23

não entrará até sua décima geração. **4** Não entrarão, na assembleia do SENHOR, o amonita e o moabita; não entrará jamais até a décima geração deles, **5** porque não vieram a vosso encontro no caminho com pão e água, quando saístes do Egito, e porque, contra ti, pagaram a Balaão, filho de Beor, de Petor, em Aram Naaraim, para te amaldiçoar. **6** Não admitiu o SENHOR, teu Deus, escutar Balaão e mudou, o SENHOR, teu Deus, a maldição em bênção, porque o SENHOR, teu Deus, te ama. **7** Todos os teus dias, não buscarás jamais a paz deles e seus bens. **8** Não abominarás o edomita, porque ele é teu irmão. Não abominarás o egípcio, porque foste imigrante em sua terra. **9** A terceira geração de seus filhos, que deles nascerem, entrará na assembleia do SENHOR.

Leis diversas

10 Quando saíres do acampamento contra teus inimigos, deverás te preservar de toda má conduta. **11** Se houver contigo um homem que não esteja puro, por um infortúnio noturno, deixará o acampamento e não entrará no meio do acampamento. **12** Ao entardecer, se banhará e, ao pôr do sol, entrará no acampamento. **13** Um lugar haverá para ti fora de teu

---

O favor que Deus fez a seu povo por Balaão atesta que a bênção pode provir até por intermédio de inimigos e insensatos (Pr 26,12). Aram Naaraim (v. 5) evoca os parentes ancestrais de Israel (Gn 24,10). Os edomitas e os egípcios (v. 8) são poupados da exclusão, respectivamente pelos laços familiares e pela condição de imigrantes, apesar de Edom não ter permitido a passagem por seu território (Nm 20,14-21) e o Egito ter sido lugar de opressão (Ex 13,3.14; 20,2; Dt 5,6; 6,12; 7,8; 8,14; 13,6.11).

23,10-26 Nos versículos 10-25, a preocupação com as necessidades fisiológicas tem duplo aspecto: higiene, a fim de evitar doenças por contágio, e pureza ritual do acampamento. Lv 15,1-33 busca prever diversos tipos de doenças sexualmente transmissíveis, bem como orienta sobre o que fazer diante das situações que dizem respeito à vida sexual normal. O deuteronomista limitou-se a falar, talvez, da poluição noturna (Lv 15,16-17) e das fezes que resultam das normais funções fisiológicas. 1Sm 21,5 atesta a necessidade de os guerreiros não estarem contaminados por relações sexuais, algo que era exigido de quem ia para o campo de batalha (2Sm 11,7-13). Gn 3,8 atesta a concepção de que Deus caminha em meio aos seres humanos, e Ex 3,4-8 afirma que o Senhor vem a seu encontro, principalmente depois que deixou o Sinai para habitar, em uma tenda, no meio dos filhos de Israel (Ex 24,15-18; 40,34-38), que serão organizados para a segunda etapa da marcha pelo deserto como um grande e numeroso exército (Nm 1,1–10,10). Quanto aos versículos 16-26, na campanha contra os amalecitas, Davi foi ajudado por um escravo que pedira refúgio em troca de informações (1Sm 30,15-16a). O próprio Davi se refugia em Deus contra as perseguições do rei Saul, "seu dono" (2Sm 22,2-3; Sl 18,2-3). Tamar foi chamada de hierodula, ou seja, prostituta sagrada por Judá (Gn 38,21). Roboão permitiu que em Judá houvesse hierodulos (1Rs 14,24), ao contrário de Asa, que expulsou os hierodulos da região (1Rs 15,12), bem como Josafá (1Rs 22,47). Josias prosseguiu com esses feitos e demoliu as casas dos hierodulos que estavam junto ao templo de Jerusalém (2Rs 23,7). Jacó sofreu a exploração nas mãos de seu tio Labão (Gn 31,5-7). Dt 15,3 permite a cobrança de juros do estrangeiro. Além do compatriota, Lv 25,35-44 estende os benefícios também aos imigrantes residentes, a fim de conter a degradação pela pobreza. Ne 5,1-13 indignou-se com a prática dos juros que levou muitos ao extremo empobrecimento, gerando inclusive escravidão por dívidas (Am 2,6-16). Por isso, ordenou que se fizesse uma grande anistia.

DEUTERONÔMIO 23–24

acampamento, e ali defecarás. [14] Terás uma pá entre teus utensílios, escavarás com ela onde te assentares, voltarás e cobrirás teus excrementos, [15] porque o SENHOR, teu Deus, anda no meio do acampamento para te livrar e para te entregar teus inimigos diante de tua face. Por isso, teu acampamento será santo; que não se veja algo descoberto e te abandone.

[16] Não entregarás um servo ao senhor dele, sendo que, em tua direção, se libertou de junto de seu senhor. [17] Contigo habitará, em teu meio, no lugar que escolher em um de teus portões, onde, para ele, estiver bem. Não o oprimirás. [18] Não haverá uma prostituta sagrada entre as filhas de Israel, ou um prostituto sagrado entre os filhos de Israel. [19] Não entrará na casa do SENHOR, teu Deus, a paga de uma que se prostitui ou a recompensa de um cão, se fizerem um voto, porque ambos são uma abominação ao SENHOR, teu Deus. [20] Não emprestarás a juros a teu irmão, juro sobre a prata, juro sobre o alimento, juro sobre qualquer coisa que se empresta a juros. [21] Ao estrangeiro poderás emprestar a juros, mas não emprestarás a juros a teu irmão, a fim de que o SENHOR, teu Deus, te abençoe em cada feito alargado de tuas mãos sobre a terra que estás entrando para possuí-la. [22] Quando devotares um voto ao SENHOR, teu Deus, não demorarás em pacificá-lo, porque, certamente, o SENHOR, teu Deus, te pedirá contas e haveria em ti um pecado. [23] Em ti não haverá pecado se não fizeres um voto, [24] mas, se sair uma palavra de teus lábios, observarás e realizarás segundo devotaste ao SENHOR, teu Deus, o voto voluntário que pronunciaste com tua boca. [25] Quando entrares na vinha de teu próximo, poderás comer uvas até te saciares, mas não colocarás nada em tua cesta. [26] Quando entrares na messe de trigo de teu próximo, poderás colher espigas com tua mão, mas não meneará a foice sobre a messe de teu próximo.

O divórcio

24 [1] Se um homem tomar uma mulher e a desposar, e depois ela não encontrar mais graça aos olhos dele, porque encontrou

---

O justo não empresta com usura (Sl 15,5). Nm 6,21 apresenta a lei sobre o voto do nazireu que se concretiza em Sansão (Jz 13,1–16,31). Os votos de uma filha estão sujeitos à aprovação do pai, e os da mulher casada, ao marido, diferentemente do voto da viúva e da repudiada, que respondem por si próprias (Nm 30,1-17). Jefté fez um voto, prometeu que sacrificaria a vida do primeiro familiar que viesse a seu encontro, o que se deu com sua única filha (Jz 11,29-40). O voto é um tema comum nos Salmos (Sl 22,25; 50,14; 56,13; 61,6.9; 65,2; 66,13; 76,12; 116,14.18; 132,2). Os egípcios farão votos ao Deus de Israel (Is 19,20-22). Dt 23,25-26 não considera roubo quem se alimenta dos campos que não lhe pertencem; é uma questão social em favor dos mais empobrecidos (Rt 2,1-23).

24,1-4 Esta é a única legislação sobre o divórcio no Antigo Testamento, fundamentada em "algo descoberto", que poderia ser uma parte do corpo exposta à nudez que envergonhou o marido, ou a descoberta de algo precedente que tornaria o matrimônio ilícito. Nesse caso, o divórcio não apenas seria lícito, mas também necessário. Dt 22,19.29 proíbe o repúdio em dois casos. Um dado interessante: a mulher repudiada não foi proibida de se unir a outro homem, e sobre ela não recaiu nenhuma culpa, pois havia sofrido o repúdio.

DEUTERONÔMIO 24

nela algo descoberto, escreverá para ela um documento de divórcio, o porá na mão dela e a despedirá da casa dele. ² E se ela, ao sair da casa dele, for com outro homem, ³ e o outro homem a odiar, escrever-lhe um documento de divórcio, o puser na mão dela e a despedir da casa dele, ou, então, se morrer o outro homem que a tomou por esposa para si, ⁴ o primeiro marido dela, que a despediu, não poderá voltar a tomá-la de novo por mulher, visto que ela se tornou impura, pois isso seria uma abominação diante do SENHOR. Não farás pecar a terra que o SENHOR, teu Deus, te dá por herança.

Leis socioprotetivas

⁵ Quando um homem tomar uma nova mulher, não sairá à guerra e não se colocará sobre ele nenhum fardo. Estará livre para sua casa por um ano e alegrará a mulher que tomou.

⁶ Não se penhorará o moinho ou a pedra superior, pois isso seria penhorar a própria vida.

A proibição é para o primeiro marido, visto que sua ex-mulher foi desposada legitimamente por outro homem. Em ambos os casos, a mulher é a vítima que deve ser protegida pela lei do divórcio contra qualquer tipo de exploração. Entre os rabinos houve muitas disputas que oscilaram do grave ao por qualquer coisa. Segundo o Dêutero-Isaías, apesar dos pecados cometidos, principalmente a idolatria, Deus não se divorciou de seu povo (Is 50,1). Para Jeremias, o Israel-Norte foi repudiado por Deus por causa do adultério, isto é, da apostasia (Jr 3,8). O profeta Malaquias se opôs ao divórcio praticado contra as mulheres legítimas (Ml 2,15-16). A proibição contida no versículo 4 é quase idêntica a Jr 3,1: evitar a profanação da terra que pertence a Deus.

24,5–25,4 A sensibilidade com o recém-casado é ampliada em relação a Dt 20,7. A pena de morte para sequestro quer evitar o tráfico de pessoas (Ex 21,16). À diferença de Dt 17,9, não se menciona o juiz, reconhecendo que a lepra é um caso reservado ao sacerdote levita (Lv 13,1-46; 14,2-3). A punição de Miriam é um argumento de autoridade que ratifica a lei (Nm 12,10-15). A proteção para quem se endivida está prevista em Ex 22,24-26, mas Dt 24,13 introduz a bênção proferida pelo endividado a favor do credor que usou de justiça e importa praticá-la de geração em geração como prova de amor a Deus (Dt 6; Sl 106,31). A justiça feita ao pobre expia pecados (Dn 4,24) e por ela se honra a Deus (Pr 14,31), pois quem se compadece dos pobres empresta a Deus (Pr 19,17). O diarista tem direito à sua paga no mesmo dia (Lv 19,13; 25,35-43), porque Deus não suporta quem explora os pobres (Am 4,1; Zc 7,10; Ml 3,5). Dt 24,16 revoluciona o direito penal, pois está conforme Nm 26,11; Jr 31,29-30; Ez 18,2-3 e parece revogar Ex 34,7, que ecoa na pena aplicada em Js 7,24-26. A lembrança da opressão vivida no Egito (Dt 15,15) é pedagógica para que o oprimido não se torne opressor (Ex 22,20-21; Jó 6,27; 24,9; Sl 10,18; 82,3-4; Pr 23,10; Ez 22,7). Deus faz justiça aos que dele dependem (Dt 10,18-19; 14,29) e os salva pelas mãos do justo (Jó 29,12; Lv 19,9-10). Quem defraudar o imigrante, o órfão e a viúva é maldito (Dt 27,19; Pr 28,27). Casos difíceis eram levados ao tribunal (Dt 17,8-13). O papel das testemunhas era valioso (Dt 19,17-21), mas, quando se deixam subornar, o inocente é condenado (1Rs 21), ou preso e açoitado (Jr 20,2). O tribunal deve ser imparcial (Ex 23,7). A última palavra, porém, é de Deus (1Rs 8,31-23). A pena do açoite revela a insensatez do ímpio (Pr 10,13; 19,29).

DEUTERONÔMIO 24–25

⁷ Caso se encontre um homem que sequestre um de seus irmãos dentre os filhos de Israel, que o maltrate ou o venda, aquele sequestrador deverá morrer. Assim, eliminarás o mal de teu meio.

⁸ Guarda-te com precaução contra a praga da lepra, observa e pratica conforme tudo o que os sacerdotes levitas vos ensinarem; como ordenarem, observareis e praticareis.

⁹ Lembra-te do que o SENHOR, teu Deus, fez a Miriam no caminho, quando saístes do Egito.

¹⁰ Quando emprestares a teu próximo o empréstimo que seja, não irás à sua casa para pegar dele uma garantia. ¹¹ Ficarás do lado de fora, e o homem a quem emprestaste sairá a teu encontro com a garantia. ¹² Caso ele seja um pobre, não reterás sua garantia, ¹³ mas, certamente, devolverás sua garantia antes do sol se pôr, para que durma com seu manto e te abençoe. Para ti, pois, será justiça diante do SENHOR, teu Deus. ¹⁴ Não violentarás um pobre assalariado e desprovido, dentre teus irmãos, ou dentre teu imigrante que está em tua terra e dentro de teus portões. ¹⁵ Em seu dia, darás seu salário, antes do sol se pôr, porque ele é pobre e com isso ele sustenta sua vida; e não gritará ao Senhor contra ti, pois contigo haveria um pecado.

¹⁶ Os pais não morrerão pelos filhos, nem os filhos morrerão pelos pais. Cada homem morrerá por seu pecado.

¹⁷ Não desviarás o direito do imigrante, do órfão, e não penhorarás a veste de uma viúva. ¹⁸ Lembra-te de que foste escravo no Egito, mas de lá te resgatou o SENHOR, teu Deus. Por isso eu te ordeno cumprir esta palavra.

¹⁹ Quando ceifares tua messe em teu campo e esqueceres um feixe no campo, não voltarás para pegá-lo; será para o imigrante, o órfão e a viúva. Assim, o SENHOR, teu Deus, abençoará cada obra de tuas mãos. ²⁰ Quando agitares tua oliveira, não tomarás o que ficou atrás de ti; será para o imigrante, o órfão e a viúva. ²¹ Quando vindimares tua vinha, não recolherás o que ficou atrás de ti; será para o imigrante, o órfão e a viúva. ²² Lembra-te de que foste escravo no Egito. Por isso te ordeno cumprir esta palavra.

25

¹ Se houver uma disputa entre dois homens, então se aproximarão do tribunal e serão julgados. Justificarão o justo e incriminarão o criminoso. ² Se a pena do criminoso for o açoite, o juiz o curvará e o fará açoitar diante de si em número e em proporção a seu crime. ³ Quarenta açoites, e não se acrescentará mais, pois seriam açoites demasiados, e teu irmão sairia desprezado a teus olhos.

⁴ Não meterás mordaça ao boi quando debulha o grão.

DEUTERONÔMIO 25

Dever do cunhado

⁵ Se irmãos habitarem juntos, e um deles morrer sem deixar filho, a viúva não será de um estranho; seu cunhado se unirá a ela e a tomará por esposa, e a honrará como cunhado. ⁶ Então o primogênito que der à luz receberá o nome do irmão que morreu, e seu nome não se apagará de Israel. ⁷ Caso não agrade ao homem cumprir o papel de cunhado, então sua cunhada subirá ao portão dos anciãos e lhes dirá: 'Meu cunhado rejeita suscitar um nome para seu irmão em Israel e não quer me honrar como cunhado'. ⁸ Os anciãos da cidade o convocarão e lhe falarão. De pé declarará: 'Não me agrada tomá-la!' ⁹ Então se aproximará dele sua cunhada e, aos olhos dos anciãos, lhe tirará a sandália de seu pé, cuspirá em seu rosto e responderá: 'Assim se faz ao homem que não constrói a casa de seu irmão'. ¹⁰ Seu nome, em Israel, será declarado 'casa do sem sandália'.

Golpe vergonhoso

¹¹ Se dois homens se enfrentarem, um homem e seu irmão, e a mulher de um deles se aproximar para livrar seu esposo das mãos de quem o fere e estender sua mão, pegando na genitália dele, ¹² então amputarás a mão dela. Não haverá piedade a teus olhos.

Fraude na balança

¹³ Em tua bolsa não haverá uma pedra grande e uma pedra pequena. ¹⁴ Não haverá para ti, em tua casa, um efá grande e um efá pequeno. ¹⁵ Para ti, pedra e efá serão exatos e justos. Assim, teus dias se prolongarão no solo que o SENHOR, teu Deus, te dá. ¹⁶ Pois é uma abominação ao SENHOR, teu Deus, quem faz isso e pratica a injustiça.

25,5-10 A legislação dos versículos 5-10 ficou conhecida como "lei do levirato", cujo caso típico está em Gn 38,1-11. Cuspir no rosto é ato vergonhoso (Nm 12,14; Jó 17,6; 30,10; Is 50,6). O que se passou com Noemi e Rute não seria, em estrito senso, a aplicação dessa lei. Booz a usou porque se apaixonou por Rute. Ele vai à porta e convoca os anciãos, porque Rute era imigrante; a renúncia do parente próximo seguiu o rito da sandália (Rt 3,12-14; 4,1-13).

25,11-12 Esta lei vai além da que está prevista em Ex 21,18-19, pois envolve a esposa que ataca o órgão reprodutor do agressor de seu esposo. A amputação prevista deve-se ao fato de ela poder causar a esterilidade do homem. No caso de Ex 21,20-25, a mulher envolvida é uma vítima da rixa dos homens.

25,13-16 Lv 19,35-36 também proíbe fraudar pesos e medidas, o que se tornou uma preocupação profética (Os 12,8; Am 8,5-6; Mq 6,9-12) e sapiencial (Pr 11,1; 20,23; Eclo 26,29–27,3). O prolongamento dos dias sobre a terra está associado ao mandamento de honrar pai e mãe em Ex 20,12; Dt 5,16.

DEUTERONÔMIO 25–26

Extermínio de Amalec

¹⁷ Lembra do que te fez Amalec no caminho, quando saístes do Egito, ¹⁸ como se aproximou de ti no caminho e separou de ti todos os que estavam atrás de ti, pois tu estavas cansado e extenuado; não temeu a Deus. ¹⁹ Quando, o SENHOR, teu Deus, te fizer repousar em segurança dentre todos os teus inimigos, que te circundam na terra que o SENHOR, teu Deus, te dá para possuí-la em herança, apagarás a memória de Amalec de sob os céus. Não esquecerás.

Primícias e dízimos

26 ¹ Quando entrares na terra que o SENHOR, teu Deus, te dá em herança, dela tomares posse e nela habitares, ² tomarás as primícias de cada fruto do solo que tirares de tua terra que o SENHOR, teu Deus, te dá, as porás no cesto e irás ao lugar que o SENHOR, teu Deus, tiver escolhido para ali fazer habitar seu nome. ³ Irás ao sacerdote que estará em função naqueles dias e lhe dirás: 'Declaro, hoje, ao SENHOR, teu Deus, que entrei na terra que o SENHOR jurou a nossos pais que nos daria'. ⁴ Então o sacerdote tomará o cesto de tua mão e o deporá diante

---

25,17-19 Amalec era descende de Esaú (Gn 36,12) e foi o primeiro inimigo que os libertos enfrentaram na primeira etapa da marcha pelo deserto (Ex 17,8-16; Nm 24,20). Saul exterminou os amalecitas, mas Samuel foi quem executou Agag, seu rei (1Sm 14,48; 15,1-34). O repouso em face dos inimigos é uma promessa que Deus fez quando renovou a aliança com os filhos de Israel, após o pecado de idolatria (Ex 33,14), mas em Est 9,16 foi uma conquista diante dos que executaram as ordens de Hamã.

26,1-15 O êxodo, o dom da terra, a centralização do culto, a solidariedade com os menos favorecidos e o dízimo são temas aqui interligados em uma solene liturgia. Se antes era possível invocar e oferecer dons a Deus em outros lugares, desde que o altar fosse feito corretamente (Ex 20,24-25), a partir de Dt 12,5 Deus escolherá um lugar para colocar seu nome e ao qual toda a família deve comparecer e se alegrar em sua presença (Dt 12,12; 16,11-12). Em Ex 22,28, Deus exige o direito dos dons da terra e do gado. A fome sobre Canaã foi o que levou Abraão (Gn 12,10-20) e Jacó a buscar sobreviver no Egito (Gn 41,57–46,30). Ex 1,1-7 lembra que o clã de Jacó, quando desceu ao Egito, era de setenta pessoas e que ali prosperou e se multiplicou enormemente. Nm 20,15-16 contém um breve resumo da entrada e saída do Egito. Ex 1,8-21 contém os motivos da opressão no Egito, dentre os quais o principal é a realização da fecundidade conforme Gn 1,28; 9,1. É curioso que a declaração do piedoso mencione o grito dos oprimidos (Ex 2,23-25), mas não aluda ao protagonismo de Moisés no processo de libertação do Egito (Ex 3,1–4,31). Até mesmo dentro da terra prometida, Israel se viu oprimido por seus líderes (2Rs 13,4; 14,26), e o salmista reclama de Deus atenção perante seu sofrimento (Sl 42,10; 44,25). As maravilhas operadas por Deus a favor de seu povo demonstram seu amor e sua soberania (Dt 4,34), por meio de Moisés, seu servo e profeta inigualável (Dt 34,10-12), pois é fiel às promessas feitas aos patriarcas (Dt 8,18). O dízimo trienal já aparece previsto em Dt 14,28-29. A fala do oferente, quanto ao estado de pureza, está conforme Lv 7,20-21. Do alto dos céus, Deus tudo vê e toma as providências (Sl 68,6; 80,15; 102,20; Is 63,15; Zc 2,17), mas decidiu habitar no meio de seu povo (Ex 40,34-38). As prerrogativas da terra foram dadas em Ex 3,8.17 e foram contrapostas ao deserto para acusar Moisés (Nm 16,13-14).

DEUTERONÔMIO 26

do altar do SENHOR, teu Deus. **5** Ao que responderás e dirás diante do SENHOR, teu Deus: 'Meu pai era um arameu que estava para morrer, desceu ao Egito e foi migrante ali com poucos, mas ali se tornou um povo grande, forte e numeroso. **6** Os egípcios nos maltrataram, nos afligiram e nos impuseram uma dura servidão. **7** Então clamamos ao SENHOR, Deus de nossos pais. O SENHOR ouviu nossa voz e viu nossa aflição, nossa produção forçada e nossa opressão. **8** O SENHOR nos fez sair do Egito com mão forte, com braço estendido, com grande terror, com sinais e com prodígios. **9** Fez-nos vir para este lugar e esta terra nos deu, terra que escorre leite e mel. **10** Eis que trago, agora, as primícias dos frutos do solo que me destes, SENHOR'. Deporás o cesto diante do SENHOR, teu Deus, e te prostrarás diante do SENHOR, teu Deus. **11** Tu te alegrarás por todo bem que o SENHOR, teu Deus, deu a ti e à tua casa; tu, o levita e o imigrante que está em teu meio.

12 No terceiro ano, quando terminares de separar o dízimo de cada produto teu, no ano do dízimo, darás ao levita, ao imigrante, ao órfão e à viúva; comerão dentro de teus portões e se saciarão. **13** Diante do SENHOR, teu Deus, dirás: 'Tirei o que de casa era consagrado e também dei para o levita, para o imigrante, para o órfão e para a viúva, segundo cada ordem tua que me ordenaste; não transgredi tuas ordens e nada esqueci. **14** Disso não comi em meu luto, nada disso consumi impuro e não dei algo disso a um morto. Escutei a voz do SENHOR, meu Deus; fiz tudo conforme o que me ordenaste. **15** Olha para baixo, de tua santa morada, dos céus, e abençoa Israel, teu povo, e o solo que nos deste, como juraste a nossos pais, terra que escorre leite e mel'.

Conclusão

16 Hoje, o SENHOR, teu Deus, te ordena praticar estes decretos e estes juízos, os quais observarás e praticarás com todo o teu coração e com toda a tua alma. **17** Hoje, o SENHOR te declarou que seria teu Deus, pois vais andar em seus caminhos, observar seus decretos, suas ordens, seus juízos, e vais escutar sua voz. **18** E hoje o SENHOR te fez declarar que serás para ele um povo peculiar, como te falou, pois vais observar todas as suas ordens. **19** Por isso, te colocará acima de todas as nações que fez; terás louvor, renome e honra, pois serás um povo santo para o SENHOR, teu Deus, como te falou".

26,16-19 As partes selam a aliança e fazem uma mútua declaração, mas o povo faz a sua debaixo da ação causada por seu Deus que exige total entrega (Dt 4,29), reconhecendo ser sua propriedade pessoal (Ex 6,7-8; 19,5-6). Essa decisão foi tomada por puro amor (Dt 7,6-9; 14,1-29). A obediência traz bênçãos (Dt 28,1-14) e a desobediência traz maldições (Dt 28,15-68). Tudo, porém, encontra-se debaixo de uma sentença inabalável: "o SENHOR falou" (vv. 18.19).

A lei escrita em pedras

27 [1] Moisés, bem como os anciãos de Israel, ordenou ao povo o seguinte: "Observai todas as ordens que eu, hoje, vos ordeno! [2] No dia em que atravessardes o Jordão rumo à terra que o SENHOR, teu Deus, te dá, erguerás grandes pedras para ti e as caiarás de cal; [3] ao atravessares, escreverás sobre elas todas as palavras desta instrução, para que entres na terra que o SENHOR, teu Deus, te dá; terra que jorra leite e mel, conforme te falou o SENHOR, Deus de teus pais. [4] Quando atravessardes o Jordão, erguereis estas pedras no monte Ebal, como eu vos ordeno, hoje, e as caiarás de cal; [5] ali construirás um altar para o SENHOR, teu Deus; um altar de pedras, sobre as quais não agitarás o ferro. [6] Construirás o altar do SENHOR, teu Deus, com pedras intactas, e sobre ele farás subir holocaustos ao SENHOR, teu Deus. [7] Imolarás sacrifícios de comunhão e ali comerás, e te alegrarás diante do SENHOR, teu Deus. [8] Escreverás sobre as pedras todas as palavras desta instrução com boa incisão". [9] Moisés, bem como os sacerdotes levitas, falou a todo Israel o seguinte: "Silencia e escuta, ó Israel! Hoje te tornaste o povo do SENHOR, teu Deus. [10] Escutarás, pois, a voz do SENHOR, teu Deus, e cumprirás suas ordens e seus decretos que eu, hoje, te ordeno".

Sobre o Garizim e o Ebal

[11] Naquele dia, Moisés ordenou ao povo o seguinte: [12] "Ao atravessardes o Jordão, estes estarão de pé sobre o monte Garizim para abençoar o povo: Simeão, Levi, Judá, Issacar, José e Benjamim. [13] E estes estarão de pé sobre o monte Ebal em vistas à maldição: Rúben, Gad, Aser, Zabulon, Dã e Neftali.

27,1-10 A fala de Moisés está associada aos anciãos e aos sacerdotes levitas (vv. 1.9); são testemunhas das ordens dirigidas ao povo. Em Ex 20,25 encontra-se a ordem de não usar o cinzel na ereção do altar e, assim, evitar sua profanação. As pedras "virgens" são usadas com dupla finalidade: uma estela caiada sobre a qual a lei é escrita e um altar sobre o qual são oferecidos sacrifícios ao Senhor. Essa ordem pode fundamentar o altar erigido com pedras do Jordão pelas tribos da Transjordânia (Js 22). No lugar de Ebal, talvez uma alusão a Siquém, o Pentateuco Samaritano traz Garizim (Dt 27,12). Js 8,30-35 é a concretização dessa ordem de Moisés, afirmando no versículo 32 que foi Josué quem escreveu, sobre pedras, uma cópia da lei, e não o povo, ou os anciãos, como se depreende da ordem que evoca o aspecto público da lei. Ez 36,26 anuncia que a lei estará escrita no coração e não mais sobre pedras. Dt 27,13 não deixa entrever quem seria o objeto da maldição, mas pode-se pensar no próprio povo.

27,11-13 Estes versículos contém a promulgação de uma lei que deve ser executada pelas tribos que são subdivididas de acordo com o ventre que as gerou (Gn 32,22-26; 46,8-25; 49,2-27) ou conforme a ocupação geográfica da terra. Com exceção de Rúben, a missão de abençoar ficou com os nascidos de Lia e Raquel.

Maldições

14 Então responderão os levitas e dirão em alta voz a cada homem de Israel:

15 'Maldito seja o homem que faz uma imagem esculpida ou de metal fundido, abominação para o Senhor, obra das mãos de um artesão e colocada em segredo!' E todo o povo responderá e dirá: 'Amém!'
16 'Maldito seja quem desonra o pai e a mãe!' E todo o povo dirá: 'Amém!'
17 'Maldito seja quem desloca o limite de seu próximo!' E todo o povo dirá: 'Amém!'
18 'Maldito seja quem desencaminha um cego!' E todo o povo dirá: 'Amém!'
19 'Maldito seja quem viola o direito de um imigrante, de um órfão ou de uma viúva!' E todo o povo dirá: 'Amém!'
20 'Maldito seja quem se deita com a mulher de seu pai, porque descobre o leito de seu pai!' E todo o povo dirá: 'Amém!'
21 'Maldito seja quem se deita com qualquer animal!' E todo o povo dirá: 'Amém!'
22 'Maldito seja quem se deita com sua irmã, filha de seu pai ou filha de sua mãe!' E todo o povo dirá: 'Amém!'
23 'Maldito seja quem se deita com sua sogra!' E todo o povo dirá: 'Amém!'
24 'Maldito seja quem, no segredo, fere seu próximo!' E todo o povo dirá: 'Amém!'
25 'Maldito seja quem aceita suborno para ferir a alma de um sangue inocente!' E todo o povo dirá: 'Amém!'

27,14-26 Em vez de iniciar com as bênçãos, como acontece em Dt 28,1-14, o texto parece ter sofrido uma interpolação pela mão sacerdotal, a fim de exaltar o papel dos levitas. A justiça social é a base das doze maldições pronunciadas, às quais o povo responde com sua firme adesão. As duas primeiras são marcos em relação a Deus e aos genitores. A última resume todas. Colocam-se limites e forja-se o caráter da jovem geração que entrará em Canaã. A proibição de fabricar ídolos está prescrita em Ex 20,4; Lv 19,4; Dt 5,8-9. Quanto aos delimitadores de território, Dt 19,24 afirma que foram colocados pelos antepassados. Lv 19,14 prevê o cuidado com o cego e condena quem lhe põe um obstáculo. A proteção reservada ao estrangeiro, ao órfão e à viúva em Ex 22,20-23 está feita com base na lei do talião, já em Dt 10,18-19; 24,17-18 o Senhor é evocado como o que faz justiça a esses necessitados. A violação do direito do esposo, praticada por um filho (2Sm 12,11; 16,22), estava prescrita em Dt 23,1 e tem paralelo em Lv 18,18; capítulo que contém diversas proibições sexuais, como o coito com animais em Lv 18,23; Ex 22,18 decreta pena de morte para quem praticar tal abominação ou tiver relações com a sogra (Lv 18,8), ou com a irmã (Lv 18,9). O suborno perverte a justiça (Ex 23,8), e os juízes devem ser íntegros (Ex 18,21; Dt 16,18-20); 1Rs 21 exemplifica esse abuso de poder.

DEUTERONÔMIO 27–28

²⁶ 'Maldito seja aquele que não ergue as palavras desta instrução, para as praticar!' E todo o povo dirá: 'Amém!'

Bênçãos

28 ¹ Caso, porém, escutares de fato a voz do SENHOR, teu Deus, guardando e praticando todas as suas ordens que eu, hoje, te ordeno, o SENHOR, teu Deus, te colocará acima de todas as nações da terra. ² Virão sobre ti todas essas bênçãos e te atingirão, se escutardes a voz do SENHOR, teu Deus. ³ Tu serás bendito na cidade e tu serás bendito no campo. ⁴ Bendito será o fruto de teu ventre, o fruto de teu solo e o fruto de teu gado, a cria de teus bois e as proles de teu gado miúdo. ⁵ Bendito será teu cesto e tua amassadeira. ⁶ Tu serás bendito ao entrares e tu serás bendito ao saíres. ⁷ O SENHOR colocará teus inimigos, os que se insurgirem contra ti, como vencidos diante de ti. Por um caminho sairão contra ti, por sete caminhos fugirão diante de ti. ⁸ O SENHOR ordenará que contigo esteja a bênção, em teus celeiros e em cada empreendimento de tua mão. O SENHOR, teu Deus, te abençoará na terra que te dá. ⁹ O SENHOR erguerá para si um povo santo, como te jurou, se observares as ordens do SENHOR, teu Deus, e andares em seus caminhos. ¹⁰ Então todos os povos da terra verão que o nome do SENHOR foi proclamado sobre ti, e haverão de temer-te. ¹¹ O SENHOR te fará abundar de bens, com o fruto de teu ventre, com o fruto de teu gado e com o fruto de teu solo, sobre o solo que, a teus pais, o SENHOR jurou dar-te. ¹² O SENHOR te abrirá seu bom tesouro: os céus, para dar a chuva sazonal em tua terra e para abençoar cada obra de tuas mãos. Então emprestarás a muitas nações, mas tu não tomarás empréstimo. ¹³ O SENHOR te colocará para ser líder, e não para ser o último. Apenas estarás para cima, e não para baixo, se escutares as ordens do SENHOR, teu Deus, que eu, hoje, te ordeno observar e praticar. ¹⁴ Que não te distancies de todas as palavras que eu, hoje, vos ordeno, nem para a direita nem para a esquerda, a fim de andar atrás de outros deuses para servir-lhes!

28,1-14 A obediência ao Senhor é a condição indispensável para que aconteçam as bênçãos. O versículo 14 evoca o afastamento de toda forma de idolatria, como prenunciado em Dt 4,28. A linguagem usada se aproxima de Gn 48,25-26. A bênção tem que ver com a fecundidade do solo, dos animais e do ser humano (Gn 1,22.28; 9,1). A terra boa e fértil não é como o Egito, porque depende das chuvas sazonais (Dt 11,10-15), e essas dependem da fidelidade do povo às ordens do Senhor. A proteção de Israel vem da imposição do nome do Senhor (Nm 6,24-27; Jr 8,9; Eclo 50,20-21). Em Am 9,12 afirma-se que o Senhor marcou Edom e outras nações com seu nome, tomando posse delas (2Sm 6,2). Ex 23,20-33 conclui o Código da Aliança com promessas de felicidade. No lugar do Senhor, porém, encontra-se a figura do anjo do Senhor e enfatiza-se a vitória sobre os povos que habitam Canaã. Lv 26,3-13 aproxima-se de Dt 28,1-14 pela lista de bênçãos, pautada também na fecundidade do solo, dos animais e do ser humano.

Maldições

15 Caso não escutares a voz do Senhor, teu Deus, deixando de guardar e praticar todas as suas ordens e os seus decretos que eu, hoje, te ordeno, virão sobre ti todas estas maldições e te atingirão. **16** Tu serás maldito na cidade e tu serás maldito no campo. **17** Maldito será teu cesto e tua amassadeira. **18** Maldito será o fruto de teu ventre, o fruto de teu solo, a cria de teus bois e as proles de teu gado miúdo. **19** Tu serás maldito ao entrares e tu serás maldito ao saíres. **20** O Senhor enviará a ti a maldição, a perturbação e a ruína a cada empreendimento de tua mão que realizarás, até que sejas destruído e pereças prontamente, em razão da maldade de tuas ações, visto que me abandonaste. **21** O Senhor fará a peste alcançar-te, até que ela te consuma sobre o solo onde tu estás para entrar a fim de possuí-lo. **22** O Senhor te ferirá com fraqueza, febre, inflamação, ardência, secura, ferrugem e fungos, que te seguirão até que pereças.

23 Os céus que estão por sobre tua cabeça serão de bronze, e a terra que está sob ti será de ferro. **24** Em vez da chuva para tua terra, o Senhor dará cinza e pó, que cairão dos céus sobre ti até que sejas destruído. **25** O Senhor te colocará em fuga diante de teus inimigos: por um caminho sairás dele e por sete caminhos fugirás dele; serás objeto de horror para todos os reinos da terra. **26** Teu cadáver será alimento para cada ave dos céus e para cada animal da terra, e não haverá quem os afugente. **27** O Senhor te ferirá com a úlcera do Egito, com furúnculos, com sarna e com crostas, das quais não poderás ser curado. **28** O Senhor te ferirá com loucura, com cegueira e com confusão do coração. **29** Titubearás em pleno meio-dia, como o cego titubeia na escuridão, e não prosperarás em teus caminhos. Todos os dias, serás oprimido e despojado, e não haverá um salvador.

28,15-68 As maldições descritas completam as que os levitas proferiram em Dt 27,15-28 e são mais complexas que as bênçãos enumeradas em Dt 28,1-14. A base é a aliança, com suas promessas a favor ou contra as partes contraentes. No versículo 20, a voz de Moisés se confunde com a voz do Senhor. O conteúdo dos versículos 15-68 diz respeito a vários âmbitos da vida e está formulado em tom profético (Jr 26,1-24; Am 4,6-11), retratando o que aconteceu durante o assédio, a invasão e a destruição de Jerusalém pelos babilônios em 587/86 a.C. (2Rs 24,1–25,26). A reversão da sorte é um falimento do povo, e a lembrança dos feitos salvíficos do Egito é convertida em sinais de destruição, em razão da rebeldia e da desobediência à voz do Senhor, o qual passa a se comportar como inimigo de seu povo. Lv 26,14-46 é próximo aos versículos 15-68, que evocam Dt 4,25-38 e que serão retomados de forma reduzida em Dt 31,17-21. O retorno ao Egito encontra um eco em Jr 44,10-46. O canibalismo anunciado nos versículos 53-57 encontra paralelos em Jr 19,9; Br 2,20; 4,10; Ez 5,10. Fica claro que o versículo 69 atesta a renovação da aliança feita com a geração que nasceu durante o tempo do deserto, servindo tanto de conclusão para o segundo discurso como de introdução para o terceiro discurso. As maldições descritas permitem imaginar os horrores e as desgraças sofridas com a invasão babilônica e a primeira deportação (597 a.C.), bem como a destruição de Jerusalém (587 a.C.).

DEUTERONÔMIO 28

³⁰ Terás uma mulher prometida, mas outro homem se deitará com ela; construirás uma casa, mas não habitarás nela; plantarás uma vinha, mas dela não colherás; ³¹ teu boi será imolado a teus olhos, mas dele não comerás; teu jumento será roubado diante de ti, sem que volte a ti; teu gado miúdo será dado a teus inimigos, mas não haverá para ti um salvador. ³² Teus filhos e tuas filhas serão dados a outro povo; cada dia, teus olhos estarão vendo e definhando-se por eles, mas tua mão estará sem poder. ³³ Do fruto de teu solo e de toda a tua fadiga comerá um povo que não conheces; todos os dias, apenas serás oprimido e esmagado. ³⁴ Entrarás em delírio pela visão que teus olhos verão. ³⁵ O Senhor te ferirá com um furúnculo maligno sobre os joelhos e sobre as coxas, do qual não poderás ser curado, desde a planta dos pés até o alto de tua cabeça.

³⁶ O Senhor impelirá a ti e a teu rei, que tiveres erguido sobre ti, em direção a uma nação que tu e teus pais nem conheciam. Ali servirás a outros deuses, de madeira e de pedra. ³⁷ Serás objeto de horror, de provérbio e de zombaria entre todos os povos, sendo que o Senhor te conduzirá para lá.

³⁸ Lançarás muitas sementes no campo, mas pouco colherás, porque o gafanhoto consumirá tudo. ³⁹ Plantarás e cuidarás de vinhas, mas vinho não beberás e nada armazenarás, porque o verme devorará tudo. ⁴⁰ Em teu território, existirão oliveiras para ti, mas não te ungirás com óleo, porque tua oliva cairá. ⁴¹ Gerarás filhos e filhas, mas não estarão contigo, porque irão para o cativeiro. ⁴² O inseto tomará posse de cada árvore tua e dos frutos de teu solo.

⁴³ O imigrante que está em teu meio sobe cada vez mais acima de ti, mas tu desces ao nível mais baixo. ⁴⁴ Ele te emprestará, mas tu não lhe emprestarás; ele será um líder, e tu serás o último.

⁴⁵ Todas essas maldições virão sobre ti, te perseguirão e te alcançarão até que sejas destruído, porque não escutaste a voz do Senhor, teu Deus, a fim de observar suas ordens e seus decretos, os quais te ordenou. ⁴⁶ Como um sinal e um prodígio serão para ti e para tua descendência para sempre. ⁴⁷ Porque no meio de tua abundância não serviste ao Senhor, teu Deus, com alegria e bondade de coração, ⁴⁸ servirás, então, a teus inimigos, os que o Senhor enviará contra ti, trazendo fome, sede, nudez e falta de tudo. Ele te colocará um jugo de ferro sobre teu pescoço até te destruir.

⁴⁹ O Senhor trará contra ti uma nação distante, da extremidade da terra, que voará como a águia; uma nação cuja língua não entenderás; ⁵⁰ uma nação de face rígida, que não respeitará face de ancião e não terá piedade de jovem. ⁵¹ Devorará o fruto de teu gado e o fruto de teu solo, até que tu sejas destruído, porque não deixará sobrar para ti grão, mosto e óleo, cria de teus bois e filhotes de tua ovelha, até fazer-te perecer. ⁵² E te assediará em todos os teus portões, até que teus muros altos e

DEUTERONÔMIO 28

fortificados desabem, nos quais tu confiavas em toda a terra; te assediará em todos os portões e em toda a terra que o SENHOR, teu Deus, te havia dado.

⁵³ Tu comerás o fruto de teu ventre, a carne de teus filhos e de tuas filhas, que o SENHOR, teu Deus, te deu; será pelo assédio e pela angústia que teu inimigo te angustiará. ⁵⁴ O homem mimoso e muito delicado estará contra ti; seu olho será malvado contra seu irmão, contra a mulher de seu seio e contra o restante de seus filhos, os quais fez restar, ⁵⁵ sem dar a um deles da carne de seus filhos, a qual come, por nada lhe ter restado pelo assédio e pela angústia com que teu inimigo te angustiará em todos os teus portões. ⁵⁶ A mimosa e delicada, que não ousava pôr a sola de seus pés sobre a terra, por ser delicada e mimosa, o olho dela será malvado contra o homem de seu seio, contra seu filho e contra sua filha, ⁵⁷ contra a placenta que está saindo dentre suas pernas e contra os filhos que parirá; porque, em segredo, os comerá pela falta de tudo, pelo assédio e pela angústia com que teu inimigo te apertará entre teus portões.

⁵⁸ Caso não observares para praticar todas as palavras desta instrução, escritas neste livro, pelo temor deste nome glorioso e terrível, do SENHOR, teu Deus, ⁵⁹ então o SENHOR fará extraordinárias tuas pragas e as pragas de tua descendência, pragas grandes e duradouras, doenças maléficas e duradouras. ⁶⁰ Fará voltar a ti todo o malefício do Egito de que, diante deles, tiveste receio, e te contagiará; ⁶¹ também toda sorte de doença e praga que não estão escritas neste livro da instrução, o SENHOR as fará subir contra ti até que sejas destruído. ⁶² Permanecereis com poucos varões, em vez de serdes numerosos como as estrelas dos céus, porque não escutaste a voz do SENHOR, teu Deus. ⁶³ Como o SENHOR se comprazia junto a vós, para fazer-vos o bem e para vos multiplicar, assim o SENHOR se comprazerá contra vós para vos fazer perecer e para vos destruir. Sereis arrancados do solo no qual tu entras para possuí-lo. ⁶⁴ O SENHOR te dispersará entre todos os povos, de uma extremidade da terra à outra extremidade da terra, e ali servirás a outros deuses de madeira e pedra, que não conheceste, nem tu nem teus pais. ⁶⁵ Entre aquelas nações não terás descanso, e não existirá repouso para a sola de teu pé. Ali o SENHOR te dará um coração atormentado, olhos abatidos e um ânimo lânguido. ⁶⁶ Tua vida estará suspensa à tua frente por um fio; dia e noite te apavorarás e não acreditarás em tua vida. ⁶⁷ Pela manhã dirás: 'Quem dera fosse tarde!', e à tarde dirás: 'Quem dera fosse manhã!', pelo pavor com o qual teu coração se apavorará e pela visão que teus olhos hão de ver. ⁶⁸ O SENHOR te fará voltar ao Egito em barcos, pelo caminho do qual eu te disse: 'Jamais o verás de novo'. Ali vós mesmos sereis vendidos a teus inimigos como escravos e como escravas, sem que haja um comprador".

DEUTERONÔMIO 28–29

TERCEIRO DISCURSO DE MOISÉS

Êxodo, marcha e conquista

69 Essas são as palavras da aliança que o SENHOR ordenou a Moisés, para a concluir com os filhos de Israel na terra de Moab, além da aliança que tinha concluído com eles no Horeb.

29 **1** Moisés chamou todo Israel e lhes disse: "Vós vistes tudo o que o SENHOR fez a vossos olhos na terra do Egito, ao faraó, a todos os servos dele e à terra inteira dele; **2** as grandes provas que teus olhos viram, os sinais e aqueles grandes prodígios. **3** O SENHOR, porém, não vos havia dado, até o dia de hoje, um coração para conhecer, olhos para ver e ouvidos para escutar. **4** Por quarenta anos, vos conduzi pelo deserto. Vossos mantos não se gastaram sobre vós, nem se gastou tua sandália sobre teu pé. **5** Não comestes pão nem bebestes vinho ou bebida fermentada, a fim de que conhecêsseis que eu sou o SENHOR, vosso Deus. **6** Entrastes, então, neste lugar. Saiu Seon, rei de Hesebon, assim como Og, rei de Basã, para combater-nos em uma guerra, mas nós os ferimos. **7** Tomamos a terra deles e a demos como herança aos rubenitas, aos gaditas e à meia tribo de Manassés. **8** Observareis, pois, as palavras desta aliança e as praticareis, para que prospereis em tudo que fareis.

Bênção e imprecação

9 Vós, hoje, todos vós vos posicionastes diante do SENHOR, vosso Deus – vossos líderes, vossas tribos, vossos anciãos, vossos oficiais,

---

28,69–29,8 A perícope recapitula, de forma breve, Dt 1,1–4,49 e evoca três etapas: (1) a saída do Egito, (2) a marcha pelo deserto e (3) a conquista da Transjordânia. As falas de Moisés e do Senhor se confundem, e os versículos 5-6 devem ser atribuídos ao Senhor, que fala na primeira pessoa. Jr 24,7 fala também de forma positiva e possui semelhanças com Dt 29,3. Além de Dt 29,12, os patriarcas somente se encontram citados nominalmente nos extremos do livro e perfazem sete ocorrências (Dt 1,8; 6,10; 9,5.15; 29,12; 30,20; 34,4). Além dessas, são feitas outras três alusões "a vossos pais" (Dt 8,1; 11,9.21).

29,9-28 A expressão "como neste dia" (v. 27) soa como uma constatação de quem, no exílio ou em Canaã, reflete sobre os fatos descritos e que servem para justificar a destruição de Jerusalém pelas mãos dos babilônios. Nessa perspectiva, o exílio é visto como resultado da infidelidade à aliança e não como impotência do Senhor, Deus de Israel. Na base, encontra-se tudo o que está escrito no "livro desta lei" e que atesta a aliança estabelecida entre o Senhor e seu povo (v. 20). Depois do livro do Gênesis, é a primeira vez em que são mencionadas as cidades de Sodoma e Gomorra; a última alusão delas no Pentateuco será em Dt 32,32. As outras duas cidades também são citadas em Gn 10,19; 14,2. Isaías afirma que por bondade do Senhor houve sobreviventes, à diferença de Sodoma e Gomorra (Is 1,9; Jr 23,14; Am 4,11) e, de forma metafórica, aplica Sodoma aos líderes e Gomorra ao povo (Is 1,9). A última alusão, feita por Isaías, compara o fim da Babilônia ao de Sodoma e Gomorra (Is 13,19). Jeremias, além da Babilônia (Jr 50,40), também aplica esse fim a Edom (Jr 49,18). Já Sofonias alude ao fim de Moab e Amon (Sf 2,9).

439

DEUTERONÔMIO 29

cada homem de Israel, **10** os de passos miúdos entre vós, vossas mulheres, teu imigrante, que está no meio de teus acampamentos, desde o cortador de tua lenha até o buscador de tua água –, **11** para avançar com a aliança do SENHOR, teu Deus, e a imprecação dele, porque é o SENHOR, teu Deus, quem hoje a firma contigo, **12** para, hoje, te erguer como seu povo. E ele será Deus para ti, como te falou e como jurou a teus pais: Abraão, Isaac e Jacó. **13** Não somente convosco firmo essa aliança e essa imprecação, **14** mas com quem, hoje, aqui está conosco diante do SENHOR, nosso Deus, e com quem, hoje, não está aqui. **15** Vós bem sabeis como habitamos na terra do Egito, como passamos no meio das nações pelas quais passastes; **16** vistes suas abominações e seus ídolos de madeira, de pedra, de prata e de ouro, que estão com eles. **17** Não esteja convosco um homem ou uma mulher, família ou tribo, cujo coração hoje se afaste do SENHOR, nosso Deus, para ir servir aos deuses dessas nações! Não esteja convosco uma raiz que frutifique veneno e absinto! **18** E, se acontecer que ele, ao escutar as palavras dessa imprecação, bendiga em seu coração, dizendo: 'Para mim haverá paz, mesmo se eu andar na obstinação de meu coração, porque o que está irrigado não será árido', **19** o SENHOR não desejará perdoá-lo, e, por certo, a ira do SENHOR se acenderá, e sua indignação virá contra este homem; cairá sobre ele cada imprecação escrita neste livro, e o SENHOR cancelará o nome dele sob os céus. **20** Por causa do mal, o SENHOR o separará de todas as tribos de Israel, conforme todas as imprecações da aliança escrita neste livro da lei. **21** E dirá à futura geração, vossos filhos que se erguerão depois de vós, e ao estrangeiro que virá de uma terra distante, aos que virem as pragas e as doenças desta terra, infligidas a ela pelo SENHOR: **22** 'Enxofre e sal, toda a sua terra queimada não poderá ser semeada, nada germinará e nenhuma erva nela brotará, como foi a destruição de Sodoma e Gomorra, de Adama e de Seboim, que o SENHOR destruiu em sua ira e em seu furor'. **23** E todas as nações perguntarão: 'Por que o SENHOR fez isso a esta terra? Por que este grande ardor de sua ira?' **24** Então responderão: 'Foi porque abandonaram a aliança do SENHOR, Deus de seus pais, que havia firmado com eles ao fazê-los sair da terra do Egito; **25** foram e serviram a outros deuses e ante estes se prostraram, deuses que não conheciam e que não lhes repartira. **26** A ira do SENHOR ardeu contra esta terra, ao fazer vir sobre ela cada maldição escrita neste livro. **27** O SENHOR, em sua ira, em seu furor e em sua grande indignação, os arrancou de sua terra e os lançou sobre outra terra, como neste dia'. **28** As coisas ocultas são do SENHOR, nosso Deus; mas as reveladas são para nós e para nossos filhos para sempre, para que todas as palavras desta lei sejam praticadas.

DEUTERONÔMIO 30

Anúncio do exílio e promessa de retorno

30 [1] E quando vierem sobre ti todas estas coisas, a bênção e a maldição que coloquei diante de ti, e te converteres em teu coração dentre todas as nações para onde o SENHOR, teu Deus, te dispersou, [2] e retornares ao SENHOR, teu Deus, escutares a voz dele, conforme tudo o que eu, hoje, te ordeno, tu e teus filhos, com todo o teu coração e com toda a tua alma, [3] então o SENHOR, teu Deus, te fará retornar do cativeiro, de ti terá misericórdia, te fará retornar e te reunirá de todos os povos, para onde o SENHOR, teu Deus, te dispersou. [4] Ainda que tu estivesses dispersado na extremidade dos céus, dali o SENHOR, teu Deus, te prenderia e dali te tomaria. [5] O SENHOR, teu Deus, te reconduzirá à terra que teus pais possuíram e te dará a posse dela; te favorecerá e te multiplicará mais que a teus pais. [6] O SENHOR, teu Deus, te circuncidará teu coração e o coração de tua descendência, para que ames o SENHOR, teu Deus, com todo o teu coração e com toda a tua alma, por causa de tua vida. [7] O SENHOR, teu Deus, fará recair todas essas imprecações sobre teus inimigos e sobre os que te odeiam, pois te perseguiram. [8] Tu, porém, retornarás e escutarás a voz do SENHOR, e praticarás todas as suas ordens que eu, hoje, te ordeno. [9] O SENHOR, teu Deus, te fará prosperar bem em cada obra de tuas mãos, no fruto de teu ventre, no fruto de teus animais e no fruto de teu solo, porque o SENHOR voltará a se alegrar em te fazer o bem, como se alegrava com teus pais; [10] se escutares a voz do SENHOR, teu Deus, ao observares suas ordens e seus decretos, o que está escrito neste livro da lei, se retornares ao SENHOR, teu Deus, com todo o teu coração e com toda a tua alma.

A lei não é utópica

[11] De fato, esta ordem que eu, hoje, te ordeno, não é elevadíssima para ti e ela não está distante de ti. [12] Ela não está nos céus, para que digas: 'Quem

---

30,1-10 A perícope enfatiza o chamado à conversão de todo o coração. Lv 26,40-45 trata do mesmo tema. Tanto a ida para o exílio como o retorno deste são ações que corroboram a veracidade das promessas do Senhor (Dt 28,15-68). Na dinâmica do livro, a menção aos pais não evoca tanto os patriarcas, apesar da menção em Dt 30,20, mas mais a geração que adentrou em Canaã sob o comando de Josué e estabeleceu-se na terra. A geração seguinte não se manteve fiel e experimentou, conforme narrado no livro de Juízes, inúmeros castigos. A conversão está condicionada à obediência à voz do Senhor, e é o que ocasiona o retorno de suas bênçãos, pois o Senhor se enche de compaixão, não fica indiferente e não despreza um coração contrito, humilhado e que se penitencia (Ex 34,6-7; Sl 51,19). A reconciliação acontece porque o Senhor concedeu ao povo o perdão prévio para que se convertesse, pois sem esse perdão a conversão é efêmera e inconsistente (Os 6,1-6; 11,7-9; 14,2-9). O anúncio da circuncisão do coração evoca a reeducação da fé pela ação profética de Ezequiel (Ez 11,19; 18,31; 36,26).

30,11-14 São apresentados aqui os limites equidistantes e imensamente vastos: "nos céus" e "além do mar", contraposto ao "em tua boca e em teu coração". Assim, não existe escusa para não se colocar em prática as ordens do Senhor. Pr 30,4 contém uma formulação parecida e Rm 10,6 cita Dt 30,12.14. A metáfora serve, ao criar o efeito dificuldade, para evidenciar o quanto a palavra do Senhor está próxima do povo e pode ser executada por este, independente de suas circunstâncias adversas.

DEUTERONÔMIO 30–31

subirá por nós aos céus para buscá-la para nós, a fim de que a escutemos e a pratiquemos?' [13] Também ela não está além do mar, para que digas: 'Quem atravessará por nós além do mar para buscá-la para nós, a fim de nos fazer escutá-la, sendo que a pratiquemos?' [14] Porque a palavra está muito próxima de ti: está em tua boca e em teu coração, pronta para ser praticada.

Dois caminhos

[15] Vê, hoje coloco diante de ti a vida e o bem, a morte e o mal! [16] Eu te ordeno hoje a amar o SENHOR, teu Deus, a andar nos caminhos dele, a observar suas ordens, seus decretos e seus juízos; então viverás e te multiplicarás; e o SENHOR, teu Deus, te abençoará na terra em que entras para possuí-la. [17] Caso teu coração, porém, se desviar e não escutares, te deixares seduzir para te prostrares diante de outros deuses e servir-lhes, [18] declaro-vos, neste dia, que certamente perecereis; não prolongareis os dias sobre o solo, rumo ao qual tu chegas ao passar o Jordão, a fim de possuí-lo. [19] Contra vós faço testemunhar, hoje, o céu e a terra; coloquei diante de ti a vida e a morte, a bênção e a maldição. Escolhe a vida, para que vivas tu e tua posteridade, [20] para que ames o SENHOR, teu Deus, para que escutes sua voz e para que te unas a ele. Pois ele é tua vida e a largueza de teus dias, ao habitares sobre o solo que o SENHOR jurou dar a teus pais, a Abraão, a Isaac e a Jacó".

ÚLTIMAS DISPOSIÇÕES E AÇÕES DE MOISÉS

Anúncio do sucessor

31 [1] Moisés se adiantou e falou estas palavras a todo Israel. [2] Disse-lhes: "Eu, hoje, sou um filho de cento e vinte anos; não posso mais sair e entrar, pois o SENHOR me disse: 'Não atravessarás este Jordão!' [3] O SENHOR, teu Deus, será ele que atravessará diante de ti; ele exterminará essas nações diante de ti e as possuirás. Josué, ele mesmo,

---

30,15-20 Lembra-se o solo do qual o ser humano é feito, bem como a proibição de comer o fruto da árvore do conhecimento do bem e do mal (Gn 2,4b-25), e que se tornou a base para a teologia da retribuição pautada nos dois caminhos: o caminho do bem, que conduz à bênção, e o caminho do mal, que conduz à maldição (Dt 11,26; Sl 1). O amor incondicional ao Senhor (Dt 6,5) é a condição indispensável para que o povo possa entrar e consiga possuir a terra (Dt 4,1; 32,47; Ne 9,29; Sl 37,3). Ao lado de Moisés (Dt 8,19), os céus e a terra são as testemunhas (Dt 4,26) de que a idolatria e o afastamento do Senhor somente atrairão a morte.

31,1-8 Povo e futuro líder são instruídos a ter o mesmo entendimento e atitudes diante das ordens do Senhor. É determinante a certeza da presença do Senhor junto ao povo e a seu futuro líder. Josué apareceu pela primeira vez em Ex 17,8-16 como responsável por escolher, formar o exército e conduzir a batalha contra Amalec, da qual saiu vitorioso. A unção de Josué é citada em Nm 27,18-23, e o primeiro anúncio da sucessão de Moisés por Josué foi feito em Dt 1,38 e, depois, foi reafirmado em Dt 3,21-22.28. A notícia da idade avançada de Moisés deixa entrever limitações, mas não se coaduna bem com Dt 34,7.

DEUTERONÔMIO 31

atravessará diante de ti, como o SENHOR falou. **4** O SENHOR lhes fará como fez a Seon e a Og, reis dos amorreus, e à terra deles, exterminando-os. **5** O SENHOR os entregará diante de vós, e lhes fareis conforme cada ordem que vos ordenei. **6** Sede fortes e corajosos! Não temais e não vos aterrorizeis diante deles, pois o SENHOR, teu Deus, ele mesmo caminha contigo! Não te deixará e não te abandonará".

7 Então Moisés chamou Josué e lhe disse aos olhos de todo Israel: "Sê forte e corajoso, porque tu entrarás com esse povo na terra que o SENHOR lhes jurou dar aos pais deles! Tu os farás herdá-la. **8** O SENHOR, ele mesmo, irá diante de ti. Ele estará contigo; não te deixará e não te abandonará. Não temas e não te aterrorizes!"

Pedagogia da instrução

9 Moisés escreveu esta instrução e a deu aos sacerdotes, os filhos de Levi, os carregadores da arca da aliança do SENHOR, e a todos os anciãos de Israel. **10** E Moisés lhes ordenou: "Ao final de sete anos, no prazo estabelecido do ano da remissão, na festa das cabanas, **11** quando todo Israel vier para se apresentar diante do SENHOR, teu Deus, no lugar que tiver escolhido, proclamarás esta instrução diante de todo Israel, aos ouvidos deles. **12** Convoca o povo, os homens e as mulheres, o de passos miúdos e teu imigrante, o qual está dentre teus portões, para que escutem, aprendam e temam o SENHOR, vosso Deus, para que observem a fim de praticar todas as palavras desta instrução! **13** E seus filhos, que não as conhecem, escutarão e aprenderão a temer o SENHOR, vosso Deus, todos os dias que vós vivereis neste solo, sendo que, para o possuir, estais atravessando o Jordão nessa direção".

Escolha de Josué

14 O SENHOR disse a Moisés: "Eis que estão próximos os dias de tua morte. Chama Josué, e ficai na tenda de reunião, pois lhe darei ordens!"

31,9-13 Parece que as ordens são dadas a Josué, que recebe uma missão mais pedagógica que bélica, pois deve formar as futuras gerações, a fim de garantir a permanência na terra de Canaã. A escolha da festa das cabanas evoca os quarenta anos vividos no deserto, conforme a sentenças de Nm 14,34. Assim, essa festa se tornou a ocasião oportuna para celebrar a renovação da aliança estabelecida nas estepes de Moab com a geração que sucedeu a que deixara o Egito e perecera no deserto pela desobediência.

31,14-23 A fala do Senhor se confunde com a fala de Moisés e vice-versa. O tom profético das palavras do Senhor não deixa dúvidas de que o povo será infiel e experimentará todas as maldições que foram descritas. A centralidade de Josué tem a ver com a notícia da morte de Moisés, que, efetivamente, será narrada em Dt 34,5-8, seguida da notícia de que Josué assumirá o lugar de Moisés (Dt 34,9). As palavras dirigidas a Josué serão retomadas em Js 1,5-9. A última afirmação se repete em Js 1,5; 3,7; 6,16 e evoca, de certo modo, a profecia do Emanuel (Is 7,14; 8,8.10). A certeza da presença do Senhor é condição indispensável para que o líder obtenha credibilidade junto ao povo.

DEUTERONÔMIO 31

Moisés andou e, com Josué, ficou na tenda de reunião. **¹⁵** Então, em uma coluna de nuvem, o SENHOR apareceu na tenda. E a coluna de nuvem se deteve sobre a entrada da tenda. **¹⁶** O SENHOR disse a Moisés: "Eis que repousarás com teus pais, mas esse povo se erguerá e se prostituirá atrás de deuses do estrangeiro da terra, sendo que ele entra ali para estar no meio dele. Ele me abandonará e anulará minha aliança, a qual estabeleci com ele. **¹⁷** Naquele dia, minha ira arderá contra ele; os abandonarei e deles ocultarei minha face, para que seja devorado. Muitos males e adversidades virão sobre ele. Naquele dia se dirá: 'Não será por meu Deus não estar junto a mim que estes males me sobrevieram?' **¹⁸** Naquele dia, eu, certamente, esconderei minha face, por causa de todo o mal que fez, porque se voltou para outros deuses. **¹⁹** Agora, porém, escrevei esta canção para vós, ensinai-a aos filhos de Israel, colocai-a em seus lábios, para que esta canção sirva-me de testemunho contra os filhos de Israel! **²⁰** Quando eu o tiver conduzido para o solo que jurei aos pais dele, onde escorre leite e mel, quando ele tiver comido, se saciado e engordado, se voltará para outros deuses e lhes servirá; me rejeitarão; minha aliança anulará. **²¹** E, quando muitos males e adversidades lhe sobrevierem, esta canção responderá como testemunha diante dele, porque não será esquecida pelos lábios de seus descendentes. De fato, conheço o plano dele, que ele, hoje, está realizando, mesmo antes que o faça entrar na terra que lhe jurei". **²²** E Moisés escreveu esta canção naquele dia e a ensinou aos filhos de Israel.

²³ Então ordenou a Josué: "Sê forte e corajoso, porque tu farás os filhos de Israel entrarem na terra que lhes jurei! Eu estarei contigo".

Testemunho da lei na arca da aliança

²⁴ Quando Moisés terminou de escrever, até o fim, as palavras desta instrução sobre um livro, **²⁵** Moisés ordenou aos levitas, carregadores da arca da aliança do SENHOR: **²⁶** "Tomai este livro da instrução e colocai-o ao lado da arca da aliança do SENHOR, vosso Deus! Ali ficará como testemunho contra ti, **²⁷** porque eu conheço tua rebeldia e tua dura cerviz.

31,24-30 As palavras de Moisés também estão em tom profético, enfatizando a razão dada para o testemunho escrito: "Porque eu conheço tua rebeldia e tua dura cerviz" (v. 27). Moisés fala com propriedade e por experiência própria. Ao lado disso, sobressai a atividade de escriba de Moisés, que já havia sido acenada em Dt 31,9 no contexto do discurso histórico-legislativo e serve para conferir autoridade e perenidade às suas palavras. Ex 17,14 contém a primeira ordem do Senhor para que Moisés faça o registro da vitória sobre Amalec, mas em função de Josué e de sua futura liderança na condução do povo e na conquista de Canaã. Outras passagens são atribuídas à mão de Moisés: o final do conjunto de leis sobre a aliança (Ex 24,4), que foi renovada após o pecado de idolatria (Ex 34,27); a inscrição do nome dos levitas sobre o bastão (Nm 17,17-18); as etapas da marcha pelo deserto (Nm 33,2). Em função dessa atividade de legislador e escriba, a tradição judaico-cristã atribuiu a Moisés a autoria do Pentateuco.

444

DEUTERONÔMIO 31–32

Eis que hoje, mesmo que eu esteja ainda vivo convosco, já fostes rebeldes com o SENHOR. Quanto mais o sereis após minha morte? **28** Convocai para mim todos os anciãos de vossas tribos e vossos letrados, pois aos ouvidos deles falarei estas palavras e, contra eles, farei os céus e a terra testemunharem. **29** De fato, sei que depois de minha morte certamente vos corrompereis e vos desviareis do caminho que vos ordenei; o mal vos encontrará nos dias futuros, porque fareis o mal aos olhos do SENHOR, irritando-o com a obra de vossas mãos".

30 Até o fim, então, Moisés falou aos ouvidos de toda a assembleia de Israel as palavras desta canção:

Canção de Moisés

32 **1** "Dai ouvidos, ó céus, pois vou falar!
Que a terra escute os ditos de minha boca!
2 Desça como chuva meu ensinamento,
espalhe-se como orvalho meu dito,
como aguaceiro sobre a relva vicejante,
como chuva forte sobre a erva,
3 porque proclamarei o nome do SENHOR,
engrandecei nosso Deus!
4 Ele é a rocha, perfeita é sua obra,
pois todos os seus caminhos são justiça.
Deus é veraz e sem iniquidade.
Ele é justo e reto.
5 Na depravação deles, seus filhos se corromperam contra ele:
é uma geração degenerada e perversa.
6 É com isto que retribuís ao SENHOR,
ó povo insano e insensato?
Não é ele teu Pai, que te adquiriu?
Ele te fez e te sustentou.
7 Recorda os dias distantes,
considera os anos de geração em geração!

32,1-43 De início, a canção exalta o Senhor, Deus de Israel, e suas prerrogativas, em particular a retidão e a justiça, servindo de parâmetro para declarar as injustiças praticadas por Israel, que é usado como regra para a divisão dos povos sobre a face da terra e que, provavelmente, vivam na Babilônia (Gn 11,1-9). Um indicativo da predileção do Senhor por Israel é que este último recebe o título honorífico de *Jesurun* (Dt 33,5.26; Is 44,2). "Falsas divindades" ou "demônios" (v. 17) indica "algo" ou "alguém" que, por não ser Deus, não pode, então, receber tributos, ofertas ou sacrifícios. Nota-se o forte tom de desabafo da canção; na verdade trata-se de um poema que mostra por que o Senhor entra em processo contra seu povo, pois não tolera a infidelidade à aliança estabelecida. A ação de erguer as mãos para os céus (v. 27) evoca uma fórmula de juramento (Gn 14,22; Ex 6,8; Ez 20,6–36,7). A conclusão, porém, é positiva, pois anuncia a salvação dos justos e deixa evidente que a última palavra é de esperança e pertence ao Senhor.

DEUTERONÔMIO 32

Pergunta a teu pai, e ele te narrará,
a teus anciãos e eles te dirão!
8 Quando o Altíssimo repartia as nações,
quando dispersava os filhos de Adão,
estabeleceu as fronteiras dos povos,
segundo o número dos filhos de Israel.
9 A parte do SENHOR, porém, é seu povo;
Jacó é a porção de sua herança.
10 Em terra deserta o encontrou,
no vazio de ululante solidão;
cercou-o, sustentou-o
e preservou-o como a pupila de seus olhos.
11 Como a águia protege seu ninho,
pairando sobre seus filhotes,
estendeu suas asas e o tomou,
sobre suas penas o colocou.
12 Apenas o SENHOR o conduziu;
não havia com ele um deus estranho.
13 Fê-lo cavalgar às alturas da terra,
alimentou-o com os produtos do campo,
fê-lo sorver mel de rocha,
e óleo de pedra de silício.
14 Coalhada de vaca e leite de ovelha,
com gordura de carneiros e de cordeiros,
crias de Basã e cabritos,
com a fina flor do trigo,
e sangue de uva que bebeste como vinho.
15 Engordou, porém, Jesurun e se obstinou.
Engordaste, ficaste pesado e te tornaste gorducho.
E abandonou a Deus, que o fez,
rejeitou a rocha de sua salvação.
16 Enciumaram-no com deuses estranhos,
com abominações irritaram-no.
17 Sacrificaram às falsas divindades, não a Deus,
deuses que eles não conheciam,
novos, vindos das proximidades.
Vossos pais nunca os temeram.
18 Esqueceste a rocha que te deu à luz,
transcuraste o Deus que te deu vida.
19 O SENHOR viu e rejeitou,
houve cólera para seus filhos e suas filhas.
20 Então ele disse: 'Deles esconderei minha face,
verei qual será o fim deles,
pois essa é uma geração perversa,
filhos infiéis são como eles.

DEUTERONÔMIO 32

²¹ Eles me enciumaram com quem não é deus,
irritaram-me com a vaidade deles.
Eu, porém, provocarei ciúme neles com quem não é povo,
com uma nação insensata os irritarei.
²² Um fogo acendeu minha ira,
e ardeu até o interior do mundo inferior;
ele devora a terra e seu produto,
e abrasa as bases dos montes.
²³ Aumentarei males sobre eles,
minhas flechas esgotarei contra eles.
²⁴ Ficarão extenuados de fome,
serão devorados de febre e de pestes dolorosas.
Enviarei contra eles o dente das feras,
com o veneno dos que rastejam na poeira.
²⁵ Do lado de fora, a espada priva,
e, do lado de dentro, um terror:
o jovem e a virgem,
o lactante e o homem de cabelo grisalho.
²⁶ Eu poderia dizer: 'Eu os despedaçarei,
apagarei a lembrança deles do meio da humanidade',
²⁷ se eu não temesse o insulto do inimigo,
a fim de que os adversários dele não se iludam
e não digam: 'Foi nossa mão erguida,
e não o SENHOR, quem operou tudo isso!'
²⁸ Pois é uma nação privada desses conselhos,
e neles não há inteligência.
²⁹ Se fossem sábios, compreenderiam isto
e discerniriam o que lhes sobrevirá.
³⁰ Como um poderá perseguir mil,
e dois fazer dez mil fugirem,
senão porque a rocha deles os vendeu,
e o SENHOR causou a traição deles?
³¹ Porque a nossa rocha não é como a rocha deles;
nossos inimigos são os que atestam.
³² De fato, videiras de Sodoma
e terraços de Gomorra são suas vinhas,
suas uvas são uvas venenosas,
cachos de amargura para eles.
³³ Toxina de serpentes é o vinho deles,
veneno de víboras cruéis!
³⁴ Acaso não retive isso comigo,
oculto em meus tesouros?
³⁵ Vingança e desforras são minhas
no tempo em que vacilar o pé deles,
porque está próximo o dia de sua ruína

DEUTERONÔMIO 32

e chegará rápido o que está preparado para eles.
36 De fato, o SENHOR fustigará seu povo,
mas terá compaixão de seus servos,
quando vir que se extenuou a mão,
tanto do retido como do livre.
37 Então dirá: 'Onde estão seus deuses,
a rocha em que se refugiavam?
38 Os que comiam a gordura de seus sacrifícios
e bebiam do vinho de suas libações?
Que se ergam e vos socorram!
Sejam eles uma proteção para vós!
39 Agora vede que eu sou, eu mesmo,
e não há um deus comigo.
Eu faço morrer e faço viver,
eu firo, mas curo,
e não há quem se salve de minha mão.
40 Sim, levanto para os céus minha mão e digo:
'Eu vivo eternamente'.
41 Quando eu afiar minha espada reluzente
e com juízo aferrar minha mão,
devolverei uma vingança a meus adversários
e retribuirei aos que me odeiam.
42 Embriagarei de sangue minhas flechas,
minha espada devorará carne,
do sangue da vítima e do prisioneiro,
da cabeça dos chefes do inimigo'.
43 Alegrai, ó nações, seu povo,
porque o sangue de seus servos será vingado!
Retribuirá a vingança de seus adversários
e proverá reconciliação a seu solo e a seu povo".

Última exortação de Moisés

44 Então Moisés veio e falou todas as palavras dessa canção aos ouvidos do povo, ele e Oseias, filho de Nun. **45** Quando Moisés terminou de falar todas essas palavras a todo Israel, **46** lhes disse: "Interiorizai em

---

32,44-47 O texto hebraico traz o nome primitivo Oseias (Nm 13,8.16), mas trata-se de Josué, razão pela qual a versão grega dos LXX e a latina da Vulgata mantiveram Josué, em conformidade com Dt 31,3.7.14.23. A ordem de interiorizar as palavras evoca Dt 6,6. A canção compendia o testemunho e assume o lugar dos "céus e da terra" (Dt 4,26; 30,19; 31,28). O desejo de que os dias na terra se prolonguem é um tema comum e pertinente ao longo do livro (Dt 4,26.40; 5,16.33; 6,2; 11,9; 17,20; 22,7; 25,15; 30,18.20). A confissão de Neemias lembra que o abandono dessas palavras trouxe duras consequências (Ne 9,29). A função pedagógica dessa canção obriga os pais a educarem seus filhos na observância e prática dessas palavras e, com isso, prepara a denúncia sobre a geração perversa que sucedeu a que entrou e tomou posse da terra (Jz 2,10).

DEUTERONÔMIO 32–33

vossos corações todas as palavras que eu, hoje, testemunho contra vós, sendo que as ordenareis a vossos filhos, para que todas as palavras desta lei sejam observadas e praticadas, **47** porque, para vós, ela não é uma palavra vazia, mas ela é vossa vida. Por essa palavra prolongareis os dias sobre o solo que vós possuireis ao atravessar o Jordão".

Moisés no monte Nebo

48 O SENHOR, neste mesmo dia, falou a Moisés: **49** "Sobe ao monte Abarim, isto é, o monte Nebo, que está na terra de Moab, diante de Jericó, e vê a terra de Canaã, que eu dou por posse aos filhos de Israel! **50** Morre ali no monte que tu estás subindo e reúne-te a teu povo, como morreu Aarão, teu irmão, sobre o monte Hor e se uniu aos seus, **51** porque fostes infiéis comigo no meio dos filhos de Israel, nas águas de Meriba, em Cades, no deserto de Zin, sobre as quais não me santificastes no meio dos filhos de Israel. **52** Verás, pois, diante de ti a terra, mas não entrarás na terra que eu darei aos filhos de Israel".

Bênção sobre as tribos de Israel

33 **1** Esta é a bênção com a qual Moisés, o homem de Deus, abençoou os filhos de Israel perto de sua morte:
2 "O SENHOR veio do Sinai
e por eles surgiu de Seir;
brilhou do monte Parã
e veio de Meriba, de Cades;
de sua destra lhes é o fogo da lei.

32,48-52 O anúncio da morte de Moisés, feito em Nm 27,12-15, passou para o livro do Deuteronômio. É uma tentativa de explicar por que Moisés não entrou com os filhos de Israel na terra de Canaã. Tal notícia já havia sido dada em Dt 3,27, no contexto do primeiro discurso de Moisés, que resume a etapa que vai do Sinai ao Fasga (Dt 1,6–4,49). A morte de Aarão está narrada em Nm 20,23-29. A chegada ao complexo montanhoso, denominado Abarim, consta na lista que narra as etapas que o povo percorreu, enquanto peregrinou pelo deserto, desde a saída do Egito até as estepes de Moab em Nm 33,47-49.

33,1-29 O texto apresenta a bênção de Moisés para as tribos de Israel antes de morrer e, nesse sentido, faz a mesma coisa que Jacó em Gn 49. Esta lista não segue uma ordem precisa e não está completa, pois falta Simeão, que, em Gn 49,5, é citado ao lado de Levi. Urim e tumim (v. 8) eram objetos sagrados que estavam no peitoral da veste do sumo sacerdote (Ex 28,30; Lv 8,8; Nm 27,21; Esd 2,63; Ne 7,65). Outras listas se encontram em Nm 1,3-15.20-47; 2,1-34; 13,3-16; 26,1-65. A bênção posta nos lábios de Moisés condensa duas ideias centrais. A primeira (vv. 1-5.26-29) exalta o Senhor e a figura do rei Jurusun, aplicado a Israel (Dt 32,15), e serve de moldura para a segunda, que contém a lista das tribos (vv. 6-25). É a primeira vez que aparece a locução "homem de Deus" (v. 1), e sua aplicação a Moisés (Js 14,6; 1Cr 23,14; Esd 3,2; Sl 90,1) garante a atribuição às outras figuras que receberão o mesmo título (Jz 13,6.8; 1Sm 9,10; 1Rs 12,22; 13,4-8.11-34). O título é mormente aplicado a Elias (1Rs 17,18; 2Rs 1,9-13) e Eliseu (2Rs 4,8-37).

DEUTERONÔMIO 33

3 Sim, ele ama os povos:
todos os seus santos estão em tua mão,
ficaram prostrados a teus pés,
cada um se levanta segundo tuas palavras.
4 Moisés nos ordenou uma lei,
herança da assembleia de Jacó.
5 Houve um rei em Jesurun,
quando os chefes do povo se reuniram,
junto às tribos de Israel.
6 Viva Rúben e não morra,
sejam numerosos seus varões!"
7 E isto disse sobre Judá:
"Escuta, ó SENHOR, a voz de Judá!
Que o conduzas a seu povo!
Com suas mãos lutou por ele;
serás um auxílio contra seus adversários".
8 E disse sobre Levi:
"Teus tumim e teus urim sejam para o homem que é fiel a ti,
porque o colocaste à prova em Massa,
com ele contendeste junto às águas de Meriba,
9 aquele que diz em relação a seu pai ou sua mãe: 'Não o vi',
que não reconhece seus irmãos
e não conhece seus filhos.
Porque observam tua sentença
e conservam tua aliança;
10 ensinam teus juízos a Jacó e tua lei a Israel;
colocam incenso diante de ti
e um sacrifício inteiro sobre teu altar.
11 SENHOR, abençoa o vigor dele
e te seja agradável a obra de suas mãos!
Rompe os lombos dos que se orgulham contra ele,
sem que se levantem os que o odeiam!"
12 Sobre Benjamim disse:
"Que o dileto do SENHOR repouse seguro junto a ele,
a quem o protege todos os dias
e habita entre seus ombros!"
13 Sobre José disse:
"Sua terra seja bendita pelo SENHOR,
com o melhor dos céus, o orvalho,
e com o oceano que jaz embaixo,
14 com o melhor dos produtos do sol
e o melhor do produto de cada ciclo lunar,
15 com o melhor do topo dos montes antigos
e com o melhor das colinas eternas,
16 com o melhor da terra e de sua plenitude.

Que o favor de quem habita a sarça venha sobre a cabeça de José
e sobre a fronte do nazireu entre seus irmãos!
17 O primogênito de seu boi lhe é majestoso,
seus chifres são chifres de búfalo:
com eles golpeia povos inteiros até as extremidades da terra.
Essas são as miríades de Efraim
e esses são os milhares de Manassés".
18 Para Zabulon disse:
"Alegra-te, ó Zabulon, com tua saída,
e Issacar com tuas tendas!
19 Convocarão povos do monte;
ali sacrificarão sacrifícios de justiça,
porque sorverão da abundância dos mares
e dos tesouros escondidos na areia".
20 Sobre Gad disse:
"Seja bendito quem fizer Gad dilatar!
Como uma leoa, habita e despedaça tanto o braço como a cabeça.
21 Escolheu para si uma primícia,
porque ali está a porção de quem decreta
e se tornou chefe do povo.
Praticou a justiça do SENHOR,
o juízo dele estava com Israel".
22 Sobre Dã disse:
"Dã é um filhote de leão, que salta Basã".
23 Sobre Neftali disse:
"Neftali se sacia de favor
e se cumula da bênção do Senhor;
tomou posse do mar e do meridião".
24 Sobre Aser disse:
"Bendito Aser entre os filhos!
Seja o favorito de seus irmãos,
seu pé esteja imerso no óleo!
25 De ferro e de bronze sejam teus ferrolhos,
e como teus dias seja tua força!"
26 Ninguém é como o Deus de Jesurun,
que cavalga os céus em teu auxílio,
pois sua majestade está nas nuvens.
27 O Deus dos tempos antigos é um refúgio,
os braços do Eterno estão por baixo.
Diante de ti, expulsa o inimigo
e diz: 'Extermina!'
28 Israel habita em segurança.
A fonte de Jacó está isolada,
em uma terra de trigo e de vinho.
Também os céus destilam orvalho para ele.

DEUTERONÔMIO 33–34

> ²⁹ Feliz és tu, Israel!
> Quem é como tu?
> Um povo salvo pelo SENHOR,
> escudo de teu auxílio
> e espada de tua majestade.
> Teus inimigos mentirão para ti,
> mas tu marcharás sobre seu dorso".

Morte de Moisés

34 ¹ Moisés subiu, então, das estepes de Moab ao monte Nebo, topo do Fasga, que está diante de Jericó. O SENHOR o fez ver toda a terra, de Galaad até Dã, ² todo Neftali, a terra de Efraim e de Manassés, toda a terra de Judá até o último mar, ³ o Negueb, o entorno do vale de Jericó, cidade das palmeiras, até Zoar. ⁴ O SENHOR lhe disse: "Esta é a terra que jurei a Abraão, a Isaac e a Jacó ao dizer: 'À tua posteridade a darei. Eu te fiz ver com teus olhos, mas para lá não passarás'".

⁵ Moisés, servo do SENHOR, morreu ali, na terra de Moab, segundo o dito do SENHOR. ⁶ E ele o sepultou no vale, na terra de Moab, diante de Bet-Fegor. Até hoje, nenhum homem sabe onde está seu sepulcro. ⁷ Moisés viveu cento e vinte anos até sua morte; não enfraqueceu seu olho, e seu vigor não o deixou. ⁸ Os filhos de Israel prantearam Moisés, nas estepes de Moab, por trinta dias e cumpriram os dias de pranto pelo luto de Moisés.

⁹ Josué, filho de Nun, estava pleno do espírito de sabedoria, porque Moisés havia posto sobre ele suas mãos. Os filhos de Israel o escutaram e fizeram como o SENHOR ordenara a Moisés.

¹⁰ Em Israel, não se levantou mais um profeta como Moisés, um que o SENHOR conhecesse face a face, ¹¹ por todos os sinais e prodígios que o SENHOR lhe ordenara fazer na terra do Egito, diante do faraó, de todos os seus servos e de toda a sua terra, ¹² e por tudo que Moisés, com mão forte e com grande terror, fez aos olhos de todo Israel.

34,1-12 A única voz, fora a do narrador, é a do Senhor (v. 4). Moisés, que muito falou ao longo do livro, se cala em seu último momento de vida. Bastam as palavras do epitáfio que acompanham a notícia de sua morte. Dt 34 contém alusões topográficas que demarcam, antecipadamente, o território que será dado às tribos, mas a ênfase recai sobre a "terra de Efraim e Manassés" e sobre a "terra de Judá" (v. 2), um modo de aludir aos dois reinos. O "último mar" (v. 2) é o mar Mediterrâneo, chamado de "mar Ocidental" (Dt 11,24). A idade de Moisés de cento e vinte anos (v. 7) é a única que corresponde ao tempo de vida que fora determinado pelo Senhor antes do dilúvio em Gn 6,3; ela compreende três gerações de quarenta anos cada e tem que ver com a sentença de Ex 34,7. Moisés recebe dois títulos particulares: "servo do SENHOR" (v. 5) e "profeta" operador de sinais e prodígios (vv. 10-11). Com isso, a Torá, ou seja, o Pentateuco, lança as bases para a taumaturgia que se verificará, particularmente, nas ações de Elias (1Rs 17,8-16.17-24) e Eliseu (2Rs 4,1-7.42-44; 6,1-7). Esse tipo de taumaturgia somente reaparecerá nas ações de Jesus de Nazaré (Mc 6,34-44; Lc 7,11-17). O comissionamento de Josué confirma a notícia sobre sua eleição (Nm 14,30), que foi dada em Dt 1,38; 3,21.28; 31,1-8.23 e recebida pela imposição das mãos de Moisés em Nm 27,18-23.

Rua Dona Inácia Uchoa, 62
04110-020 – São Paulo – SP (Brasil)
Tel.: (11) 2125-3500
http://www.paulinas.com.br – editora@paulinas.com.br
Telemarketing e SAC: 0800-7010081